2018 亚太城市建设与管理实务论坛论文集

张爱林　姜　军　王红春　编写

中国建筑工业出版社

图书在版编目（CIP）数据

2018亚太城市建设与管理实务论坛论文集/张爱林，姜军，王红春编写．—北京：中国建筑工业出版社，2018.9
ISBN 978-7-112-22628-3

Ⅰ.①2… Ⅱ.①张…②姜…③王… Ⅲ.①城市建设-亚太地区-文集②城市管理-亚太地区-文集 Ⅳ.①F299.3-53

中国版本图书馆CIP数据核字（2018）第200154号

责任编辑：张智芊
责任校对：张 颖

2018亚太城市建设与管理实务论坛论文集
张爱林 姜 军 王红春 编写
*
中国建筑工业出版社出版、发行（北京海淀三里河路9号）
各地新华书店、建筑书店经销
北京科地亚盟排版公司制版
北京建筑工业印刷厂印刷
*
开本：787×1092毫米 1/16 印张：35¼ 字数：855千字
2019年3月第一版 2019年3月第一次印刷
定价：**98.00**元
ISBN 978-7-112-22628-3
(32176)

编写委员会

主 办 单 位：北京建筑大学

支 持 单 位：中国城市科学研究会

北京未来城市设计高精尖创新中心

北京工程管理科学学会

中交天津港湾工程研究院有限公司

区域主办单位：港科大土木及环境工程系校友会

港科大土木及环境工程系学者与研究生校友会

香港土木工程师学会

台湾营造工程协会

高雄市土木技师公会

高雄市工程技术顾问商业同业公会

澳门工程师学会

澳门土木及结构工程师学会

中国土木水利工程学会

前言 Foreword

2018亚太城市建设与管理实务论坛于2018年5月18日～20日在北京建筑大学顺利召开。本届论文以《“一带一路”下的城市建设与管理实务与重大工程》为主题，立足于交流近年来海峡两岸暨香港、澳门地区及“一带一路”沿线国家工程建设领域的新进展，并致力于推动理论在工程建筑中的实践。

本届论坛共征集58篇学术论文并进行研讨，论文的作者来自海峡两岸暨香港、澳门的高等院校、科研机构及工程建设第一线的设计、施工单位。相关文章涉及城市规划与城市建设、海峡两岸暨香港、澳门地区重大工程项目管理、海绵城市建设等主题，同时还包括“一带一路”下的城市建设与管理事务问题，针对目前重大工程建设领域的技术难点、热点及城市应急管理问题的发展前沿进行学术交流讨论，反映了目前工程建设与管理领域所取得的一系列最新研究成果。

北京市作为中国城市建设与管理实务的先行者，近年来，完成了多项城市规划与建设的重大项目，如“京津冀一小时区域交通圈”“北京大兴新机场建设”“北京城市副中心规划”“雄安新区发展规划”。相信在北京举办的本届论坛能够促进区域互助与技术合作，为业界工程建设与管理的实践者提供探讨的平台。

最后，衷心的感谢本届会议论文的作者对出版工作的鼎立支持。

北京建筑大学

2018年5月

目录
Contents

城市建设与管理

交通与环境工程技术

土木工程技术

城市建设与管理

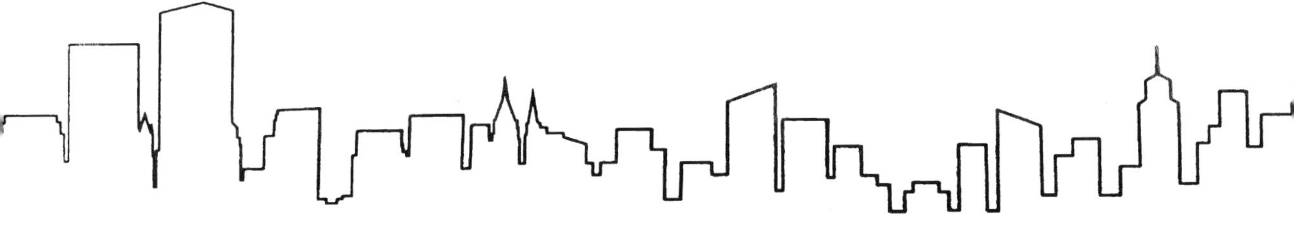

扎哈·哈迪德建筑风格的女性主义解读

陈素红

摘　要：扎哈·哈迪德的建筑风格具有明显异于其他众多建筑师风格的独特之韵。线条极赋张力、锐角三角形和长弧曲线、流畅延展的起伏弧形立面、动感十足的多变空间等，都给人们带来了前所未有、异乎寻常的视觉冲击力。特色鲜明的建筑风格都不仅耐人寻味，且能唤起多视角的观察、思考和分析，扎哈·哈迪德的建筑风格更是如此。从女性主义认知的角度，扎哈·哈迪德的建筑风格既有对自由精神向往的寓意，也有对广阔空间独有的感知，而别样的弧线和曲面与女性的柔美吻合，同时可视为似水的韧性和适应性的具象化，正如女性主义思潮在追求女性全面平等的历程中，虽然推进艰难，但具有执着努力的韧性和适应性。可以说，扎哈·哈迪德的建筑风格在向世人呈现不同建筑景致的同时，也是女性被压抑诉求的外化，不输男性的优秀女性，理应有展示其才华的载体，一如扎哈·哈迪德飞扬的建筑风格。

关键词：扎哈·哈迪德；锐角三角形；建筑风格；女性主义

Abstract：Different from many famous architectural features，the uniqueness of Zaha Hadid's architectural style stands distinctively out by employing dynamic lines，acute triangles and long curves which form particular waving walls，roofs or façades and create changeable，flowing and flexible spaces. These distinctive characteristics have brought about not only visual impact but further related studying，thinking and observing from non-architectural perspectives. From the perspective of feminism，Zaha Hadid's architectural style implies the pursuit of liberty，the perception of particular space and the persistent efforts of striving for the equal realization of women's self-worth as men，which echoes the arduous establishment of feminism and the efforts made to fight forward to seek women's emancipation and overall development via conquering all the difficulties on the way to specify women's request for equality and potential growth. It's true that both eminent women and men can equally contribute to the world as what has been impressively illustrated by Zaha Hadid's architectural style bearing the vivid expression of feminism.

Keywords：Zaha Hadid；Acute triangle；Architectural style；Feminism

一、引言

扎哈·哈迪德的建筑风格独树一帜，非同一般的风格，是多种对此风格的感知、理解

陈素红（1967—），女，北京建筑大学副教授，硕士研究生，研究方向：女性主义认知.

和解读提供了足够的空间。女性主义认知从扎哈·哈迪德的建筑风格里看到的不仅是建筑语言的独特呈现，也是女性主义认知的建筑语言表达。从独一无二的设计理念到灵动的建筑外观，都在讲述一位女性建筑师不同于男性建筑师的自由、婉转和柔韧的精神内核、表达式样和诉求展示，如此理解和思考也只有在女性主义认知的观照下才更加意味深远。

基于女性主义思潮和理论的女性主义认知，与女性和女性问题有着千丝万缕的联系。身为女性的扎哈，其成长过程、教育背景和工作经历无形中蕴含了女性主义思潮和理论求索的结果和目的，让女性享有人类的完整权利，即与男性同等的教育、工作和政治权利等，营造利于两性平等的社会氛围，实现两性共有的全面自由发展。为女性谋求平等和自由发展的女性主义思潮和理论，其形成及发展可谓历时漫长，从英国女性主义者玛丽·伍史东考夫特（Mary Wollstonecraft,）出版《妇女权利的辩白》，寻求女性独立，创办女校，到法国政治活动家奥琳波·都·古兹（Olympe de Gouges,）发表《女权宣言》，呼吁女性在法律、政治和教育上享有和男性同样的权利，再到美国废奴主义者哈莉·杜曼（Harriet Tubman,）以逃跑女奴的身份帮助黑人女奴逃生，[1]期间还有其他众多杰出女性都为之付出过种种努力，才使女性主义思潮和理论从无到有逐渐被认可接受，有了先后出现于 20 世纪初第一次世界大战期间和 20 世纪六七十年代的西方女性主义运动的两次高峰。女性主义从萌发至今，在为女性争取平等的过程中历经曲折，但始终没有放弃和远离实现女性全面自由发展的目标，且具有极强的发展韧性。[2]由此论及扎哈的建筑风格，其自由伸展、柔韧绵延和波动立面似乎是对女性主义历程的立体呈现，两者互为映衬，彼此为注。

二、自由形态中的自由精神

由建筑设计到建筑外形，扎哈的建筑都有非同寻常且令人震撼之处，以独有的建筑语言，开启了新的建筑视野。扎哈建筑风格的自由形态体现在交错穿插的空间、倾斜移动与平衡、序列与比例以及色彩与肌理的节奏和运动。[3]在扎哈的作品中很少出现直线，人们看到的是折线、弧线、楔形、螺旋形等复杂线条和几何体形体交错融合，多种几何形体以一种自由的状态洽合，同时也使作品与环境巧妙地融为一体。建筑呈现出的互相穿插、叠合的上下空间交错状态，极赋流动感和自由随想感，仿佛是能飞翔的建筑。扎哈建筑风格中极强的动感和时代气息，打破了人们对传统建筑的认识，其设计中倾斜的墙面和有着生动曲线变化的屋顶，给建筑赋予了新的姿态，有一种超越传统建筑的自由和灵动；自由灵动之中，来自多方的力和由此而成的形态相互匀称平衡，具有视觉上的整体平衡感，扎哈的作品是倾斜移动与平衡的“整体叙述”[4]或平衡中的自由形态。

扎哈作品里序列与比例的关系堪称令人耳目一新。常被应用于数学领域的序列，是被排成一列的对象，DNA 分子序列可以说是最形象的示例。扎哈作品具有多种序列化的建筑语言：线条序列化、色彩序列化、形式序列化，使建筑有种运动效果，也传递出既有起伏又有节奏的视觉延续的自由感；加上作品中的各种曲线、斜线和不规则线再通过重复、旋转、发射、穿插、叠加、错位等动态形式，增添了因序列中的突变而产生的强烈的视觉冲击力，多样态本身即特有自由样态的呈现。扎哈早年在数学领域的学习和积累，给了她驾驭序列比例游刃有余的能力，正是数学中的比例关系在其建筑语境中的恰当运用，使她的作品动感与和谐并存、有序与张扬同在，增添了别样美感。扎哈建筑将色彩的运用与建筑本身浑然一体，不少建筑外墙未经雕琢，显露出建筑材料原始的水泥质感，这种形式在经济的同时，也有一种天然质朴的风格，厚重且有力度。色彩的运用能使建筑更具特色和灵性，色彩的冷暖包括明度关系，不同的色相之间能产生轻重的对比效果，明度和纯度间的改变或变换都能作用于空间的变化，扎哈建筑的线条舒展、立面起伏与统一色彩的运用密切相关，再加上色块与背景墙的对比，成就了动态自如的建筑风格。

扎哈建筑在多形态间的自由转换和随形变化赋予了建筑更多的建筑外的寓意，可以说是一种自由精神的传递。回顾女性主义思潮和理论的发展史，女性自主和争取自由平等始终是其发展的核心内容，从起初争取走出家庭，摆脱附属性的自由和抛开屈居次要地位的法律、习俗和权利结构束缚的自由，到改造以男性为中心的等级文化和社会体制，消除对女性在经济、政治、社会、文化上的歧视，使女性获得全面发展的自由，在此过程中，女性主义思潮和理论始于努力改善受压迫女性的家庭地位和社会状况，使女性有独立于家庭之外的自由，形成发展于使女性拥有在教育、法律和政治上和男性同享权利的自由，到了20世纪七八十年代，女性主义认知逐渐渗透到西方建筑等领域，有了更多影响和融入其他领域的自由。[5]扎哈所受家庭教育和高等教育与女性主义认知高度契合，其父具有国际化开放思想，在扎哈年幼时就开始注重对扎哈独立见解能力和兴趣爱好的培养，支持她到欧洲游学接触多元文化和教育，促进了扎哈特立独行和自由开放的思想和性格的形成，扎哈也将这种自由精神赋予了她的建筑。

三、弧线曲面中的韧性表达

扎哈很多作品如北京SOHO、盖达尔阿利耶夫中心等，都以长弧线和连绵起伏的曲面呈现出新异的视觉效果。从建筑学角度，扎哈的建筑充满蜿蜒灵动感，具有戏剧性的造型，创造了与传统建筑迥异的视觉体验，这种体验来自空间曲线和空间曲面的大量使用。在传统建筑中，曲线和曲面是有限度的使用，曲线多是圆弧、椭圆、抛物线、双曲线等；曲面则是球面、椭球面、双曲抛物面等，而体积多是圆柱体、圆锥体等，原因首先是由它们形成的拱和穹顶的力学问题是可解析的，也是理性的；其次是人们更具备表达、度量和建造等几何里的线、面、体所构成的建筑。直到20世纪的现代主义时期，人们仍然以直线与平面作为建筑表达的主要语汇，且长期以来处于工业化生产效率的考虑，经济地解决建造问题也一直是传统建筑师的追求，可想当扎哈建筑的曲面形式不能找到合理的空间需要和实际建造理由之时，自然会遭到许多建筑师的抵制，况且这样的曲面建造费用高出传统设计，这也是扎哈有些中标建筑未被采纳并建造的主要原因。[6]可贵的是扎哈对自己设计理念坚守的韧性还是使世人看到了不一样的建筑风格，这种韧性蕴含在其建筑的弧线曲面中，有种空间绵延不断的开阔感，这样的韧性也是女性主义发展历程所传递的一种韧性。

离开坚持争取的韧性，很难想象女性主义思潮和理论会实现从传统女性主义到后现代女性主义转向的发展，其中的绵延和曲折一如扎哈建筑的曲面外观，舒展柔韧不屈于传统。自由女性主义理论、激进女性主义理论和社会主义女性主义理论构成了对西方传统女性主义理论的研究；自由主义女性主义，产生的背景是法国大革命和西欧的启蒙运动，体现了女性主义对自由主义哲学思想的继承，探索了两性之间不平等的根源；激进女性主义，认为压迫来源于父权制度，男性对女性的统治不仅体现在个人生活、家庭领域，也体现在政治、经济、法律等领域，主要表现是女性话语权的缺失；社会主义女性主义认为社会经济模式是女性受压迫的根源，表现出了一种对资本主义社会制度的批判倾向，这一认识已从单纯的争取两性平等推进到了对社会制度的反思和批判。从争取女性家庭地位和各种社会平等权利的获得，女性主义研究不断深入推进到对社会不同层面的层层解析。随时代进展，传统女性主义研究被认为从实质上看是对男性中心社会的认同，有其不足。女性主义研究者没有止步于这些不足，西蒙·波伏瓦 1949 年出版的《第二性》、贝蒂·弗里丹 1963 年所著的《女性的奥秘》和凯特·米利特完成于 1970 的《性政治》等著作引领着女性主义研究者不断拓宽自己的发展道路，扩大研究视野，坚韧不断地反思并进行艰难的研究探索，以丰富女性主义自身的理论体系。[7]

女性主义之后现代主义转向实际是女性主义寻找发展出路的转向，有曲折蜿蜒但没有退缩，极像扎哈建筑外观完整和谐的流畅弧线和波动曲面的韧性展现。20 世纪七八十年代以来，女性主义和后现代主义成为西方社会重要的两大政治派别，后现代主义可以理解为是对西方传统的一次清理，而女性主义就本质而言是对传统的批判，两者虽关注的焦点不同，但女性主义对后现代主义的吸纳和两者所有的共性，是女性主义随时代发展而不断完善自我的韧性传递，这种韧性也是扎哈建筑风格挑战传统的韧性所体现出的努力和坚持，有了这样的坚韧才有了扎哈建筑风格的认可和被接受，此建筑韧性某种程度上可理解为女性主义理论发展韧性的代言。

四、动态伸展中的诉求外化

扎哈建筑风格的被认可和接受其实来之不易，41 岁前的扎哈被称为“纸上建筑师”，她的方案曾被客户一次次拒绝，她的建筑设计被认为既不现实又不商业。1994 年，她经过充分准备获得了英国威尔士卡的夫湾歌剧院设计方案一等奖，然而来自卡的夫市的反对意见最终使方案未能付诸实施，大概当地人不愿意让一个口音浓重、深色皮肤的女移民来主持这项重要的文化建筑。后来在媒体采访时，扎哈承认这次挫败曾给她很大打击，她在伦敦奋斗了 20 年却没有一件作品能够在英国问世，坦言自己受到了“不公正”的待遇，她未得以实现的设计还包括东京奥运会主场馆。成功来之不易，她把对实现自己建筑梦想的诉求蕴含在了她一次次尝试和不懈的努力中，一位黎巴嫩电视台记者曾在一次在采访时直截了当地发问：“你是一个幸运儿，对吗?”扎哈严肃地回答说：“不对！我一直在坚忍不拔地努力，花了数倍于他人的力气，一天也不敢懈怠。”[8]扎哈也把实现自我、不断创新和挑战传统的诉求，蕴含在她所设计的一座座动态伸展的建筑中。

扎哈在其成名作德国维特拉公司的“消防站”的设计中，用棱角和不定线条挑战了在男性主导的建筑界理念中以理性、和谐、连贯和完整性为主的审美标准。设计中的建筑物面向场地的主入口通道，右面则是斜插入建筑长而薄的刀刃状房檐，即扎哈设计初期想要建成的“建筑的碎片”，整个建筑的造型顺势延伸，除了正方体的延伸，还有相似三角形的锐角并排重叠在一起，如缓缓下行的乐章，突显了设计诉求的流动感和速度感，进而造成一种动态效果。[9]在消防站建筑上，扎哈把重点放在对空间的建造上，希望实现空间的透明性，使人们无论在建筑中的什么位置，都能感受到建筑空间的相互渗透与流动；她也希望人们能够在运动中去体验这种空间的变化，在设计中她更为关注人们置身于空间中的情况，对空间的观察，以及空间是如何吸引人们进入，所有这些设想都使得这个建筑具有了非同寻常的动感和能量。[10] 扎哈的创新设计将来自现实世界中各种复杂的“力”“流”交织而成流动的“场”，转化为蕴含丰富复杂形态的动感设计，其诸多内涵已远胜建筑本身，动态的不安与求索由几何线条、尖锐的角和多点透视等建筑语言巧妙呈现外化。

再联想 20 世纪六七十年代以来，女性主义理论在多领域的渗透和女性主义艺术理论的多元化，也是女性主义理论发展诉求的体现。女性主义研究者在观察研究中发现，男女的不平等不仅存在于受教育权、就业权和选举权等政经社会领域，性别歧视的存在也存在于文化领域，指出以往传统的历史学、人类学、社会学、心理学、文学、哲学和艺术等领域都是缺失了女性立场的不全面的学科；[11] 在当时美国妇女运动的浪潮下，女性主义的研究诉求以特有的话语倾向和研究角度，在吸取大量其他人文学科的理论和方法的同时，延展渗透到其他学科，为女性主义研究开拓了新的研究空间，女性主义艺术实践和艺术理论以及西方女性主义建筑学的发展都是女性主义研究深入到具体领域的产物。如同扎哈动态建筑风格反传统、立创新的诉求，即对空间拓展、透明和开放的研究探索和挑战传统的建筑实践，可以说扎哈用她的打破传统理性和违背公认和谐的建筑语言外化了这一诉求，并赢得了世人的认可。如扎哈健在，人们有十足理由相信她仍将以更多创新、独特的建筑语言，一次次呈现出不同的诉求和独有的空间，为人们拓呈更多的建筑视野，她用已有建筑实践充分证明过自己。

五、结语

作为女性，扎哈所受教育和成长既得益于女性主义思潮和理论的发展，使她成长的家庭小环境和社会大环境优于 19 世纪末的女性建筑师，比如茱莉亚·摩根，但同时也受制于社会固有的女性主义认知仍在努力根除的性别歧视，她成就自我的道路绝非坦途，只有她本人知道曾有多少次与男尊女卑的社会固有思想做过抗争，以放弃个人婚姻无家无后的付出，把自己的一生都献给了设计和建筑，用自己的天赋、雄心和坚持成就了自己的建筑理念。某种程度上，来自男性主导世界的压抑和歧视也许转化为一种设计动力和诉求，加上她扎实的数学功底，惊艳的建筑出自其手也是自然。

故人已去，后人无法求证其每件作品创作的深层动因，但她优于众多男性建筑师的建筑和设计会永存。扎哈用她的建筑告诉传统建筑界：建筑设计就像科学实验一样，你必须抛弃现有的语言，从另外一个状态去考虑这个问题，所有现有的语言都有它的局限性。[12] 事实证明，她的设计往往从建筑本身到建筑环境的设计既具先锋性，又充满奇思妙想，更重要的是，她曾说过：她所有的设计并不是为了创造一种设计，而是借助建筑来表达她对自由和摆脱各种束缚的情感追求。[13] 这一表达也是女性主义思潮和理论努力带要给女性自由和束缚摆脱的真诚表露。

扎哈·哈迪德的设计和建筑完成之时，也是多种解读和理解开始之际，正如文学接受理论所喻：作品完成后，对作品的解读来自读者，越优秀的作品其延留、余味或留白越丰富，令读者回味无穷，解读无限。

参考文献

[1] Susan Alice Watkins. 女性主义 [M]. 朱侃如，译. 广州：广州出版社，1998：16-22.

[2] 藤静茹. 女性主义建筑学 [D]. 北京：清华大学，2010.

[3] 王宁宁. 流淌的音乐——扎哈·哈迪德建筑语境与动态构成 [J]. 现代企业教育，2015 (2)：67.

[4] 孙伟娜. 扎哈·哈迪德建筑设计思想及作品解析——基于空间关系模糊理论研究 [D]. 天津：河北工业大学，2012.

[5][11] 谭波. 美国当代女性主义艺术理论研究 [D]. 北京：清华大学，2004.

[6] 季元振. 扎哈·哈迪德的曲面 [J]. 住区，2016 (2)：100.

[7] 张漫琴. 女性主义之后现代转向 [D]. 重庆：西南师范大学，2003.

[8] 李忠东. 男人世界中的"女魔头" [J]. 世界文化，2015 (11)：12-14.

[9][12] 丁晶，杨熙，丁山. "她时代"建筑——遗世独立的扎哈 [J]，美与时代（城市版），2015 (4)：40-41.

[10] 唐大为. 解读哈迪德 [D]. 南京：东南大学，2005.

[13] 段琼. 寻找真实的扎哈·哈迪德 [J]. 创意与设计，2011 (3)：95.

应用BIM助推中国澳门智慧城市的建设

李孟顺

摘　要：智慧城市是一个有机的整体，亦是澳门特区政府“五年发展规划（2016—2020）”的一个发展方向。属于粤港澳大湾区城市群的澳门，基础建设较邻近地区落后，因此，特区政府正在紧锣密鼓地规划智慧城市的发展，而建设过程中最重要的一环节就是讯息化建设。

BIM技术应用可以贯穿建设的城市规划、建筑设计与工程领域讯息化的全过程，能使各部门协调、配合，BIM也能为城市规划带来智慧化及绿能化的长期效益，本文以对比几个城市的BIM应用经验，对澳门地区提供适切的技术应用建议，期使澳门发展成一个“以数字引领科技，智慧服务民生”的智慧城市。

关键词：BIM；智慧城市；粤港澳大湾区

Abstract：Smart City is a direction for the Five-year Development Plan of Macao Special Administrative Region (2016-2020). In Guangdong-Hong Kong-Macao Greater Bay Area, the infrastructure in Macao lags behind the neighboring areas, Macao is closely planning the development of smart cities, The most important part of the construction process is information construction.

BIM technology applications throughout the construction of urban planning, architectural design and engineering information in the whole process to coordinate the various departments, and BIM brings the long-term benefits of smarter and green energy to urban planning, Papers to compare several cities BIM application experience, to provide appropriate technical advice to the Macao region.

Keywords：BIM；Smart City；Guangdong-Hong Kong-Macao Greater Bay Area

智慧城市是一个有机的整体，而BIM技术就是保证各部门协调、配合的关键要素，随着国家的高速发展，BIM技术被越来越多的行业人员所接受认可，在智慧城市的管理中越来越离不开BIM技术，成为新兴城市规划管理的一个范本。但如果缺少城市数据支撑和应用的数据体系的宏观管理、整合、利用，BIM技术的实用价值将大打折扣，一些智慧城市将显得不太“智慧”。

一、粤港澳大湾区智慧城市与BIM

粤港澳大湾区是以经济目的为导向的有机开放型经济体系城市群，随着国际及内地经

李孟顺（1969年—），女，澳门城市大学城市管理学院助理教授，博士，研究方向：城市规划、数字建筑.

济的发展，港珠澳大桥、澳门轻轨、码头等基础设施建设的完善，澳门将会接纳更多的游客，然目前澳门基础设施建设进度落后，除港珠澳大桥于2018年1月通车外，澳门轻轨、澳氹第四通道[1]等均在建与规划中，尚未能支持港珠澳大桥通车后带来的旅运需求，这将加速澳门城市发展和基础设施老旧的矛盾。

2017年9月在佛山召开的首届粤港澳大湾区大型基建项目管理创新高峰会中，大湾区基础设施互联互通是首要工作，大型基础设施的BIM应用是会议内容其中一项。澳门正积极建设智慧城市，而智慧城市在建设过程中最重要的一环就是讯息化建设，建筑工程领域的讯息化发展更是首要。

BIM技术在2003年就开始受到国内建筑行业的重视，2012年国家首次在国家层面提出"智慧城市"。此后，国家从推进讯息化、物联网、讯息消费、卫星导航、地理讯息和老工业区改造等方面阐述了发展智慧城市的总体思路和实现方式[2]。

未来，智慧城市将从建筑讯息模型BIM（Building Information Modeling）转变为地区建筑讯息模型DIM（District Information Modeling），然后变成城市建筑讯息模型CIM（City Information Modeling），从而实现GIS与BIM结合成为智慧城市的3D空间讯息与数据。

二、澳门智慧城市建设的现况

澳门特区政府于2017年8月4日与阿里巴巴集团签署"构建智慧城市战略合作框架协议"，阿里巴巴将运用领先的云计算和人工智慧技术助力澳门发展智慧城市。而在2016年9月发布的"澳门特别行政区五年发展规划（2016～2020年）"中，特区政府统就已计划推进大型的公共基础设施建设，包含城市发展、交通建设、环境保护、医疗系统等，都需要BIM技术进行建设前期的设计。

由于传统澳门社会的保守心态，社会对政府积极推动的参与度不高，部分企业缺乏创新动力，将直接影响澳门在粤港澳大湾区城市群的角色和功能定位，而资源短缺及依赖外部环境的经济结构，造成澳门商业机构及人才的建设均产生难度。澳门应用大数据仍处于起步阶段，基础工程技术进展缓慢，包括固网市场直至2013年6月才得以开放[3]，预计2019年有条件提供三网融合服务。

三、邻近城市中BIM技术的应用

近年来，亚洲地区，包括新加坡、日本、韩国、中国大陆、中国香港、中国台湾等，都由政府带头发展BIM，也对BIM技术提出了规范与要求。

---

〔1〕见2016年施政报告294页，《五年规划》第30页。

〔2〕2012年1月《国务院关于印发工业转型升级规划（2011—2015年）的通知国发［2011］47号》，首次在国家层面提出"智慧城市".（杨学军，徐振强．2014）。

〔3〕见澳门月刊 http://m.dooland.com/index.php? s=/article/id/649694.html，检索日期：2018年2月11日。

1. 大陆

从2001年提出的信息技术，2003年提出协同工作和可视化技术，2011年明确提出BIM技术的发展方向，2015年为建筑业各方的发展目标制定清晰的时限，到2016年进一步提升建筑业信息化水平，编制了《2016—2020年建筑业信息化发展纲要》，明确指出建筑业信息化是建筑业发展战略的重要组成部分，也是建筑业转变发展方式、提质增效、节能减排的必然要求。首部国家BIM标准《建筑信息模型（BIM）应用统一标准》（GB/T 51212—2016）经住房城乡建设部批准于2017年7月1日起正式实施。2018年1月1日起实施的《建筑讯息模型施工应用标准》（GB/T 51212—2017）[4]，是我国第一部建筑工程施工领域的BIM应用标准，填补了我国BIM技术应用标准的空白，并力争到2020年底90%以上的国有投资新建项目采用BIM技术。

2. 中国香港

香港房屋委员于2006年起率先于公共房屋发展计划中导入BIM技术，自2012年开始大力推行在项目中使用BIM技术，要求贯通项目设计、建造和运营的全过程。约有80%的建筑项目使用BIM，如建造中的港铁沙中线显径站，而房屋署也宣布2014年至2015年的建筑设计将全面使用BIM。根据香港房屋委员会指出，香港已经在超过19个公屋发展项目中的不同阶段（包括由可行性研究到施工阶段）应用BIM技术[5]。由2018年起政府在主要基本工程项目的设计和建造方面，均采用BIM技术，并鼓励私人工程项目跟随。与内地相比，香港的BIM发展大约领先五年左右。

3. 新加坡

新加坡政府于2012年开始推广并鼓励应用BIM送审，进而逐年提高强制送审的比例，是亚洲国家当中用BIM来进行建筑法规检讨及设计审核最早的国家。于2013年推动BIM的政策目标为“2015年后营建业大量（超过80%）使用BIM技术”，鼓励业界采用相关技术，公共基建项目还要符合政府政策要求，又要配合日后用家（即建筑商）的规划，涉及的细节比单幢建筑项目来得多及复杂。

4. 中国台湾

中国台湾在2006年首先由台北市获得ICF年度全球智慧城市首奖，中国台湾目前执行的BIM项目，仍处于发展尝试阶段，业主信息需求不够明确，承包商的BIM能力也还在演进中，台湾大学BIM研究中心（http://bim.caece.net）为了协助中国台湾的业主导入BIM技术应用，从2013年开始打造一份能够协助国内业主撰写出BIM实施方针（Guidelines）的指引（Guide），于2014年推出第一版的“业主BIM实施方针之拟定

---

〔4〕 住房城乡建设部正式批准《建筑信息模型施工应用标准》（GB/T 51235—2017），与行业BIM技术政策和《2016—2020年建筑业信息化发展纲要》等相呼应。

〔5〕 香港房屋委员会. 建筑信息模拟［R］. 2016年，资料来源：http://www.housingauthority.gov.hk/tc/business-partnerships/resources/building-information-modelling/。

指引"，并于2015年修订了一版，目前正通过"台湾BIM联盟"进行2017年版本的修订。

通过对这些政策的解读，我们能够看到BIM这种技术不断的进步，以及各地区对它不断升温的关注。

四、BIM技术与澳门基础建设

属于粤港澳大湾区城市群的澳门，有很多大型工程正在进行，运用传统方法去管理很难达到原定的目标。而BIM技术的应用通过该项目的时间研究、风险评估、瓶颈分析等一系列工作，在一定程度上简化人手，使项目能够在不延时、不超支的情况下完成。目前澳门BIM技术的发展较邻近地区落后，但仍有几个大型公共建设及私营工程项目运用BIM技术。

1. 基础设施建设

(1) 港珠澳大桥项目

港珠澳大桥于2005年基本确定工程方案，主体工程于2009年开工，当时国内的BIM技术并不成熟，所以未采用，直到2015年在大桥管理局的要求下，使用BIM技术做为重要应用，采用Revit为建模软件。

港珠澳大桥澳门口岸管理区项目于2016年12月10日正式开工，整体施工时间只有385天，项目涵盖其他三个标段的施工范围，交叉多，组织管理难度大。项目引入了BIM管理系统，通过数字讯息模拟建筑物所具有的真实讯息和三维建筑模型模拟现场交界面施工，解决了各标段之间驳接、专业之间碰撞问题。

大桥的三项交通工程技术之一BIM系统，提供控制技术、监控、展示系统机电设备的数据流、供电流等，并能提供灾海警报，BIM不仅满足施工需求，未来还将提供运维方面的便利性。大桥成为澳门智慧城市的先锋，BIM模型也将为后续大桥近120年的维护管理提供数据支持。

(2) 港珠澳大桥旅检大楼幕墙深化设计

Revit基于幕墙深化设计图纸进行三维建模，采用Navisworks完成碰撞检查和4D施工模拟等BIM应用工作。幕墙模型创建完成后提交BIM顾问方及总包方，依据BIM多专业碰撞检查结果，对深化设计进行调整，并结合工程实际需求进行算量统计、重点难点施工分析模拟等工作。旅检大楼及配套设施作为连接三地口岸的标志性建筑，体量大，涉及专业广，所以在整个项目策划、设计和施工，再到交付运营全过程应用BIM系统，采用始终一致的数据平台，将大大改善设计方和施工方之间的协调成效，降低实施过程中的错、漏、碰等风险，对整个工程的优化建设起到极大的推进作用。

(3) 澳门轻轨氹仔市中心段第一期项目

这是目前在建的城市交通轨道项目，项目内容包含新建车站区间段的高架桥，以及给水排水系统、机电、消防、装饰等相关配套设施，预计2019年通车，由承建商运用BIM技术，进行轻轨号志系统及轨道交通号志整合探讨、价值工程与BIM技术结合设计智慧节能车站之运用，澳门轻轨高架桥蜿蜒于氹仔岛中心区域，建筑物密集，道路弯曲狭窄，路线平曲线最小半径仅为 47 米，最大纵坡达 5%，远超国内规范规定。

2. 私企开发

(1) 中国澳门黑沙环新填海区东方明珠区 T 及 T1 地段（海上居）

属于开发商的住宅楼宇建筑，2017 年 6 月完工使用，是少有采用 BIM 技术的私企楼盘。私营工程项目运用 BIM 技术进行全生命周期的运作，来自于发展商足够的发展成本支持。

(2) 中国澳门新濠影汇

2015 年 10 月开幕的新濠影汇，在 BIM 模型和业主的运维管理系统之间基于 IFC 标准实现数据对接集成的基础上，就可以对建筑物进行智慧化运营管理，商业地产项目可以做到以下的运维功能主要包括：设备运行管理、能源管理、安保系统、租户管理等。

(3) 中国澳门美高梅路氹项目（MGM Casino Cotai）

2018 年 2 月开幕的澳门美高梅路氹项目，位于澳门路氹城金光大道，外观像是多个珠宝盒堆叠起来的时尚建筑，该项目的天幕工程为马鞍形双曲面双向斜交斜放单层大跨度网壳结构形式，BIM 技术的应用，让每个环节都变得可控，在港澳地区尚属首例。该项目荣获中国绿色建筑（澳门）设计标识证书[6]之最大及首个私人的建筑项目。

(4) 新濠博亚沐梵世酒店（The Morpheus Hotel）

Zaha Hadid 的作品“沐梵世酒店”，即将在 2018 年 2 月开幕，是全世界首个由自由形态的钢结构外骨架支撑的高层建筑，由三个中央空隙形成的多维点阵式弯曲钢结构。异形的外观从设计到最终结构、立面、幕墙的建造全程使用 Rhino 软件进行，和 Grasshopper 做的幕墙深化。最后将 Rhino 作为 BIM 系统，SnagR 系统作为安全检查与跟进软件，进行后续的运维管理。BIM 解决了异形建筑定位难度的问题，确定了幕墙预埋件的位置，利用 BIM 模型对幕墙加工尺寸、混凝土算量进行控制，减少浪费并降低损耗，确保项目顺利进行。

(5) 澳门上葡京酒店和赌城中心项目

2018 年 2 月开幕的“上葡京”是澳博在澳门路氹全力打造的综合度假村，邻近澳门东亚运动会体育馆，该项目的裙楼 GRC、南立面 GRP 等深化设计采用 BIM 技术的综合运用，体现装饰性产品制作。

上述除了黑沙环新填海区，其余均为博彩性质的商业建筑，采用 BIM 系统进行全生命周期的运作，来自于发展商对时尚建筑造型的追求及足够的发展成本支持，并不需要由政府引导使用 BIM 技术，也不需等待政府政策完善才进行开发。

因此，中国澳门要打造成世界旅游休闲中心，路氹区域的发展看起来非常“极端化”，区域内大型综合酒店围绕，灿烂亮眼的建筑设计耸立且光彩夺目，但内部集体运输工具、基建设施落后，轻轨预计 2019 年通车，接待旅客能力受到严重制约，局限旅客增长潜力，将使澳门在大湾区发展置后。

---

[6] 目前澳门已有四座不同类型的建筑物成功申请及获得国家绿色建筑评价标识，包括澳门大学学生活动中心、澳门科学馆、美高梅酒店路氹项目等。

五、BIM 技术运用到澳门智慧城市建设的策略

BIM 软件[7]分为建模软件、分析软件、管控软件、运维软件，澳门建造行业目前使用最多的 BIM 建模软件为 Autodesk Revit，而当前 BIM 技术运用到澳门城市建设的实践来看，其缺陷和不足主要体现在以下方面：

1. 澳门 BIM 技术的应用

(1) BIM 普及度不足，基础较薄弱

很多行业设计者虽然都知道 BIM 技术，但在整个建造行业的利益链条中，使用 BIM 应用效益的项目不多，由此导致其在实际城市建设中的应用范围较窄，无法发挥效能，目前主要被使用到少数的高层建筑和大型公共建筑中。

(2) BIM 设计人才的短缺与新作业程序

澳门的大型工程建设，多依靠大陆与香港具有 BIM 技术的建造团队进行，本澳专业人士具有相应运用的人员不多，无论从建筑设计师的知识结构，还是从建筑综合能力来讲，本澳的设计队伍难以满足实际设计需求。BIM 人才培养需要从软件实操培训到项目全员覆盖，目前 BIM 技术普及性不足与缺乏 BIM 人才的现状，将减缓澳门智慧城市发展的进度。

现阶段而言，建筑营建等相关作业人员仍习惯于 2D、CAD 传统设计绘图习惯的比例仍占多数，普遍缺乏对于 BIM 的相关认识与操作，也无学习新软件的动力与热情，形成 BIM 推广的障碍。

(3) 智慧产權与信息保密

各单位信息保密主义导致了后一阶段的用户欠缺许多重要属性与参数，从而无法使用，使得 BIM 讯息无法有效衔接，或前一阶段的使用单位不愿意分享已经建立的 BIM 模型，使得后一阶段的单位需要重新建模与输入属性数据，完全失去了 BIM 讯息透明化、公开化的精神，存在很多需要协调的环节，如政府支持、产业跟进、技术提升等，这也是影响当前澳门在 BIM 技术应用效果的瓶颈所在。

建物的价值不是只有地段，还需包括整体建筑物使用生命周期的全部费用。对政府而言，除了兴建预算外，也应同时评估未来使用的维护费用，提早编制预算，保持公共建筑的使用妥善率，亦可于灾害发生时，迅速取得救助讯息。对社会而言，建筑物的讯息透明化是对从业权人的保障，除了本身内装设备外，公设的设备皆需揭露，并同时包含未来维护，以利于从业权人评估是否购置。

(4) 软件整合与资金投入

在实际使用上，软件之间通过 IFC（Industrial Foundation Classes）格式转换后，大部分都只剩下图形组件，原本储存在图形中的属性数据大量遗失，造成 BIM 使用上的不

---

[7] BIM 建模软件：Autodesk Revit 系列产品、NW、Rhino、ArchiCAD、AECOSim、Bentley 的 MicroStation 及 ProjectWise、Tekla Structures、Graphisoft 的 ArchiCAD、Vecterworks、Digital Project、DProfiler 等。分析软件：PKPM 结构、节能、绿建、清华日照等。预算造价：广联达钢筋、图形、计价 GBQ。管控软件：BIM5D。运维软件：ArchiBUS。

便，减缓 BIM 的应用效果。在资金投入方面，使用价值是否可省下因错误施工所损失的时间与成本。增加的购置成本是否能带来设计最佳效益。过高的软件费用投资与每年可观的授权维护合约，使大部分建造行业虽有意愿但仍裹足不前。

IFC 协作能力虽然不断提高，然因软件开发快速功能愈趋复杂多样化，仍存在有不同软件平台间的协作问题。因不同平台固有的组件定义及信息字段差异，仍存有信息漏失影响处理效率的问题，有待更新的格式及信息标准来改善。

BIM 技术不单是一种 3D 绘图工具，更是崭新的管理和执行工具，用以整合管理整个工程生命周期（Project life cycle）[8]，由筹备设计到建造阶段，以至营运及维修保养阶段，让建筑师、工程师、建造业人士等不同专业人员，于同一数字平台上沟通协调、调控建造程序、共同解决各种问题等。

2. 中国澳门 BIM 技术的策略

（1）BIM 技术理论的宣传和教育

相关行业应意识到应用 BIM 技术的优势，正确理解 BIM 技术应用与现代城市建筑之间的关系，由此为 BIM 技术的应用创造良好的氛围。

结合软件厂商授权的教育训练中心、于高校相关专业课程设置 BIM 技术的教育、或成立了 BIM 工程与研究中心，进行相关教学与科研，并与政府及企业广泛合作。分别对在职人员及在校学生进行 BIM 能力的训练，以提升 BIM 人力素质。

鼓励更多学者和专家关注与 BIM 技术在现代城市建设的应用研究，强化知识产权保护，积极学习已开发国家的应用经验和教训，促进 BIM 技术理论体系的健全与完善。

（2）建造行业队伍需强化 BIM 技术和技巧的培训

建造业由建筑师、工程师、水电监造工程师、机电技师以及施工人员，均可借助 BIM 系统共享资讯，减少失误。而通过 BIM 能在施工前发现许多不易察觉的问题，如通风设计与消防部分不协调等，及时作出修正，有助于节省施工时间及成本。

澳门的设计队伍需要转变传统的设计理念，以及积极学习 BIM 技术理论和实践经验，由此推动建筑作品质量的全面提升。

在人力资源范畴，澳门相关学会开设 BIM 课程，自 2014 年迄今，均有相关培训课程[9]，用以培训人才。

（3）政府引导与资助支持 BIM 的使用

从政府的角度来看，澳门发展智慧城市需要重视智慧城市的顶层设计、部门间的协作机制、政府为开放数据的主要推动者等三个方面的考虑。由政府规范使用，拟定适合澳门的 BIM 标准、规范与契约，将建模、分析、管控、运维等 BIM 系统之间的责任约定弄清楚，使各环节之间达到讯息共享的目标，并降低智能产权的风险。

---

[8] 生命周期大致分为七个阶段：前期设计、方案设计、设计发展、施工文件、采购、建设管理、营运。

[9] 相关培训机构与课程有：澳门建造商会 2014 年 7 月 16 日、澳门工程师学会则有一系列 Autodesk Revit 相关课程、澳门科技大学持续教育学院 2017 年、澳门设施管理学会于 2016 年 6 月 4 日开设建筑信息模型（BIM）工作坊、澳门生产力中心为建造业而设的 AutoCAD 3D 及简介 Autodesk Revit 课程、澳门管理学院 BIM 技术在机电安装工程中的应用、澳门建筑师协会、澳门业余进修中心 2017 年 BIM 项目解决方案：Autodesk Revit 基础课程，多数在 2017 年进行。

宣传BIM技术在澳的使用情况，不能只靠引用国内外成功的模式及案例，需要配合澳门自身采用BIM技术的项目案例，提供奖励或补助其公司及所执行项目导入BIM所需的软硬件费用，目前澳门政府已有科研项目的资助，如澳门科学技术发展基金会于2017年6月15日至9月15日期间，推出“澳门智慧城市应用及解决方案”项目资助计划[10]。

建筑的智慧化是其“智慧”的核心，建筑物在建造过程中以及建成以后形成智慧化、互联化模式，并达到相互协同的效果，智慧建筑可以利用BIM技术贯穿建设的全过程，实现全程讯息化、智慧化协同模式。

BIM的核心在于Information，其应用是大数据时代的必然产物。建筑业是数据量最大、规模最大的行业，随着BIM的发展及普及，势必会促使建筑行业大数据时代的到来。未来，还可以与中国香港建立历史建筑讯息模型（Heritage Information Model或简称HIM），有助于文物保育、维修管理，可以更深入了解历史建筑资料、建筑历史档案及维修资料。

六、结语

港珠澳大桥已通车，促进三地口岸地区物业发展，中国澳门新填海A区新城建设即将展开，轻轨和持续房屋及各类公共设施工程在按计划推进，未来数年澳门也将进入施工高峰期。

面对澳门特殊的地理区位与社会经济体系，BIM技术要能成功的在澳门运用，则需要从顶层入手，由政府带领使用，从上而下引导社会完善电讯、能源、交通等基础设施，积极培育人才与人才引进。

随着粤港澳大湾区、国家“一带一路”政策的推行，建设区域交通运输网络、融合智慧科技与城市规划设计是粤港澳大湾区发展的主要目标之一，除了特区政府政策所致，对于运用BIM技术则需要深入社会阶层，BIM能更好的将城市规划与基础建设讯息化，提供未来智慧城市在数据所有权、数据保护、数据标准、数据私隐等讯息共享，BIM技术在澳门的工程项目上将有更大的发展潜力。

全球已迈向数码化时代，建造业也不例外，相关企业及人员应与时并进，尽早为掌握BIM技术作好准备，同心协力推动建造业持续发展，将澳门的工程设计、项目管理、建造安全、环境保护等各方面，提升至一个新层次、新台阶，为澳门发展为一个具有竞争力的智慧城市提供有利的条件。

参考文献

[1] 澳门发展策略研究中心. 粤港澳大湾区城市群——澳门的角色、挑战与策略研究报告［R］. 中国澳门：澳门发展策略研究中心，2017.

[2] 李加行. 澳门智慧　智慧澳门［N］. 澳门日报，2017. 6. 14.

[3] 澳门特别行政区政府. 澳门特别行政区五年发展规划（2016-2020年）［M］. 中国澳门：澳门特别行政区政府，2016.

[10] 参见http://www.fdct.gov.mo/202。

[4] 祁向宇. 澳门轻轨高架连续刚构桥节段预制拼装施工及控制［J］. 中国港湾建设，2016（10）.

[5] 邱垂德，台湾中华大学，中国台湾 BIM 协同作业指南之研订——设计与施工阶段信息交换［R］. 中国台北：台湾内政事务主管部门建筑研究所委托研究报告，2015.

[6] 张国祥，苏博. 澳门 C370 轻轨项目的技术质量管理［J］. 中国港湾建设，2015（6）.

[7] 杨学军，徐振强. 智慧城市背景下推进智慧环保战略及其顶层设计路径的探讨［J］. 城市发展研究，2014，06：22-25.

[8] 何明锦等. BIM 技术开发与推广应用规划研究［R］. 中国台北：台湾内政事务主管部门建筑研究所，2012.

[9] 洪启东，彭淑媛. 博弈城市崛起后的都市社经脆弱度及其空间机能变迁：澳门经验［J］. 都市与计划，2011，38（4）：345-373.

[10] 中国台湾 BIM 联盟［N］. http://www.bimalliance.tw/.

[11] 论尽媒体 AllAboutMacau Media［N］. https://aamacau.com/.

[12] 澳门力报官网［N］. http://www.exmoo.com/.

基于海绵城市视角的街区城市设计策略思考

徐　浩　刘皆谊

摘　要： 本文从中观与微观的视角，以城市街区为研究对象，梳理了我国海绵城市的发展现状和存在问题，探析了与海绵城市相关的街区城市设计空间要素构成以及海绵城市理念置入街区城市设计流程的手段和方法，总结了街区城市设计在海绵城市建设中的作用以及关联性，构建了基于海绵城市视角的街区城市设计体系，提出了基于海绵城市视角的街区城市设计策略。

关键词： 海绵城市；低影响开发；街区城市设计；策略

Abstract: From middle and micro perspective, taking urban block for research object, combing the development situation and existing problems of sponge city in China, analyzing the components of block urban design related to sponge city and the means of putting the concept of sponge city into the block urban design process, summarizing the function and relevance of the block urban design in the sponge city construction. Finally, putting forward the block urban design system and strategy from the perspective of sponge city.

Keywords: Sponge city; Low impact development; Block urban design; Strategy

近年来，随着城市建设区域过度蔓延和生态环境问题越来越严峻，现代城市设计的发展趋势逐渐从环境美学到理性设计，再到现在与生态永续议题的结合。水作为人类生活和城市发展的基本要素之一，已经成为城市设计的一个重要组成部分。传统意义上的街区城市设计往往侧重于文化传承、商业服务、旅游开发等空间构成，缺乏对街区自然水文过程的关注，导致很多城市街区出现生态恶化、水资源紧缺、水环境污染、水安全缺乏保障等一系列问题，这些问题亟须一个综合全面的解决方案[1]。海绵城市建设作为解决城市雨洪问题的重要途径，以优化城市相关系统的方式，使城市“弹性适应”不断变化的城市环境与越来越频繁的自然灾害[2]。然而，在发展海绵城市的实际过程中，过于侧重雨水处理的技术，反而出现限制城市空间功能、整体资源统合不足、项目控制指标僵化、缺乏部门协同工作机制等问题，影响了城市空间的正常营造。

本文旨在探索如何在解决城市雨洪问题的同时，以城市设计的手段建立海绵城市与街区城市设计整合机制，并提出基于海绵城市视角的街区城市设计策略，为我国海绵城市建设和街区的可持续发展提供一个可实施的参考依据。

徐浩（1990—），男，苏州科技大学建筑与城市规划学院硕士研究生，研究方向：城市设计.

刘皆谊（1973—），男，苏州科技大学建筑与城市规划学院副教授，从事城市设计、地下空间开发领域的教学与研究.

一、海绵城市与城市系统设计需求

“海绵城市”是建立在反思工业化城市建设模式基础上提出的新概念，最早出现是用来借助“海绵”的物理特性比喻城市空间环境对雨水的吸附功能[3]。2014 年 10 月，住建部发布的《海绵城市建设技术指南——低影响开发雨水系统构建（试行）》中提出了海绵城市的基本概念：海绵城市是指城市能够像海绵一样，在适应环境变化和应对自然灾害等方面具有良好的“弹性”，下雨时吸水、蓄水、渗水、净水，需要时将蓄存的水“释放”并加以利用。相较于传统粗放式的城市建设模式，“海绵城市”强调城市功能的复合，突出人与自然、人与社会的和谐，是顺应自然、可持续发展以及维持场地开发前后的自然水文循环状态的一种新型城市建设发展模式（表 1）。

传统城市和海绵城市的比较　　表 1

传统城市	海绵城市
战胜自然、改造大自然	尊重自然、顺应大自然
城市功能相对单一	强调城市功能的复合
粗放式城市发展、高强度开发	可持续发展、低影响开发
增加地表径流、增加下渗	地表径流不变、减少下渗
“快速排除”和“末端集中”设计理念	“慢排缓释”“源头分散”设计理念
原有水生态系统被改变	保护、恢复和修复原有的水生态系统

资料来源：仇保兴．海绵城市（LID）的内涵、途径与展望［J］．建设科技，2015（5）：37-38。

海绵城市的建立，属于一个新的城市体系构建，需要通过各类的子系统的重组与联系。海绵城市与绿色城市、智慧城市、生态城市、低碳城市、韧性城市等理念和趋势在理论上存在着递进关系[4]，其内涵综合了这些先进理念的精华，能够以一种柔和的手段来修补城市大规模开发以及土地硬化带来的创伤。街区城市设计将街区作为海绵城市的基本单元，能够对街区空间进行系统设计，重新组织街区空间的发展模式，营造出更加富有弹性和人性化的街区空间环境。

相较于其他层次的城市设计，街区城市设计是城市设计的重点层次（图 1）。它能够打破在街区建设的常规运作中被划分成城市规划、建筑设计、景观设计等不同领域之间的界限，进一步明确地块规划设计与建筑设计强制性要求和指导性意见，对海绵城市建设的具体要求的实施进行把控，发挥出海绵城市最大效用，从而为海绵城市在城市更大系统范围内的建设奠定基础。

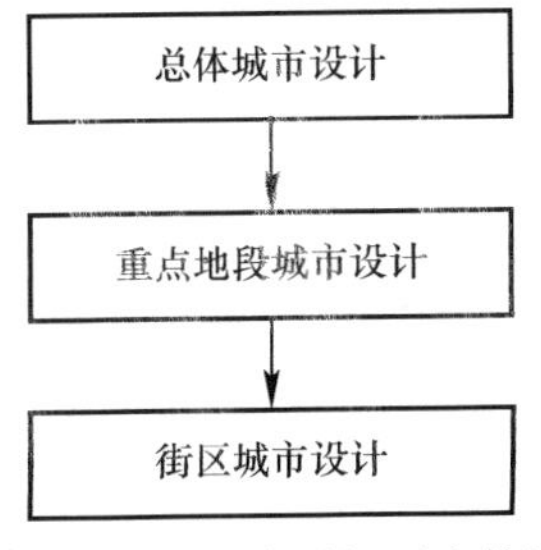

图 1　城市设计层级示意简图

二、海绵城市理念置入街区城市设计流程的手段和方法

1. 现状分析

充分结合街区生态水文环境的现状调查，对街区现状分层次进行分析。收集和整理街区气候、水文、地形地貌、经济发展以及相关规划等基础资料，在基础资料整合的基础上，增加对街区水生态、水安全、水环境、水资源现状总结。现状调查的具体内容应包括街区历年降雨量、内涝状况、水质情况、土壤类型和地形特征、城市总体规划和总体城市设计的要求、市政管网的对接以及周边区域的水文环境等。

2. 平面布局

平面布局的内容主要通过对场地高差与建筑朝向安排、开发管制、地面渗透与径流方向、地下管线预设、各类集滤水系统共享，以及低影响开发设施位置布置和比例的确定，雨水排水方向等进行引导和管控，以满足年径流量控制目标需求。

3. 竖向设计

竖向设计是控制街区雨水排放的重要手段，需要由街区空间立体化的角度，强调街区空间的竖向设计。设计充分结合原有地形地貌特征，利用竖向高差组织雨水径流排放路径从街区内的建筑、场地、道路以及公园、广场等空间逐个进行雨水渗透、蓄滞、净化和再利用；利用道路绿化分隔带设置下沉式绿地，对雨水径流流向进行控制，减少街区道路径流及其产生的污染；将街区地下空间资源的综合开发利用与海绵城市建设相结合，从地下空间的规划与功能布局开始，到地面水系保存、绿化设计与雨水渗透收集，在立体化层面将不同设计领域之间的水资源整合为自主循环。

4. 景观融合

将景观规划与低影响开发相融合可以形成具有特色的街区绿色景观体系。将海绵城市设施布局与景观设计相结合，对街区闲置空地以及质量低下的景观带进行重新设计，使原本被动留下的“无意义”空白土地成为具有水文与生态过程、功能、结构的文化景观系统。

三、街区城市设计与海绵城市建设中的结合关联

1. 街区城市设计在海绵城市建设中的作用

首先，街区城市设计是指导和控制街区发展的重要手段，可以作为海绵城市在街区层面的一个整合平台，在海绵城市建设前期各阶段进行引导和管控，将街区空间形态布局与海绵城市开发相结合，重新组织街区空间发展模式，确保低影响开发设施与建设项目的主体工程同时规划设计，从而更加有效地推动街区进行更新和微循环。

其次，现有海绵城市的建设指标对于城市管理者与投资者而言，有需要付出更高建设成本的疑虑，而低影响开发可以节约和保护自然资源系统，减少建设成本[5]。建设海绵城市若是能够在前期各阶段进行安排，包括对街区场地高差与朝向安排、开发管制、地面渗透与径流方向、地下管线预设、各类集滤水系统共享等进行引导和管控，就有机会能够在较低成本的状况下达到低影响开发的目标。

最后，街区城市设计机制的特点是通过对各层级的引导与管控，将城市机能、空间等构想与街区发展形成紧密融合，此点与海绵城市现有需求基本符合。因此，若能于街区建设的各阶段中，以街区城市设计作为整合平台，将海绵城市的各种理念融入，因地制宜地进行深入分析，并转化为具体管控指标，就有可能在发展街区基础设施的同时，或在街区内进行改造与建设的同时，同步完成海绵城市的预设目标。

2. 街区城市设计系统与海绵城市建设要素的关联

街区是一个由不同空间要素组成的有机体，街区的水域空间、道路系统、绿地系统和开放空间是海绵城市在中观层面研究的重要对象。街区的水域空间是生态环境的重要组成部分，道路系统是径流及其污染物产生的主要场所，绿地系统是建设海绵城市雨水系统的重要场所，开放空间是减缓雨水径流进入城市水系的重要屏障，这些空间要素和海绵城市的建设息息相关。通过建立海绵城市与水域空间、道路系统、绿地系统、开放空间等街区空间要素的有机关联，能够为基于海绵城市理念的街区城市设计策略的制定提供依据。

3. 基于海绵城市理念的街区城市设计体系

首先，遵循生态优先、系统整合、因地制宜等原则，以海绵城市的理论和实践研究为基础，结合国内外海绵城市的实践经验，解析基于海绵城市理念的街区城市设计的内涵，形成基于海绵城市理念的街区城市设计体系的研究基础。

其次，以中观和微观的城市街区为研究对象，分析与海绵城市建设相关的街区城市设计空间要素构成以及海绵城市理念置入街区城市设计流程的手段和方法，构建海绵城市和街区城市设计的关联框架。

最后，在理论总结和实践案例分析的基础上，提出实体空间及政策法规等方面的街区城市设计策略，提出海绵城市建设中街区城市设计需要调整的内容，完善基于海绵城市理念的街区城市设计体系（图 2）。

四、基于海绵城市理念的街区城市设计策略

1. 街区水域空间城市设计策略

对于城市原有生态系统的保护是海绵城市建设的主要途径之一。街区既有水体的保护，需要明确街区的水系规模和布局、水源和汇水流向等基本现状，对街区内的河流、池塘、水库、人工湖、坑塘等进行保护规划，最大化减少街区建设对原有水体的影响，恢复水在自然和街区中的正常循环。

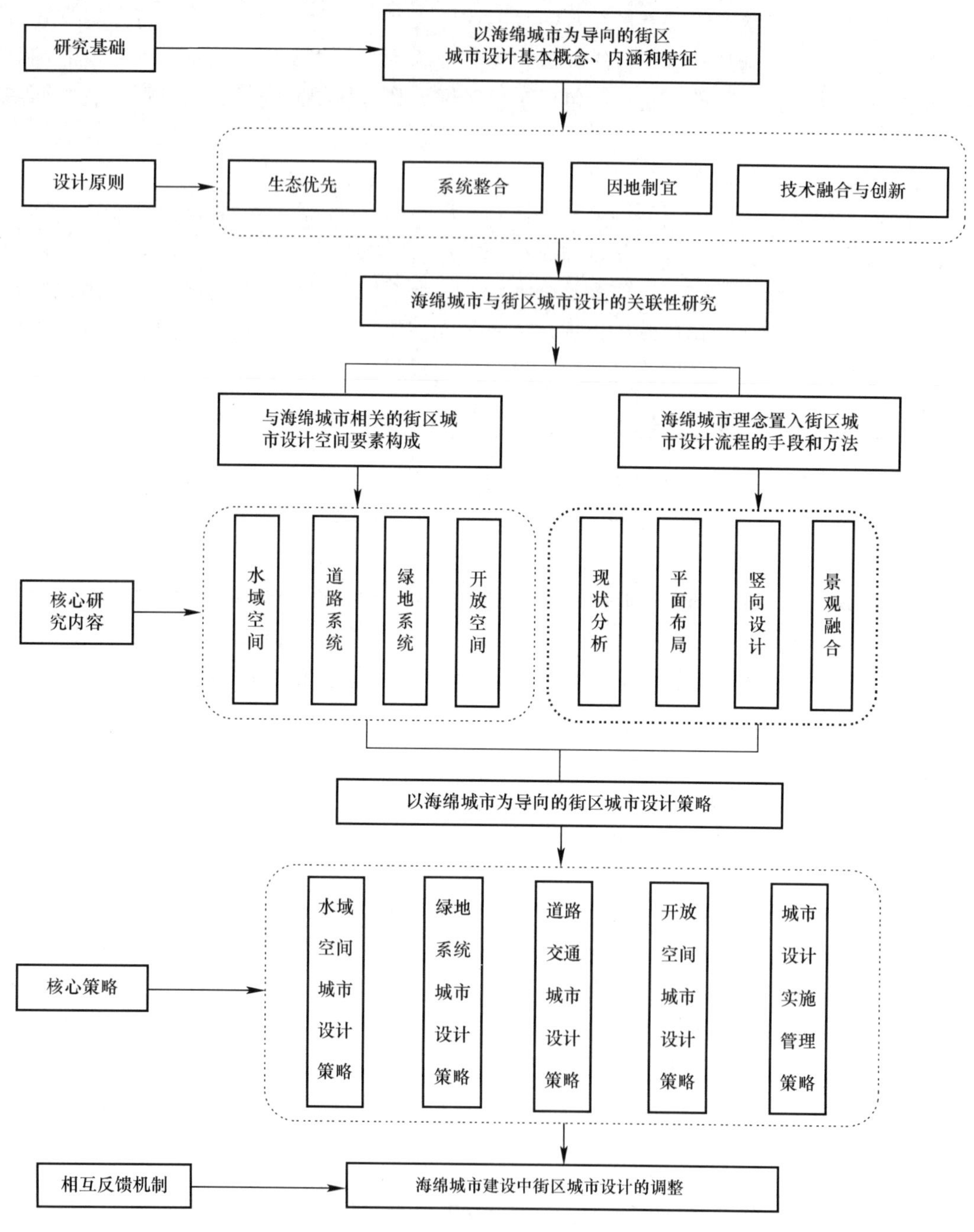

图 2　基于海绵城市理念的街区城市设计体系

街区内的规划水体对街区内部以及城市区域层面都会产生非常重要的生态影响。需要确认其所处的流域及水系格局，根据街区水体类型、布局和规模等具体情况，制定相应的水体设计原则。尽可能通过近自然的方式加以管理，让街区水系与自然环境形成有机的自循环。

水体循环和集约利用是基于海绵城市理念的街区城市设计的重要内容。海绵城市是现如今先进的城市雨洪管理方法与模式，在海绵城市理念指引下，街区城市设计得以与自然充分结合，同时为街区雨水利用提供了新的方法。

2. 街区绿地系统城市设计策略

基于海绵城市理念的街区城市设计需要，结合现有街区绿地分类明确以海绵城市为目标的绿地类型，继而对绿地系统低影响开发设施的规模和布局进行安排。

加强绿地网络空间立体化设计，在基于海绵城市理念的街区城市设计过程中，将街区绿地设计为下凹式绿地，充分利用绿色屋顶设计，能够增加雨水径流的蓄渗，减缓水流速度，延长蓄存时间，增加绿地调蓄功能。

构建遵循水文过程的绿地空间格局，强调街区水系和绿地空间布局的结合。研究分析街区水文特征现状情况，在城市设计中融合考虑对于街区现状水文结构的保护。让街区绿地系统“依水而生”，做到“点”“线”“面”相结合，并与相邻街区以及城市的各类绿地、水系连接形成更大范围的水绿复合生态体系。

3. 街区道路交通城市设计策略

基于海绵城市理念的街区城市设计，需要充分考虑街区道路区域的不透水性与路网布局的密切关系，合理布置路网模式，有效减少不透水路面。例如，在相同环境背景和相同区域面积下，方格网布局的道路总长度相较于其他模式布局要大，“环路＋尽端路”“主干＋尽端路”等路网模式相比方格路网，有利于减少道路面积，削减道路雨水径流量（图 3）[6]。

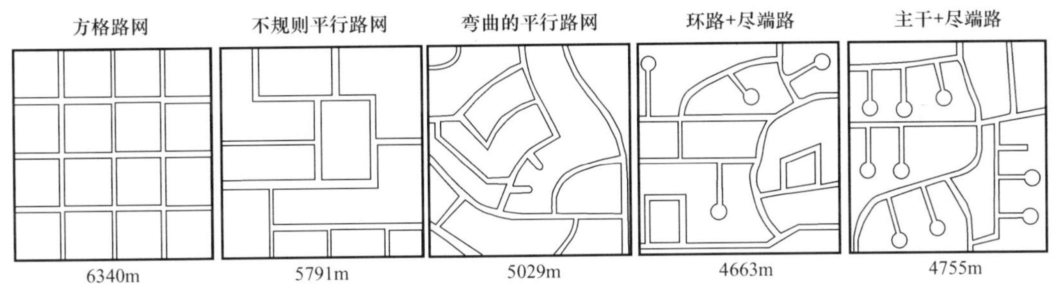

图 3　不同路网布局与对应的道路长度

图片来源：陈宏亮．基于低影响开发的城市道路雨水系统衔接关系研究［D］．北京建筑大学，2010。

在街区城市设计中应结合绿色街道设计，加强雨洪管理设施在街道层面的布局与规划设计。加强街道的纵坡和横坡设计，结合街道自然坡度以及相应的雨洪处理设施，设计布局一定规模的集水区，对街道雨水径流进行收集利用。除了考虑美学效果，对街区居民生活的影响外，还需要兼具考虑低影响开发设施中植物的特性及其配置。

4. 街区开放空间城市设计策略

基于海绵城市理念的街区城市设计中，街区绿色开放空间布局方式宜结合均匀分散的模式和相互联系的网络形态，从而在紧凑的面积内挖掘最大的功效。

开放空间对街区空间环境的影响与景观破碎度及其连接度之间存在着非常密切的关

系，低破碎度和高连接度的开放空间有利于形成网络状结构[7]。因此，街区城市设计中需要规划布局尽可能多的小尺度绿色开放空间，同时利用街区内的闲置地块或废弃的“灰色”区域重新进行生态改造设计。

充分利用并维护地上的、可达的、相对干燥的公共空间和低影响开发设施，利用或建设可达性强且相对湿润的公共空间和低影响开发设施。对于街区而言，小规模的地下空间开发也是发挥街区开放空间多功能性的一个有效的现实途径，可以将口袋公园及儿童游戏场等开发空间的地下部分可设计为地下储水设施。在街区绿化面积较大的区域也可以集中布置共用蓄水池，在一定程度上促进使街区设备共享和空间共用。

5. 建立健全的街区城市设计实施管理体系

基于海绵城市理念的街区城市设计以街区三维物质空间形态为研究对象，以街区雨洪管理为核心，以恢复街区生态环境和提高居民生活质量为目标而进行的街区空间环境的综合性、艺术性的整合设计。其设计成果付诸实施过程极为复杂，因而建立健全的街区城市设计实施管理体系对于海绵城市理念的较好贯彻实施意义（图 4）。

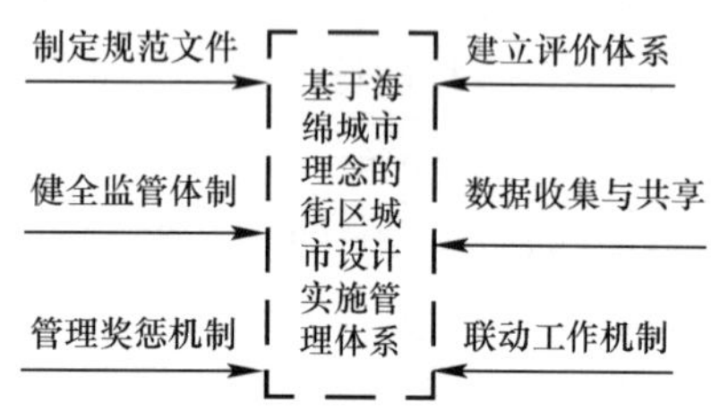

图 4　实施管理体系概念示意图

建立基于海绵城市理念的街区城市设计实施管理保障机制，在相关规范性文件中增加关于雨水管理的鼓励或惩罚性规定。编制基于海绵城市理念的街区设计导则，实现由设计到开发建设再到实施管理的调控。在街区建成之后进行相关数据收集和整理，对城市设计形成相应的反馈机制。完善街区城市设计评价综合体系，严格按照城市设计导则和编制要求的内容进行评分。在海绵城市建设中，从项目立项、设计到建设施工的整个过程应强化社会公众的监督和参与。解决行政管理部门和规划、环保等部门之间的衔接和整合问题，形成联动工作机制。

五、结论

街区城市设计能够打破在街区建设在常规运作中被划分成城市规划、建筑设计、景观设计等不同领域之间的界限，对街区空间环境要素进行跨界整合，对海绵城市建设的理念和要求的实施进行把控。因此，实现海绵城市从街区城市设计进行介入与控制，能够最大化发挥其效用。

基于海绵城市理念的街区城市设计旨在保护、恢复和修复街区生态系统，对街区实行低影响开发，并塑造生态的舒适的高品质的街区宜居环境。以“街区水循环——人的活动——街区空间环境”为研究主线，以生态优先、系统整合、因地制宜、技术融合与创新为基本原则，具有高弹性、生态性、系统性、创新性、地域性特征。

海绵城市建设与城市街区空间的整治方式息息相关，通过整体有效的街区城市设计能够完善海绵城市功能。同时，街区城市设计需要重视街区场地水文的生态环境价值，推进海绵型的街区空间环境建设的同时促进街区城市设计在理论和方法上的创新。

参考文献

[1] 王浩. 中国水资源问题及其科学应对，中国科学技术协会第十三次大会上的报告 [R].

[2] 仇保兴. 海绵城市（LID）的内涵、途径与展望 [J]. 建设科技，2015（5）：37-38.

[3] Budge T. Sponge Cities and Small Towns：a New Economic Partnership [M]. Australia：Victorian Universities Regional Research Network Press，2006.

[4] 吴丹洁. 中国特色海绵城市的新兴趋势与实践研究 [J]. 中国软科学，2016（1）：79-97.

[5] NAHB Research Center Inc. The Practice of Low Impact Development [R]. U. S. Department of Housing and Urban Development，Office of Policy Development and Research，2007.

[6] 陈宏亮. 基于低影响开发的城市道路雨水系统衔接关系研究 [D]. 北京建筑大学，2010.

[7] 徐小东. 开放空间应优先成为城市设计的重要准则 [J]. 新建筑，2008（2）：95-99.

运用 BIM+GIS 构建智慧城市之探讨

苏　南　朱文琦

摘　要：随着现代科学技术日新月异的发展，城市化进程不断的加快；城市发展逐渐受到土地、空间、能源和水资源等问题的约束日益显现，城市人口增长、环境保护等问题面临的压力也越来越大。故如何运用科学有效地方法，使城市资源利用、空间系统组态更加合理有效，提升城市的管理水平与技术的综合运用是现代化城市建设面临的问题。本文主要目的为介绍如何运用 GIS 以及 BIM 技术，通过构建智慧城市资讯化模型外，并且探讨如何协调城市各系统和基础设施设备之间资源的整合，从而构建智慧城市管理云平台，提出解决城市发展问题的新方向。

关键词：智慧城市；GIS；三维城市空间；BIM

Abstract：With the development of modern science and technology，the process of urbanization keep accelerating，urban development is increasingly constrained by problems such as ground、urban space、energy and water resource，Further more other problems such as urban population growth，environmental conservation are also facing more and more pressure. Therefore，How to make urban resource utilization and urban space system configuration more reasonable and effective by scientific methods，and how to progress in urban management and comprehensive application of technology are the major issues in the process of modern city construction. The purpose of this is to discuss how to construct intelligent urban information model by BIM and GIS，and coordinate the integration of information between urban systems and infrastructure equipment. So as to build an intelligent urban management platform. And give a new direction to solve the problem of urban development.

Keywords：Smart city；GIS；3D urban space；BIM

一、前言

近年来，随着地理信息系统（GIS，Geography Information System）快速的发展，其相关技术已相对完善且广泛应用于各个行业，在此基础上三维空间城市模型的概念也随之被提出来。理论上三维空间模型应该包含室内及室外的空间属性，然而 GIS 主要仍以广泛的地理空间资讯作为相关分析研究和应用范围，对于三维信息空间的建筑物仍以实心的三维模型做为替代，使人类城市活动空间的相关分析及研究仍然停留在室外。建筑信息模型

苏南，台湾云林科技大学营建工程学系.

朱文琦，台湾云林科技大学营建工程学系.

（Building Information Modeling，BIM）使得建筑物在设计和建造过程中，创建和使用的“可计算数字信息”，将建筑信息模型可视为参数化的建筑三维空间模型，通过与 GIS 系统的结合构建出三维数位空间城市。目前，许多城市主要新建大楼已使用 BIM 来构建出三维空间模型，但老旧建筑以及城市其他附属设施建筑物对于精细化信息模型仍未构建，对于真正提升到应用层面比较困难。

二、智慧城市的构建

智慧城市三维信息模型的构建是在地理信息系统（GIS）与建筑信息模型（BIM）在资源共享的基础上，利用空间信息系统专业形式的数据管理与信息模型组件构成三维城市空间模型，并且使资料能够提供更广泛的延伸运用和有效的组织管理。通过多维动态来展示城市格局，将互联网、传感网、行业网、通信网与事务相关的位置、环境、状态等信息更加全面准确地映射到计算机数据库[1]，发挥其特有的功能，以期更好地为城市管理服务。

1. GIS 与 BIM 概念

建筑信息建模（Building Information Modeling，BIM）是在整个项目生命周期中创建和管理建筑项目信息的过程。这一过程的关键输出之一是建筑信息模型，即建筑资产各个方面的数字化描述。该模型利用在项目的关键阶段进行协作汇总和更新的信息，创建数字建筑信息模型使与建筑物交互的人员能够优化他们的行为，从而为资产带来更高的整体使用价值，它具有可视化、协调性、模拟性、优化性和可出图五大特点。简单来说 BIM 就是建筑物的数字化信息模型，而 BIM 技术便是以这信息为基础开发数字模型并对项目进行设计、建造及运营管理的一项技术。

地理信息系统（Geographic Information System）是一种特定的十分重要的空间信息系统。用于捕获、存储、检查和显示与地球表面位置相关的数据的计算机系统。通过将看起来不相关的数据相关联，GIS 可以帮助个人和组织更好地理解空间模式和不同事物的关系。GIS 技术是空间数据基础设施的重要组成部分，国外一般将其定义为“获取、处理、分发、使用、维护和保存空间数据所必需的技术”。使用 GIS 可以和许多不同类形的信息比较。该系统包括有关人员的数据信息，如人口、收入或教育水平。它还包括关于景观的信息，例如，溪流的位置，不同种类的植被和不同种类的土壤。以及包括关于工厂、农场和学校的信息；或雨水渠、城市道路和国家电力线路等。

借助 GIS 技术，人们可以比较不同事物的位置，以便发现它们之间的相互关系。例如，使用地理信息系统，单一地图可能包括产生污染的地点，如工厂，以及对污染敏感的地点，如湿地和河流。

2. GIS 与 BIM 的整合阶段

逐步整合 GIS 与 BIM 的相关应用，将建筑物 BIM 模型中的各项资讯，在生命周期的不同阶段中进行各项资源整合与应用。三维城市模型作为交流和参与的媒介，将成为智慧城市管理更加高效合理的运用方式。

（1）设计阶段

持续发展行政辅助查核、技术辅助查核作业及建置城市相关空间资料，提供基地规划者对于开发基地进行环境评估，并且提供建筑师及审查者在建造审查送件时，提供开发基地周遭环境重要的参考资讯及开发案应会办的相关处。

（2）施工阶段

通过 GIS 及 BIM 的整合性共通平台，可以管控公共建筑物中各楼层的施工即时资讯及其空间位置、重要的施工信息通报、各空间文件存取、协同管理应用等作业。

（3）竣工阶段

针对竣工后续管线设备保固、管线设备报修、空间配置规划管理、空间动线规划、建筑空间设备 VR 环景应用及智慧装置的讯息服务等维护运用，进行相关的应用服务及有效的管控. 回馈资讯至平台的相关业务中，例如：提供地形图的修测、3D 建筑物地理空间应用、城市设计、3D 辅助应用、城市空间地理 VR 环景应用及建筑管理等，均能在此完整架构下获得充分且即时的资讯。

任何数据的集成都是汇集现有的相关网络的信息，以开始决策过程，包括位置、拓扑、地质、环境、环境数据等。这些数据大部分都保存在地理空间系统或数据库中，因此 GIS 是一种有用的工具，可用于汇总此信息，使我们能够运行查询来查找特征或确定它们之间的交互，并以三维模型的方式呈现此分析。在我们项目的设计和建设过程中，我们仍然需要通过数据丢失来检查模型是否存在冲突以及是否符合 BIM 执行计划。这可以在空间数据库或 BIM 冲突检测工具中进行测试，并将更改反馈给设计和实施团队进行必要的调整。

3. GIS 与 BIM 的融合

随着我们迈向 BIM、3D 数字城市、物联网和大数据的时代，BIM 和 GIS 之间存在的界限也将变得越来越模糊，或者说整合。随着民众使用的应用程序（例如国内的高德地图、百度地图，国外的 Google earth）的快速发展，我们已经可以看到虚拟世界和现实世界之间的联系有所改善，可以通过建筑立面、地面设施甚至现有树木来实现 3D 实景照片的渲染。事实上，应用程序现在可以捕捉地形和建筑物的基本实体，以便将其引入 GIS。不难看出，我们也将开始查看和使用附加到对象的数据进行规划和商业用途。

现阶段正在收集和创造比以往任何时候都更多的城市数据信息，而且这种数据正呈指数级增长。我们使用大数据及其相互关联的能力将成为决策过程中越来越关键的部分，特别是我们要为未来城市发展的挑战找到解决方案，如人口增长、环境变化、城市化、食品需求和水资源的有限管理。查看和分析数据的能力，也将成为决策过程的核心。

基于 GIS 和 BIM 的集成和融合将会给人类带来巨大的价值，智慧城市服务都是基于集中式架构，将部署在城市地区的密集且异构的外围设备产生不同类型的数据，然后通过将适当的通信技术引入控制中心，在该中心执行数据存储和处理[2]。基于 GIS 和 BIM 结合的智能城市将是一个成熟技术的融合，能够将不同的技术与现有的通信基础设施集成在一起，以支持智慧城市三维网络城市平台（图 1）的逐步演进，并与其他设备相互连接，实现新功能和多项服务[3]。另一个基本方面是有必要使政府和公民容易获得的城市物联网数据的收集整理，增加当局对城市问题的响应能力，提高公民对公共事务的认识和参与度。

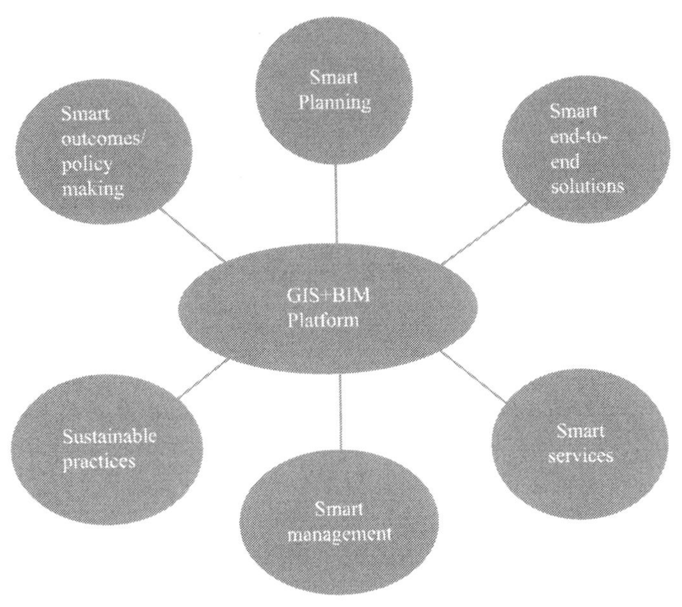

图 1　智慧城市三维网络城市平台

在国际范围内，各国的专家学者对智慧城市已有初步的研究，各国政府也大力倡导建设。它还包含精准的城市三维建模，发达的城市传感网络，实时的城市人流监控，使人们的生活更加智能和便捷。

三、智慧数位城市模型的主要特征

1. 城市信息可视化

基于 3D 全景流的面向服务的可视化方法对城市信息解决方案来说是一种有前景的战略。特别是这种方法包含了服务器端的模型存储、管理和渲染，依赖于固定大小的三维立体图像，并且可以在客户端应用程序中交互使用虚拟 3D 全景图。它可以通过数据集成进行扩展服务，以使可视化适应应用程序的特定需求。最重要的是，这种方法使我们能够利用云计算进行城市信息的数据处理、管理和渲染。从生理学的角度来看，人类的视力比任何其他意义都更具信息性和更有效率。城市信息可视化是表示城市数据和分析结果以及探索潜在有趣发现的最重要工具。理论上，可视化本身是一个令人困惑的研究课题，已经吸引了成千上万的计算机科学研究人员。城市信息可视化有其特殊的问题，为了描述某些城市三维数据信息，无论采取何种手段，自然语言对于提供者的制定以及接收者的理解来说都不健全和有效。根据使用者的需要，应该精心设计地图或任何基于屏幕的交互式可视化，特别是人机交互（HCI）。除了普通的数字地图和信息可视化之外，新的数据类型和最终的显示媒体带来更多挑战。基于自愿城市信息或社交媒体网络的群体采购数据收集，城市自然景观和社会行为的动态三维监测和传感产生更多类型的城市地理空间数据，这些数据与传统的地理空间数据库区别于网络中丰富的属性和复杂的关系和分层样式[4]。时尚智能便携设备上的小型显示器要求研究人员加大力度寻找适应性和人性化的人机交互方式。在对地理现象和过程的交互式和可视化表现的生理和心理调查中获得的数据准则也应该纳入设计和实施原则中[5]。不同科研团队间知识构建的地理视觉化方法是未来可扩展3D城市视觉系统的基本组成部分。如：运用系统提供的逼真的城市三维环境，能够让设计人员在真实的场景中去设计，充分考虑建筑环境的现状、自然地形、道路、绿化等对设计方案的不同影响，可以清晰地判断城市设计方案是否满足空间尺度适宜、各建筑之间的和谐性以及城市总体效果等方面的要求，使城市设计更加科学化。通过合并或整合城市行政区以适应不断变化的资源需求；促进城市结构升级，确保土地资源高效地利用，以应对复杂的城市问题，并通过提高城市的适应性、可持续发展能力和经济竞争力来实现城市的智慧化。

2. 提供室内外多角度、全方位的位置信息表达

与室外利用GPS定位导航技术相比，室内导航却因缺乏三维空间数据源无法在室内定位。因建筑物在有大量信号遮蔽物存在，无法室内定位基础设施或发射设备无法使用，且其空间中有大量变动场所，如医院或施工现场，当不熟悉环境的人员须在此空间中导览时，则需室内导航的辅助，此外人员有查看、记录环境变动的需求。然而目前室内定位、导航研究大多专注在定位技术上，地图多以二维点线组成，其空间不具有三维数字空间信号的资讯，且缺乏使用者与系统界面之间的双向互动。建筑资讯模型（Building Information Model，BIM）作为导航地图，其空间导向的概念，除了能储存三维几何资讯外，还能以三维空间建筑模型为基础储存非几何的资讯。通过BIM提供的建筑内部模型配合GIS空间架构可以实现全方位立体的室内外三维空间导航。

3. 模拟城市结构在多维时空的表达

智慧城市三维信息平台通过对于城市各系统数据的收集、储存、分析、管理，可提供城市各系统在过去任意节点的信息展示，对未来的城市发展进行模拟预测。如根据收集到的城市气候信息来预测城市应对气候灾害的能力。在传统的城市监控系统中，视频流被追踪并显示在多个电视屏幕上，并且由操作人员在视觉上识别出疑似事件。延迟了事件及人员的调查速度。智慧三维城市信息平台提供更多智能视频挖掘技术作为替代方案。可以有效分析不同的视频流帧，以识别、跟踪和识别移动对象；可以对人的移动和姿势进行行为评估，以定位和潜在的嫌疑人和预测潜在事件的发生。

四、智慧城市三维模型的应用

1. 城市建筑物的结构健康监测管理

对城市的不同时期的建筑物进行适当的维护需要持续监测每座建筑物的实际情况，并确定最受外部因素影响的区域。构建的智慧城市三维管理平台可提供建筑物结构完整性测量的分布式数据库资料，由适当的建筑物内的传感器收集，如监测建筑物应力的振动和变形传感器（图2），周围区域的气候传感器以监测污染水平以及温度和湿度传感器可检测建筑物周边环境的整体状态[6]。这个数据库减少了操作人员定期对进行建筑物的结构测试的

需要，并且将采取有针对性和主动的维护和恢复行动。最后，将振动和地震读数结合起来，可以更好地研究和解读轻型地震对城市建筑的影响。然而，这种服务的实现需要在建筑物和周围地区安装传感器，并将其与控制系统相互连接，这可能需要初始投资才能创建所需的基础设施。

常见应用	长期持续监测 健康监测 长期的应变/振动研究 疲劳监测	便携式结构测试 结构诊断 额定负载 短期测试
模式操作	单机 （嵌入式数据记录，处理）	基于PC的 （实时数据流传输到PC主机）
连接	以太网（可选第三方调制解调器）	USB,Wi-Fi（802.11b/g）和以太网

图 2 用于长期监测和便携式测试应用的比较

2. 城市垃圾管理

由于服务成本和垃圾填埋场垃圾存放问题，废物管理是许多现代城市的首要问题。然而，智慧城市在这一领域的深入渗透可能会带来显著的节约和经济生态优势。例如，使用能够检测负载水平并优化垃圾收集车路线的智能垃圾箱可以降低垃圾收集成本并提高回收质量。为实现这种智能废物管理服务，物联网应将终端设备（即智能废物容器）连接至控制中心，在该中心优化软件处理数据并确定收集车队的用以达到最佳管理的目标。

3. 空气质量监测

为下一个十年制定减少气候变化的目标。欧盟要达到 2020 年温室气体排放量比 2012 年减少 20%，到 2020 年通过提高能源效率降低 20%的能源消耗，到 2020 年使用可再生能源的比例提高 20%的目标。在一定程度上，智慧城市管理平台可以提供相应的手段来监控拥挤地区，公园或健身路径中的空气质量[7]。此外，还可以提供通信设施，让运动健身人员在移动设备上的应用程序连接到基础设施。通过这种方式，人们总能找到最适合户外活动的最健康的路径，并且可以不断与他们喜欢的个人应用程序相连接，并将传感器数据公布给公民。

4. 噪声监测

噪声可以看作是一种声音污染形式，就像碳氧化物（CO）对空气一样。从这个意义上说，很多政府都已经颁布了具体的法律，以减少特定时间在城市中的噪声量。智慧城市管理平台可以提供噪声监测服务，以测量在采用该地区服务的任何一小时产生的噪声量[8]。除了建立该地区噪声污染的时空地图之外，这种服务还可以用于通过可以识别，例如玻璃撞击声或斗殴声的声音检测算法来加强公共安全。这项服务可以改善城市夜晚的宁静和城市公共场所的安全问题。

5. 交通拥堵

在空气质量和噪声监测的统一管理方式上，智慧城市管理平台可实现一项智能城市服务，包括监测城市的交通拥堵情况。尽管基于摄像头的流量监测系统已经可用并已在许多城市部署，但低功耗广泛的通信可以提供更密集的信息来源。交通监控可以通过使用安装在现代车辆上的传感器和GPS来实现[9]，并沿着给定的道路采用空气质量和声学传感器组合的方式。这些信息对于城市管理和市民来说非常重要，前者交通管理并根据需要派遣官员，后者提前计划前往办公室的路线或更好地安排到市中心的购物行程。通过整合整个城市交通网络，来提高城市的通达性。

6. 城市能源消耗

与空气质量监测服务一起，智慧城市管理平台可以提供服务来监测整个城市的能源消耗情况，从而使城市管理者和市民能够清楚和详细地了解不同所需能源的数量服务（如：公共照明、交通、交通信号灯、控制摄像机、公共建筑的加热/冷却等）。反过来，这可以确定主要能源消耗的来源并确定优先次序以优化其行为。这符合在未来几年提高能源效率的目标。为了获得这种服务，电力监控设备必须与智慧城市电网相结合。此外，街道照明效率的优化也将是一项重要的环节[10]。特别是，根据智慧城市管理云平台，结合城市环境以及其后特征来根据一天中的时间、天气状况以及人员的流动来优化路灯的工作。为了保证能保持高昂效率的正常运行，这种服务需要将路灯纳入智能城市基础设施。除此之外，也可利用增加的连接点数量为公民提供WiFi连接。另外，在使用路灯控制器也将更容易实现故障检测，运用不同类型的传感器和执行器的监测和公共建筑对环境的有益健康（学校、政府办公室和博物馆），温度和湿度通过控制这些参数可以提高生活在这些环境中的人们的舒适度，这也可以在生产力方面产生积极的回报，同时降低加热/冷却成本。

7. 智能停车

智能停车服务基于道路传感器和智能显示屏，可以指导驾车者沿着城市停车的最佳路径。从这项服务中获得的好处是多方面的，更快地找到停车位意味着更少的车辆排放CO，减少交通堵塞和使市民提高舒适感。智能停车服务可以直接集成到城市物联网基础设施中，通过使用诸如射频标识符（RFID）或近场通信（NFC）之类的短距离通信技术[11]，可以在为居民或残疾人预留的时隙中实现停车许可证的电子验证系统，从而更好为市民提供服务，并有效地利用这些工具快速发现违规行为。

8. 导航系统

随着建筑设计和施工技术的发展，建筑造型各异，体量越来越大，建筑内部结构也越来越复杂，人们的活动不是在室内就是在室外，在高层建筑、室内面积大的建筑中，特别是标识不够清晰明确的情况下，人们也比较容易迷失方向，尤其是在商场、活动中心、医院等地方，就算方向感很好的人想一下子弄清楚东南西北也是很不容易的，因此人们对于室内导航的需求不亚于室外导航。

然而现在为数不多的室内导航图也只是二维电子图，甚至只是示意图，用起来也不是很方便，而BIM与GIS结合，刚好能解决这个问题。成熟的三维GIS平台，已经支持物联网数据的接入，结合BIM建筑模型特点，可以轻松做到模拟真实情景定位[12]，当然应用方面也很广，比如，博物馆里寻找展厅、商场里寻找店面、医院里寻找科室、学校里寻找教室等。

9. 应急管理

对于应急，风险和灾害管理系统、三维城市模型提供了计算框架。特别是模拟火灾、洪水和爆炸。各种灾害安全工程的不断进步已经极大地减少了火灾事故和人员伤亡。尽管这是一个好消息，但是这种发展也导致了未曾遇见的问题：由于灾害事故不很频繁，消防人员获得的实战经验正在减少。这导致了消防人员实战经验和火场指挥技能的降低。灾害环境模拟是解决技能退步的有效方法。

通过 BIM 和 GIS 的技术结合，综合运用计算 3D 建模技术、人工智能、声热光电等增强体感技术，构建出精确真实的 VR 全景的灾害场景，并通过 VR 眼镜、手柄及语音对话模式进行沉浸式人机交互演练，培养和锻炼消防人员的安全意识和消防能力。同时，VR 演练系统还结合当前互联网技术，实现多人团队演练，以场景式教学的模式提升消防群体应对突发性灾害的处置能力和安全素质。

五、智慧城市发展实例

1. 城市智能空间——新加坡

新加坡是第一批主张在城市管理中采用信息通信技术的国家，并于 20 世纪 80 年代初将自己定义为智能岛。新加坡于 1981 年成立了国家计算机委员会，其任务是推动新加坡进入信息时代，以提高经济成就和生活质量。将 ICT 推进政府管理，教育和社会的努力一直持续到现在。新加坡资讯通信发展管理局发布了第五份 2012 年技术路线图和智能国家 2015 年总体规划，以实施下一代信息基础设施。智慧城市计划办公室成立于 2011 年，旨在指导新加坡的智慧城市。新加坡的形象（I-Singapore，地理空间）是其众多大项目中的一个关键项目。I-Singapore 的目标包括共享来自公共、私人和人们的数据，探索地理空间技术的优势以及整合来自社交媒体的用户生成内容。

新加坡土地管理局一直运行新加坡地理空间协作环境（SG-SPACE）作为新加坡的国家 SDI，用于 30 多个政府部门之间的数据共享，“远景空间国家”愿景[15]GeoSpace 是 SG-SPACE 的核心部分，旨在与所有参与机构在政府内部网上共享数据，这部分实现了综合政府的目标[16]作为地理门户，参与方可以在发生变化时更新通信数据层，并授予或免除某些其他用户的特权。这种方法节省了对地理空间数据收集的重复投资，并实现了对数据库的近实时更新。

对于普通公众用户，OneMap（http://www. onemap. sg/）可以在互联网上公开访问，免费提供最新的街道目录图层，POI（例如 WiFi 热点和从数据共享门户收集的国家纪念碑）。特定功能也可以定制以满足特殊要求。家长可以使用 OneMap 计算潜在小学和他们家的准确距离，以确定他们孩子的入学可能性。OneMap 的 Web 编程 API 发布给有趣的团队，用于构建在线混搭地图。OneMap 网站也被大多数政府机构用来发布自己的专题图层。国家环境局发布登革热传染地区并聚集热点，并提醒居民注意并采取适当行动。

作为一个岛屿城市国家，新加坡的土地资源有限，因此对道路运输进行了仔细的管理，以确保交通顺畅，土地消耗最少，各部分之间有良好的联系。在许多措施中，道路收费系统是一个非常独特和有效的系统，现在称为电子道路收费系统。它的主要目的是通过在高峰时段向那些使用重要道路的人收费并鼓励人们选择旅行来减少交通堵塞。这有助于新加坡陆路运输部门的能源消耗相对其他发达国家相对较低，目前的实施是基于在某些道路入口和出口处建造的门架，它们完全勾勒出交通密集区域。目前的计划是将固定门架更改或补偿给全球导航卫星系统，该系统可用于进行基于距离的拥堵收费和收费区域的实时调整。在这种情况下，基于GIS的智能地理空间分析可以从新方法中得到解决。

2. 三维数字城市——武汉

为"十二五"期间武汉实现跨越发展、促进幸福城市建设积极服务，2009年完成了武汉市区8494平方公里的框架模型建设，以及主城区525平方公里的精细模型数据库建设，实现了地上、地下空间三维模型的一体化管理。三维数字地图系统是智慧城市建设的基础平台，提高了工作效率和管理水平，促进了城市建设活动与整体环境的和谐统一。武汉市三维数字地图系统建设可归纳为"一套标准、两个平台、三项研究和四张图"。

"一套标准"，即三维数字地图系统建设的技术规程和三维模型建设标准。在三维模型建设标准的基础上，编制完成并发布了国家行业技术标准《城市三维建模技术规范》CJJ/T 157—2010。该标准是全球首个实用的三维模型建设标准。

"两个平台"，即三维集成管理平台和三维决策支持系统。一个实现海量三维模型数据的集成管理；一个实现城市建设活动的三维再现。

"三项研究"，即关键技术研究、应用技术研究和运行机制研究。

"四张图"即框架模型、基础模型、标准模型及精细模型。第一张图主要反映地形地貌，由DEM、DOM、体块及地名数据库构成；第二张图是基础模型，建筑分辨率在1.5～2m，基本反映建筑外观，主要用于展示城市基本现状；第三张图是标准模型，建筑分辨率在1m左右，主要表现城市重点地区和新建地区景观；第四张图是精细模型，建筑分辨率为0.3～0.5m，主要用于表现城市标志性建筑、历史建筑等。

在武汉城市三维地图上，每个城市居民的住房状态，人员流动情况通过平台可以清晰地展示，为政府准确掌握人口信息分布、构成信息，需要在哪些地方应该增添某些城市基础设施，使得城市管理更加合理有效。

2010年，武汉市加强了城市人口以及房屋人口居住的管理。利用三维技术集成人口、房屋数据，为房屋管理局以及公安系统的对于人口的掌握提供了直观、高效的工具，为政府管理和智能化决策提供立体化的信息支持。依建筑物空间架构制定人质解救方案三维数字地图系统在反恐方面有广泛的应用前景，它利用三维数字技术展现房屋规划情形，直观地展现建筑物之间的空间关系，能够模拟人质劫持现场设计解救方案，并通过定位功能帮助解救人质。当城市发生重大案件，通过对室内外地上、地下三维一体化的管理，运用三维仿真技术可以模拟案发现场情景和现场破坏情况，可以预估在设定地域中的某个区域的人员分布情况，通过快速定位到达案件发生的某特定建筑物的特定房间内，进而可以判定待救援人员在空间上的大体分布情况和集中区域，为指挥决策者提供全方位立体可视化的分析决策工具，制定更加科学准确的城市安全应急预案，为创新武汉、和谐武汉建设提供有力的保证。武汉各城区近年实现的城市网格化管理，"数字武汉"是基础平台。哪里井盖丢了，哪里出现了暴露垃圾，管理人员可以在第一时间网上发布。除了地面的井盖、路灯、摊贩等状况，建筑立面上的幕墙、空调外机、广告牌等也是城市管理的范围。城市三维立体的可视化显示手段，对城市管理人员来说定位更准确也更直观，便于城市管理人员进行多方位的城市管理，对于提升城市立体化全方位的管理能力和管理水平，提高工作效率，具有非常重要的意义。

六、结论与建议

在本文中，我们分析了目前可用于实施智慧城市平台的解决方案。所讨论的技术也接近于标准化，行业参与者已经积极参与生产利用这些技术来实现感兴趣应用的设备，实际上，虽然智慧网络系统的设计选择范围相当广泛，但开放和标准化协议明显较少。此外，现在技术已经达到了成熟的程度，因而能够实际实现智慧城市管理平台解决方案和服务，从实际现场试验开始，希望有助于消除仍然无法大量采用智慧城市平台的不确定性。武汉市城市三维地理模型项目的实施也被描述为将智慧城市网络空间给构建的成功范例。

三维城市信息系统关于智能城市融入智能城市的第三个典型转变是从空间分析工具到城市建模和城市模拟。三维城市信息系统已被视为一套处理地理空间数据集的工具，然后才被全面公认为科学框架。现在，GIS 在城市建模和规划中的应用涵盖了大量的问题。城市三维空间模型的总体基础仍在形成。“模拟”可能不是涵盖所有应用程序作为基础的适当术语。但在城市化面临城镇人口爆发，土地利用和气候变化以及诱发风险等紧迫挑战的阶段，对智能城市规划的整体模拟显然是必要的。为此，包含三维地理空间数据，城市人口统计数据，应建立动态三维信息平台和主要城市设施传感设备。

本文回顾了智慧城市发展的状态。智慧城市三维信息系统一直是将城市管理转变为更加高效和智能的重要平台，并且为了实现城市的智能发展，GIS 和 BIM 的跨学科研究和实践是必不可少的，应将城市交通规划的信息建模、风险管理、区域和城市规划以及新的数据收集工具背景下的自然资源管理进行统一的结合。尽管由于经济和政策的多样性，很难为所有城市设计一个通用的智慧化网络信息平台，但是三维城市信息平台和云计算应该在政府应用和群众采购开发商和城市居民的短期内建成，这绝对可以减少未来的投资并丰富常用数据库。最终城市区域和国家层面的全球城市信息数据库需要建立起来，作为公共和私营机构不同利益相关者之间合作的一致数据库和平台。

参考文献

[1] 朱欣焰，周成虎，呙维等. 全息位置地图概念内涵及其关键技术初探［J］. 武汉大学学报信息科学版，2015，40（3）：285-295.

[2] Andrea Zanella，Nicola Bui，Angelo Castellani. Internet of Things for Smart Cities［J］. IEEE Internet of Things Journal，2014，1（1）：22-32.

[3] C. Hemalatha，M. Valan Rajkumar，M. Gayathri. IOT Based Building Monitoring System Using GSM Technique［J］. IOSR Journal of Electronics and Communication Engineering，2017 12（2）：68-75.

[4] Batty. M. A Perspective on Smart Cities：Representing，Modelling，and Tracking Urban Futures［R］London：Webinar to IBM Urban Systems Collaborative. 2011.

[5] Jones, C., Haklay, M. and Griffiths, S. A Less-is-more Approach To Geovisualization Enhancing Knowledge Construction across Multidisciplinary Teams [J]. Int. J. Geog. Inf. Sci., 2009, 23 (8): 1077-1093.

[6] 井彦娜. 基于物联网的建筑安全监测管理系统研究 [D]. 浙江大学，2017.

[7] Aigul Bissarinova. Aisha Mamyrova . Bella Tussupova. Lyazzat Balgabayeva . Orken Mamyrbayev, Simulation modeling of the spread of harmful emissions into the atmosphere on the basis of geographic information system (GIS) of monitoring environmental condition of a megalopolis. https://doi.org/10.1515/eng-2016-0042. 2016.

[8] P. Bellavista, G. Cardone, A. Corradi, L. Foschini. Convergence of MANET and WSN in IoT urban scenarios [J] IEEE Sens. J., IEEE, 2013, 13 (10): 3556-3567.

[9] 田甜. GPS车载定位监控系统的设计和实现 [D]. 中南大学，2013.

[10] 李博，高志远，曹阳. 智能电网支撑智慧城市关键技术 [J]. 中国电力，2015，48 (11): 123-130.

[11] 潘晓东，詹嘉，杨轸. 智能停车诱导系统的设计应用研究 [J]. 华东交通大学学报 2007，24 (1): 60-62.

[12] 陈志丞，蔡绍明，严国雄. 台北市迈向智慧城市的利器——BIM+GIS，[R]. 台北市政府都市发展局，2017.

DH快速桩在城市建设行政管理实务上的应用

李胜男　龚维明

摘　要：在人类历史的演进过程中，城市的出现丰富了文明的内涵。城市满足了众多聚居住民的多样需求，造就了大量的住房建设、工业建设及公共建设，逐渐推升高楼层建筑的兴起；这些需求使得能够在相同土地面积上提供更大承载力的基础桩之应用已是相当普及，实行工厂预先制造的预应力混凝土桩就是其中一个最为明显的工程市场产品。在现行公部门的城市建筑物的建设行政管理上，因为工程技术未能克服及种种人为因素，实行放任或粗放式管理预制类基桩的先行施工，造成一些行政管理上的疏失与盲点。DH快速桩是最新研发的预制混凝土桩技术，实行更多品项的工厂预制及更简易的工地施工技术，可达成快速施工、桩头更稳定、优化施工质量、成桩质量易于管控等特性，并可以提升城市建设行政管理的效率及严谨度。

关键词：DH快速桩；DH复合快速桩；城市建设

一、前言

作为城市建设管理的行政主管机关及执行流程，虽因各地区的法令规范各有不同，但基本上都是尽量将建筑工程管理良善，使业主、设计者、施工者、使用者、环境及相关者间能消弥争议。本文主要讨论工程建设中的基础桩对市政建设的影响，并作二项比较及建议；主要考虑重点是在成本、工期、成桩质量管理、安全及耐久性、环境影响等因素。预制型的预力基桩被大量地用在城市建设中，但其安全性及稳定性仍受有质疑；而全套管桩的运用则有工期太长、成本高的问题。如何兼顾预制桩及场铸桩二者间的平衡选用，也考验工程主管机关的能力及前瞻性。

二、预力基桩施工工法的演进

先拉式预应力混凝土基桩（Pre-stressed concrete pile，中国称为“先张式预应力混凝土管桩”，以下简称“预力基桩”或“管桩”）自1960年开始在日本实际运用以来（全世界第一部预力基桩标准：JIS A5335）[1]，即迅速成为举世最普及的基础桩形式之一。1970年更开发出离心预应力高强度混凝土预力基桩（PHC桩），进一步奠定现代化预力基桩的基础。主要的特色即在成本低、强度高、易于品管及检验等，尤其适用于正在迅速发展的地区，利于各方面的基础建设（Infrastructure）的展开。

李胜男，德翰智慧科技有限公司副总经理.

龚维明，东南大学土木工程学院桥隧与地下工程系教授.

混凝土在未硬化前，是一种不稳定的材料，非常容易因配比、材料选用和灌注施工、养护上的不当等问题而形成弱点。但混凝土却是工程材料中成本最低的材料，对环境的抵抗力最强（如抗风化、抗酸碱、耐水、耐腐蚀等），普遍使用于各类土木建筑工程、河工、海工、地下设施等。

预力基桩在土木工程上的施行，分为工厂预制及工地施工两大类。工厂预制主要是将单节的预力基桩的材料在工厂内予以组合完成（使用“结合”可能更为适当），再运输至工地施作。本作为隐蔽设施的地下基础工程在土木建筑工程中是一个最为耗时的工作项目，基桩的工厂预制使得基桩的工期得到提前，质量也大为提升。

因应建设的高度量化需求，也使得预力基桩的生产可以工厂化，以求满足量大、价廉的客户要求。现代的预力基桩的工厂预制大多已经制式流程化、生产机械化，且为多数的预制工厂所接受。其间差异主要在工厂质量控管的精确度，最重要的仍在于工厂产线产能的规模量化而达到单位成本的降低。

混凝土材料本来极易因制作过程控制不良而产生质量上的较大差异（如抗压强度等）。预力基桩因为工厂化的预制，精度高且反复利用的钢模具、滚动离心的拌合夯实方式，可以形成混凝土的高抗压强度可达 500～800kg/cm^2（约 49～79N/mm^2 或 7，117～11，387psi），配合高强度钢棒抗拉强度达 12500kg/cm^2（约 1226N/mm^2 或 177，915psi）及自动点焊的螺旋钢线笼，形成最佳的混凝土结构件，质量稳定、且品管容易。更配合工厂产线的高温高压蒸养方式，更进一步使预力基桩的预制时间得以大量缩短。这些都是使用普通混凝土在工地直接灌注的施工上（如反循环桩或全套管桩等）所无法比拟的。

预力基桩的施工工法，经工程界数十年来演化，主要有锤击式（或称打击式）、静压入式及植入式（或称埋入式）三大方面的施工工法，各有其独特的优缺点，依工程业界及社会环境之需求而逐步演进。三者间以锤击式工艺问世最久，达几百年；静压入式次之；植入式工艺则是最晚问世的施工工艺，大约在 1980 年[2]。

1. 锤击式工法

(1) 锤击式工法简介

上述的三种工法，以锤击式工法问世最久，达几百年，也是施工成本最低廉的工法。简单地讲，即是使用大型施工机具以外力（重锤），经由逐次锤击的方式，将桩身击入土层中，直到设计深度或到达一定程度的阻力（视地质条件而定）为止，而达成基础桩的施工。这是一种极为古老的施工工法，施工成本最为低廉，但伴随的缺失，如噪声、油污、挤土、振动等环境污染。

(2) 锤击式工法的缺失

锤击式工法会造成以下的缺点：

1）环境污染及损邻争议：

锤击式工法施工方式，当然会产生巨大的噪声。基桩施工期间动辄长达 1～2 个月以上（视工程规模而异），会产生高达 100～130 分贝的噪声（表 1），尤其是在人口密集的地区，这也是此工法最为人诟病的缺失。油污飞溅则是对距离较近的环境有影响。

挤土效应是锤击桩最大的优势，会产生更大的桩身摩阻力。但对于居住密度较高的地区，则会产生邻房损坏的问题。振动污染除了会让居民感到不适不悦外，若工址位在精密工业区（如精密机械或半导体等高科技产业）或必须使用精密仪器的场所（如医疗产业）或使用危险设备的工业（如石化工业），土层振动则会让已设置的事业行号遭受风险、损失或生产线必须停工的不利影响。

这些环境污染所衍生的纠纷或诉讼，除了会引起附近居民的民怨、会干扰到工程的进行，也会使公部门的建设行政管理产生阻碍及压力；若后续处理不当时，更会使社会对公部门整体的行政管理能力产生质疑。这些法律纠纷争议处理及民怨疏解反而是市政机关在建设工程管理上的处理重点。

2）桩身结构安全的隐忧：

除了上述对环境产生污染及对住民产生不便之外，锤击式工法尚会对桩身结构安全产生破坏，更是为工程业界专业人士（尤其是设计工程师）所垢病。锤击式工法在施工时会对桩身产生裂缝、裂纹等破坏，有些可以目视检视，但有很大比例则是无法被检视或因人为因素而被故意忽视。这些都是会形成隐患，使预力基桩的耐久性受到质疑。桩头裂纹的隐忧不会立即出现，但长期对桩体的结构安全会形成威胁。

而因为锤击式工法的施工方式，基桩在打入土层时，经常会有击入过程中遭遇贯入阻力过大但尚未到达设计深度或提早遭遇岩盘或坚硬土层的情形，而致使锤击必须提早中止；桩头常因此会露出地面而致使必须进行“截桩处理”（图 1），即使用切割器具将桩的一部分予以截除（更早期是使用人工或半人工方式打除），这样的桩头截除，使桩顶的端钣（具有预力钢棒的机械锚定效果）及一部分桩身预力钢棒都被截除，形成了对桩身预力的提前破坏，等于是靠近桩顶部位的桩身混凝土失去了预应力的保护作用，长久对抗蚀、耐久、力学等都有坏处。这些缺失隐患也使得设计工程师顾虑承担法律责任及良心责任，而降低实行锤击式基桩设计的意愿。

基础工程（含挡土作业）施工机具声功率位准 **表 1**

营建工程类别	施工机具	额定输出（PS）或规格	声功率位准 dB（A）
基础工程（含挡土作业）冲击式打桩工程	柴油桩锤（标准型）	1.2t	129
		2.5～6.0t	138
	落锤（标准型）	1.5～7.0t	128
	内部落锤（标准型）		113
	单动汽锤（标准型）		130
	双动汽锤（标准型）		135
	…（下略）…	…	…

数据源：环境保护署（2011），“营建工程噪声评估模式技术规范”。

而此锤击式工法造成的环境污染所衍生的纠纷或诉讼，短期除了会引起附近居民的民怨、会干扰到工程的进行，也会使主管部门的建设行政管理产生阻碍及压力；若后续处理不当时，更会使社会对公部门整体的行政管理能力产生质疑。

这些工法上的施行缺失，长期对于使用寿命长的结构物（例如重大桥梁或建筑物多会要求 100 年使用寿命等）会存有不确定的危机，相当不利；除了对建筑物的财物资产损失外，对使用人会有不可预测的伤亡风险形成。

图1　预力基桩之截桩

因此，锤击式工法在一些较注重质量的地区（如日本、中国台湾等），除了荒山僻野滨海处外，几乎多已不再使用了。

2. 静压入式工法

静压入式工法的出现，主要在改善锤击式工法的一些缺失，如噪声、油污等环境污染，而其他的缺失则多无改善，在此不多加赘述。此外，也造成施工成本增加、工期拉长等缺点。

3. 植入式工法（埋入式工法）

随时代演进，更现代化的植入式工法出现，更进一步改善锤击式、静压入式工法的缺失，如改善噪声、挤土、油污等环境污染或冲击、桩头破坏、桩身裂缝等隐患。锤击式、静压入式工法为扰动桩的形式，通过挤土效应（因锤击或压入基础桩之行为所产生），可以产生桩身周围的土壤更为紧实，可以产生更高的土壤摩阻效益，提高基础桩的承载力。植入式工法则为非扰动桩形式，这是与前两代工法间最大的差异。

（1）植入式工法简介

植入式工法有预钻孔式（外钻掘式）、中钻掘式、旋转压入式等不同的施工方法[3][4]。以最为普遍之外钻掘埋入式管桩为例，工地施工之钻孔设备系以钻掘机（长螺旋钻孔机）为主，先在桩位上预钻一个略大于欲埋入之桩身外径的桩孔（直径一般略大 10～20cm，因地制宜，常规为略大 10cm）。施工过程系以钻头配上螺旋钻杆，先以驱动马达带动钻杆旋转，将土层钻孔至设计深度后，再由钻杆中空部份以注浆泵浦打入稳定液（常使用水灰比为 1∶1 之水泥浆液），注浆量为填充桩身中空内孔部分、桩身与桩孔间空隙（一般可以桩孔体积每立方 5～8 包水泥概估水泥浆用量）。待固定液与土壤充分拌合后，接着以吊车将桩身植入桩孔内的正确高程，而达成沉桩的目的。待打入水泥浆稳定液凝固后，便完成一支预力基桩的植桩工作。

植入式工法为非扰动桩形式，必须使用低强度水泥浆与土壤的拌合液作为桩孔和桩身间空隙的填充物，除了稳定桩壁塌孔的效应外，更能在水泥硬化后，强化土壤的强度，发展出桩身与土壤间的第二界面的破坏面[5]，比桩身更大，可达到增加桩身摩阻力及桩端支承力的效果（图 2）。在水泥浆拌合液硬化后所形成的强度远大于原始土壤，工程界采用第二界面，是因为桩体与硬化后的水泥浆拌合液间的摩擦力远大于桩体和土壤间的摩擦力。

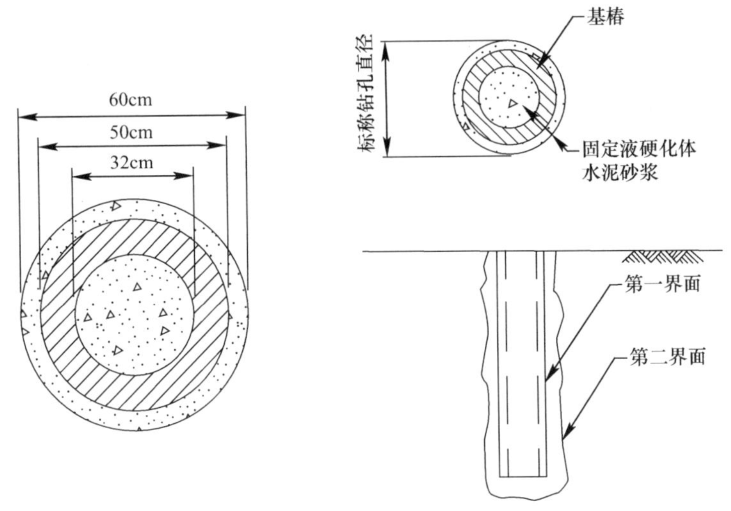

图 2　植入式预力基桩支承面的第二界面示意

(2) 植入式工法的优点

1）植桩施工噪声低、无邻损争议

不同于锤击式的巨大施工噪声，植入式工法是非扰动型基桩，采用钻掘式施工，噪声相当小，类似于反循环桩。这是植入式工法最为民众接受的优点。植桩施工无挤土效应，除非施工错误，几乎不会有邻损争议。这些是植入式工法能克服法律及环境困扰。

2）桩体结构完整

植入式工法施工时非以外力（如锤击或重量）施加在桩体上，因此除非桩体出厂前受损，否则施工阶段桩体不会有破坏或裂纹存在。这点确保了桩体施工后符合设计时的要求，使设计工程师得以放心进行设计，这是植入式工法在工程力学上的优点。

3）易于施工及监造

采用钻掘式施工，只要钻杆钻得到设计深度，大致上沉桩没问题。这使得植入式工法极适合在冲积层施作，但不利于卵砾石层或岩盘上施作。而桩体完整的施工方式，使得监造相对简易确实。

这些优点使得植入式工法取代了锤击式工法（主要在低噪声），以及反循环桩（主要在保持桩体完整），而成为台湾地区 1m 桩径以下桩种的主流。

(3) 植入式工法的缺点

1）植桩施工成本较高

植入式工法在施工上使用了水泥浆拌合液作为钻掘时桩孔稳定及植桩后土层强固之用，也就是会增加水泥的使用量，必然会使植桩施工成本增加，一般估算上会增加约三成。虽然植入式工法的施工成本较锤击式、静压入式工法为高，这是此工法最大的缺点。但因施工时对环境冲击小（几乎没有）、无邻损争议，特别是人口聚集的城市地区，故广为工程界所喜爱。

植入式工法使用的施工机械及人工不多，一个工班约为 3 机 7 人，主要机具为钻掘机（长螺杆钻孔机）、挖掘机（机械手）、吊车，相当普及易取得，操作人员训练也简单；其他配合机具为拌合槽、加压输送泵、水平仪等。施工上的速度也相当快，施工时的噪声大致上比道路行驶的车辆噪声差不多；施工时不扰动土层，不会引起邻损问题。植桩施工的误差相当小，桩顶高程及桩水平偏位移多能控制在 50mm 以下，相当优越。

基本上，植入式工法的施作不会引起环境污染的争议及民怨，这也是广为社会及工程界所认可及采用的主要原因。对于主管行政机关而言，管理上也更为容易，且无争议。

2）植桩施工后的等待时间过长

植入式工法施工时必须采用水泥浆拌合液，除了增加成本之外，值得注意的是，水泥硬化需要时间，常以 28 天为界限，才能进行下一步工序。但工班作业的等待更费时，一般都会估算到 2～3 个月的时间，大多是待工的浮时浪费。这在重视投资效益的民营企业或重视施政绩效的公共建设上，都是极为浪费时间的。工期拖的越久，有时是表示规划设计的失当或是施工承包商的延期，都是效率低落的现象，与现代的市政管理强调效率是相违和的。

3）植桩施工后的桩头处理（桩头加强）工序存在不稳定的疑虑

不同于锤击式工法的桩体中空内孔在施工后仍维持是空心状态，只需以吊模方式灌注桩头填芯段的钢筋笼及锚钢筋，微膨胀混凝土以增加与桩壁的摩擦力（事实上仍有摩擦力不稳定的隐患）。植入式工法施工后，桩体中空内孔是充满了水泥浆与土壤的拌合液（有时也称为劣质混凝土），在待其干硬后（一般约在 28 天），在施作桩头处理时，必须有二次清孔工序，以大型钻孔机械予以钻挖桩头中空部位、弃土、再施以高压水冲洗等（图 3、图 4），才得以施作桩头填芯段的钢筋混凝土（含膨胀混凝土）灌注。而因为在二次清孔工序中，并无法将桩内壁面清理干净（质量不佳），会残留干硬的水泥浆，造成桩内壁与填芯混凝土接触面上的摩擦力大为降低。王元靖等（2007 年）在引据试验数据，只将该接触面摩擦力的容许握裹应力建议为 2.0kg/cm^2（长期载重）、2.6kg/cm^2（瞬时载重）[6]。该建议值相当低，表示了植入式工法的桩头处理工序（含二次清孔工序）存在有相当的不确定性。这二次清孔工序的缺点只能用“工业级的水刀处理”的清洗方式（图 5 左）才能有略为改进，但会有成本增高、工期拉长的缺点，也无法达到设计工程师要求强度的满足点。这个缺失在植入式工法问世至今，都没有更好的方法去解决植入式工法桩头处理的细节，这也是植入式工法在工程力学上劣于锤击式工法的原因。

这个桩头受拉可能失效的缺失，使得预力基桩无法设计为承受拉力，只能作为承压桩。采用例如在重大桥梁工程上都无法运用，因为桥梁重量大、跨度大、桥柱造型细长，在承受水平地震力时，多会使基础桩有受拉力的可能，若采用预力基桩则有失败的可能。

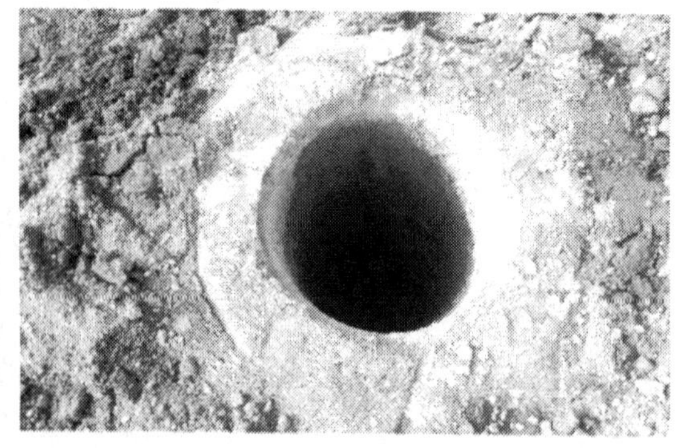

图 3　传统植入式基桩之二次钻心工序（图左）及钻心后成果（图右）

图 4　传统植入式基桩之二次钻心后，以高压水进行清孔工序

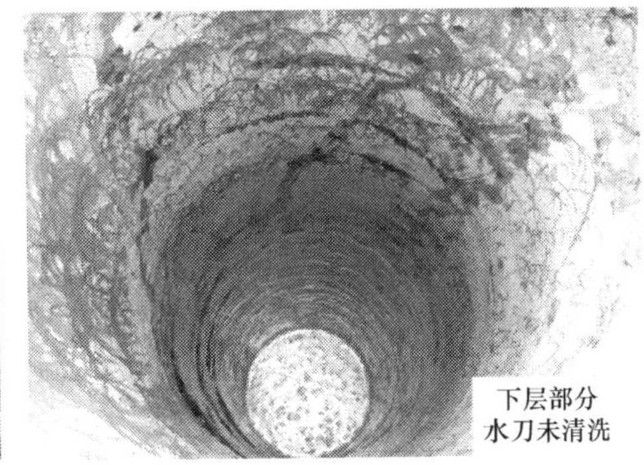

图 5　传统植入式基桩之高压水刀清孔（图左）、成果（图右）

由于植入式工法施行时，水泥浆土壤拌合会充满基桩中空内孔，但是在干硬后的清除工序成果多是不够干净。受限于桩头的二次钻芯清孔承揽经费低廉，上包要求的清孔工期都很短，且高压水通常无法良好清除 1 米以下的桩壁面，所以通常工班在处理时都相当草率，造成清孔后桩头填芯段（膨胀）混凝土与原有桩壁混凝土间的摩擦力不够稳定，在设计上所能发挥的稳定桩头容许抗拉拔力明显必须低估[6]，以克服其工序及成果上的不确定性。谨慎负责的业主或监造单位则会坚持采用高压水刀式的清洗方式，以确保清孔工序的质量。这样的水刀处理，可以使桩壁混土面的泥沙可以较完整的被清除，使桩壁面形成一定的粗糙度，使壁面摩擦力较可完整发挥。但水刀清洗控制不易准确，力道及时间变量很多，轻则壁面粗糙度不均匀，重则水刀力道过大会使原有桩壁面的高强度混凝土反受到强力剥落，形成结构弱点。而且在中空内孔深处，仍会存在清除不完整的情形，妨碍未来填芯段的摩擦力发挥（图 5 右）。

植入式工法有着许多优点，如降低环境冲击及保全桩体完整度；但在上述的桩头处理的弱点，使得植入式工法反而不及更传统的锤击式或静压入式工法。锤击式工法的桩头处理也有实际案例是使预力基桩的填芯段被完整拔出[9]，显示出预制式的预力基桩在桩头处理工序（与上部承台间的结合）是存在很大的问题。预制类的预力基桩的第一个问题（桩顶结合点弱化）直到 2013 年才有 DH 快速桩的解决方案[10]，而预制类的预力基桩的第二个问题（中间接桩点弱化）直到 2014 年有 DH 快速桩接桩技术的解决方案[11]。

4. DH 快速桩的快速植入式工法

虽然植入式工法在预力基桩的施工上有很大的改进，但仍有一些缺点。DH 快速桩的出现正是针对预力基桩的植入式工法改良而产生。DH 快速桩发展于 2010 年，主要在改良植入式基桩的预制及施工工法，并更上一层楼，加以强化、简化、精致化，以追求更高的质量及更短的施工工期，并利用整合的手段，进一步降低桩及基础工程的整体成本，是当前最新的预力基桩工法。

DH 快速桩改善了植入式工法的二个缺失：

（1）在工程力学上，使用桩头预置水平钢筋

不同于传统植入式工法的基桩必须使用桩头填芯段钢筋混凝土与桩壁间的摩擦力作为抗拉拔力，DH 快速桩在工厂预制时即已在桩头预置了多层交叉水平钢筋，植桩施工后与桩头填芯混凝土和锚定钢筋结合为更完整的 RC 构件，嵌入桩壁混凝土中，更能完整地承受桩头拉拔力（图 6）。

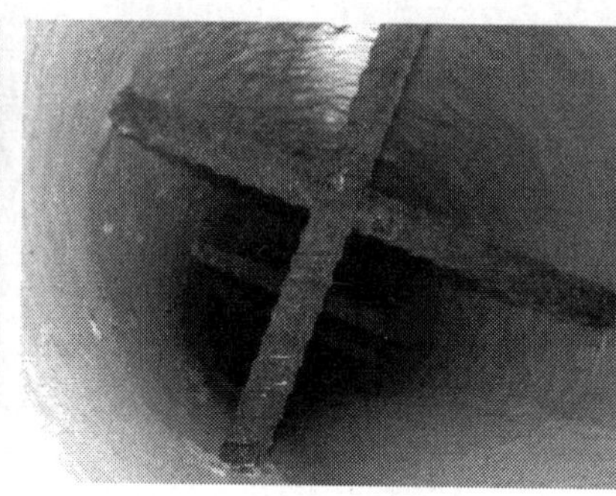
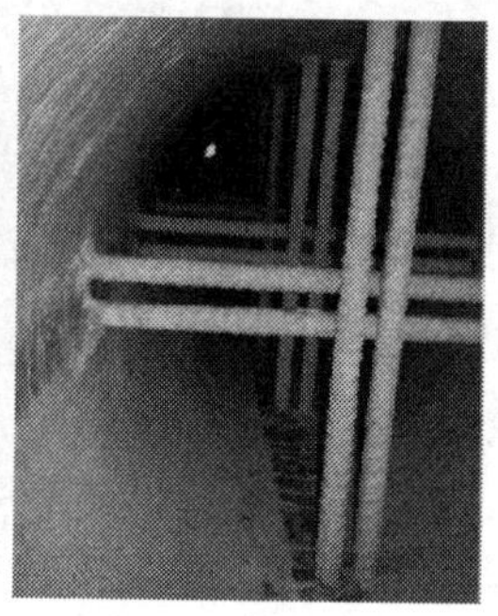

图 6 DH 快速桩的桩头预留水平钢筋绑扎（图左）和成果（图中/右）

DH 快速桩桩头水平钢筋一般是以 6 层 X2 支的方式设置，小尺寸桩（桩壁较薄）使用平直型钢筋，大尺寸桩则可选用附有弯钩的钢筋以增加锚定安全。一般情形下，可轻易达到 1,000～4,000kN 的抗拉拔力[7]（图 7）。

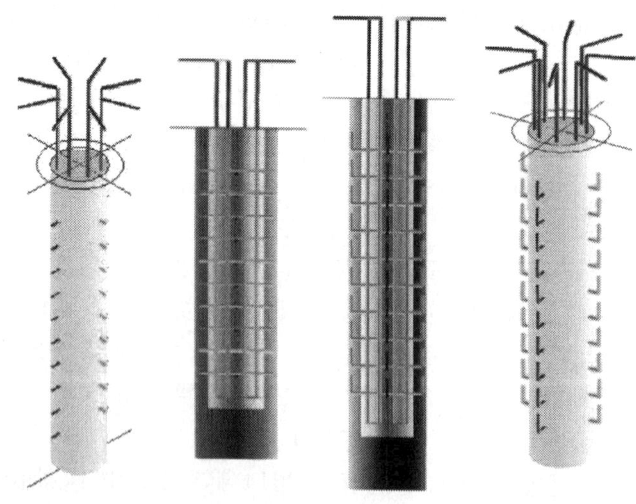

图 7 DH 快速桩的桩头水平筋力学模拟（图左为一般尺寸，图右为大尺寸桩）

（2）在植桩施工上，使用预置的可排气中空桩头的技术

此中空桩头技术可以避免植桩时桩孔水泥浆的流入，让桩头保持干净，无须再浪费成本及时间去作二次钻心清孔工序，只需打开桩头盖板，即可进行桩头处理的填芯段作业，进一步缩短工期（图 8）。

图 8　DH 快速桩的中空桩头外观

由于预力基桩在植入土层后，会受到土层挤压，以 24m 长的二节桩为例，通常在植桩后 5～10 分钟，即可达到 200～600kN 的抗拉力或抗压力（视桩径及土层而异），虽不能立即达到基桩的设计承载力，但也已基本的初始承载力。由于基桩是深埋于地下，植桩施工的后续工种工序，短期间内多只是较轻荷重但颇费时间的地面性工作，如钢板桩挡土、土方开挖、模板、钢筋绑扎、混凝土灌注等，尚不足以产生巨大的荷载，等到随时日进行至 28 天时，基桩桩孔水泥浆已经干硬到发挥基桩的设计承载力了。这段时间的节省并不是在基桩植桩工期，而是将后续工种作业进度更往前挪移推进，减少等待浮时的浪费，约可缩短工期 1～3 个月（视情形而定），更进一步缩短工期。

基桩工作只是全体工程中较前段的一小部分工作而已，后续的工种工作才是真正更耗费工期。工期缩短除了可直接降低土木承包商的施作时间及成本外，对于需要大量资金融通的大型工程，也是具有不小帮助，可减少工程执行因财务周转不当而停滞失败的概率，也是降低工程风险的方式。

对于市政管理而言，施工时间缩短，意味着对周围环境冲击的降低（如交通维护、交通阻塞、居民抗争或不满等成本增加及争议处理），尤其是人口密集的市区。能降低这些冲击，也是建设工程主管机关的政绩，也能展现工程处理的能力。

由传统植入式工法施工可知耗费工期严重。在中国台湾地区，私人建设业者为节省工期，多在建筑执照核准前（可能连建筑设计都尚未完成），提前 1～3 个月进行传统植桩工作，主管部门也被迫于默许进行，只能以罚款处理。而公共工程迫于法令，无法提前植桩施工，只能眼睁睁看着时光浪费，工期拉长，致使工程执行缓慢、成效低落。在中国大陆，因使用锤击式工法施工，建设方也多提前 3～6 个月打桩。对于建设工程的市政管理而言，应该是建筑/工程设计完成、送审、核准、申报开工等一系列管制程序按部就班、依序执行才是对的，根本是不可以允许建设方的先行偷跑施工情形，这是违反行政伦理的方式，很容易出现公私不分的弊端。DH 快速桩由于可以高度压缩工期，反而无须提早植桩，可以满足市政管理上的严谨要求。

三、在市政管理上的 DH 快速桩应用例

由于传统植入式基桩的解决方案要点很多，本文以下举例两个 DH 快速桩应用。

1. DH 快速桩在工业建设上的应用

本应用为工业建设，图 9 为基础平面及桩平面，建筑物高度 31m，为多层的工业生产建筑物。

中国台湾地区由于土地资源稀珍，工业建筑也多往高处发展，而本地区处于环太平洋地震带，地震频率大，形成对结构物的重大威胁，故多使用预力基桩作为基础桩，主要是看重预力基桩的不扰邻、高强度及工期短。而工期短又与投资方的资金调度及融资压力相关。

本例中采用 DH 快速桩作为基础桩，除了拥有传统植力式预力基桩的所有优点外，容许桩头抗拉拔力的增加是可以提高对抗地震的能量，更重要的是工期的大量缩短（图 10）。DH 快速桩的工期压缩中，在二次钻芯清孔所需的工期的减少只是一小部分，主要还是在利用预力基桩植定后所拥有的初期强度来克服土木工程建设中初期的工序，如开挖、模板组立、钢筋组立、混凝土灌注等简易且又荷重小的工作，待桩孔中水泥浆拌合液达到强度时（如 28 天），即可支撑更大的荷重，这时开始进行大量施工，基础桩强度充足。这种节省工期的方法及概念，像是逆打工法，也是用在工期缩短的述求上，但本工法使用预制的预力基桩，比起场铸混凝土来的更加可靠。

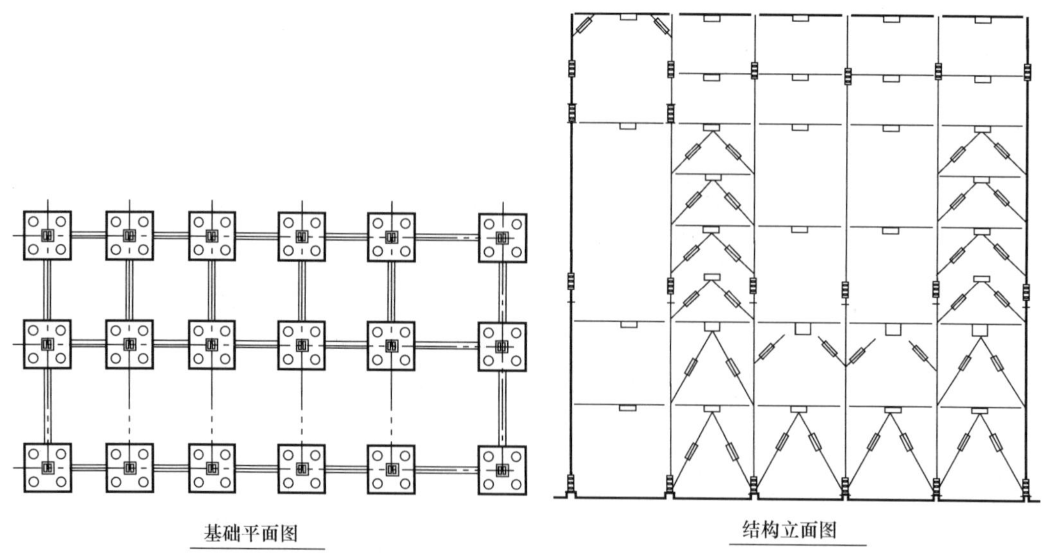

图 9　应用例 1 之结构平面图、立面图

当施工面积较大时，更可以利用空间循序渐进施工，并依序施以 DH 快速桩的开盖及桩头处理工序，将可以将工期再进一步压缩（图 11）。由此可见，DH 快速桩工法在引导及压缩后续土木工程工期时的威力，减少工班等待浮时的浪费。在图 12 中可以较清楚地观察到 DH 快速桩和传统植入式基桩的施工工序之间的比较。

在植入式预力基桩的施工案例中，在特定的地区（如填海地等）施工时常有一种工地施工状况发生：在一两天前所植入的基桩，会发生位移的情形。这些位移有时会使基桩水平位置移动，但有些是垂直位移则会使基桩造成沉陷现象。这种情形特别容易发生在海边填海地的海水中/海边，这主要是因为工程建设极须争取时间，但当地地层尚未稳定（这种地质学上的稳定通常都需要百年以上的时间），深层土壤容易因土壤隙变化、地下水文流动条件变化而有移动，故而形成位移或沉陷的情形。相同的情形也容易发生在河川水中/水边的工程上，特别是冲积型的河川，主因是河川水流会有冲刷现象，河川附近的深层土壤尚未稳定之故。因土壤流失所引发的摩擦力减损或端承力丧失，会致使基桩位移。

在基桩沉陷发时，如能在施工期间发现（如上述的海边施工），则可以立刻修正；但长期仍有位移产生，则也是无法免除隐患。台湾地震威胁严重，且土地多属年轻地质，尤其西部平原多为沉积层土壤，一旦发生较大地震，特定区域会有土壤液化的风险，使用预力基桩是一种比较彻底的解决方案。但若采用传统植入式基桩作为基桩，如上述的基桩沉陷状况发生，因为传统桩头处理的弱点存在，会使桩头抗拉拔的承载力大减或消失，则基桩可能会与上方的基础承台间有脱离的可能性发生。

使用DH快速桩时，因为桩头处理方式的改良，使桩头填芯段的抗拉拔能力大增且稳定，足使基桩与台结合为一体而无法脱离，可以降低因深层土壤位移而生的风险。在台湾南部或中部一带的民用住宅，因所处土地列为土壤液化敏感地区，为克服及预防长年后不确定的地震灾难，也有舍弃传统预力基桩，而采用DH快速桩作为基础桩的情形。

2. DH复合快速桩在高架轨道交通建设上的应用

轨道交通建设是城市建设的重要项目（图10）。城市聚集了众多的工商公司、工作机会、劳动人口，带来了繁忙的交通需求，也密集的使用了大量的土地资源。当道路交通渐次拥挤饱和时，作为大众运输的城市轨道交通建设是有高度的需求，除了地表下的地铁、地面型的有轨电车，就属高架建设的轨道交通（如双轨式、单轨跨坐式、悬吊式等）最能在建设经费、施工工期、土地利用等多方面取得平衡，既能保有地面道路交通空间，又能创造出大众运输的运量。

图10　轨道交通建设范例

高架轨道不论采用钢结构或RC结构形式，其地下基础部份常使用基础桩作为支承，与一般的高架道路相类似。中国台湾早期的桥梁建设基础桩多采用反循环桩，但其成桩质量变动极大，逐渐被淘汰；部分使用预制的 PC/PHC 预力基桩，但预力基桩先天的三个缺失（桩头、中间接桩、桩底）五十年来都无法妥善克服，故只能应用在跨度小、荷重小的乡镇市级桥梁上，无法施行于重要桥梁上。中国台湾现在重要桥梁的基础桩多为全套管桩（贝诺特桩）的场铸桩，虽改进了反循环桩的低成桩质量，但成本高、工期长仍是深具改进空间。

基础桩工作除了在土建工作中占有一定分量的建设成本外，因为基础桩属地下结构，环境变量多，会占用土建工程整体施工中很大比重的工期。城市轨道交通建设的时间需求通常都很迫切，一般会被要求加速进行，但全套管桩的施工速度太慢了，应考虑速度较快的预制桩类。在 DH 快速桩的延伸应用上，更进一步可以使用全钢筋笼式的 DH 快速复合桩应用于高架轨道建设。

(1) DH 快速复合桩的构造

基本上 DH 快速复合桩的构造是结合预制桩（工厂）和场铸桩（工地）两种主要的桩种的结合形式，取各自的优点，并除去缺点，以结合成为更优异的桩种（图 11）。

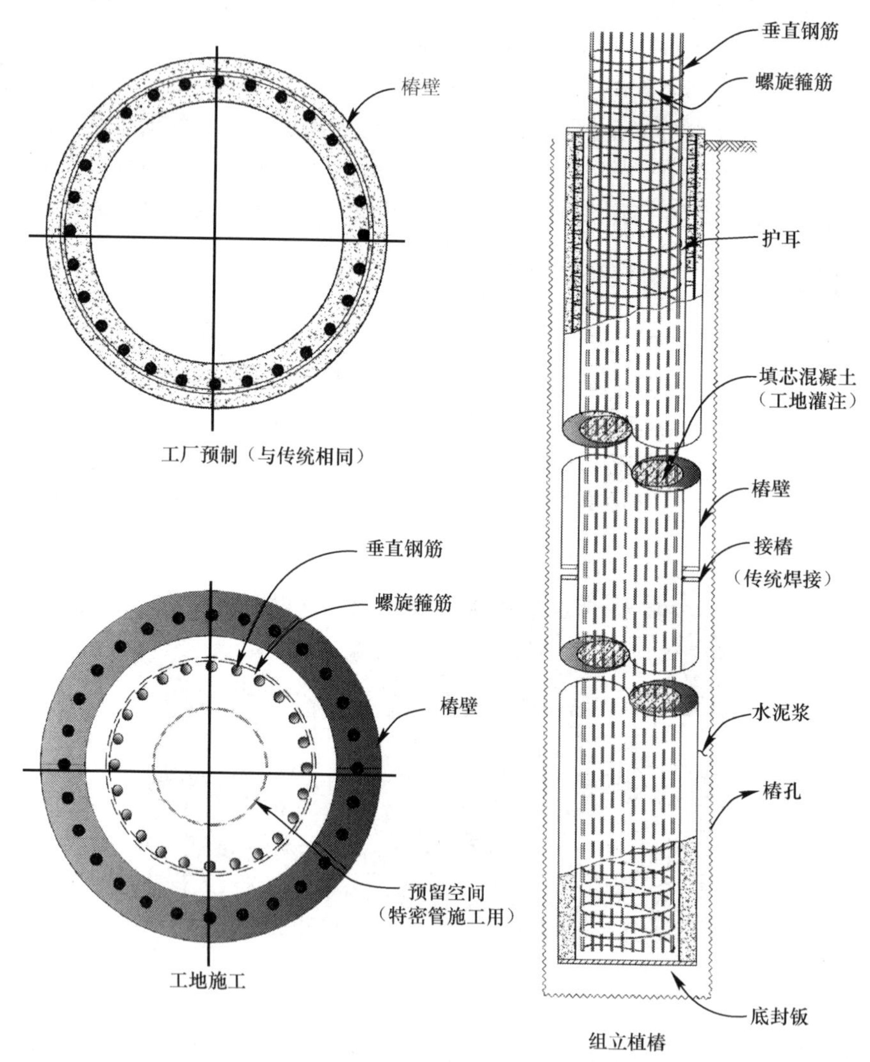

图 11 DH 复合快速桩的构造

1）预制桩（工厂）：主要为一般常见的 PHC 桩，采工厂预制、运载至工地施工。

优点有：速度快、质量佳、强度高、易检验，这已是目前工程界对 PHC 桩已熟知的优点，不多赘述。

值得注意的是，在植入式预力基桩上有一特点：单节长度是准确可预测的。这点在本工法使用中空内孔钢筋混凝土强化时，几乎可以精准的预知接桩的位置，在接桩点（弱点）处使用较多的钢筋、箍筋及辅助钢筋来更进一步强化弱点，也避免其他部位钢筋成本的浪费。

缺点有：①大桩径受限制：桩径若大于 1.2m 以上，较难制作，这是受限于钢模具和工厂内装备（如厂房大小、天车吊具、滚动台及蒸养锅容量等)。受限于市场规模，目前台湾最大 PHC 桩径只达到 1.0m，大陆地区已达 1.4m 管桩（如中交三航局等大厂）。②桩长受到限制：主要是受限于工厂内的模具长度、设备容量等，及外在的公路运输限制。台湾桩长都在 18m 以下，1.0m 桩径则单节只生产到 12～18m 长。大陆地区（如中交三航）已可生产至 55m 长整节管桩[8]，但此类超长管桩必须借助船运，并实施于水工（水岸或水中)，有其限制性，想要普遍的实施在一般的工程中，必须妥善处理预制桩长度的问题。③桩顶与承台的结合受到限制：在预制类的预力基桩，一直存在有三个工程上的弱点仍必须克服：上方的桩头处理、中间的接桩处理、下方的桩底弱化。④中间接桩处结合受到限制：由于预制桩长度有其先天的限制，必须使用接桩的手段才能达到设计深度。在接桩处的处理，通常采用端板焊接的方式，但不论是端板或焊接的焊条，都是属于碳钢类材质，是会氧化锈蚀的。当端板或焊道锈蚀时，接桩处的容许承载就会产生损失，必要的沉陷有会发生。使用预力基桩作为基础桩材的建筑物，通常都是大型、重要或有价值的建筑物，这些建筑物的要求寿命都是很长的，有达到 50～100 年之久；虽接桩处已经深埋在地下 15～20m 深，深层土壤中的含氧量已偏低，但对于必须长使用寿命的基桩，接桩点仍不允许有锈蚀的任何可能。⑤桩底的承载受到限制：预力基桩是空心的造型，主要基于省成本（中空混凝土)、快速预制（离心成型及高温蒸养)，也强化了桩壁混凝土强度（优于一般的场铸混凝土甚多)，但因此而使得桩底部的土壤受力无法均匀。

2）场铸桩（工地)：主要类似一般常见的全套管桩，采地施工。

优点有：速度快、质量佳、强度高、易检验，这已是目前工程界对 PHC 桩已熟知的优点，不多赘述。

（2）DH 快速复合桩的施工

DH 快速复合桩技术主要也是源于预力基桩，在施工上也是与植入式预力基桩的工法差不多，最后再加入场铸桩的工法。最值得注意的是，最后场铸作业是利用前置的预力基桩的桩壁作为混凝土之模板，充分利用以缩短工期，并提高成桩质量。主要工序有：

1）工厂预制预力基桩（桩蕊，作为桩之外壳)，并运载至工地。

2）预力基桩的工地施工：

① 钻掘桩孔至设计深度；

② 桩孔中注入水泥浆，与土壤拌合成稳定液；

③ 置入预力基桩桩蕊；

④ 养护。

3）预力基桩中空内孔的混凝土工地施工：

① 开挖；

② 置入钢筋笼；

③ 混凝土特密管灌注；

④ 养护。

在（3）预力基桩中空内孔的混凝土工地施工中，由于钢筋笼及特密管施工经费不低，会导致整体成本有下降的难度。在（1）基桩桩蕊的预制中，受限于现有工厂规模，将使桩体的桩径只能暂时局限在1.4m内，这是本工法的缺点。

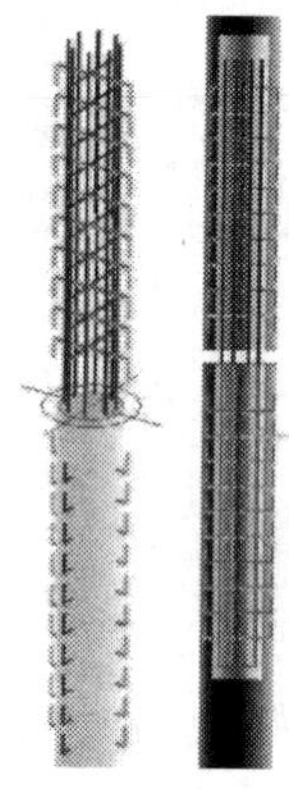

图12　基于DH快速桩所发展的接桩处理技术

但基本上，本工法具有工期压缩的优势。在（1）（2）基桩桩蕊的预制及植桩都是速度相当快，工期缩短。而在（3）预力基桩中空内孔的混凝土工地施工，不同于传统全套管桩必须逐个灌注混凝土，本工法是采用一小区域（例如一个或数个桥柱桩范围）集体灌注，在工期竞争上的优势很大，对于营建施工管理也相当容易。而质量管理上由于预力基桩是预制型构件，实行工厂检验，可以相当准确；在（3）预力基桩中空内孔的混凝土工地施工，是直接以预力基桩作为模板，且无抽除的需要（指无须像全套管桩的套管必须再以摇管机摇取除去），无塌孔、包泥的问题，检验上主要也是实行混凝土试体送验（含钢筋试体），相当简易。

特别值得一提的是，除了上述的改善工法外，可使用预力基桩接桩处理的方式，使基桩接头强化[11]，进一步达到降低成本的目的（图12、图13）。如要更进一步改善桩体的抗拉、抗剪能力，则可考虑采用DH复合桩结构（图14）[12]。

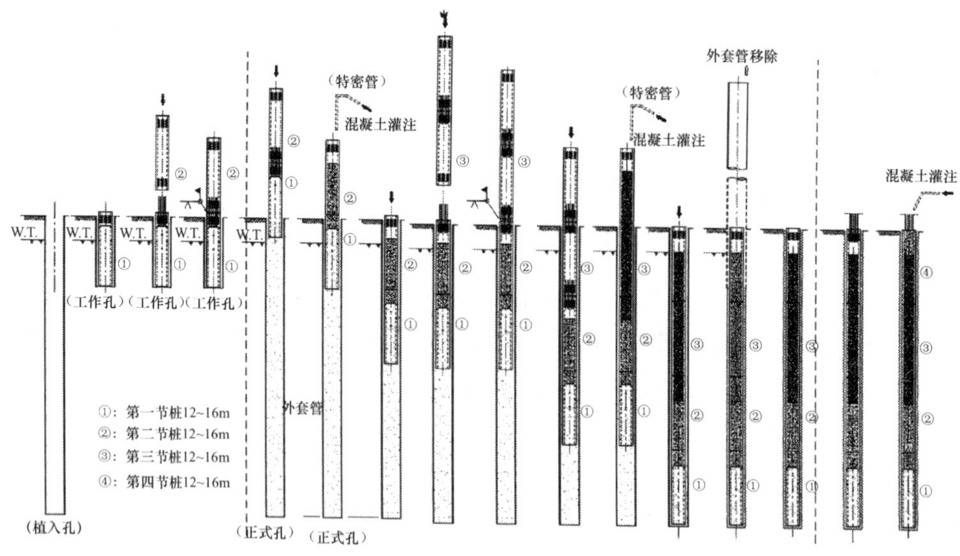

图13　DH快速桩接桩处理施工步骤范例

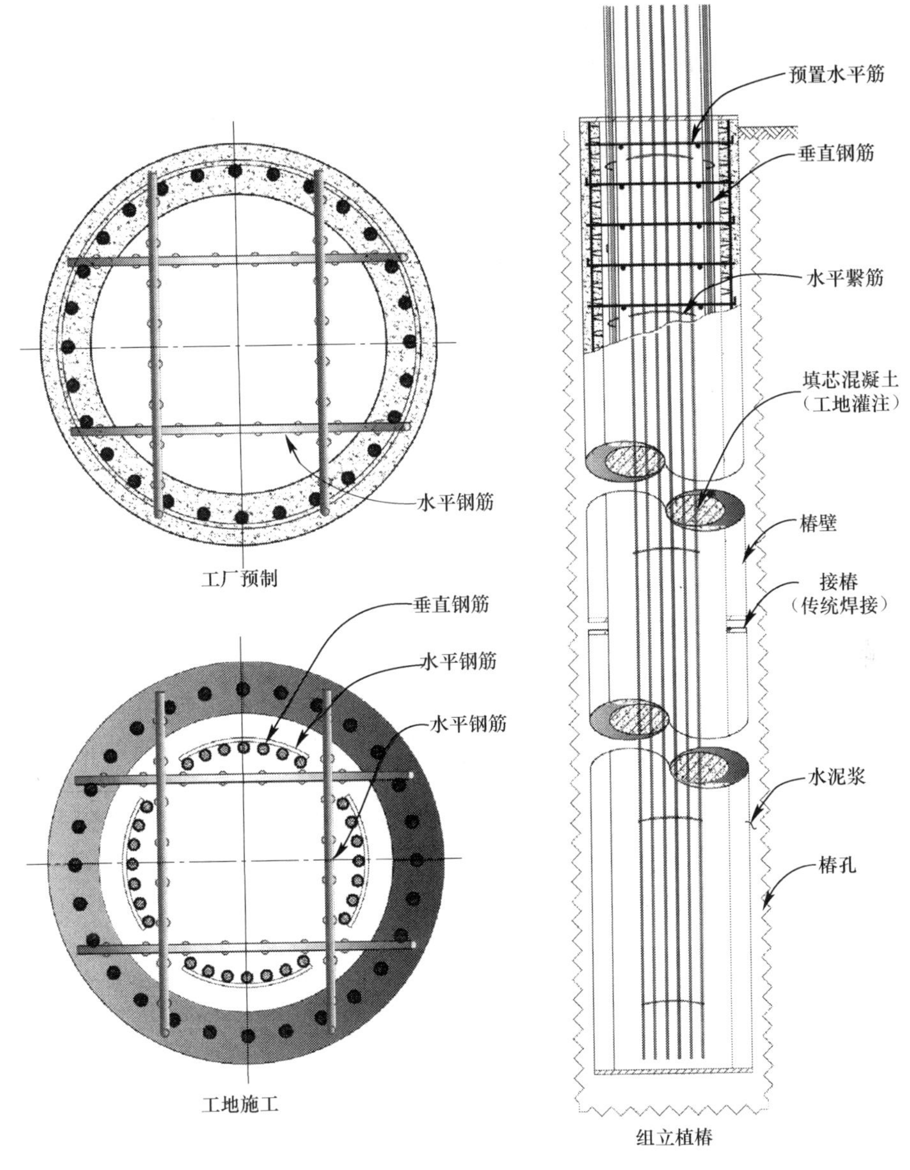

图 14　DH 复合桩范例

四、结论

本文介绍的两种桩种：DH 快速桩、DH 复合快速桩。DH 快速桩主要是修正传统预制型的锤击式、静压入式及植入式预力基桩的缺失，并加快施工速度。DH 复合快速桩并进一步利用预制桩的优势，加入场铸桩的特点，以修正预力基桩的接桩缺失，使可以应用于长使用寿命需求的交通建设基础桩。

土木工程技术不断进步，如场铸桩也由成桩质量较差的反循环桩类，进步到成桩质量较佳的全套管桩类。但场铸桩毕竟是在工地现场实地灌注，工班素质有其限度，塌孔、特密管灌浆不良、桩体包泥等因素层出不穷，在成桩后的检验上，又极容易有人为的疏忽或故意不实情事，在质量控管上相当不易。其次，场铸桩因其施工特性，钻孔成桩速度不快，若加上工地土层变化巨大，也易形成施工工期的拉长。这些都是亟待改进事宜。

对于混凝土类的预制桩，预力基桩的性价比相当高，成桩的品桩、施工速度、质量控管都相当优异，加上桩体本身是预应力混凝土，可以增加强度及耐久性，克服传统混凝土的缺点。但仍有长度受限、接合受限等条件限制。我们土木工程应当是要多利用预制桩独特的优点，并克服其缺点，才能使土木工程技术更上一层楼，这也算是先进组装式建筑工程的一环。时代进步，材料科学也是不断进步，将来预力基桩桩体的混凝土强度似可再加强、使用的高强度钢棒强度也可再提高，将使预制桩的应用更加宽广。

参考文献

[1] 廖振中. 管桩简明手册 [M]. 成都：四川大学出版社，2012.

[2] 築瀨久和，芳賀孝成. 埋込み杭工法 [M]. 东京：森北出版株式会社，1984.

[3] 沈保汉. 埋入式桩//高层建筑施工手册（第三版）[M]. 北京：中国建筑工业出版社，2017：732-744.

[4] 沈保汉. 桩基与深基坑支护技术进展 [M]. 北京：知识产权出版社，2006：855-860.

[5] 王传奇，徐健一，余明山. 植入式基桩及甚施工质量管理 [J]. 地工技术杂志，1995（52）：27-36.

[6] 王元靖，北条幸治，林振平. PHC 基桩孔壁与浇置之普通混凝土间容许握裹应力设计案例探讨 [C]. 第十二届大地工程研讨会论文集，中国台湾，2007.

[7] 彦通工程有限公司. 德翰智慧科技公司 PC 桩桩头拉拔试验报告书 [R]. 高雄市，2014.

[8] 沈火群，桂成农，王春明，等. 55m 整节大直径 PHC 管桩的研制和应用 [J]. 中国港湾建设，2008（155）：27-31.

[9] 李胜男. 预力管桩桩头接头的改进——以上海大楼倒塌案为例//2016 亚太城市建设实务论坛论文集 [C]. 香港：香港科技大学，2016.

[10] 张家齐，刘文宗. DH-PHC 钻掘植入式预力基桩之桩头处理技术应用//第三届中国国际桩与深基础峰会论文集 [C]. 上海，2013.

[11] 李胜男，张家齐，刘文宗. DH-PHC 管桩技术在管桩接头及桩头节点的最新运用//第四届中国国际桩与深基础峰会论文集 [C]，上海，2014.

[12] 余韦庆，李胜男，张家齐. 大量降低成本的 DH-PHC 复合式混凝土桩及其快速工法//第五届中国国际桩与深基础峰会论文集 [C]，上海，2015.

综合管廊 PPP 项目全生命周期利益相关者研究

王冰洁　赵世强　张　宏

摘　要：相较于采用传统模式建设的管廊项目，综合管廊 PPP 项目涉及的利益相关者更加众多，且彼此之间的关系更为复杂。利益相关者之间关系稳定、目标一致，才能促成项目最终顺利完成。因此，为了使项目成功落地，并真正发挥 PPP 模式的优势，有必要对项目各利益相关者进行研究。文章以全生命周期为视角，将综合管廊 PPP 项目的操作流程进行阶段性划分；基于文献调研法及广义利益相关者理论，结合对典型案例的分析，对项目各阶段涉及的利益相关者进行了界定，并对其在各阶段承担的角色及发挥的作用进行了分析。为后续研究各利益相关主体间关系、提高组织的协同作用打下基础。

关键词：综合管廊；PPP；全生命周期；利益相关者

Abstract: The stakeholders of the utility tunnel PPP project are more numerous, and the relationship between them is more complicated compared with the project adopting the traditional model. The stable relationship and the unanimous goals between the stakeholders can lead to the success of the project. So, in order to make the project a success and exert the advantages of the PPP model, it is necessary to study the stakeholders of the project. This paper takes the whole life cycle as the angle of view to divide the operation process of the utility tunnel PPP project into stages; defines the stakeholders at all stages of the project based on the literature research method and the generalized stakeholder theory, combined with the analysis of typical cases, and analyzes their roles and effects in each stage based on literature research and generalized stakeholder theory. And hopes to lay the foundation for the follow-up study of the relationship among the stakeholders and the improvement of the synergy effect of the organization.

Keywords: Utility tunnel; PPP; Whole life-cycle; Stakeholders

一、引言

目前，国家大力推动综合管廊建设，同时也提倡管廊项目与 PPP 模式相结合。相对于采用传统模式建设的管廊项目，综合管廊 PPP 项目涉及的利益相关者更加众多，且关系也更为复杂。众多利益相关者拥有一致的目标及良好的合作关系，是促进项目成功的重要因素[1]。因此，为了使项目成功落地，并真正发挥 PPP 模式 N 个一相加大于 N 的优势，有必要对项目各利益相关者的关系进行研究。而只有对项目全生命周期涉及的利益相关者进行明确界定后，才能理清彼此之间的关系，从而帮助项目进行前期规划、设计并指导项

王冰洁（1992—），女，硕士研究生，研究方向为建筑经济及管理、项目投融资.

目实施；若主体界定遗漏、重复或不清楚，会引起关系研究的不准确，从而不利于众多利益相关者间稳定关系的设计，继而导致项目在实际操作中效率低下甚至失败。且我国目前尚未有学者对此领域进行深入研究，因此，十分有必要对项目全生命周期内的众多利益相关者进行界定，并对其承担的任务及发挥的作用进行分析。

二、研究基础

1. 利益相关者理论

利益相关者理论属于企业管理学范畴，于20世纪60年代在西方国家逐步开始发展，至20世纪80年代其影响力迅速扩大。“利益相关者”一词最早由美国经济学家弗里曼在《战略管理：利益相关者管理的分析方法》中提出，他认为“利益相关者是能够影响一个组织目标的实现或者能够被组织实现目标的过程影响的所有个体和群体”[2]。这一概念从较为宏观的角度给出了利益相关者的界定，具有较强的普适性。但随着理论的不断发展，近代学者认为这种广义的概念不易于企业进行实操，于是提出了较为狭义的概念。其中具有代表性的是克拉克森。他提出“利益相关者是在企业中投入了一些实物资本、人力资本、财务资本或一些有价值的东西，并由此而承担了某些形式的风险；或者说，他们因企业活动而承受风险”[3]。这一定义缩小了广义利益相关者的范围，认为只需要考虑对企业活动具有直接影响的个体或群体。

考虑到综合管廊项目是百年民生工程，具有较大的社会价值，其最终服务的群体为社会大众，且若采用PPP模式，政府及相关公共部门将发挥至关重要的作用。因此，为了使项目的决策及实施更具有科学性，本文采用广义利益相关者理论，将政府部门、社会公众等均纳入研究范围之内。

2. 文献回顾

通过在各大数据库对相关文献进行搜索分析，发现国内尚未有研究人员对综合管廊PPP项目的利益相关者等相关内容进行研究，因此，将搜索范围扩大到与“PPP项目利益相关者”相关的文献。通过搜索分析，发现国内有大量学者对此相关内容进行研究。通过对文献进行分析，整理出以下五个较有代表性的观点，其对PPP项目利益相关者的界定内容（表1）。

PPP项目利益相关者相关文献整理 **表1**

作者	文献	利益相关者
杨晓	全生命周期视角下基础设施类PPP项目利益相关者分析	政府、社会投资人、PPP项目公司、金融机构、法律机构、咨询机构、保险公司、设计承包商、施工承包商、供应商、所处的社区、最终用户、纳税人[4]
郑昌勇，张星	PPP项目利益相关者管理探讨	政府的公共部门、私营部门、项目公司、债权人、用户、保险公司、工程承包商、供应商、运营商、咨询公司、顾问公司、媒体、公众[5]
焦媛媛，付轼辉，沈志锋	全生命周期视角PPP项目利益相关者关系网络动态分析	政府投资者、私人投资者、政府职能部门、项目公司、银行和金融机构、总承包商、分包商、供应商、勘察设计单位、咨询单位、监理单位、项目用户、周边群众、公益组织[1]

续表

作者	文献	利益相关者
李恺，孙剑，耿萌	我国PPP项目核心主体互动关系模型研究	政府方、企业方、公众方[6]
马恩涛，李鑫	PPP模式下项目参与方合作关系研究——基于社会网络理论的分析框架	政府或国有部门、私人部门、项目发起人、项目公司、承包方、供给方、运营方、承购方、金融机构和商业银行、多边/双边银行和出口信用机构、保险公司[7]

对上述五篇文献中识别出的PPP项目利益相关者进行归纳，将名称不同但本质相同的主体进行合并，共识别出政府、社会投资人、项目公司、金融机构、法律机构、咨询机构、保险公司、施工承包商、供应商、设计勘察单位、运营方、承购方、公众、项目用户、公益组织、媒体16个利益相关者。

3. 典型案例分析——广东省天河智慧城地下综合管廊工程PPP项目

由于缺乏综合管廊PPP项目利益相关者界定等相关内容的历史文献，导致通过文献调研法只能总结关于PPP项目的利益相关者。而综合管廊PPP项目不仅包括一般PPP项目涉及的利益相关者，还因项目自身的特点涉及其他的利益相关者。因此，为了使利益相关者的界定更加完整，本文选取具有示范性且合同体系较完整、操作流程较规范的广东省天河智慧城地下综合管廊工程PPP项目，对其涉及的利益相关者进行分析。

(1) 项目概况

本项目为广州市2016年综合管廊试点项目之一，管廊全长19.39km，设控制中心一座、9处分控室及20座箱式变电站。建设内容主要为综合管廊主体结构的土建工程，涉及管线包括供水、电力、通信、热力、燃气等。项目采用PPP模式，并以特许经营的方式实施投融资、建设、运营与移交。工程估算总投资约31.43亿元，项目特许经营期为30年。项目交易图如图1所示。

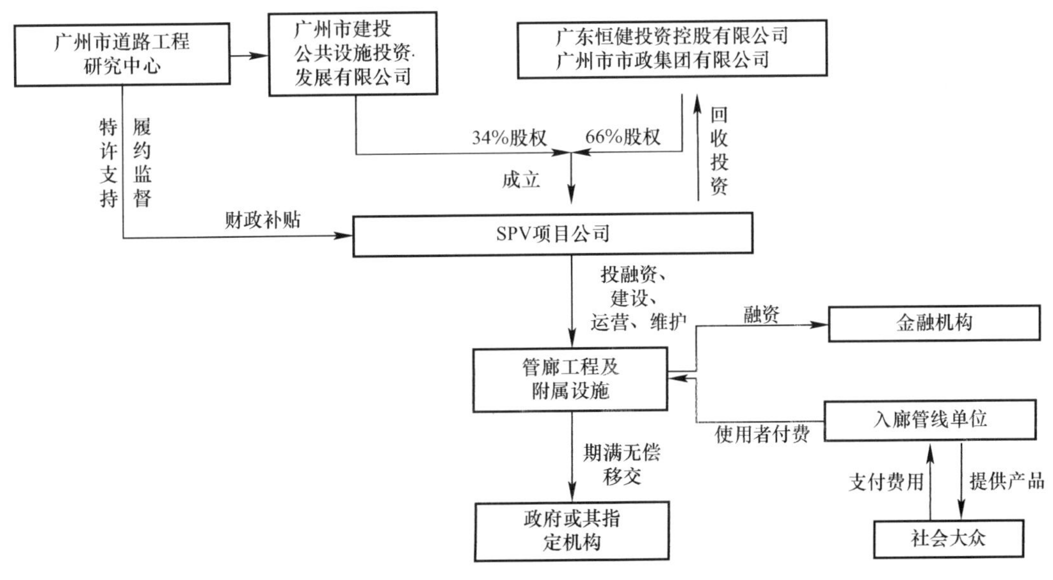

图1 项目交易图

（2）项目利益相关者识别

通过对《天河智慧城地下综合管廊工程 PPP 项目合同》进行分析，发现合同将项目主要分成了项目前期、工程建设、运营管理及项目移交四个主要阶段。本文对各阶段包含的主要工作内容及涉及 13 个利益相关者进行了整理，具体内容见表 2 所示。

天河智慧城地下综合管廊工程 PPP 项目各阶段工作内容及利益相关者　　表 2

项目阶段	主要工作内容	利益相关者
项目前期	包括但不限于立项、可研、规划、环评、相关专项评估、勘察设计、初步设计报审、概算报批、施工图审查备案、消防报建、人防报建、施工报建、工程质量安全监督报建等正式开工前的全部工作	政府各职能部门、咨询机构、勘察设计单位、施工承包商、社会资本、项目公司、金融机构、供应商
工程建设	完成建设期内对项目的勘察与设计、招投标、施工及验收等工作	政府各职能部门、项目公司、勘察设计单位、施工承包商、监理单位、保险公司、供应商
运营管理	完成对地下综合管廊本体及附属设施的运行、维护、维修、设备更新改造、大修等工作	政府各职能部门、项目公司、运营维护公司、各管线单位、保险公司、社会公众
项目移交	在特许经营期满后，乙方将合同约定的资产无偿移交给甲方	政府各职能部门、项目公司

三、阶段识别

根据财政部《政府和社会资本合作模式操作指南》的要求，PPP 项目的操作主要包括项目识别、项目准备、项目采购、项目执行和项目移交五个阶段，共 19 个步骤[7]。具体操作流程如图 2 所示。

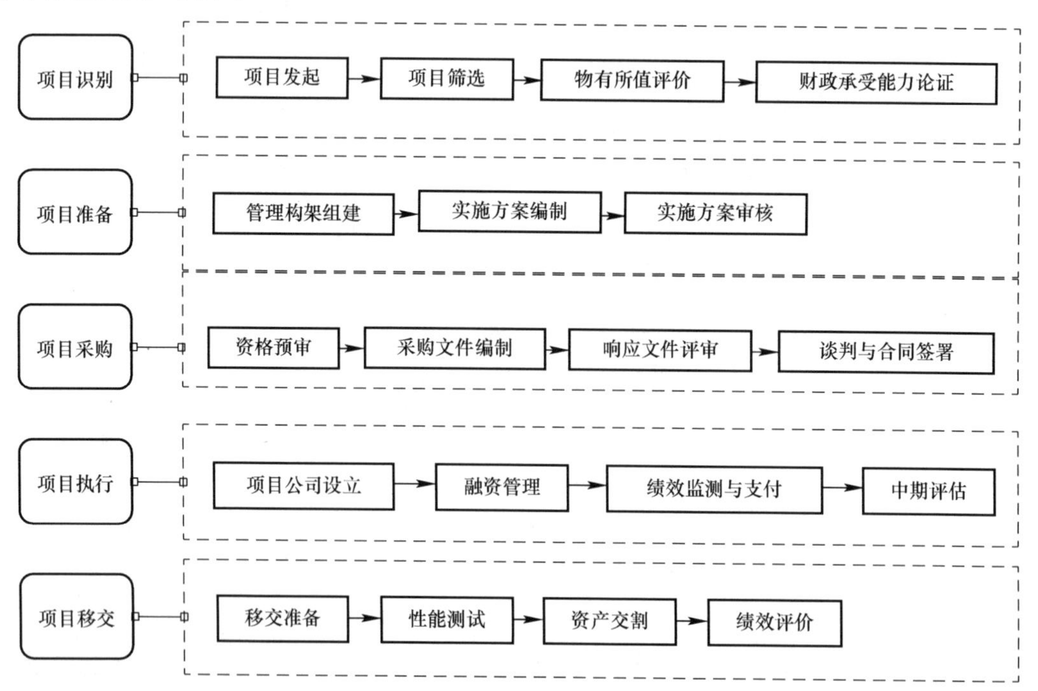

图 2　PPP 项目操作流程图[6]

基于以上流程，结合本文研究目的，发现综合管廊 PPP 项目的识别及准备阶段工作内容及涉及的利益相关者往往存在交叉，将两个阶段分开研究的意义不大，因此将“项目识别”与“项目准备”两个阶段合并为“项目识别及准备阶段”；综合管廊 PPP 项目不同于其他 PPP 项目，其运营维护阶段也是非常重要的一环，关系着项目最终的成功与否，十分有必要对运营阶段涉及的利益相关者进行界定，因此，增加“项目运营”阶段。至此，共将综合管廊 PPP 项目操作流程划分为项目识别及准备、项目采购、项目执行、项目运营及项目移交五个阶段。

四、利益相关者界定

1. 利益相关者及其参与阶段界定

基于前文对文献的整理及对典型案例的分析，结合综合管廊 PPP 项目自身的特点，本文以全生命周期为视角，将综合管廊 PPP 项目涉及利益相关者识别为如下 14 个，分别为：A 政府各职能部门、B 政府投资者、C 社会资本方、D 项目公司、E 金融机构、F 咨询机构、G 勘察设计单位、H 施工承包方、I 供应方、J 监理单位、K 保险公司、L 管线单位、M 运营维护方、N 社会公众。为了表示各利益相关者在五个阶段的进入、退出的动态过程，本文将利益相关者与各阶段一一对应，绘制了如图 3 所示的综合管廊 PPP 项目利益相关者动态图。

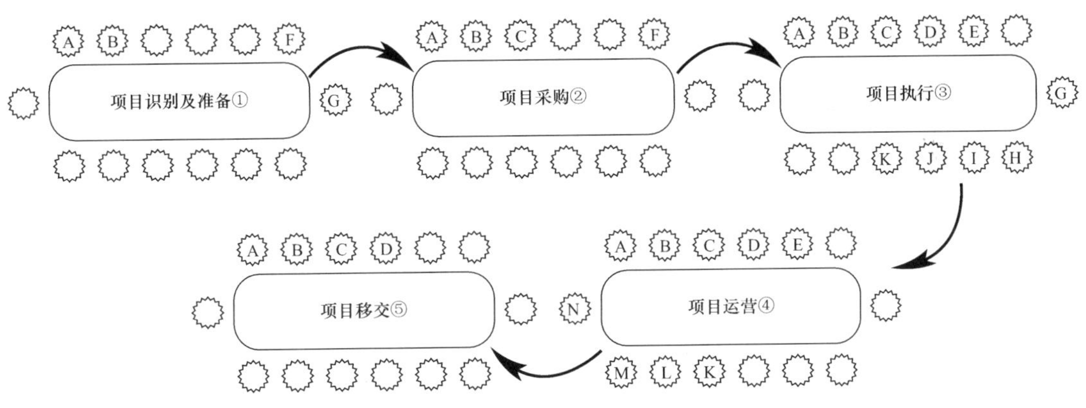

图 3　综合管廊 PPP 项目利益相关者动态图

注：字母代表上文提到的各利益相关者；圈内有字母代表该利益相关者参与了对应阶段的工作，否则代表未参与该阶段工作。

2. 各利益相关者的作用

明确综合管廊 PPP 项目各利益相关者的作用，有助于分析其在项目全生命周期中的地位及与其他利益相关者间的关系。为加强各主体间协同作用，及对项目进行整体治理打下基础。文章所识别出的 13 个利益相关者所参与的阶段及其发挥的作用（表 3）。

综合管廊 PPP 项目各利益相关者的作用　　表 3

利益相关者	作用	参与阶段
政府各职能部门	作为项目发起人。主要完成项目前期的规划、审批等工作。为项目开展提供必要的条件	①②③④⑤
政府投资者	政府方的出资代表，项目公司的主要股东。为项目提供部分资金，并以股权的形式代表政府方行使相应权利并履行一定的义务	①②③④⑤
社会资本方	项目公司的主要股东。为项目提供部分资金，并可能承担部分融资、建设或运营工作	②③④⑤
项目公司	具有独立法人资格的特许经营公司，后续项目开展的实际控制人。承担项目的建设、运营、移交等工作	③④⑤
金融机构	第三方机构，项目的债权人。为项目提供资金	③④
咨询机构	第三方机构。主要在前期为政府方提供咨询意见，辅助决策	①②
勘察设计单位	主要在识别及准备期为政府方提供勘察设计方面的意见，并在建设阶段辅助施工方完成项目建设	①③
施工承包方	完成对管廊项目的建设工作，可分包	③
供应方	提供原材料、人力等生产要素的供应	③
监理单位	主要负责在建设期对施工承包方的工作进行监督	③
保险公司	第三方机构。为项目提供担保，达到转移风险的目的	③④
管线单位	项目的直接使用者	④
运营维护方	在运营维护期提供专业服务，保障项目顺利运营	④
社会公众	项目的间接使用者	④

五、结语

本文以财政部《政府和社会资本合作模式操作指南》中对 PPP 项目操作流程的划分为基础，结合文章的研究目的，将综合管廊 PPP 项目的全生命周期划分为五个阶段；基于广义利益相关者理论，对相关文献中识别出的利益相关者进行了梳理，并对典型案例进行了分析，界定了综合管廊 PPP 项目的利益相关者共 13 个；最后将利益相关者与各阶段相对应，明确了各利益相关者的进入、退出路径，并对各主体在项目中发挥的作用进行说明。以期对后续研究各利益相关者间关系打下基础。

参考文献

[1] 焦媛媛，付轼辉，沈志锋．全生命周期视角下 PPP 项目利益相关者关系网络动态分析［J］．项目管理技术，2016，14（8）：32-37.

[2] Freeman，R．E．Strategic management：A stakeholder approach［M］．Boston，MA：Pitman，1984.

[3] 陈菲．PPP 项目利益相关者的利益协调与分配研究［D］．重庆：重庆大学，2008.

[4] 杨晓．全生命周期视角下基础设施类 PPP 项目利益相关者分析［J］．中国集体经济，2017，1：55-57.

[5] 郑昌勇，张星．PPP 项目利益相关者管理探讨［J］．项目管理技术，2009，7（12）：39-42.

[6] 李恺，孙剑，耿萌．我国 PPP 项目核心主体互动关系模型研究［J］．建筑经济，2017，38（6）：88-91.

[7] 马恩涛，李鑫．PPP 模式下项目参与方合作关系研究——基于社会网络理论的分析框架［J］．财贸经济，2017，7：49-63.

水环境及海绵城市建设与管理

尹　心　陈叶伟　张周昱　雷培莉

摘　要： 中国现在正面临水资源缺失、水质污染、山洪泥石流等多种水问题，这些问题是系统性、复杂性的难题，亟待一个综合全面具有创新意识的解决方案。“海绵城市”理论的产生应运而生。结合海绵城市的起源和我国提出生态文明建设的时代背景，探究智慧城市、低碳城市、雨洪处理，生态城市和可持续发展等海绵城市的核心理念与科学内涵，认为海绵城市与生态城市、低碳城市、智慧城市存在相辅相成的关系。针对现在中国城镇化过程面临的水问题，从城市水文过程的角度，就海绵城市建设的目标、功能与发展方向进行了讨论，认为海绵城市的建设以湖河体系为核心，在城市现有结构基础上，对城市的进一步发展进行整体规划设计，海绵城市的建设应该基于多部门、广行业的优势互补、联合合作，按照整体规划与布局协同并进。本文以黄石市为例，介绍在海绵城市的指导理念下城市的建设规划。

关键词： 海绵城市；水环境；可持续发展

Abstract： China is now faced with lack of water resources，water pollution，mudslides and other water problems. These problems are systemic and complex. We need to find a comprehensive innovative solutions. The theory of “sponge city” came into being. Combined with the origin of the sponge city and put forward the construction of ecological civilization era background in our country，the sponge core concept includes exploring the wisdom，low-carbon city，rain flood processing，ecological city and sustainable development. Sponge city，ecological city，low carbon cities and wisdom cities have a complementary relationship. For now，China′s urbanization process is accompanied by the water problem. From the perspective of urban hydrological processes，sponge urban construction target，function and development direction are discussed. Regarding the sponge construction of city lake river system as the core，on the basis of the existing structure，further development of urban overall planning and design，the sponge construction of city should be based on multiple departments，trade advantage complementary and joint cooperation，in accordance with the overall planning and layout of the hand in hand together. Taking huangshi city as an example，this paper introduces the construction planning of city under the guidance of sponge city.

Keywords： Sponge city；Water environment；Sustainable development

---

尹心（1996年—），男，北京化工大学，研究方向：材料科学与工程.

在过去近三十年间，我国城镇化发展速度极快，城镇化规模也达到甚至超过发达国家水平。在取得巨大成就的同时，也造成了环境、生态等一系列的问题，在城市发展和基础设施建设方面还存在着不科学、不合理的思路，因此，探索一条环境友好、可持续发展的城镇化道路成为必然。

许多国家城市发展的经验都证明，快速城镇化会导致不透水面积率大幅增加，严重影响城市原有生态条件和水文本底特征，带来雨水系统的诸多问题。国际经验也早已表明，城市雨水问题是一个综合性、复杂的系统问题，涉及水生态、水安全、水环境、水资源等诸多方面，严重影响人民生产、生活和城市有序运行。发达国家在城镇化过程也曾出现类似情况，这些国家及时调整城市规划和基础设施建设理念和方法，通过现代雨洪管理体系，合理控制并管理雨水径流，有效缓解了上述城市雨水问题。

一、海绵城市建设的理念及探索

1. 海绵城市的理念及意义

海绵城市提倡构建低影响开发雨水系统，是指城市能像海绵一样，在适应环境变化和应对自然灾害等方面具有良好的“弹性”，下雨时吸水、蓄水、渗水、净水，需要时将蓄存的水“释放”并加以利用，让城市变为能够吸纳雨水、过滤空气和污染物质的超级海绵，同时具有降温、防洪、抗旱、捕碳等综合效益，从根本上解决城市与生态的不兼容问题，从而使城市向生态智慧城市发展。

国家提出的建设海绵城市是以“慢排缓释”和“源头分散式”控制为主要规划设计理念。低影响开发雨水系统是一种可以实现城市雨水收集利用的生态技术体系，这个系统来确保我国新城镇化的顺利开展。建设海绵城市一方面缓解了城市雨洪危害，减少了市政基础设施的排水压力进而大大减少了排水管道等的工程量，降低了成本；另一方面将收集的水资源初步净化，进行多次利用，从而节约了城市资源，保护了生态环境（图 1）。

2. 国外海绵城市建设理论与运用

目前，美国、英国、澳大利亚等发达国家已经形成了较为完善的海绵城市建设系统。美国、新西兰等西方国家应该对内涝的策略包括 LID（低影响开发）、可持续城市排水系统以及水敏感性城市设计。20 世纪 60 年代，西方发达国家的雨水资源管理理念发生改变，并开始致力于雨水资源利用方面的研究。

(1) 美国

美国马里兰州的 Prince George's Country 已经提出了 LID 理念，旨在通过合理使用 LID 设施，以有利于加强城市暴雨管理，改善与保护城市水环境和促进城市的水安全，可以节约资源及能源。通过采用透水路面、雨水花园和植被屋顶等 LID 措施，显著降低了雨水管网系统的规模需求，从而大大降低了雨水排放工程的造价和管理运行成本。美国典型的雨洪管理措施包括最佳管理措施、低影响开发和绿色基础设施，这些措施主张在源头上采用分散式、小尺度技术手段来管理雨水径流。研究成果表明，LID 技术成本相比于传统工艺要高，但是其运行维护成本却节约了不少，从而带来了更高的经济效益。

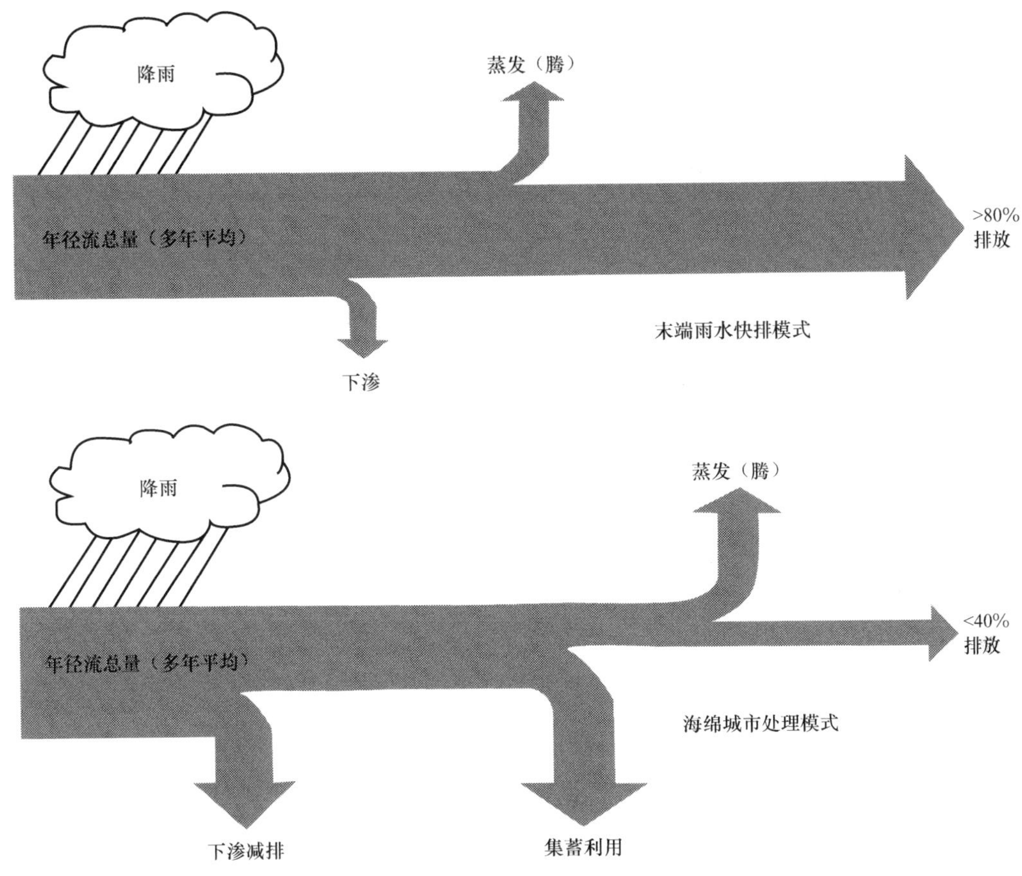

图 1　快排模式与海绵城市处理模式对比图

（2）英国

西欧城市中，英国最先发展可持续城市排水系统，旨在通过在源头管理控制目前与未来可能会出现的洪水问题，就近处理雨水的流量，协调与环境的关系。可持续城市排水系统可使用于不同城市地区，既可以是硬地面区域，也可以是软地面的风景地区。设计方案可以根据不同的条件和不同的土地利用，采取不同的措施，满足不同的需求。

（3）澳大利亚

澳大利亚以城市水循环为核心，建立了水敏感性城市设计体系，提出了将城市发展对水文的负面环境影响降低到最小，将雨水处理与景观相结合，减少了地表径流和洪峰流量的观点。

（4）新西兰

新西兰有关水资源管理方面的政策中规定，在城市发展进程中，应尽量降低其对城市水环境造成的影响和雨水径流带来的污染。新西兰制定了《资源管理法》并将其作为自然资源综合管理的框架性法律。新西兰政府主要通过“国家政策公报”“国家环境标准政策公报”两个途径进行监督处理。其提出的低影响城市设计开发，最大化地发挥自然价值和减少沉积物、径流污染物和不透水面积。

3. 国内海绵城市建设相关实践

相比于西方发达国家，我国海绵城市的相关研究与实践尚处于起步阶段，随着党的十九大以来，已经将生态环境建设提升到战略层面。在 2002 年中国工程院项目《中国可持续发展水资源战略研究》发布了《中国城市水资源可持续开发利用》研究报告集，对我国城市雨水利用潜力做了预测；2006 年住房城乡建设部颁布了《建设与小区雨水利用工程技术规范》针对实现雨水资源化、节约用水、修复水环境与生态环境、减轻城市洪涝灾害等作出技术规定，并作为国家标准实行。在 2013 年的《中央城镇化工作会议》强调："提升城市排水系统时要优先考虑把有限的雨水流下来，优先考虑更多利用自然力量排水，建设自然积存、自然渗透、自然净化的海绵城市"。2013 年颁布了《城镇排水与污水处理条例》和《国务院办公厅关于做好城市排水防涝设施建设工作的通知》。2014 年 11 月颁布的《海绵城市建设技术指南——低影响开发雨水系统构建（试行）》政策中指出，城市要保证环境变化的适应和常见灾害的应对等方面的良好弹性，时刻发挥着海绵作用，降水时节实现雨水资源的妥善收集、贮存和净化，并在水资源短缺时期及时防水补给，为提升城市生态功能，同时降低洪涝灾害的发生频率，建设宜居的生态城市（表 1）。

国外海绵城市建设措施与主要内容 **表 1**

国家	建设措施	主要内容
美国	最佳管理措施 BMPs	工程设施主要包括雨水池、雨水湿地、生物滞留和过滤设施等，非工程性措施则指各种管理措施
美国	低影响开发 LID	模拟自然水文条件并通过综合性措施从源头上降低开发导致的水文条件的显著变化和雨水径流对生态环境的影响
澳大利亚	水敏感性城市设计	水敏感设计体系体现城市是一个整体，将雨洪管理、供水和污水管理一体化
英国	可持续排水系统 SUDS	可持续排水系统由以"排放"为核心的排水系统上升到维持良性循环高度的可持续排水系统，设计时综合考虑雨水和城市污水与再生水
新西兰	低影响城市设计与开发 LIUDD	最大化地发挥自然价值和减少沉积物、径流污染物和不透水面积

二、海绵城市设计研究

海绵城市的目标就是通过城市规划设计来解决雨洪问题，最终实现生态和谐和可持续发展的终极目标。那么要通过城市设计来实现低影响开发的目的，首先应该了解海绵城市的构成要素以及这些要素的具体内涵和运作特征，进而搭建海绵城市要素与城市设计的框架。

1. 水域空间的建设

水域空间是生态环境的重要组成部分，也是城市雨水汇集存储与管理最直接的场所。水域空间由河流、湖泊、天然河段、池塘以及水库和人工湖构成，其起着承担防洪排涝、水体净化和改善城市环境和提高生物多样性等功能。城市生态环境往往由生态蓝绿线构成，其中蓝指的是水域，绿指的是绿地。与绿地相比，水域的生态价值往往受到设计者的忽略，相应保护措施的不到位加上制度规范的不健全导致了很多地区为了追求经济利益和社会发展而围湖造田、填湖造地等行为不断减少水域面积。随着城市水域面积的减少，不透水面积的增加，城市抗雨洪灾害能力不堪一击。因此，在城市开发中，首先要考虑的是保护好城市原有的自然水系以及维护水域周边的生物多样性，通过限制开发强度以及设置绿化带等手段减少通过过多人工建设活动而导致的水体污染。与此同时，需要结合原始水系现状条件，疏通自然排水机理，增加水域面积，连通相邻的水系，形成完整的水区域网络，在水系整体打造的基础上进行海绵城市建设，从而实现水生态系统的平衡，实现可持续发展。

2. 绿地系统的建设

城市绿地系统是海绵城市建设与设计的主要场所，绿地系统主要起着消减地表雨水径流量以及保持城市自然水循环的过程。很有必要对城市绿地系统进行结构调整和功能的优化。城市绿地系统在不同区域范围有着不同类型和性质的绿地，这些绿地相互联系构成统一有机的城市绿地系统。绿地系统主要由自然植被和人工植被构成，包括道路绿地、公共绿地、居住绿地、建筑绿地以及防护绿地等。城市绿地系统能维护城市水循环、保持水土、调节城市小范围的气候变化，对城市雨洪管理具有重要的意义。

3. 道路系统的建设

城市化进程因从未放慢脚步，城市在不断地扩张和蔓延，硬质地面大面积取代自然地表，其后果也是显而易见的，地表雨水径流量的增加和地表径流污染。传统的城市道路设计往往注重交通通行和安全这方面的功能，而很少考虑到因为道路建设所带来的对生态环境和水文循环的负面影响。因此，在海绵城市的设计理念下，道路建设应该在满足通行与安全的同时，重新对道路系统网布局和交通空间进行设计，减少地表径流和污染。具体措施有通过合理的横、纵断面设计，对雨水径流流向进行控制；利用道路绿化分隔带设置下沉式绿地，对雨水径流进行滞蓄和净化；通过对路网结构的合理调整，减少不透水区域面积等。

4. 开放空间的建设

城市开放空间是居民活动、娱乐、休闲的场所，是城市设计的重要设计要素。在形态上包含点、线、面三个层次，"点"指的是城市的街头绿地和小广场等点状空间；"线"指的是城市内部的河流、林荫道和滨水步行道等；"面"指的是中心广场、森林公园等。三个层次的开放空间互相联系形成开放空间体系，在城市生态系统中起到重要的作用。

三、黄石市海绵城市建设案例分析

1. 黄石的水资源情况及问题分析

黄石市位于长江中下游南岸，属于亚热带季风气候，雨量充沛，这也造就了黄石丰富的水资源。黄石总体地势西高东低，城市沿山、滨江、环湖腹地狭小，团城山、黄荆山等山脉紧邻磁湖、长江，不利于山洪防治和雨水净化缓冲。而在中心城区，建成区建筑密度较大，不透水面积比例达到60%以上，局部达到 80%以上，快排模式带来面源污染比较严重。城区雨污合流管网截流和雨水管网设计标准较低，排江泵站总规模需要 354 立方米/秒，现状能力规模仅为 296.1 立方米/秒，中心城区易涝点达到 39 处，其中内涝低风险区 1.36 平方公里，中风险区 0.69 平方公里，高风险区 0.25 平方公里，地质里社区、彭家堑等地逢雨必涝，排涝泵站能力急需提升。

2. 海绵城市理念在黄石市建设的运用

黄石市拥有众多流域，其中磁湖、大冶湖和黄金湖等作为面积较大的流域，应该成为城市重点发展的“海绵体”流域，也是应用海绵城市理论的最佳地区。黄石磁湖作为城中心的主要湖泊流域，对城市防涝，城市景观，城市储水，城市净化等方面起着重要的作用；大冶湖则是黄石最大的湖泊流域，其流域跨大冶、黄石、阳新，影响广泛；黄金湖则是坐落于铁山，其流域对于铁山地区的发展至关重要。建立三大流域新区，利用新区的有利的条件，系统地将海绵城市的理念融入到黄石新区的规划设计。要做的有修复三大流域的水面面积；建设雨洪管理体系，逐级拦蓄雨水和净化雨水；建立滨湖湿地缓冲区，修建生态湿地公园。相对于传统的城市开发模式，应该从源头减排、过程控制、系统治理着手，综合采用“渗、滞、蓄、净、用、排”等工程技术措施，实现低影响城市开发，最大限度减少由于城市开发建设行为对原有自然水文的破坏（图 2）。

图 2　黄石磁湖水系

3. 城市规划

黄石市规划以“一江三山，双湖映城”为城市空间骨架，提出通过绿化廊道、公园、水系、林、田、湖等海绵自然要素构建点、线、面一体的城市海绵网络空间。城市将同步谋划环磁湖、大冶湖核心区、胜阳港、下陆、铁山黄金湖等 20 个流域海绵系统的建设任务。海绵城市系统构建的重中之重在于水安全规划和水环境修复。将从以下六个方面着手：

（1）划定蓝绿生态海绵线

增加水面积、生态绿地和城市绿地面积。

（2）修建防洪堤坝

根据防洪标准修建和加固防洪堤坝。

(3) 完善城市雨水管网

提升现状建成区雨水主次干管公里数，新增排涝泵站的抽排能力。

(4) 增加泄洪区

实施退垸还湖，增加湖泊面积，源头减排，将雨水就地消化。

(5) 降低城市不透水面积

疏通现状排洪港，结合棚改降低建筑密度，增加绿地、透水铺装和调蓄设施，减少径流总量和径流峰值。

(6) 实现雨污分流改造

提高片区合流制管网截流倍数，加快已建污水处理设施配套管网建设，改造提升污水厂处理排放标准，加强农业污染管控，修复湖泊湿地，严控重金属污染。

四、结语

我国生态环境的建设力度逐年增强，而其中海绵城市的建设如火如荼，目前我国第一批海绵城市试点城市也取得一些建设性的成果，但是仍存在一系列的问题。海绵城市建设的根本问题是水的系统治理问题，是一项系统工程，其应该是多学科交叉、多部门协同治水的建设工作。政府部门应该建立多部门统筹协调机制和高效权威的统一指挥机制，充分发挥水利、住建、交通、环保、林业等多部门的协同作用，提高海绵城市建设管理的系统性和综合性。与此同时要及时总结已成功的经验，要不断纠正在建设中的误区，避免因小失大，为了建设而建设，从而破坏原有的生态系统。政府要制定相关的政策法规、技术规程和技术标准，借鉴发达国家建设海绵城市的成熟的经验，制定适应中国的政策法规和规范。

参考文献

[1] 水利部办公厅. 水利部关于推进海绵城市建设水利工作的指导意见（水资源［2013］1号）［A］. 2013.

[2] 王国荣，李正兆，张文中. 海绵城市理论及其在城市规划中的实践构想［J］. 山西建筑，2014（12）：5-6.

基于BIM+的装配式建筑全生命周期信息管理系统研究

王兴冲　喻　博　王家远　李政道

摘　要： 近年来，装配式建筑已成为新型建筑技术的发展趋势。在装配式建筑全生命周期中，涉及的阶段繁杂，聚集的参与方众多，产生的数据信息种类繁多、数量庞大，导致数据信息之间无法互通共享，其根本原因在于管理体系落后、不完善。然而，现有研究主要将BIM+RFID技术运用于装配式建筑全生命周期的关键阶段，没有将BIM+贯穿全生命周期。因此，本文提出一种基于BIM+技术的装配式建筑全生命周期信息管理系统，将装配式建筑全生命周期分为五个阶段，即协同设计阶段、预制生产阶段、物流运输阶段、现场装配阶段以及运营维护阶段，对装配式建筑全生命周期的各个阶段建立相应的信息管理系统，收集并分类项目全生命周期各阶段的信息数据，实时汇总利益相关者的决策意见，旨在实现各阶段、各专业利益相关者之间的信息共享，提高信息传递效率，实现装配式建筑全生命周期的精细化管理。

关键词： 装配式建筑；全生命周期；信息共享；BIM+

Abstract: In recent years, prefabricated buildings have become a new trend of building technology. In the whole life cycle of prefabricated buildings, the involved stages are complex and there are many parties involved in aggregation, the data and information generated by them are various and huge, resulting in the inability to share information among the data. The fundamental reason is that the management system is backward and imperfect. However, the existing research mainly applies BIM+RFID technology to the key stage of the whole life cycle of fabricated buildings, and does not extend BIM+throughout the life cycle. Therefore, this paper presents an assembly-type building life cycle information management system based on BIM+ technology, and divides the whole life cycle of the prefabricated building into five stages: the collaborative design stage, the prefabricated components manufacturing stage, the logistics transportation stage, the site assembly stage and the operation and maintenance stage. The corresponding information management system is established for all phases of the assembly-type building life cycle to collect and classify the information data of all stages of the project life cycle, and to summarize the decision-making opinions of stakeholders in real time so as to achieve between various

王兴冲（1994—），男，深圳大学土木工程学院，硕士研究生，研究方向：工程项目管理.

喻博（1994—），男，深圳大学土木工程学院，硕士研究生，研究方向：工程项目可持续建设.

王家远（1961—），男，深圳大学土木工程学院，院长、教授，硕士生导师，研究方向：工程项目管理，风险管理.

李政道（1986—），男，深圳大学土木工程学院，助理教授，博士，研究方向：装配式建筑，建筑信息化技术.

stages and various professional stakeholders information sharing, to improve the efficiency of information transmission and realize the fine management of prefabricated building through the whole life cycle.

Keywords: Prefabricated buildings; The whole life cycle; Information sharing; BIM+

与传统工程建设方式相比，装配式建筑具有节能环保、施工速度快等优势，能最大限度地满足“四节一环保”的要求[1]，其有利于提高生产效率，改善施工环境，提高工程质量，减少资源消耗和减少建筑废弃物的产生。目前，对装配式建筑全生命周期的研究主要集中在进度风险[2,3]、经济效益[4]、能源消耗[5]以及信息管理[6]等方面。其中，全生命周期的信息管理水平是制约装配式建筑发展的主要因素之一[7]。运用 BIM（Building Information Modeling，建筑信息模型）和 RFID（Radio Frequency Identification，无线射频识别）技术可以解决装配式建筑全生命周期信息管理的难题[1,6,8]。已有的研究主要将 BIM 和 RFID 技术运用在装配式建筑全生命周期的关键阶段，尚未对装配式建筑全生命周期作出完整、全面的界定，更没有对装配式建筑各个阶段建立完善的信息管理系统，将基于 BIM+的信息管理贯通于整个生命周期。因此，本文将装配式建筑全生命周期分为五个阶段，即协同设计阶段、预制生产阶段、物流运输阶段、现场装配阶段以及运营维护阶段，建立一种基于 BIM+技术的装配式建筑全生命周期信息管理系统。通过设计、生产、运输、装配、运营等专业协调和信息共享，优化装配式建筑的整体方案和资源配置。以可视化技术手段，建立信息管理系统，为实现全过程的质量控制和可追溯提供信息化支撑，是切实可行且非常必要的。

一、文献综述

BLM（Building Lifecycle Management，建筑工程全生命周期管理）是指建设项目从规划设计到施工，再到运营维护，最后拆除的全过程信息管理。装配式建筑全生命周期管理包含项目协同设计阶段，主要是建设项目的选址、决策、设计等；装配式构件经标准化设计后，即进入预制构件的生产、运输以及现场装配阶段，主要任务是对预制构件进行实时监测、控制，以便于决策者能做出合理的决策；运维阶段主要考虑设备监控、应急疏散管理、资源回收利用等。

目前的研究主要集中在装配式建筑全生命周期的设计和施工阶段，尚未从装配式建筑全生命周期来考虑。齐宝库等[1]提出基于 BIM 的装配式建筑全生命周期管理问题研究，虽然考虑了全局，但尚未对每个阶段的信息管理进行深入剖析；李天华等[6]虽说整合了基于 BIM 和 RFID 的装配式建筑全生命周期，但其只提出了装配式建筑的规划设计、建造施工、运营维护三个阶段，尚未从装配式建筑的全局考虑；张家昌等[8]对 BIM 和 RFID 技术在装配式建筑全生命周期管理中的应用进行了探讨，只考虑了预制构件的制造、运输、装配以及运维，并未对预制构件的设计进行研究；常春光等[9]讨论了基于 BIM 和 RFID 技术在装配式建筑施工过程的管理，只考虑了装配式建筑全生命周期中的核心阶段，即施工阶段，缺乏从全局的角度进行装配式建筑全生命周期信息管理。

在装配式建筑全生命周期中，相关利益者众多，包含业主、设计单位、制造商、运输商等，导致各利益者之间信息沟通艰难；同时各利益者之间产生了海量的数据信息，没有足够的平台能够实时收集这些信息，并形成系统的管理数据。由此，数据与数据之间的管理，变得尤为重要。

二、信息管理系统平台设计

为了解决上述产业链面临的问题，基于 BIM＋的装配式建筑全生命周期信息管理系统主要包括以下几个子模块：协同设计阶段的信息管理系统、预制生产阶段的信息管理系统、物流运输阶段的信息管理系统、现场装配阶段的信息管理系统以及运营维护阶段的信息管理系统，如图 1 所示。

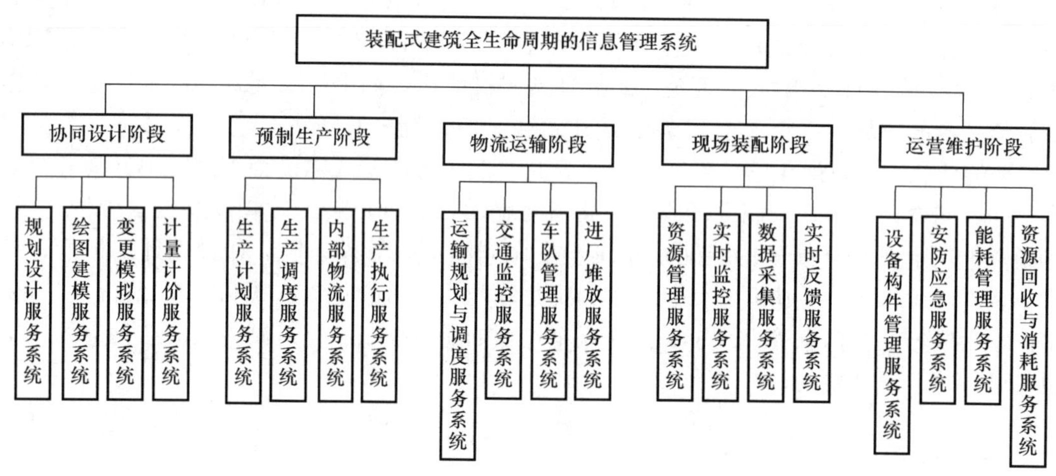

图 1　基于 BIM＋的装配式建筑全生命周期信息管理系统

1. 协同设计阶段

协同设计阶段的信息管理主要开发以下几个子服务系统：规划设计服务系统、绘图建模服务系统、变更模拟服务系统和计量计价服务系统。利用这些子服务系统可以基于多专业、多环节、各相关利益者之间信息共享，实现建筑—结构—机电—装修一体化和设计—建模—变更模拟—计量计价一体化。

（1）规划设计服务系统

规划设计服务系统的目的是为装配式建筑规划选址和合理布局场地。结合 BIM 技术和地理信息系统（GIS），对拟建装配式建筑的场地条件和空间信息进行数据建模、日照分析、风向分析。BIM 与 GIS 相互补充，帮助各利益相关者进行规划选址、场地分析以及建筑布局，从而得出较为合理的场地规划。

（2）绘图建模服务系统

绘图建模服务系统的目的是将装配式建筑设计阶段的信息数据标准化。装配式建筑设计阶段涉及建筑设计、结构设计、水暖电设计、能耗分析等。利用 BIM 将各专业的设计成果进行有效的整合并将不同设计软件间产生的数据信息标准化，便于各设计单位之间的信息共享。

(3) 变更模拟服务系统

变更模拟服务系统的目的是使整个设计过程动态变化、相互关联。由于BIM模型中各构件都是由相关参数进行控制，只要模型信息发生变化，其相关联的所有对象便会迅速更新，并且还可以自动生成相应的图形和文档，便于各利益相关者之间信息的沟通与交流。同时，还可以利用BIM进行碰撞检验，让其具备更加直观与便捷的检测安装需求，避免构件与构件之间的碰撞问题。

(4) 计量计价服务系统

计量计价服务系统的目的是提高装配式建筑工程计量与计价的效率和准确性。BIM是一个含有海量建筑信息的数据库，可以实时提供造价人员计价所需的工程量信息。计算机借助这些信息可以快速的对构件进行统计与计算，这样不仅可以避免计算错误，还可以节省时间与成本，提升造价管理水平。

2. 预制生产阶段

预制生产阶段通过使用遗传算法、蚁群算法或者粒子群算法制定出最优生产进度计划，该阶段的信息管理主要包括开发以下几个子服务系统：生产计划服务系统、生产调度服务系统、内部物流服务系统、生产执行服务系统。这些子服务系统可以促进信息在各子阶段、各利益相关者之间的传递与共享。

(1) 生产计划服务系统

生产计划服务系统的目的是运用BIM将需要预制生产的构件转换成预制厂家所需的特定格式，同时生成标准化的生产订单。同时，通过查看所接收订单的备注来判断这些订单是否需要紧急生产，如需紧急生产，可将这些订单发送给预制厂家，并优先考虑这些预制构件的生产。

(2) 生产调度服务系统

生产调度服务系统的目的是让预制厂家的生产工人和产品经理明确自身任务，该服务使用混合流水车间和作业车间调度模型。主要涉及以下几个步骤：①分解并罗列出生产计划服务系统中分配的任务；②重新确定生产任务的优先级；③给特定的生产工人分配特定的生产任务；④监控每个任务的进度；⑤跟踪预制构件及生产工人的状态；⑥插入RFID标签。

(3) 内部物流服务系统

内部物流服务系统的目的是为预制生产提供所需的原材料和机械设备。该服务采用图形算法，制定出最优方案。产品经理通过监测RFID产生的数据实时了解物料交付状况以及消耗量，同时，还可以清楚地掌握各材料的库存量。内部物流运输工人根据预制构件的尺寸和装配位置选取合适的材料并对选取的材料进行有效地检查、校对和交付。

(4) 生产执行服务系统

生产执行服务系统的目的是执行和控制生产过程。产品经理能够通过执行生产服务来保留或更新任务池，任务池能提供计划和调度服务系统中发布出来的生产计划和调度的详细信息。生产过程中，当遇到产品检验不合格的情况时，可实时记录不合格的数据信息并上传至生产执行服务系统中，随后进行返工或者报废处理。

3. 物流运输阶段

预制构件在物流运输阶段的信息管理主要囊括预制构件从生产厂家到装配现场之间的信息管理。物流运输阶段的信息管理主要包括开发以下几个子服务系统：运输规划与调度服务系统、交通监控服务系统、车队管理服务系统和进场堆放服务系统。

(1) 运输规划与调度服务系统

运输规划与调度服务系统的目的是对预制构件的运输规划和调度做出最佳决策。一旦预制构件生产完成，预制生产服务系统就会启动物流运输服务系统，同时，还可以与 BIM 同步。运输管理人员读取 RFID 中预制构件的基本出厂信息，核对构件与配送单是否一致，编写运输信息，生成运输线路，并连同运输车辆信息一起上传至数据库中。

(2) 交通监控服务系统

交通监控服务系统的目的是实时掌控预制构件在整个运输过程中所处的状态和位置。该系统使用 RFID 和 GPS 技术并通过可视化数据来实时跟踪运输车辆，最终转换为预制构件运输的 3D 图形。各利益相关者通过 3D 图形、RFID 和 GPS 数据可以实时反映预制构件的物流状态、运输进度以及当前所处的位置，形成可视化视图。

(3) 车队管理服务系统

车队管理服务系统的目的是管理运输预制构件的各种车辆。将 GPS 接收器和 RFID 阅读器安装在运输车辆上，各利益相关者可以通过信息系统中的数据库将运输车辆与预制构件一一对应。通过 GPS 定位运输车辆，同时使用 RFID 来创建一个智能的交通环境，用以加强搬运、装载和运输过程中实时信息的共享。这些实时信息可用于协调各利益相关者在规划、调度、执行和控制等过程中产生的决策和操作问题。

(4) 进场堆放服务系统

预制构件进场堆放服务系统的目的是实时掌握预制构件进场信息，以便于构件的堆放管理。在施工现场的入口处安装 RFID 阅读器，当运输车辆进入施工现场后，可以在第一时间内读取到预制构件的信息，然后再制定或调整施工计划。将构件与 GPS 坐标相对应，施工单位即可通过信息系统观测到构件的实时定位信息，实现构件位置的可视化管理，能快速、准确地找到构件。

4. 现场装配阶段

现场装配阶段的信息管理主要包括开发以下几个子服务系统：资源管理服务系统、实时监控服务系统、数据采集服务系统和实时反馈服务系统。通过这些子系统，各利益相关者可以实时了解现场施工进度、检查装配质量。

(1) 资源管理服务系统

现场资源管理服务系统的目的是更好地管理包括施工工人、预制构件、施工机械在内的建筑资源。该服务通过运用 RFID 设备来识别这些建筑资源，对施工现场进行有效的管理，如施工工人的分配、预制构件的堆放以及施工机械的安拆。在预制构件施工装配的过程中，RFID 设备能够实时获取装配现场的所有信息，并且能够提前预测风险和探知不安全因素，不仅可以简化还能提高施工现场的安全管理。

(2) 实时监控服务系统

实时监控服务系统的目的是实时监控现场施工工人、预制构件和施工机械。RFID不仅能够对预制构件实时定位，还能对构件装配进度和质量进行监控。每个构件在装配时都携带RFID标签，RFID标签中包括构件编码、工程项目编码、计划完成时间、连接工程技术标准等基本信息。因此，项目各利益相关者可以根据当前的实际情况做出相应的决策。

(3) 数据采集服务系统

数据采集服务系统的目的是从大量的RFID数据中获取有价值的信息。将RFID采集的数据信息传递至BIM模型，可实时了解施工现场装配进度与计划的偏差，找出偏差产生的原因，从而消除偏差。同时，利用这些实时有效的信息协调各利益相关者，让各利益相关者能够更好地完成项目的建设，便于各利益相关者采集数据和进行精准决策，从而加快施工进度。

(4) 实时反馈服务系统

实时反馈服务系统的目的是将施工现场装配情况实时反馈给各参与方以及其他利益相关者。目前，国内装配式建筑主要通过安装网络摄像头来获取施工项目的装配进度以及进行质量监测。施工工人完成预制构件的装配后，若符合规范的要求，可将构件装配完成后的各项参数上传至中央数据库，各利益相关者根据共享的信息数据实时了解预制构件装配进度以及检查装配的质量是否符合规范的要求。

5. 运营维护阶段

运营维护阶段的信息管理主要包括开发以下几个子服务系统：设备构件管理服务系统、安防应急服务系统、能耗管理服务系统和资源回收与消耗服务系统。在装配式建筑运营维护阶段，通过这些子系统，可以更好地对设备、构件、能耗、安防进行管理以及在拆除更新的过程中预测废弃物的产生量。

(1) 设备构件管理服务系统

设备构件管理服务系统的目的是实时掌握所有构件的使用情况以及设备的运行情况，及时发现和处理已损坏或者存在危险的构件和设备。维保人员通过RFID扫描仪扫描RFID标签，即可快速高效地获取该构件或设备的维保信息。进行维保操作后，将相应的操作记录写入RFID标签中，通过无线网络将储存在RFID标签中的信息上传到信息管理系统数据库中，各利益相关者即可实时获得装配式建筑的运营情况。

(2) 安防应急服务系统

安防应急服务系统的目的是对装配式建筑进行安防监控与应急管理。将安防监控系统以插件的形式装入BIM中，通过BIM对各类安全隐患进行动态观察。同时，对于突发事件进行快速的处置，及时解决问题。灾害事件发生后，基于BIM的安防应急服务系统可以制定灾后恢复计划，对灾害损失进行较为准确的统计。

(3) 能耗管理服务系统

能耗管理服务系统的目的是对装配式建筑的能耗进行优化管理。基于BIM的能耗管理服务系统通过采集设备运行时的设备设施监控数据、最优寿命曲线以及最优性能曲线等信息，结合中央数据库内的其他数据信息对装配式建筑的能耗进行优化管理。此外，系统通过 BIM 可以对装配式建筑内部的温度、湿度以及采光进行模拟，为室内的居住人员提供一个既舒服又节能的环境。

（4）资源回收与消耗服务系统

资源回收与消耗服务系统的目的是管理装配式建筑拆除过程中产生的废弃物、能源的消耗以及可回收利用的构件。当装配式建筑拆除更新时，通过 RFID 标签、BIM 模型以及中央数据库中的信息，可以较为准确的计算出拟拆除建筑的废弃物种类和数量。从可持续发展的角度，以插件的形式向系统纳入能源排放因子数据库，核算装配式建筑拆除过程中产生的碳排放量。

三、应用案例

为说明基于 BIM+的装配式建筑全生命周期信息管理系统在装配式建筑全生命周期中的应用，本文以深圳市某住宅小区为例，展示信息系统在项目全生命周期中的拟应用情况。

（1）设计阶段

如图 2 所示，BIM 与 GIS 的结合可以更好地解决装配式建筑规划选址、建筑布局等问题。通过 BIM 模型可以对各专业工程师的设计方案进行协调，同时对方案的可施工性和施工进度进行模拟，解决施工碰撞以及精准算量计价等问题。

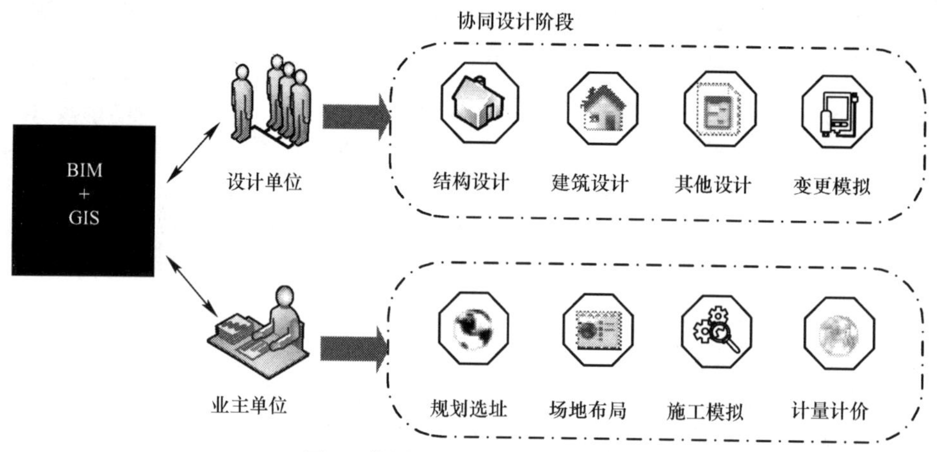

图 2　协同设计阶段的信息管理

（2）生产阶段

在预制生产阶段，BIM 和 RFID 发挥了至关重要的作用。BIM 可以将设计阶段构件的设计信息转换成预制生产厂家所需的特定的信息，进而生成标准化的生产订单。RFID 可以实时采集预制构件的生产数据，预制厂家通过 RFID 完成对预制构件的生产管理，如预制任务管理、原材料需求管理、生产调度与执行管理，如图 3 所示。

（3）运输阶段

如图 4 所示，RFID 和 GPS 的应用便于预制构件在物流运输阶段的信息管理。通过 RFID 能够将预制构件在生产阶段的出厂信息与运输信息相结合，生成运输线路，创建一个智能的运输环境。通过 GPS 定位，各利益相关者可以实时掌握预制构件当前所处的物流状态以及具体位置。在进场堆放的过程中，通过预制构件的精准定位，可快速、准确的管理预制构件，减少二次搬运和预制构件的损坏。

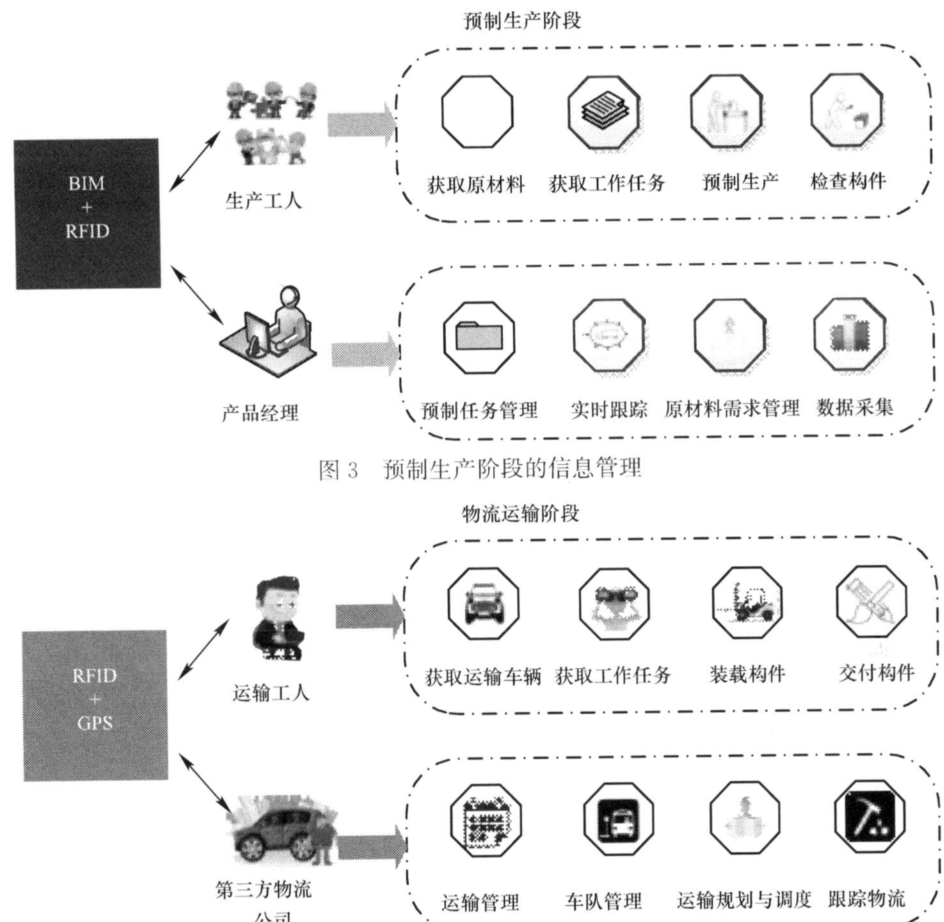

图 3　预制生产阶段的信息管理

图 4　物流运输阶段的信息管理

(4) 装配阶段

如图 5 所示，BIM 和 RFID 的应用便于预制构件在现场装配阶段的信息管理。使用 RFID 进行施工进度的信息采集工作，将采集的信息传递至 BIM 模型，进而在 BIM 模型中实时展示实际与计划的偏差，从而可以更好地解决施工管理中的核心问题——实时跟踪和风险控制。

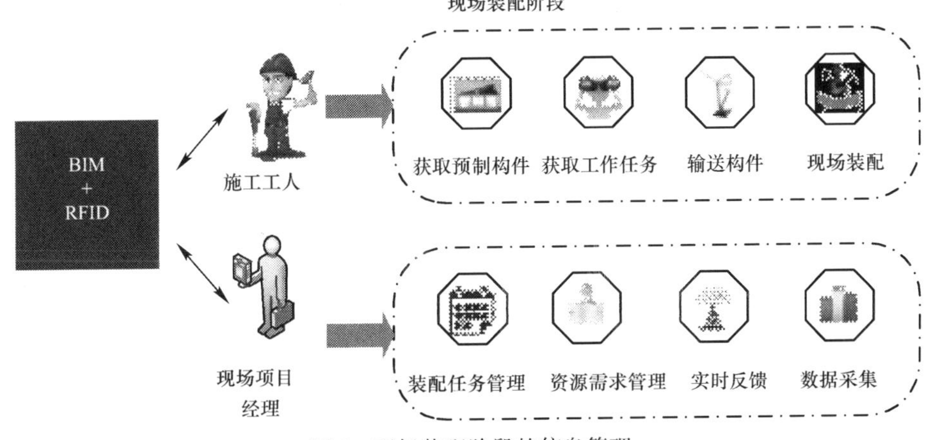

图 5　现场装配阶段的信息管理

(5) 运维阶段

如图 6 所示，在运营维护阶段，BIM 和 RFID 技术的结合，便于对预制构件和设备进行维护管理。基于 BIM 的服务系统可以有效的防患和处理应急事件以及对建筑能耗进行优化管理。此外，在装配式建筑拆除改造的过程中，可以较为精准的计算废弃物的产生量以及带来的环境效益。

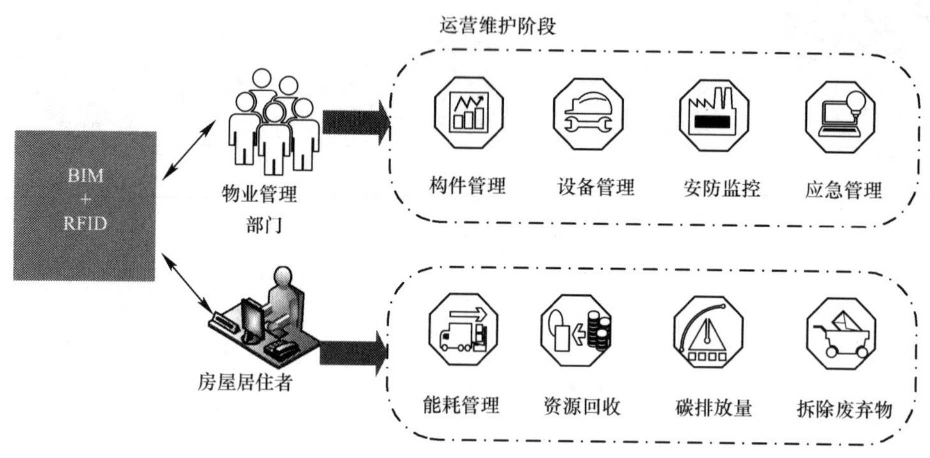

图 6　运营维护阶段的信息管理

四、结语

伴随着相关政策与标准规范的出台，全国范围内正在大力推广装配式建筑，工业化生产是我国建筑业发展的必然趋势。由于装配式建筑全生命周期的信息管理水平是制约其发展的主要因素之一，因此，本文提出一种基于 BIM+技术的装配式建筑全生命周期信息管理系统，包括：协同设计阶段的信息管理系统、预制生产阶段的信息管理系统、物流运输阶段的信息管理系统、现场装配阶段的信息管理系统以及运营维护阶段的信息管理系统。运用 BIM+RFID、BIM+GIS 和 BIM+GPS 等可视化技术手段，建立装配式建筑全生命周期的信息管理系统，收集装配式建筑全生命周期中的数据，为各利益相关者提供决策依据，提高数据在各利益相关者之间的传递效率，为实现装配式建筑全生命周期的质量控制和过程追溯提供信息化支撑，进一步推动装配式建筑的发展。

参考文献

［1］ 齐宝库，李长福. 基于 BIM 的装配式建筑全生命周期管理问题研究［J］. 施工技术. 2014（15）：25-29.

［2］ Clyde Zhengdao Li，Geoffrey Qiping Shen，Xiaoxiao Xuet al. Schedule risk modeling in prefabrication housing production in Hong Kong［J］. Journal of Cleaner Production. 2016.

［3］ Clyde Zhengdao Li，Jingke Hong，Fan Xueet al. Schedule risks in prefabrication housing production in Hong Kong：a social network analysis［J］. Journal of Cleaner Production. 2016，134：482-494.

［4］ 李永森，李素芳. 基于全生命周期理论的装配式住宅经济性研究［J］. 工程经济. 2016（11）：66-69.

[5] Jingke Hong, Geoffrey Qiping Shen, Chao Maoet al. Life-cycle energy analysis of prefabricated building components: an input-output-based hybrid model [J]. Journal of Cleaner Production. 2016, 112: 2198-2207.

[6] 李天华，袁永博，张明媛. 装配式建筑全寿命周期管理中 BIM 与 RFID 的应用 [J]. 工程管理学报. 2012. 26 (3): 28-32.

[7] 齐宝库，张阳. 装配式建筑发展瓶颈与对策研究 [J]. 沈阳建筑大学学报（社会科学版）. 2015 (2): 156-159.

[8] 张家昌，马从权，刘文山. BIM 和 RFID 技术在装配式建筑全寿命周期管理中的应用探讨 [J]. 辽宁工业大学学报（社会科学版）. 2015 (2): 39-41.

[9] 常春光，吴飞飞. 基于 BIM 和 RFID 技术的装配式建筑施工过程管理 [J]. 沈阳建筑大学学报（社会科学版）. 2015 (2): 170-174.

近远期结合开发珠海黄茅岛推动粤澳联动发展

金　晖

摘　要：随着港珠澳大桥的建成，粤港澳三地串联、互动发展的大格局已经形成，在中央政府的扶持和鼓励下，澳门特区推出了"一个中心、一个平台"（即世界旅游休闲中心、中国与葡语国家多元合作服务平台）建设思路，推动澳门向着适度多元化的方向进行转型发展。根据对国家战略、规划和澳门发展需求的综合分析，本文提出近远期开发黄茅岛的策划，以新兴的邮轮产业作为开发起步工程，是着眼于澳门未来向海洋旅游及相关产业发展的硬性需求，是致力于解决澳门城市土地面积不足、拓宽发展空间的核心思路，更是推进粤港澳深度合作的高端运作手笔。

关键词：黄茅岛；邮轮；粤澳联动

一、研究背景

随着港珠澳大桥的建成，粤港澳三地串联、互动发展的大格局已经形成。在三足发展的大背景下，澳门的城市经济发展有其特殊性，它没有香港国际金融中心的地位，也没有广东省庞大的腹地资源和复合产业市场，在人多地少、城市空间布局高度密集的基础上，中国澳门以博彩业为主导形成了独有的发展特色。为了推动中国澳门向着适度多元化的方向进行转型发展，在中央政府的扶持和鼓励下，澳门特区推出了"一个中心、一个平台"（即世界旅游休闲中心、中国与葡语国家多元合作服务平台）建设思路，同时2015年澳门特区又获批了85平方公里行政区域，未来发展所需的政策和软性资源已经具备，当务之急是要找到一个起步发展的切入点，而黄茅岛开发项目正是这个合适的切入点。

通过周边项目的发展计划，和横向对比，将黄茅岛开发项目定义为"切入点项目"，是有着非常重大的现实意义和战略意义。要真正认识这些意义和价值，仅凭常规的必要性分析、可行性研究、市场调研、效益分析等手段已不足以支撑，必须引入放眼全局、顶层设计、高端运作的思维理念。

首先，世界旅游中心离不开三个"依托条件"，一个依托是陆上资源，由珠海和广东的大片内陆腹地提供，一个依托是滨海、近海区域资源，由澳门本岛和新批准的85平方公里行政区域提供，而当前我们独缺深海、长距离的旅游条件，如果不能和东南亚乃至全世界主要旅游市场形成纵向对接，澳门世界旅游中心的招牌将名不副实。黄茅岛采取分阶段开发方式，起步规划建设邮轮港，以邮轮产业带动其他产业和新城的后续建设，适时的补

金晖，中交第三航务工程勘察设计院有限公司.

充了这块短板，借助国际邮轮行业的发展势头，把澳门的旅游市场纵向拉长，构建了由陆上到近海再到深海的完整旅游产业链。由此，澳门旅游市场将真正形成“三足鼎立”的局面。

其次，通过高端运作的方式打造邮轮港和澳门国际机场的“海空联运网络”。澳门机场是澳门特区重要的空中门户，但与邻近的香港机场、广州和深圳机场相比，航线单一且不足，客流源有限，成为澳门旅游发展的瓶颈。站高望远，世界级大都市的邮轮港往往和航空港比邻而居，如著名的美国迈阿密国际邮轮中心和国际航空站，黄茅岛天然毗邻澳门机场人工岛，隔着大西水道互成犄角之势，战略地位得天独厚，通过打造澳门“海空港”立体网络，连通海空交通系统，促使客流互动和互补，形成澳门和珠海新的城市名片，将极大推动澳门及周边旅游市场的蓬勃兴起。

最后，澳门特区已和珠海政府共同开发了横琴自贸区，用以拓展二地商贸合作；黄茅岛背靠万山列岛，借鉴海南凤凰岛的发展模式，以邮轮经济带动列岛开发和城市产业簇群的聚集，无异于打造出另一个“水上横琴”。两个“横琴”产业不同，功能各异，共同为澳门特区的多元化发展插上强劲有力的双翼。

综上所述，补足深海长距离旅游的产业链，构建“海空联运立体系统”，深度打造“水上横琴”，上述概念共同支撑起黄茅岛整体开发建设的顶层设计。依托邮轮产业，开拓粤澳多元化的国际客源，深化旅游市场的区域合作，打造澳门世界旅游中心的品牌，也将成为近远期切实可行的规划实施目标。我们有理由相信，继澳门国际机场人工岛、港珠澳大桥、横琴自贸区后，黄茅岛整体开发及邮轮港的起步建设一定会成为南海之滨又一颗熠熠生辉的“明珠”。

二、邮轮产业的综合研究

1. 亚太地区邮轮产业发展情况

以 2014 年邮轮旅游发展情况：全球 2170 万人次，全球运营邮轮总数约为 300 艘，亚太地区占 9.1%并快速增长，几大邮轮公司均重视在亚太地区发展战略。可以预计未来亚太地区会有更新的邮轮、更丰富的航线、更多的游客、更大的邮轮产业市场。

2. 澳门开拓邮轮市场的条件

影响邮轮产业开发和成长的因素主要是区域内经济发展水平（人均 GDP 达到 8000～10000 美元时，邮轮消费开始起步，在人均 20000 美元时将达到高峰），澳门 2014 年人均 GDP 已达到 8.7 万美元左右，是亚洲乃至世界上最富裕的地区之一；区域内旅游资源的质量和分布的影响，其中可利用的旅游资源的最佳分布在 0.5 日的车程以内，澳门也完全满足；以及软、硬环境的影响（包括出发地海关、检验检疫等政府部门的工作效率、信息网络系统、各种服务质量和水平等“软环境”），以及其他政治、社会稳定因素等，澳门均符合其成长发展条件。此外，随着澳门行政区域的确定，澳门特区采取了一系列措施，对目前生效的 40 多项相关法律法规、管理条例以及多项在澳门适用的国际公约作出全面梳理，法律规章制度正在逐步完善，这对进一步提升中国澳门金融、国际竞争和市场开拓方面的影响是非常巨大的。

3. 澳门可通过外海港口建设切入亚太邮轮市场

根据相关统计，预计未来2016～2017年在澳门地区周边港口邮轮航线组织中均有条件在澳门停驻。可带来总数在200万人次左右的邮轮游客人流，直接消费市场约为20亿，间接拉动约为100亿。同时华南地区邮轮航线及船舶密布，航线丰富，人口众多，购买力强劲，邮轮市场培育充分，因此在具有深水岸线的区域建设邮轮码头，并直接联动澳门、珠海，可以填补澳门、珠海旅游产业的空白点，提升澳门世界旅游休闲中心的质量。

4. 邮轮旅游总体发展目标

近期发展成为区域性重要邮轮停靠和始发港口，达到年停靠邮轮艘次数200次的规模。远期按照澳门世界旅游中心的规划，逐步将邮轮港打造成为华南邮轮母港，与香港、广州、深圳、海南的邮轮母港并驾齐驱。

5. 宜居、宜业、宜行、宜游的海岛休闲新城

从人口、土地、交通、生态及环保等领域看澳门现状，澳门城市空间不足是未来发展的最大障碍。2015年，澳门32.8万平方公里土地，承载了63万澳门市民和达3000万访澳旅客，是全世界最拥挤的地区之一。本项目是依托邮轮港的建设，带动后方旅游新城的开发，在澳门周边建设一个宜居、宜业、宜行、宜游的海岛休闲新城，完全符合澳门规划发展的要求，是实现澳门一个中心一个平台发展战略的重要载体。

三、邮轮基地选址

1. 澳门行政水域的特点

2015年12月，国务院常务会议通过的《中华人民共和国澳门特别行政区行政区域图(草案)》调整了澳门特别行政区的陆地界线，明确了澳门的水域管理范围。在如何有效开发行政海域之前，首先要认识行政海域的自然条件特征。

澳门行政水域距离澳门本岛、氹仔和路环岛的平均距离约为4.3km，此范围内水深为2～5m，无深水岸线，大量分布着浅水及滩涂场地。水深条件不足对航运影响很大。以新兴的邮轮产业作为开发起步工程，是促使澳门迈向“世界旅游休闲中心”的关键一步，要克服澳门行政海域水深不足、深海航运条件不够的弱点，把选址点放宽至珠海合适海域，按照珠澳联动发展的思路开展选址工作是非常适合的。

2. 澳门周边水域条件

澳门东侧为横琴岛，澳门西侧为万山列岛群。其中万山列岛群位于珠江口正南方万山列岛北部，扼珠江口诸水道的入口，为珠江口东部重要海上屏障。

从澳门发展的需求看，万山列岛群具备开发“新的深水岸线及相关空间”的基础条件，万山列岛群距离澳门约为10～70km，水深从－8～－30m，可以利用天然航道停靠20万吨级船舶。该区域作为粤澳合作未来发展的平台选址是合适的。

3. 万山列岛情况简述

万山群岛位于中国南海，珠江三角洲出海口处，珠海市东部海域；为珠海中心城区、深圳市、香港和澳门之间，既是珠三角的门户，也是连接珠三角西岸城镇群与珠三角东岸城镇群的枢纽。万山列岛共有 18 岛及礁石组成，岛屿总面积约 34km^2。各岛之间水道纵横交错，互相贯通。列岛附近水域宽阔、海底平坦，水深－8～－30m，可以通过大规模回填建设以大型深水港区和开发陆域为特点的经济开发新区域。

4. 黄茅岛地理位置和区位优势

黄茅岛是万山列岛 18 座岛礁之一，距澳门半岛 19.6km，面积 1.08km^2。该岛屿是距离澳门地区最近的具有－10m 以上水深条件的岛屿。岛上有约 500m 的简易公路。有蓄水池 15 个，可供饮用，但旱季水量较少。现阶段从横琴码头乘坐豪华高速快船仅需 30 分钟，交通十分便捷。黄茅岛附近水域宽阔、海底平坦，水深－10～－15m，可建设大型深水港区。总体认为，黄茅岛具有独特的区位优势，开发建设符合相关规划要求，对珠海、澳门各产业的联动带动和推动澳门地区经济的发展具有深远的影响，通过开发建设，无论在可成陆条件还是深水岸线规模上，均能满足澳门特区政府建设“一个中心、一个平台”建设的需求，是澳门经济社会发展的理想的空间。

四、黄茅岛开发的必要性和意义

1. 黄茅岛开发对万山片区发展的意义

珠海万山区作为以海洋综合开发为特色的经济功能区，已纳入了广东海洋经济综合实验区的重点发展区域。黄茅岛邮轮港建设依托万山海岛旅游业与港澳的联动发展，将给万山区带来源源不断的国内和国际高端客源，形成粤港澳邮轮游客的集散地。黄茅岛拟建 1 个 22 万GT 和 1 个 15 万 GT 的邮轮码头泊位，预计吞吐量 100 万人次/年，邮轮港建设产生的邮轮经济将以其集聚性、网络性、全球性和多元性拉动整个万山区乃至粤港澳地区的旅游及商业消费，成为新的消费热点和增长点。同时，将邮轮产业引入海岛旅游业，可以完善万山区的旅游产业体系，进一步吸引大公司、大投资商在万山区打造高端旅游基础设施，推动万山区发展海上休闲、观光农业、农渔产品精深加工等特色海洋经济，促进渔业转型，构筑海岛开发新格局。

2. 黄茅岛开发对珠澳联动发展、共同打造世界旅游中心的意义

澳门方面：随着全球经济的深刻变革，澳门经济发展出现了瓶颈。主要表现在：①占 GDP 近一半的博彩业，随着近年来中央反腐力度的加大，最大的 6 家赌场利润下滑 40%，直接导致 2014 年全年澳门 GDP 实质性地收缩了 0.4%；②旅游产品模式单一；③城市发展空间极为有限；④随着亚太地区和珠三角经济的崛起，澳门面临外部更为严峻的竞争环境。可以说，传统经济发展模式难以为继，新兴产业的发展又没有空间，特别是没有良好的深水岸线资源，在澳门无法开发邮轮旅游项目。而借助黄茅岛，发展邮轮、旅游、海洋

文化创意产业，对于提升澳门城市形象和旅游服务水平都有着重要意义。

珠海方面：从区位上看，珠海位于珠江的入海口，是珠三角的中心地带，地理位置优越，又是国家首批设立的四个经济特区之一，但多年发展后珠海仍属于二线城市序列，一直以来，珠海想借助澳门的品牌发展自己缺少具体的抓手。本次黄茅岛的邮轮项目，是珠澳合作的重要而具体的举措，澳门对邮轮业务的客观需求促成了黄茅岛邮轮港的建设，而珠海积极融入澳门“一个中心、一个平台”发展规划和双方城市联动的主动行为也同步促成了黄茅岛邮轮港的建设，在这个项目中，珠海充分发挥土地、岸线的资源优势，而澳门发挥旅游品牌、市场的优势，共同把市场做大，可以说是新时期珠澳合作的典范。

五、黄茅岛总体规划设计

1. 地理区位

黄茅岛位于珠海香洲东南部万山群岛海域，万山列岛北偏西。东距东澳岛 3km，东南距万山岛 7km，东北距香港离岛区 27km，西北距澳门半岛 19.6km，西距横琴岛 12km。

2. 现状概述

黄茅岛面积约 1.08 平方公里，岛上配套设施简陋，基本处于尚未开发状态。黄茅岛南北走向，由尾山顶、黄茅中、头山顶三个山头纵列成长形，中部由前后湾对峙形成峰腰，南部东、西侧有小段磊石岸，近岸有十多处干出礁石，山坡陡峻，大部分为山林绿地，可利用面积很少，开发时应根据地形地貌的特点，对丘陵用地深度开发，此外还可以通过岛屿东西两侧填海，形成新的建设用地（图 1）。

图 1　黄茅岛现状图

3. 功能定位和规划布置

功能定位为海岛休闲度假胜地、珠澳邮轮旅游度假胜地，海洋科技和海洋新能源研发基地。

海岛休闲度假胜地：岛域集多种业务于一身，包括海岛生态文化旅游、休闲娱乐、婚纱摄影、水上俱乐部、水上会所等服务，配套建设海景酒店、沙滩浴场、商业区、餐饮购物区、养生养老社区和高端房产区等区域。其中生态文化观赏、婚纱摄影、海洋垂钓、养生休闲为本岛旅游的主要业务。水上俱乐部、观光娱乐参与等项目。

珠澳邮轮旅游度假胜地：以打造“邮轮之旅”为主题的度假胜地为目的，在岛的东侧布置2个邮轮泊位，依托岛屿周边优越的旅游资源，吸引全世界的豪华邮轮停靠黄茅岛。邮轮项目开发时，可在后方陆域建设免税购物中心、高端度假酒店，结合海岛上规划的商务会所、餐饮娱乐等业态一并开发。紧邻邮轮码头的北侧布置客运码头，设计交通换乘点实现邮轮与客船的高效换乘，方便游客通过黄茅岛进入万山列岛、横琴以及澳门，享受珠澳优越的旅游资源。

海洋科技和海洋新能源研发基地：在黄茅岛北侧布置风力发电区，面积2.3公顷，用于发展海洋能源相关产业。

对外交通：主要为海上交通，在黄茅岛邮轮码头的北侧布置客运码头，开通黄茅岛—澳门、黄茅岛—横琴以及黄茅岛—万山列岛航线，3000GT客运码头共布置4个泊位，其中3个泊位往返澳门，1个泊位往返横琴。邮轮交通艇（环岛观光船）码头共布置3个泊位，往返万山列岛。

岛内交通：无直接交通方式与陆地相连，为了保护岛上良好的生态环境和营造极具自身特色的交通环境，岛上禁止燃油车辆通行，客运交通采用电动观光车统一运营。

4. 黄茅岛邮轮港工程专项规划设计

根据黄茅岛开发的功能定位以及对外交通，提出以下主要船型，如表1所示。

黄茅岛邮轮工程规划 **表1**

船型	总长（m）	型宽（m）	满载吃水（m）	备注
225282GT	361	47	9.3	邮轮绿洲系
150000GT	339	47.4	8.8	邮轮
3000GT客运船	100	16.0	4.2	
邮轮交通艇（环岛观光船）	30	10	2.0	

预计黄茅岛邮轮港靠泊航次约为100艘次/年，100万人次/年。

岸线选址在黄茅岛东岸，码头前沿性选择−11m等深线位置，岸线总长度805m，共布置225282GT邮轮泊位和150000GT泊位各1个。围堤内成陆地面积约为50ha，加上黄茅岛本身的可开发用地，共计62.3ha可开发用地。其中邮轮后方配套陆域用地6.53ha，区内布置客运中心、通关设施、运营管理、船舶及水电配套服务设施、交通组织广场、集散广场、游人活动区、行李交接区等。

邮轮港采用桩基承台结构，邮轮游客上下船主要通过一套组合式登船系统完成，该系统由一台移动式登船机和一台旋转伸缩式登机桥两部分组成。

5. 黄茅岛圈围工程专项规划设计

本工程位于万山列岛群，近黄茅岛海域，根据规划平面布置方案，工程近期需填海造陆区面积为50万m^2，利用原有海岸线3159m，新建护岸及防波堤2169m、驳岸968m，上述区域环抱黄茅岛，需快速形成，以满足邮轮顾客度假及休闲需要。

远期可根据近期项目的实施情况，对黄茅岛东北侧进行圈围建设，陆域主要用于区域内开发临港工业区、海洋渔业以及海岛新城，总体建设规模及实施计划如表2所示。

总体建设规模及实施计划表 **表 2**

<table>
<tr><th colspan="2">时序</th><th>建设规模</th><th>建设周期</th></tr>
<tr><td rowspan="5">一期工程</td><td>陆域形成</td><td>工程近期需填海造陆区面积为 58ha，护岸 1.33km</td><td>两年</td></tr>
<tr><td>邮轮码头建设</td><td>805m 岸线（—11.0m），陆域配套用地 6.53ha</td><td>两年</td></tr>
<tr><td>客运码头建设</td><td>365m 岸线，陆域配套用地 1.0ha</td><td>一年</td></tr>
<tr><td>邮轮后方配套产业建设</td><td>陆域免税购物中心、山顶主题乐园、人造白沙滩、游艇、帆船基地、亚特兰大度假酒店</td><td>两年</td></tr>
<tr><td>防波堤建设</td><td>2.74km</td><td>两年</td></tr>
<tr><td rowspan="2">二期工程</td><td>黄茅岛后续上部综合开发</td><td>高端住宅、博物馆、文化广场、医院、总部大楼商务酒店、会展中心、山顶别墅、无敌海景酒店地等</td><td>两年</td></tr>
<tr><td>连岛通道建设</td><td>建设连岛通道连接大小列岛，面积 7.8ha</td><td>一年</td></tr>
<tr><td rowspan="2">三期工程</td><td>跨海大桥建设</td><td>建设跨海大桥连接澳门，6.0km</td><td>三年</td></tr>
<tr><td>东北侧圈围工程</td><td>黄茅岛东北侧填海造陆，1218.7ha</td><td>四年</td></tr>
<tr><td colspan="2">一、二期工程合计</td><td></td><td>六年</td></tr>
</table>

六、工程投资和经济效益分析

1. 工程投资估算

本次投资估算不包括三期的跨海大桥和圈围项目，仅针对一、二期邮轮基地及配套项目进行（表 3）。

工程投资估算 **表 3**

<table>
<tr><th></th><th>项目</th><th>建设规模</th><th>投资（人民币，万元）</th><th>合计（人民币，万元）</th></tr>
<tr><td rowspan="5">邮轮后方的配套产业建设（一期）</td><td>亚特兰大高端度假区</td><td>占地 11.88ha，容积率 1.2，层高 30</td><td>155000</td><td rowspan="5">307000</td></tr>
<tr><td>游艇基地</td><td>300 个游艇泊位</td><td>3000</td></tr>
<tr><td>国际帆船基地</td><td>300 个帆船泊位、2.3ha 国际帆船基地配套用地</td><td>10000</td></tr>
<tr><td>陆域免税购物中心</td><td>占地 1.73ha，容积率 3.8，层高 5</td><td>41000</td></tr>
<tr><td>山顶主题游乐园</td><td>占地 19.52ha</td><td>98000</td></tr>
<tr><td rowspan="8">黄茅岛后续上部综合开发（二期）</td><td>高端住宅</td><td>占地 5.59ha，容积率 2.8，层高 11</td><td>84000</td><td rowspan="8">525500</td></tr>
<tr><td>博物馆、文化广场、医院等</td><td>用地 4.50ha，容积率 3.0，博物馆层高 3，医院层高 8</td><td>85000</td></tr>
<tr><td>总部大楼、商务酒店、会展中心等</td><td>用地 5.29ha，容积率 1.0，总部大楼层高 30，商务酒店层高 15，会展中心层高 3</td><td>61000</td></tr>
<tr><td>山顶别墅区</td><td>用地 10.78ha，容积率 1.4，层高 3</td><td>112000</td></tr>
<tr><td>阳光沙滩、海上娱乐、水上会所等</td><td>用地 4.27ha，容积率 1.0</td><td>54000</td></tr>
<tr><td>无敌海景酒店</td><td>用地 4.55ha，容积率 3.3，层高 12</td><td>125000</td></tr>
<tr><td>停车场</td><td>用地 0.56ha</td><td>500</td></tr>
<tr><td>公用设施</td><td>用地 4.65ha</td><td>4000</td></tr>
</table>

2. 经济效益分析

本项目处于前期策划阶段，从土地升值、邮轮收益、邮轮旅客消费的角度来简单分析测算本项目将产生的收益。

首先，本项目近期工程将填海造陆，对黄茅岛进行综合开发，并建设连岛桥梁及防波堤，随着邮轮港口及后方陆域的建成，高端配套设施配备完善，以及高端房产或商务运营商的入驻，会对本地块的增值产生极大的促进作用，土地升值会对珠海市政府、开发商带来一定的收益。项目土地开发期 5 年，土地按 10 年销售。类比横琴新区的开发速度及土地价格的增长趋势，若本项目开发完善成熟后、土地价格在 3590 元/平方米的基础上翻 4～5 倍，本项目的土地价格将达到 14360～17950 元/平方米。按此价格进行预测，本项目土地升值总收益率将能达到 22%～27%。

其次，本项目拟建两个邮轮码头泊位，预计吞吐量 100 万人次/年，码头建成投入运营后，港口运营公司所能获得的营业收入包括船舶靠港收入、旅客上下船收费及行李装卸收费等。邮轮项目收入按照国内相关邮轮码头运营经验，达产后年运营收入（含税）约为 8120 万元/年。经测算，邮轮码头项目财务内部收益率为 0.16%（税前）、0.13%（税后）。

最后，黄茅岛开发成熟后，抵达黄茅岛进行度假休闲的客源包括两方面：一是依托于邮轮航线的开辟，邮轮旅客下船后有部分会留在黄茅岛度假游玩；二是会有由珠海等国内地区直接坐客渡船前往黄茅岛游玩的旅客，这些旅客在黄茅岛度假休闲过程中，会产生购物、住宿、餐饮等旅游消费，另外，邮轮旅客到珠海、澳门等地，会产生旅游消费，对当地的旅游市场收入有较大的促进作用。从邮轮港口码头泊位通过能力的角度，旅客吞吐量将能达到 100 万/人次，即旅客数量约为 50 万人。本次暂按 80%去澳门游玩、10%留在黄茅岛内、10%去往珠海游玩的比例进行估算，考虑到黄茅岛功能定位及区块划分，暂按人均贡献 1348 元（参照珠海国际旅客的消费水平）进行测算，则将为珠海黄茅岛的旅游市场带来约 6740 万元/年的收益；将为珠海（横琴等地）的旅游市场带来约 5000 万元/年的收益；为澳门旅游市场带来至少 9.4 亿元/年的收益。

台湾科学园区开发经验之复制与创新
——以南通科学工业园区为例

萧胜雄　刘国庆　王炤烈

摘　要：中国台湾有超过40年的科学园区开发经验，创造亚洲经济奇迹。成功的经验主要为明确管理、吸引旗舰厂商进驻、协助厂商转型、架接产学研合作、以科技城规划园区等作法。将此成功开发经验输出，可不断累积技术与经验，契合产业升级，更可回馈台湾园区的转型模式。

本研究以在江苏省南通市协助办理南通科学工业园区规划为例说明，规划理念不仅思考南通的发展，更从长三角的观点进行整体布局，整体考虑产业链、土地整备、交通设施、产官学研互动、人才培育，进行"科技城"进行整体规划。

希望通过经验交流与合作，依托"十三五""一带一路"与"中国制造2025"政策，将南通科学工业园区打造成为长三角经济区的辅助发展核心及"智能科技城"的落实基地。

关键词：南通科学工业园区；科技城；科学园区开发经验

一、台湾科学园区成功经验

1. 台湾科学工业园区发展历史

从中国台湾发展的产业历程来看，农业从1950年前到1960年，高雄加工出口区设立启动轻工业，到1970年十大建设所带动的重工业，1979年7月27日《科学工业园区设置管理条例》公布，1980年12月15日，在新竹设立台湾第一个科学工业园区创立，主要目的是以引进国际技术人才、带动传统产业转型、激励工业技术升级、创造高科技产业发展契机为主。正式开启台湾发展高科技产业的大门(图1)。

台湾科学工业园区发展已经有近36年历史，对于台湾经济有突出贡献，尤其在电子产业的推广上，扮演了举足轻重的角色。新竹科园的半导体产业拥有晶圆代工、设计、光罩、封装及测试等完整垂直分工体系，在聚落效益下，不仅创造出多项世界第一的产品，更被世界誉为"台湾的硅谷"，也是许多国家争相学习的典范。以璀璨的成功经验，接续设立的南部科学工业园区及中部科学工业园区，结合卫星园区的扩展，通过串联"北部集成电路、中部精密机械、南部光电"等各地园区发展特性，在中国台湾西部形成了一条完整"绿色科技走廊"，进而将台湾打造成"科技硅岛"。

萧胜雄，刘国庆，王炤烈．台湾世曦工程顾问股份有限公司．

图 1　中国台湾产业发展历程

2. 台湾科学园区产业聚落分布

中国台湾北中南三大园区总开发面积约 4,669 公顷（图 2）。依统计资料，2015 年的从业员工数达 35 万人，年营业额达 2.1 兆新台币。

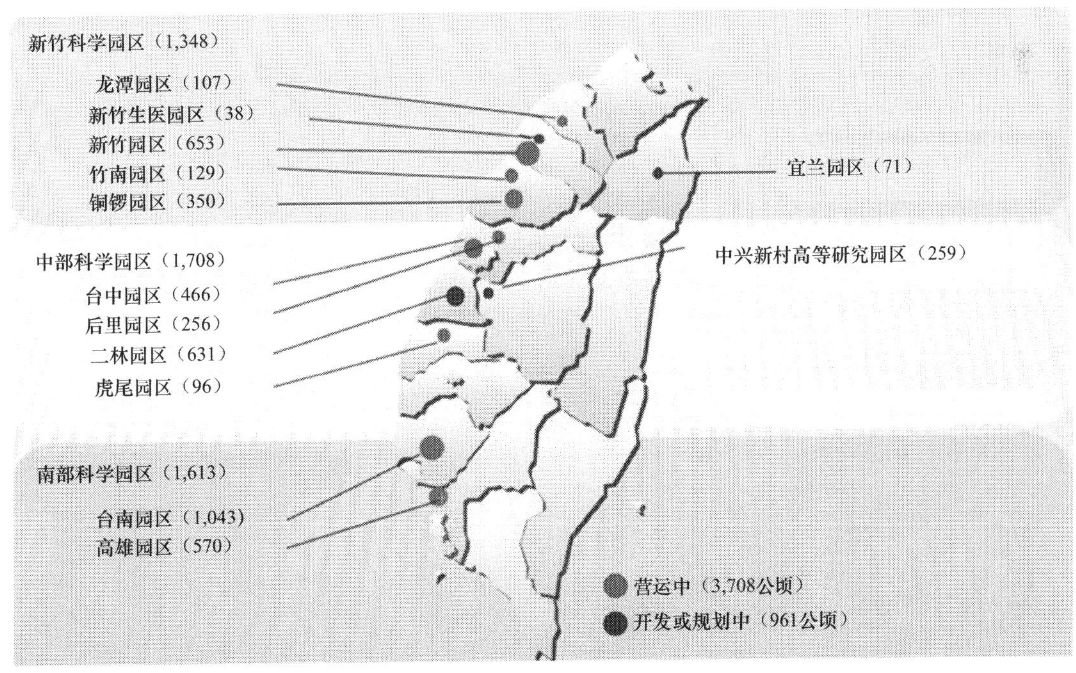

图 2　台湾科学工业园区面积统计图

台湾科学园区前三大营业额为集成电路、光电及精密机械，产业分布圆饼图如图3所示。

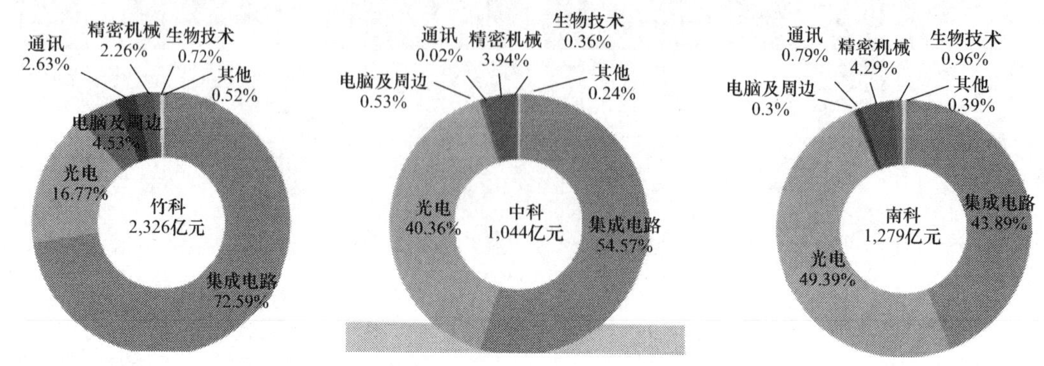

图3　台湾科学园区产业分布圆饼图

科学工业园区的设立不但成功吸引了高科技产业投资的策略目标，促使工厂数量与就业人数增加迅速，形成台湾科技发展的基础；更是直接带动传统产业转型与升级，提升国际竞争优势。

3. 科学工业园区开发流程

台湾科学园区开发建设流程，首先进行区位选址，于选定最佳地址，并报奉核定设立为科学工业园区后，接续办理“用地取得”“土地使用规划”“都市计划”“环境影响评估”及“水土保持计划审查”等相关法定程序，于完成法定程序后，进行开发工程细部设计、发包及施工作业，于工程完工后做为公共设施用地，以提供高科技厂商进驻设厂使用。

4. 科学工业园区成功要素

以中国台湾近40年科学工业园区的开发经验，深切体会到一个成功科学工业园区的要素，包括绝佳的交通区位优势、完整的产业群聚、安全永续的园区基础与服务设施、创新的园区经营管理机制等。此外，更应完善科学工业园区与周边社区的教育、医疗、休闲等配套设施，营造优质居住环境，吸引高科技人才及家属进驻。

依此，初步归纳科学园区开发成功的六大因素，如图4所示，包括：

（1）提供“一站式操作”服务窗口；

（2）鼓励产业投资奖励；

（3）便利的交通区位；

（4）吸引先进的科研院所和大学；

（5）鼓励产官学界的合作；

（6）提供全面的生活配套及娱乐设施。

5. 台湾科学园区开发经验之复制与创新

将中国台湾成功的园区经验以Know-How的方式包装整案输出，具体可以分为三个层次：

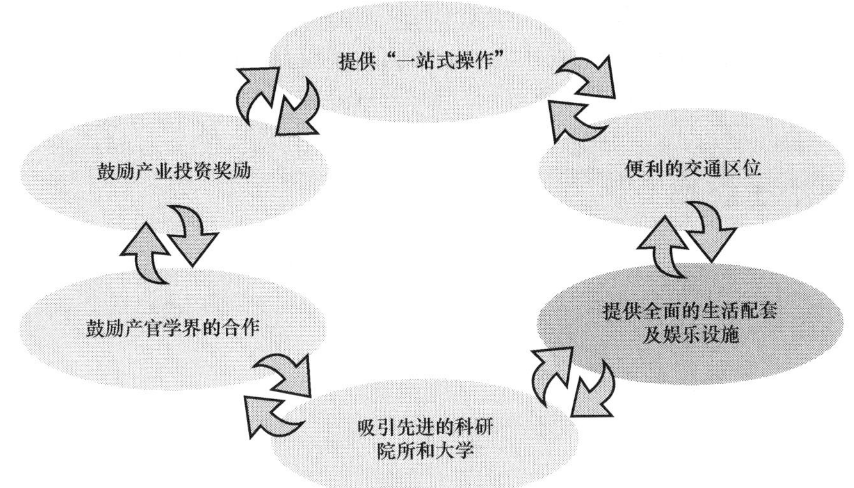

图 4　科学工业园区开发六大成功要素

（1）第一个层次是园区空间规划、建设和管理的经验

主要在园区发展的近期和远景规划、土地的开发和利用、基础设施和生活服务设施的建设和管理、环境保护与治理、信息的收集处理和应用、吸收外资的宣传、招商网络组织、营销方式和鼓励措施等。

（2）第二个层次是经济发展和管理方面的经验

主要是在建设和管理园区的过程中，调控市场经济的经验，以及在经济活动中构建有序竞争、相互合作的做法，如市场经济、产权清晰的工商企业、条例及法规、商业配套、具有竞争性的环境、财政金融政策、劳资政三者关系的协调等。

（3）第三个层次是公共管理和社会保障机制方面的经验

如健全的法制、管理机构的协调和谐、高效精干的公务员队伍、公积金制度等。

近期在第一个层次上，以台湾工程顾问机构在科学园区工程规划设计及建设的专业及丰富操作经验，结合产官学能量构建出经营管理端的完善模式，包括园区政策法规体系、园区经营管理模式、园区产学合作制度，可架构出一套整案输出的有效模式。

二、南通科学园区发展定位

以下以台湾世曦公司于 2015 年起，在大陆江苏省南通市港闸区协助办理的南通科学工业园区概念性规划为例，说明初步以台湾科学园区开发经验，复制与创新的执行成果。

1. 南通市区位条件

南通市东临黄海，南临长江，与上海的崇明岛及苏州市隔江相望。从区位上来分析，南通市是长三角地区面江邻海的城市，另外与苏北地区有紧密相连，具备以下交通优势：

（1）公路部分，其位于沪陕、沈海、通洋等三大高速公路交界，距上海市中心 130 公里（2 小时车程）、距南京市中心 240 公里（3 小时车程）。

（2）未来沪通高铁即将于 2018 年通车，将大幅缩短与上海的旅运时间。

（3）兴东国际机场为上海国际航空枢纽辅助机场。

（4）南通港为海、江、河运输汇集枢纽，上海港、宁波港发展“三港”联运。

2. 南通的城市定位

南通是中国近代工业的发源地之一，为中国首批对外开放的 14 个沿海城市之一。2015 年南通一级产业总值有 354.9 亿元，成长率＋2.9％，二级产业产值 2977.5 亿元，成长率达＋9.7％，三级产业总值 2816.0 亿元，成长率达＋10.5％。

南通在长三角经济区大致可归位在一线城市卫星角色，二线城市领先之地位。表 1 比较长三角经济区重要城市的发展优势，由表中可以看出上海市是长三角经济区生产总值上排名第一的城市，占长三角经济区生产总值有 22.6％的比例，其次为苏州、杭州、南京，南通市生产总值在江苏省则排名第四，在长三角经济区生产总值排名第七，占有 5.6％的比例。在此发展趋势下，本研究发现南通在长三角经济区扮演“中坚城市”地位，其说明如下：

2015 年长三角南通市发展优势比较表 **表 1**

地点	长三角排名	江苏省排名	生产总值	比重
上海	1	—	24965	22.6
苏州	2	1	14504	13.1
杭州	3	—	10054	9.1
南京	4	2	9721	8.8
无锡	5	3	8518	7.7
宁波	6	—	8011	7.2
南通	7	4	6148	5.6
常州	8	—	5273	4.8

数据来源：浙江统计年鉴、上海统计年鉴、江苏统计年鉴

（1）南通重点工业有 IC 封测、船舶及重装备业、纺织业，前两大产业是朝向智能制造的重要基础。事实上，南通市三大重点工业在《江苏省国民经济和社会发展第十三个五年规划纲要》中以归类为重点产业，其半导体产业在长三角地区扮演非常重要的角色。

（2）南通具有重要连接长江、京津冀与环渤海等经济圈的重要枢纽。近年，在长三角核心区域发展趋近饱和的现况下，南通可通过既有门户优势，吸纳长三角及环渤海经济圈所衍生的产业需求创造有利战略位置。

（3）另外，南通可和盐城、连云港打造“江苏沿海经济带”，可和扬州、泰州形成“通扬泰”经济走廊。

由此可知，从产值来看，南通市虽非长三角经济区中一级城市，但其产值呈现逐年成长趋势。人大重阳智库亦将南通归类为“一带一路”贸易潜力城市，因此南通市不仅是长三角重要的潜力城市，更是扮演长三角未来承先启后的重要“中坚城市”。

3. 南通科学园区产业发展战略

根据本研究对于科学园区开发模式与开发经验之整理，提出以下战略。

(1) 南通可成为“十三五”“一带一路”和“中国制造 2025”的桥梁

根据中国国民经济和社会发展第十三个五年规划纲要（以下简称十三五），有关产业发展主要目标有“保持经济增长”“转变经济发展方式”“产业结构优化升级”“推动创新驱动发展”等，其中“转变经济发展方式”“产业结构优化升级”两大目标将是影响长三角-南通未来产业布局与发展的关键。

1）“转变经济发展方式”强调由主要依靠第二产业带动向依靠第一、第二、第三产业协同带动转变，由主要依靠增加物质资源消耗向主要依靠科技进步、劳动者素质提高、管理创新转变。

2）“产业结构优化升级”是提高经济综合竞争力的关键举措。要加快改造提升传统产业，深入推进信息化与工业化深度融合，着力培育战略性新兴产业（图 5），大力发展服务业特别是现代服务业，积极培育新业态和新商业模式，构建现代产业发展新体系。

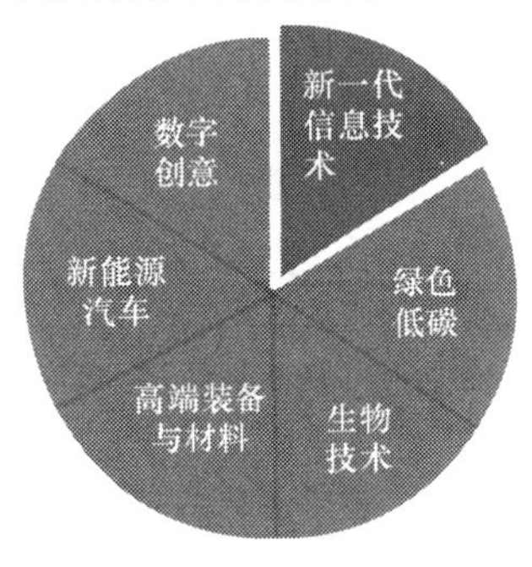

图 5 “十三五”六大战略性新兴产业

分析“十三五”六大战略性新兴产业内容，可知半导体业将是中国制造业未来重要基础，其决定性影响信息技术、高端装备与材料、能源汽车，进而影响其他产业发展。分析中国大陆半导体业发展，中国 IC 内需市场规模自 2010 年 750 亿美元逐年成长至 2014 年 980 亿美元，2010 年至 2014 年复合成长率达 6.8%，亦使得中国成为全球最大 IC 消费市场。即使中国成为全球最大 IC 消费市场，中国 IC 设计产值亦能维持 20%以上成长动能。

为完成“十三五”的目标，改善大陆 IC 产业所存在的问题，国务院先后于 2014 年 6 月、2015 年 5 月发布《国家集成电路产业发展推进纲要》与《中国制造 2025》，并给予 IC 产业政策支持（图 6）。政策中明确订定 2020 年大陆 IC 内需市场自制率将达 40%，2025 年将更进一步提高至 70%的政策目标。

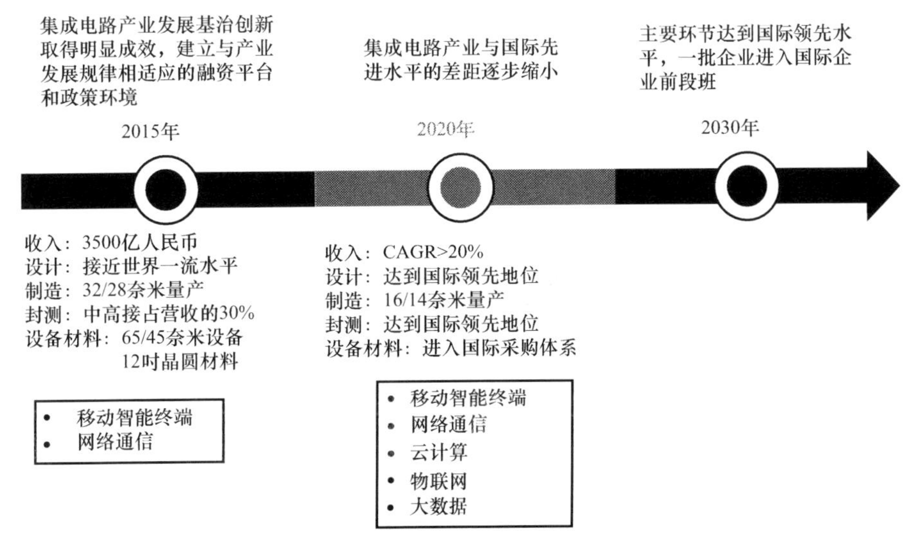

数据源：钟俊元，2015年，台湾半导体产业及两岸合作趋势，台湾IEK。

图 6 中国制造 2025 发展路径图

长三角经济区一直是中国大陆半导体产业的重要聚落，不仅具备完整的上下游产业链，产值更是居全国之冠。为达成“十三五”“一带一路”与“中国制造 2025”的政策目标，提高半导体产业自制率，南通将扮演更重要之角色，成为政策执行重要桥梁。

(2) 南通可成为长三角经济区的辅助发展核心 Sub Hub

分析长三角半导体产业聚落的空间分布（图 7），上下游厂商多集中在长江南侧的上海、苏州、无锡三大城市，长江北侧只有南通，其为 IC 封测的重要城市。考虑未来中国“十三五”与“一带一路”的发展目标，上海、苏州、南京、无锡应扮演更高位阶的角色，然而由于四大城市的工业高度集中，间接影响城市升级与政策推动。因此南通最大的机会在于掌握两岸分工的优势，在长三角半导体产业中找寻自身的定位与发展优势，将决定性影响南通未来的发展。

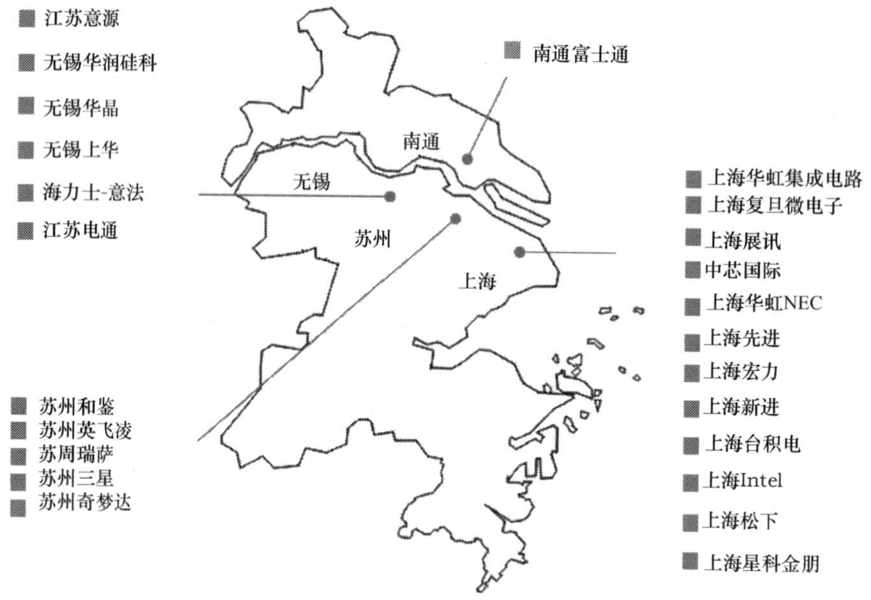

图 7 长三角经济区半导体产业企业空间区为分布图

两岸合作的关键在于如何从产业链提升物理理论与生产制程，让 5G 的产品可以落实，则是目前可遵循的空间与技术布局方向，进而开发出更多场景与产品。根据以上说明，本研究认为两岸未来合作的机会，将朝向鼓励两岸产业链与技术合作、物联网相关产业标准、共建新应用实验场域及共制下世代关键 IC 规格四大内容进行密切合作。

考虑未来长三角整体产业布局，上海未来必将更积极进行“腾笼换鸟”，将劳动密集型电资通业移到其他地区，积极发展物联网、IC 规格的研发与新产品的开发，因此南通的机会将在于如何吸引既有电资通业转移到长江北侧地区，协助上海完成二级创新升级、三级优化与国际化之任务。此时，南通目前如能积极进行空间与设施整备，扮演大上海地区的“次核心城市”与“半导体布局城市”，成为上海国际化的重要支柱，如此将达到双方受惠的目标。

(3) 南通科学园区可成为“智能科技城”的落实基地

根据台湾科学园区的发展经验，科学园区与城市发展多呈现紧密的关系，产业的发展会引入不同社会阶层的人口，进而改变城市的产业结构与地景样貌，因而会出现科技城（Technopolis）的概念，亦即园区的产业发展与技术演进，改变了周边空间的人口结构、生活方式、人口职业别与产业结构，进而形成一个以科技为核心的城市形态。此概念也是发展科学园区的基本逻辑，通过设置科学园区，并结合在地学研机构，进而达到产业发展与地方发展的目标（图 8）。

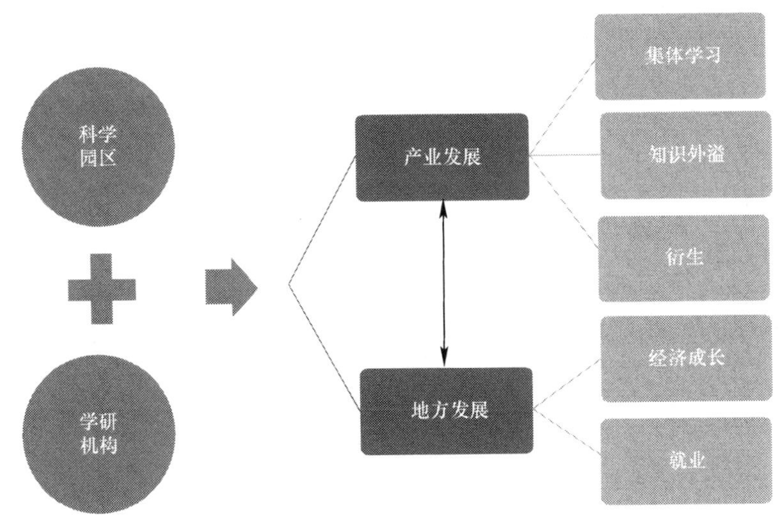

图 8　科学园区开发模式示意图

生产力 4.0 与智能生活不仅是产业发展的能动力，更是未来生活的真实想象（如智慧社区、智慧能源、智慧城市等），事实上科学园区的规划可以扮演更积极的角色。以下将根据台湾科学园区的发展经验提出几点说明。

1）“良好的基础设施”与“舒适的生活环境”是科学园区发展的基本要件

从过去的规划经验可知，科学园区的空间扩张与都市的整体发展经常会发生冲突，因此南通科学工业园区的规划不仅需思考南通的发展，更需要从长三角的观点进行整体布局。

在此思维下，南通科学工业园区的规划必须架构在城市发展的整体目标下，从“科技城”进行整体规划。在此架构下，“产业链的完整”“产业土地的整备”“交通设施的规划”“产官学研的互动”“专业人才的培育”皆须列入整体考虑。

2）“智能＋互联”结合“制造”是未来工业发展重点

从“智慧科技城”的角度看南通科学工业园区的发展，其不仅可作为未来半导体与物联网产业的生产基地，更应将“智慧科技城”作为长三角的“实验基地”。

通过政策投资与补贴，将园区生产出来的产品，具体落实在城市，成为名副其实的智能科技城。亦即运用信息与通信科技建置园区与城市基础环境设施，改变服务方式，提升运作效能与生活幸福感。而通过信息的传送及背后运算机制的开发，提供包含能源、环境的监控等各种相关服务，借此提升园区与城市竞争力以及生活质量。

4. 南通科学园区经营管理战略

根据本研究对于科学园区开发模式与开发经验进行整理，提出以下发展策略。

(1) 以“IC 封测业”为核心，逐渐跨入 IC 设计与 IC 应用产业

根据前段分析可知长三角是中国发展生产力 4.0 与半导体产业的重要战略基地，未来整体大战略将提高半导体自制率与提升整体技术，此政策势必将影响两岸半导体厂商之区位转变与再投资，因此南通如何掌握机会，本研究认为在三大定位下，南通科学工业园区未来可以半导体封测业为核心主轴，通过环境优化与政策奖励，吸引 IC 设计的厂商与人才进入南通，进而带动未来“应用层”与“外圈层”的发展（图 9）。

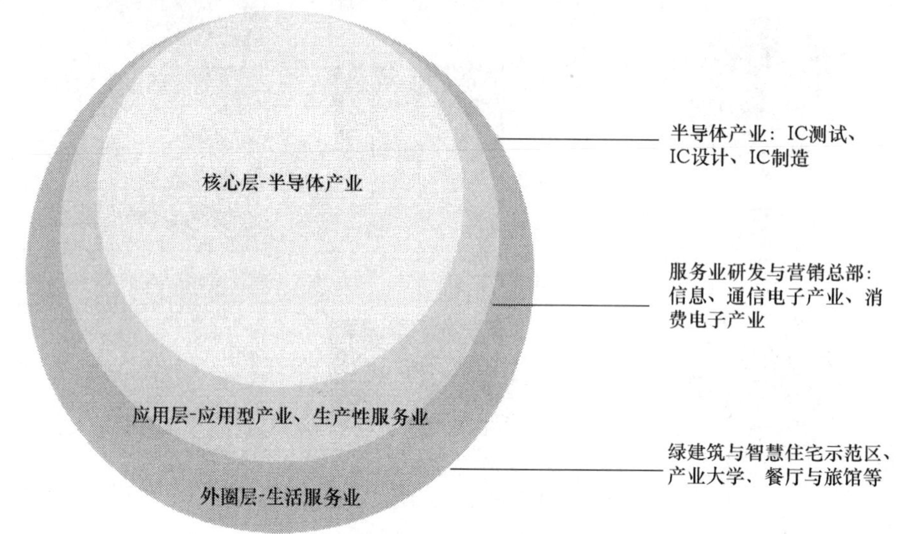

图 9　南通园区未来产业发展建议路径

(2) 成立“管理组织”与“单一窗口”服务

整体来说科学园区可以成为高科技产业的钟爱，关键在于单一窗口的服务。一般工业区以“服务中心”进行管理，往往发生人力不足，权责不清，产业引入无章法的问题，因此在经费许可下，如何引导产业发展，单一窗口绝对扮演非常重要的角色。

以“中央法规”在“地方”成立科学园区管理局，其中更在法规内要求重要业务单位于局内设置子单位，如此不仅可减少厂商前期作业成本，未来营运管理阶段也不会发生求助无人的情境。尤其高科技产业不同于传统产业，更计较时间管理成本与行政作业效率，因此根据台湾科学园区发展经验，建议南通科学工业园区与地方政府因建立“有权有责”的管理单位与单一窗口。

(3) 以吸引“重点厂商”与“在地企业转型”为“旗舰厂商”作为招商目标

根据台湾产业园区的发展经验可知，产业要成功地引入园区大致有以下两大模式，其策略不外乎是希望通过厂商的“国际化能力”或“在地化能力”吸引相关产业与企业进驻园区，奠基未来招商的基础。

A. 模式一：选定产业重点或龙头厂商，配合厂商需要提供客制化服务。

B. 模式二：鼓励在地厂商，配合政策资源转型再投资，成为旗舰厂商。

根据前段对于中国半导体产业的分析，可知南通未来可配合中央产业发展政策，通过创投与政策补贴，积极布局在地厂商转型投资 IC 封测业，进而诱发 IC 设计与智能产业的进驻。

(4) 以“构建产业群聚”与“链结产业断炼”为目标进行园区空间布局规划

要促进产业群聚发展，除了旗舰厂商之外，最重要的政策便是“创造园区的创新环境”与“提供足够的群聚发展空间”。“创造园区的创新环境”部分，产学研合作扮演非常重要的角色，一方面通过“法规”构建完整的刺激区内企业研发制度，另外则是构建“产学研的合作平台”，媒合区内外厂商与学研单位积极共同进行产学合作与共同研发。官学研在推动区内创新上，有其重要功能定位与责任分配，以下将进行说明。

1）园区管理单位虽无法扮演知识机构（如大学与研究单位）所提供的功能，但可以提供组织间合作的信任基础，成为推动集体学习与创新知识的管理者或中间组织（Gatekeeper 或 Intermediary），针对不同的产业与组织特性，通过支持、刺激和增加各种管道，整合各类组织边界，协助厂商连接地方与全球网络如图 10 所示。

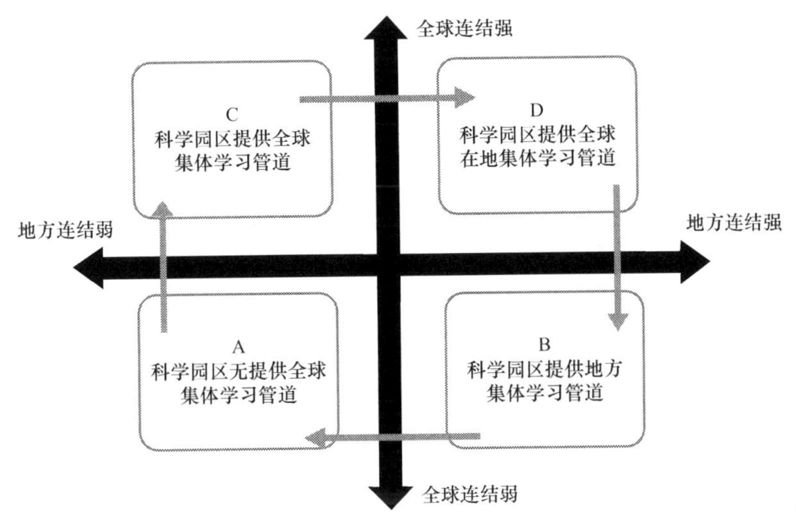

图 10 科学园区与集体学习发展路径示意图

2）管理单位需先通过“地方连结”与“全球连结”等指标了解园区产业与其旗舰厂商的状态，科学园区管理单位可依产业特性与市场特性，选择由 A→B 加强地方网络或由 A→C 加强全球连结，最后则是通过其中一个路径达到 D 的状态。

3）要落实以上的情境必须审慎思考两大议题：第一，如何形塑这样的场域；第二，则是科学园区介入该公共空间的时机、权力基础、工作内容、合作模式。根据台湾科学园区发展经验，创新平台建立的起点，主要是“配合旗舰厂商之需求”与“链结产业断炼（创意构想到市场销售）”为政策目标，建立“产官学研”互动与互信平台，以达到情境 D 的状态。

4）平台实际执行时，不同单位各自有其扮演的角色。“官方单位”与“研究单位”可作为平台的共同管理者，其中官方可提供产学与产研“信任基础”与“知识保护者”“政策资源之管理与分配”；研究单位可提供官方“专业知识”的基础。平台管理者则是配合政策目标，通过平台主动媒合产学和产研的合作。合作内容可就落实产业群聚与链结产业链的“产品开发需要”“生产技术需要”“市场开发与管理需要”“人才培育与招募需要”“资金募集需要”，通过平台寻找解决方案与分配资金。

(5) 创造优质的“生产”与“生活”环境

从台湾科学园区的发展经验可知要落实“智能科技城”并吸引厂商进驻，生产与生活环境的调和扮演非常重要的角色。以下将就“生产”与“生活”环境所提供的优惠条件进行重点说明：

1）生产优惠条件包括：提供生产性专业服务、减免税金、提供优惠贷款利率、提供人力培育资源信息管道、优惠水电价格、建筑容积奖励、提供单一窗口。

2）生活条件包括：提供双语中小学、提供主管与员工住宅、创造优质公共设施环境、提供完整生活服务、便利的交通服务。

三、功能分区与空间规划

1. 功能分区

1）集成电路产业链

在集成电路的产业链中，IC 设计及芯片制造为主要关键厂商，参考台湾科园案例，建议建立集成电路创新区域，并通过园区妥善管理及税务支持，不间断注入人流、物流、资金流及信息流。

2）善用优势定位功能分区

综整产业分析与园区优势，提出集成电路、应用产业、生活支持三大功能分区作为南通科学工业园区的空间规划指导方针，以提供兼具生产、生活、生态的科学工业园区规划，如图 11 所示。

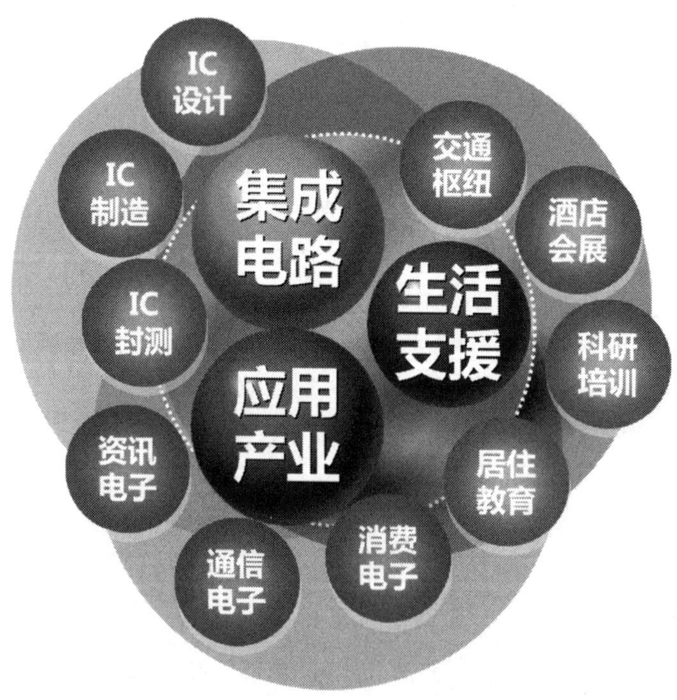

图 11　南通科学工业园区三大功能分区

① 集成电路功能分区

集成电路产业包括 IC 设计、IC 制造与 IC 封测三大类，主要目标厂商包括台积电、联发科、群创、中国集成电路、钰创科技等，将配合厂商的需求规划完整的产业区块。

② 应用产业功能分区

集成电路应用产业范畴相当广大，主要包括电脑及周边设备、通信产业、光电产业三大业种业态。

③ 科学园区基础设施

科学园区应提供完善基础设施，包括兼具美观与稳定供水功能的供水设施，全区连通、互相支持的供电系统，以及先进的污水处理设备。

④ 交通枢纽

园区不只是满足工业生产机能，更将以打造未来城市生活中心为目标，提供完善的大众运输结合商业服务。

⑤ 商务酒店

参考台湾科学园区与上海张江科园案例，园区内将设置可满足自身需求的商务酒店，功能包括：度假休闲、家人团聚、产业会展、商务会议等。

⑥ 人才培训

园区内将规划育成中心，打造人才孵化器，吸引研发、服务业及工业管理的高新产业人才，加强产学合作。

⑦ 研发办公

参考台湾科学园区与上海张江科园案例，园区内将建置标准厂房，打造创新企业孵化器。

⑧ 园区管理中心

园区管理中心不只是行政管理，同时将提供咨询协助的一站式服务平台，并与复合商场、大型书局等结合，丰富生活机能。

⑨ 居住配套

园区将规划优美的住宿环境，并针对不同的使用需求，规划主管宿舍、员工有眷宿舍、单身宿舍，以及国际人才公寓等。

⑩ 国际学校

为吸引高阶人才，园区将建置与世界接轨的国际学校，包括完整的学龄前、中小学综合教育及国际双语学校。

2. 空间规划

参考既有园区控制性规划（图 12），考虑引入半导体产业的空间与公共设施需求，提出规划方案，并分别深化核心区建筑配置。

(1) 土地使用

将生活配套区布设在园区的西南侧，加强配套区与南通市区、既有安置区以及市北新城的结合。另一方面，配合半导体产业为主的发展定位，以及参考台湾科学园区发展经验，将原本适合工业区的较小区块整合为较大的半导体产业区块，提供厂商完整且具弹性的厂区空间（图 13、图 14）。

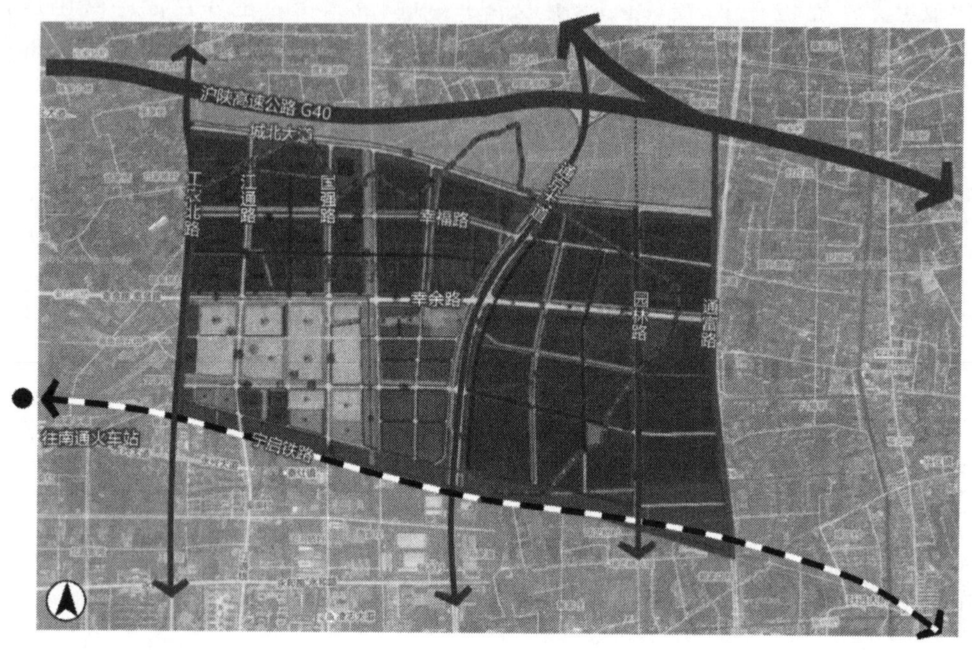

图 12　南通科学工业园区控制性规划研究配置图

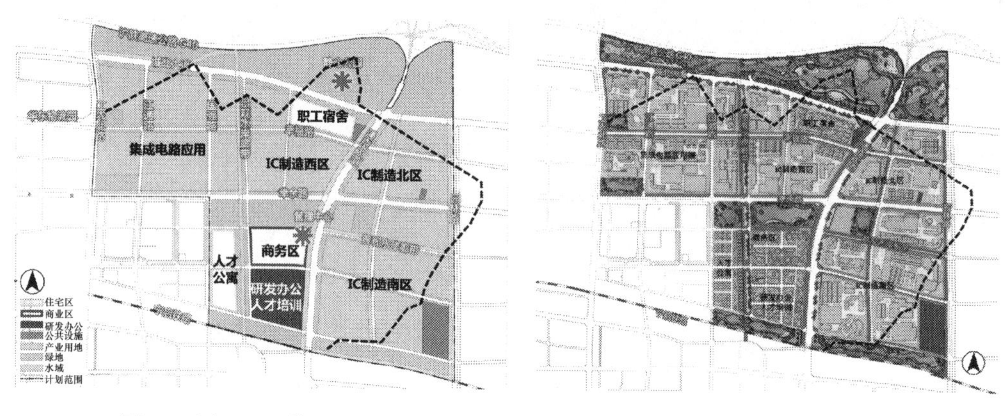

图 13　园区土地使用配置图

图 14　园区平面配置图

(2) 园区平面配置

南通除了优越的区位优势，更拥有丰富的人文底蕴，包括古城墙、板鹞风筝、完整护城河格局等，科学工业园区的规划，将打造属于南通独一无二的园区意象（图 15）。

(3) 建筑配置

基于 21 世纪地球环境变迁所衍生出全球暖化、洋流循环失调、降雨形态改变与极端气候发生等环境课题的反思，本研究于建筑配置规划构想中提出了智慧建筑・永续生态环境的规划概念。规划方案中所称“智慧建筑”其内容呈现出的环境脉络特色，不应局限于智慧二字所衍生出强调现代科技与机能都市的狭隘概念而已，应是构建于永续生态环境的远大目标下整体考虑：地球生态、自然资源管理（减少自然资源消耗）、能源管理（减少能源消耗）、地区环境质量、生活机能、经济的永续性、社会的永续性以及机能与服务的合理性等都市与自然运作的伦理关系所呈现出的一种友善环境建筑态度。园区核心区建筑配置规划如图 16 所示。

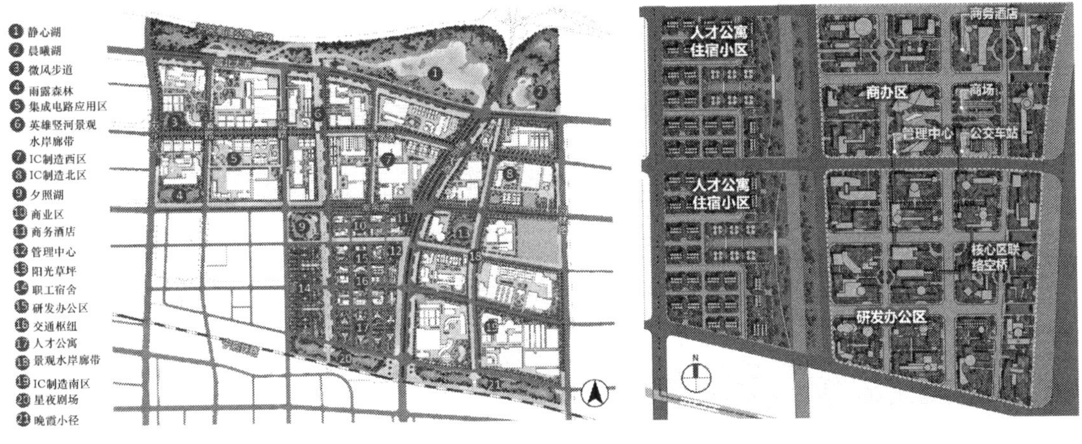

图 15　园区平面配置构想

图 16　方案建筑配置规划

四、结论与建议

（1）以中国台湾近 40 年园区开发经验，科学园区仅属于产业园区其中一种形态，不同园区（如都市计划工业区、编定工业区、加工出口区）的发展定位有其“发展逻辑”与“规划模式”的差异，包括解决问题目标、土地管理模式、产业引入思维、财务自偿考虑、空间布局形式等项目皆有不同的设定，如何整合以上经验，有其规划经验累积的必要性与复制创新的急迫性。

（2）由于竹科的案例让台湾成为世界科学园区的焦点，然而面对国际经济局势变动，加上“一带一路”的政策推动，可看出以“产业园区”为核心推动“产业群聚”“产业发展”与“城市转型”的趋势将成为规划未来的重要任务。在此发展趋势下，规划单位不仅需要厘清科学园区与产业园区的重要规划经验，更需要积极的整理跨国经验，进而与规划理论与发展理论进行对话。

（3）本研究整理台湾科学园区经验可知，产业园区的开发，涉及到区位选择、空间规划、产业引入、经营管理等四大面向。不仅思考生产空间，亦会针对地区特性与产业需要，引入生活与生态之整体发展，此模式已成为园区规划不变之处。

（4）科学园区的发展有其生命周期，对照“腾笼换鸟”与“筑巢引凤”政策，如何“有效率使用产业土地”与“进行产业园区更新”，将是未来规划业务的重要任务。由于不同类型产业园区的“开发园区目的”“土地管理模式”“厂商引入机制”有其基本的差异，如科学园区的厂商多属于国际化、科技性、资本额较高的特性，因而不同于工业区的厂多属于地方性、资本额较小的中小企业，因此对于土地的依赖程度相对较高。在此差异下对于产业园区的更新与更替，有其执行上的限制与政策拟定的反思，此部分议题亟须实务与理论研究的投入。

参考文献

[1] 王文诚. 关系经济地理：台湾科学园区的发展、转变与调适 [D].（台湾师范大学地理学系），2009.

[2] 王盈志. 高科技厂商的存活风险分析：以竹科厂商为例 [D]. 政治大学社会学系，2008.

[3] 王振寰. 评《超越后进发展：台湾的产业升级策略》[J]. 台湾社会研究季刊，2004（55）：289-295.

[4] 王振寰. 台湾经济与企业发展史研究 [R]. 台湾教育事务主管部门，2010.

[5] 王振寰，高士钦. 全球化与在地：新竹台中的学习型区域比较 [J]. 台湾社会学刊，2000（24）：179-237.

[6] 王振寰，蔡青蓉. 科技追赶与创新的模式：中国台湾与韩国的专利比较 [J]. 台湾社会研究季刊，2009（73）：37-74.

[7] 尹启铭. 台湾经济转捩时刻 [M]. 台北：商周出版社，2004.

[8] 台南科学工业园区开发筹备处. 台南科学工业园区开发之沿革 [K]. 台南科学工业园区开发筹备处，2001.

[9] 吕清松. 科学园区对地方发展之论争与台湾实证——新竹科学园区个案研究 [D]. 中兴大学都市计划研究所，1997.

[10] 李国鼎，陈木在. 我国经济发展策略总论 [M]. 联经出版事业公司，1987.

[11] 周素卿. 科学园区的另一个发展版本：台南科学园区 [J]. 台湾社会研究季刊，1998.

[12] 周显仁. 民间参与科学工业园区开发之问题分析 [J]. 科学发展月刊，2000（28）：586-591.

[13] 范淑敏. 探究中国高新区域构建模式：以长三角半导体产业为例 [D]. 台北大学都市计划研究所，2011.

[14] 洪懿妍. 创新引擎. 工研院：台湾产业成功的推手 [M]. 天下文化出版社，2003.

[15] 施鸿志，孔宪法. 台湾地区科技厂商区位特性调查分析 [D]. 成功大学都市计划学系，1990.

[16] 徐作圣. 我国科学工业园区定位、营运模式及设立条件之探讨 [D]，交通大学科技管理研究所，台湾地区行政管理机构办公场所研究发展考核委员会，2001.

[17] 孙同文，林玉雯. 一个或多个政策网络：中部科学园区开发与营运的个案分析 [J]. 空大行政学报，2011（22）：19-56.

[18] 孙克难. 产业发展、政府介入与产升条例之归宿 [J] 财税研究，1998，30（6）：18-29.

[19] 张维安，高承恕. 政府与企业——台湾半导体产业发展的分析，台湾的企业组织结构与竞争力，联经出版事业公司，2001.

[20] 陈季媛，贺立行. 科学工业园区关键成功因素之研究 [J]. 中兴工程，2007（94）：109-116.

[21] 杨丁元，陈慧玲. 业竞天择：高科技产生态 [M]. 北京：工商时报出版社，1996.

[22] 赵永茂，陈铭显. 台湾科学园区发展政策的区域治理问题与府际关系转变 [R]. 府际关系的新兴议题与治理策略学术研讨会，台湾大学社会科学院中国大陆研究中心、暨南国际大学公共行政与政策学系、天津开南大学合办，2010.

[23] 瞿宛文，安士敦. 超越后进发展：台湾的产业升级策略 [M]. 联经出版事业公司，2003 年.

[24] 颜良恭，王振寰，李酉潭，魏百谷. 科学园区在发展策略的角色：台湾与俄罗斯的比较 [D]. 政治大学公共行政学系，2012.

[25] 苏伟业. 发展型理论的再检视：以台湾新竹科学工业园区的历史发展为例 [R]. 大陆与中国台湾地方治理学术研讨会，政治大学，2009.

[26] 阎永祺，孔宪法. 区域群聚辨认模式之研究——以南部区域为例 [J]，都市与计划，2008，38（1）：51-78，2008.

[27] 钟俊元. 台湾半导体产业及两岸合作趋势 [R]. 台湾工研技术研究院 IEK，2015.

水环境及海绵城市的韧性建设

吴　江　李崇添　陆健才　马　阳

摘　要： 城市雨洪及合流制污水管网溢流的管理是现代城市建设管理中的重要课题。在暴雨情况下，产生的雨洪经常超过城市表层海绵设施以及已建浅层排水、排污管网的设计标准，造成城市内涝以及合流制污水管网溢流产生的水环境污染。由于既有规模化城市的浅层地下空间充满各种市政和电讯管网、交通线路、地下空间建筑及基础构件等地下设施，实践中很难再大规模地拓建所需的排水管网。为解决这个问题，中国香港、深圳等地相继建设了深层雨水隧道、污水隧道以及合流制排水隧道。本文首先介绍相关的国际成功案例，然后深入讨论两个国内的典型项目，为今后城市水环境保护及海绵城市建设的韧性化发展提供了一个有效的选择途径：①在建的深圳前海南山排水深层隧道（最大深度约40m，隧道内径6m，长度3706m，竖井6个），其功能为有效治理城市初期雨水和合流制污水管网溢流所产生的水环境污染；②已经建成及运行的香港荔枝角雨水排放深层隧道（最大深度约55m，隧道内径4.9m，长度3700m，竖井8个），为防止城市内涝。

关键词： 深层隧道；排水系统；海绵城市；溢流污染

Abstract: Urban storm water and combined sewer overflow is a key topic of modern city planning and construction. During heavy storm condition, the flow generated were often exceeded the design capacity of storm and drainage network in shallow level. This in turn has led to urban flooding and water pollution through overflows from combined sewer. Underground space of current major cities in shallow level were already crowded with municipal and telecommunication network, traffic network, underground structures and other foundation structures. It was very difficult to massive construct the newly required drainage network. To resolve this issue, Hong Kong and Shenzhen have constructed deep tunnels for storm flow, drainage and also combined sewer. This article will focus on Shenzhen Nanshan Deep Drainage Tunnel and Lai Chi Kok Deep Tunnel. The former is being constructed for managing water pollutions as a result of urban first flush and combined sewer overflow and the latter is for discharging storm flow safely. This will provide an effective solution for the protection of future urban water environment and resilient sponge city construction.

Keywords: Deep Tunnel; Sponge City; Urban Drainage; Combined Sewer Overflow

一、引言

随着经济的快速发展城市扩张和建设密度的加大，地面硬化程度愈来愈高，下渗功能急剧消减的同时地表径流激增。在暴雨情况下，产生的雨洪经常超过城市表层海绵设施以及已建浅层排水、排污管网的设计标准，这导致了城市内涝频发。北京、上海、广州、深圳和武汉等中国特大城市面临的内涝风险日益严重。极高的城市建设和不断增加的人口又使得城市污染负荷增大，初期雨水污染和雨污合流制地区的溢流污染，严重污染了城市水环境继而引发黑臭并危及人类健康。

2015 年 10 月 11 日，国务院办公厅印发《关于推进海绵城市建设的指导意见》，明确指出通过海绵城市建设，综合采取"渗、滞、蓄、净、用、排"等措施，最大限度地减少城市开发建设对生态环境的影响。目的是让城市在适应环境变化和应对自然灾害等方面具有良好"弹性"。

我国城市密度大、地少、人多，可利用的地表调蓄空间严重不足，浅层地下空间充满各种市政和电讯管网、交通线路、地下空间建筑及基础构件等地下设施，实践中很难再大规模地建设所需的排水管网。过多占用地表资源建设大型海绵设施又往往与城市发展的实际情况相冲突。在连续强降雨、外江水位不断上涨情况下，若地下水排不出去，海绵城市就会失效。

深层排水隧道通常埋深于地下 30～50m，可以有效协助城市海绵体发挥作用，通过收集浅层排水管网的溢流雨污水，发挥自身的储蓄功能，高效的传输至末端污水处理厂，进行净化、利用以及合理排放。既消除了城市内涝，又保护了水环境解决水质问题。由于埋深大，深层隧道的建设能最大限度的避免与浅层地下市政设施在空间上的冲突。

二、国外深隧系统成功案例

1. 美国威斯康星州密尔沃基（Milwaukee）合流污水

美国密尔沃基市经常出现强降雨，主要集中在 4～8 月。排水系统及污水处理基础设施不能适应突发性、高强度降雨的排放需求。为了保护密歇根湖的水质，密尔沃基都市污水处理区（MMSD）决定构建大型的地下在线存储型系统，旨在储存溢流雨水。

深隧的直径为 5.2m 至 9.8m，长 45.8km。它坐落于地面以下 91.4m 处，可以在暴雨或长历时降雨期间储存超过 189 万 m^3 的截流雨水和污水。当降雨结束时，MMSD 将废水与储存在隧道中的雨水一起加压输送至配套的处理设施进行处理。迄今为止，深水隧道已经成功阻止了 3.6 亿 m^3 未经处理的雨水和废水进入密歇根湖。

该隧道于 1999 年兴建，分为两个阶段。项目的第一阶段是在密尔沃基市下方建造了一条长 31.2km 的隧道。这条"巨型管道"可以容纳高达 153 万 m^3 的混合雨水和污水，到 2003 年，它已经全面运行。在稍后的几年里陆续拓建，最后延伸工程也于 2010 年 4 月完成。通过这些延伸工程，密尔沃基深隧系统可以共同承载高达 197 万 m^3 的混合雨水和生活污水。

2. 新加坡（DTSS）深层污水隧道系统

新加坡的深层污水隧道收集系统（DTSS）是由新加坡公共事业委员会（PUB）在新加坡开发的一个大型综合项目，通过收集、处理、回收和处置来自工业、家庭和企业的污水来满足这个岛屿国家对于清洁用水的长期需求。

这个废水收集和净化项目具有100年的免维护设计寿命。该项目获得了许多奖项和认同，例如在瑞士苏黎世举行的“全球水奖”颁奖典礼上被评为“2009年度水项目”。

该项目分两个阶段进行。一期施工于2008年竣工，二期工程于2014年启动。该项目涉及建设两条大型隧道，直径6.5m，总长80km，位于地面下50m，将污水运至三个集中的再生水处理厂（WRP）。再生水处理厂将污水处理并净化成清洁、高品质的再生水，属于新加坡国家战略“新生水（NEWater）”项目的主要组成部分。处理后的尾水将通过深海排放管排入新加坡海峡。

DTSS项目第一期工程已经完成，它由长达48km的深层隧道系统组成，收集现有重力流排水系统带来的污水，并导向东部的Changi再生水厂和北部的Kranji再生水厂。DTSS二期将延伸至新加坡西部，二期项目包括40km长的南部隧道（内径3～6m）、60km连接管道（内径0.3～3m）、17.6万m^3处理规模的Tuas再生水厂和12km长深海排水管道系统。

DTSS隧道的设计非常独特。圆柱形截面包含几层：混凝土隧道管片（最外层）、微生物诱导腐蚀（MIC）抗性混凝土（第二层）、HDPE衬里（最内层）。最外层的预制混凝土管片是内衬里用于支撑周围土力荷载。内部第二层现浇混凝土内衬（即施加化学物质以抵抗混凝土生物改良的MIC抗混凝土层）与非渗透HDPE内衬一起形成复合的坚固保护层。它能够延缓混凝土的变质，从而提高隧道衬砌的结构完整性。

DTSS隧道的横截面里包含了用于监测结构完整性的光纤电阻应变仪。这套系统嵌入在隧道内衬里，以提供对隧道结构完整性和变形、位移的实时监测。

三、中国香港荔枝角雨水深层隧道

香港的荔枝角转运计划由一条直径4.9m、长3.7km的排水隧道，附属的入流、出流竖井以及连接支隧组成，目的是减少高密度城市的洪涝风险。该项目建设涉及两条隧道（即主隧道和分支隧道），都要通过硬地层和位于高地下水位下的混合地质。隧道沿线是现有的建筑物、铁路线路、主干道和公路高架桥。建筑工程于2012年完成。

上游内陆总汇水面积约160万平方米。这些流量由位于集水区外围靠近水道和主要排洪沟的进水管截流。从进水管收集的流量通过连接管输送到分支隧道。

分支隧道由重力流运行，以避免泵站系统昂贵的投资和运行成本。分支隧道的坡度从隧道开始时的0.13％变化到隧道入口处的0.71％。

从上游内陆拦截的流量由重力流经分支隧道输送至消力池，以便排入现有明渠，明渠的原设计是接收九龙水库的溢流。现有明渠并没有多余的容量来接受分支隧道和水库溢流的综合流量。因此，需要在这个位置建设消力池和新的主要排水系统。为了避免在繁忙的市区进行道路开挖和建设，采用了隧道方案（即主隧道）。维多利亚港是距离主隧道和消能池最近的排放点。

为了满足耐久性和强度要求，项目采用了一次性永久混凝土管段衬砌。隧道衬砌设计规定了设计寿命为120年的60级混凝土。衬里是不透水设计，通过螺栓和带有衬垫的混凝土管片从本质上达到了“水密性”要求。

深隧的入流和提升竖井是按照免维护思路设计的。然而，仍然制定了定期检查隧道衬砌的策略，以确认是否存在任何结构缺陷和对大量地下水渗入隧道的迹象。维修当局的工作人员应对隧道、入流和提升竖井进行年度检查。

四、中国深圳前海南山排水深隧

深圳前海合作区位于深圳市蛇口半岛西部，呈半月形态，西侧环拥大铲湾，东侧与南山市区一路之隔，北侧与宝安中心区接壤。前海综合规划明确，要将前海打造成赋予城市滨水个性的活力水城，以及达到国务院指引把前海建设成为“粤港现代服务业创新合作示范区”。

然而，作为大铲湾流域下游的重要组成部分，其水环境受流域上游79%汇水面积的影响，目前前海湾旱季每天入河污水约3万～5万方、雨季约20万方，水质均劣于地表水五类，湾区水质劣于海水四类，水质不容乐观。同时，前海湾区水体交换能力弱，由于大铲岛和沿江高速前海湾段的跨海大桥主体桥墩建设，前海湾区水体交换时间由3天变成12天，水交换动力不足，减弱了湾区水质自净功能。

前海南山片区由于部分地区地势低洼，通常比四周市政道路路面低1m左右。雨季时内涝频发。老城区雨水管网系统建成较早、排水系统不完善。前海填海造地工程的实施，改变了现有旧城区的排水体系，延长了排水通道。由于部分地段雨污合流，造成雨水管渠淤积严重，而清淤工作又不及时。已建泵站现状排涝能力为设计重现期1年一遇的标准，不能满足大暴雨排水能力要求。

为了改善前海湾水质、解决内涝，深圳市水务局及前海管理局组织开展了前海南山排水深隧的设计与建设。深隧总长3.7公里，主隧洞设计底高程－35.05～－40m，外径6.7m。隧洞最大过流能力为86m^3/s，调蓄容积为10万立方米。沿途接驳3条现状渠道，进水接驳工程包括浅层进水竖井、浅层支隧、沉砂池、旋流竖井和主隧结合井。主隧末端设有枢纽泵站，排涝泵站总规模为86m^3/s。深隧工程还配有初雨转输管对漏排污水及污染浓度最高的初小雨，用转输管输送到污水厂。转输管总长2800m，最大转输规模为15万立方米/天。

前海南山排水深隧工程是流域雨、污水进入前海水系的最后一道屏障，通过对上游近期旱季漏排污水和初小雨的拦截，最大限度削减进入前海水系的污染负荷，以改善前海和大铲湾区水环境，同时前海南山排水深隧系统工程也是解决上游南山片区多年内涝问题的重要举措，结合其他相关工程建设，可以大幅提高片区内涝防治标准。该项目充分利用了地下空间，提升了前海片区水环境质量和城市内涝防治水平。

五、关键设计和运营要素

排水深隧由于埋设深、输水流量大，运行中存在泥沙淤积、水流震荡、排气不畅、消能不好等多种水力学技术风险，需要开展相关水力学模型试验及专题研究，对深隧系统的输水能力、水动力学、泥沙、排气等问题进行研究，以起到规避上述风险，及辅助方案论证和设计优化作用。

前海-南山排水深隧系统在旱季时收集漏排污水将会产生大量的臭气，这些臭气如不处理，无论是在旱季和湿季运行，系统内的臭气都会逸出周边环境，从而影响周边居民的生活。为了缓解甚至避免臭气对周围环境产生空气污染影响，同时减轻臭气对深隧系统内配套设备的腐蚀，在深隧检修时减少臭气对检修维护人员生命安全产生威胁，本项目将会在深隧系统中设置合适的通风除臭设备对系统内产生的臭气进行收集处理，达到国家一级排放标准后再排放周边环境。

清楚、明确的调度安排是排水深隧得以正常运行的保障。深隧长时间运行必然出现不同程度的淤积，导致深隧蓄滞容积减少，故需要研究预处理措施、清淤方式和维护方案。排水深隧埋深大，养护管理工作难度大，需要研究减少排水深隧养护管理工作量的工程措施。

为深入理解和有效解决上述问题，AECOM 国际团队为前海南山排水深隧的设计提供关键专题研究，以下从水动力、通风除臭和运营维护三方面介绍。

1. 水动力（浪涌，泵站 CFD，沉积分析）

（1）浪涌

浪涌现象的重要因素是有自由水面的空气腔和封闭的管道，由水的压力波在封闭的排水隧道里面上下传播从而造成浪涌现象，而压力波穿过进水竖井时，会导致水位的急剧上升。空腔和压力波是不连续的。针对前海深隧项目 AECOM 国际团队建立浪涌模型对浪涌现象进行模拟。

模拟显示了强降雨期间浪涌和气穴的发展过程。得出如下结果：

1）在强降雨期间会产生一定程度的浪涌和回水。但由于主隧竖井较大，分支隧道长，隧道内的最大回水水头并未超出地面。

2）模型结果显示，被困的气穴可能移至某一竖井，并在此处引发气爆水柱。为缓解被困的气穴喷发现象，应在指定的竖井之间增设排气竖井。伴随浪涌所造成的负压区会对隧道内壁造成损耗，增设排气竖井可降低负压值，缓解管壁损耗状况。

3）另外还模拟了末端枢纽泵站的事故工况。对于在降雨初期以及在流量达到峰值水位时，泵站发生故障的模拟表明，事故工况不会造成显著的浪涌影响。这种情况下，上游的溢流闸门必须开启以防止可能产生的淹水。大容积泵站前池应该可以缓解由于泵站故障而造成的浪涌影响。

（2）泵站计算流体动力学 Computational Fluid Dynamics（CFD）

CFD 是通过计算机数值计算和图像显示，对包含有流体流动等相关物理现象的系统所做的分析。它在水行业可用作三维流体模型，对复杂问题作水力学、流体动力学分析，以解决工程问题。针对前海南山排水深隧泵站设计，CFD 模拟可提供详尽的流场信息分布，如水泵吸水池至水泵入流廊道的水流分配和入流廊道内流速分布的均匀性及涡流。通过将模拟得到的数值与美国水力协会指南（The Hydraulic Institute Guidelines）进行对比，可评估泵站内水泵入流廊道的设计合理性。

AECOM 运用 CFD 模拟泵站吸水井复杂的湍流状态，优化设计。对不同来流情况下泵站可能出现的四个水力不利特征进行了分析：分别为漩涡的产生、预旋转、泵流道旋状非均匀流速分布及固体物沉积。

(3) 沉积分析

为估算前海隧道系统内沉积物的数量和分布情况，进行了沉积物研究。计算水流中可承载沉积物的最大浓度，被定义为“可承载容量”。如果沉积物实际浓度大于可承载容量，则发生沉淀；如果实际浓度小于可承载容量，则沉积物发生冲刷。冲刷通常被认为是瞬间发生，而沉淀率和沉积物沉降速度之间存在函数关系。用这种算法可以对沉积物进行分析，模拟结果中沉积物的变化规律，可以使沉积物分析计算过程中的不确定性变得有迹可循。由于累积是逐渐发生和冲刷是在暴雨的时候瞬间发生，所以，对沉积物模型来说需要做长历时模拟或典型年模拟。以沉淀物模型模拟结果为基础，分析泥沙沉淀规律，提供对隧道（浅层和深层）和沉砂池中沉积物潜在淤积以及对进入截流系统中沉积物的总量的初步估计。为深隧日常清淤方式和方案提供建议，并初步确认清淤频率。

前海深隧系统中的沉积物主要为三种，分别是悬浮有机物、悬浮无机物和推移质。经过模拟分析，得出以下结论：浅层隧道下游的沉砂池有效阻止了悬浮固体及推移质进入深层隧道；大量推移质在浅层隧道内淤积；绝大部分的污水悬浮物将被沉砂池内的污水泵抽送至旱季截流管；大量雨水悬浮物被沉砂池内的泵抽送走；包括雨水沉积物在内，深隧内的泥沙淤积主要出现在深层支隧的下游末端处。

2. 通风除臭

深隧系统中所包括的构筑物主要有浅层支隧道跌水竖井、浅层支隧道、沉砂池、旋流竖井、深层主隧道、枢纽泵站等。研究团队根据设计参数与流量数据，建立了空气动力学模型以分析深隧在旱、雨季时不同流量工况下，隧道内气体流量、压力变化情况，特别是确定旱季时隧道内产生有害气体流量。通风除臭系统维持定向负压，浅层系统的臭气经由位于三条浅层支隧末端沉砂池的除臭设施处理后排放。深隧内的臭气由位于末端枢纽泵站的除臭设施处理后排放。通风除臭设施能根据布置的压力传感器和水位（液位）指示器自动变频调节，以维持深隧系统内达到设计负压值。

在暴雨情况下，随着深层隧道系统的水位迅速上升，深隧内被水体挤压的空气需要被排放。为了避免隧道内水位快速变化导致过压情况的发生，建议在每个深隧竖井靠近顶部位置中设置通风井及空气排门来排放深隧内被水体挤压的空气。空气排门可双向工作，当深隧蓄满排空时可以进气以维持系统内压力平衡。空气排门的设计根据深隧在不同降雨量、降雨重现期下的流量数据以及深隧浪涌模型分析结论，深隧内可产生最大气流量。

气温变化对通风除臭的影响分析，结合深圳全年的气温变化，当温度在10℃升与20℃间变化时，H_2S平衡浓度（ppmV）的变化为34%；即：气温每升高1℃，H_2S浓度大约增加3%。当温度在20℃与30℃间变化时，H_2S平衡浓度（ppmV）的变化率降低23%；即：气温每升高1℃，H_2S浓度大约增加2%。依据2016年环境监测结果的抽样结果，在环境温度为32℃左右时，采样的最高H_2S浓度为0.0174ppmV。将H_2S平衡浓度计算得到的百分比变化率应用于采样数据，考虑到H_2S取样的温度条件为32℃取样。测试结果远低于一级标准。因此，即便深隧中温度继续升高，也不大可能因为温度原因导致超标。

深隧的除臭技术选择。常用的臭气处理方法从除臭原理上可概括为物理法、化学法及生物处理法。其中常用物理法有干介质洗涤器（活性炭吸附）、化学法（化学洗涤器、化学药剂、光化电离）、生物处理法（生物过滤工、生物洗涤）。在设计过程中，根据表 1 除臭技术选择表分析了各种工艺技术的有效性及适用性，结合南山前海深隧系统的设计、工况特点和排放标准，最终建议采用两阶段的干介质洗涤器方法进行除臭。

3. 运营维护

南山前海排水深隧系统除了达成输送合流制污水的功能外，还需要提供储存空间。在雨污合流隧道的建设中，主要问题在于如何把深隧系统的运行与现有浅层排水系统设施进行合理整合。如表 1 所示，对不同类型隧道的复杂问题进行了比较，以供参考。通过良好的设计并结合国际上相关项目的成功经验，许多运营问题是可以避免的，并且节约深隧系统的运营维护成本和工作量。

不同隧道类型运营和维护问题　　表 1

关注的问题		隧道类型			
		合流污水储蓄或输送	污水输送	雨水输送	饮用水输送
1	维护出入口	√√	√√	√√	√√
2	通讯联络	√√	√√	√√	√√
3	地下水渗透	√√	√√	√√	√√
4	通风管理	√√	√√	√	√
5	气体管理	√√√	√√√	√√	√√
6	消能	√√	√√	√√	√√
7	水流瞬态	√√	√√	√√	√√
8	排放水流控制	√√	√√	√√	√√
9	沉积物管理	√√√	√√√	√√√	√
10	漂浮物管理	√√√	√√√		
11	臭味控制	√√√	√√√	√	
12	隧道结构完整性	√√	√√	√√	√√
13	隧道结构维修	√√	√√	√√	√√
14	操作模式	√√	√√	√√	√√
15	维护人员在隧道内的行动	√√	√√	√√	√√
16	操作者培训	√√	√√	√√	√√

不同运行维护阶段的注意事项：

（1）试运行阶段

这个在项目开始很关键。除了确定深隧设计参数和各个组成部分，在满流情况下的进行模拟运行很重要。另外，维护人员的知识技术要跟最新的隧道系统维护运行的要求匹配。

试运行时应尽可能地再现实际的全工况运行情况。某些情况下，可以通过超声装置等方法模拟各种流量的运行状况。虽然这个不是面对真实流量，但这给予操作人员一次实践的机会以练习反应时间、了解警报和运行数据的输出以及确定仪器的准确性。

（2）短期（0～5 年）

开启运行后每一个时刻的深隧状态都是不可复制的。不同强度和位置的大雨会不断地影响整个系统的寿命。许多合流制污水管网每年会被雨水影响 40～80 次。这给操作人员提供了不同流量环境的经历，可以记录不同降雨事件对系统的影响。在整个污水系统运行中，这些降雨事件对于系统各个参数的影响记录非常重要，这样累积的系统资料比一次两次特殊事件对系统的影响更为重要。一两次夏季的干枯就可以让每个人忘记隧道混乱运行时带来的负面影响。

（3）长期（5 年以上）

随着长时间的运行和维护，操作过程将越来越常规。但是机器的磨损和老化将开始出现在各类仪器设备上。必须维持有效的保养来保证设备功能的正常运作。某些配件的使用时间需要特别注意。需要确定配件进行更换频率及进行大修的时间表。持续性对员工的培训同样很重要。

六、结论与展望

水环境保护和海绵城市的建设受到国家政府的高度重视，国务院与多级主管部门也相继出台了多项政策，并为此设立了明确的方向和目标，以保障我国新型城镇化和水安全战略发展。本文结合国际成功案例，深入讨论了国内两个典范项目深隧项目，为今后城市水环境保护及海绵城市建设的韧性化发展提供了一个有效的选择途径。深隧的规划与建设需要结合城市发展的实际情况，若设计合理能避免与城市高密度发展冲突的制约下，有效的解决城市内涝、雨水收集利用、黑臭水体治理问题、保护水环境。更重要的是它能提升城市现有浅层管网系统与海绵体效率和抵御突发事件的韧性。

AECOM 在全球的大型排水深隧设计建设中有着丰富的项目经验，其中包括但不限于香港荔枝角深隧、中国香港 HATS 污水隧道、伦敦泰晤士河深层隧道、新加坡 DTSS 深层污水隧道、北美的 South Hartford Conveyance and Storage Tunnel（SHCST）排水转输隧道等。国内在建的上海、深圳、武汉深隧项目也有我们的身影。全球城市发展与面临的水环境问题都有它们的共性，AECOM 愿意共享宝贵的全球经验，为中国的海绵城市韧性化建设出力。

Universal Access Facilities in Hong Kong

Ir Simon NG

Abstract: In order to comply with the Disability Discrimination Ordinance, the Government of the Hong Kong Special Administrative Region (HKSAR) has been retrofitting lifts and/or standard ramps to existing public footbridges, elevated walkways and subways for years if they are not equipped with standard barrier-free access (BFA) facilities and are technically feasible for accommodating such works. In addition, another condition needs to be fulfill is that there are no proper barrier-free pedestrian crossing facilities, either an at-grade crossing or a barrier-free grade-separated walkway, available within about 100 metres from these public walkways. In response to public request in recent years, the HKSAR Government has, since August 2012, launched a policy to retrofit BFA facilities at public walkways, striving to create a "universally accessible" environment for the public under the programme of Universal Access Facilities (UAF). Under the policy, rather than giving the provision of ramps a priority over lifts, lifts and ramps will be treated on an equal basis. In other words, as long as site conditions permit, the Government will consider retrofitting lifts at walkways even they are already equipped with standard ramps. The implementation of UAF in Hong Kong has to face a lot of challenges including means to tackle heavy utilities congested areas, approach to minimize public nuisances, methods to achieve the construction works within reasonable time, innovative lifts design to integrate with the surroundings and the strategy to win public support. This paper aims to introduce the effort that the consultants have made in Hong Kong to overcome such challenges to complete the UAF projects. On completion of the UAF, we could enable the disabled and the elderly to cross the road easily, safely and comfortably by using the footbridges and subways.

Keywords: Barrier-free Access; Facilities; Universal Access Facilities

Introduction

Hong Kong, an international city, has been advanced in economic development but fallen behind in social development as she often neglects the basic rights of persons with disabilities. As the United Nations Convention on the Rights of Persons with Disabilities has been in force in Hong Kong since 31 August 2008, it is the HKSAR Government's aim to expeditiously extend the scope of protection for persons with disabilities. The Government has been installing barrier-free access facilities at public walkways (for instance, installing ramps in footbridges constructed in earlier years that only have staircases) for years. During the visits of the Chief Executive and his political team to the 18 districts earlier in 2012, many elderly people asked the Government to install more barrier-free access facilities such as lifts. As such, various consultancies had been launched to meet the demand of barrier-free access facilities with reprovision of lifts at public walkways. With the aging population, it is both the Government and consultants' target to speed up the progress, as well as to expand the existing programme to retrofit barrier-free access facilities at public walkways for bringing further convenience to the public. Subsequently, the Government announced in August 2012 that the policy in operation would be enhanced, and a new lift installation programme has been launched for responding to the public request, thereby creating a "universally accessible" environment in the community to improve the accessibility of the public walkways where more consultancies have been commissioned. The new policy aims at expanding the scope of the original programme to retrofit BFA facilities to existing public walkways (i. e. footbridges, elevated walkways and subways) so as to facilitate access of the public. Since then, when considering retrofitting BFA facilities to existing or newly constructed public walkways, we would treat lifts and ramps equally (unless the site conditions dictate one form over another), which is a change from the past practice which gives priority to ramps. As long as site conditions permit, we will still consider installing lifts at walkways where there is already a standard ramp installed. After a lift has been installed, we will evaluate whether to keep the ramp or demolish it for more spacious pavement or make way for roadside greening.

Problem

Retrofitting works for either BFA or UAF are located in various districts in Hong Kong, with most of them to be carried out on public walkways in densely populated urban areas. As retrofitting works may impact underground facilities, residents or traffic nearby, uncertainties are anticipated. Same as other public works, each item has to go through different stages including consultation with stakeholders, technical feasibility study, design, ground investigation, advance works, temporary traffic arrangement and construction works etc. If problems arise at any of the stages mentioned above, for example, receiving objections during the consultation period, other stages of the works and the subsequent timetable will be duly revised. During the various stages, the problems that we, as the consultants, encountered could be summarized in two main aspects, namely i) *utilities conflict problems* and ii) *lift design and public expectation*, which are the key challenges prior to the success for implementation of BFA or UAF.

Approach

With regard to *utilities conflict problems*, the inherent problem of the underground utilities is the accuracy of the drawings, which might be due to the change of the streetscape over the years or later re-routing of cables during the maintenance. Hence, prior to any lift installation, we promptly have to arrange trial pits or trial trenches to be excavated as practically as possible around the proposed lift location for ascertaining the actual utilities layout affecting the works. Utility constraint is always a challenge topic, particularly in lift construction works as the presence of the manhole cover might cause trapping hazard to the pedestrians. Therefore, diversion of the utility manhole and draw pit off the proposed lift shall always be required unless otherwise fully justified. Irrespective of the contract type, the Contractor shall be responsible for arranging, coordinating and agreeing with utility undertakers a programme for the lift installation works. However, due to the various constraints, the utility undertakers might have difficulties to promptly and efficiently carry out their diversion works. Depending on the constraints, one of our approaches is to instruct the Contractor to carry out the excavation works for the utility diversions to eliminate the time consuming for processing excavation permit applications by the utility undertakers and will also consider adoption of the common trench for housing multi-utilities, if the site is subject to limited space. Close co-ordination with the utility undertakers is very important for agreeing with their programmes for their permanent diversion works.

In some occasions, our approach is to assist the Contractor to phase the diversion works, such as proposing the permanent route, clearing obstruction for facilitating their works, proposing measures to protect their plant during the construction, allowing them to share the approved temporary traffic arrangement, etc. Measures have been considered to minimize the time for applying excavation permits, such as early request for the diversion, close monitoring of the exaction permit system leading to the early approval of their excavation permits, etc. In some congested areas where the diversions of utilities are very restricted, a common trench or common manhole to accommodate the dense utilities would be considered to resolve the constraints. If the diversions of these utilities require a long duration, further trial pits or trial trenches are considered to explore the feasibility of relocating the lift to minimize the conflicts with the utilities.

Another utility problem is the utilities' conflict with the proposed lift foundation works. Prior to commencement of foundation works for lift construction, our approach is to firstly check the potential conflict between existing utilities and proposed works. To ascertain the actual alignment and depth of utilities, updated as-built records would be obtained from relevant utility undertakers and utilities survey by scanning and inspection pits would be carried out. If potential conflicts with existing utilities were found, design review for mini-pile and/or pile caps would be conducted to check whether the conflicts could be avoided, so that time and cost implications to the project could be minimized. Moreover, we would arrange several design review options including change of location of mini-piles, change of configuration or depth of pile caps or change of structural elements to deal with utilities' conflicts. In case the potential conflicts could not be resolved after our design review, we would actively liaise with the Contractor and utility undertakers to agree a feasible utilities diversion scheme, working sequence and confirm responsibilities between the Contractor and utility undertakers. Meanwhile, we would also review the diversion works programme. Nonetheless, another approach is to instruct the Contractor to carry out some preparatory works on behalf of the utility undertakers to minimize delay to project completion.

For public services such as watermain or stormwater drainage, diversion works will be carefully considered in design stage and covered in conforming design. If change of diversion scheme is revealed to be necessary during the construction stage, consent would be further obtained from relevant authorities prior to implementation of the diversion works on site. After retrieving and making reference to record plans provided from utility undertakers, carrying out passive and active detection to locate the approximate alignment and depth of existing UU, and during the course of inspection pit excavation for in-depth investigation, several liaison meetings would be held between utilities undertakers, the Contractor and our site representatives to further confirm the nature of utilities cables as laid under the existing footway where lift construction is to be required. On the other hand, we would confirm with the utility undertakers for any in or out of service utilities or joint boxes. For instance, some joint boxes could be temporarily demolished and the cables could be slewed away to facilitate the construction of lift foundations. After completion of the foundation works, the demolished joint boxes would be reinstated and the cables would be put back to the available space above base slab of pile caps while backfilling is carrying out.

With regard to lift design and public expectation, some public expressed concern about whether the provision of air-conditioning service was a standard provision for all lifts. They suggested that while the provision of air-conditioning service for lifts with heavy utilization was reasonable, the provision of such service for those with low usage rates was not environmental-friendly. Also, they considered that the provision of air-conditioning service undesirable as there were times when the air-conditioners were out of order and the lifts became stuffy inside. Instead, they suggested providing natural ventilation for lifts. We thus advised that there was no requirement for providing air-conditioning service for lifts. Nevertheless, we would take into consideration their concern on energy saving when working out the detailed design of lifts. Apart from the provision of air-conditioning service, some public expressed that some facilitates like the elevator buttons and tactile guide paths were not provided in the design to cater for those in need and the space in the vicinity of some footbridges were not spacious enough to facilitate the turning of wheelchairs. We advised that when designing BFA standard, it had already consulted relevant stakeholders, including persons with disabilities. We also advised that it would carry out technical feasibility study before commencing the design and construction works of each lift retrofitting project. As such, we should carefully address the public expectation regarding lift works. Public will be significantly affected as a result of the lift construction works. We should ensure feasible provision of lifts considering the existing location of the staircases with minimal chance of conflict with underground services and utilities. Adequate public consultation shall be carried out via gazetting under Roads (Works, Use and Compensation) Ordinance (RO). One of our approaches is to maintain close liaison with District Council members and local organizations including Sub-committee on Access of the Rehabilitation Advisory Committee which must be maintained throughout the consultancy agreement.

Case Study

Utilities At the design stage, the size of the proposed lift shaft footing retrofitted for the subway at Hong Kong Aberdeen district was largely to resist lateral soil pressure. Instead, we rearranged the layout to build another skin wall across the subway to resist the soil pressure and the size of the lift foundation could thus be substantially reduced. The excavation works were thus effectively reduced in saving both construction time and cost. At the same time, it could also reduce the amount of construction waste generated.

Densely utilities diversions have occupied certain amount of construction period for the lift at Hong Kong Tsing Ma Control Area. We thus propose to shift location of lifts in order to avoid direct conflict with existing utilities. In some areas with heavy utilities, we have proposed to request the Term Contractor to carry out trial pit inspection works at proposed lift locations so that we could properly propose location of lifts based on trial pits to minimize utilities' conflict.

Lift Design to Address Public Expectation We have specifically designed each walkway lift with either single or double entrance and determine the orientation of lift that could facilitate the smooth pedestrian flow and maximize the lift waiting area. Moreover, we designed the lift to comprise a balanced mix of solid walls for heat insulation and glazed panels for transparency, double roof for enhanced shielding against sunshine, lift car ventilation fans with sound insulation to increase air change rate for direct fresh air intake through extended louvres along the lift enclosure and exhausted fans for hot air removal from the lift car. As the external lift towers with full-face glass-panels will result in high-energy consumption to control lift car temperature with air conditioning, we have thus adopted a new design with the lift tower formed by a combination of reinforced concrete structure, glass panels and louvres, and with AC replaced by fans to save energy consumption. Furthermore, we have fully developed architectural and colour schemes for each walkway lift to match with the existing setting, structure appearance and surroundings including skylight design and similar tile colour with existing structures to integrate with its surroundings. We shall design the lift system including canopy roof and link structures to be fully tied in with existing features. Innovative curved roof, modern glazed lift entrance, modern interior lift car with LED display and lightings, perforated metal such as pre-galvanized sheet, aluminum or stainless steel with scattered pattern will be chosen. In order to address public concern on aesthetic lift design and to integrate with surroundings, our approach is to provide intact streetscape plan. Repainting and retrofitting works to the existing stairway to have them blended in with the proposed architectural and colour schemes will be proposed. Apart from the structure, green slopes with ground covers will be designed that will bring refreshing green to the streets. Flowering plants will add beautiful seasonal colours to these greens to comply with the greening requirements on the lift system.

Conclusion

The successful implementation of the lift works cannot be accomplished without prudent review of utilities' conflict in urban areas throughout design and construction stages. Also, prudent tactic to address public expectations with sound lift design is also a key to ensure smooth and successful lift implementation. Following the joint effort between the Government and the consultants for the provision of UAF at public footbridges, elevated walkway structures or subways, the provision of lift works have been successfully implemented in recent years. The remaining lifts construction works are ongoing. On completion of the UAF, we could enable the disabled and the elderly to cross the road easily, safely and comfortably by using the footbridges and subways and to bring the convenience to the community that would enrich the built environment of Hong Kong.

以智能城市（AI CITY）规划理念构建智慧机场智能化策略研究

石明璋　王瑞麟

摘　要：由于航空业的快速成长，依据《国际航空电讯协会》统计，亚太地区规划的新机场至少有178座，而全球有45%的机场计划在未来五年内投入AI研发。而机场由单一的交通设施演进为综合性的航空城市化，形成一个以机场为主体的生态圈，并在外围地区形成以航空运输为中心的综合经济区。

本研究在于进行智慧化的现有运作机场，是否能真正掌握“智慧机场”的完整发展策略，面对航空业的快速成长与竞争，以人工智能城市（AI CITY）的完整规划策略，并规划好一个完整的智慧机场需要哪些发展构想，是做为新建智慧机场建设规划的评估参考。

关键词：智能城市；智慧机场

一、研究背景

1. 研究动机

本文研究的思路是在技术、人力与资金大量投入的风潮下，如何掌握好优质的质量。全球在面对于航空产业与科技产业的快速发展下，机场的发展快速走向智慧化与城市化，而城市化的历程并非完美无缺，智慧化的成果也在逐步构建。

全球正在建造许多智能城市，均需要明确的定位优势、完整的战略构思、充沛的科技能量与坚强的规划团队，通过其发展策略及历程，可提供构建智慧机场完整的规划策略。

2. 研究目的

本研究是在就航空产业的快速发展，许多机场建设与规划朝向智慧化与城市化，完整智能城市建设规划构想历程，提供智慧机场在进行改建或新建规划的依据参考。

3. 研究内容

（1）智慧城市发展新思维；

（2）智能城市发展构想；

（3）智慧机场城市化面临的课题；

石明璋，财团法人中华顾问工程师综合业务组正工程师.

王瑞麟，财团法人中华顾问工程师综合业务组主任.

（4）构建智慧机场发展策略。

4. 研究范围

（1）智能城市；
（2）发展中的智慧机场。

5. 研究方法

本文的研究方法，乃参考国际机场竞争力相关指标分析的机场评比为基础，应与各国经济和政府效能有密切关系，我国“国家级科技智库”国家实验研究院科技政策研究与信息中心，引用政策研究指针数据库（PRIDE）所收录的指针与快速绘图功能，探讨机场竞争力与国家经济及政府效能的关系[3]。

所采用的 APEC 指针因也包含台湾的数据，可以与近十年来经常名列全球最佳机场前十名的六个亚洲国家及地区一起作比较分析[3]。本研究所采用的相关指标包括：以购买力平价计算的平均每人生产毛额（GDP per capita，PPP）、经商容易度（Ease of doing business index），贸易便利指数一边境管理（Enabling Trade Index—Border Administration）、贸易便利指数一交通与通讯基础建设（Enabling Trade Index—Transport and Communications Infrastructure）及观光旅游竞争力指数（Travel & Tourism Competitiveness Index）等。

6. 研究流程

如图 1 所示。

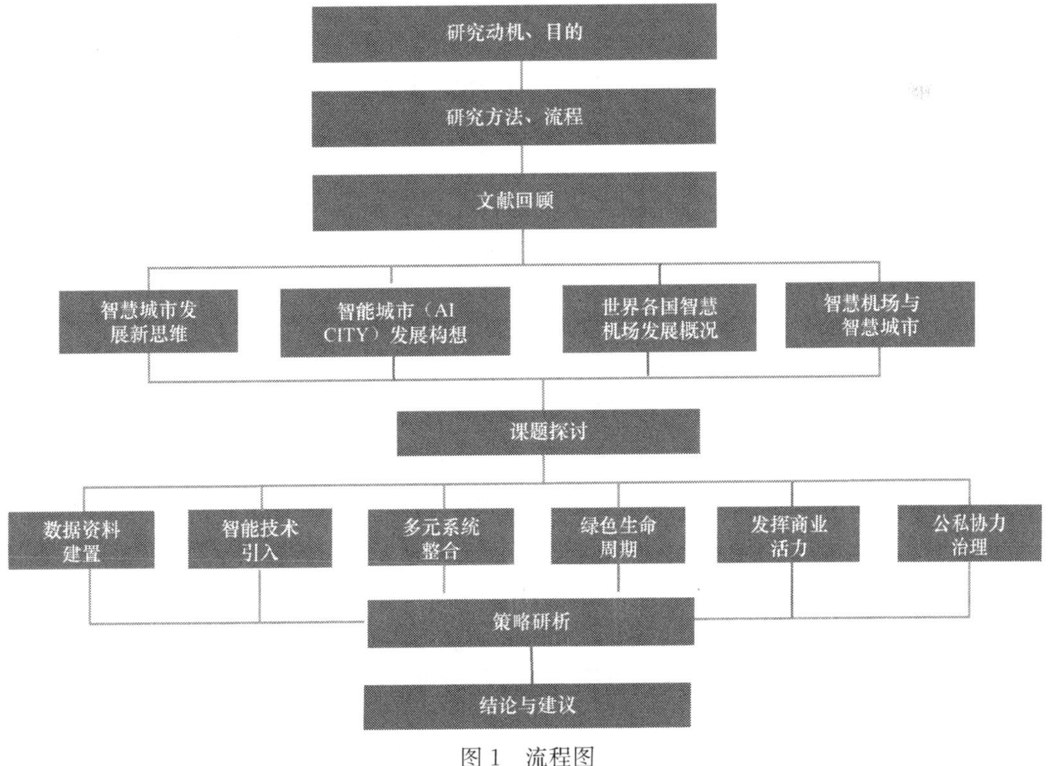

图 1　流程图

二、文献回顾

1. 智慧城市发展新思维

依联合国报告《世界人口展望》推估，到2030年全球人口数预计将达到85亿，到2050年将达到97亿，搭配前述《世界都市化展望》报告的估算，到2050年时全球人口居住在城市地区的比例将达66%，也就是超过60亿人口生活在城市地区，较现况增加约25亿人。

城市的形态因为人们的期待与需求而演变，在产品制造、技术创新、经济发展以及文化交流等方面，城市不仅静态地担负枢纽的角色，连结着人力、资源、金钱及想法（Ideas），更动态积极地扮演着推动各国成长发展的引擎，2008年IBM提出“智慧地球”的理念，其中包含“智慧城市”的概念，希望由规划管理、基础建设和市民满意的三大面向串联成一个相互联系的生态圈，推动经济的永续成长成为更聪明的城市。

2013年，根据联合国公共管理网络（United Nations Public Administration Network，2013）的一份报告《创新2.0视野下的智慧城市》，将智能城市的特征归纳为四类：广泛全面的感知察觉、无所不在的互联特性、遍布透彻的有效智能、以人为本的永续创新[3]。

英国从2013年6月开始执行前瞻未来城市计划（Walport，2014），以多元的公民参与模式讨论未来城市在2065年的前瞻愿景，形塑未来城市的样貌，并依此规划满足未来需求的创新。该计划提出未来城市的六大面向，分别为：城市生活、城市经济、城市循环、城市形态与基础建设、城市治理以及城市科学。

根据Markets and Markets的报告，2017年全球智能城市市场规模为4247亿美元左右，五年后预估会增加到大约12017亿美元，年复合成长率达到23.1%。近来的打造趋势是从零开始，而不是改建现有的城区；因为这样远比改造旧城更容易，也符合成本效益。

2017年11月，沙特阿拉伯王储宾·沙尔曼宣布斥资五千亿美元，在红海岸的沙漠区兴建一座名为新未来的城市“Neom”。这座城市内的电力将百分之百来自太阳能、风力等再生能源，一切都会和人工智能、物联网链接，而且未来机器人的数目会比居民还多。

在美国，由美国商务部辖下的国家标准与技术研究院（National Institute of Standard and Technology，简称NIST）主办，整合国务院、国土安全部、运输部及国家科技基金会（National Science Foundation，NSF）等部会，在未来美国智慧城市规划与推动就定位，依个别执掌进行技术架构的研拟与商业落地的推动；GCTC“全球城市团队大挑战（Global City Team Challenge，GCTC）”可以说是美国联邦政府展开全美国境内建设智能城市的奠基工程，更是集结众力打赢这场全球智慧城市产业的开端，自2014年开办时，即清楚的界定任务为：“因为当前大部分的智慧城市、小区发展都是各自为政，采取客制化模式，所以，NIST要做的就是，站到第一线整合联邦政府、产业界、地方政府、非政府组织（NGO）等公私部门，鼓励产业目标建立与合作；用物联网与虚实整合系统（Cyber Physical System，CPS）等技术建立可复制、可延伸且可永续发展的模式，必须根植于可互联互通的标准化解决方案。”

谷歌和比尔·盖茨都要以全新造镇方式投入兴建智慧城市，由于一个城市要成长，必须充分应用所有居民生活中点点滴滴的信息，城市如同是一个生活实验室，分析这些数据后，再从中抽绎出它的创新应用，谷歌的策略是在不同的城市搜集到数据，就能建立更完整的图资情报，并且改善现有平台。不仅取得数据，并进一步创新应用，测试智慧城市理论，立即开发新产品，也立即运用在这些城市空间使用[12]。

2. 智能城市（AI CITY）发展构想

(1) 智慧城市建设发展

“智能”的理念就是通过新一代信息科技的应用使人类能以更加精细和动态的方式管理生产和生活的状态，通过把传感器嵌入和装备到全球每个角落的供电系统、供水系统、交通系统、建筑物和油气管道等生产生活系统的各种物体中，使其形成的物联网与因特网相联，实现人类社会与物理系统的整合，而后通过超级计算机和云端运算将物联网整合起来，即可实现。

此后这一理念被世界各国所接纳，并作为应对金融海啸的经济增长点。同时，发展智慧城市被认为有助于促进城市经济、社会与环境、资源协调可持续发展，缓解“大城市病”，提高城镇化质量。

基于国际上的智慧城市研究和实践，“智慧”的理念被解读为不仅仅是智能型，即新一代信息科技的运用，更在于人体智慧的充分参与。推动智慧城市形成的两股力量，一是以物联网、云端运算、行动网络为代表的新一代信息科技；二是知识社会环境下逐步形成的开放城市创新生态。一个是技术创新层面的技术因素，另一个则是社会创新层面的社会经济因素。

(2) 人工智能城市

2018 年 1 月，IResearch 艾瑞咨询集团发布了《中国人工智能城市展望研究报告》，报告详尽阐述了中国人工智能城市的发展概况，以及 AI 技术对人工智能城市建设所产生的巨大影响[12]（图 2）。

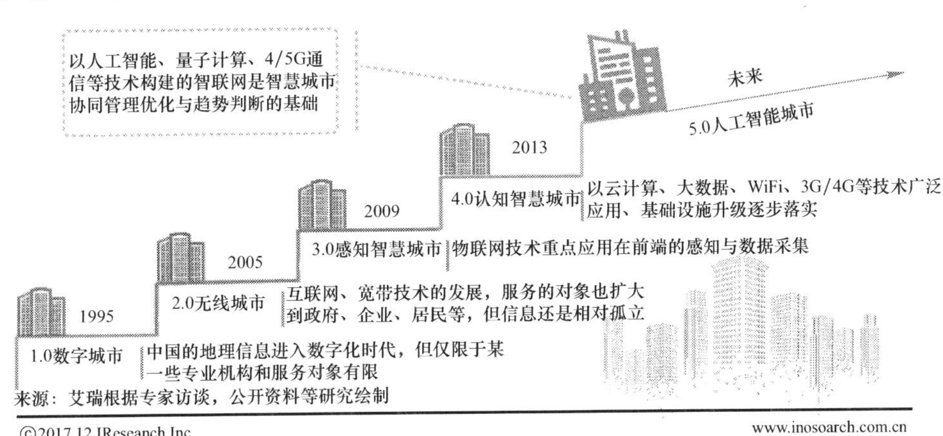

图 2　1995～2017 年中国城市发展阶段

（数据源：Read more：https://tw.wxwenku.com/d/104677460≠ixzz5BlNVghDn）

这篇文章对人工智能城市做了完整定义：人工智能城市是利用人工智能技术，形成以数据为驱动的城市决策机制，根据实时数据和各类型信息，调配和调控城市的公共资源，最终实现自动智能化，达到城市运作效率的最优化。人工智能城市的本质，是在 AI 技术的赋能下，使城市成为一个协同、自组织的有机整体，并让城市管理具有运营的“大脑”。

未来的人工智能城市，将突破过往传统智能城市建设中分散于交通、安防、政务等领域的单点信息化应用——彻底打通底层居民、车辆、终端的连接，形成万物互联，并在中层基于 AI 技术构建感知与决策的“城市大脑”，最终支撑上层交通、安防、医疗等城市运营领域的应用场景，形成彼此间紧密相连的人工智能城市应用生态体系，而人工智能将成为城市治理的核心和“大脑”。

未来人工智能城市的运营，需要涵盖人工智能技术、数据运营、场景深耕的全栈式人工智能城市运营商，而这正是目前国内希望成为未来人工智能城市样板的各级地方政府纷纷选择与全球领先的人工智能头部企业在 AI+城市领域展开合作的逻辑所在。

在过去近 20 年智慧城市建设的实践中，重点放在了城市信息化进程上，而未来人工智能城市的建设将彻底回归到以人为本的城市运营本质上。所谓以人为本，就是面向城市主体——市民大众的实际生活需求，也正是艾瑞提到的回归到城市应用场景升级上。人工智能城市的未来发展需要走一条不同于过往传统智能城市的路径，为此需要涵盖 AI 技术、数据运营、场景深耕的全栈式人工智能城市运营商，这也是商汤科技为代表的人工智能头部企业的独特优势——站在硬件+算法的上游，并在安防、交通、零售等领域都能提供全栈式解决方案，将人工智能城市的运营超脱于单点应用，从而开启对整个生活形态或生态链的“全应用场景”模式（图 3）。

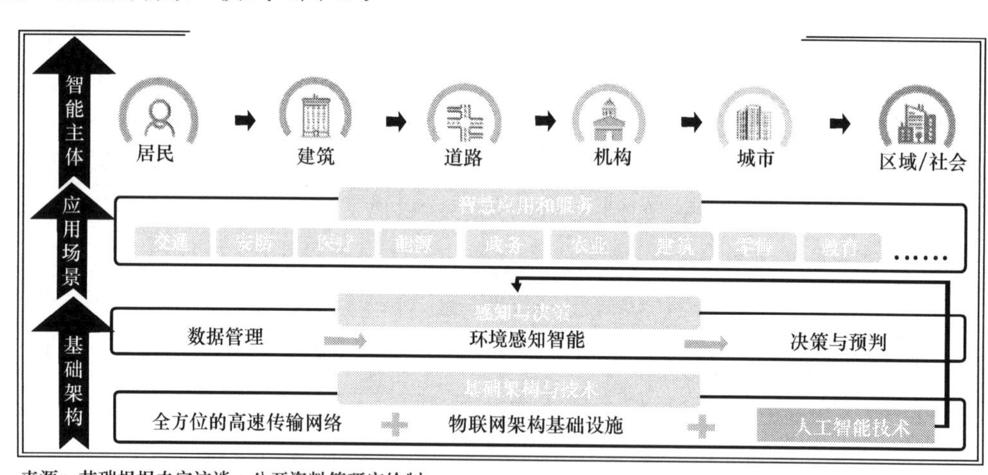

图 3　2017 中国人工智能城市—价值链

（数据源：Read more：https://tw.wxwenku.com/d/104677460#ixzz5BlNVghDn）

(3) 智能城市交通规划构想

近日，美国国家城市交通官方协会（以下简称“NACTO”）出具了一份关于未来无人驾驶城市蓝图的报告。该份报告整体而详细地介绍了——未来自动化交通将如何融入整个城市建筑环境，并且这些改变如何被接受和普及。

未来的城市将通过提高自动化效率，以减少对道路的需求，确保路人的安全和舒适感；使用第三方数据平台安全无缝地交换所有街道数据，实时支持街道管理，保持一个动态可视化的人行道库存，以实现人行道的民主化；用最少的自动驾驶车辆运载最多乘客。

通过全新的交通技术，街道将被重新设计以首先满足人类的需求：人行道将成为共享的商业空间，而非仅仅用来停车；驾驶车道只会占用他们所需要的道路空间，但同时也能高效地运载乘客。最后，城市空间将把专注重点放在真正能让城市移动起来的“流动性”上，如公共交通、步行、骑自行车和共享娱乐设施。

构建智能城市街廓空间规划准则如图 4 所示。

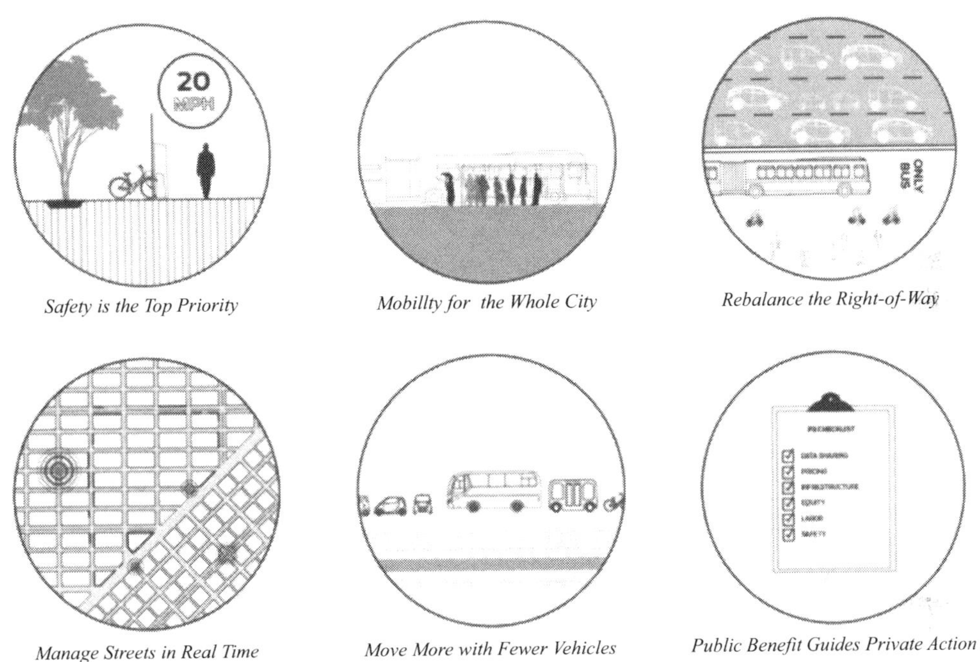

图 4　构建智能城市街廓空间规划准则

技术变革的步伐很快，但城市在迎接无人驾驶车辆的过程中，其基础设施的变化是渐进式的。比如城市街道、人行道等成为用于测试新政策、技术、材料和街道类型的重要场所。

而在将来，城市自动化会经历部分自动化到完全自动化这一过程。前期，城市将进行战略投资，为连接自动化技术做好准备，并将大程度的推行自行车和步行这两种方式。车速限制会降低到 20 英里/小时，为人行道设置动态定价。这种定价方式也将在美国城市率先发布并施行。在以上因素的综合作用下，步行、自行车和核心运输的使用需求激增，城市迎来所有车辆共享时代。越来越多的城市开始实行 VMT（Vehicle Miles Traveled：驾驶里程）定价，以减轻城市拥堵程度。发展到最后，即城市车辆实现完全自主，VMT 进一步降低，达到真正的以人为本。

3. 世界各国智慧机场发展概况

(1) 吉隆坡国际机场进行数字转型

马来西亚吉隆坡机场将与 2018 年 3 月与 EIM 公司 OpenText 合作进行数字转型，该项计划将会把 AI、机器学习以及预测分析等技术整合进现有系统以提升旅客过境效率并增加机场营收。

通过预测分析技术，吉隆坡机场将能有效预测航班情况以做出有利于旅客行程安排的决策。该项计划将以阶段性分层执行，未来 5 年将逐渐整合大数据至该机场数字信息平台中。

吉隆坡机场也将推出一款提升旅客体验的行动 APP，为乘客提供实时航班情形、机场壅塞情况、航程时间以及观光旅游选择，同时也能进行自动 Check-in 与自动寄行李服务。

未来旅客也能通过该 APP 购买免税商品，并享有将购买商品送到登机门的服务。航空公司未来也能通过数字信息平台自动核对旅客与登机信息以确认旅客身份，同时也能在登机后确认旅客所在位置以监管机场整体营运效率。而未来马来西亚政府也将持续与 OpenText 合作，打造致力于针对乘客需求改善机场基础建设的数字中心。

(2) 樟宜机场打造智慧机场的机场营运中心 (Airport Operation Centre; AOC)

1) AOC 运作包含沟通协调改善营运效率、破坏威胁分析评估、营运规划客量管理与确保持续性业务运作。有了 AOC 便可通过整合机制分享各项信息，增进单位间协调及强化整体营运效率；针对突发、异常事件，以快速有效方式进行协调及应变；运用智慧科技设备，提供决策方针，并建立客运量管理机制；善用相关数据，侦查及分析任何可能对机场造成的威胁与破坏。

2) AOC 席位配置：AOC 设有经理及值班督导，个席位分别由机场公司、航空地勤业者、航警局及策安保安公司等单位派员轮值，各司其职，负责执行各项相关业务 (图 5)。

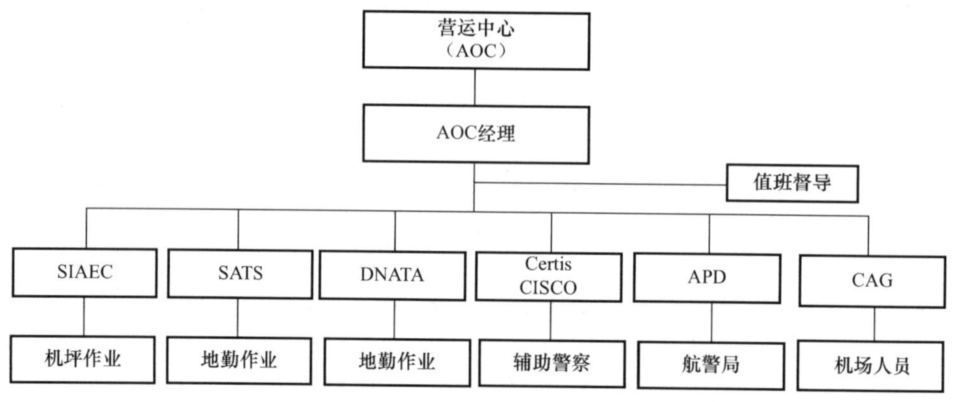

图 5 新加坡樟宜机场 AOC 席位配置

(数据源：资策会 智辉机场信息整合项目期末报告 2016)

3) AOC 系统架构：AOC 系统建立于协调、沟通及模拟三项基础架构下，主要通过内部网络，进行机场航厦及外围影像管理、资源监控，并运用智能系统进行事件管理、预测与分析，其基础架构如图 5 所示；AOCS 系统关连架构如图 7 所示。

4) AOC 系统效益：AOC 作业内容包括营运、规划与策略三个层面，通过信息分享，增进各单位间合作及协调应变机制，并定期召开会议，讨论需改善事项。此外也针对 AOC 系统开发、协作平台、信息管理及分享，精进各项作为，如图 6 所示。

① 营运包含常见状况描述、共同性决策与协调应变机制。

② 规划包含旅客量管理、服务水平管理与流程审视。

③ 策略包含策略目标、合作伙伴管理与总体规划。

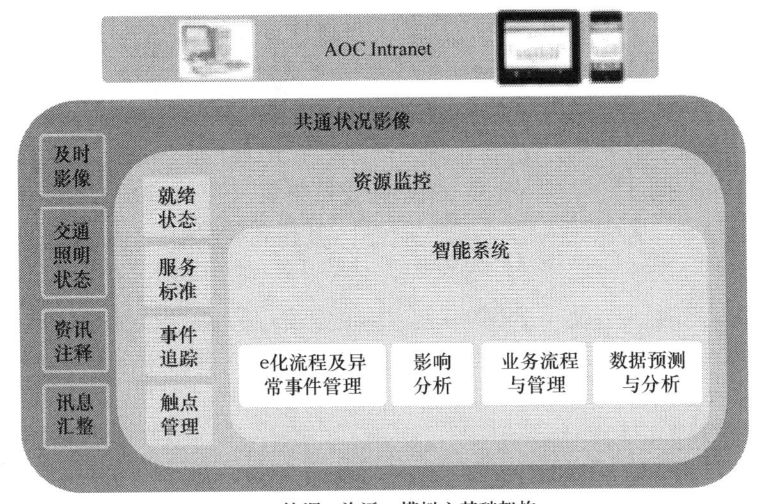

图 6　新加坡樟宜机场 AOC 基础架构图

（数据源：资策会 智辉机场信息整合项目期末报告）

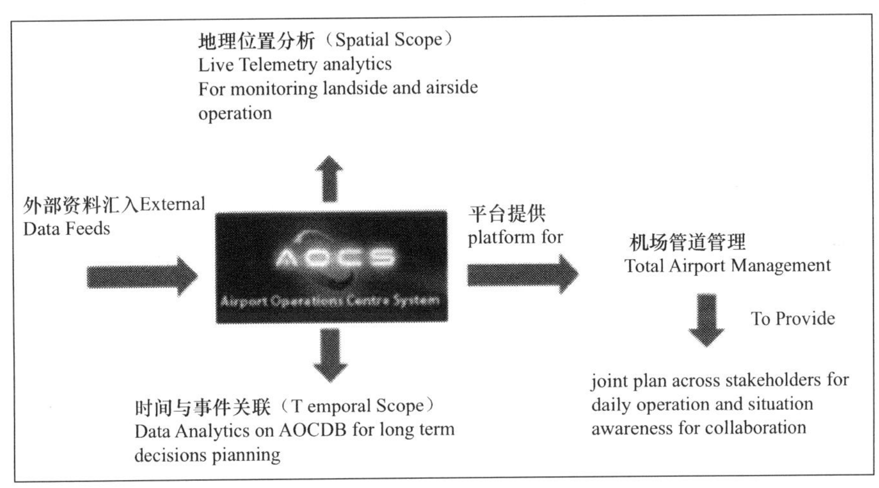

图 7　新加坡樟宜机场 AOCS 系统关连架构图

（数据源：资策会 智能机场信息整合项目期末报告）

(3) 迪拜机场"DXB+"规划

预计迪拜机场年旅客吞吐量将从 2016 年的 8360 万增长到 2025 年的 1.18 亿。为了满足不断增加的客户需求，适应持续增长的运输量，迪拜机场发布了"DXB+"规划，旨在利用创新和技术来提高机场的容量。"DXB+"的重点是帮助机场整合生态资源，齐心协力满足航空公司的需求，同时确保为乘客带来一流的客户体验。

迪拜机场预制模块化数据中心就是迪拜机场、华为以及双方生态伙伴整合资源进行创新的杰作，能够满足迪拜机场"DXB+"规划对信息基础设施的要求，为未来 10 年迪拜机场业务的稳定、高效运行以及数字化和云化提供保证[11]。

要成为世界最受欢迎的机场，客户体验是王道，不能仅仅在硬件基础设施上进行升级，更应该想方设法提升客户体验。国际航空运输协会（IATA）2016年覆盖全球范围的一项调研结果为机场提供了一些参考：64%的人更希望使用手机上的电子登机牌登机；39%的人更愿意使用电子行李卷标；61%的人希望可以全程跟踪自己的行李，就像快递公司允许人们跟踪其包裹一样；47%的人希望托运行李的时间控制在1～3分钟；52%的人希望入境排队等候时间在5～10分钟，迪拜机场始终将客户体验放在第一位，并从产品、运营和机场基础设施3大领域入手。在产品维度，迪拜机场深入了解乘客的未来趋势、行为和期望，整合产品和服务以提供一致的客户体验，引导未来产品和服务的创新，增强与乘客之间的联系；在运营维度，迪拜机场会增加机场运营的可预测性，通过利用现有资产有效节省成本，为客户提供可靠、弹性和精简的流程，并针对不同类型的客户提供无压力的旅程；在机场基础设施维度，迪拜机场基础设施和生态系统的设计、开发将以客户为中心，提供足够的容量适应航空公司和运营的增长，同时维持现有基础设施的完整性。

智能机场建置云计算和大数据技术将为机场带来智慧；先进的网络技术将提供无处不在的连接；LTE技术有助于机场空域的网络覆盖；物联网技术不但连接设备，还将为设备提供智慧；所有服务都将被数字化，以提供更好的服务。以上这些都离不开数据的存储、传输和计算，也都离不开数据中心[16]。

华为集团为迪拜机场打造的预制模块化数据中心正式上线后，其承载的业务几乎覆盖机场的所有环节，包括航班信息与机场运营、乘客运输与行李服务、连接与网络服务，以及安检、视频监控、企业业务运营和设施维护等，凭借弹性、快速部署、可靠、节能、易维护和低成本的特点，该数据中心为迪拜机场的业务高效运营提供了有力保障。技术是推动迪拜机场业务增长、激发创新以及提升客户体验的关键因素。与此同时，我们将进一步提升机场系统的可靠性，降低运营成本。

4. 智慧机场与智慧城市

(1) 机场智慧化的发展概念

机场智能化发展的使命是充分利用大数据、物联网、空间感知、云计算、移动互联网等新一代信息技术，综合运用交通科学、系统方法、人工智能、知识挖掘等理论与工具。以全面感知、深度融合、主动服务、科学决策为目标，通过建设实时的动态信息服务体系，深度挖掘机场运行相关数据，形成问题分析模型，提升机场资源分配优化、公共决策、运行管理、公众服务等能力[15]。

(2) 城市群的发展带动机场群的发展

机场群就是要从追求单一的机场智慧化转变成多机场运行的智慧化，形成一种和谐的机场的生态圈。在这个过程中，最关键的是数据共享。

通过全方位的深度感知，再通过空地网络，最终可以构建出以资料融合为基础的共享和计算中心平台，构建出机场运行的特征判定和深度分析。

(3) 智慧机场以旅客为核心

在智能机场的运营层面上，我们可以通过传感器和物联网技术提高运营的准确性，人们在大商场停留的普遍时间为30～50分钟。而民航旅客在机场停留的时间远超商场，机场可以充分利用旅客信息数据，比如年龄、籍贯、消费习惯等来挖掘旅客的需求，让机场的经营模式多样化[1]。

(4) 城市化商业导向的智能机场特色

智能型机场逐渐城市化后，运营策略导向引入更多具特色的城市型商业活动转变，并利用各种新兴和成熟技术，提高机场对不只是搭乘飞机进出的不同要求访客人们的服务、分析和反应能力[11]。

三、课题探讨

1. 从零开始建置，收集完整数据

根据Sidewalk Toronto智能城市计划，将在新码头区会以大量摄录机及传感器收集人们活动的数据，有专家担心市民的隐私得不到保障。旧码头区大部分区域会建起节能的预制件式房屋、邮件会由机械人派送、垃圾也由机械人收集处理。此外，区内亦严格限制私人汽车，以鼓励使用无人驾驶汽车、公共交通工具、单车和步行，并采用智能微电网取代依赖石化燃料供电。

2. 引入智慧技术，快捷安全服务

(1) 在云计算基础设施层面，该项合作将结合数据思想和阿里巴巴计算能力，推进“数字雄安”项目建设，为未来智慧城市、科技金融创新等提供云计算基础设施，推动医疗、交通、安全、能源、环保等民生社会治理领域创新服务。

(2) 物联网技术将强化智能城市的城市部件和活动实时在线，构建交通、能源、供水等民生基础设施的“神经网络”。通过完善的城市立体感知网络，实现对智能城市全面感知，助力智慧生活、自动驾驶、城市运营等数字产业孵化落地[7]。

(3) “城市大脑”将成为整个城市的人工智能中枢。该项合作将推进雄安“城市大脑”建设，通过把城市的交通、能源、供水等民生基础设施的“神经网络”，连通到ET城市大脑，让城市能够自我调节，与人类良好互动。

3. 多元系统整合，调度作业完善

(1) 规划阶段的统筹区域协调发展；

(2) 结合区域文化、历史传承、时代要求，打造城市特色风貌；

(3) 完善新区经济社会发展、交通体系、新型城镇化、土地利用等专项规划体系，在新区开展“多规合一”。

4. 绿色环保减碳，贯彻生命周期

雄安新区建设将把城市交通、水、电、煤气供应、灾害防护系统全部放在地下，以高铁、车站、市内交通等为例，均会置于地下。而地上部分将让给绿化、让给人行道。“人行走500米就可以下到地下找到车站，到四面八方去”。打造优美生态环境、构建蓝绿交

织、清澈明亮、水城共融的生态城市是雄安新区建设的重要任务[8]。

5. 营运商转提升，发挥市场经济

企图打造出具有自主特色的智能城市，在策略上应是将资源集中，配套措施完善以及先行先试相关科技的试点机制，这种创新战略，可以说是一个大跃进，以京津冀为例，是高端产业、新兴产业、创新型要素和资源集聚程度最高的地方，如中关村代表国家创新的最高水平，这些新一代信息技术，包括大数据、物联网、云计算、无人技术以及航空航天、机器人等走在国际前端的新产业，将会在开发出许多新的市场经济功能。

6. 公私协力驱动，落实透明治理

“做好城市工作，要顺应城市工作的新形势，改革发展的新要求，人民群众的新期待，坚持以人民为中心的思想，坚持人民城市为人民”。以人民为中心的发展和以人民为中心的城市治理，为人工智能城市治理提出了明确的基本原则和核心价值导向。（张成福，《国家行政学院学报》，2018.01）

四、策略研析

就目前亚太地区智慧城市（以下简称 APEJ 智慧城市）的发展概况，在技术与策略所面临的挑战，与智能机场快速迈向智能化策略研析：

1. 平台策略（Platform Strategy）

预估 2019 年约有 50%的 APEJ 主要城市，将以成果导向（Outcomes-Based）的方式，发展智慧城市物联网平台策略，此策略将以推动设备连结、搜集与管理来自不同城市与技术供货商的数据，快速部署新解决方案并建立未来城市的想法。

2. 叫车服务（Ride-Hailing）

预估 2019 年将有超过半数的主要 APEJ 城市，将针对提供公共交通服务的叫车服务公司进行规范，以解决交通拥挤问题、提高乘客的安全性，并增加最后一里路的搭乘选项。

3. 融资模式（Funding Models）

当城市与技术供货商寻求超越传统的新采购合作模式，预计到 2019 年，有 70%的 APEJ 智慧城市计划，将通过公私伙伴关系（Public-Private Partnership，PPPs）、非营利组织（Non-profit Organization）或签订备忘录（Memorandum of Understanding，MOUs）获得资助。

4. 数位英雄（Digital Hero）

预计 2020 年通信服务商将成为数字英雄，制订协同合作策略（Collaborative Strategy）以壮大智慧小区的发展，使 APEJ 城市与其合作伙伴的宽带覆盖率提高至 60%。

5. 收入移转（Revenue Shifts）

预计 2020 年有 20%中大型的 APEJ 城市，将受到数字化转型的影响，像是停车费、大众交通工具收入、广告收入，以及潜在尖端数据服务产品。

6. 区块链（Blockchain）

预计到 2020 年时，将有 20%的 APEJ 政府会发展区块链计划，以降低营运、处理成本、改善数据完整性与共享，并将安全与隐私协议内嵌至注册管理机构和契约中。

7. AR/VR 的公共安全（AR/VR in Public Safety）

预计到 2020 年时，将有 10%的 APEJ 大型城市及紧急事故处理机构使用 AR 与 VR 的解决方案，通过远程事件管理（Incident Management）与专业知识虚拟化以提升情境认知（Situation Awareness）能力。

8. 网络安全标准（Cybersecurity Standards）

由于智慧城市将面临越来越多地网络攻击，预估到 2020 年时，有 80%的 APEJ 国家将为各层级政府制定与强制实施通用网络安全标准（Common Cybersecurity Standard），例如：数据管理规范与连网安全性。

9. 个人化体验（Personalized Experiences）

预估 2021 年至少有三个 APEJ 大城市的计划，将允许个人与物体进行互动，例如：路灯、街头贩卖亭以及旅游产业，将获得新的体验、信息与服务。

10. V2X 功能（Vehicle-to-Everything Capabilities，V2X Capabilities）

为车辆的发展与提高提供安全性，预计 2021 年将有 10%的中大型 APEJ 城市将开始实行 V2X，以最适化交通流量及减少碰撞事件。

（数据源：https://outlook. stpi. narl. org. tw/index/focusnews/detail/462）

五、总结与未来研究方向

随着社会和机器变得愈来愈相互关联，智慧城市应运而生。产生了智能交通、智能电网、智能医疗和智能建筑等，使基础设施和工厂智能化，让工作环境更环保、更安全、更有效率。云端技术和大数据分析技术可以让我们对每一个设备有更好的控制和监管，使我们能够从历史数据中进行总结，并对未来进行预测和规划。

美国国家城市交通官方协会（以下简称“NACTO”），是一家非营利性机构，同时也是一个城市交通部门的联盟。旨在提供安全、可持续、便捷和合理的交通选择，以支持强劲经济和便捷生活的需求。致力于通过建立共同愿景、共享数据，以提高对未来交通的实践状态。在基于以人为本的大前提下，通过对城市街道进行一系列的管理，未来城市的人们很有可能会再回到“任性”横穿马路的时代。不管是 AI、车联网，还是自动化、无人驾驶，这些技术发展到终极都将会最大限度地释放人类的天性。

智慧机场（Smart Airport）的概念提出已有时日，但目前在其定义方面还只有一些基本理念，尚未在业内达成完全的共识和统一规范；一方面是因为通信技术的更新换代迅速，不断有新的理念和技术应用于机场，使得智慧机场的内涵和外延不断更新和扩展；另一方面，因为机场是一个涵盖多类人员与空间的巨型复杂基础设施，不同的从业人员会从不同角度对智慧机场进行解读。

机场智能化发展的使命是充分利用大数据、物联网、空间感知、云计算、移动互联网等新一代信息技术，综合运用交通科学、系统方法、人工智能、知识挖掘等理论与工具，以全面感知、深度融合、主动服务、科学决策为目标，通过建设实时的动态信息服务体系，深度挖掘机场运行相关数据，形成问题分析模型，提升机场资源分配优化、公共决策、运行管理、公众服务等能力[2]。

参考文献

[1] 交通主管部门运输研究所，台湾航空运输整体规划，2016 年.

[2] 交通主管部门运输研究所，拓展国际航空客运市场相关政策及策略之研究，2016 年.

[3] 李美慧，亚洲最佳国际机场评比之探讨，2015 年.

[4] 交通主管部门运输研究所，智慧运输服务发展策略规划，2015 年.

[5] 国家工商行政管理总局，关于支持河北雄安新区规划建设的若干意见，2017 年.

[6] 包淳亮，中国要把雄安建成知识世界的首都，雅虎论坛，2017 年.

[7] 王珏. 雄安新区规划应主打“生态牌”[N]. 中国环境报，2017 年.

[8] 新华社，高起点高标准推进河北雄安新区规划建设——新华社记者专访国家发展改革委主任何立峰，2017 年.

[9] 香港特别行政区政府中央政策组，智慧城市研究报告，2015 年.

[10] 资策会，智慧城市导入参考手册，2015 年.

[11] 资策会，智能机场信息整合项目期末报告—桃园国际机场之智慧化枢纽机场之智能化枢纽机场信息整体规划蓝图，2016 年.

[12] 艾瑞咨询，中国人工智能城市展望研究报告，2017 年.

[13] iThome，智慧城市的发展关键，2017 年.

[14] IBM，Smarter Cities Case Studies for Singapore，2015 年.

[15] SITA，Smart airport of the future，2017 年.

[16] Airport Authority Hong Kong，IoT Applications for Smart Airport，2017 年.

[17] SKYTRAX。World Airline Awards。上网日期：2018 年 3 月 20 日，取自 http://www.airlinequality.com/awards/world-airport-awards/.

城市地下综合管廊适宜性建设标准研究

常铁洋　赵世强

摘　要：长期以来我国城市普遍采用定性的研究方法对城市地下综合管廊的建设提供建议标准，缺乏对一座城市是否适宜建设综合管廊的明确指引。本文结合已有文献及日本共同沟建设经验，参考我国地铁等城市快速轨道交通建设经验，通过专家意见采集筛选得出人均GDP、人口、城市地方财政一般预算收入三方面的适宜性评价指标，并收集分析相关数据得出对应评价指标的适宜性建设标准为：①人均GDP达3700美元；②城市年末总人口达600万人，市区人口达350万人，人口密度达600人/平方公里；③城市地方财政一般预算收入达180亿元。

关键词：综合管廊；适宜性；评价指标；建设标准

Abstract: For a long time, qualitative research methods have been widely used in cities in our country to provide suggestions for the construction of urban underground utility tunnels, there is a Lack of clear guidance on whether a city is suitable for building urban underground utility tunnels. Based on the existing literatures and the construction experience of Japan's utility tunnels, this article refers to the experiences of China's subway and other urban rail rapid transit construction, and selects the suitability assessment indexes of the three aspects of per capita GDP, population, and urban local fiscal general budget revenue through the collection of expert opinions. Collect and analyze related data to obtain the suitability construction standards for the corresponding assessment indexes as follows: 1) the per capita GDP amounts to 3700 dollars; 2) the total population of the city reaches 6 million at the end of the year, the urban population reaches 3.5 million people, the population density reaches 600 persons/square kilometers; 3) urban local finance general budget revenue reaches 18 billion yuan.

Keywords: Urban underground utility tunnel; Suitability; Assessment indexes; Construction standards

一、引言

城市地下综合管廊，是通过将给水、排水、电力、电信、燃气、热力等两种以上的城

基金项目：北京建筑大学高精尖项目（城市综合管廊与经济发展水平协同研究）.

常铁洋（1995—），男，硕士研究生，研究方向为城市建设经济.

赵世强（1960—），男，河北保定人，教授，北京建筑大学城市发展研究所所长，研究方向为城市建设经济、房地产经济.

市管线集中设置于同一地下人工空间而形成的一种现代化、科学化、集约化的城市基础设施[1]。近年来，建设城市地下综合管廊作为城市现代化、科技化、集约化的标志和发展趋势，受到更为广泛的重视，得到了快速的发展。根据住房城乡建设部的统计数据，截至2016年12月20日，全国147个城市28个县已累计开工建设城市地下综合管廊2005公里；2017年，李克强总理在《政府工作报告》中提出“持续提升基础设施支撑能力，地下综合管廊建设加快，再开工建设城市地下综合管廊2000公里以上，使城市既有‘面子’、更有‘里子’的工作部署”[2]。随着综合管廊建设的快速发展，一些城市出现管廊建设过热、盲目跟风建设管廊的苗头，因而一座城市是否适宜建设综合管廊，城市需满足哪些标准才能考虑建设综合管廊的问题逐渐受到人们的重视。但长期以来我国城市普遍采用定性的研究方法对城市地下综合管廊的建设提供建议标准，缺乏对一座城市是否适宜建设综合管廊的明确指引，一些已经建设综合管廊的城市所采用的适宜性评价指标也不尽相同。科学统一的城市综合管廊适宜性建设标准可作为城市申报综合管廊建设的门槛条件，避免地方城市盲目申报建设城市综合管廊，也可作为银行与社会资本在为综合管廊项目投融资时判断对应管廊项目可行性的初步依据。

本文参考我国地铁等城市快速轨道交通建设经验，通过专家意见采集探索城市综合管廊建设适宜性评价指标，并收集分析国内与日本综合管廊建设的实际数据得出对应评价指标的适宜性建设标准，为城市综合管廊适宜性建设标准的设立提供一种思路，也为政府对建设城市综合管廊的决策提供一定的参考，避免城市综合管廊建设的盲目性，促进综合管廊更好地发挥其社会经济效益。

二、适宜性评价指标的筛选

近年来，随着综合管廊和地铁等城市基础设施建设的快速发展，我国正迎来全国范围内的基建热潮。综合管廊和地铁均属于现代化基础设施，且二者造价均较高，因此城市申报地铁建设需满足的基本要求对设立城市综合管廊建设的适宜性建设标准有一定的借鉴意义。然而在实际发展中，一些地方城市无视自身实际需求，盲目开展大型基础设施建设的事件常有发生。以地铁建设为例，2017年包头地铁叫停，2018年国家发改委发出《关于进一步加强城市轨道交通规划建设工作的意见》，将城市申报建设地铁的地方政府预算、GDP的要求提高至2003年规定的3倍，同时冻结了南宁、呼和浩特、兰州等14个城市的地铁项目。上述事件带来不良后果的同时，也为城市综合管廊的建设敲响了警钟。

因此，城市综合管廊的建设应立足于城市的客观需求，探索科学的城市综合管廊适宜性评价指标，并为各评价指标设立客观的适宜性建设标准，以此作为判别一个城市是否适宜开始建设综合管廊的初步依据，不仅有利于避免综合管廊的盲目建设，而且能够促进管廊充分发挥其经济与社会效益。

基于此，结合相关文献及国内外综合管廊建设经验，参考城市申报建设地铁等快速轨道交通的基本条件，本文初步得出了下列八个预选指标：城市人均国内生产总值；城市行政面积；城市总人口及人口密度；城市地方财政收入；城市建成区面积；城市化率；城市已建道路长度；拟容纳管线种类及长度。随后对专家进行了城市综合管廊建设适宜性建设评价指标筛选的问卷调查，在向20名专家发出的问卷调查中收回的有效问卷为18份，通过对问卷数据的整理分析最终筛选得到了以下三方面的评价指标：城市人均国内生产总值、人口因素、地方财政收入。

（1）人均国内生产总值（即人均 GDP）是指一个国家核算期内（通常是一年）实现的地区生产总值与这个地区的常住人口之比，可用下式表达：人均 GDP＝年度总 GDP/常住人口。

人均 GDP 是衡量一个国家或地区综合经济实力的一个重要指标。城市地下综合管廊的建设须依托于城市一定的经济基础，城市人均 GDP 则能较好地反映城市某段时期内的经济发展水平。

（2）人口因素包含城市总人口、市区人口、人口密度三个评价指标。总人口指当地年末总人口，为当地年末农业总人口与非农业总人口之和。市区人口即市辖区人口，市区指市法定边界内直接管辖的地域，不包括市所辖的县、自治县、旗，一般由城区与郊区组成。人口密度是单位面积土地居住的人口数，以每平方公里的常住人口为计算单位。

人口密度小、人口规模有限的城市管线和管网密度预期往往较小，很难通过综合管廊使管线和管网形成规模效应，此时盲目建设综合管廊将对社会资金造成极大浪费，无法充分发挥综合管廊的社会经济效益，因此必要的人口规模是城市建设综合管廊的基础。

（3）地方财政一般预算收入包括地方国税、地税扣除上缴中央财政部分的地方留存部分再加财政部门组织的收入。

地下综合管廊造价高、前期投资额大，管廊的建设应在地方财政能力范围内开展。无视地方财政能力，盲目建设综合管廊将加剧地方财政风险，将导致“包头地铁叫停”的类似事件发生。因此一定的地方财政收入水平是城市建设综合管廊的前提。

三、各指标适宜性建设标准的确定

1. 建设标准确定的依据

本文通过研究我国大陆与日本城市综合管廊的发展历程，从中选取部分较早开始建设综合管廊的城市，根据评价指标收集所选城市的相应数据，以我国城市为主、日本城市为参考，计算并分析各项评价指标数据的均值，从而确定相应评价指标对应的适宜性建设标准。

2. 国内研究城市的选取

我国第一条城市综合管廊在 1958 年建造于北京天安门广场下，之后仅大同、天津、济宁开展了一些小规模的管廊建设。1994 年，上海市开始建设浦东新区张杨路综合管廊，这是中国大陆地区第一条规模较大、距离较长的现代综合管廊，为国内推行综合管廊的建设开了先河。此后，连云港、杭州、济南、深圳等城市陆续展开了综合管廊的建设[3]。本文选取国内部分综合管廊规划建设规模达 2km（包含已建管廊的规模）的城市作为研究对象，以城市开始建设该管廊项目的时间作为研究的时间节点。其中，综合管廊规划建设规模达 2km 标志着城市具备了一定建设综合管廊的基础。

我国综合管廊规划建设规模达到 2km 的城市、规划建设的综合管廊项目开始时间、当年该城市已建、规划建设综合管廊规模之和及建设地点如表 1 所示。

我国综合管廊规划建设长度（含已建）达 2km 的城市及其对应数据[3,4] **表 1**

规划建设长度（含已建）达 2km 的城市	规划项目开始建设时间	规划建设规模（含已建）/km	规划建设地点（含已建管廊的建设地点）
上海	1994	11.13	浦东新区张杨路
连云港	1997	6.67	西大堤
北京	2000	2.18	天安门广场，毛主席纪念堂，某改造道路两侧的非机动车和人行道
佳木斯	2003	2	林海路
广州	2003	17.4	广州大学城
昆明	2003	23	彩云路
宁波	2005	9.38	东部新城
杭州	2006	3.26	城站广场，钱江新城
兰州	2006	2.42	新城区 520 号路
济南	2007	6.25	泉城路，奥体片区
大连	2008	2.14	填海区港前 4 号路与中心区环路
青岛	2009	74.6	高新区

文章选取上述城市作为统计对象，通过收集、计算城市对应评价指标数据的均值，确定评价指标对应的建设标准。

3. 日本参考城市的选取

日本共同沟建设起步于 1923 年关东大地震后东京都的复兴事业，此后日本共同沟的建设陷入一段停滞期。1955 年后，汽车数量的快速增长，日本各大城市道路的新建、扩建促使日本再度建设共同沟。1961 年，日本颁布了《共同沟特别措施法》，指导规范共同沟的建设。1991 年，日本成立了专门管理共同沟的部门以推动共同沟的建设。雄厚的资金支持，完善的法律法规，先进的城市发展建设理念促使日本共同沟快速发展。日本现已成为综合管廊建设最先进的国家。

文章选取 20 世纪六十年代至八十年代日本五个较早开始建设共同沟的城市作为参考，选取的城市及其早期建设的共同沟与时间如表 2 所示。

选取的日本部分城市及其共同沟项目时间 **表 2**

选取的日本城市	对应共同沟建设时间（年）	备注
东京	1959	新宿西口共同沟
兵库	1963	889m 尼崎地区共同沟
爱知	1970	爱知共同沟
大阪	1973	大阪始建共同沟
宫城	1984	仙台始建共同沟

4. 建设标准的确定

(1) 人均 GDP 建设标准的确定

通过统计年鉴，收集上文选取的国内城市对应年份的人均 GDP 数据，按当年汇率将计量单位折算为美元后的数值如图 1 所示。

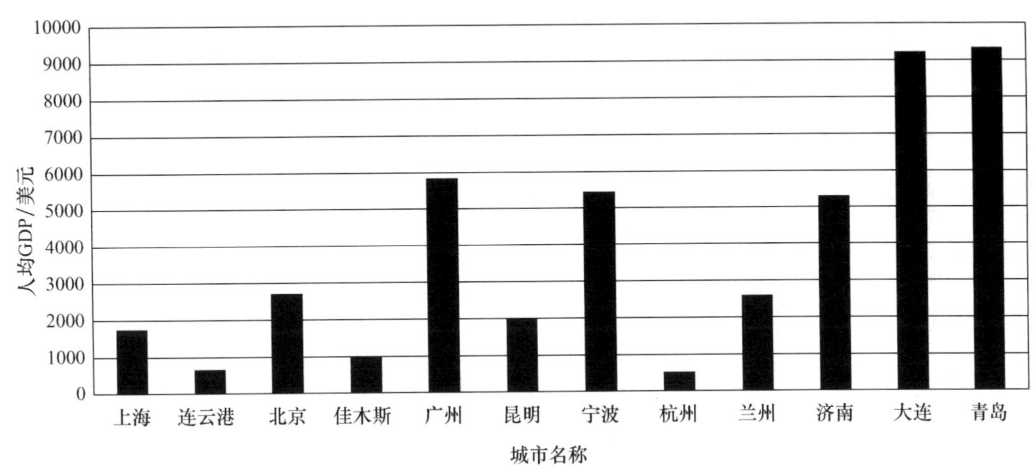

图 1　国内城市对应年份人均 GDP

整体来看，图 1 中部分城市人均 GDP 在 2000 美元左右，其他城市人均 GDP 在 5000～10000 美元，图中城市人均 GDP 的均值为 3868 美元。

通过日本总务省统计年鉴，收集上文选取的日本城市对应年份的人均 GDP 数据，按当年汇率将计量单位折算为美元后的数值如图 2 所示。

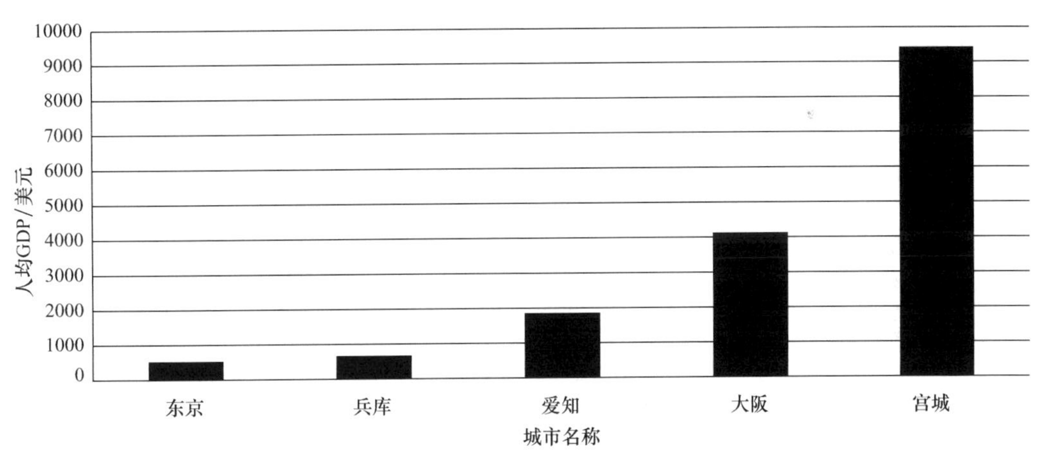

图 2　日本城市对应年份人均 GDP

图 2 中日本城市对应年份的人均 GDP 的均值为 3311 美元，其中东京、兵库人均 GDP 值较低，原因是两城市对应时间分别为 1959 年与 1963 年，该阶段东京、兵库管廊建设尚处于探索阶段。

根据发达国家城市地下空间开发与人均 GDP 的统计分析，当该城市或地区的人均国民生产总值达到 1000 美元左右时属于起步阶段；在 1000～3000 美元时属于发展阶段；人均 GDP 超过 5000 美元，可开始建设城市综合管廊；人均 GDP 超过 10000 美元，具备大规模兴建城市综合管廊的条件。[6] 上述选取城市的人均 GDP 值均与发达国家的管廊建设经验相符。由此，取上述国内、日本全部城市人均 GDP 数据的整体均值 3700 美元作为人均 GDP 的建设标准。

(2) 总人口建设标准的确定

收集上文选取的国内城市对应年份的总人口数据如图 3 所示。

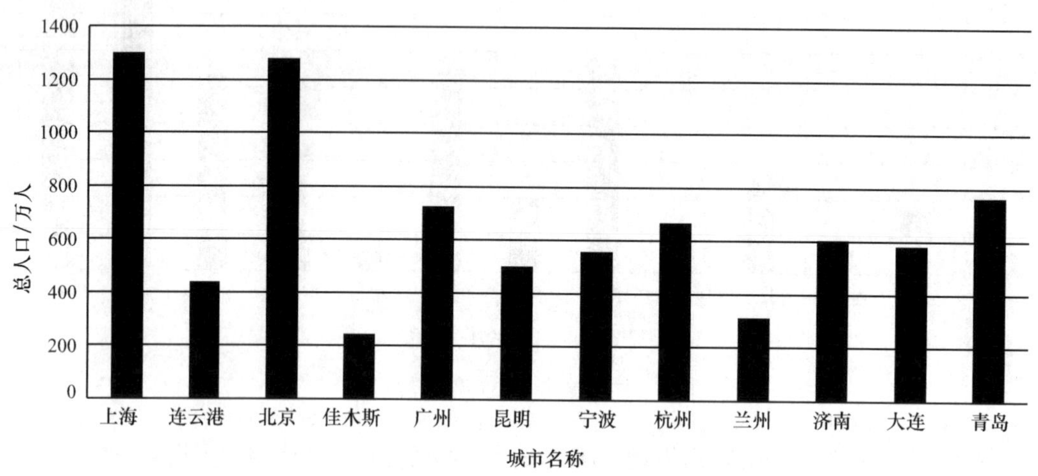

图 3 国内城市对应年份总人口

整体来看，选取的国内城市的城市总人口在 300 万～1300 万，其中大部分城市的城市总人口在 600 万左右。图中国内城市对应年份总人口的均值为 664 万人。

收集上文选取的日本城市对应年份的总人口数据如图 4 所示。

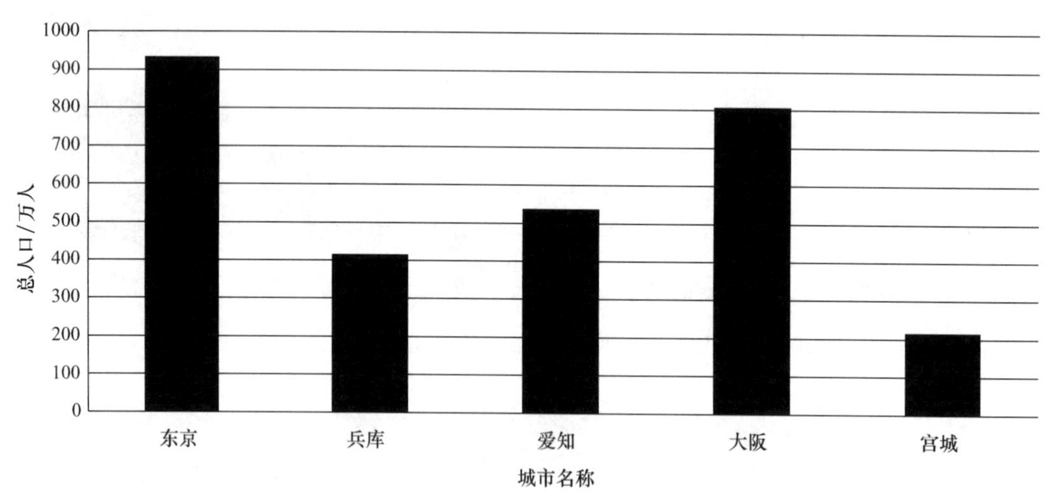

图 4 日本城市对应年份总人口

图中日本城市对应年份总人口的均值为 583 万人。综合前述所选国内城市对应年份总人口数据，取 600 万人作为总人口的建设标准。

(3) 市区人口建设标准的确定

收集上文选取的国内城市对应年份的市区人口数据如图 5 所示。

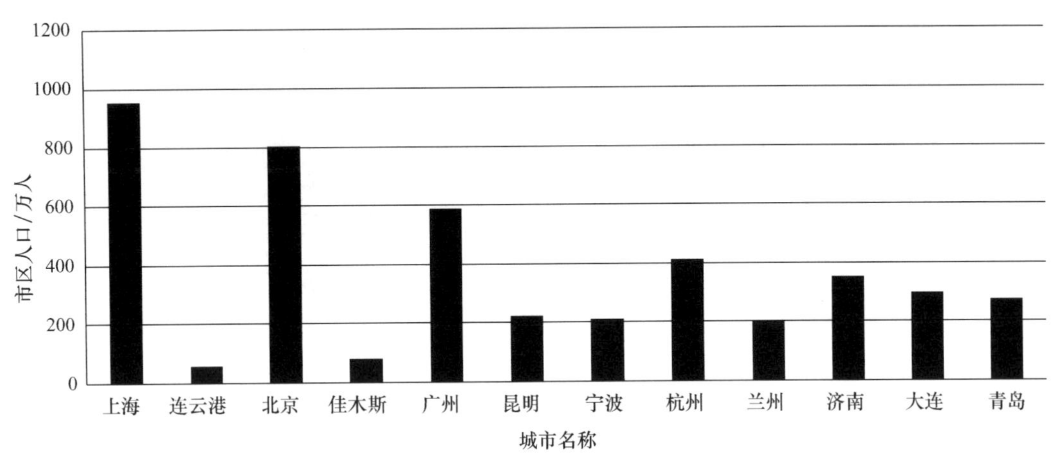

图 5　国内城市对应年份市区人口

图中城市对应年份的市区人口均值为 372 万人，除上海、连云港、北京、佳木斯、广州外其他城市数据集中于 200 万～400 万。上海、北京、广州城市化水平高、总人口基数大，因此市区人口较多；连云港、佳木斯对应年份较早，且两城市总人口基数少，因此市区人口较少。综合图中数据，取 350 万人作为市区人口的建设标准。

(4) 人口密度建设标准的确定

收集上文选取的国内城市对应年份的人口密度数据如图 6 所示。

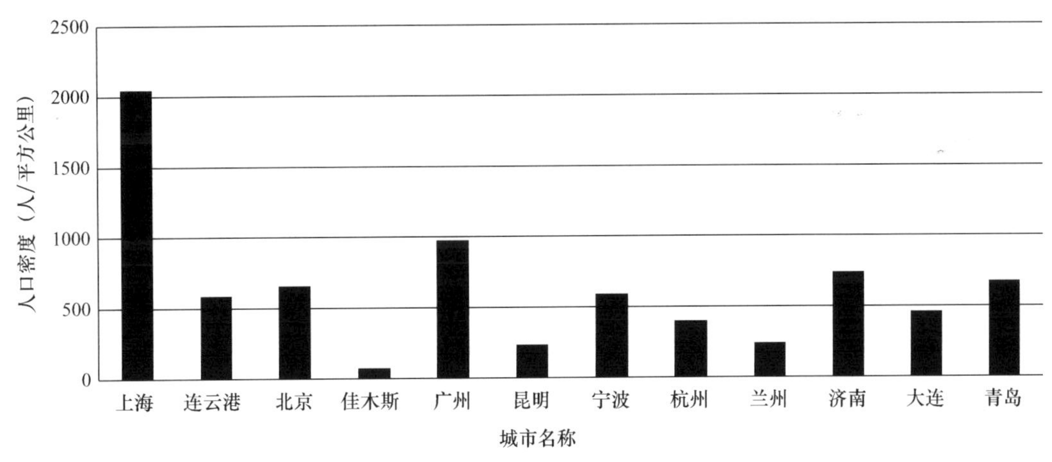

图 6　国内城市对应年份人口密度

图中国内城市对应年份人口密度均值为 641 人/平方公里，人口密度数据分布离散程度较大。

收集上文选取的日本城市对应年份的人口密度数据如图 7 所示。

图中日本城市对应年份人口密度数据分布离散程度较大，均值为 2073 人/平方公里。城市人口密度大是日本的基本国情，根据日本共同沟建设经验，较大的人口密度是日本共同沟规划的必要条件。相比于日本，我国国内城市人口密度较小，结合上述国内城市的人口密度数据，取 600 人/平方公里作为人口密度的建设标准。

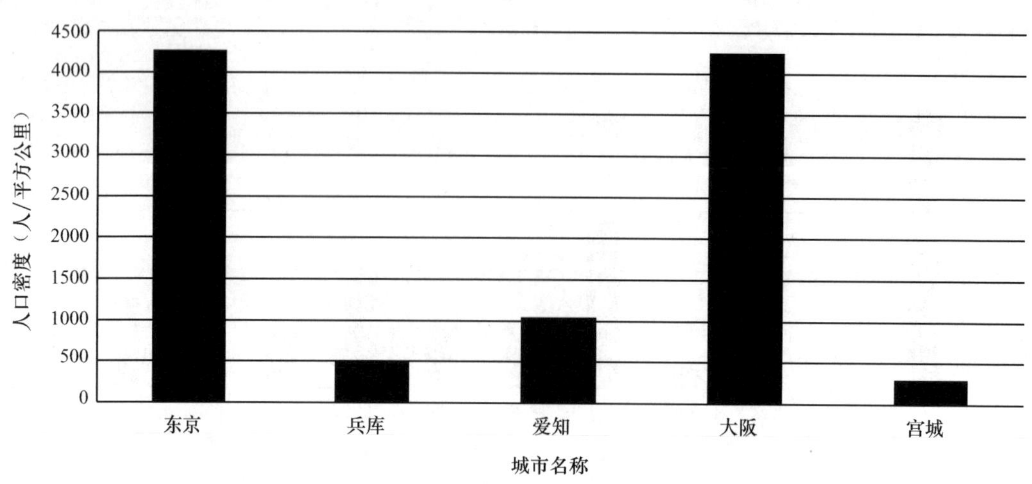

图 7　日本城市对应年份人口密度

（5）地方财政一般预算收入建设标准的确定

收集上文选取的国内城市对应年份的地方财政一般预算收入数据如图 8 所示。

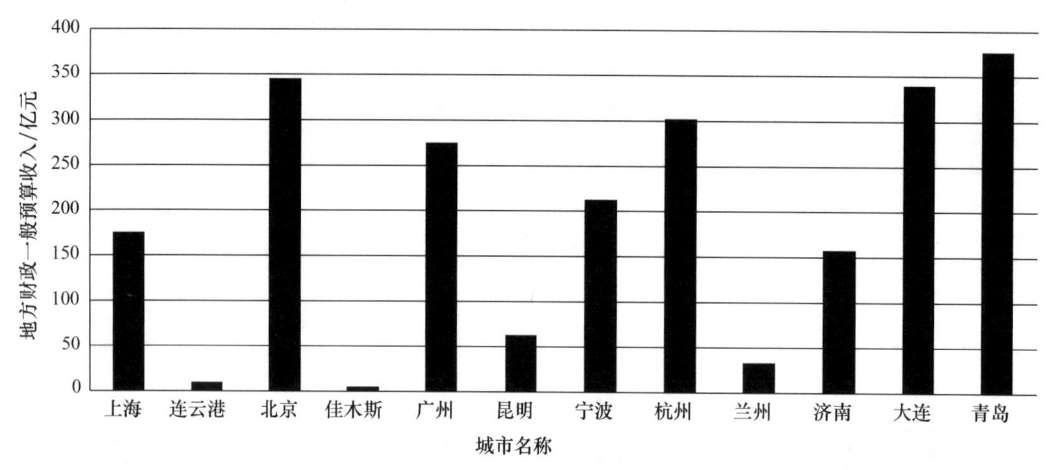

图 8　国内城市对应年份地方财政一般预算收入

图中国内城市对应年份地方财政一般预算收入数据差异较大，均值为 191 亿元，综合各城市地方财政一般预算收入数据，取 190 亿元作为地方财政一般预算收入的建设标准。

5. 评价指标外的其他影响因素

（1）地铁等大型城市基础设施

城市在地方财政可以支撑的前提下，应当尽量与地铁、道路新建、道路改造、旧城整体改造等大型城市基础设施整合建设。综合管廊与其他大型城市基础设施整合建设可以大大降低综合管廊的建设成本，尤其是结合地铁项目建设实施，一方面可避免二次开挖，有效降低综合管廊的建设成本；另一方面，综合管廊与地铁统一规划、同步建设，有利于对地下空间资源的有效利用，同时也能起到保护地铁的作用。

(2) 现有市政管网运营情况

近年来，由于市政管线规划运营不当引起的事故频发。2010 年 7 月，南京发生可燃气体管道泄漏爆炸事故；2012 年 7 月，北京遭遇“7·21”暴雨造成重大安全事故；2013 年 7 月，武汉遭遇特大暴雨造成严重内涝，全市 49 处路段严重积水，交通几近瘫痪；2013 年 11 月，青岛市中石化东黄输油管道泄漏爆炸造成特别重大事故。[3][7] 对于此类市政管线管网规划运营情况较差的城市应积极着手建设综合管廊，避免类似事故的发生，充分发挥综合管廊的社会经济效益。

四、结论与建议

文章通过上述研究得出基于人均 GDP、人口因素与地方财政收入三方面、五评价指标的城市综合管廊建设适宜性建设标准如下：

(1) 人均 GDP 达 3700 美元；

(2) 城市年末总人口达 600 万人，市区人口达 350 万人，人口密度达 600 人/平方公里；

(3) 城市地方财政一般预算收入达 180 亿元。

城市达到上述建设标准即可考虑建设综合管廊。同时，城市综合管廊应积极与地铁等大型基础设施整合建设；对于经济条件较好，现有市政管网运营情况较差的城市，其综合管廊项目应予以优先支持。

在当前我国综合管廊的建设热潮中，我国城市应从自身条件出发，理性开展综合管廊的建设，应充分保证管廊能够发挥长远的经济和社会效益，真正实现管廊项目“百年工程”的核心价值。

参考文献

[1] 钱七虎，陈晓强. 国内外地下综合管线廊道发展的现状、问题及对策 [J]. 地下空间与工程学报，2007 (02)：191-194.

[2] 宁勇，赵世强. 国内外城市综合管廊发展现状、问题及对策研究 [J]. 价值工程，2018 (03)：103-105.

[3] 刘应明等. 城市地下综合管廊工程规划与管理 [M] 北京：中国建筑工业出版社，2016 年.

[4] 杨海燕，金秋，孙广东，陈文华. 中小城市管廊建设现状分析 [J]. 隧道建设（中英文），2017 年 (11)：1373-1378.

[5] 于晨龙，张作慧. 国内外城市地下综合管廊的发展历程及现状 [J]. 建设科技，2015 年，(17)：49-51.

[6] 杨海燕，孙广东，陈文华等. 城市综合管廊建设可行性分析 [J]. 建筑技术，2017 年，48 (9)：906-910.

[7] 雷升祥. 综合管廊和管道盾构 [M]. 北京：中国铁道出版社，2015 年.

混凝土装配式建筑可持续性绩效测度研究综述与展望

秦 颖 鲁 筱

摘 要：装配式建筑是推动建筑业绿色发展与转型升级的关键，可持续性绩效是装配式建筑发展的原动力。本文以混凝土装配式建筑为研究对象，在已有研究基础上进行总结梳理，提出未来研究的方向和侧重点，以备后续研究之用。现有研究主要侧重于装配式建筑绿色绩效的静态评价，主要研究目的是用来评级或者认证，对装配式建筑的实际绩效呈现不够。对装配式建筑绩效的未来研究主要集中在：采用装配式建筑与现浇建筑比较的方法，基于全生命周期理论分析装配式混凝土建筑可持续性绩效的形成机理并构建其测度指标体系；其次应用 Anylogic 仿真模拟技术，在指标体系框架下建立包含可持续性经济、环境、社会及其相互关系的可持续性绩效的动态测度模型；最后根据模拟结果识别影响装配式建筑可持续性绩效的关键点进行路径优化。期望为后续研究提供参考。

关键词：装配式建筑；可持续性绩效；动态测度；路径优化

一、引言

随着我国新型城镇化进程的日益深入，国家对建设资源节约型、环境友好型社会需求强烈，党的十九大将生态文明建设放在突出位置，“秉持绿色发展、循环发展、低碳发展”和“建设美丽中国”的愿景，我国要实现 2020 年单位 GDP 碳排放比 2005 降低 40%～45%的目标，必须对建筑业生产方式进行改造升级[1]。传统现浇建筑高能耗、高污染、低效率、粗放性的经营模式，造成垃圾扬尘肆虐、质量通病泛滥、劳工短缺、安全事故频发，已经不能跟上我国城镇化发展步伐，将逐渐被新型的装配整体式建筑所替代，成为行业未来发展的主要方向。大力发展装配式建筑已经成为国家战略，2016 年 2 月，《国务院关于进一步加强城市规划建设管理工作的若干意见》提出大力发展装配式建筑，力争用 10 年左右时间，使装配式建筑占新建建筑的比例达到 30%。可持续性绩效的提升与改善是装配式建筑推行的原动力，对可持续性绩效的研究契合建筑业转型升级的新要求。

装配式建筑建立在设计标准化、生产工厂化、施工装配化、装修一体化及管理信息化的基础上，具有绿色低碳节能环保、提升效率和工程质量、转化产能、缓解劳动力紧缺状态等诸多优势，但目前在我国推行不理想，除技术不完善、受成本制约、产业链不够成熟、标准不健全外，缺乏一套客观动态测度装配式建筑可持续性绩效的方法是很重要原因之一。以混凝土装配式建筑为研究对象，从整体性、集成性、动态性出发，综合考虑其经

秦颖，北京建筑大学.

鲁筱，北京建筑大学.

济性、环境性、社会性的均衡发展为主旨，通过动态模拟装配式建筑的可持续性绩效让企业能够在事前、事中、事后都能够实时看到效果及时跟踪过程，并优化关键路径是未来研究的重点。

二、概念界定

（1）可持续性与可持续性绩效：可持续性是指既满足当前利益相关者需求，又不损害未来利益相关者需求能力的特征。本研究的“可持续性”特指“建筑工程的可持续性”。可持续性绩效是装配式混凝土建筑在整个生命周期实现可持续性的业绩与效率，强调装配式建筑的实际效果和资源有效利用及环境友好的程度[2]。其概念来自“欧盟建筑工程的可持续发展—建筑物的评估（EN 15643）”，可持续性绩效评估主要包括环境绩效评估（EN 15643—2）、经济绩效评估（EN 15643—3）、社会绩效评估（EN 15643—4），是在总体框架（EN 15643—1）下建筑物可持续性评估，该框架适用于评估新建筑在整个生命周期内的可持续性，以及现有建筑物在其剩余寿命和生命期结束时的情况。本文特指新建装配式混凝土建筑可持续性绩效评估。

（2）装配式建筑与装配式混凝土建筑：装配式建筑是指结构系统、外围护系统、设备与管线系统、内装系统的主要部分采用预制部品部件集成的建筑。装配式混凝土建筑是指建筑的结构系统由混凝土部件（预制构件）构成的装配式建筑。《装配式混凝土建筑技术标准》（GB/T 51231—2016）本研究主要以可持续性绩效表现显著的混凝土结构为研究对象。文中简称“装配式建筑”。

三、装配式建筑可持续性测度文献综述

装配式建筑的可持续性研究在国外起步较早，跟绿色建筑的可持续性评价内容基本相同，但切入点主要是跟传统现浇建筑比较得出结论。

（1）装配式建筑可持续性测度内容综述

Lara 等对装配式建造方式进行研究，指出装配式建造方式在降低成本、提高质量以及减少污染等方面具有优势，对比传统方式，装配式建造方式可节水 41%，减少施工现场废弃物 56%[3]。Lu Aye，T. Ngo，R. H. Crawford，R. 等人对一栋 8 层的钢结构建筑利用生命周期理论测度节能减排绩效，比传统建筑绩效提高增加 50%[4]；Pedro C. P. Silva，Manuel 等人用 3D、成本效益分析及模拟工具模拟，其结果表明装配式建筑能最小化碳排放最大化节能[5]；Xinying Cao，Xiaodong Li，Yimin Zhu，Zhihui Zhang 以装配式建筑与现浇建筑作比较、生命周期评价以及社会支付意愿等方法，研究表明装配式建筑在能源利用率、碳减排方面环境绩效大大提高[6]；Dubravk Matic，Jaume Roset Calzad，Milos Eric 用动态模拟塞尔维亚某装配式建筑的绩效，表明能源的综合利用对可持续性绩效的影响，建议大规模推广装配式建筑[7]；Emanuele Bonamente and Franco Cotana. 用生态足迹法通过参数模型研究装配式建筑的温室气体排放和能耗指标，能耗和碳排放大大降低[8]；Jingke Hong，Geoffrey Qi ping Shen，Chao Mao 等用投入产出混合模型测度从原料制造到现场装配预制施工能源消耗降低 16%～24%[9]；Huakang Liang，Shoujian Zhang and

Yikun Su. 用多准则模糊层次分析模型测度评价装配式建筑的工业化效率[10]。

董建曦从建造过程的节地、节材和使用过程的节能、节水对预制装配式住宅优势进行预测分析[11]；齐宝库、朱娅、马博等分析装配式建筑中采用大量的新型环保材料能够有效降低碳排放[12]；王建伟从节能、减排、质量和安全四个方面构建装配式建筑与传统建筑施工阶段可持续性差异指标[13]；宋诺、姜永生、王德东构建装配式建筑与传统建筑施工阶段可持续性差异指标体系四个方面共十二个指标，验证装配式建筑在可持续性上要明显优于传统建筑[14]。

(2) 建筑可持续性测度方法综述

现有关于建筑可持续评价方法主要有：采用模糊综合评价、德尔菲法、灰色关联分析、层次分析法、网络分析法等来确定指标权重及指标间关系；采用熵权法、生态足迹法、灰靶理论模型等进行建筑绿色评价。近几年有学者尝试将3D技术、GIS和BIM建筑大数据与信息化动态模拟装配式建筑的生命周期绩效。评价软件和数据库资源相对成熟，比较有代表性的如欧盟Ecoinvent数据库、英国建筑研究所的ENVEST软件以及美国环保局开发的BEES软件均可用来测度绩效。此外，仿真模拟软件如Matlab、Anylogic、VISSIM等已经应用于城市发展与生态环境模拟，但尚未有用于装配式建筑可持续性动态评价的，是本研究的主要工具。

(3) 装配式建筑可持续性研究述评

综观以上研究现状，需要在以下几个方面进一步完善。

1）既有的文献多侧重于装配式建筑的某一结构或者某一阶段，未构造可持续性测度的整体架构，局限于绩效测度的叠加，未反映各种影响因素的相互作用相互影响关系。因此本研究在构建指标体系时特别考虑“装配式建筑的集成性”“全生命周期性”及“要素间的相互影响关系”等。

2）既有研究方法，如熵权法、生态足迹法、灰靶理论模型等对可持续性绩效测度应用较多，但偏重静态评价，难以捕捉时间变化和动态关系，对不确定性或变化的情景处理能力较差，难以建立与时间相关的约束；基于仿真技术的“动态模拟”可以大大提高测度系统的动态性、可执行性，能够捕捉到复杂因果关系及时间约束，详细描述模型中的行为动态。

3）既有研究在对象上侧重建筑结构装配化而不是整体装配式建筑，侧重建筑施工阶段而不是建筑系统集成；研究内容上偏重强调装配式建筑的环保绩效，而经济绩效与社会绩效的综合评价相对较少；研究结论上侧重环保认证、可持续评级等，因此，绩效的集成性、动态性需要进一步深入研究。

(4) 装配式建筑可持续性绩效测度研究展望

以混凝土装配式建筑为研究对象，研究装配式建筑全生命周期的可持续性绩效，可持续性绩效的测度范围特指装配式混凝土建筑的设计、运输、施工、运营维护到拆除阶段。沿着“形成机理—指标构建—动态模拟—优化调整”的研究思路。

1）装配式建筑可持续性绩效形成机理分析

建立在大量实地调研基础上，利用网络图及关键路径分析，以传统现浇建筑成本为基准，分析每个阶段成本增、减所带来的经济绩效、环境绩效与社会绩效变化，以及相互之间的影响关系，深入分析装配式建筑可持续性绩效产生的机理。

2）装配式建筑可持续性绩效测度的指标体系构建

沿着装配式混凝土建筑的全生命周期业务流程关键点拆分成工程清单，找出比传统建筑增项和减项的资源能源消耗指标，进行分类、归纳、分级、量化、权重赋值，以此构建多层级的可持续性绩效指标体系。各指标的大体内容如下：

经济绩效指标（设计成本、建造成本、使用成本、能耗成本、运营维护成本、残值、时间成本、人工成本、管理效率等增、减产生的绩效表现）；环境绩效指标（节能、节水、节地、节材、适宜性等资源、能源消耗降低产生的绩效表现及固废、大气污染、水污染、噪声、排放物、扬尘等生态环境损害降低产生的绩效表现）及社会绩效指标（新材料使用、社区关系、工程安全事故率以及工艺创新、社会满意度、民工转化为产业工人率以及周边环境等表现产生的绩效）。

3）装配式建筑可持续性绩效动态测度

可持续性绩效是经济、环境、社会动态平衡的结果。要素之间互相影响相互作用，传统测度方法难以测度其相互动态关系。拟应用 Anylogic[15~17] 既能表现单个主体的行为，又能呈现网络效应和反馈。基于智能体、离散事件、连续事件混合建模方法构建动态模型。导入指标数据和约束参数给到模型，在不同情境下动态模拟绩效结果。

4）装配式混凝土建筑可持续性绩效关键路径优化

通过模型从分析数据流的动态特征、协同演化规律、关键点分析以及结点的链路预测和重要性分析。结合项目管理 WBS（工作-分解-结构）及关键路径分析相应的构成因子与其对应关系，识别影响可持续性绩效的关键点，并加以调整优化路径。首先从大链路出发，如施工图设计—构件深化设计—构件生产—构件安装；再进一步分解为小链路，如以楼层面结构的装配化为例，沿着外墙 PC 板吊装—楼梯吊装—梁板柱模板施工—防水止水处理—浇注等工艺流程分析绩效优化的关键路径，并提出关键路径优化方案。

参考文献

[1] 肖绪文. 推进绿色施工是建筑业贯彻国家可持续发展战略的重大举措 [N]. 中国建设报，2015/2/17/009

[2] 王卫. 用足“标准”发展装配式建筑 [J]. 建筑，2016 (5)：4-5

[3] Lara L，Poon C S. The evolution of prefabricated residential building systems in Hong Kong：A review of the public and the private sector [J]. Automation in Construction. 2009，18 (3)：239-248

[4] Lu Ayea，T. Ngoa，R. H. Crawfordb，R. Gammampila，P. Mendisa. Life cycle greenhouse gas emissions and energy analysis of refabricated reusable building modules [J]. Energy and Buildings，47 (2012)：159-168

[5] Pedro C. P. Silva a，Manuela Almeida，Luís Braganc，a，Vasco Mesquitab. Development of prefabricated retrofit module towards nearly zero energy buildings [J]. Energy and Buildings，56 (2013)：115-125

[6] Xinying Cao a，b，Xiaodong Li，Yimin Zhu c，Zhihui Zhang. A comparative study of environmental performance between prefabricated and traditional residential buildings in China [J]. Journal of Cleaner Production，109 (2015)：131-143

[7] Dubravk Matic，Jaume Roset Calzada，Milos Eric，Mihajlo Babin. Economically feasible energy refurbishment of prefabricated building in Belgrade，Serbia [J]. Energy and Buildings 98 (2015) 74-81

[8] Emanuele Bonamente and Franco Cotana . Carbon and Energy Footprints of Prefabricated Industrial Buildings: A Systematic Life Cycle Assessment Analysis [J]. Energies, 2015 (8): 12685-12701

[9] Jingke Hong, Geoffrey Qiping Shen, Chao Mao, Zhengdao Li, Kaijian Li . Life-cycle energy analysis of prefabricated building components: an input-output: based hybrid model [J]. Journal of Cleaner Production, 112 (2016): 2198-2207

[10] Huakang Liang, Shoujian Zhang and Yikun Su. Evaluating the Efficiency of Industrialization Process in Prefabricated Residential Buildings Using a Fuzzy Multicriteria Decision-Making Method [J]. Mathematical Problems in Engineering, 2017 (9): 4-12

[11] 董建曦. 预制装配式住宅建造过程绿色性能分析 [J]. 建筑施工, 2013, 35 (9): 849-851

[12] 齐宝库, 朱娅, 马博. 装配式建筑综合效益分析方法 [J]. 施工技术, 2016. 45 (4): 39-43

[13] 王建伟. PC 件装配式建筑效益分析与研究 [J]. 工程技术. 文摘版, 2016. (2) 263-267

[14] 宋诺, 姜永生, 王德东. 装配式建筑与传统建筑施工阶段可持续性差异研究—基于某项目的实证分析 [J]. 工程管理学报, 2017 (12): 1674-1680

[15] 桂寿平, 丁郭音, 张智勇, 石永强. 基于 Anylogic 的物流服务供应链牛鞭效应仿真分析, 计算机应用研究 [J], 2010, 27 (1): 138-140

[16] 唐晓波, 方小可. 豆瓣网的系统动力学建模与仿真 [J]. 图书情报知识, 2013 (2): 13-17

[17] 基于 Anylogic 企业管理组织性能测试的模拟研究 [D]. 华中科技大学, 2011. 06

国内外绿色建筑评价体系对比分析

孙成双　乔丹阳　万　龙

摘　要：建筑业走绿色可持续发展道路已成为未来发展的必然趋势。本文首先对现有绿色建筑评价体系进行了简要的介绍，对国际应用较多的DGNB、LEED、BREEAM等绿色评价标准及我国的《绿色建筑评价标准》（GB/T 50378—2014）进行了全面的对比分析，并在分析我国《绿色建筑评价标准》（GB/T 50378—2014）不足及其他绿色建筑评价标准优点的基础上，提出我国《绿色建筑评价标准》进一步改进的建议。本文研究对今后逐步完善我国绿色建筑评价标准具有重要的理论意义。

关键词：绿色建筑；评价体系；评价标准；可持续建筑

Abstract: Sustainable development and green building becomes the future development trend of world construction industry. Some countries set up a series of green building assessment systems, in order to make a precise and reasonable analysis of building. Firstly, this paper looked back the history of international green building assessment system and briefly introduced the existing green building assessment system. Then, according to the philosophy of sustainable development and the essence and requirements of green building, the similarities and differences of DGNB, LEED, BREEAM and China's Green Building Assessment System (GB/T 50378—2014) were analyzed. Finally, on the basis of analyzing the inadequate of China's Green Building Assessment System and referring to the merits of other advanced green building assessment system, this paper provided some suggestions for improving the China's Green Building Assessment System. The study results of this paper will benefit to the perfection of China's Green Building Assessment System and have great significance for facilitating the development of existing green building assessment system.

Keywords: Green building; Assessment system; Assessment standard; Sustainable building

一、引言

20世纪80年代，联合国世界与环境发展委员会在《我们共同的未来》一文中首次提出可持续发展的理念，受到各国政府及媒体舆论的高度重视，在全球范围内兴起了一场“可持续性变革运动”[1]。作为全球支柱产业的建筑业与可持续发展关系密切，建筑业所使

孙成双，北京建筑大学.

乔丹阳，深圳建工集团.

万龙，宁波万科房地产开发有限公司.

用的材料数量占了整个社会的44%；在加拿大、英国、美国和中国建筑业的能源消耗是国家使用总量的30%～50%；建筑在整个生命周期过程中所造成的建筑垃圾及废弃物则占到整个社会垃圾产生总量的40%；建筑过程中所产生的空气污染、水污染、光污染等占到了社会环境总污染的34%[1]。建筑业消耗了整个社会的大量的能源和资源，而且很多是不可再生能源。建筑采暖、照明、通风等诸多方面造成了大量的能源消耗，并形成大量的碳排放，传统的粗放型建筑生产和建造模式正在日益威胁和恶化我们赖以生存的自然环境。因此，要实现社会的可持续发展，建筑业的可持续性变革刻不容缓。另外，建筑业要寻求长远的良性发展，必须要顺应社会可持续发展的潮流，实现由传统建筑向绿色建筑的转变。绿色建筑的实现涉及生态效益、经济、建筑、社会文化、IT、区域规划等多学科领域的知识，需要多方面的合作和研究。完整、科学的绿色建筑评价体系能够将抽象的“绿色建筑”概念和可持续发展理念通过具体的评价指标和标准落实到建设生产实践过程之中，并且通过指导实践让人们深刻理解绿色建筑的内涵。目前，许多发达国家都建立有自己的绿色建筑评价体系，如美国的LEED、澳大利亚的Green Globe、英国的BREEAM、日本的CASBEE和德国的DGNB等，我国2006年颁布《绿色建筑评价标准》（GB/T 50378—2006），并针对该标准推出了《绿色建筑评价技术细则》[2]，但在执行过程中还存在许多问题。因此，2011年启动了《绿色建筑评价标准》（GB/T 50378—2014）的修订工作，2015年1月新的《绿色建筑评价标准》（GB/T 50378—2014）“简称ASGB”将正式执行[3]。

本文针对目前世界上已有的绿色建筑评价体系进行了综述，并对DGNB、BREEAM、LEED及我国2014版的ASGB进行详细的对比分析，以期能够促进我国绿色建筑评价体系的发展，并为绿色建筑在我国的推行和发展提供理论借鉴和参考。

二、绿色建筑评价体系综述

随着对绿色建筑研究的不断深入，绿色建筑评价体系得到了长足的发展。过去的十多年里，形成了一批比较成熟、具备一定国际影响力的绿色建筑评价体系[4]。按照应用领域和主要目的，国外绿色建筑评价体系可以分为三类。

（1）辅助建筑设计，并为决策者提供决策支持

这类评价体系可在设计阶段辅助设计者优化设计方案，在施工阶段提供技术支持和强调绿色施工，并通过计算机模拟分析等手段对结果进行预测并反馈到设计和施工建设阶段，使实施者能够根据反馈的模拟结果进行方案调整和优化。这类绿色建筑评价体系有LEED、DGNB等，主要针对设计方案和新建建筑。

（2）建筑功能评价及对比分析

这类评价体系主要注重项目建成后建筑性能及运营结果的考察。一般通过调查和实测等手段来对不同建筑的性能进行鉴定，并进行对比分析。这类绿色建筑评价体系有NABERS、ECOeffect等，主要针对既有建筑。

（3）综合评估

这类评价体系总结并融合了前两类体系的评价性能和目标，重新优化系统结构、评价指标及标准，不仅能够辅助设计，而且能够很好的对建筑功能进行评价。

目前，世界上存在的主要绿色评价体系及发展历程如图1所示。

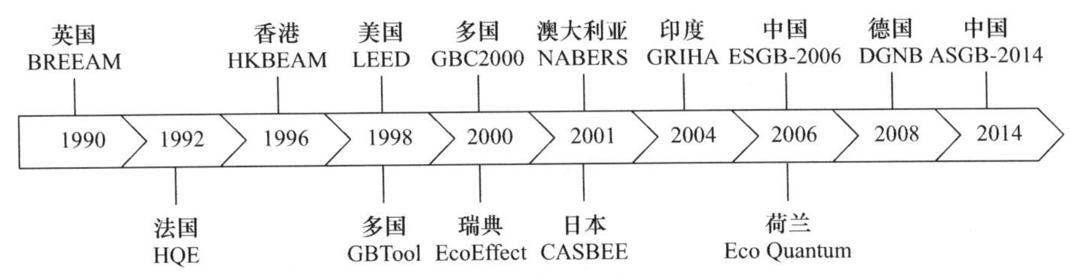

图 1　国外绿色建筑评价体系发展历程

由图 1 不难发现，越来越多的国家结合本国建筑业发展状况制定了各有特色的绿色建筑评价体系，推动了绿色建筑及绿色建筑评估在世界范围内的全面发展。本文选取了 7 个具备一定国际影响力的绿色建筑评价体系，从评价内容、评价等级的划分及使用对象三个方面进行了详细的总结和描述，如表 1 所示。

国内外主要绿色建筑评价体系　　**表 1**

名称 起源	DGNB 德国	BREEAM 英国	HQE 法国	LEED™ 美国	GB Tool 多国	CASBEE 日本	ASGB 中国
评价内容	生态质量 经济质量 社会文化 技术质量 过程质量 场址质量	管理、健康 能源、交通 节水、材料 土地利用 生态、污染	生态建设 生态管理 舒适度 健康	选址和交通 可持续性场址 节水 能源与大气 材料与资源 室内环境品质 设计创新 地域优先	资源消耗 环境负荷 室内环境 服务质量 经济成本 管理方式 交通	Q：建筑质量 1. 室内环境 2. 服务质量 3. 基地环境 L：环境负荷 1. 能源消耗 2. 材料消耗 3. 环境影响 BEE（建筑环境效益）=Q/L	节地与室外环境 节能与能源利用 节水与水资源利用 节材与材料资源利用 室内环境质量 施工管理 运行管理 提高与创新
评价等级	金 银 铜	通过 好 很好 优秀	及格 良好 优秀	认证 银 金 白金	相对于基准水平的高低程度	S、A、B⁺、B⁻、C（折算成环境效益百分制）	一星 二星 三星
适用类型	办公建筑 商业建筑 工业建筑 居住建筑 教育建筑 城市开发	新建建筑 商业建筑 居住建筑	新建建筑 商业建筑 居住建筑 办公建筑	新建建筑 既有建筑 商业建筑 居住建筑 社区等	新建建筑 商业建筑 居住建筑 教育建筑	新建建筑 既有建筑	各类民用建筑

三、BREEAM、LEED、DGNB 及 ASGB 综合对比分析

按照绿色评价体系的典型性和里程碑意义，选取世界上第一个绿色建筑评价体系—BREEAM[5-6]，在北美影响力最大的—LEED[7]，被誉为世界第二代可持续建筑评价体系—DGNB[8]，及我国绿色建筑评价体系—《绿色建筑评价标准》（GB/T 50378—2014）[9] 进行

详细对比分析。

(1) BREEAM、LEED、DGNB 及 ASGB 与可持续发展

由于整体规划、评价方法及应用领域的不同，导致各国的绿色建筑评价体系存在一定的差异。世界上所有评价体系的设计都是基于共同的理念，即提高建筑的可持续性，这也是所有绿色建筑评价体系的共同点[10]。完善的绿色建筑评价体系在评价指标的选取和评价内容的制定上会更多的关注和融入可持续发展的理念，立足可持续发展涵盖的环境、经济、社会这三大基本要素，对 BREEAM、LEED、DGNB 及 ASGB 的评价内容进行对比分析，如图 2 所示。

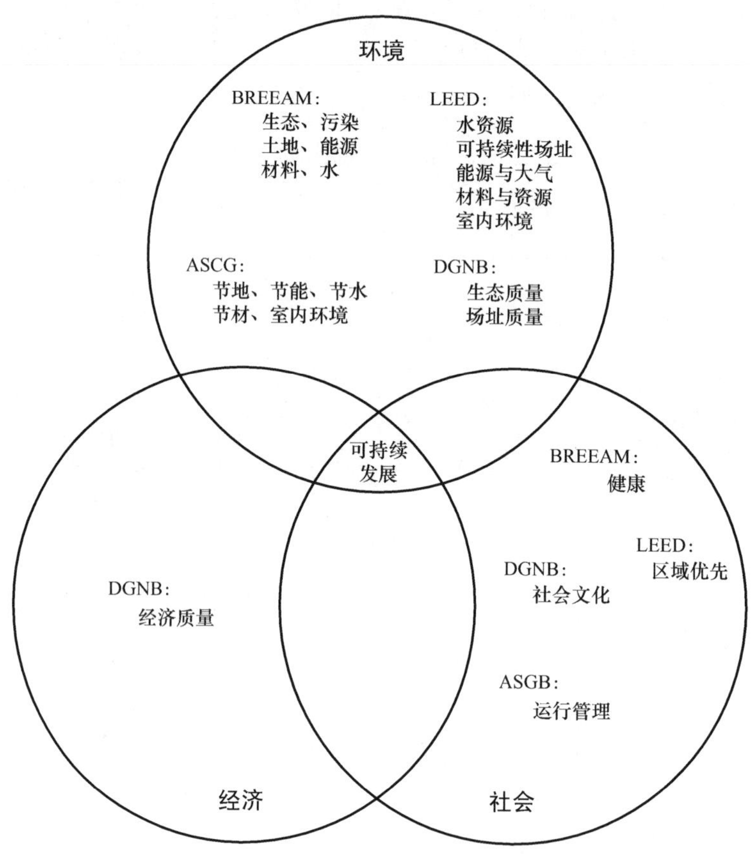

图 2　BREEAM、LEED、DGNB 及 ASGB 与可持续发展

由图 2 可以看出，这 4 个体系中在评价指标的选取和评价内容的确定上都比较全面的考虑了环境因素，主要包括：土地利用、能源、水资源利用、建材的使用以及室内环境质量等。对于社会方面，BREEAM、DGNB 及 ASGB 评价体系的评价内容和指标都主要集中在居住健康、幸福度、舒适度和社会文化等。另外，只有 DGNB 针对经济问题，提出了专门的绿色建筑经济质量评估指标。

(2) BREEAM、LEED、DGNB 及 ASGB 评价内容对比

BREEAM 主要有 9 大类共设立了 59 项评价指标[11]；最新 LEED V4 评价系统分为建筑设计和施工、室内设计和施工、建筑运营和维护、社区开发、住宅五个大类涵盖 21 种评价子类，每个子类大体包括 8 个部类[7]；而 DGNB 评价体系则是建立了 6 大质量保证体系共 61 项标准[12]。我国的《绿色建筑评价标准》（GB/T 50378—2014）则从节地与室外环境、节能与能源利用、节水与水资源利用、节材与材料资源利用、室内环境质量、施工管理、运营管理七大部类对绿色建筑进行评价[9]。本文将这 4 个评价体系中的共同或相似评价内容进行了整理，总结出 15 个方面进行对比分析，并用差、一般、较好、好这四个等级来描述每个评价内容在各个评价体系中的重要程度，如表 2 所示。

BREEAM、LEED、DGNB 及 ASGB 评价内容对比 表 2

评价系统 评价内容	BREEAM	LEED	DGNB	ASGB
能源与气候	好	好	好	好
水资源	好	好	好	好
材料及资源	好	好	好	好
土地利用及生态	好	好	较好	好
可持续现场	一般	好	较好	较好
可再生能源	一般	好	好	好
污染及排放控制	好	好	好	好
交通运输	好	好	好	好
运营及维护	较好	好	好	一般
经济质量	差	差	好	差
健康与舒适度	好	好	好	好
社会文化功能	差	差	好	差
建筑性能评价	一般	好	好	一般
管理	好	一般	好	一般
创新设计	好	好	一般	较好

注：表中差、一般、较好和好四个评价等级是按照对应的评价内容在 4 个评价体系中是否被纳为评价内容及在评价体系中的重要程度来判定。差表示评价体系中并未包含此项评价内容或者只是略带提过；一般表示在评价体系中有涉及，但是并未作为重要指标予以体现；较好表示在评价体系中有涉及且比较重要；好则表示此项内容在评价体系中作为一项重要的关键评价指标。

（3）BREEAM、LEED、DGNB 与 ASGB 对比分析

由表 2 可以看出，4 个评价体系在能源与气候、用水效率、材料与资源等方面在评价体系中都得到了很好的体现。DGNB 的评价内容除了创新设计一般、土地利用及生态和可持续现场评价较好外，其他方面都得到好的评价，是 4 个评价体系中最全面的一个，而 BREEAM、LEED 和 ASGB 都各有所长。

1）DGNB 中好的评价有 12 个，较好 2 个，一般 1 个；LEED 中好的评价有 12 个，一般 1 个，差评 2 个；BREEAM 中好的评价有 9 个，较好 1 个，一般 3 个，差评 2 个；ASGB 中好的评价有 8 个，较好 2 个，一般 3 个，差评 2 个。

2）在可持续现场评价方面，LEED 评价最好，对现场有比较具体和全面的要求，ASGB 和 DGNB 评价较好，BREEAM 评价一般。

3）DGNB 单独对建筑的经济质量从全寿命周期的建筑成本与费用和第三方使用可能性这两个方面进行详细评估。BREEAM 体系中只是做了适当的考虑，而在 LEED 和 ASGG 中则考虑的更少。

4）从可持续发展要求的社会性层面来看，DGNB不但涵盖了室内环境质量、健康与居住舒适度，而且包含建筑造成的社会文化层面的影响、建筑性能和建筑设计艺术等评价，BREEAM、LEED和ASGB并未对建筑的社会文化功能及性能进行评价。

因此，有学者在将DGNB与LEED等其他第一代绿色建筑评价体系进行对比分析时，更习惯将DGNB称之为“可持续性建筑评价体系”“世界第二代绿色建筑评估体系”[13]。

（4）BREEAM、LEED、DGNB与ASGB的权重比较

绿色建筑评价体系的指标权重非常重要，表明了评价体系内部各评价因子的重要性差别。各国的国情不同，对绿色建筑各方面的要求也不同，因此各评价指标的权重也不同[7,9,12,14,15]。

英国BREEAM（新建建筑）标准中，各类指标权重占比分别为[15]：“管理”类占12%、“健康”类占15%、“能源”类占15%、“交通”类占9%、“水”类占7%、“材料”类占13.5%、“废料”类占8.5%、“土地”类占10%、“污染”类占10%，此外，“创新”类的附加分占10%。美国LEED（建筑设计与施工-新建建筑）标准中，各类指标权重占比分别为[7]：“选址和交通”类占15%、“可持续性场址”类占9%、“节水”类占10%、“能源与大气”类占30%、“材料与资源”类占12%、“室内环境品质”类占15%、“设计创新”类占5%、“区域优先”类占4%。德国DGNB标准中，各类指标权重占比分别为[12]：“生态质量”类、“经济质量”类、“社会与功能质量”类、“技术质量”类各占22.5%，“过程质量”类占10%，而“基地质量”类指标不计入建筑总分内，单独计分。我国ASGB标准中，指标权重分设计评价和运行评价2个阶段，各阶段又分为居住建筑和公共建筑2类建筑，以运行阶段的居住建筑为例，各类指标权重占比分别为[9]：“节地与室外环境”类占17%、“节能与能源利用”类占19%、“节水与水资源利用”类占16%、“节材与材料资源利用”类占14%、“室内环境质量”类占14%、“施工管理”类占10%、“运营管理”类占10%。

可以看出：（1）英国和美国的标准中，“水资源”指标的重要度权重较低，而我国的“水资源”权重较高，这是由于英美国家的人均水资源占有量高且水资源的管理水平高，我国水资源人均偏低；（2）各国标准中，对于室内环境质量和健康都给予了较高的权重，体现了绿色建筑的本质价值；（3）英国BREEAM标准划分的最细，分成9类评价指标，由此较其他标准来说权重的针对性更强更具体；（4）德国DGNB标准中“经济质量”权重占22.5%，而其他国家的标准中没有考虑绿色建筑的经济性，这也是我国绿色标准以后修订时需要重点关注的内容。

（5）我国《绿色建筑评价标准》（ASGB）的不足

与BREEAM、LEED、DGNB等评价标准对比，我国《绿色建筑评价标准》（GB/T 50378—2014）（ASGB）存在以下几个方面的不足：

1）缺少经济类评价指标，缺乏全生命周期数据库和成本数据库

资金是绿色建筑非常重要的资源之一，是其经济性好坏的重要体现，在绿色建筑评价指标中也应该有所反映，包括成本和效益两个方面。但在我国《绿色建筑评价标准》及国内其他一些绿色建筑评价体系中都缺少此类指标，并且未建立建筑全生命周期数据库及成本数据库，无法对绿色建筑全生命周期过程中的各项数据及成本进行掌控和及时反馈，以便及时采取应对或改进措施。

2）评价权重缺乏灵活性，评分标准不合理

我国地缘辽阔，各地条件和环境差别较大，例如，东北冬季寒冷需供暖，南方夏季炎热需开空调，因此，能源的消耗水平和重要性与中部地区是不同的；再如，部分西部地区缺水严重，水资源的重要性与部分东部地区也是不同的。因此，我国 ASGB 采用固定权重不符合我国的特点，缺乏灵活性。此外，在一些评分规则中，临界点的得分差距较大，如公共建筑容积率评分规则，临界点得分相差 5 分。

3）评价对象太宽泛，评价结果不准确

公共建筑种类繁多（如医院、学校、体育馆、电影院等），且与住宅建筑区别较大，统一采用一本绿色评价标准来评价，结果不准确，如电影院对室外环境和采光的要求；监狱对于交通和土地利用的要求；新建建筑和既有建筑改造的绿色评价等。

四、对我国绿色建筑评价标准改进的借鉴

针对我国《绿色建筑评价标准》（GB/T 50378—2014）的不足之处，借鉴国外评价标准的优点，本文提出以下几点改进建议：

（1）借鉴德国 DGNB 的经验，在 ASGB 中加入经济类评价指标。还应建立完善的生命周期数据库及成本数据库，实现评价的目的性和经济性。建立生命周期数据库，不仅能够对建筑的生命周期内各个关键节点进行评价和控制，而且使得整个建筑的生命周期过程绿色评价更加明晰，能够通过数据反馈与既定目标的偏差，很快做出补救和改进措施，保证整体目标的实现。成本数据库的建立可分析绿色建筑的增量成本和增量效益的关系[16]，优化绿色建筑的投资结构，完善绿色建筑经济质量的评价，实现经济可持续性的绿色建筑。

（2）差异化评价指标的重要程度，完善评分规则。按照自然条件相似性，将我国所有城镇建设用地划分成若干区域，侧重不同区域的特点，为每个区域制定不同的评价指标权重。此外，对于临界点得分差异较大问题，建议增加指标评价值的分组数，减少得分值的差距。

（3）按照建筑的不同类型，分别建立相应的绿色建筑评价标准。借鉴美国 LEED 评价体系，建立新建建筑、既有建筑、住宅、学校、社区等不同类型的绿色建筑评估标准，增强评价标准的可操作性和准确性。

五、结论

本文回顾了国内外绿色建筑评价体系的发展历程，并将我国的《绿色建筑评价标准》（GB/T 50378—2014）与国外的三大评价进行了详细的对比分析。对比发现，我国的绿色建筑评价体系在某些方面确实达到了国际水准。然而，我们得清醒地意识到我国现有的绿色建筑评价体系还尚不完善，在评价标准的系统性、经济性、定量分析中各要素所占比重及相关制度的制定和确立等方面还亟待完善和改进。应针对不同的建筑对象分类建立不同的绿色建筑评价标准；在评价指标选取方面考虑增加经济性指标，增强绿色建筑评价标准的可操作性；应根据我国各地的条件和区域特点设置不同的权重值，并改进临界点得分差

距大的问题。

参考文献

［1］ McManus P Defining sustainable development for our common future：a history of the World Commission on Environment and Development（Brundtland Commission）［J］. Australian Geographer，2014，45（4）：559-561.

［2］ 汪维，安宇，韩继红.《绿色建筑评价技术细则》要点［J］. 建设科技，2007，（22）：14-15.

［3］ 林海燕，程志军，叶凌. 国家标准《绿色建筑评价标准》GB/T50378 修订［J］. 建设科技. 2013，（6）：64-66.

［4］ LiXifeng，Ma Xuemei. Study on Foreign Developments in Green Building Evaluation System［J］. Advanced Materials Research. 2011，（10）：3801-3804.

［5］ Reed R，Bilos A，Wilkinson S，Schulte KW. International Comparison of Sustainable Rating Tools［J］. The Journal of Sustainable Real State，2009，（1）：1-22.

［6］ Wu，P. and Low，S. Project Management and Green Buildings：Lessons from the Rating Systems［J］. Journal of Professional Issues in Engineering Education and Practice，2010，136（2）：64-70.

［7］ U. S. Green Building Council. LEED V4［EB/OL］. http://cn. usgbc. org/leed，2018-03-03.

［8］ Zhu Mingqiang. Green Construction Concept in Assessment System for Green Building［J］. Advanced Materials Research. 2012（04）：142-146.

［9］ 绿色建筑评价标准编制组，《绿色建筑评价标准》（GB/T 50378—2014）［S］，北京：中国建筑工业出版社，2014.

［10］ Münch，J. Sustainability Assessment of Buildings［D］. Denmark：Technical University of Denmark. 2009

［11］ HKGBC and BEAM Society. BEAM Plus New Buildings Version 1. 2［EB/OL］. https://www. hkgbc. org. hk/upload/beamdocuments/BEAM-Plus-NB-1-2-Manual. pdf，2012-08-11.

［12］ DGNB. Excellence defined. Sustainable building with a system approach［EB/OL］. http：//issuu. com/manufaktur/docs/dgnb _ excellence _ defined _ sustainable _ building _ with，2011-09-1.

［13］ 卢求. 德国 DGNB-世界第二代绿色建筑评估体系［J］. 世界建筑，2010（1）：28-31.

［14］ 李涛，刘丛红. LEED 与《绿色建筑评价标准》结构体系对比研究［J］. 建筑学报. 2011（3）：75-78.

［15］ BREEAM. BREEAM UK New Construction：Technical Manual.［EB/OL］. http://www. breeam. org/BREEAMUK2014SchemeDocument/，2015-05-20.

［16］ 李静，田哲. 绿色建筑全生命周期增量成本与效益研究［J］. 工程管理学报，2011，25（5）：487-492.

基于 ISM 的绿色建造产业链协同影响因素研究

尤　完　刘学之

摘　要： 通过绿色建造产业链上协同影响因素的研究，分析归纳出关键影响因素，运用解释结构模型（ISM）方法分析各影响因素之间的关系，划分影响因素层次，并针对各层次影响因素提出针对性改进策略。

关键词： 绿色建造；解释结构模型；产业链协同；影响因素

Abstract: Through the research of the synergetic influence factor of green construction industry chain, this article analyzes and summaries the key influence factors, analyzes the relationship between the influence factors by means of the interpretation structure model (ISM), divides the influence factor level, and puts forward the improvement strategy aiming at the influencing factors at all levels.

Keywords: Green construction; ISM; Industrial chain synergy; Influence factor

一、引言

绿色建造是指在项目策划、设计、施工全过程中，保证质量安全的同时，通过科学的管理方法和技术创新，最大效度的减少污染，节约资源和能源，最终达到可持续发展的工程建设生产活动[1][2]。通过文献整理，得出绿色建造与传统建造的区别如表 1 所示，通过比较分析可以看出，从各个层面来看，绿色建造的出现和发展对目前建筑行业整个产业链上的各个节点企业都提出了新要求，新思路。在这一大环境下，建筑行业已经从传统的节点企业的竞争逐步向产业链的竞争转化，因此，对产业链上各个节点企业的协同合作提出了更高的要求。但由于体制政策，以及相关企业认知能力和反应速度等的客观限制，目前建造产业链不协同问题已经显露，并对绿色建造的发展已经产生了较大影响，以往的研究只限于提出不协同产生的问题并给出对策[3]，并未从根源分析主要利益相关者协同的主要影响因素，因而很难从根源出发提出应对措施。因此，本文以总承包企业为绿色建造产业链的核心企业，结合文献分析整理不协同产生的主要影响因素，并采用解释结构模型（ISM）分析各影响因素之间的关系，据此提出针对性的协同策略（表 1）。

尤完（1962—），男，博士，教授，研究方向：工程项目管理、绿色建造与循环经济.

刘学之（1992—），男，硕士研究生，研究方向：工程项目管理、绿色建造.

绿色建造与传统建造的区别 **表1**

	传统建造	绿色建造
项目指标层面	以成本、质量、安全、工期为主要控制指标	在传统建造控制指标的基础上，增加“四节一环保”的绿色控制指标，且为优先考虑因素
项目总体目标层面	以最低的成本实现建造指标要求	以保护环境和节约资源为前提，成本节约不能违背绿色建造指标要求
项目管理层面	对设计、采购、施工等各个环节，采用分散化考核和粗放式管理方式	对绿色设计、绿色建材采购、绿色施工等各个环节，更加注重信息的有效传递，资源的高效利用，各节点企业的深度协同管理
技术创新层面	传统建造技术已经形成了较为成熟完善的体系，技术创新获得的机会成本较低	随着绿色建造的标准要求的不断提高，技术进步成为实现绿色建造的重要保障，技术创新成为企业提高自身竞争力的必然趋势[4]
利益相关者目标层面	利益相关者都以实现自身的经济效益最大化为主要目标，组织之间相互克制，彼此对立[5]	经济效益与社会效益、环境效益并重。利益相关者需要通过协同合作、信息共享形成利益共享联盟提高整体利润，分摊建造风险[6]

二、文献综述

近年来，许多学者开始关注绿色建造产业链协同及发展存在的问题，金汐等（2012）在我国绿色建筑大背景下，首先指出了我国建筑相关产业部门相互孤立，关联性不高的问题[7]。高佩宇（2017）分析了绿色建造产业链发展的优势及其存在的问题[8]。何伟怡（2017）提出面对绿色建筑设计创新的资源、协调和控制需要，现行的产业链协同存在严重缺陷[3]。也有学者系统的对产业链协同的相关问题进行了深入研究。郑世刚等（2012）从绿色建筑价值链入手，运用简单的博弈分析，对产业链上主要利益相关者行动选择进行了分析并给出发展建议。申玲（2017）、罗进（2017）从市场环境、政府作用、技术环境角度分析了各要素对绿色建造产业链发展的影响作用[9][10]。菅卿珍（2014）应用循环经济理论、博弈理论等对绿色建筑产业链合作机制、利益分配机制、竞争机制进行分析，并结合前人研究建立了一套绿色建筑产业链合作伙伴评价指标体系[11]。总的来说，目前针对绿色建造产业链协同影响因素的研究还比较缺乏。

三、绿色建造产业链协同影响因素分析

从业主方角度考虑。业主方是绿色建造的责任主体，也是绿色建造的主要受益者。因此业主方在项目策划阶段就必须明确绿色建造目标，并在项目的执行过程中充分利用主导优势，发挥综合治理作用，使绿色建造目标有效落实。其中关键问题是合同形式的选择及条款设定，必须在充分考虑各参与方利益的基础上，使项目目标与其他利益相关者目标一致，相关者利益一致，从而推动各节点企业自发协同，有效分摊绿色建造项目风险。因此从业主方角度考虑，影响绿色建造产业链协同的影响因素为：业主方绿色建造目标，业主方综合治理能力，业主方与其他方合同条款，业主方投资支付能力，业主方信誉[5][12][13]。

从承包商角度考虑。本文考虑的承包商为项目总承包与施工总承包纵向一体化形式，这种形式在目前工程承包建设中较为常见，便于讨论且具有一定的代表性。承包商作为绿

色建造的主要执行者，是绿色建造是否能顺利开展的核心企业，也是达到企业间沟通协调的中心节点，承包商在建造过程中既要考虑业主需求，又要与设计、监理、材料供应商保持持久的沟通协作，因此承包商的绿色施工目标，建造技术水平，沟通协调能力对绿色建造产业链协同将产生影响[14]。

从设计单位角度考虑。设计过程是绿色建造实现的基础，设计图既要充分反映业主方的绿色建造诉求，也要考虑施工企业的建造技术水平，更要考虑不可再生资源的消耗和环境污染[6]。因此设计图的各相关利益主体的积极参与对沟通协调能够起到重要作用。从设计单位角度来看，影响绿色建造产业链协同因素有：设计单位绿色设计目标、利益相关方参与程度。

从其他利益相关者角度考虑。绿色建造产业链协同的主要利益相关者为政府、业主方、承包商、设计单位、监理单位、供应商。因此，监理单位的专业化程度和供应商的专业化程度对产业链协同产生影响。

从增量价值角度考虑。绿色建造产业链各利益相关者进行积极协同的基础是施行绿色建造协同能够对各利益相关者效益产生正向的作用，即存在增量价值且能够合理分配这种增量价值，否则，产业链协同较难实现。

从资源共享角度考虑。随着 BIM、大数据、平台经济的发展，资源（信息、人员、物资设备等）利用效率往往是一个项目成败的关键因素[15]，利益相关者共享联盟的建立，对于实现信息的有效传递、降低沟通成本、提高沟通效率等都起到极大的促进作用，从资源共享角度产业链协同的主要影响因素为：信息资源共享程度，物资设备共享方式。

从外部环境影响考虑。外部的绿色建造大环境是各节点企业间协同的重要保障和有效推动力，其主要影响因素可以归结为：绿色建造标准要求，绿色建造扶持政策，绿色技术创新价值[6][16]。

基于以上分析，归纳整理 19 个绿色建造产业链协同的主要影响因素，如表 2 所示。

绿色建造产业链协同影响因素 **表 2**

影响因素		说明
业主方影响	业主方绿色建造目标 S_1	业主方开发绿色建筑预期收益目标；所要达到的星级标准目标；取得优惠政策支持目标；社会价值目标
	业主方综合治理能力 S_2	业主方对其他利益相关者的控制协调能力，包括履约考核情况；矛盾调停能力；资源担保协调配置作用等
	业主方与其他方合同条款 S_3	包括业主与总承包、设计、供应商、监理等主要利益相关者合同形式及相关利益分配约定、奖惩条款等
	业主方投资支付能力 S_4	业主方的资金实力强，能为其他利益相关者的努力程度提供保障，为产业链的协调配合提供有力支撑和担保
	业主方信誉 S_5	业主方信誉对产业链的协同稳定性起到重要影响
承包商影响	承包商的绿色施工目标 S_6	是否能够完全贯彻落实业主、设计的绿色建造目标和意图；绿色建造对承包商的意义（满足地方政策要求、履行社会责任、获得行业或社会认可）
	承包商建造技术水平 S_7	承包商的绿色建造技术水平决定了能否顺利实现业主、设计意图，降低施工风险，提高协同效率
	承包商沟通协调能力 S_8	承包商作为产业链中心，良好的沟通协调能力能够很大程度降低协调成本

续表

影响因素		说明
设计单位影响	设计单位绿色设计目标 S_9	绿色设计星级标准目标；创新绿色设计远景目标
	利益相关方参与程度 S_{10}	设计图的各利益相关者积极参与，能有效协调各方利益，做到事前控制，减少矛盾冲突，提高协同效率
其他利益相关者影响	监理单位专业化程度 S_{11}	监理单位的绿色建造理念、沟通协调能力、专业人员素质等对产业链协同产生重要影响
	供应商专业化程度 S_{12}	供应商绿色建材生产技术、业务熟练度等对绿色建造产业链协同产生影响
效益影响	协同价值 S_{13}	各利益相关者积极进行广泛的利益协同后各主体所获得的增量收益情况
	绿色建造价值 S_{14}	施行绿色建造对各利益相关者的成本、收益造成的影响
资源共享影响	信息资源共享程度 S_{15}	有效借助 BIM 平台等现代化信息资源共享平台能提高信息传递效率，各利益相关者积极有效的信息共享能够提高企业间信任程度，降低协调成本
	物资设备共享方式 S_{16}	是否能通过共享联盟、业主担保等各种形式实现各利益主体闲置资本的共享利用，提高资源利用效率的同时提高企业互信合作
外部环境影响	绿色建造标准要求 S_{17}	国家、地方政府的绿色建造基本标准要求是保障绿色建造产业链上各节点企业合作的下限和基础
	绿色建造扶持政策 S_{18}	国家、地方政府的绿色建造鼓励扶持政策是绿色建造产业链上各节点企业广泛合作，达到更高的绿色建造标准的关键动力
	绿色技术创新价值 S_{19}	绿色建造过程的技术创新，对产业链上各节点企业未来市场应用潜力，应用价值的估计，是提高产业链协同创新的重要动力

四、基于解释结构模型的影响因素内在关系分析

1. 建立邻接矩阵

由于邻接矩阵与有向图有一一对应的关系，因此可以用邻接矩阵 A 来表示绿色建造过程中资源循环利用影响因素两两之间的关系。邻接矩阵 $A=[a_{ij}](i,j=1,2,\cdots,19)$，当且仅当 S_i 对 S_j 有影响时，$a_{ij}=1$；在其他任何情况下，$a_{ij}=0$[6]。

通过专家打分得到绿色建造产业链协同影响因素的邻接矩阵（图 1），$S_1 \sim S_{19}$ 为表 2 所列绿色建造产业链协同的影响因素。

2. 运用 Matlab 软件进行模型求解

Matlab 软件对于 ISM 模型的一般求解和优化求解方式许多学者已经进行了较为深入的研究[17][18]，本文不再赘述，运用 Matlab 软件解得可达矩阵 M（图 2）以及影响因素的层级分配（图 3）。

由 ISM 关系理论可知，层级结构可大体划分为根源层、中间层和表象层。本模型中，第一级的因素属于表象层因素，包括业主方绿色建造目标等 10 个因素；第二级的因素属于中间层因素，包括业主方信誉等 6 个因素；第三、四级因素属于根源层因素，为利益相关方参与程度等 3 个因素（表 2）。

	S_1	S_2	S_3	S_4	S_5	S_6	S_7	S_8	S_9	S_{10}	S_{11}	S_{12}	S_{13}	S_{14}	S_{15}	S_{16}	S_{17}	S_{18}	S_{19}
S_1	0	0	0	0	0	0	0	0	0	0	0	1	1	0	0	1	1	0	0
S_2	1	0	0	0	0	0	0	0	0	0	0	0	0	0	0	0	0	0	1
S_3	0	0	0	0	0	1	0	0	1	0	1	0	0	0	0	0	0	0	0
S_4	0	1	0	0	0	0	0	0	0	0	0	0	0	0	0	0	0	0	0
S_5	0	1	0	1	0	0	0	0	0	0	0	0	0	0	0	0	0	0	0
S_6	1	0	0	1	0	0	0	0	0	0	0	1	1	0	0	1	1	0	1
S_7	0	0	0	0	0	0	0	0	0	0	0	0	0	0	0	1	0	1	0
S_8	0	0	0	0	0	1	0	0	0	0	0	0	0	0	0	0	0	0	0
S_9	1	0	0	0	0	0	0	0	0	0	0	1	1	0	0	1	1	1	1
S_{10}	1	1	0	0	0	1	0	1	0	0	1	1	0	1	0	1	0	0	1
S_{11}	0	0	0	0	0	0	0	0	0	0	0	1	0	0	0	1	1	0	0
S_{12}	0	0	0	0	0	0	0	0	0	0	0	1	1	0	0	1	1	1	0
S_{13}	1	0	0	0	0	1	0	0	1	0	0	0	0	0	0	1	1	0	1
S_{14}	0	0	0	0	0	0	0	0	0	0	0	0	0	0	0	1	1	1	0
S_{15}	0	1	0	0	0	0	0	1	0	0	0	0	0	0	0	0	0	0	0
S_{16}	1	1	0	0	0	1	0	0	1	0	0	1	1	0	0	0	0	0	1
S_{17}	1	0	0	0	0	1	0	0	1	0	0	0	0	0	0	0	0	0	1
S_{18}	1	0	0	0	0	1	0	0	1	0	0	0	0	0	0	1	0	0	1
S_{19}	1	0	0	0	0	1	0	0	1	0	0	0	0	0	0	0	1	0	1

图 1　绿色建造产业链协同影响因素邻接矩阵

	S_1	S_2	S_3	S_4	S_5	S_6	S_7	S_8	S_9	S_{10}	S_{11}	S_{12}	S_{13}	S_{14}	S_{15}	S_{16}	S_{17}	S_{18}	S_{19}
S_1	1	1	0	1	0	1	0	0	1	0	0	0	1	1	0	0	1	1	1
S_2	1	1	0	1	0	1	0	0	1	0	0	0	1	1	0	0	1	1	1
S_3	1	1	1	1	0	1	0	0	1	0	1	0	1	1	0	0	1	1	1
S_4	1	1	0	1	0	1	0	0	1	0	0	0	1	1	0	0	1	1	1
S_5	1	1	0	1	1	1	0	0	1	0	0	0	1	1	0	0	1	1	1
S_6	1	1	0	1	0	1	0	0	1	0	0	0	1	1	0	0	1	1	1
S_7	1	1	0	1	0	1	1	0	1	0	0	0	1	1	0	0	1	1	1
S_8	1	1	0	1	0	1	0	1	1	0	0	0	1	1	0	0	1	1	1
S_9	1	1	0	1	0	1	0	0	1	0	0	0	1	1	0	0	1	1	1
S_{10}	1	1	0	1	0	1	0	1	1	1	1	0	1	1	1	0	1	1	1
S_{11}	1	1	0	1	0	1	1	0	1	0	1	0	1	1	0	0	1	1	1
S_{12}	1	1	0	1	0	1	0	0	1	0	0	1	1	1	0	0	1	1	1
S_{13}	1	1	0	1	0	1	0	0	1	0	0	0	1	1	0	0	1	1	1
S_{14}	1	1	0	1	0	1	0	0	1	0	0	0	1	1	0	0	1	1	1
S_{15}	1	1	0	1	0	1	0	1	1	0	0	0	1	1	1	0	1	1	1
S_{16}	1	1	0	1	0	1	0	0	1	0	0	0	1	1	0	1	1	1	1
S_{17}	1	1	0	1	0	1	0	0	1	0	0	0	1	1	0	0	1	1	1
S_{18}	1	1	0	1	0	1	0	0	1	0	0	0	1	1	0	0	1	1	1
S_{19}	1	1	0	1	0	1	0	0	1	0	0	0	1	1	0	0	1	1	1

图 2　绿色建造产业链协同影响因素可达矩阵

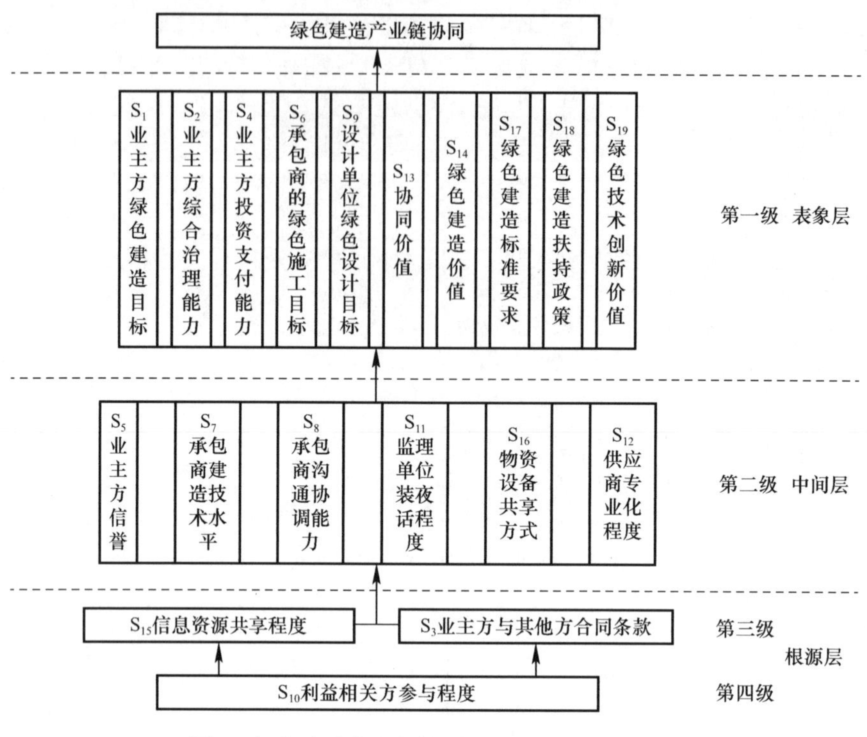

图 3　绿色建造产业链协同影响因素层级分配图

五、绿色建造产业链协同对策

1. 根源层影响因素对策

针对根源层影响因素，改革传统项目管理模式，加强信息交流。从模型计算结果可以看出，利益相关方参与程度是造成绿色建造产业链协同的最根源影响因素，这也一定程度上能够解释，近年来许多学者引进国外 IPD 项目管理模式，探讨其在国内适用性，因为这种项目管理模式能够在很大程度上提高各利益主体前期沟通协调，尤其是在绿色设计阶段，IPD 模式可以很好地确保设计阶段各利益主体协同设计，为后期建造过程沟通协调打下良好基础。

针对业主方与各利益主体合同签署和各利益相关者信息共享问题这两条根源层影响因素，前者需要业主在合同签署阶段，积极了解其他利益相关者需求，并对市场绿色建造项目进行广泛调研，在此基础上，通过合理磋商制定较为完善的合同条款，实现合理有效的利益共享、风险共摊，合同相关条款设定是日后利益相关者协同的关键基础。针对后者，信息共享可通过 BIM 等软件的运用得以实现，近年来，政府、相关企业以及众多学者都在对 BIM 的开发和应用进行积极尝试，行业内对信息资源的重视程度越来越高，这对信息共享程度的不断提高具有积极意义。

2. 中间层影响因素对策

针对中间层影响因素，优选专业化团队，提高各利益主体专业化程度。层的影响因素主要为各利益主体的专业化程度，也包括业主信誉和物资设备共享方式。因此，业主在招标阶段应综合考虑相关企业的专业技术水平、组织内部架构、绿色建造经验等综合因素，避免低价中标。在项目实施过程中，加强各利益主体组织内管理，只有做到组织内部合理分工，有序管理，才能实现产业链上企业间的有效沟通，进而达到产业链协同。

对于业主信誉的提高，需要通过按时支付工程价款、妥善解决设计、施工问题等方式实现。而物资设备共享问题，如闲置厂房、设备的共享，可以通过建立共享联盟、业主提供共享担保等方式进行实现，通过合理的共享机制设置，既可以提高资源的利用效率，有效降低各方成本，也可以加强企业间沟通交流，提高协同效率。

3. 表象层影响因素对策

针对表象层影响因素，提高各方建造标准，加强政府约束和扶持力度。表象层的影响因素主要包括业主和其他相关者的绿色建造目标，以及绿色建造的协同效益、政府的相关约束和扶持政策。从专家打分的矩阵关系可以看出，其他利益主体的绿色建造目标都很大程度上受到业主绿色建造目标的影响，但其他相关者绿色建造的目标和业主目标是否能达到有效的和谐统一，与利益主体各自的协同价值、绿色建造价值息息相关，因此应该从政府层面积极考虑产业链上主要利益相关者需求，制定针对性的鼓励政策，有助于提高企业的绿色建造积极性，从而实现绿色建造产业链利益主体的自发协同。

六、结语

本文对于绿色建造产业链的协同研究，从不同利益相关者角度出发，总结出19条绿色建造产业链协同的影响因素，运用ISM分析方法建立模型，结合Matlab软件计算分析，梳理出各影响因素的层级关系，并依据根源层、中间层、表象层因素，给出针对性建议，以期提高绿色建造产业链的协同。

参考文献

[1] 肖绪文，冯大阔. 我国推进绿色建造的意义与策略［J］. 施工技术，2013年，42（07）：1-4.

[2] 肖绪文，冯大阔. 基于绿色建造的施工现场装配化思考［J］. 施工技术，2016年，45（04）：1-4.

[3] 何伟怡，王星烨，钟炜. 绿色建筑设计创新的供给侧协同缺陷和对策［J］. 企业经济，2017年，36（06）：77-82.

[4] 尤完，肖绪文. 中国绿色建造发展路径与趋势研究［J］. 建筑经济，2016年，37（02）：5-8.

[5] 王延树，李跃水，成虎. 计划阶段工程项目协调管理的机理与设计［J］. 施工技术，2007年（07）：90-92+95.

[6] 王祥云，尤完. 绿色建造过程中资源循环利用的影响因素及对策［J］. 建筑经济，2017年，38（03）：99-104.

[7] 金汐，魏景姝. 既有建筑绿色化改造产业链研究［J］. 住宅产业. 2012年，33（09）：14-17

[8] 高佩宇，冉琳琳等. 绿色建筑产业链系统模型的构建［J］. 住宅与房地产，2017年（21）：14-16.

[9] 申玲，钱诚，任莹莹. 基于结构方程模型的绿色建筑产业发展要素研究［J］. 统计与决策，2017年（20）：68-71.

[10] 罗进，龚延风，黄艺. 绿色建筑产业链及其社会经济效应分析［J］. 工程经济，2017年，27

(07)：63-65.

［11］ 訾卿珍．绿色建筑产业链构建与运行机制研究［D］．天津城建大学，2014年.

［12］ 郭峰，高冬梅．建设项目协调管理绩效的关键影响因素分析［J］．科技进步与对策，2010年，27(19)：27-31.

［13］ 李长亚．基于博弈论的工程项目多阶段多主体协同管理研究［D］．安徽建筑大学，2017年.

［14］ 丁小军，陈波，王佐．国际土建工程施工协同设计［J］．中外公路，2009年，29(04)：417-420.

［15］ 王勇，杨静．利益相关者共享联盟：国际工程项目的探索和实践［J］．国际经济合作，2017年(05)：64-68.

［16］ Karkanias C，Boemi S N，Papadopoulos A M，et al．Energy efficiency in the Hellenic building sector：An assessment of the restrictions and perspectives of the market［J］．Energy Policy，2010年，38(6)：2776-2784.

［17］ 姚道洪．基于ISM的可达矩阵简易算法及实现［J］．价值工程，2015年(28)：212-214.

［18］ 杨伟丽．基于ISM有向图的求可达矩阵的简洁算法［D］．厦门大学，2007年.

基于时间序列的京津冀区域物流枢纽演化研究

王红春　吴丹丹

摘　要： 京津冀协同发展是国家的重大发展策略。本文以北京、天津和河北省内共计13个城市1997～2014年的年货运量为依据，引入赫芬达尔系数模型，并对其修正，对京津冀内三大物流区域的演化进程进行实证研究。研究结果表明，以北京、天津为枢纽的双核心轴辐式区域网络结构发展趋势相对明显，提出以京津冀协同管理为契机，重点建设辐射范围内的枢纽核心城市，通过空间重组划分物流区域来带动各城市物流产业的发展，为未来京津冀区域物流网络的建设提供新的发展思路。

关键词： 区域物流枢纽；赫芬达尔指数；轴-辐网络

Abstract： The collaborative development of Beijing-Tianjin-Hebei region is a major development strategy of the country. This paper takes the annual freight volume of 13 cities in Beijing，Tianjin and Hebei Province from 1997 to 2014 as the basis，introduces the Herfindahl index model and amend it to research the evolution process of the three logistics regions in Beijing，Tianjin and Hebei. The results show that the development trend of the dual core hub-and spoke regional network centered on Beijing-Tianjin is relatively obvious. It is proposed that making Beijing-Tianjin-Hebei collaborative management as an opportunity to focus on the construction of core hub city，within the scope of radiation driven by logistics area space restructuring form city to city logistics industry development，to provide the new development ideas for the future Beijing-Tianjin-Hebei regional logistics network construction.

Keywords： Regional logistics Network；Herfindahl index；Hub and spoke

一、引言

协同发展现已成为各行各业的研究热点，目前我国为促进区域经济的合理协调发展，正逐步健全区域经济协调互动机制。区域一体化发展能够促使区域间及区域内的物流网络布局趋向合理，积极适应产业结构。在区域经济协作的基础之上产生的区域物流枢纽，是联系整个片区生产和消费的重要纽带，同时也能加速整个区域的经济发展。

区域物流枢纽是通过对物流网络中存在的物流节点进行等级划分，合理地建设布局，形成对区域内物流具有引导和聚集作用的物流组织节点，在枢纽辐射范围内起引领统筹的

王红春（1976—），女，北京建筑大学经济管理与工程学院教授，研究方向为供应链管理与物流管理.

吴丹丹（1994—），女，北京建筑大学硕士研究生在读，研究方向为城市物流.

作用，是物流网络化发展的重要产物。“建设大型物流枢纽，发展区域性物流中心”，既响应国家政策，也是建设城市物流网络的重要目标。目前，学术界对区域物流枢纽发展问题的研究有很多[1~6]，提出了物流枢纽的概念，分析物流枢纽城市的影响因素、形成机理及相互之间的关联等；针对京津冀地区域协同发展的研究也较多[7~12]，但大部分都是理论研究，缺乏定量分析，实践价值不高，针对京津冀区域物流枢纽演化的专项研究更是寥若晨星，杨光华及陆华将赫芬达尔指数应用于计算区域物流枢纽的演化过程，具有创新性[5][6]。依据赵建群[13]等学者的研究，赫芬达尔指数计量体系是幂函数，由于面临修正速率突变点比较高和多重解非重复空间比率比较高的问题，用以计量市场集中情况时，会存在一定的误差。因此本文在前人研究的基础上，将定性分析与定量分析相结合，利用修正后的赫芬达尔指数（HHI'）来判断京津冀区域物流枢纽的发展，对今后京津冀内物流网络的建设及一体化协同管理具有重要的意义。

二、时间序列演化模型

芬达尔—赫希曼指数，简称赫芬达尔指数，是一种用以测量产业集中度的综合指数。其定义是计算某行业中各市场中的竞争主体占行业总收入（或总资产）的平方和，以此分析市场份额的变化，可判断市场中厂商规模的离散程度。从宏观视角来看，可以将物流网络中的节点视作在物流市场上提供物流服务的各个竞争主体[6]，即可用各节点物流量占其网络物流总量的比重来判断物流枢纽的形成程度。因此，在研究区域中物流节点聚集和离散的演化趋势方面可借鉴赫芬达尔指数。

$$\mathrm{HHI}=\sum_{i=1}^{k}\left(\frac{s_i}{s}\right)^2=\sum_{i=1}^{k}R_i^2$$

HHI 指数整体上是一个二次幂函数，依据相关文献研究，指数越大，高指标在总指数值中的贡献率越大，低指标在总指标值中的贡献率被降低的程度越大，该指数计量体系的绝对集中功能就越显著[13]。该计量指数的值域变化是非均匀的，本文中采用的货运量是单一指标，按区间划分指数大小无特殊意义。所以采用幂指数修正方法，根据市场主体构成，修改指数，将原先的幂指数修正为 1.5，以降低该计量体系存在的误差。

$$\mathrm{HHI'}=\sum_{i=1}^{k}\left(\frac{s_i}{s}\right)^{1.5}=\sum_{i=1}^{k}R_i^{1.5}$$

在上述公式中：s_i 是各节点城市的物流量，s 是区域物流网络总的物流量，R_i（$0<R_i<1$）是节点城市 i 的物流量占区域总物流网络量的比例，k 则是物流网络中物流节点城市的个数。其中物流量虽然作为物流学科中一个十分重要的概念，但至今仍没有明确的定义，物流是指物的流通，据此我们在统计北京、天津及河北省内各城市的物流量时，采用货运量作为物流量进行计算。从上述公式可知，$0\leqslant \mathrm{HHI'}\leqslant 1$。当 $s_i\leqslant s$ 时，$R_i^{1.5}\to 0$，$\mathrm{HHI'}\to 0$，表明各物流节点城市的物流量较小，物流规模趋向扩散，尚未形成物流枢纽城市；当某节点城市存在 $s_i\to s$，有 $R_i^{1.5}\to 1$，$\mathrm{HHI'}\to 1$ 时，表明该区域物流网络的物流量在向该节点城市聚集，该节点城市正在逐渐成为区域物流网络中的物流枢纽。

三、京津冀区域物流枢纽实证演化研究

根据模型需要，对于京津冀内物流区域划分为几个区域：环京物流区域（包括北京、承德、张家口、保定、廊坊在内的五个城市），环津物流区域（包括天津、唐山、秦皇岛和沧州等在内的四个城市）石家庄物流区域（即以石家庄为中心，包括衡水、邯郸、邢台在内等四个城市）。

1. 数据分析

通过查阅北京、天津及河北省各城市统计局的《城市统计年鉴》（1997～2014 年），整理统计京津冀共 13 个城市的年货运量，如表 1 所示。

京津冀各城市货运量统计（1997～2014 年）单位：万吨　　**表 1**

年份	北京	张家口	保定	承德	廊坊	石家庄	衡水	邯郸	邢台	天津	唐山	秦皇岛	沧州
1997	32298	5356	5735	2706	4218	2093	4373	10864	5097	23509	15515	1255	4530
1998	30120	5370	6403	2821	3463	1899	2526	11298	5347	21489	15135	1335	4380
1999	28306	5269	6547	2944	3587	1911	2591	10367	5450	26313	14519	1608	4519
2000	30714	5417	6513	3087	4901	11384	2473	9952	5566	26026	14582	5898	5080
2001	30608	5680	6666	3108	4928	12415	2448	10021	5894	27988	14522	6366	5263
2002	30799	5859	6555	3349	5033	11583	3005	10397	5500	30052	14285	7174	7334
2003	30729	5730	5716	3181	4960	10008	2706	9706	3805	32014	13630	5442	6354
2004	31321	6195	6503	3240	5274	11751	3760	10505	3828	36237	13916	6643	8453
2005	32113	6520	6888	3666	5353	11942	3691	10673	3826	39219	14641	7576	11962
2006	33008	6858	7738	4190	5517	12142	3542	11649	4499	41939	15006	7795	14147
2007	19877	7170	8921	4422	6051	12615	3789	12616.01	4810	50261	14942	7191.01	15885
2008	20525	5384	8772	4545	7162	12513	3372	17403.04	8472	34114	21862	7573.02	15373
2009	20470	5199	11711	4796	7951	15151	3429	19135.04	8544	42324	25187	6007.02	18445
2010	21762	6982	14788	5775	9415	19689	4377	25506.06	10253	40013	29829.02	6459.03	19952
2011	24663	8872	18967	7121	9440	24273	5366	29266	12752	43601	37081	6819	26003
2012	26162	9310	22685	8150	11175	28755	6038	34384	14333	46015	41649	7170	30803
2013	25748	9780	26879	9154	12821	35893	7045	36956	15425	45233	47879	7835	35406
2014	26551	7122	21726	7865	10513	24538	5660	37209	11614	49753	38207	7611	29219

2. 计算各区域的赫芬达尔指数（HHI'）

将表 1 中的京津冀各城市 1997～2014 年之间的货运量，代入修正后的赫芬达尔指数公式，可以计算出京津冀内三个物流片区的 HHI' 指数，如表 2 所示。

京津冀区域物流的 HHI' 指数（1997～2014 年）　　**表 2**

年份	环京物流区域	环津物流区域	石家庄物流区域
1997	0.624295	0.620590	0.560112
1998	0.613444	0.614189	0.589058
1999	0.600303	0.627557	0.577731

续表

年份	环京物流区域	环津物流区域	石家庄物流区域
2000	0.598762	0.578207	0.545358
2001	0.594618	0.581254	0.548205
2002	0.591760	0.571134	0.540964
2003	0.600835	0.597635	0.549317
2004	0.591544	0.591482	0.546569
2005	0.586192	0.578632	0.548428
2006	0.577733	0.577599	0.547212
2007	0.501278	0.598810	0.546538
2008	0.507425	0.545671	0.547371
2009	0.500049	0.562072	0.553042
2010	0.488018	0.552305	0.557925
2011	0.487013	0.549189	0.553725
2012	0.485160	0.547551	0.556794
2013	0.482750	0.545234	0.557674
2014	0.494289	0.549518	0.571670

根据表 2 中的数据，绘制京津冀三大物流片区 1997～2014 年的赫芬达尔指数发展趋势图（图 1)。

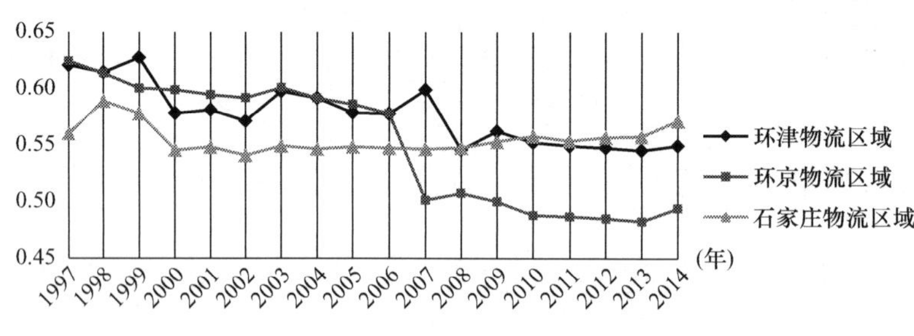

图 1　三大物流区域 HHI'

使用 GIS 做出 1997～2014 年京津冀区域物流状态图如图 2 所示。

3. 模型演化分析

根据上述数据，分析得出以下结论。

(1) 环京物流区域

1997～2004 年，环京物流区域的 HHI' 指数较为平稳，但在 2005 年国务院召开常务会议，对北京的城市化起着决定性的作用。在此次规划中提出“宜居城市”的概念，将北京建设为“全国的政治中心、文化中心、世界著名古都和国际大城市”，并开始疏散人口和产业。因此在 2005～2007 年 HHI' 指数有较大波动，也验证了该模型具有一定的解释能力。突变之后的 HHI' 指数较为平稳，说明了环京物流网络在较大程度上完成了产业疏散，其货运量仍远大于周边城市，说明北京依然处于增长极的地位，集聚效应明显。

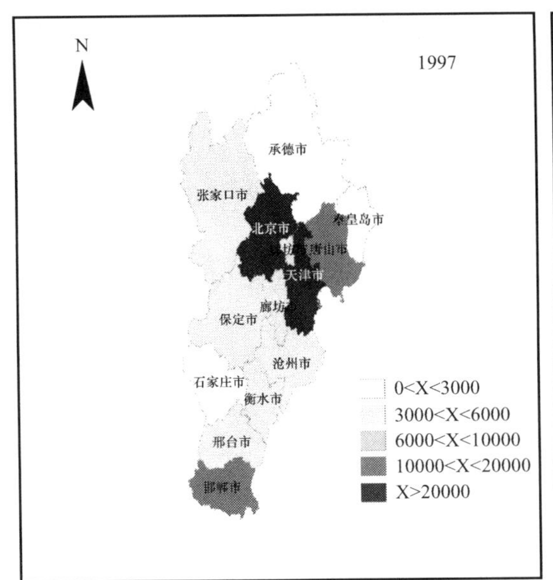

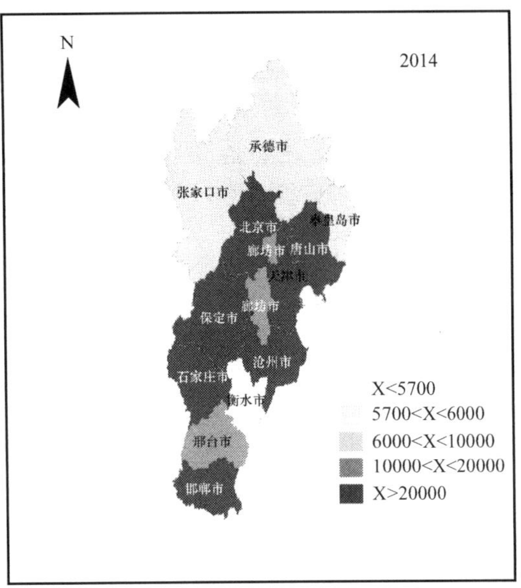

图 2 1997 年，2014 年京津冀区域物流状态图

该物流圈可凭借北京作为特大城市的经济条件及地理优势，依托首都发达的多式联运立体交通网络，以建设首都经济圈为发展契机，向辐射范围内的承德、张家口、廊坊和保定四个城市释放大量的物流和资金流，降低交通运输的经济成本和时间成本，形成环渤海及面向国际的物流圈。与此同时，随着北京城市副中心和雄安新区的提出，北京大外环及一小时生活圈的建设，北京与这四个城市的物流联系都将得到明显加强，将会大幅度提升各城市与北京的物流对接力度[14]。其中，张家口与承德是京津冀区域的重要生态屏障及主要水源地，廊坊处于京津保腹地，可因地制宜发展农业物流，着力发展农产品的生产、加工和运输等物流功能，将现阶段的传统农产品物流转变为现代农产品物流系统，建设具有特色的农产品冷链物流体系，保障京津冀区域的生鲜农产品需求。而保定与北京、天津构成黄金三角，是首都的南大门，是联系北京、天津及石家庄三个城市和承接北京物流量转移的重要节点，可重点完善物流发展环境，将新设立的雄安新区培育为河北省内新的增长极，与北京城市副中心共同形成北京新的“两翼”，辐射华北腹地，拓展区域发展新空间，构建“一核两翼”的空间格局。

（2）环津物流区域

1997～2014 年，环津物流网络 HHI’ 呈平稳的下降趋势，2009 年后趋向稳定，说明了环津物流网络处于平稳地由凝聚发展阶段向放射扩散发展阶段演变，其网络演化发展明显。另外，该物流圈内的四个城市都是沿海城市，其中天津、唐山和秦皇岛都拥有港口，且港口吞吐量较大。在统计货运量时，并未包括港口吞吐量，可能存在一定的影响。

该物流圈存在多个海港城市，可充分发挥各港口的集散与分拨功能，注重完善以海港为中心的立体物流体系。建议以建设滨海新区为契机，抓住天津自贸区获批的机遇，将该区域物流城市建设成为中国北方航运中心和国际物流中心，发挥引领作用，同时该物流圈又与首都经济圈相衔接，可提高区域物流协同发展能力。其中，天津东临渤海、北依燕山、紧邻首都是北京远洋航运最近的出海口，自滨海新区被纳入国家整体发展战略部署后，天津港更在谋求成为和上海同类型的国际航运中心。因此，天津可继续实施现有的“双城双港”战略（双城指中心城区与滨海新区；双港指天津现有港区及距离其 20 公里的东南沿海所建设的新港区），促使该两大主力港区带动整个天津港口的发展。沧州地处河北省东南，东临渤海，与山东半岛及辽东半岛隔海相望，是石油化工基地和北方重要的陆海交通枢纽。后期应加快天津与沧州支线物流通道建设的速度，以促进天津对沧州的辐射带动作用。唐山作为河北省的副中心城市，具备发展区域物流枢纽的政策条件，可依靠其雄厚的工业基础和经济实力，将其建设成为未来的国际综合贸易大港，并着力推进与天津港的联动发展，成为港口城市群中的“双核”。此物流圈亦可通过秦皇岛辐射“三北”，拉动东北经济快速发展。秦皇岛港则可以此为依托，向多功能现代化大港转变。包含天津港和秦皇岛港在内的津冀物流港口群是连接华北地区和西北地区及京包、京秦等铁路沿线各类能源物资的主要口岸，也是华北西北地区经济发展的重要窗口。同时，随着国家经济重心北移，拥有丰富的煤炭、矿产等资源的环渤海地区已经成为我国重要的能源生产基地，这也极大地促进了沿线港口的发展。环渤海港口群正在成为新的港口增长极。

(3) 石家庄物流区域

1997～2014 年，石家庄物流区域 HHI’ 指数总体在 0.55 附近浮动，非常稳定。说明包含石家庄在内的四个城市物流发展较为均衡，枢纽作用不突出。主要原因是，这四个城市处于河北省的南部，与多个省份接壤，虽然石家庄是省会城市，但邢台和邯郸是链接中原经济区和环渤海经济圈的北方门户，京津冀协同发展国家战略重要节点城市，同时也是京津冀地区重要的工业、能源基地。而衡水也属于环渤海经济圈和首都经济圈的“1＋9＋3”计划京南区，京九铁路、京九高铁等多条铁路线和规划铁路线都途经衡水，是重要的黄金十字交叉路口。该物流圈相距京津两城市较远，物流业存在巨大的发展空间，可围绕建成京津冀城市群南部副中心城市。

该物流圈后期建设重心可放在省会城市石家庄，加强其综合实力并完善交通体系，借机提高自身的物流集聚能力，同时区域内的其他城市可根据自身优势发展特色物流。石家庄作为京津冀协同发展中一个重要的组成部分，既要坚持协同发展，又要突出自己的特点，在京津冀发展中找准自己的发展空间并逐步扩大。石家庄具备省会独特优势的多种资源，要加快经济发展方式的转变和产业结构调整步伐，大力发展战略性新兴产业和现代服务业[15]。积极与京津搞好产业对接，避免产业链雷同，将石家庄打造成为现代商贸物流重要基地，提高省会城市的辐射带动作用和竞争力。邯郸和邢台不仅要加强传统物流产业，更要在此基础上加重对传统产业的升级转型。邯郸现已形成铁路交叉、国道交汇、高速纵横和空港通航的“四位一体”的立体交通网络，要充分利用京津冀一体化协同发展战略和中原经济区北部门户城市的战略优势，可积极发挥作为全国钢铁生产和集散基地的作用，增强物流产业优势，加快建设邯郸国际陆港物流园区，极化邯郸在晋冀鲁豫接壤地区中心城市地位。邢台是环渤海经济圈现代物流业的重要节点，作为综合交通枢纽，且制造业发达，可建设包括清河羊绒、任县机械配件等在内的特色产业集群，发展具有针对性的装备制造物流等，在衔接京津冀与中原经济区的过程中，加快邢台物流发展的步伐。衡水位于京津济石四大都市中心位置，距离这四个城市车程都在 2 小时，若未来轨道连通，则可实现1小时直达，是四大城市经济交汇圈的中心枢纽，现阶段应积极增强自身经济实力，完善物流发展环境，发挥独特枢纽优势，打造京津冀重要节点城市。

由上述分析及GIS状态图可知，随着颜色的加深，该城市的物流量也愈大，京津冀区域物流枢纽网络的结构形态也大体呈现出"点-轴-网"的演进过程，并围绕着京津两城市呈放射状延伸，重点培育枢纽城市，完善该区域的物流网络。

四、结语

京津冀区域是环渤海物流经济圈的重要城市群，城市物流的发展需要物流网络体系的支撑[16]，其物流网络结构的合理化直接影响环渤海经济整体实力的提升。本文以京津冀区域物流网络为研究对象，根据网络中的节点在时间序列上的演化规律进行研究，采用修正后的赫芬达尔系数，确定了该区域内的核心物流枢纽，以此分析在物流节点演化和生长过程中，产生的集聚与扩散效应对物流网络结构演化产生的影响[17]。研究表明，以北京、天津为枢纽的双核心轴辐式区域网络结构发展趋势相对明显，应积极发挥这两个城市的极化作用，带动周边城市包括石家庄、唐山和保定等依托于京津城市的发展，培育多增长极，加强各区域轴心城市对周边城市的吸引和辐射。

参考文献

[1] 周凌云，穆东．区域物流系统的协同演化研究［J］．北京交通大学学报（社会科学版），2009年，8（2）：26-31.

[2] 宋景芬，包凡彪，蔡云．全程物流枢纽城市物流中心选址评价问题研究［J］．武汉理工大学学报（信息与管理工程版），2004年，26（4）：165-168.

[3] 李旭宏，张永，毛海军，等．基于增长极理论的区域物流枢纽城市规划方法研究［J］．公路交通科技，2005年，22（9）：150-154.

[4] 刘南，陈远高．基于模糊综合评价的城市物流枢纽规划［J］．东南大学学报（自然科学版），2007年（s2）：289-292.

[5] 杨光华．区域物流网络结构的演化机理与优化研究［D］．中南大学，2010年.

[6] 陆华．区域物流枢纽演化及规划研究［M］．中国财富出版社，2015年.

[7] 崔冬初，宋之杰．京津冀区域经济一体化中存在的问题及对策［J］．经济纵横，2012年（5）：228-228.

[8] 陈红霞，李国平，张丹．京津冀区域空间格局及其优化整合分析［J］．城市发展研究，2011年，18（11）：74-79.

[9] 傅为忠，李孟雨．京津冀区域物流与区域经济协同发展评价研究［J］．合肥工业大学学报（社会科学版），2016年，30（6）：1-8.

[10] 薄文广，陈飞．京津冀协同发展：挑战与困境［J］．南开学报（哲学社会科学版），2015年（1）：110-118.

[11] 张贵，梁莹，郭婷婷．京津冀协同发展研究现状与展望［J］．城市与环境研究，2015年（1）：76-88.

[12] 高卷．京津冀协同发展背景下雄安新区发展思路研究［J］．经济与管理评论，2017年（6）：130-136.

[13] 赵建群. 论赫芬达尔指数对市场集中状况的计量偏误 [J]. 数量经济技术经济研究，2011 年 (12)：132-145.
[14] 邢璐霞. 京津冀“轴-辐”物流网络构建研究 [D]. 河北师范大学，2017 年.
[15] 戈钟庆. 石家庄市在京津冀协同发展中的地位和发展战略 [J]. 经济论坛，2015 年 (10)：20-22.
[16] 徐杰，鞠颂东. 城市物流网络体系的构建 [J]. 中国流通经济，2008 年，22 (1)：10-12.
[17] 陆华. 区域物流枢纽演进机理及规划研究 [D]. 北京交通大学，2015 年.

Research on City Complex Nodes and Integration Measures

Zhou Xiaojing　Zhang Zhuo

Abstract: The urban renewal in China is in the course of speedy development. As main points in urban structure, city nodes reflect the influence affected by urban renewal. Now, many city nodes with single function cannot supply the demand of city development and social life, city complex node come into being. "Integration" is used as design strategy in this study. By "integration strategy", we can relieve the space stress, mold the spirit of place, improve the regional environment of the urban nodes, then we create a new urban node intention.

Keywords: City node; City complex node; Integration

Ⅰ Introduction

City complex node is a highly mix-used city node with the interaction, interdependence, mutual influence and mutual constraints of various programs, under the background of fast urbanism and complexity of the city, stimulated by new resource, new energy and new information[1-3]. City complex node is different from simple plaza and isolated traffic synthesis, it collects more city functions in an orderly manner. Besides the features of city node, city complex node also has other characteristics: "heavily gathering", "heavily flow", "heavily associating", "heavily wholeness" and "heavily imageability", it shows more important regulation function in urban structure.

"Integration" is used as design strategy in this study. "Integration" is because of the actual demands, it is an effective and macroscopical control measure to change and adjust the current situation, and its purpose is to create a newer and more suitable order[4]. We can promote the development of complex nodes reasonably and orderly by exploring the relationship between the component parts and the relationship between node itself and city construction. It should be pointed out that "integration" is a dynamic process and a pragmatistic idea, it is multiplex, it is concrete analysis of concrete conditions, so the results of "integration" are also different from each other. By "integration strategy", we can relieve the space stress, mold the spirit of place, improve the regional environment of the urban nodes, then create a new urban node intention.

Ⅱ The causes and outstanding problems of urban nodes under the background of urban renewal

1. Causes of complex urban nodes

The growth of the city is not to cut off the development of its own, but through the planning of the regulation and design guidance, the pace of development is more stable, from organic to organic order[5].

The production of complex urban nodes is not a single step, but a product of the development of the times; it is not only formed by the single factor, but the function height of the old order and the new resources, new energy, new technology and new information in the economic, social, cultural and psychological aspects of the interaction, influence and development. Complex, all kinds of urban "flow" high-density aggregation of special nodes is the result of various internal and external factors. The first is because of the increase of information processing capacity per unit area. Linear space occupies the dominant position of public space in Chinese cities. Most of the nodes in Chinese cities are developed on the basis of the original urban structure. Most of the node space is much smaller than the traditional western square. However, with the development of the city, it often needs to accommodate more people, more cars and more[6,7]. There are many urban functions, and the information processing per unit area in node space is much higher than that in western countries. Secondly, the high density of asian pacific cities and the mixed characteristics of land functions. The increase of the number of people is naturally involved in the demand for the corresponding transportation, service industry, and the pursuit of the humanities and the environment. Please, these are all in this place.

2. Protruding problems

Here, the three concepts of "physical destruction", "functional destruction" and "imagism destruction" are used to generalize the drawbacks of the urban nodes of some destructive urban renewal.

a. Physical "destruction"

The contradiction between people and cars is an important contradiction of urban space in the new century[7]. The fundamental reason for the contradiction between people and cars is that the urban form fails to adapt to the development and differentiation of modern urban traffic. The development of the city is closely related to the mode of transportation, and the great changes in each mode of transportation will bring a strong influence on the urban space form and structure of the corresponding times. As the city is cut, some city nodes have gradually lost the functions and characteristics that they should have, or become the urban junction vacuum zone, or become the huge traffic "tumor" in the city.

The modern city has evolved into a forest of reinforced concrete. When people's material life is satisfied, people gradually find that the surrounding cities are becoming strange, and gradually begin to pursue the naturalized space.

b. Functional damage

The node's original function can't satisfy the current demand, and the result is the malfunction or loss of the function of thenode[8]. The reason is not keeping pace with the times. The relationship between nodes and cities is on the one hand in terms of space and on the other hand on functional links. The rapid development of cities often focuses on immediate interests and ignores the overall linkage effect. In addition, many of the modes of urban transformation in China have been overthrown, so the relationship with urban function, urban space and urban history is ignored, and the new isolated nodes may be bright for a moment, but their disjointing with other links in the city will often bring adverse effects on the development.

c. Image destruction

After the reform and opening up, the urban construction of our country has made great achievements. We are not only happy and hearten to the achievements we have achieved, but also regret for the problems in the renewal and construction of this large-scale and rapid city and the irreparable loss to the city. After the completion of the central square, there are only two lawns. It's a simple and crude copy of the modern urban square form, but it ignores the history that once happened here. Some of the nodes in the planning even some urgent success and instant benefit, the lack of regional characteristics and historical context makes the node space become uninteresting, but instead of something similar, low and fashionable, it makes people feel strange, lack of the sense of recognition and belonging.

Ⅲ Principles of integration

In fact, integration is the connection among the various elements of complex nodes to form a kind of order, so it does not study the integration strategy of complex nodes, but analyzes its principles, and uses these principles to guide the design of complex nodes and analyze specific problems. The principles of integration of complex nodes can be summarized as following aspects. It should be pointed out that these aspects are not tied together but progressive.

1. Establish relations

Establishing the relationship among things is the basis for the integration principle of complex nodes, which can be based on material form[9].

The existence of form can also exist in the form of immaterial. First, the simplest way to establish a relationship is a direct material connection between objects, such as the overpass of a crossroad at the city's crossroads, linked to traffic on both sides of the road in the form of a bridge, or even business. Secondly, through the composition of plane, form and color, we can establish the relationship among things. Again, the connection on the line of sight is also one of the ways to establish a relationship. In modern urban design, the visual corridors are often used to emphasize the content at both ends, strengthen the relationship between them, and consolidate the axis of the urban space. Finally, this relationship also exists between the node itself and the urban environment, or the relationship between form and culture.

2. Establish the subject

When the relationship between simple things cannot clarify the internal relationship of complex nodes, it is important to establish a main body to constrain and influence the relationship among other individuals. From a larger level, the complex node itself is also a main body in the urban space. Whether it is the charm of the environmental art or the standard of the urban space structure, it plays a very strong guiding role in the development of its surrounding space environment.

3. Establish a system

Actually, the content of this part is close to the two parts. Urban development is a process from simple to complex[10,11]. The change of technical means and life style promotes the complex development of all the components of the city, and the development and evolution of the node space are also deeply influenced by these aspects. So, the specific integration relationship within the complex node is not a simple addition of A+B, B+C or A+B+C, but should be the relationship and effect of all elements between A and Z, and this integration result should be able to play the role of 1+1>2. The two kinds of associations mentioned above do not generalize the combination of all the nodes and all the elements in the nodes. At this time, a more complex organizational means is needed to promote their systematic connections. In fact, it is the overall relationship among the entity elements, the spatial elements and the image elements. It is a global consideration in the design of complex nodes.

4. Set up characteristics

Finally, it is necessary to point out that the integration of complex nodes should be rich and colorful, and the integration strategy is not copied, but should be a specific analysis of the specific problems. There are no urban environment, city history and urban customs exactly the same two nodes, so the concrete integration of the node method is also very different, the result of its integration is naturally different. Many cities in China now blindly copy foreign classic cases to show the development of the city, which is not advisable. In fact, it is not only reflected in the construction of nodes, but also in other aspects of architecture. What we should learn is the design ideas, rather than the ready-made results. The urban design will only bring about the boring and tedious urban space. Of course, it is clear that the establishment of the characteristics here is not simple to strive for alternative, new, unique, for the characteristics of the establishment of the characteristics, or according to the actual situation to analyze the specific results.

Ⅳ The role of the integration of urban complex nodes

Urban complex nodes have the functions of conversion, convergence and aggregation[12]. The integration of complex urban nodes is not only beneficial to the rational development of its own, but also beneficial to the construction of the urban overall network framework and the overall image of the city. The specific role of integration in urban complex node design can be summarized as follows:

1. Relieving space pressure of nodes

The city node space pressure increases greatly. The most prominent reflection is the traffic problem and the resulting series of other contradictions, urban complex nodes have become the simple patchwork and extrusion of various urban functions, some are not so important city functions and even lost the place of standing. Integration is an effective and macro means of regulation for these contradictions and elements, by digging up the connections between the parts of the nodes, and improving or changing the status quo, in order to achieve a balanced and new order. Through the means of integration, the internal elements of the nodes are organized according to certain rules to alleviate the conflict between each other for the urban space and the confusion of the main body. Therefore, the integration is beneficial and necessary to alleviate the spatial pressure of the complex urban nodes.

2. Improve node area environment

The practical application of integration strategy in urban complex nodes promotes the rational development of the node itself, but also brings beneficial influence on the regional environment of the nodes. For the rational organization of the elements of the nodes and the relief of the space pressure, the position and function of the nodes in the city can be strengthened, and the overall environment of the urban space is further affected by the nodes, and the prosperity and development of the nodes in the region can be promoted. On the other hand, as mentioned in the previous article, the integrated object of urban complex nodes not only refers to the elements of unbalanced development in the process of the internal development of the nodes, as well as the contradiction between the new things and the old things before and after the development, but also refers to the structure and connection between the node itself and its environment.

3. Shape the spirit of node place

The integration of urban complex nodes is concerned about relieving the internal pressure of the nodes and improving the regional environment. At the same time, it also focuses on the shaping of the spirit of the nodes. The integration strategy of urban complex nodes takes into account the many elements in the nodes, including the specific examination of history, humanities and other factors. The faster the urban development changes, the more it needs to provide the identity of the urban residents with a sense of identity, so it is particularly important to create an atmosphere with a sense of place within the complex nodes of the city. The attention to the walking system, the development of the greening landscape system and the review of the regional characteristics and historical context of the nodes are the important means to create the spirit of the node place. It is necessary to consider the overall planning and development of the nodes and think about the relationship between the other functions of the nodes, such as the node of the Xi'an bell tower. The echo of history and the proper handling of the relationship between commerce and historic buildings are both a manifestation of the spirit of nodes. In the form of integration, the spirit of node location is combined with the overall development of the node.

V Conclusion

This paper makes a preliminary study on the integration strategy of urban complex nodes. From the perspective of urban development today, this paper discusses the outstanding problems of node planning under the background of urban renewal, and the close relationship between nodes and urban space and urban development. Taking the integration of complex nodes as the object of study, it is of practical significance to study its category and summarize its principles.

References

[1] Yang Z. Vertical Urban Complex as New City Node [J]. Urbanism and Architecture, 2009.

[2] Wang Q P, Bai Y, Zhang Q, et al. Study on the Vertical Design of Urban Underground Complex Pipeline [J]. Applied Mechanics & Materials, 2011, 99-100: 479-482.

[3] Wang Y, Li W, Li H, et al. Application of BIM Technology in the Construction Quality Control of Changchun Wanhao Orient Plaza City Complex Project [J]. Construction Technology, 2015.

[4] Chen C Y, Tang J Z. Study on the Integration of City Economy in Metropolitan Areas—A Case Study of the Yangzi River Delta [J]. 2003.

[5] Tian B, Li Y, Li B, et al. Rear-View Vehicle Detection and Tracking by Combining Multiple Parts for Complex Urban Surveillance [J]. IEEE Transactions on Intelligent Transportation Systems, 2014, 15 (2): 597-606.

[6] Jansma J E, Visser A. Agromere: Integrating urban agriculture in the development of the city of Almere [J]. Urban Agriculture Magazine, 2011, 25: 28-31.

[7] Chen F Y. The Development of the City Culture and the Development of the City Tourism [J]. Journal of Hunan Business College, 2007, 30 (1): 121-127.

[8] Lee S. Research Trends and Limitations of the Integrated Study of Urban Planning and Public Health for a Healthy Community [J]. Seoul Studie, 2010.

[9] Lawrence P R, Lorsch J W. Differentiation and Integration in Complex Organizations [J]. Administrative Science Quarterly, 1967, 12 (1): 1-47.

[10] Kotzebue J R. The EU integrated urban development policy: managing complex processes in dynamic places [J]. European Planning Studies, 2016, 24 (6): 1-20.

[11] Rustiadi E, Pribadi D O, Pravitasari A E, et al. Jabodetabek Megacity: From City Development Toward Urban Complex Management System [M] // Urban Development Challenges, Risks and Resilience in Asian Mega Cities. Springer Japan, 2015: 421-445.

[12] Østbye S, Westerlund O. Industrial structure, regional productivity and convergence: The case of Norway and Sweden [J]. European Urban & Regional Studies, 2010, 18 (1): 47-61.

“一带一路”倡议下中国工程企业的合规管理

孙　杰

摘　要：分析合规管理及国际合规治理的新挑战，阐述中国工程企业合规管理迎来新起点，重点分析合规管理是中国工程企业参与“一带一路”建设的必由之路，提出中国工程企业加强合规管理的几点建议。

关键词：合规；合规管理；“一带一路”倡议

Abstract: This paper analyzes compliance management and the new challenges to international compliance management, explores the new beginning for compliance management of Chinese engineering enterprises, expounds compliance management is the only way for Chinese engineering enterprises to participate in the construction of the Belt and Road, and puts forward some suggestions on strengthening compliance management of Chinese engineering enterprises.

Keywords: Compliance; Compliance management; The Belt and Road Initiative

在经济全球化浪潮的推动下，国际社会和各国政府都致力于建立和维护开放、透明、公平的社会秩序，与此同时，我国也正在全面推进依法治国。在这样的背景下，中国工程企业不论是在国内发展还是开展海外业务、参与“一带一路”建设都要加强合规管理。只有拥有良好的合规理念、建立完善的合规内控体系，才会有更多的优秀企业选择与其合作，中国工程企业才会有机会在国际市场发展壮大。

一、合规管理及国际合规治理的新挑战

1. 合规管理概述

“合规”一词是由英文“Compliance”翻译而来。它通常包含以下三方面内容：(1) 遵守法规；(2) 遵守规制；(3) 遵守规范。[1]

合规管理是指企业通过制定合规相关政策，按照有关法律法规要求制定并修改企业内部规范，严格按照内部规范执行，加强企业内部控制，最终对违规行为进行监测、识别、预警并最终控制合规风险的行为。

根据2017年6月中国证券监督管理委员会颁布的《证券公司和证券投资基金管理公司合规管理办法》（中国证券监督管理委员会第133号令）的规定，合规是指证券基金经

孙杰，北京建筑大学，副教授.

营机构及其工作人员的经营管理和执业行为符合法律、法规、规章及规范性文件、行业规范和自律规则、公司内部规章制度，以及行业普遍遵守的职业道德和行为准则（以下统称法律法规和准则）；合规管理是指证券基金经营机构制定和执行合规管理制度，建立合规管理机制，防范合规风险的行为。

目前，企业管理的三大支柱包括合规管理、业务管理和财务管理，合规管理则是企业内控的一个重要方面，也是企业风险管理的重要环节。

2. 国际合规治理的新挑战

近几年，国际机构和各国政府颁布了各类针对市场公平竞争、反舞弊与反腐败、环保标准、质量要求的法律法规，并且加大了打击违规力度。全球范围内加强合规治理合作，政府间国际执法合作不断发展，越来越多的国际组织积极促进世界范围内建立广泛的反腐败联盟。企业有无合规体系逐渐成为受制裁和解除制裁的前提条件，企业因违反合规监管规定而受到相关监管机构严厉处罚的案例层出不穷，这些案件无一不给企业带来巨额经济损失。无论一个企业在本国经营地多么出色，当他们在投资那些司法体系有别于本国的其他国家的时候，他们就有可能因为合规与法律监管问题而遭受重大的损失。[2]

2017 年，《美国海外反腐败法》（*The Foreign Corrupt Practices Act of* 1977，“*FCPA*”）的两大执法部门，美国证券交易委员会（“SEC”）和美国司法部（“DOJ”）一共完成了 13 件对各国企业的执法案件，其中 FCPA 执法中与执法对象的和解金额达到 11.3 亿美元。

2016 年 12 月，上海市物价局认定上汽通用公司与其经销商达成垄断协议，对其价格垄断行为依法作出行政处罚，处上一年度涉案产品销售额 4%的罚款，共计人民币 2.01 亿元。

2016 年 2 月，荷兰电信运营商 Vimpel Com 因其在乌兹别克斯坦向政府官员行贿，将支付 7.95 亿美元来了结美国与荷兰当局针对其在乌兹别克斯坦行贿问题所进行的调查。

2015 年 9 月，美国环境保护署指控大众汽车集团生产的部分柴油发动机利用“失效保护器”规避尾气排放监测。大众最终以 147 亿美元与监管机构达成部分和解协议。

在经济全球化背景下，企业间的竞争方式也发生了重大变化，逐渐演变为企业全球价值链竞争，其责任理念也应从服务其股东实现价值最大化向企业全球责任转变，加强企业合规文化建设显得尤为重要，为此，中国工程企业“走出去”经营必须要接受这种新竞争规则的挑战。

二、中国工程企业合规管理迎来新起点

1. 中兴通讯的巨额罚款案件

中兴通讯（ZTE）是全球领先的综合通信解决方案提供商，也是中国最大的通信设备上市公司。近几年，中兴通讯由于合规问题多次被美国处罚，最近一次最为严厉的制裁有可能导致中兴通讯濒临破产倒闭，合规风险确实已经成为中国企业参与全球竞争的一个核心风险。

2018 年 4 月 16 日，美国商务部网站发布公告称，中兴通讯因违反了 2017 年与美国政府达成的和解协议，未来 7 年内将禁止美国企业与中兴通讯开展任何业务往来。

2017 年 3 月 8 日，中兴通讯发布公告称，已就美国商务部工业与安全局、美国司法部及美国财政部海外资产管理办公室对公司遵循美国出口管制条例及美国制裁法律情况的调查达成协议。因为中兴通讯违反了美国出口管制法律，并在调查过程中因提供信息及其他行为违反了美国相关法律法规，同意认罪并支付合计高达 8.92 亿美元罚款。除此之外，美国商务部还对中兴通讯处以暂缓执行的 3 亿美元的罚款，即未来 7 年暂缓期内中兴通讯要履行与美国商务部达成的协议，完成相关事项后中兴通讯将被豁免支付 3 亿美元的罚款。

中兴通讯的 8.92 亿美元罚款是美国政府处罚中国企业的最高金额，这也使中兴通讯公司成为违反美国出口管制而被罚款金额最大的中国海外公司。中兴通讯巨额罚款案惊醒了全球化中的中国企业，暴露了中国企业在全球经营中的合规管理能力的欠缺以及尚未构建企业合规管理体系的重大缺陷，警示意义巨大。这起案件必将引起中国企业对于企业合规管理的重视，对于推动合规管理意义重大，是中国企业强化合规管理的里程碑事件。

中国工程企业也应当从该案中痛定思痛、吸取经验教训，找到与其他先进的全球化经营企业的差距，努力加快打造具有竞争力的全球价值链，同时也要加快规范公司内部的合规管理，最大限度地降低合规风险。

2.《关于规范企业海外经营行为的若干意见》发布

2017 年 5 月 23 日，习近平总书记主持召开中央全面深化领导小组第三十五次会议并发表重要讲话，会议审议通过了《关于规范企业海外经营行为的若干意见》。会议指出，规范企业海外经营行为，要围绕体制机制建设，突出问题导向，落实企业责任，严格依法执纪，补足制度短板，加强企业海外经营行为合规制度建设，逐步形成权责明确、放管结合、规范有序、风险控制有力的监管体制机制，更好服务对外开放大局。

这是我国中央最高领导明确要求企业海外经营行为要强化合规管理，其本质是要求中国企业要建立合规制度，国内国外经营都要合规。会议之后，相信中国企业会越来越多地关注其所面临的合规风险以及如何在经营业务中实现合规。

3.《合规管理体系指南》(GB/T 35770—2017) 国家标准正式发布[3]

2017 年 12 月 29 日，由中国标准化研究院牵头制定的《合规管理体系指南》(GB/T 35770—2017) 经国家质量监督检验检疫总局、国家标准化管理委员会正式批准、发布，于 2018 年 8 月 1 日起实施。

《合规管理体系指南》以良好治理、比例原则、透明和可持续性原则为基础，提出了合规管理体系的各项要素以及各类组织建立、实施、评价和改进合规管理体系的指导和建议。《合规管理体系指南》的实施与应用，不仅能够帮助各类企业降低经营中出现不合规的风险、强化企业社会责任、实现可持续发展，最终还对营造公平竞争的市场环境、推进我国法治国家建设具有重要的现实作用。

三、合规管理是中国工程企业参与“一带一路”建设的必由之路

随着“一带一路”倡议的不断推进，中国工程企业参与的国际工程项目规模不断扩

大，业务模式不断转型升级，产业链条不断丰富，项目复杂程度也不断增加，企业做好合规管理和相应风险防范的任务更加艰巨。

1. 中国工程企业参与“一带一路”建设成果显著

“一带一路”倡议获得世界各方广泛关注和积极参与，2017 年“一带一路”建设取得实质性进展，其中，中国工程企业对外投资和承接工程业务在相关国家发展较为强劲。

中国工程企业在“一带一路”沿线的 61 个国家共新签对外承包工程项目合同达 7217 份，涉及合同额 1443 亿美元，占同期我国对外承包工程新签合同额的 54.4%，同比增长达到 14.5%。中国工程企业 2017 年“一带一路”建设完成营业额 855 亿美元，占同期总额的 50.7%，同比增长 12.6%。

同时，在 2017 年全球基建投资中，中国基建投资占比 31%，中国工程企业参与的基建项目占世界基建项目总数的 16%。随着国内竞争格局的变化，“一带一路”成了中国工程企业海外角逐的新战场。

2. “一带一路”建设要求企业必须加强合规管理

随着经济全球化迅速发展和“一带一路”建设的兴起，企业竞争方式发生了重大变化，传统跨国公司成长为全球型公司，企业竞争从过去单个企业间的竞争上升到全球价值链的竞争。与此同时，面对各国政府监管加强和国际组织的推动，越来越多的企业强化合规管理，合规竞争成为全球化企业新的竞争规则。

“一带一路”沿线国家腐败程度高、合规风险大，各国反腐败联合执法将成为常态。金融机构对企业的规制日趋严格，加上中国强力推进企业合规建设的力度空前，中国工程企业的合规建设势在必行。参与“一带一路”的中国工程企业不仅要遵守中国法律，同时还要遵守东道国法律、反腐国际公约、国际组织的反腐规则。

3. 践行合规管理是企业应遵守的国家对外承诺的体现

在 WTO 协定中，各方都按照国民待遇、最惠国待遇和透明度等原则做出开放承诺，各国企业在获得进入其他国家相关市场的同时，也可能会在国内发展中处于更激烈的竞争环境。中国政府自入世以来遵守承诺，开放市场，也在与其他 WTO 政府采购协定（GPA）成员方就加入该诸边协定进行谈判。企业行为应满足中国对外承诺，接受合规审查，避免因不当行为引起贸易摩擦或贸易救济。

建立完善的合规管理体系是中国工程企业提升国际化水平、塑造负责任受尊重的国际大公司形象的迫切要求。

4. 合规管理顺应国际和国内反腐共同需要

2005 年 12 月 14 日，《联合国反腐败公约》正式生效，该公约是联合国历史上通过的第一个用于指导国际反腐败斗争的法律文件，对预防腐败、界定腐败犯罪、反腐败国际合作、非法资产追缴等问题进行了法律上的规范。中国于当年就加入了《联合国反腐败公约》，为了与该公约接轨，多次对《刑法》作出修订。其中，2011 年颁布的《刑法修正案（八）》中新增了“对外国公职人员、国际组织官员行贿罪”，中国打击反海外贿赂的行动由此开始。

“一带一路”沿线国家建立了各自不同的有关反腐败的法律法规。虽然这些国家的法律法规不尽相同，但其共同目标都是为了维护市场秩序、打击商业腐败贿赂。中国工程企业参与“一带一路”建设，特别是这些国家的基础设施项目建设，向世界银行等国际金融机构的融资是一种必要手段，因此，必须要加强合规建设，因为打击腐败早已成为各国际金融机构达成的共识。

2010 年 4 月，由世界银行集团、亚洲发展银行、非洲发展银行集团、欧洲复兴开发银行、美洲开发银行集团共同签署了《共同实施制裁决议的协议》，要对腐败、欺诈等行为进行联合制裁。如果某个企业被其中一家银行制裁并列入“黑名单”，禁止其在一段时间内参与该银行资助的项目，各缔约银行会共享这份“黑名单”，其他缔约银行联合制裁这家企业，使其融资活动举步维艰，难以开展业务活动。

2016 年 12 月，亚洲基础设施投资银行（即“亚投行”）也公布了《关于被禁止行为的政策》，禁止腐败、欺诈等行为。虽然亚投行没有正式加入《共同实施制裁决议的协议》，但亚投行将单方面接受上述联合制裁黑名单。凡进入上述“黑名单”的企业，也将会被亚投行制裁。

四、中国工程企业加强合规管理的几点建议

1. 提高合规管理认识，培养合规文化

中国工程企业员工的合规观念普遍不强，合规知识匮乏。为此，必须加强对员工的合规教育和培训管理，提升员工的整体合规经营意识，有效识别合规经营风险和进行有针对性的合规管理。必须强调的是合规教育和培训应针对包括企业最高管理者在内的所有员工，企业可针对不同层次的员工群体开展有针对性的培训。

在广泛持续开展合规教育培训的基础上，企业要倡导合规经营文化，并将其作为企业文化建设的一个重要组成部分，大力推行诚信经营和依法合规经营的理念和行为准则，使依法合规经营成为员工自觉的遵守。

2. 构建企业内部合规管理制度

企业合规管理的核心内容是合规管理制度。企业需对国际业务涉及到的各类合规行为以及管理流程进行明确规范，使员工在开展国际业务时得到明确的合规原则指导和操作指引。合规管理制度主要包括如下几项制度：

（1）纲领性制度

明确企业合规管理的目标、原则、组织体系，规定合规风险事件应对处理原则等事项。在总纲性制度下，可就相关内容进一步制定实施细则。

（2）业务合规管理制度

业务合规管理制度主要针对合规风险较高的业务环节进行具体规范的一项企业管理制度。

（3）员工合规行为准则

员工合规行为准则主要是对参与海外业务的员工提出基本的合规要求和商业道德标

准，并对员工合规责任进行规定。企业可要求员工签署合规声明，并规定员工有义务举报任何已知的违规行为。

(4) 合规奖惩和追责制度

企业要结合实际制定海外业务合规经营与管理奖罚办法，提高员工遵守企业合规管理规定的自觉性。企业应根据制度流程化的管理原则，将合规制度通过制定过程不断融入相应的工作流程中来落实和执行。企业也要善于利用授权控制、预防性控制等内控措施对合规风险进行管控。

3. 完善企业合规考核监管体系

对于企业总部集团公司而言，各专业管理部门对企业海外业务合规提出管理要求，并根据管理的实际需要动态进行监管及考核。诸如人力资源管理部门要实时对海外员工薪酬进行监控；法务部门要建立海外业务合规管理联络人制度，收集和分析海外业务合规管理信息，一旦发现不合规事项，及时向海外业务板块管理单位提出纠正建议，并督促落实；企业内部审计机构要对海外子公司进行专项审计。

对于企业海外业务板块而言，企业应根据各海外业务板块的业务性质和特点，分别识别出合规管理的风险要点，并有针对性的采取各种措施对合规风险进行监管和评价。这些业务往往需要配备专业合规管理人员，当时机成熟时还可以通过设置合规管理部门来监控海外业务的合规运行。

如果企业在海外设立子公司，子公司应当聘请当地具有实力的机构担任公司常年法律、财务顾问，一旦涉及子公司日常经营过程中各类管理事务，应事先征求他们的意见，并最终根据他们提出的意见，确定具体的有关合规管理方面的措施。

4. 积极参与合规管理体系或反贿赂管理体系认证

目前，国内已经有专门针对《反贿赂管理体系》和《企业合规管理体系》的认证服务，深圳市标准技术研究院也推出了《反贿赂管理体系深圳标准》的认证服务，国内工程企业应认真考虑获得这些认证。获得认证的目的，不仅在于在一些国际和国内招标采购中可能获得加分，同事也向股东、管理层、客户和员工等证明企业对待合规的认真态度和管理水平，最为重要的是在被调查时提供企业已经采取合理措施防止违规行为的证据。

5. 编写“一带一路”国别合规风险识别指南

“一带一路”国家和地区不同，企业海外经营的环境会有很大差别，因此，企业在经营中的合规管理的关注点也有所不同，不能千篇一律。这就要求企业针对不同国家和地区制定不同国别的合规风险识别指南以应对突发的合规风险事件，并做好应对策略。如企业在欧盟等国家经营面临的合规风险主要来自经济、金融、制度等系统性因素，在这些国家要特别注意诸如环保标准、劳工政策等方面的法律法规要求；而在南美洲一些国家，合规风险则主要体现在政党更迭频繁、社会不稳定、法律体系不健全等方面，因此要求企业必须重点考察这些国家的投资、税收等法律及政策；同样在非洲一些国家，合规风险可能主要表现为政局不稳、部族冲突严重、经济基础薄弱、营商法律制度不健全，企业要重点关注解决民生问题。

6. 构建海外业务合规风险应对机制

企业海外经营中如果发生了合规事件，首先要做的是立即评估该事件影响，不仅要分析合规事件的来龙去脉，更要对可能产生的各种后果进行评估。接下来，企业应迅速利用海外公关机构同有关主体开展有效的沟通和协调，积极通过项目公司与当地政府相关部门进行解释和澄清，必要时聘请当地一家公关机构参与协调处理。如果争端实在不可避免，企业也要善于运用诉讼或仲裁手段，对于可能或已经发生纠纷的合规事件，在上述充分评估的基础上，从有利于纠纷顺利解决角度，制定符合己方利益的应对方式。

参考文献

[1] 王志乐. 企业合规管理操作指南 [M]. 北京：中国法制出版社，2017.

[2] 尼尔·科博恩，褚骁骥. 中国企业的合规挑战 [J]. 中国投资，2017 (22)：60-65.

[3] GB/T 35770—2017 合规管理体系指南 [M]. 北京：中国标准出版社出版，2018.

交通与环境工程技术

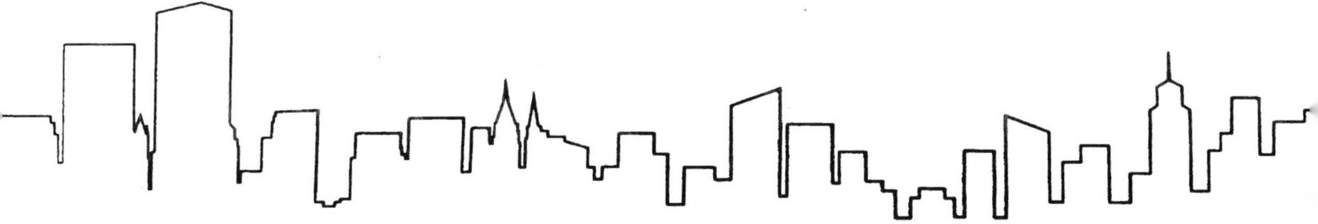

基于构建城市特色街区的地下空间开发策略探讨
——以苏州平泷路地下空间为例

刘皆谊　胡　莹

摘　要： 本研究通过对苏州平泷路地下空间开发进行研究，针对平泷路地下空间的基本情况、主要特点与限制进行分析，并提供科学化的发展思路与实施方法，提出平泷路地下空间在构建为苏州特色街区，从城市规划开始的每一步骤策略。并提出平泷路地下空间以地下空间资源开发，逐步发展为平江新城的公共活动平台，并结合空间设计与城市文化创造出本身的消费特色的开发模式，可以作为我国未来开发类似地下空间项目的参考。

关键词： 地下空间开发；城市特色街区；开发策略

Abstract: Based on the research on the underground space development of Suzhou Ping-Long road, this paper analyzes the basic situation, main characteristics and limitations of the underground space of Ping-Long road, and provides scientific development ideas and implementation methods, and puts forward that the underground space of Ping long road is constructed as a Suzhou characteristic block, and every step from urban planning begins. Exhibition strategy. It also puts forward that the underground space of Ping-Long road is developed by underground space resources, gradually developed into a public activity platform of Ping-Jiang new town, and combined with the design of space design and urban culture to create its own consumption characteristics, it can be used as a reference for the future development of similar underground space projects in China.

Keywords: Underground space development; Urban characteristic block; Development strategy

一、前言

随着我国近年来轨道交通建设的蓬勃发展，许多城市都想整合地下空间与轨道交通，利用轨道交通人流的快速聚集，以及地下空间全天候活动的两个特性，有效扩充城市区域的商业容量，提供购物新体验，并以此作为城市发展的重点策略。而其关注点也由地下街的部分，扩充到整合地面的周边资源与商圈，打破了原有的城市空间结构，让城市核心区有机会创造出地上地下一体的商业生活圈。

苏州平江新城内有苏州轨道交通 2、4 号线的平泷东、西路两个轨道站，因此平江新

基金项目：数字化视野下的江南水网地区城市滨水用地规划研究（国家自然科学基金青年基金项目，51408388）；结合地下空间开发构建苏州特色街区的发展问题之研究（苏州市科技计划软科学项目，SR201470）.

刘皆谊（1973—），男，副教授，博士，研究方向：城市设计、地下空间开发.

城想利用两站连通，同步在轨道交通开发时，进行大型地下商业空间开发，并带动此区域的发展。由于首个与轨道交通相连的地下商业街“星海生活广场”，获得苏州特色街区的认证，因此开发方就提出是否能让平泷路地下空间也发展为苏州特色街区，希望以科学化的设计思路与策略，塑造出专属于苏州市的特色街区。

本研究的主要目的，是想以平泷路地下空间为例，探讨当轨道交通、地下空间、城市特色街区三者在共同开发的基础下，如何以科学化与系统性的方式，以策略克服相互之间的限制，最终能形成商业收益与城市文化精神并重的城市地下特色街区，并作为未来开发类似地下空间项目时的参考。

二、平泷路地下空间的现状与问题

1. 平泷路地下空间的基本概况

平泷路地下空间所在的平江新城，规划面积 10 平方公里，预计未来在此区人口为 14 万人，是苏州最重要的交通枢纽中心和市域次级商务商贸中心，其定位为具备“交通枢纽、商务商贸、生态居住”三大功能的苏州新核心区（图 1）。

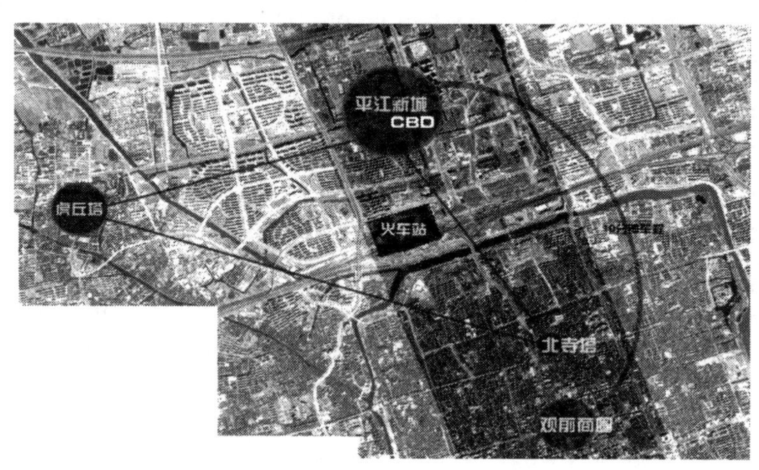

图 1　平江新城与火车站、观前街及虎丘塔的相对位置

平泷路地下空间是平江新城地下空间系统的一环，为优先开发的核心地下空间。按苏州市规划设计研究院有限责任公司所编写《苏州市平江新城控制性详细规划》的内容，整个平江新城规划的地下空间长度有平泷路地下街的 4 倍长，是由地下商业街、地下通道所组成的“П”字形地下空间，同时亦连接了轨道站、火车站的地下空间。此外，也连接各建筑地下的停车场，有效整合了全区的停车资源。未来完成后，平江新城在地下将拥有一个全天候运作、机能完整，又联系平江新城三大核心片区地下空间系统（图 2）。

平泷路地下空间位于平泷路地下，全长约 950m，宽度为 30m，开发为地下一层，局部设夹层，占地面积约 3.2 万平方米，总建筑面积约 4.7 万平方米。沿线连接平江新城体育中心、平江新城 MALL 商业广场、苏大附一院新楼等重要项目，并将核心区 2.7 平方公里的人流、人防以科学合理的方式，于地下组织成完整的活动空间体系（图 3）。

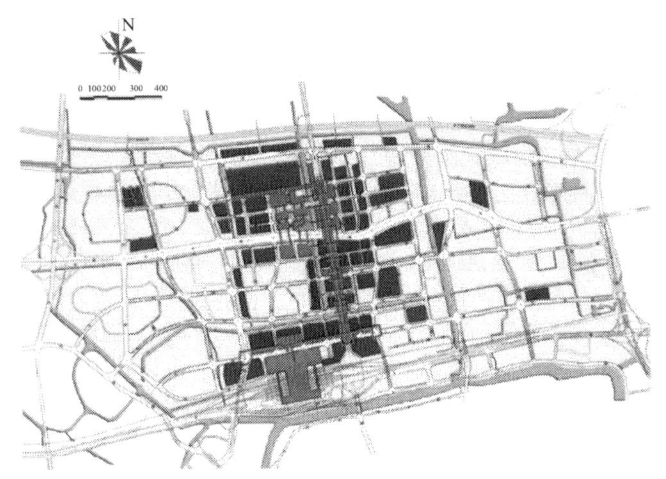

图 2　平江新城的地下空间利用规划

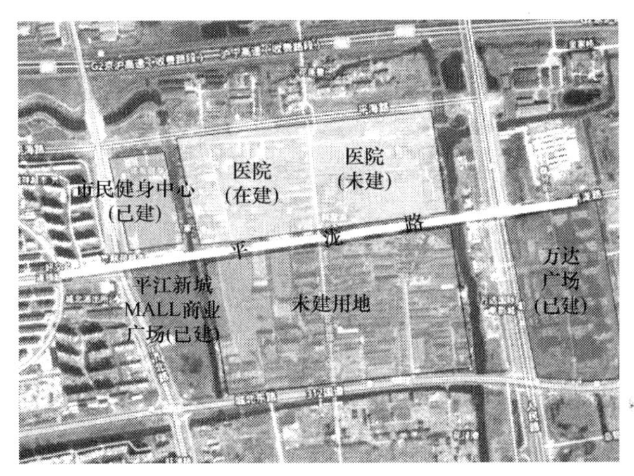

图 3　平泷路地下空间周边土地利用

2. 平泷路地下空间在开发上的特点

(1) 苏州首座强调城市特色的地下特色街区

地下空间结合特色街区因为能与同城地下街形成特色差异，因此在国外的成功案例并不少见，但在国内并不多。目前在苏州已经营运的地下街总共有两个，都是现代商业为风格的地下街区，而平泷路地下空间则是首座以苏州城市特色为主题的地下特色街区。

(2) 能与平江新城同步规划及开发

与其他地下街的开发是因为地面商业已经处于饱和状态，平泷路地下空间是在平江新城初期规划就已有在核心区建立地下公共空间的构想，这也让平泷路地下空间拥有不同的开发优势。

这些优势包括：

1）有机会决定平泷路地下空间要与那些建筑、广场进行共同开发，且能通过地下连接，改变地面资源与场所的可能性。

2）能够通过调整出入口、天井、高低风亭与下沉广场，让地下街有机会和地面环境、视觉与活动上产生联系。

3）有机会让地上地下形成同步发展，在两者的交会处形成延续，包括地面步行道至地面出入口、地面下沉广场等节点，利用规划的调整产生人流的聚集点，彼此间能互相带动发展，能将一部分的地面城市活动，通过规划、设计与空间调整，引入地下。

4）能在影响地面环境最小、代价最少的前提下完成地下空间开发。

（3）轨道交通能对其产生一定的影响

轨道交通在下列三方面，对平泷路地下空间产生影响：

1）搭乘人流会随着轨道站点的距离，对商业形态布置产生不同程度的影响。这些影响包括搭乘轨道交通的乘客年龄层、搭乘的高低峰期、消费习惯与模式，同时也改变此区域的商业需求。两者营运时间是否同步，也会影响顾客的消费意愿及行为。

2）苏州轨道交通的影响在平泷路地下空间两端与站体连接的部分产生较大的影响，而在中间端相对影响较弱。包括轨道站点的平面布局、宽度与引导设计等都会对平泷路地下空间产生一定的冲击。

3）地下空间的开发会受到与站点工程交集的事项制约，包括开挖深度与顺序、采用结构与管线迁移以及预留部分的衔接高度、施工工序等。

3. 平泷路地下空间发展为特色街区的限制

特色街区是街区在形式上的进一步扩展与延伸，其能体现城市文化特点，也有购物、餐饮、休闲、娱乐与旅游等一种或多种功能特质的开放式街区。从定义看，地下街的特性大致与特色街区相符，但受限于下列条件，地下街给予消费者的感受与特色街区仍有较大的差距。

（1）环境条件上的限制

平泷路地下空间与地面特色街区在环境条件上的差异，主要在自然环境与空间感，包括苏州特色街区中常见自然光线、水、桥、建筑、植物等元素，在地下空间中都很难用自然的方式予以呈现。另外在空间高度上，因为要考虑监控、通信信号、消防、空调与水电等管线、结构，以及需要与轨道交通平接等因素，限制每层的商业空间在净高上只能有3m高，只有部分公共空间能突破到7m。净高的局限让平泷路地下空间产生封闭性，也因而让消费者购物时产生厌烦感与压力，降低待在地下空间的意愿。

（2）消防与逃生上的限制

1）消防要求所导致的差异

按《建筑设计防火规范》（GB 50016—2014）规定，即使用到不燃材与难燃材，并设置喷淋系统，每2000平方米也需要有独立的防火分区，每一段距离就要有防火卷帘、防火闸门、防火墙和地面特色街区通行无阻的消费者活动感受有所差异。此外，在地下需要用明火的业态不能随意布置，需要有独立的防火分区，导致空间布局无法像地面街区一样有大量餐饮业态或零星餐饮在街区中散布。

2）逃生设计所导致的差异

为了高效率的疏散逃生，平泷路地下空间采中央主道两侧店铺的布局，同时将两个端点尽量拉直，呈现I字形与L字形的空间布局。这使得约一公里长的地下空间基本呈现直线，与地面街区有多种步行路径的空间组织有很大的差异，而地下单调的直线布局也影响了消费群体走到中央区域的意愿。此外，为了保持每个防火分区有两个逃生路径，需要设置超过 25 个安全逃生梯与通道，遍布在整个平泷路地下空间的中央道两侧及延伸通道。

3）街区特色发掘上的限制

要让平泷路地下空间成为特色街区，其本身特色的发掘是非常有必要的，而且是不可少的重要组成。对于苏州的特色街区，消费者一般的直观认知都是山塘街、平江路、观前街等具有浓厚苏州特色的特色街区，从中分析，这些街区都有个特点，即本身被消费者认知为具有“苏州特色”，而“苏州特色”又与旅游消费紧密结合，并带来各地源源不绝的客源。

苏州的特色街区基本上是以有历史感的“历史街区”和集中业态的“一街一特色”两个特色，结合文、商、旅的现代综合街区，而平泷路地下空间在前两个方向都有一定的困难，但若是采用第三种方式，又会与周边地下街过于雷同，并失去经营上的优势。因此，如何另辟思路发掘出其本身特色，是平泷路地下空间在开发之初就需要攻克的重要难点（图 4）。

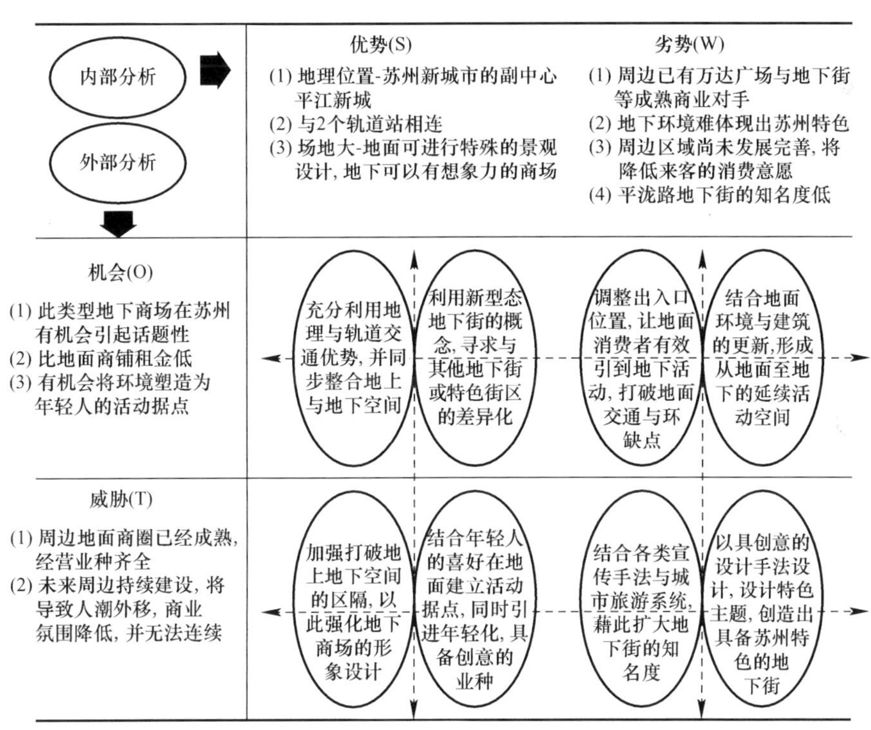

图 4　平泷路地下空间的 SWOT 分析

三、构建地下特色街区的思路

由于先天上与其他苏州特色街区有一定差异，平泷路地下空间本身也不具有直接发展特色街区的条件。因此，只能通过区域规划、开发策略与空间设计上采用不同思路，才有可能引导平泷路地下空间朝向成为苏州特色街区的方向发展。

1. 发展方向与定位

（1）发展方向

平泷路地下空间在开发初期，就制定了两个主要的发展方向：

1）初期发展：成为平江新城的活动与商业核心；

2）长期发展：成为平江新城与苏州的“城市名片”。

（2）发展定位

上述的发展方向，促使平泷路地下空间需要有下列的定位：

1）需要考虑城市区域发展的需求，进行本身的开发，并成为区域发展的一个重要组成；

2）平泷路地下空间内将会有平江新城，甚至是苏州市等级的城市活动；

3）平泷路地下空间所发掘与置入的特色，需要让人感觉到能够代表平江新城或是苏州特点，并在某一方面能代表苏州城市形象。

2. 发展思路

1）从规划、建筑到室内都贯彻科学合理定位，引导地上地下开发最大化价值。

2）将地下空间限制转变为优势，提供轨道交通、平江新城核心区客群，是最佳的消费体验。

3）坚持“新苏州文化”底蕴发掘，找出专属平泷路地下空间特色，与周边形成竞争差异化。

3. 发展目标

（1）形成“新而苏”的消费体验（开业初期）

传统特色街区所能提供的历史、环境与消费体验，平泷路地下空间并不能提供。若是一味勉强将地面特色街区的消费体验复制至地下，在环境、比例、尺度不对的状况下，反而有可能成为反效果，让人觉得在地下造“假古董”。因此提出摒弃复制苏州城市的环境特色与传统的商业街布局，在空间上塑造“新而苏”的消费体验。强调完成后的平泷路地下空间，是一个具有现代化商业空间的特点，同时又能突显出苏州的地域特点。

（2）置入“苏州城市文化”特色（开业 1 年内）

从以往的历史纪录中，可以发现苏州最有魅力的部分，是于苏州城中生活的各类文化交流与体验。因此提出应该在充分尊重苏州城市文脉特征的基础上，以创意的姿态将城市文化进行转化，并将平泷路地下空间发展为苏州时尚新型文化社群，提供活动和消费可持续发展的基地和场所，并以此定位为平泷路地下空间的苏州特色。

对此，提出在开业后一年中，将苏州城市文化延伸至地下空间，进行商品化发展，以及作为运营的特色。按此目标，结合文创团队构想，设置体验文化与展览的空间，邀请艺术家进驻，出租、开设讲堂与会议，并设置交互式多媒体，扩充消费者体验苏州文化的方式。

（3）形成区域的城市活动平台（开业 1～3 年内）

为确保地下空间的优势，需要让地下空间维持保活力。平泷路地下空间由最大化的连通街道、广场，各建筑物与周边的地下空间，由人的流动激发出潜在性的空间行为，形成超过经济收益的效益。平泷路地下空间发展的最后阶段就是要让其未来在地下空间的公共区域能将容纳大量的城市活动，在带动商业活动之余，也提高各板块之间的流动率，维持地上与地下的城市活力，形成多赢的发展策略。

四、开发实施策略

1. 核心策略：设置专业的沟通平台，坚持合理与科学化的发展

要让平泷路地下空间稳定发展为特色街区，科学化的分析与综合性的考虑是很重要的一个关键，这往往也是大型地下空间开发中最为困难的部分。很多时候领导会依照个人想法，提出各种南辕北辙的意见，若是专业团队不能坚持构想，往往会对后续的经营成败有很大的影响，而初期错误的决策更会在后期实施时导致一连串的错误发展，造成不可挽回的结果。

因此，开发者能不能作为支持专业团队的后盾，是科学化发展的基础，也是开发实施的核心。对此，土建设计单位构建了一个专业的沟通平台，要求在规划与设计的各个阶段，规划、景观、土建相关、商业策划、文化创意、运营与装饰设计团队都全程参与，由此平台给予业主专业建议，因而稳定了平泷路地下空间的特色发展方向。

2. 阶段策略：系统化的推进发展

将平泷路地下空间系统化的发展为特色街区，并确保能够有效进行运作是主要的实施策略。系统化推进发展的优点，就是能够用理性与完善的方式，从大区域的规划、城市设计、土建设计发展到室内空间塑造与运营的阶段，都能确保平泷路地下空间发展成为特色街区方向，并逐步解决各系统之间所联动产生的各种问题。

以下是平泷路地下空间为了发展特色街区，在各阶段所采取的实施策略：

(1) 阶段 1：以区域开发的角度，优化规划与建筑设计

此阶段重点是将整个视角提高到城市区域发展的高度，将平泷路地下空间和轨道交通空间视为一体，强化地下的城市公共空间性能，以其为载体而诱发出轨道交通最大影响至城市区域的一种有效开发策略。再从此角度论证平泷路地下街的开发是否符合区域的发展利益，能否真正将轨道交通影响拓展到其他区域，以及是否因会过度突显地下的商业开发而忽略了想要发展的城市公共空间功能；此外，也修正区域的城市规划，重新建立业态布局、景观设计、交通组织上加强地上与地下之间的联系，确保区域能形成地上地下一体化的发展。

此阶段主要还会进行下列的调整：

1）调整轨道站点设计，扩大轨道交通的影响

通过调整平泷东、西路的站点设计，将两端轨道站非付费区与地下空间位置平接，将轨道站人流引至地下空间，再以扩大关键节点、下沉广场与地下通道等方式，将人流引导至周边区域，因而扩大了轨道站点半径 650m 的影响范围。

2）同步调整周边区域规划

为了将平泷路地下空间塑造为区域活动平台，除了最大化与两侧的地下空间进行连接

外，也通过扩大地下的连接面、增设与改动地下的连接位置、设定预留在地下的连接，变更开发的时序等规划方面的调整，让地下空间与周边区域能形成最大的公共空间效能。

（2）阶段 2：制订主题，调整空间业态与经营定位

本阶段主要对平泷路地下空间的特色进行分析，制订出地下空间的大主题，因而推测出地下空间业态分布与经营定位。

表 1 是在过程中所用过的主题以及着眼点，主题决定后的下一步工作则是修改原本的业态与建筑设计，修改主要是为了让空间能够呼应主题，消费者能以空间的认知，形成消费的认知。在这阶段，需要商业策划分析周边商业、公共建设的各种影响变量，并找出对应于平泷路地下各区的特色，以此依据推论各区域业态，修正各区的子主题，让空间主题与消费行为之间能相符（表 1）。

平泷路地下空间在过程中讨论过的主题 **表 1**

项次	主题	提出专业	主要构想说明
1	苏州开门	设计总体/商业策划团队	从轨道交通 2、4 号线连接特性着眼，将平泷路地下街视为苏州门户，提出“漫步苏州历史，从古至今体验”主题
2	地下平江路	设计总体	将地面平江路的建筑与空间模式，重新复制到地下街，借此创造出地下街的空间特色
3	平江映影	设计总体/装饰设计团队	将苏州特色街区的空间元素进行分析，再将其打破分散，并用现代商业的处理手法在地下街重组，借此创造出“新而苏”的进下街空间风格
4	苏州云起	文化创意/装饰设计团队	从平江新城核心区地面到地下街道，以云的轻盈、形变与包容作为构想。希望创造一个包容苏州城市文化的活动基地，在地下街提出以“丹霞”“南风”“烟水”“云山”四个区域主题

（3）阶段 3：选定地上与地下的重要空间节点

1）地上地下交会处的重要空间节点

地上地下交会处节点的决定，除了因建筑规范所规定而设置以外（通常是消防规范中的防火分区影响最大），也从空间面积、步行者的体力、步行动线的连接、业种业态的性质、旗舰店设置需求等因素所决定。首先，先由消防规范判断大致的设置位置，再从地面步行的可辨识性的角度，包括调整出入口在地面步行系统的交会处、重要广场处、视线空旷处或是与城市景观搭配的地点等位置，并按周边环境选用彼此协调的形式进行调整；其次，同步考虑到扩大城市步行系统的功能，部分出入口设置满足地下过街步行的需要，使本区的步行环境能通过平泷路地下街的开发，成为一个完整舒适、安全让人安心的城市系统。

连接平泷路地下空间的四个下沉广场，除了作为地上地下之间人流的集中与疏散，也作为平江新城地面的重要城市景观，而下沉广场所创造的地面识别性，也能产生地面对地下空间的视觉与功能联系，从地面吸引消费者聚集，再引导消费群体深入到整个平泷路地下空间消费。

另一类地上地下交会的重要节点，为沿平泷路超过25个出入口，这些出入口提供了消费者进出地下空间的功能以外，也扩大了地下与地面两者之间的渗透。由于数量非常多，已对平泷路造成影响，因此，除了逃生的需要外，还需从城市景观与地面环境发展进行考虑（图5）。

图5　平泷路地下空间出入口的两种形式

2）地下重要空间节点

图6是平泷路地下空间的内部广场设置分析，基本为先从平泷路地下空间与各点的设施距离，以及消费行为的过渡、高潮与活力等状况，定好可能的节点广场位置，再分析其与地面步行系统、下沉广场的延续性与连接情况等因素，调整内部节点广场，并按此进行合理业态分布与大小不同的主力店布置。

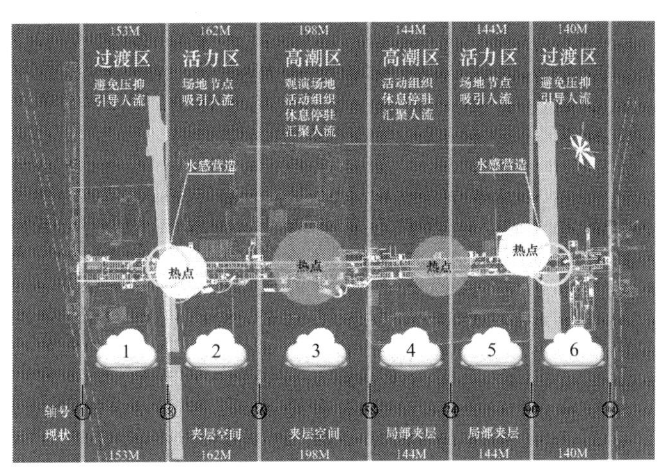

图6　平泷路地下空间内需要广场的位置

(4) 阶段4：各区主题的强化与场所精神的置入

为了让地下各区的主题能为消费者所认知，进一步与消费行为产生连动，以强化各区主题，完善各区段的场所精神的方式，由提供消费者参与及体验，从视觉、味觉、嗅觉、听觉等全面参与体验，让消费者充分理解地下空间特色与内涵。另一方面也希望以此达到“新而苏”“苏州城市文化”的目标，因此将苏州城市的要素分解，再重新以现代手法转移，让消费者在消费过程中，能由仔细品味感受到隐藏其中的浓厚苏州风格（图7～图10）。

图 7　平泷路地下空间由平泷路西路进入的空间效果

图 8　平泷路地下空间西端至云山区域的空间效果

图 9　平泷路地下空间内部的云山广场

图 10　平泷路地下空间内部的烟水区域效果

（5）阶段 5：文化活动的发展余地

平泷路地下空间以发掘城市文化作为本身的特色，因此在设计阶段就须留设文化活动空间，以对应未来的发展。这些文化活动的空间，包括引入天光的中央区走道、两端点的起点通道，以及在各节点周边的部分空间，配合节庆活动和各类的参与性活动，满足不同层次消费者的各种体验性需求。同时也在每个节点广场的两端，将部分原本要做商铺的区域改作为文化空间出租，这些文化空间具有下列两个目的，第一，利用增设文化使用空间，让城市文化价值得以在平江新城的地下出现，通过文化活动的展览、会议室的出租增加商业以外的收益；第二，利用城市文化活动对消费者产生吸引力，通过空间的配置各种艺术和文化活动，让平泷路地下街成为平江新城的城市活动聚集点。

（6）阶段 6：配套功能与细节的强化

包括检讨人性化设计如厕所、饮水机与休息点的设置，导示与广播系统、城市公共设施、ATM 与休息小品的设置、商品消费的信息传递与各种服务的细节是否都能达到标准等配套，再从消费群体的需求去调整各区空间，例如依区域不同特色的卫生间、增设母婴室或是残疾人设施等细节，以及确认在综合管线布置与装饰后的净高空间效果。

五、结语

平泷路地下空间在发展特色街区的过程中，一直都是将其视为平江新城核心区的公共空间，与其他地下商业开发不同，平泷路地下空间在商业与公共空间的比例，以及运营内容上的构思，都显示其不只是一个地下商场，属性更偏向于城市空间，更像是平江新城城市空间的延伸，并与城市形成一个共同发展的整体。

我国大部分城市地下商业空间，由于开发利益所影响，不可避免都过度聚焦在地下商业体本身，最常见的结果是出现一条从头到尾都是高度、宽度一致，直线的中央走道，并在两侧布满小型的店铺，虽然满足了地下空间的商业开发最大化，但对于所在的城市区域而言，这种类型的地下商业体就只是纯粹的在地下开发商业，这对于未来的地下空间发展是极为不利的。

因此，若是能如平泷路地下空间从规划之初就将地下空间视为城市公共空间系统，并如城市设计的处理模式，构建一个平台让不同阶段的单位能有效介入设计与开发过程，逐步维持地下空间的公共特性。此外，也需要研究地下空间开发后，会给地面城市发展带来何种冲击与改变，以及相对的地面发展又将如何影响地下空间的发展等各类的矛盾，并进行调和，并利用此方式确保地下空间开发上的公共性基础，才有机会打开我国的地下空间开发新局面。

参考文献

[1] 彭芳乐，乔永康，常建福，张迪川．城市地下街建设标准体系研究［J］地下空间与工程学报，2017，13（4）：868-876.

[2] 刘皆谊．城市核心区地下街规划探讨—蚌埠市淮河路地下街方案设计［J］地下空间与工程学报，2012，8（1）：1-7.

[3] 刘皆谊．城市立体化视角—地下街设计及其理论［M］．南京：东南大学出版社，2009.

[4] 苏州市规划设计研究院有限责任公司．苏州市平江新城控制性详细规划调整优化［R］．苏州：苏州市规划局，2011.

[5] 苏州无隐文化创意策划有限公司．苏州市平泷路地下空间创意策划概念方案［R］．苏州城投项目投资管理有限公司，2014.

[6] 肖月强，黄萍，陈杨林．城市特色商业街评价体系-以成都青羊特色商业街区为例［J］西南民族大学学报，2011，32（9）：157-161.

高雄市水资源管理永续发展-凤山溪再生水厂

黄振佑　林裕雄　吴怡萱

摘　要： 中国台湾地区受限于先天水文环境的不利条件，产业重镇又多集中于中南部供水较紧张地区，在气候变迁影响、旱涝愈趋极端的趋势下，部分区域始终面临缺水的风险，短期虽能靠农业用水或自来水管网调配等方式克服，但在无法觅得传统湖库水源的情况下，始终无法有效突破供水不足的困境。

为有效舒缓水资源开发的压力，并确保民众用水权益、稳定产业经济，遂有将公共污水处理厂放流水回收再利用的规划。凤山溪污水处理厂放流水因具有不受水文天候限制的优势，且现阶段处理余裕量大、厂区亦有用地可供再生处理设施使用；而其邻近的临海工业区因具产值高、缺水容忍度低的特性，将凤山溪厂的放流水经妥适处理后提供临海工业区作为产业的工业用水，作为全台首座示范厂。

本工程预计于凤山溪厂区内建设一座全期供水量可达每日 4.5 万吨的再生处理厂，规划 2017 年 8 月完成再生水厂第一期工程，可提供每日 2.5 万吨的再生水，2018 年 8 月再增加每日 2.0 万吨，是时再生水供应量将可占临海工业区内每日需水量近四分之一，将对水资源调度缺口的补足有显著效益。

关键词： 再生水；凤山溪；临海工业区

Abstract: Taiwan is constrained by the unfavorable conditions of its inherent hydrological environment. The heavy industrial centers are also more concentrated in central or southern Taiwan where the water is in short supply. In addition, due to the impact of climate change and increasing droughts and floods, some regions are still at risk of water shortages. Although the current strategies used to mitigate the water shortage are short-term reactive solution such as relocating agricultural water or water distribution network. It has not been able to effectively break the problem of insufficient water supply when it can not find the traditional water source of lakes and reservoirs.

In order to effectively relieve the pressure on water resources development and to ensure public water rights and interests and to stabilize the industrial economy, a plan has been put in place to recycle the effluent from public sewage treatment plants. Due to its stability of water quality and quantity and free from being restricted by hydrological condition, Fengshan Stream Wastewater Treatment Plant has sufficient margin for water reuse and the plant area is also available for reclamation facilities construction. Owing to the fact that the adjacent Linhai Industrial Zone has the features of high production value and low

黄振佑（1971），男，科长，硕士，研究方向：污水下水道工程及处理厂操作维护.

water shortage tolerance, the proper treated effluent of Fungshan Stream Wastewater treatment plant, as the very first demonstration plant in Taiwan, could be provided for the industrial use of Linhai Industrial Zone.

The project is expected to build a water reclamation plant with a daily water supply capacity of 45,000 tons. The project is planned to complete the first phase of the reclaimed water plant in August 2018 and provide 25,000 tons of reclaimed water daily, In Aug. 2019, an additional 20,000 tons per day will be added. At this point, the supply of reclaimed water will account for nearly one quarter of the daily water demand in Linhai Industrial Zone, which will bring significant benefits to the water supply shortage.

Keywords: Reclaimed water; Fengshan Creek; Linhai Industrial Zone

一、前言

中国台湾地区受限于先天水文环境的不利条件，产业重镇又多集中于中南部供水紧张地区（图1），为有效舒缓水资源开发的压力，并确保民众用水权益、稳定产业经济，遂有将公共污水处理厂放流水回收再利用，经妥适处理后供为特定用途使用的规划，因具有不受水文天候限制的优势，且现阶段处理余裕量大、厂区亦有用地可供再生处理设施使用。

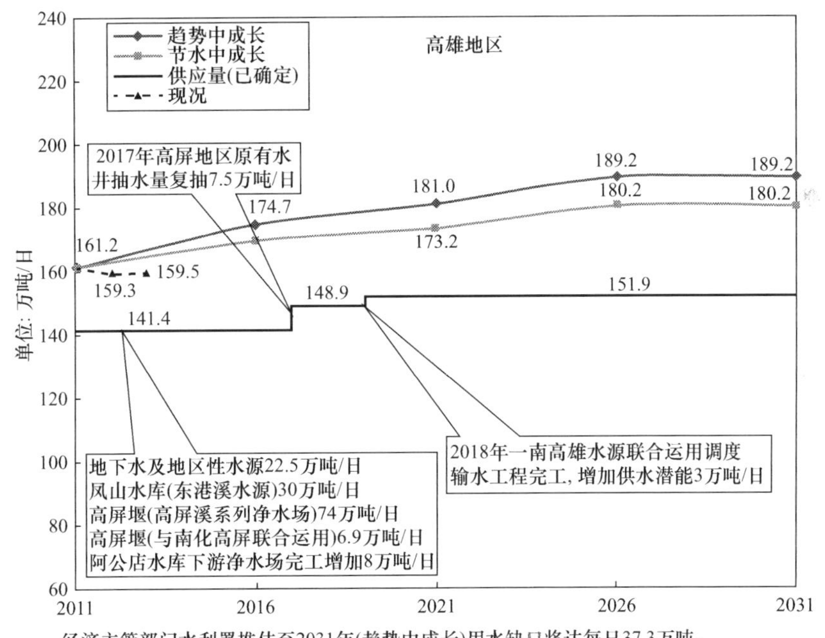

图1　高雄地区公共给水现况

本计划预计于凤山溪污水处理厂（以下简称凤山溪厂）区内建设一座全期供水量可达4.5万m^3/日的再生处理厂，规划未来供水初期（2017年）可提供2.5万m^3/日的再生水予邻近的临海工业区使用，2018年再增加至4.5万m^3/日，是时再生水供应量将可占区内每日需水量近四分之一，将对水资源调度缺口的补足有显著效益。本计划除了是目前首座放流水回收再利用的大型案例外，并且在推动过程中吸取经验，确定未来再生水利用的行政协调机制与作业模板，作为扩大推动的参考，具有多重意义如图 1 所示。

1. 计划背景

十余年前数座大型污水处理厂陆续完工营运后，即已开始进行放流水回收再利用的规划评估，纵观历年成果，偏低的现行水价在商业模式下难以说服使用端负担比自来水高的费用，致使再生水的推动难以自偿；而再生水及供应链涉及公部门之间数单位的行政协调、权责分工，在没有明确的政策导引下，很难化解各机关的歧见，迟迟没有大规模的成功案例，更使这一问题陷入恶性循环；上述种种因素使得目前在处理厂放流水回收再利用的领域始终是原地踏步而无法有效突破。本案例的再生水利用情况如图 2 所示。

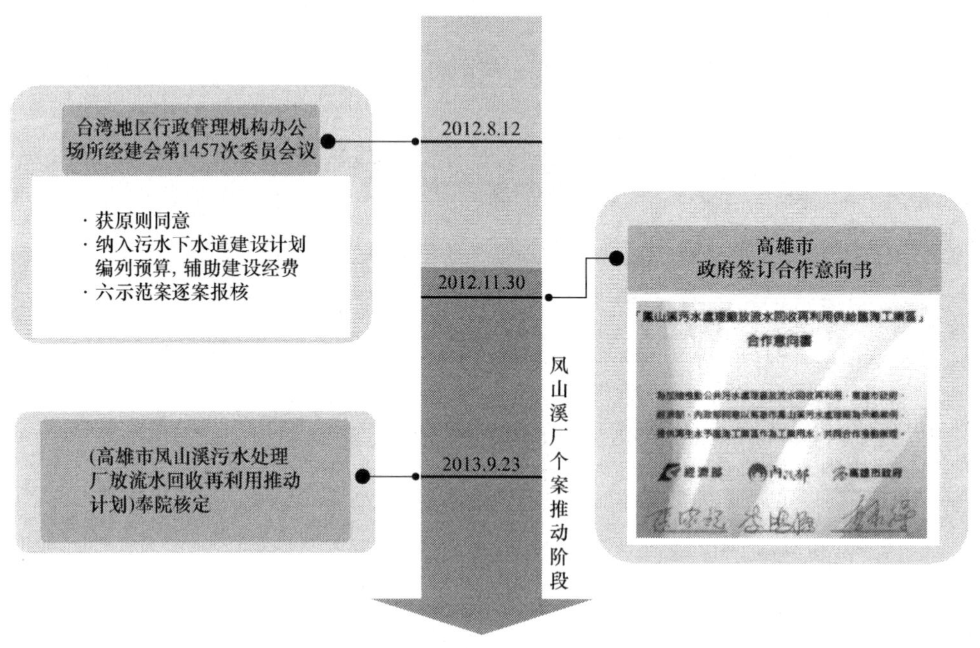

图 2　凤山溪污水处理厂放流水回收再利用情况

2. 规划内容

依据“公共污水处理厂放流水回收再利用示范推动方案”，未来将陆续办理 6 座公共污水处理厂放流水回收再利用，带领建立市场并发展，诱导厂商投入，稳定产业发展及提供投资诱因，建立当前永续再生水产业。

本计划即以推动方案中列为最优先推动的凤山溪厂，将其放流水回收再利用供给临海工业区内厂商使用，预计于 2017 年 8 月起开始供水 2.5 万 m^3/日；2018 年起配合凤山溪污水处理厂进流处理水量的增加，扩大产水规模至 4.5 万 m^3/日。分年供给水量如表 1 所示。

本计划分年供给再生水量 **表1**

年	2016年	2017年	2018年注	2019～2031年
立方米/日	0	0	25000	45000

注：预定自2018年8月起开始供水。

(1) 凤山溪污水处理厂现况

内政事务主管部门营建署为改善高雄市凤山溪及前镇河的河川水质，自1984年起投注经费建设凤山、鸟松、大寮及前镇地区的污水下水道，集污面积约4,531公顷，迄2013年6月为止已布设逾170公里长的管线，并完成约5万户的用户接管，另配合凤山溪沿岸的截流设施（图2），至2013年2月平均每日收集约3.7万m^3的生活污水送至凤山溪厂处理至符合环保署规定的放流水标准后排放。该厂目前最大可处理规模达每日109,600立方米，自1996年起完工运转，采用滴滤池/固体接触的二级生物处理程序，未来配合集污区用户接管工程陆续完成，与新设的凤山溪截流设施，预计在2016年底实际处理量可达8.0万立方米/日，若能将其回收处理后再利用，可视为可靠、有效的水资源，对缓解当地水源不足的压力有重大帮助，如图3所示。

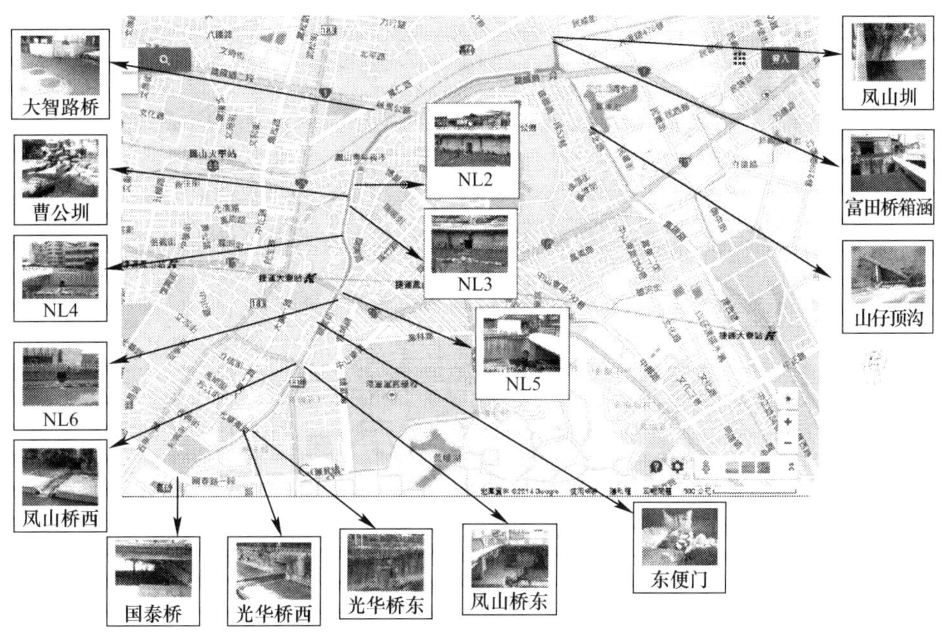

图3 凤山溪污水处理厂收集系统图

(2) 凤山溪污水处理厂放流水回收再利用案规划内容

经济主管部门水利署为多元化高雄地区的水源供应，凤山溪厂又具备推动放流水再生利用供给临海工业区的潜力，若采有偿BTO模式，由民间投资兴建，再生处理厂及输配水管线由政府出资为原则，于100年委外办理“凤山溪污水处理厂水再生利用规划”，在考虑用户接管进度及截流水量后，设置乙座产水规模4.5万立方公尺/日的再生处理厂于原厂区二期扩建用地内，经前处理、超滤薄膜（UF）系统、逆渗透薄膜（RO）系统及消毒处理后，再由7.0公里长的高密度聚乙烯管泵送至临海工业区内供厂商使用。

3. 执行策略

本计划工作项目主要包含“凤山溪再生处理厂兴建工程”“临海工业区外输水管线布设工程”与“临海工业区内输水管线布设工程”三项工程建设，以及后续整体包含既有凤山溪二级污水处理厂的营运维护管理。

(1) 凤山溪再生处理厂兴建工程

1）设计处理规模：

依据“凤山溪污水区第四期实施计划”中用户接管户数及污水量推估，未来凤山溪厂在 2015 年约可收集 43,914 立方公尺/日之生活污水，以本计划 66.5%之再生水产水率推估，具有 29,203 立方公尺/日再生水供给潜能，扣除市府保留放流至邻近大东公园湿地的水量后，以 2.5 万立方公尺/日为第一期再生处理厂设计供水量；随收集系统中上游截流设施设置完成及用户接管户数逐年增加，至 2017 年底凤山溪厂的总污水收集量（含截流量）可达 82,431 立方公尺/日，以同样的产水率推估约具 54,817 立方公尺/日再生水供给潜能，可满足本计划全期供水 4.5 万立方公尺/日的目标。

2）设计水质：

本计划以凤山溪厂原设计放流水质及 2012 年 1～12 月放流水检测结果作为再生处理厂进流水质的参考；再依经济部水利署于 2012 年 6 月 27 日于临海工业区办理说明会，针对潜在使用厂商调查结果进行汇整，多数厂商对再生水水质要求均须达到自来水水质，部分则表示希望水质能达到自来水再经高级处理后的水质，归纳再生水产水水质以悬浮固体小于 3mg/L、氨氮小于 0.5mg/L、比导电度小于 200μs/cm、浊度小于 0.2NTU、硬度小于 20mg/L、总有机碳小于 5mg/L 进行规划设计。再生水供水量及水质标准如表 2 所示。

再生水供水量及水质标准　　表 2

设计水量、水质	第一期	第二期	全期
再生水供水量（CMD）	25000	20000	45000
温度（℃）	15～35		
比导电度（μS/cm）	<200		
pH	5.5～8		
浊度（NTU）	<0.2		
SS（mg/L）	<3		
TOC（mg/L）	<5		
硬度（mg/L as $CaCO_3$）	<20		
氨氮（mg/L）	<0.5		

3）处理流程规划：

本计划再生处理厂处理流程依再生水潜在使用厂商意愿调查结果，针对用水端对水质方面的需求进行规划，并参考水利署“生活污水再生利用技术参考”，建议采用前过滤、超滤薄膜（UF）系统、逆渗透薄膜（RO）系统经消毒后泵送至使用端。其中前过滤（通常为砂滤）主要去除大颗粒非溶解性物质，超滤薄膜系统则去除微小颗粒非溶解性物质及细菌，最后由逆渗透薄膜系统去除溶解性物质，流程如图 4 所示。

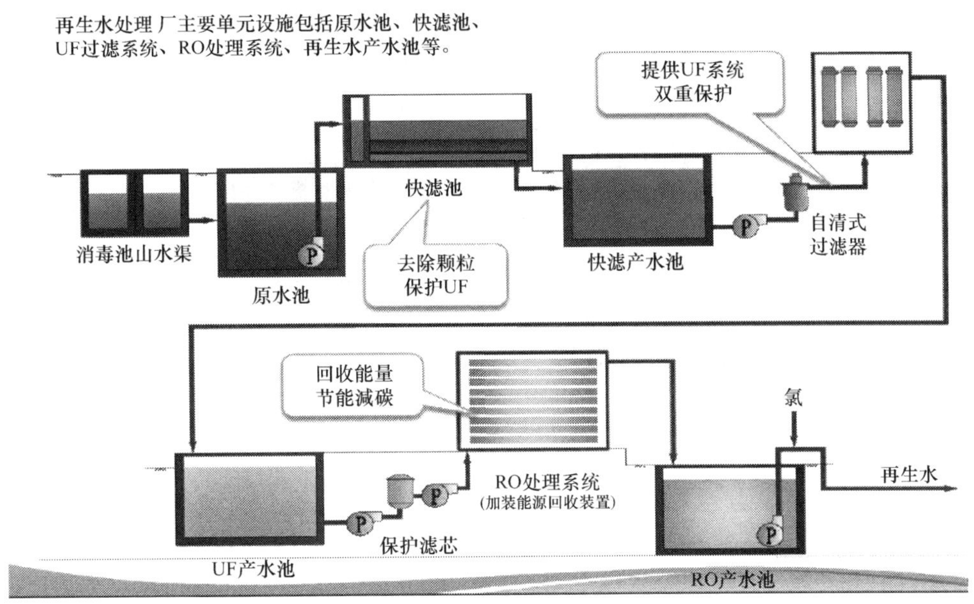

图 4　凤山溪再生水厂处理流程图

4）再生处理厂平面配置

本计划再生处理厂预计设置于凤山溪厂的二期扩建用地，因考虑厂区用地面积有限，因此，土木工程将一次兴建完成，机电、管线及电气仪控工程中主要的 UF 及 RO 机组分两期建成（初期规模 2.5 万立方公尺/日，全期规模 4.5 万立方公尺/日）。初步规划新建再生处理厂主要区块有原水池、快滤池、UF 机房、处理水池区及 RO 机房五区，并配合功能计算后将各单元尺寸进行配置，平面配置图如图 5 所示。

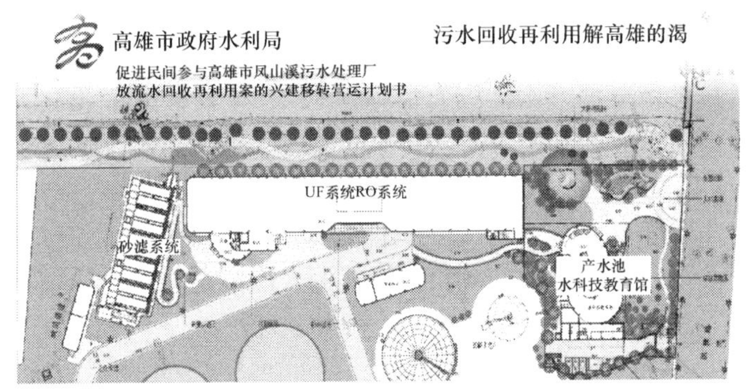

图 5　凤山溪再生水厂平面配置图

（2）临海工业区外输水管线布设工程

输水管线的布设考虑邻近凤山区、小港区及大坪顶特定区的地形、地质、都市计划道路开辟状况、地下管线状况与考虑各工法适用性，评估管线路径及工法，本计划输水管线布设长度共约 5630m，规划的布管路线如图 6 所示，另依道路现况采用不同的施工方式概分为四区段。

（3）临海工业区内配水管线布设工程

现阶段临海工业区内有意愿使用再生水的厂商有中国钢铁、中钢铝业等，依其分布及预计用水量初步规划区内管线路径及管径，规划的布管路线如图 5 所示，总长度约 4880m，自区内外分界点（博学路、北林路口）沿茂大街、沿海二路布设。

图 6 临海工业区输、配水管线分布图

(4) 整体营运维护管理工作

本计划操作营运维护管理工作，范围包括原凤山溪二级污水处理厂、凤山溪再生处理厂、临海工业区外及区内输水管线等设施，将既有凤山溪污水处理厂与后端再生水处理厂合并营运，再生水处理视为传统二级处理，纳入污水下水道建设计划中。除可减少再生水因放流水质和导致用水端因损失求偿衍生权责问题外，营运厂商应会自发性的优化原二级污水处理成效，对降低后端薄膜再生处理负荷、提升再生水质有绝对正面的帮助，并可减轻浓排水排放或处理所衍生的问题。

二、未来营运效益

1. 再生水推动效益

根据凤山溪污水处理厂再利用初步规划成果，除可回收再利用放流水量达 4.5 万立方米/日，亦设置融合污水处理、现地净化处理及放流水再生处理之“水科技教育馆”（图 7），结合邻近公园及河廊造景，形塑兼具环保、景观、生态、教育、休息是国内第一个以水资源为主题的指针性“水资源环境教育园区”。

2. 益本比分析

计划总效益现值为 552.28 亿元，总成本现值为 60.25 亿元，净现值为 492.03 亿元，益本比为 8.66，内部报酬率为 378%。由此评估结果显示，本计划是具有经济可行性的，如表 3 所示。

图 7　水科技教育馆示意图

本计划经济效益分析表　　表 3

指针项目	估算结果
总效益现值（A）	552.28 亿元
总成本现值（B）	60.25 亿元
净现值（B-A）	492.03 亿元
益本比（A/B）	8.66
内部报酬率	378%

注：此处报酬率系针对经济效益所作的评估，非本计划的内部报酬率计算。

三、结论

1. 再生水计划对于台湾整体水资源再利用的示范与启发

近年来，配合污水下水道第四期建设计划，导入全生命周期管理观念，并配合全球环保趋势，积极推动污水处理厂转型，朝向污泥减量、污水回收再利用使污水变黄金，提升整体社会生活的环境质量，促进台湾绿色经济产业发展。

凤山溪再生水厂为中国台湾首座再生水示范厂，可作为未来再生水厂兴办的实例模板，不论是兴办方式、建设经费的交付、营运费用或再生水技术选用均为往后新兴水资源推动有竖立标杆的意义，加上再生水政策推动的配套措施，能达成台湾水资源回收永续供应的目标。

2. 未来推动的关键与展望

鉴于再生水符合绿色成长的关键，为达成经济成长、保护环境、资源永续利用及提高区域性供水稳定度等，再生水利用的趋势已成为面对气候变迁威胁下的水资源主要调适策略之一。地方政府与产业界应通力合作，以达 2012 年 132 万吨/日再生水使用量的政策目标，能使地区内用水水源更多元，亦可降低缺水风险所带来的影响。

为确保未来再生水可永续发展，几项推动的关键点需特别注意：

（1）稳定再生水水源；

（2）再生水厂预定厂址；

（3）其他可行技术评估；

（4）充足的建置经费；

（5）确保水量水质；

（6）整合营运机制；

（7）合理水价与成本负担。

参考文献

[1] 高雄市凤山溪污水处理厂放流水回收再利用推动计划核定本，内政事务主管部门营建署，2013 年.

[2] 公共污水处理厂放流水回收再利用示范推动计划先期作业委托专业服务案第二至第四阶段检讨报告定稿本，内政事务主管部门营建署，2015 年.

[3] 蓝鲸水科技股份有限公司，促进民间参与高雄市凤山溪污水处理厂放流水回收再利用案之兴建、移转、营运计划-兴建执行计划书（核定本），2015 年.

[4] 公共污水处理厂放流水回收再利用示范推动计划先期作业委托专业服务案结案报告定稿本，内政事务主管部门营建署，2016 年.

[5] 公共污水处理厂放流水回收再利用推动计划期末报告书定稿本，内政事务主管部门营建署，2016 年.

[6] 凤山溪污水处理厂水再生利用规划，经济主管部门水利署，2010 年.

[7] 高雄临海工业区内再生水输配管线工程先期规划，经济主管部门工业局，2013 年.

高雄市行动化智能系统于水利建造物调查应用

蔡易勋　许峻源　罗文珊

摘　要： 中国台湾地区地形陡峭、河短流急，又加上位居环太平洋地震带上，因此水利建造物经常受台风、暴雨、地震等大自然力量作用因素，容易造成水利建造物中的结构遭受严重侵蚀、结构损毁或掏空破坏，一旦水利建造物无法作用或堤防损毁，将导致重大淹水灾情，若能事先防患且作妥善维护管理，将可避免灾害发生，减少居民生命财产损失。

为确保市民生命财产安全，高雄市政府水利局每年于汛期前即开始对于水利建造物办理经常性、定期性地检测，以及于大型灾害发生期间进行不定期的巡检，目的就是要确认水利建造物设施现况是否符合设计规范及安全需求，若能整合智能型行动设备，即早掌握待改善的水利建造物，制定因应对策，对于后续区域排水整治及相关设施的营运管理，将是有利的参考信息。

关键词： 地理信息系统；水利建造物；行动化；空间化

Abstract: Due to the steep terrain, rapid and short flow, and located in the ring of Pacific earthquake belt, the water conservancy construction in Taiwan is often affected by typhoons, heavy rain, earthquakes and other natural forces factors which will result in the structure suffered serious erosion and structural damage. Once the water conservancy construction can not work, will lead to major flooding disaster. The pre-prevention and proper maintenance and management will be able to avoid disasters and reduce the lives and property losses.

To ensure the civil safety and property, Hydraulic Engineering Bureau of Kaohsiung City Government do the annual checking regularly for the water conservancy construction, as well as during the occurrence of large-scale disasters do the occasional inspection. The purpose is to confirm the water conservancy construction whether it is still work. It would be useful if the intelligent mobile equipment could be integrated, that is, the water conservancy construction which should be fixed or improved can be under control in advance and make the response strategies. It would be also advantageous for the improvement of regional drainage and the operation and management of related facilities.

Keywords: GIS; Water Conservancy Construction; Mobility; Spatialization

一、前言

由于中国台湾地区地形陡峭、河短流急，降雨量丰富，但降雨过度集中，常造成雨季

蔡易勋（1970—），男，副总工程师，硕士，研究方向：土木、水利、大地、防灾.

洪患而旱季缺水的旱涝现象，又加上位居环太平洋地震带上，因此水利建造物经常受台风、暴雨、地震等大自然力量作用因素，容易造成水利建造物中的结构遭受严重侵蚀、结构损毁或掏空破坏，一旦水利建造物失效、无法作用或堤防损毁，将导致重大淹水灾情，若能事先防患且作妥善维护管理，将可避免灾害发生，减少居民生命财产损失。

为确保市民生命财产安全，高雄市政府水利局每年于汛期前即开始对于水利建造物办理经常性、定期性地检测，以及于台风、暴雨及其他大型灾害发生期间进行不定期的巡检，目的就是要确认防水及泄水建造物设施现况是否仍符合设计规范及安全需求。

二、水利建造物巡查及管理作业的课题及对策

由于水利建造物（包括 116 条区域排水设施、水门及抽水站等）数量庞大，且有作业期限压力（每年防汛期前完成），现场巡查人员面对种种问题，其中包括：不同设施不同情境检查评估项目各异（图 1，共计有 19 种形式的检查表），以及现场的各种信息掌握不易（例如：目前所在位置坐标、水利建造物所在的确切位置、附近是否还有其他水利建造物等）等，造成极大作业负担。

高雄市政府

2017年水利建造物定期检查表(混合式)

管理单位：高雄市政府水利局　　检查日期：3月28日

排水名称：下坑中排　　天气：■晴□阴□雨

排水出口之海域或河川：土库排水系统　系市别：高雄市路竹区
检查系统：0K+900M　左岸　TM2-97 坐标　X：178167m Y：2528618m
检查范围：登录点往下游延伸880m

设施旁现况：■社区部落□工厂学校□农田原野□其他

曾经修护(最近)记录：□无□有　　修护完工时间：
修护主要原因：

结果 检查项目	正常	计划改善	注意改善	立即改善
墙身	■	□有局部损坏，经检视尚无危及石笼■岸整体安全者	□有局部深陷或迭坡滑动情形，经检视评估无产即危机整安全，而需持续观测其异常现象是否有特大迹象者	□沉陷双重、坡面滑动或局部破坏，致使丧失保护坡面之功能，或破坏范围可能影响绑河侧房舍或相对构造物的安全
基脚及其保护工	■	□基脚受水流淘刷，致使局部保竣工流失或基脚有轻微沉隐、裂缝等情形，经检视尚无危及防洪安全者	□基脚受水流淘刷，致使局部保竣工流失或基脚有异常沉陷、裂缝等情形，但无立即危及防洪安全者	□基脚受水流淘刷，致使保护工流失或基脚双重损坏，有危及防洪安全者
水道状况	■	□水道中物体未明■水流	□水道中物体有影响水流，但尚不至于造成溢堤	□水道中物体阻凝水流造成溢堤的风险
平行灌溉沟	□	□沟身损坏，不直接影响结构或未造成水流冲排水设施	□潜身损坏，直接影响结构或造成水流冲击水设施，但尚未危及安全	□潜身损坏，直接影响结构或造成水流冲击水设施，危及排水设施安全
防汛抢险通路	□	□水防道路遭受阻挡，但不影响救灭车辆过行	□水防道路遭受阻凝，延迟救灾车辆通行	□水防道路无法造成容纳抢救灾车辆通行，完成抢救灾任务
破堤施工	□	□破堤施工工地现况，未明颈影响洪水通过	□破堤施工工地现况，有阻凝洪水但尚不至于造成溢堤	□破堤施工之防汛措施不足，有造成洪水破堤或溢堤者之虞

重大问题叙述及因应对策建设、其他影响安全之问题：

改善方式：

检查人员：洪嘉均　　主管：

图 1　水利建造物设施检查表范例（不同设施检查项目有其差异）

1. 外业巡查的课题

由于外业巡查人员检查作业过程需要记录、拍照、定位，需要各种设备的辅助，包含相机、GPS 定位仪、检查窗体、手写板等，对现场人员而言，需一套更有效率的解决方法。且巡查人员往往一趟出门需沿途巡查数个、甚至上百个水利建造物设施查询点，如何快速有效的管理已巡查的设施项目、对应的照片，且如有其他会勘人员，亦须现场留下签

名记录窗体，作业相当不易。

2. 内业处理的课题

除现场巡查作业外，内部作业亦须将各项水利建造物检查结果逐一列册记录（含照片），制作总表及统计表等，除提供水利建造物安全检查督导小组督导检视外，同时也作为水利建造物维护及保养的参考依据。报表的整理制作尤为耗时费力，据过去制作经验，每年包含定期及不定期检查作业，至少要人工制作上千份的窗体数据，所有的作业项目对政府有限的人力而言，是极大的负担及考验。

3. 解决对策

因此，为提供每年防汛期前的水利建造物检查、日常的水门抽水站的维护管理及重大灾情查报等数据记录，政府发展智能水利巡查 APP 及管理系统，以空间数据库（Geospatial Databases）以及 LBS（Location Based Services）概念，整合智能型行动设备的相机、GPS/AGPS 等功能，建置行动巡查 APP 及信息平台，对于待改善的水利建造物加以列管以及掌控，供政府人员办理水利业务规划使用，同时协助各主管实时了解各设施的维护处理进度、遭遇问题，即早制定应对政策，做为后续区域排水整治及相关设施的营运管理参据。

三、开发概念及设计精神

行动装置操作接口的限制，用户一般多以浏览信息为主，较少进行大量文字，因此简单直觉的设计，通过触控屏幕上轻点即可完成作业为首要关注的设计重点。APP 功能设计开发应着重轻巧流畅，避免将过多功能包裹在同一个 APP，造成重点功能丢失。

1. 掌握现地实务应用需求

为开发出切合实用的工具型 APP，善用平板计算机“轻量化”及“高机动性”的特性，让现场巡查人员可快速便利取得空间位置及水利建造物基本信息，并可快速将检查结果记录于 APP，回传至后端管理系统。由于目前行动装置皆内建有 GPS 定位、照相功能，取代过去现场巡查人员需随身携带相机、GPS 定位仪、厚重的纸图以及不同水利建造物的调查表（图 2），但因目前行动装置运作效能及储存空间仍不及个人计算机或应用服务器，因此仍需通过后端管理系统补强行动装置在储存空间、运算效能、打印不便及数据交换搬移的不足。

2. 考虑现地行动应用情境

APP 设计时，需事先考虑现场环境需求或限制（如无稳定的无线网络环境）以及 APP 所要解决的问题（如取代携带多项设备及纸本数据），通过规划 APP 操作流程、使用接口以及运作模式，例如脱机运作功能，将数据储存在行动装置中，避免因为无线网络中断而无法作业；现场无法立即印制纸张提供会勘人员签名，而设计于行动装置上签名等。

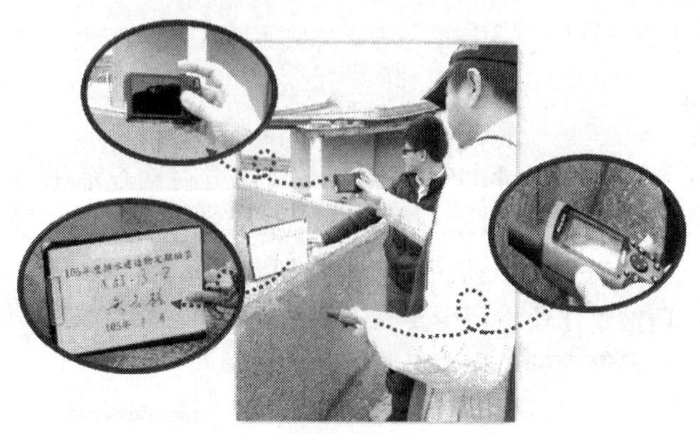

图 2　传统巡查作业须带齐各种设备

3. 发挥行动装置特色

APP 最大的优点是善用行动装置各项内建功能，包括照相、定位等特性，依据需求弹性客制赋予行动装置更丰富的应用。同时考虑现场人员对于行动轻便性的需求，APP 数据输入页面设计尽量采用触控点选，尽可能减少手写输入的设计，并且运用 LBS 技术，强化位置快速筛选机制，快速查找目标设施，降低数据搜寻的不便及缩短现场查找数据的时间。

4. 用户接口流畅直觉

工具型 APP 必须评估用户现场作业需求及考虑使用情境，用户接口设计上务必直觉好操作、符合现场作业流程，同时输入项目简化、避免多余操作流程更是重要，要知道现场巡查人员经常需顶着烈日、强风或恶劣的天气环境在户外进行调查，且往往需在一趟巡查过程中完成数个甚至数十个水利建造物的巡查，在有限的时间压力下，无法有多余的时间填写非现场性信息，因此，接口操作务求流畅、简化的步骤程序，让现场人员可以轻松上手。

四、系统运作模式及特色功能说明

1. 系统运作模式

本系统运作模式如下：

（1）资料预载

用户第一次使用时，其行动装置须预先通过 WiFi 或 3G/4G 无线网络环境下载底图跟各项主题动能。

（2）现场脱机作业及 APP 上传

现场脱机状态下查询相关信息及进行水利建造物检查填报作业，勘查记录可于直接储存于行动设备本身，待巡查人员回到具备网络联机的环境中，可将调查数据直接一键上传至系统后端数据库。

（3）通过网页端上传及审核

由于考虑许多较资深或年长的巡查作业人员已习惯传统作业模式，加上不熟悉行动设备装置操作或不愿意接受作业模式的改变，因此在系统设计上，仍需采用双管齐下的信息记录管道，除 APP 上传模式外，网页版巡查数据维护接口不可避免，以确保传统以不同设备分别记录的作业模式可通过网页完整地将数据上传至数据库。

网页版接口同时也提供巡查人员检视所巡查记录数据内容的正确性，可提供巡查人员补充或修改巡查记录数据的机制。

(4) 窗体产制及统计决策

后端业务系统获取 APP 回传的数据，即可自动将检查窗体数据、照片及签名文件整合套表，转至为符合标准格式的 word 档案，成为正式的巡查记录，以供督导小组查核及备存留用。此外，以数据库形态储存，更可提供做为巡查统计及防汛决策参考，于防汛期来临前，针对立即改善需求的水利建造物加强安检作业，确保周围民众生命财产安全（图 3）。

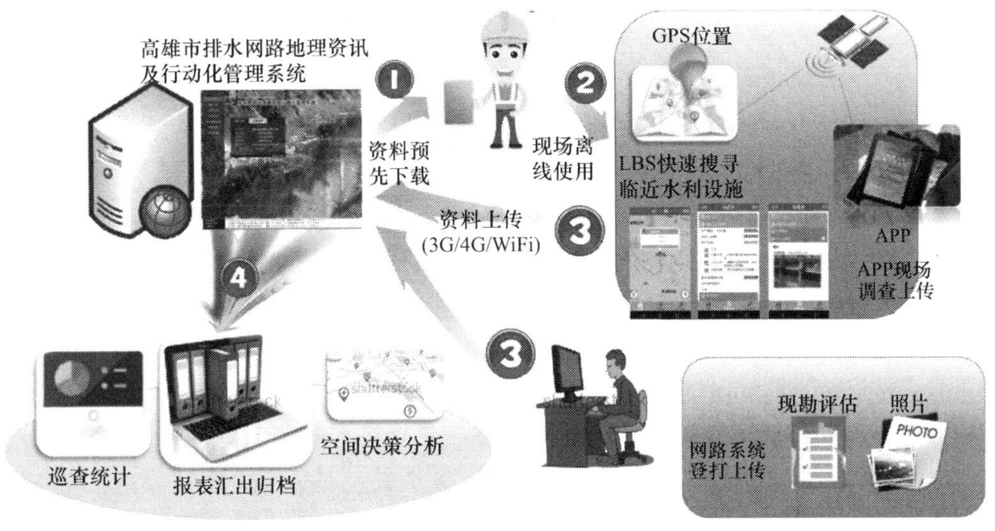

图 3　系统运作流程图

2. 系统功能架构

如图 4 所示。

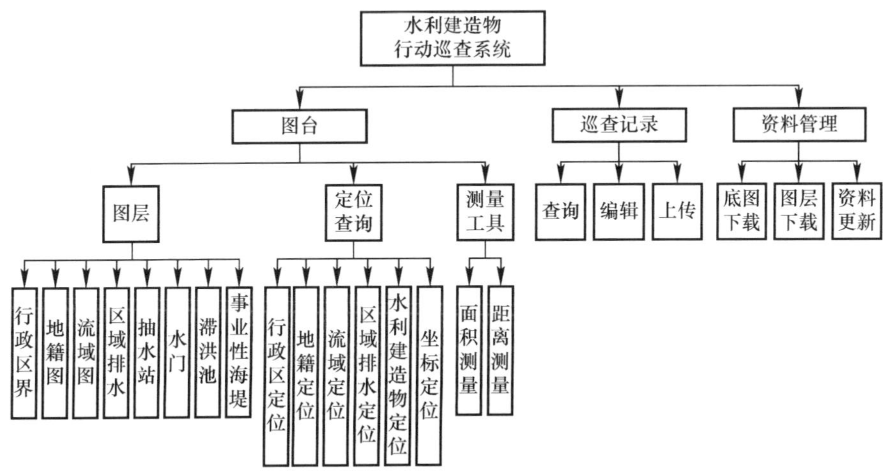

图 4　水利建造物行动巡查 APP 功能架构

3. 特色功能说明

(1) 自动侦测附近的设施

巡查人员到现场登入 APP 后，系统自动通过 GPS 讯号将图台定位至目前用户的所在位置，并显示该地点的坐标信息，利用适地性服务 LBS（Location Based Services）概念，自动带出所在地点相关信息及其周边水利建造物（图 5）。包括：乡镇、流域范围、地籍、区域排水以及附近设施等，提供巡查人员快速且直觉的获取最关键的空间信息。

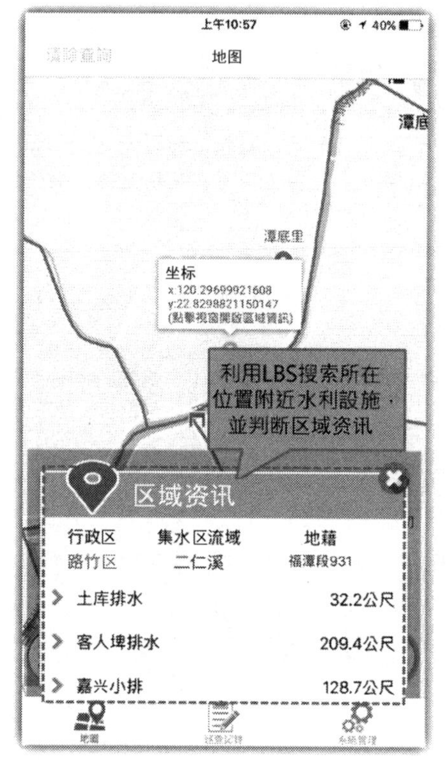

图 5　自动侦测所在位置及周边信息

(2) 一指搞定的用户接口

现场调查作业往往因为可能发生各种情况而无法全盘掌握巡查的时程，因此提供最简易且直觉式的操作接口才能真正帮助用户改善现况作业方式。本局在设计 APP 功能的过程中几经与巡查人员进行充分的讨论，了解巡查人员实际作业困扰以及需求，本 APP 以直觉且亲和的接口，引导用户依不同水利建造物设施检查及确认安全评估项目，让巡查人员只需要一根手指头就可以完成调查作业（图 6）。

(3) 紧急事件巡查辅助及管理

中国台湾位处天然灾害发生相当频繁的区域，当灾害发生过后，为评估及检视本府各项水利建造物的损害程度，需全面性的进行设施的检查，尤其当进入汛期阶段时，各项检查作业的效率往往是主管人员所极度重视的一个环节。因此，当灾害事件发生时，可立即通过平台向各巡查人员发送不定期事件巡查的提醒，在 APP 端也可自动的将巡查记录与事件进行链接，让巡查人员更有效率的执行巡查作业（图 7）。

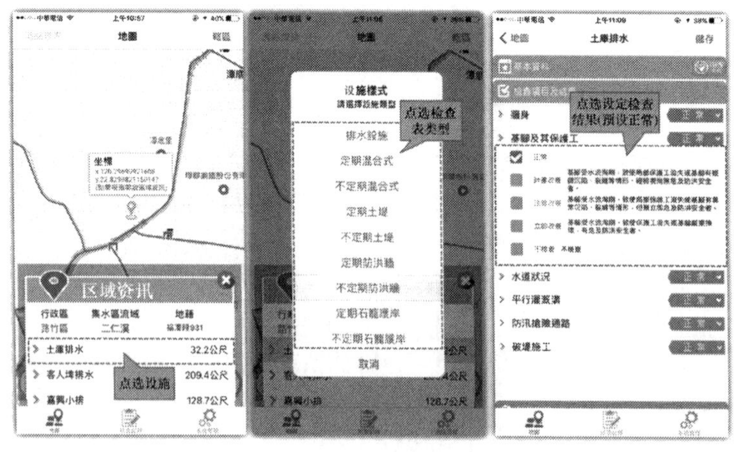

图 6　一指就可搞定的用户接口

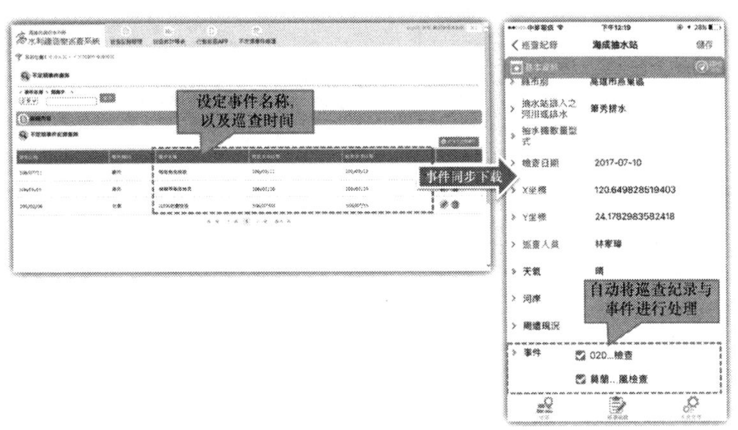

图 7　紧急事件巡查辅助及管理

（4）窗体自动套表产制

过去进行现场巡查或检查作业时，巡查人员仅能携带纸本窗体记录现况，并以相机拍摄现场照片，再通过人工进行报表制作，这样的作业方式既缺乏效率，又经常发生数据汇整缺漏。

因此本 APP 整合相机、GPS、各类检查窗体、现场签名等，照片、现场签名跟当次的检查表自动连结，可立刻回传到后端管理系统，并写入数据库。后端管理系统建立报表导出的功能（图 8），将各单位巡查的结果通过系统直接产出，有利于政府人员进行报告的编制，并可大量节省政府人员进行人工操作的时间。

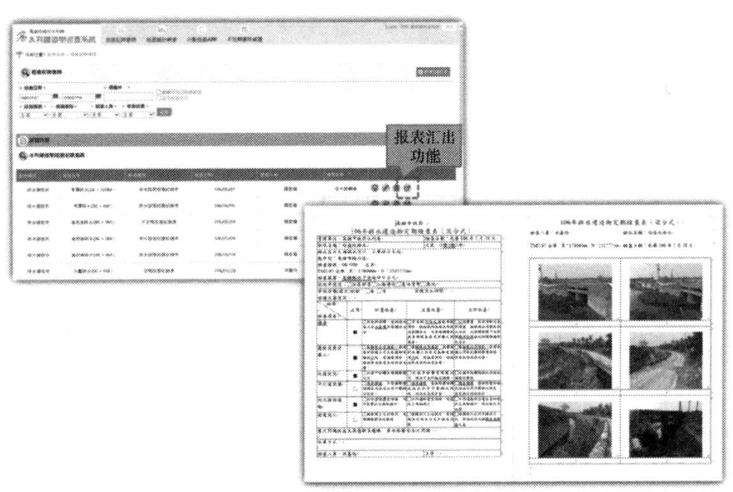

图 8　窗体自动套表产制

（5）防汛决策快速有效

通过本系统所构建的完整架构，将历年大量的水利建造物检查结果收纳在数据库中，除了可有效提升水利建造物检查工作的效率，更能进一步的将历年的检查结果汇整成统计数据，包括：设施检查数量统计、检查结果统计、检查长度统计等，提供主管人员作为防汛决策的参考，并作为未来改善及追踪水利建造物维护作业的依据，以确保市民的生命财产及安全（图 9）。

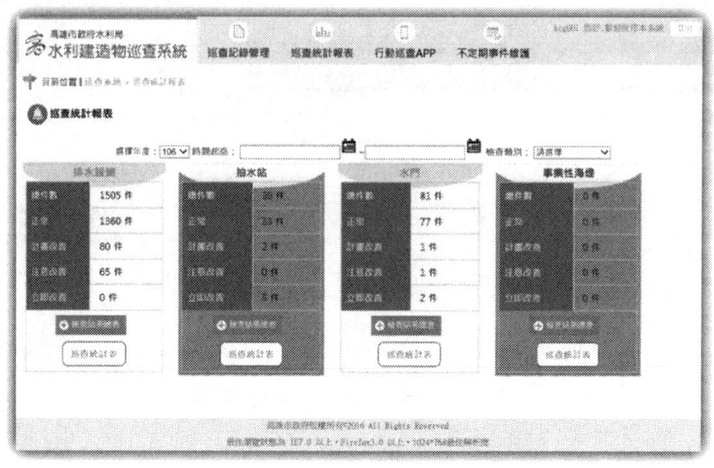

图 9　巡查结果统计

五、结论

本系统有效改善以往现场作业需确认 GPS 点位、进行拍照、定位、书写报表等繁复作业，大幅缩短现场作业时间；由于系统性结构化的数据记录方式，又能大幅节省巡查报表产制时间，有效减轻目前人员作业负担。对于决策主管而言，更可自行进入系统查询各项水利设施状况，由于巡查作业数据几乎可最实时同步到决策平台，因此也可快速掌握任何出现状况的水利设施空间位置，整个过程也是不到 1 分钟即可完成。

后续仍将秉承持续完善的精神，根据现场人员及相关使用者所回馈的现场可能遭遇的各种状况，进行操作流程改善，让现场人员操作负担极小化，同时在既有基础下，发展可供水利部门人员现场查阅各项水利空间信息的功能。

参考文献

[1]　高雄市政府水利局，2016 年度排水网络地理信息及行动化管理系统维护工作成果报告，2016.

[2]　经济主管部门水利署，水利建造物检查及安全评估技术规范，2015.

[3]　罗文珊，水利建造物巡查作业好帮手—水利巡查 APP 及管理系统，GIS MAGAZINE，2017，VOL. 48.

都市缝合之催化
——中国台湾中山高速公路 194k＋200 车行箱涵改建工程

彭焕儒　赖荣俊　李国桢　詹清渊　庞海鲲

摘　要：中国台湾中山高速公路为串联台湾南北资源交流的重大交通建设，早期因施工技术、资金欠缺，大多数路段系以路堤或路堑方式建造，少见高架或隧道等穿越方式，因此被高速公路分割的都市土地大多以穿越箱涵方式横向联系。当区域经济伴随高速公路流通快速发展，高速公路下方的穿越箱涵净宽与净高渐显不足，箱涵改建的需求应运而生。有鉴于高速公路为南北长途疏运最重要的干道，服务不能中断，故高速公路穿越箱涵的改建大多以分阶段高速公路改道的方式进行，工期缓慢之余，改道对高速公路通行效能的影响，以及施工的风险亦随工程进行而加深，因此精进工法缩短工期，减少对高速公路交通的影响实为箱涵改建最重要课题。本文以台湾中山高速公路 194k＋200 车行箱涵改建工程为例，介绍连续壁工法首次应用于台湾高速公路穿越箱涵改建的工程效益。连续壁常用于都会区大楼基础开挖，可作为开挖阶段之临时挡土设施，亦为永久地下室壁体，本工程利用连续壁一次到位之施工特性，用以取代传统箱涵壁体，完成壁体后，先行浇置顶板，使改建后箱涵呈刚性桥结构形式，并立即开放高速公路通车后再消除下方旧箱涵。大多数施工时期可同时维持高速公路与地方道路的通行，影响高速公路时间极短，兼且节省工程经费为其最大特色。

关键词：箱涵；连续壁；交通冲击；半逆打工法

一、序言

中国台湾中山高速公路简称台湾中山高，自 1971 年 8 月 14 日正式动工，1978 年全线（基隆一高雄）通车，为本地区第一条汽车专用公路，是中国台湾第一条高速公路，因此一般俗称为第一高速公路（简称一高），连接中国台湾西部各大都市、城镇，以及中国台湾南北两大港口高雄港与基隆港，为台湾西部走廊、中国台湾陆上交通最重要的大动脉。

中国台湾中山高全长 374.3 公里（232.6 英里），是中国台湾目前第二长的高速公路，仅次于福尔摩沙高速公路；但与前者相比，串联区域以都会区为主，因此交通上也较繁忙。不可否认地，高速公路的兴建及通车初期为台湾地区经济发展提供便利及快速交通路网；然而，随着区域经济成长、都市规模拓展、人口密集区通行或消防动线需求等，时空背景调整下高速公路也可能成为了地形屏障，间接影响整体都市发展。

中国台湾中山高里程 194k＋200 车行箱涵位于中部地区交通量最繁忙的彰化系统交

流道及彰化交流道间，辖属台湾中部彰化县和美镇东南侧，主要是作为和美镇东谷路自中山高下方穿越之用，此箱涵改建前总长 41.84m、宽 5.5m，现地净高约 4.2m（限高 3.8m）（图 1）。

图 1　台湾中山高里程 194k+200 车行箱涵改建前周边区域现况

中国台湾高速公路局中区工程处（以下简称“主办机关”）为配合彰化县和美镇公所办理“和美镇东谷路自行车道及绿美化工程第一、二期”，且考虑东谷路全线道路已拓宽为 13m，拟改建此车行箱涵符合现况的需求，并完成近年都市缝合及促进都市发展的重要民生目标，预期计划目标包括：

（1）改建东谷路车行箱涵为净宽 15m、净高 4.6m 的结构体，以满足目前东谷路全段道路使用的需求。

（2）构思高速公路箱涵改建工法，及以缩短高速公路施工时程为原则。

（3）尽量减少东谷路因施工而封闭的时程，以减轻施工期间的平面交通负荷，完成箱涵改建工程。

（4）完工后可疏解和美镇东谷路与彰化市之间的交通负担，促进地方交通便捷流畅，使区域路网更为健全完备，提高疏运效率。

二、东谷路箱涵改建前概要及关键课题检讨

1. 既有箱涵结构型式及施工安全考虑

东谷路车行箱涵位于中山高彰化系统交流道及彰化交流道间路段，里程约为 194k+

200；本路段中山高因属曲线段，故高速公路主线路段均有超高设置，施工前箱涵南下侧端口处上方覆土约为 2.5m，南下侧端口处上方覆土则仅约 0.74m；有关东谷路箱涵对应高速公路主线路段线型及施工前横断面如图 2 所示。

东谷路箱涵对应中山高里程

注：()内为(中山高速公路新竹-员林段拓宽工程)图说高程
资料来源：本计划整理

东谷路箱涵顶版与底版高程现况收方示意图

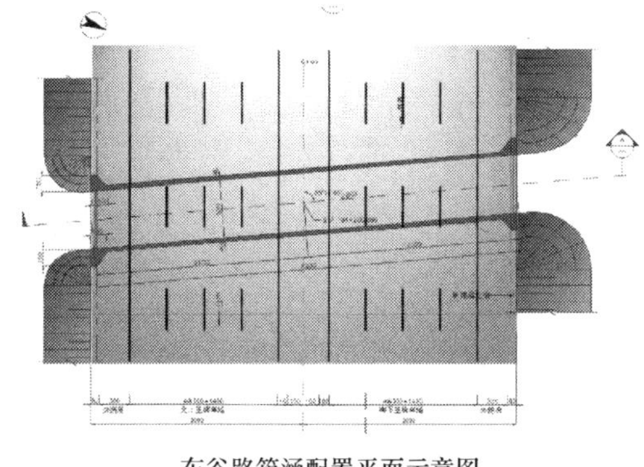

东谷路箱涵配置平面示意图

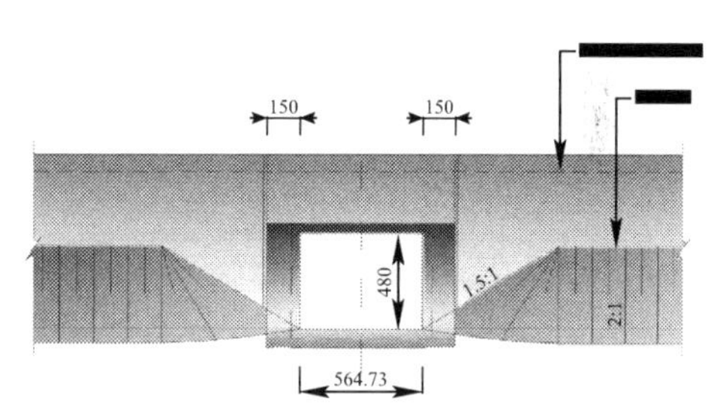

东谷路箱涵配置立面图

图 2 东谷路箱涵对应中山高路段线型及断面配置示意图

由于既有旧箱涵部分覆土已略显不足（南下侧端口处上方覆土则仅约 0.74m），如依前述计划目标需求，现有旧箱涵净高 3.8m 拟改建为净高 4.6m，在既有中山高主线纵坡维持不变情况下，需采降挖或减少顶版厚度方式，前者需进一步检核外围排水及地方道路纵坡调整可行性，延伸课题复杂；后者则需审慎评估箱涵结构安全，以维持上方中山高主线通车安全。

此外，东谷路箱涵邻近中山高路段属高填方路堤填筑段，路堤两侧采悬臂式挡土墙形式，挡土墙基础版位置高于护坡，且埋入已填筑路堤土方内（图 3）；考虑本路段路堤已开放通车多年，路堤结构应已呈稳定状况，如基于维持中山高行车安全考虑，未来施工阶段宜尽量减少施工范围，并希望选择以对既有中山高土堤扰动最小的工法为适。

2. 周边重要管障调查及对策

依据相关竣工图说内容，于邻近计划位置处的中山高主线附近有两处感压线圈，分别位于北上 194k+550 及南下 194k+560 处，中山高主线外两侧边坡处，埋置通讯缆线、设备及管路、与电力缆线。此外沿着高速公路两侧路权外侧，埋设有中油 8 英寸地下输油管线及 26 英寸天然气管（图 4）。

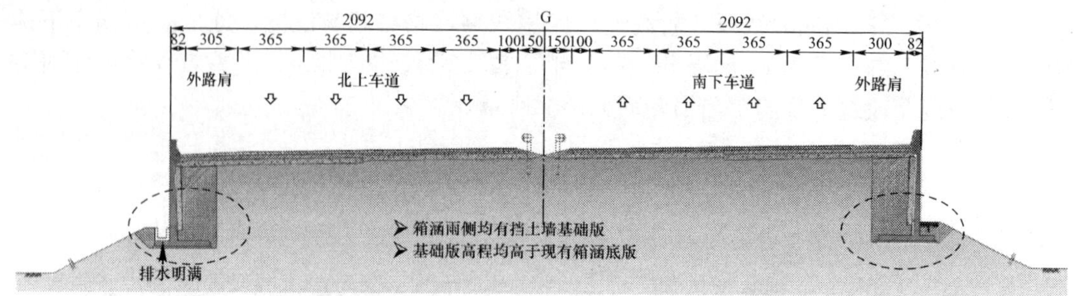

图3　东谷路箱涵邻近中山高路段的路堤结构及侧边挡土墙形式示意图

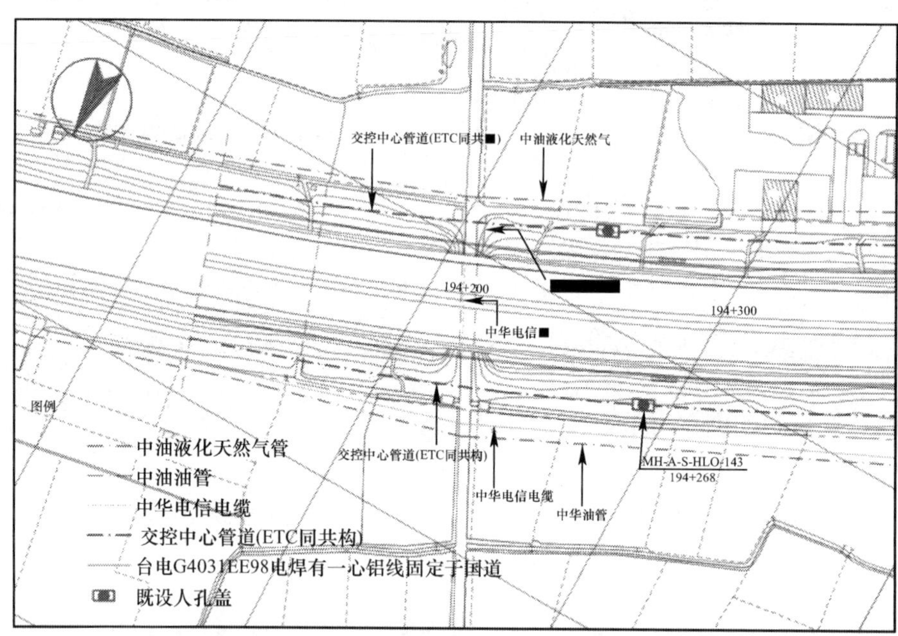

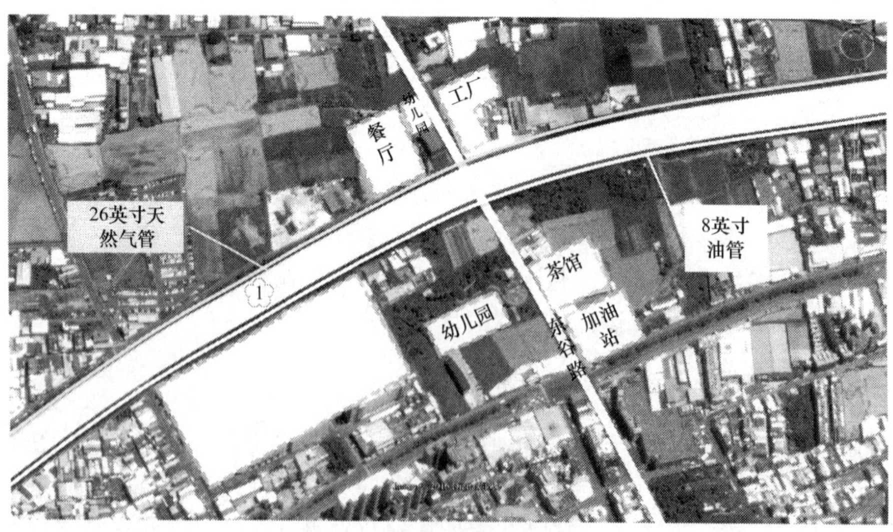

图4　东谷路箱涵邻近中山高路段的管线调查现况示意图

考虑计划工址外围已有密集科技厂房、邻房、高风险管障（中油 8 英寸油管及 26 英寸天然气管）等，如按先前高速公路箱涵拓宽工程案例多彩高速公路两侧增设临时替代车道，以维持施工期间高速公路主线通行车道数及车流量顺畅方案（图 5），经评估认为有相当高的施工风险及影响既有外围住户权益，故朝以不增设临时替代车道，以完成本次东谷路箱涵改建工程。

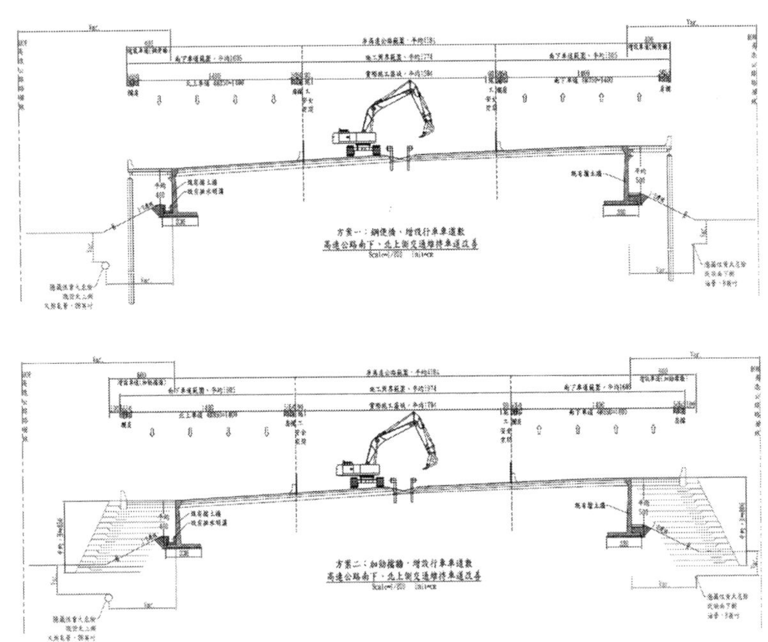

图 5　中山高两侧增设临时替代车道方案风险评估示意图

3. 环境敏感区位限制调查

本计划范围位于彰化县和美镇，为高速公路主线的用地范围，并无须额外使用地方机关土地，为审慎评估未来施工阶段所面临相关生态、地质、水源、地下水等环境敏感度限制，特以进行各项查询及调查，其成果汇总如图 6 所示；其中，确认本计划工址主要在乌溪流域水污染管制区范围内，后续规划设计及施工阶段将遵守水污染管制法的相关规定。

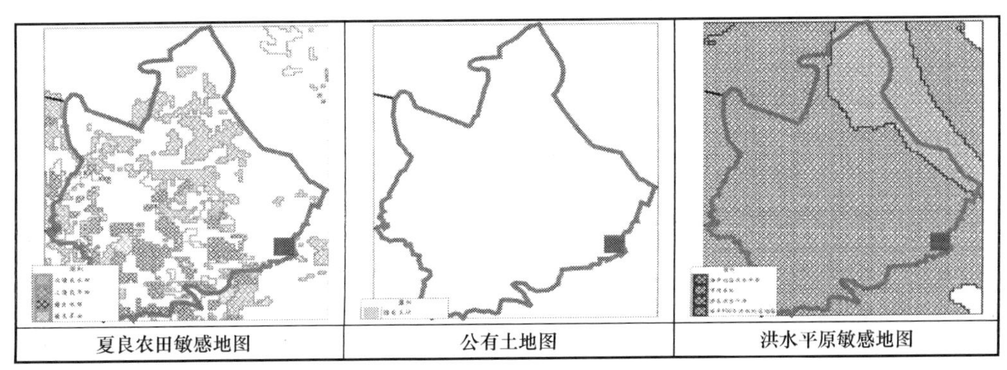

图 6　彰化县和美镇环境敏感区查询成果（一）

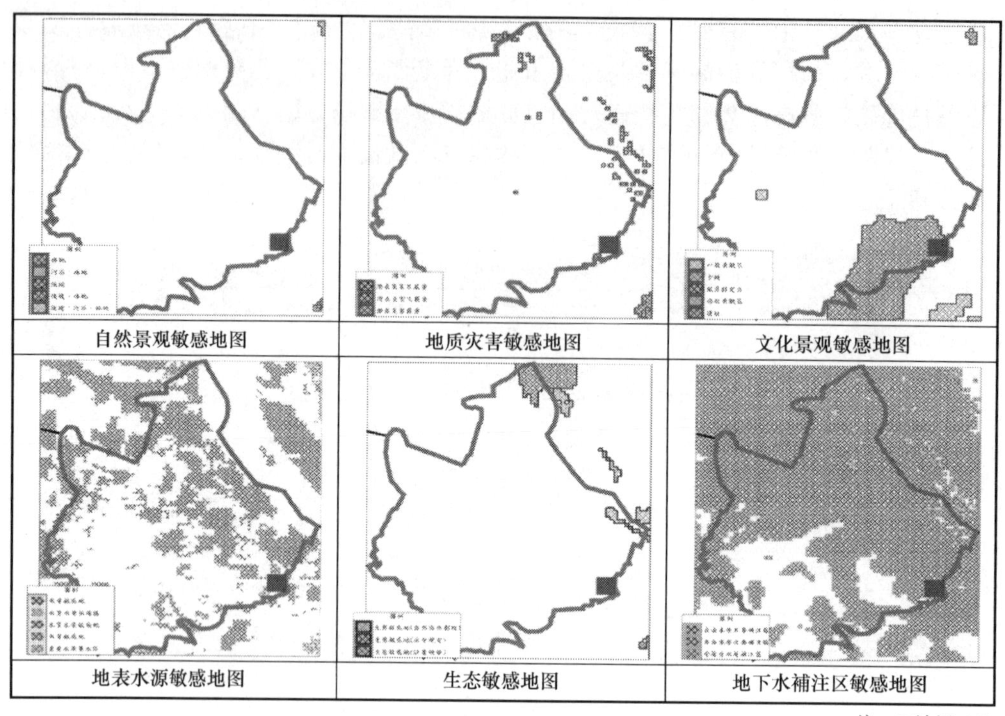

注：■计划工址

图 6　彰化县和美镇环境敏感区查询成果（二）

4. 计划工址交通概况及中山高交通冲击评估

施工前发现，无论是东谷路箱涵本身或中山高主线路段，交通量大且常出现拥堵情形（图 7）；又依据“2011 年台湾公路容量手册方法论”就计划工址外围地方道路及中山高主

图 7　计划工址地方道路平日交通现况及中山高主线易拥塞路段现况

线邻近路段的道路服务水平进行评估，实际评估结果显示（表1），东谷路箱涵本身或中山高主线路段等，原有交通流量即属繁忙与易拥塞路段，未来施工阶段应慎选施工工法及中山高改道相关措施规划，以减少对地方道路及中山高主线交通冲击。

计划工址周遭地方道路及中山主主线服务水平评估表 **表1**

路段	方向	车道数	容量	平日尖峰			假日尖峰		
				流量	V/C	服务水准	流量	V/C	服务水准
国道1号（彰化系统～彰化IC）	北	4	7,380	5,086	0.69	C3	5,811	0.79	C4
	南	4	7,380	5,093	0.69	C3	5,841	0.79	C4
台1丙（金马路）（茄苳路～彰新路）	东	2	3,114	1,183	0.38	A	1,006	0.32	A
	西	2	3,114	988	0.32	A	840	0.27	A
县139（彰新路）（金马路～东谷路）	北	1	2,590	588	0.48	D	474	0.41	C
	南	1		694			590		
彰15（金马路～茄苳路二段80巷）	北	1	1,717	251	0.33	C	213	0.28	C
	南	1		312			265		
东谷路（国1以北）	北	1	2,045	223	0.24	B	190	0.21	B
	南	1		278			236		
东谷路（国1以南）	北	1	1,090	233	0.46	D	190	0.39	C
	南	1		278			236		

三、设计及施工构想

1. 施工工法——连续壁半逆打桥梁工法

台湾中山高历次箱涵改建工法中，常采用明挖工法、管幂工法及排桩工法等，传统的明挖工法施工期程通常须达一年半，对高速公路与地方道路的影响很大；而管幂工法虽不影响高速公路交通，但仍无法避免对地方道路的影响；排桩工法则需视地质条件及精准施工垂直度控制，以及防水考虑等。

考虑本计划工址既有箱涵结构与高速公路覆土限制、外围高风险管障限制、紧邻密集厂房及邻房施工安全及降低扰民限制、重要交通路段需缩短工期限制等条件下，本计划拟以连续壁施工方式构思箱涵改建工法；同时，为了对地方道路的影响减至最低，朝改高速公路改为跨越桥梁形式，以使影响东谷路交通的时程仅剩敲除旧有东谷路箱涵时间（图8）。相关施工步骤及结构分析与检核说明如下：

施工步骤：

（1）施作挡土支撑：于高速公路上并于预定箱涵壁体处施打连续壁，作为挡土支撑兼作桥台与新建箱涵壁体。

（2）施作顶板：箱涵壁体完成后，开挖高速公路至预定顶板高程处，并先施作顶板与进桥板。

（3）高速公路回填恢复通车：顶板与进桥板一旦完成施作后，尽快回填CLSM并铺设AC，以恢复高速公路通车。

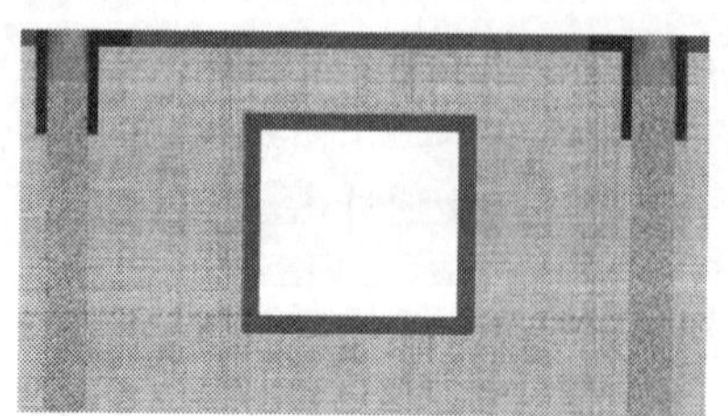

步骤1：整地、施作导沟、导墙并施作连续壁

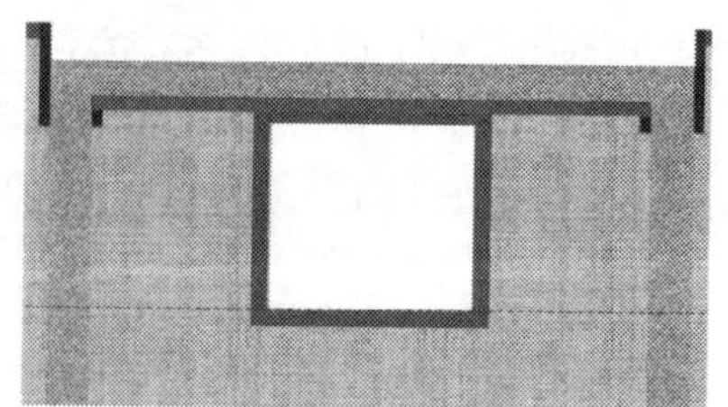

步骤2：开挖、敲除劣质、施作顶板

步骤3：回填CLSM、铺AC恢复通车

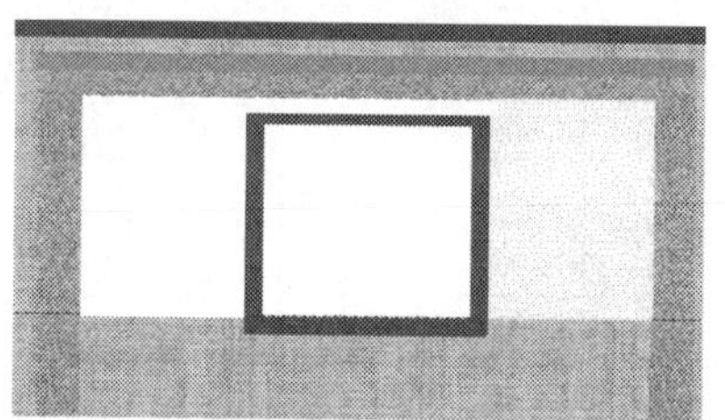

步骤4：敲除旧有箱涵、铺设AC恢复东谷路通车

图 8　连续壁半逆打桥梁工法施工步骤示意图

（4）待各阶段箱涵顶板与壁体构筑完成后，封闭东谷路敲除旧有箱涵，并铺设沥青恢复东谷路的通行。

相关配合条件：

（1）既有箱涵的净高限制：配合既有箱涵的净高限制，箱涵顶板须以变断面方式考虑，如图 9、图 10 所示。

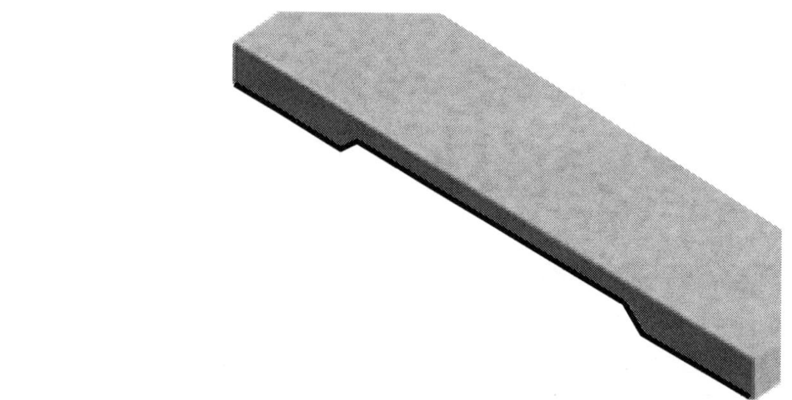

图 9　北上侧变断面设计

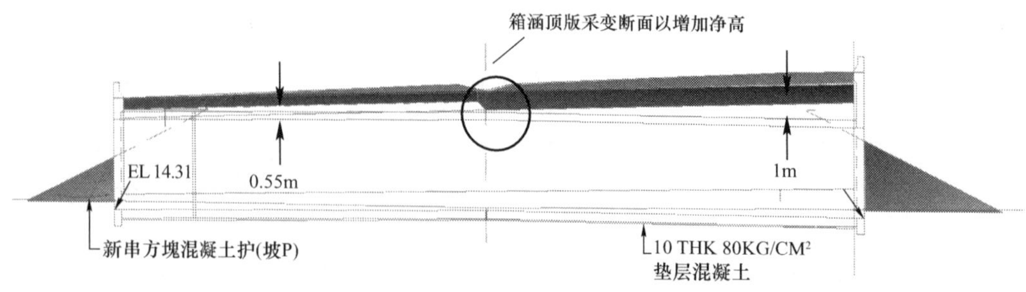

图 10　改建箱涵顶板剖面图（箱涵断面中央剖面）

（2）桥梁工法的受力状况：以桥梁形式施作时，其断面并非如箱涵般的四面封闭结果，是以顶板与壁体的受力须详加考虑，针对于此，本计划构建三维结构分析模型，以规范要求的载重组合进行结构分析，其最大弯矩如图 10 所示；初步配置的板厚与壁厚可配置足够的钢筋抵抗，如图 11 所示。

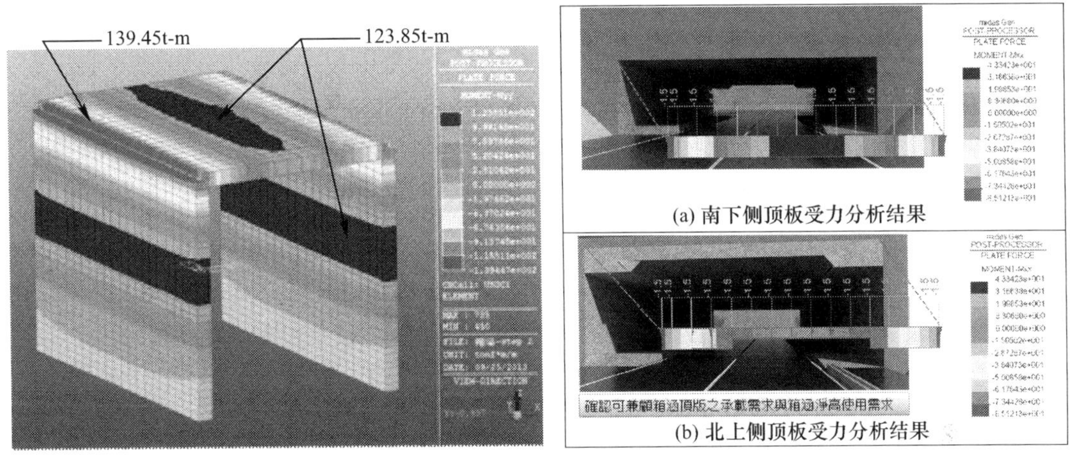

(a) 南下侧顶板受力分析结果

(b) 北上侧顶板受力分析结果

图 11　箱涵壁体与顶板受力分析结果

2. 交通维持方案

本计划最后确认采用不征收路权及增设替代车道方式进行施工，施工期间为维持中山高主线交通，采用分阶段施工方式，各阶段交通维持措施简述如下：

（1）第一阶段

本阶段将先封闭中间车道，施工区域宽达 14.7m（扣除施工机具与材料堆置空间，可完成 12.9m 用分壁体），北上与南下车道则分别配置至高速公路两侧。此阶段的施工要点，包括完成拓宽箱涵用分壁体，以及完成拓宽箱涵的顶板，而后再完成此施工区域的路工填筑工作。

（2）第二阶段

完成第一阶段后，将南下车道移设至高速公路中央后，开始办理箱涵北段的拓宽工程（施工区域宽 14.85m，扣除施工机具与材料堆置空间，可完成 11.77m 壁体）。

（3）第三阶段

此阶段将北上、南下车道悉数移至高速公路西侧，再进行箱涵南段的拓宽工程（施工区域宽 14.85m，扣除施工机具与材料堆置空间，可完成 11.77m 壁体）。完成后可全面恢复通车。

（4）第四阶段（主线车道已恢复原貌）

此阶段系以临时交维封闭路肩方式进行箱涵两侧出入口的壁体施作，如图 12 所示。

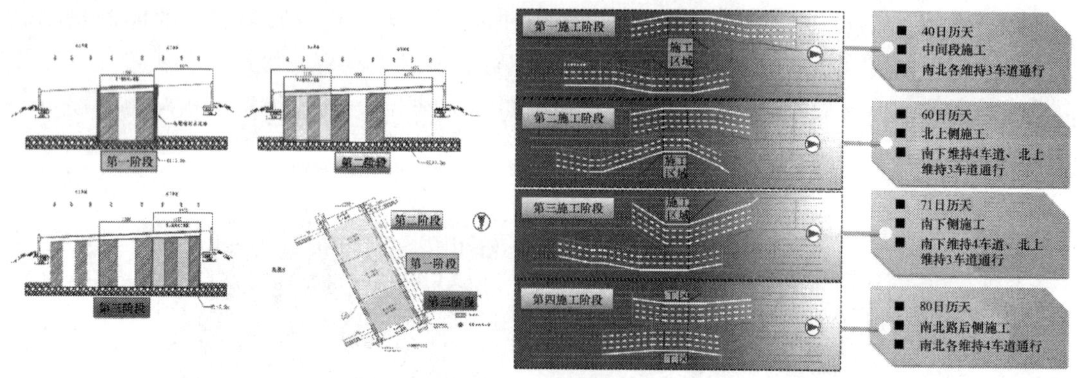

图 12　中山高主线分阶段施工及交通维持规划

3. 中山高部分

本工程进行期间，中山高主线最少可维持既有双向六车道的配置，施工期间服务水平可维持 D4 级以上，可提供足够的道路容量，满足用路人的通行需求。

缩减中山高主线车道配置之道路服务水平电子表格　　表 2

路段	方向	车道数	容量	平日尖峰			假日尖峰			连续假日尖峰		
				流量	V/C	服务水准	流量	V/C	服务水准	流量	V/C	服务水准
国道 1 号（彰化系统～彰化）	北	3	6,150	5,086	0,83	C3	5,811	0,94	D4	6,998	1.14	F6
	南	3	6,150	5,093	0,83	C3	5,841	0,95	D4	6,962	1.13	F6

表 2 分析及试算结果，连续假日高峰时段，高速公路可能出现拥塞情况，对行驶及路人造成不便甚至危及高速公路临时紧急救护疏运功能；其中包括前述表 2 显示假日高峰及连续假日高峰等时段的车流统计及分析，以期规划施工期间高速公路可行路程及替代路线；成果摘述如下：

(1) 中山高南下部分

周六、周日及例假日部分，以周六早上 10～11 时车流最大，30.3%车流从彰化系统汇入，25.8%车流从彰化交流道汇出；长假前一天晚 17～18 时车流最大，39.3%车流从彰化系统汇入，29.5%从彰化交流道汇出。

(2) 中山高北上部分

周六、周日例假日以周日下午 16～17 时车流最大，22.2%车流从彰化系统汇入，34.2%车流从彰化交流道汇出；长假最后一天晚 17～18 时车流最大，25.9%车流从彰化系统汇入，32.4%从彰化交流道汇出。

依据前述计划工址外围主要路网的交通流量调查及分析成果，本工程续规划施工期间高速公路交通疏运替代路线，长程替代路线部分如图 14 所示，短程替代路线如图 13 所示；未来施工前将通过大众传播媒体广加倡导，并利用公路上电子布告于施工前加以宣传，并希望达成分流原计划工址高速公路 22%～25%车流量为首要目标如图 15 所示。

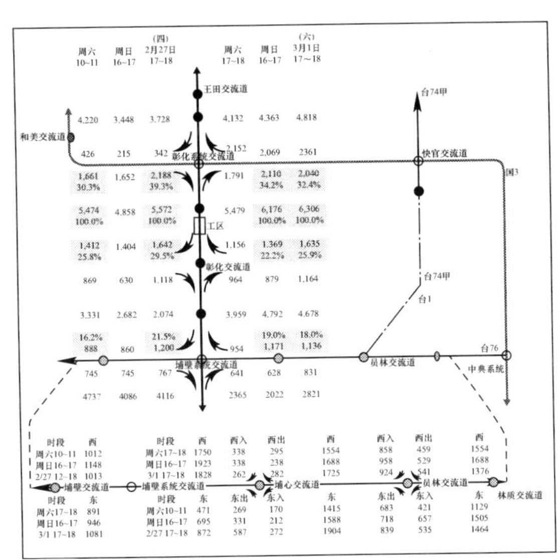

图 13　计划工址外围道路交通流量调查及分析

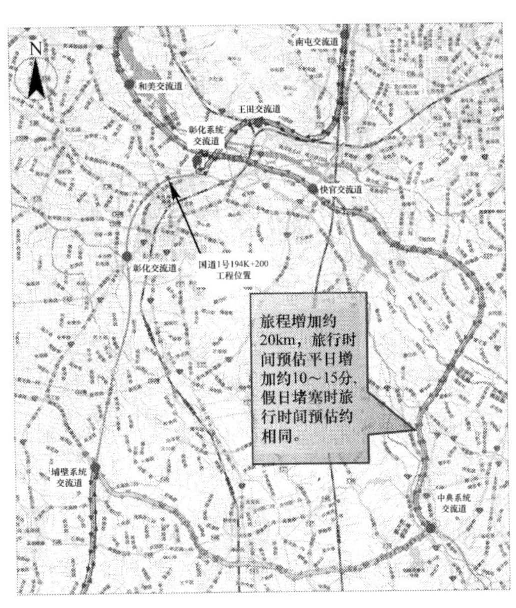

图 14　施工期间高速公路长程替代路线规划示意图

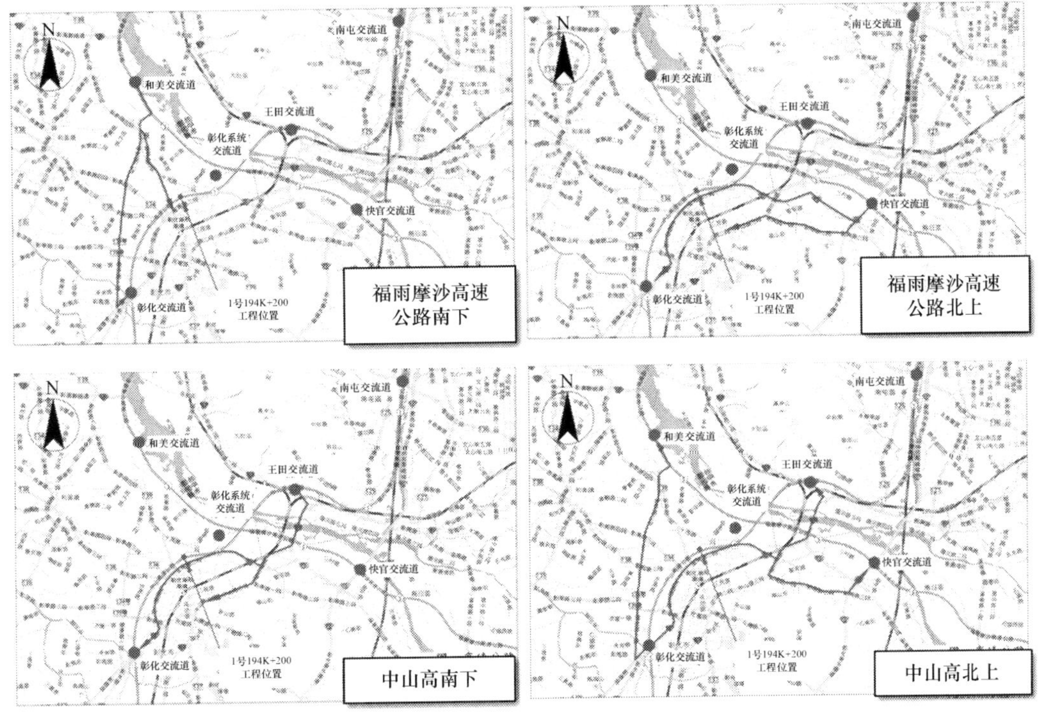

图 15　施工期间高速公路短程替代路线规划示意图（旅程预估增加 5 至 20 分）

4. 平面道路部分

本工程既有东谷路箱涵因施工需要所进行的封闭，可利用周边邻近替代道路进行改道，东谷路的北侧有茄苳路二段、南有彰新路二段匀皆为穿越高速公路的箱涵，可降低东谷路箱涵封闭的冲击，箱涵封闭期间的改道配置如图 16 所示；如本工程施工步骤规划，应需在第 4 步中除旧有箱涵及铺设 AC 时需短暂封闭，预估约 2～3 个月。

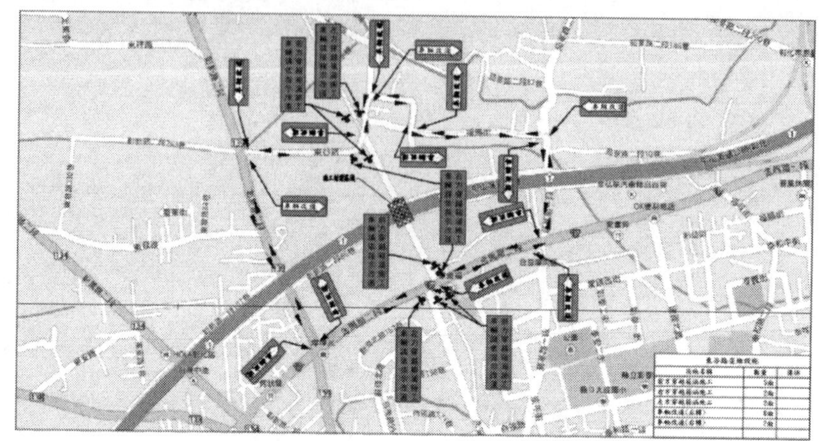

图 16　箱涵壁体与顶版受力分析结果

四、施工纪实及成效

本工程于 2016 年 2 月 15 日开工，工程规模约新台币 1 亿 5776 万元，经施工团队努力如期于 2017 年 4 月 12 日完工，有关本工程施工记录及成效摘述如下：

1. 各施工阶段主要照片

如图 17、图 18 所示。

图 17　本工程连续壁施工及旧箱涵打除施工照片

图 18　本工程各阶段施工空拍照片纪录

2. 施工阶段中山高交通疏运成效

验证本工程原规划交通疏运措施成效，对中山高主线改道第 2 阶段及第 3 阶段进行车流量调查及统计分析，并与施工前车流量调查及统计分析进行比对，其成果如表 3 内容所示；从表 3 内容得知，本工程原规划中山高交通疏运措施确认能有效疏解连续假期高峰车流，并发挥高速公路原有疏运功能。

本工程第 2、3 阶段施工期间中山高服务水平比对成果　　表 3

预估/实测	方向	车道数	容量	平日尖峰			假日尖峰		
				流量	V/C	服务水平	流量	V/C	服务水平
预估	北	3	6,150	5,086	0.83	C3	5,811	0.94	D4
	南	3	6,150	5,093	0.83	C3	5,841	0.95	D4
实测（6/17～6/20）	北	3	6,150	5,334	0.87	D3	5,958	0.97	E3
	南	3	6,150	4,948	0.80	C3	5,453	0.89	D4
预估/实测	方向	车道数	容量	平日尖峰			假日尖峰		
				流量	V/C	服务水平	流量	V/C	服务水平
预估	北	4	7,380	5,086	0.69	C3	5,811	0.79	C4
	南	3	6,150	5,093	0.83	C3	5,841	0.95	D4
实测（9/2～9/5）	北	4	7,380	5,319	0.72	C3	5,962	0.81	C4
	南	3	6,150	4,694	0.76	C3	5,853	0.95	D4

3. 节能减碳成效

（1）原计划需求中山高主线各向配置 3 车道，设计时间第 2、3 阶段另增加 1 车道通行，减少因高速公路堵塞所致约 9.3 万公升汽油量及 101 万吨 CO_2 排放量。

（2）本工程不另增设临时车道，约可节省至少约 6700 万元工程费用，约可减少 2500～3000 吨 CO_2 e 排碳量。

（3）减少东谷路箱涵封闭时间约 9 个月，除施工期间对用路人影响降至最低，相对也减少地方车辆绕道所致约 10.6 万公升汽油量及 115 万吨 CO_2 排放量。

4. 整体施工期程管控成效

本工程施工阶段，除需落实上述原设计成果及施工质量、交通疏运措施、整体施工安全外，为避免连续假日期间因施工过程造成中山高主线出现堵塞情况，再于本工程特定条款的摘述及要求“施工厂商遇到连续假日（3 日以上），工区应恢复既有原单向 4 车道，以维持连续假日期间高峰车流量通行”；于此，承包商人力与机具动员、临时应变及各阶段施工期需严谨管控，实际施工阶段管控成果摘要如图 19 所示。

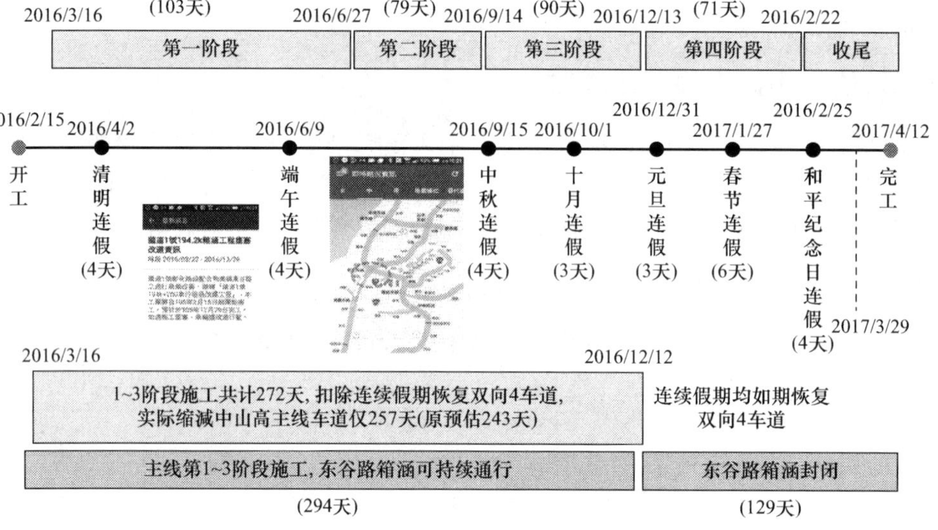

图 19　本工程整体施作期程控管成效示意图

本工程在整体施工团队努力下，除具体达成原计划预期各项目标外，并获 2 次工程查核甲等及参选 2017 年台湾金质奖初评合格绩效；本工程也是台湾高速公路箱涵改建采用连续壁半逆打工法的首例，经汇整中国台湾高速公路近期箱涵改建工程各工法案例及与本工程施工成效，初步比较如表 4 所示。

中国台湾近期高速公路箱涵改建工法案例施工成效初步汇整说明表　　表 4

工法类别	参考案例	工程规模（万）	箱涵尺寸（m）L/B/D	工期（天）	施工阶段	临时替代车道	临时挡土支撑	地改工法	备注
明挖工法	丰原交流道特定区大圳路第二期拓宽工程	约 23,500	100/15/8.25（约 45 度斜交）	540	3+1 阶段	有	钢轨桩+横板条、型刚临时支撑	无	
	中山高桃园路段箱涵拓建工程第 C007 栋	约 16,700	56/15/4.6（约 101 度斜交）	586	3+1 阶段	有	型钢+钢板	无	
排椿工法	中山高桃园路段箱涵拓建工程第 C007 栋	约 13,500	48/13.5/4.4（约 58 度斜交）	574	3+1 阶段	有	型钢+钢板	无	
连续壁工法（本工程）	中山高 1 号 194K+200 车行箱涵改建工程	约 15,777	42/15/4.8（直交）	423	3+1 阶段	无	无	CCP	金质奖初评合格

从表 4 内容显示，本工程在前述特定条款的施工期间，假期连续 3 日以上需恢复原车道，仍然能在施工期间（最短）及工程经费（较低）等优于其他工法；且原旧箱涵封闭时间最短、施工期间未搭设任何临时挡土支撑（含钢轨桩）等，实为施工团队全体努力成效；台湾高速公路局也将此工程案例提供给各管辖单位，并将作为后续高速公路沿线箱涵改建工程评估与参考首要案例。

五、完工效益

中山高 194k+200 车行箱涵（东谷路箱涵）位于彰化县和美镇东南侧，此箱涵改建前仅 5.5m 宽，车辆限高 3.8m；经本计划执行改建工程后，箱涵已拓宽为 15m 宽、车辆限高 4.2m，完工通车后已完全消除东谷路运输系统瓶颈，也间接缓解外围道路交通负荷，实质提升整体道路服务水平；此外，原本受限于箱涵狭隘而影响两侧区域都市发展的现状，由本计划箱涵改建工程完成及通车后，预期将达成显著整体都市缝合的催化效益（图 20）。

箱涵西端改建前现况

箱涵西端改建后现况

箱涵东端改建前现况

箱涵东端改建后现况

图 20　本工程箱涵改建前后对照

参考文献

[1]　“台湾中山高 194k+200 车行箱涵改建工程”细部设计成果报告书，台湾高速公路局，2015.

全球气候变迁下中国台湾水利资源开发利用及海绵城市之实践

丁澈士

摘　要：如何面对先天水文、地文的特性及1999年"九二一地震"及2009年"八八水灾"的重创；中国台湾的水利资源生态、永续经营管理及对应"国家气候变迁调适政策纲领"下生态城市规划八项领域中"灾害"与"水资源"的调适与减缓，是21世纪水政单位面对艰巨挑战的课题。地面蓄水设施，例如水库、埤塘、湖泊，确实曾是保存水资源最直接也是最普遍的方法。对于地势陡峻、地质脆弱、平原狭小、河川短促、台风暴雨与地震频繁的台湾岛屿宿命来说，盖水库是水利工程师设计保存水的唯一方法；至今中国台湾重要水库约有20～30座，但是水库淤积严重，水质严重氧化，良好的坝址又所剩无几，加上现今民意及环保意识高涨，建造计划受到强烈反弹。大型的水工结构物对环境影响大，若不盖水库不就没有水调蓄了吗？2009年"八八水灾"，几座重要大型水库及川流取水的拦河堰，因大量淤泥及漂流木进入地面蓄水设施，纵使有水也因浊度及水质的因素而无法有效供水，造成有水却无水可用的窘境。"洪水资源化"亦即"利用洪水、蓄水地下、增源减洪"；也就是在山区近平原区在使用海绵城市技术，更是作为一项综合流域治理的规划。"水不是灾难，上善若水，水善利万物而不争"，友善关系的建立需基于更多的认识与理解，共同思考永续水利资源开源节流、城市调适减缓的策略。

Abstracts: How to face with the innate hydrological and physiographical characteristic and heavy disaster called as September 21 Earthquake Event and 88 Floods Event, Water resources ecology in south Taiwan. Sustainable water resources management for adaptation and mitigation which are contained in Eight sectors of ecological city planning from the National Climate Change Adjustment Policy Platform is now thinking should be used in water government when face difficult challenges in this century. Groundwater storage facilities, such as reservoir, pond and lake is indeed the most direct and nowadays most common method of preserving surface water. In the past, for the steep, geologically fragile, narrow plains, short rivers, typhoon heavy rains and earthquake-prone Taiwan islands, covering the reservoir is the only way water conservator designs to conserve water, until now, Taiwan has about 20 to 30 important reservoirs, However, silting on of reservoirs, serious and excellent water quality oxidation, very few dam sites, coupled with the current high awareness of environmental protection, construction plans have been strongly rebounded. Undoubtedly, the large hydraulic structures have a great impact on the environ-

丁澈士，屏东科技大学，土木工程系教授兼工学院院长，荷兰阿斯姆特丹自由大学水文地质，博士.

ment. If there is no reservoir, there is no water storage? This topic is indeed worth discussing. In 2009, the 88 Floods Event, several major large reservoirs and stream weirs were unable to be effective because of the large amount of silt and driftwood entering the surface water store facilities, even with water, but can't supply effectively water because of water quality, Cause there is water but no water is available. Beneficial reuse from storm water means using floods water to store into underground reservoir and increasing sources and reducing floods. That is for comprehensive basin management planning in the mountain near the plain fill area to the city sponge city. Water is a lifelong friend and the relationship needs long-term management. The establishment of friendly relations needs to be based on more understanding. Thinking together of sustainable development of water resources, cutting expenditure, urban adjustment strategies become important issues in Taiwan.

一、前言

中国台湾是一多山、地势陡峻、地质脆弱、河川短促、台风暴雨与地震频繁的岛屿宿命。由于先天水文、地文的特性及活动，造成了震灾、土石流灾害、水灾、风灾。又因各标的用水，包括农业用水（灌溉、养殖、畜牧等）、民生用水、工业用水等大量依赖地下水源；又在地下水量减少的情况下，造成地下水位下降，尤其在西南沿海地区，因地质条件，造成了地层下陷、海水入侵含水层及土壤盐化等环境地质灾害，各标的用水争相撇清造成灾害的祸首，然而地层下陷是事实，研究又无法实务验证其真相，近乎推估，各有不同方法，答案皆异，唯一共同的是地下水井无实际抽取量，再考验地下水井管理成效。然而，如何度过在极端气候变迁下，古训治水需考量原则：“河有其性、有其形、亦有其道”，台湾水利工程以往着重防洪工作，尽快能将洪水排出。在水利工程和水资源经营管理之间取得平衡点，在台湾水利资源的宿命及危机下，有何因应之道，考验着专家学者及决策者的高度智慧。

二、与水共生

2009 年 8 月 8 日莫拉克台风造成水灾，带给台湾的冲击记忆犹新。水灾之前还是缺水的状态，台风之后庞大的水量却让土地、民众吃不消，台湾蓝色东港溪保育协会在台风后二周内即号召两三千人次青年志工一起进入灾区投入重建工作。救灾整个过程让我们重新思考如何与水相处的重要性；高雄市政府、屏东县政府二县市领导也积极处理善后；事后也前后到荷兰参访，了解他们如何与水患进行挑战，例如，采取“漂浮屋”“高脚屋”“还地于河”的策略，学习“与水共生”。

因此，由台湾蓝色东港溪保育协会承办的第六届 NGOs 河川会议，于 2011 年 5 月 21～22 日在屏东县来义高中召开大会，即以“与水共生”为主轴，主要关心莫拉克台风之后大高屏地区的议题与挑战，包括水质、水量、水生活、治水、理水、保水以及公民参与等。

三、旧技术新思维

早在距今2003年前“二峰圳”就有这样的生态永续的工程。当时由于台湾屏东县林边溪流域洪水季节泛滥成灾，用水季节水源枯竭，所谓“春冬苦旱，夏秋苦潦”。林边溪流域上游冲积扇顶区以前就是大荒芜砾石地而任其荒废，是最无农业利用价值的土地。“二峰圳”是一座横亘于林边溪河床下的地下集水廊道堰体结构，包括梯形堰体（与河道垂直，长328m）、拱形隧道、进水塔（或称人孔）、半圆形集水暗渠（与河道平行，长455m）及引水路等部分构成。引水隧道528m、压力暗渠450m、砌石明渠2582m，合计自堰体至万隆农场分水工引水路总长3436m。供应丰水季（6月至9月）灌溉2期稻作970公顷，每日需水量20万吨；枯水季（11月至4月）灌溉甘蔗680公顷，每日需水量6万吨。从1923年构筑完成到现在已近90年之久，目前，仍然继续供应台糖公司万隆农场的灌溉用水以及引水路沿线村落居民的民生用水。以当时担任台糖株式会社社长“山本悌二郎氏”的雅号“山本二峰”命名为“二峰圳”。集水廊道的寿命远比现今水库来的长，这个利用天然河床下伏流水资源的观念，打破以往缺水就建水库的状况，也为水资源开发提供一个旧的技术新的思维方向。

四、地下水一不浊的救命水

地下水是水文循环的一环，除了以泉水涌出地面或补注于地表下外，并不容易观察到。由于人类活动行为以及气候因素的变化，地下水的流动与储存一直在改变着，如何对地下水资源更睿智的开发，则必需对其变化机制有更全面的了解。许多不了解地下水天然动态特性的人会将其视为静态蓄水水库，然而地下水流系统是一个动态的问题，地下水的补注（天然及/或人工）与地面水的相互作用是多种多样的，而且是在许多不同空间、时间上持续进行着。地下水系统包括地下水、含水层地质介质、水流边界以及补注和流出（如泉水、抽水井等），水通过该系统流动，并蓄存在该系统中。在自然条件下，水从补注区到流出区的流动时间范围可从不到一天或100多万年不等，其流经地下水系统的时间取决于源头的时空梯度、透水系数和系统的孔隙率。若水补充流入于充满饱和含水层后就开始产生所谓连通管的“推压流”原理，迅速向水头低的地方流动。因此，在屏东平原的补注区下雨4至5小时之后，距离三四十公里之外海边附近区域受压含水层地下水位即开始上升，就是连通管的“推压流”原理展现的结果，地下水补注是快速的。

随着时间的流逝，水源头会在距抽水点更远处逐渐下降，抽水造成的影响会经由地下水系统传播，最终抽水造成的影响会到达某一边界（如河流）。一般假设，如果对地下水的抽取速率不超过自然补注率，则这种抽水速率是“安全的”，然而这种假设是错误的，因为它忽视了地下水系统流出量和补注量的这些动态变化；地下水系统的价值在于它不仅能终年供水，而且在于它还是一种循环补注和抽取的动态水库，用以调节地面水供给所固有的变化性。地下水是可再生的水资源，通过有效的开发利用及管理机制是可达成永续的水资源。

五、大潮洲地下水人工补注湖计划：后水坝时代的水资源经营

地下水人工补注定义：在有规划的条件下将地面水导入在地表的入渗补注设施，由天然重力或加压进入地下含水层（即地下水库），在天然补注不足时，足够提供超过平常的安全出水量。

大潮州地下水补注湖计划：屏东县政府于 1999 年在经济主管部门水利署前身的经济主管部门水资源局补助经费支援下，委托屏东科技大学执行“推动屏东县地层下陷防治工作计划”及“屏东平原设置人工湖可行性评估计划”。在委托计划结论建议行动方案中，以人工湖规划设置列为第一优先，建议利用林边溪上游的台糖公司现有农场设置 300 公顷人工湖区补注地下水。于 2005 年 1 月通过“国土复育策略方案暨行动计划”及 5 月通过“国土复育条例（草案）”。2008 年 5 月核定同意屏东县政府为开发执行单位，在“国土复育策略方案暨行动计划”上未计划的指导原则下，以目前所知全台湾最佳地下水补注区域之一，积极推动规划建置地下水人工补注湖，并结合地层下陷地区复育计划，以尊重及顺应自然生态新思维，推动以拦截暴雨期的洪水，经沉淀后以人工湖补注地下水的国土复育与保育计划，以减缓地层下陷速率与水患频率，并有效增加地面水的蓄存率，利用自然的涵容力量转而成为地下水库进行复育与有计划开发水资源。本计划于 2017 年 6 月完成第一阶段工程。

六、地下水生态学

表面河川与地下水含水层之间（或称伏流水带 Hypoheic Zone）双向交换受到河川动态、河道几何形态、河床质特征、集水区基流量等影响，在河滨与河槽展现不同的物理性、化学性以及能量梯度，从而塑造出相当重要的生态交会区。欧美等国家已陆续提出许多量化河川伏流生态的理论，以及地下水与表面水体交换的试验，然而国内目前尚未提出针对此议题的研究。在学理上如何正确描绘实际伏流水带范围仍有许多讨论，不同的测量与推估方式也各有其优缺点与限制性。因此，经研究成果指出，以屏东平原林边溪流域为实验区，在探讨河滨水体暂态储存的空间连续性，以及进行地表与地下水体交换的机制验证；并尝试通过热能和岩理水力特性作为分析工具，用以评估计划观测河段的伏流潜能与交换特性。阶段性研究计划工作，包括计划实验区的河相和岩理学分析、现地与室内渗透性试验、岩石组成和结构变化的观察，并辅以 HYDRUS 2D/3D 数值模式来验证观测结果和进行环境控制参数的敏感度分析。

倚地下水生态系（Groundwater Dependent Ecosystem）的概念源自澳大利亚环境资产部（Department of Environment and Heritage）于 1994 年所推动的国家河川健康计划中，提出对于必须依赖地下水才能构成的生态系统其所需水量的评价条件（丁澈士等，2003 年）。

七、水回收再利用

水是人类与万物生活、生存的三大要素之一。水不能随便浪费，所以废水要把它回收

再利用。所以，水没有废水，水是可以回收再利用（再生水）。一个新的社区也可以规划设计水回收再利用系统，新社区的居民产生民生废水，应用人工湿地可净化处理民生废水，亦可以营造生物多样性、生态的景观水域，再来经过净化处理符合放流或地下水补注水源标准，可以通过土壤处理来改善水质的技术，经过处理完以后的回收水，供应给社区的次级民生用水，包括浇灌等，在欧、美、澳、新加坡（例如 New Water）先进国家已纷纷采用，并有成功商业运转案例。在台湾的学术研究单位倡导下，也已经在高雄市凤山区凤山污水处理厂执行第一期再生水计划，每日供应 2.5 万 m^3，将要把第一期每日设计量约 10.9 万 m^3 符合放流水标准排放到海洋之中，也可以回收供应给高雄临海工业区工业用水，这些技术在欧、美、澳已有甚至上百年历史。当然连带的新水资源开发就没有那么大的压力，这个就是所谓的"水回收再利用"的新挑战。

八、虚拟水资源贸易（水足迹）

21 世纪的水被视为"经济财货"，目前台湾干旱时水资源的"节流"政策，包括通过外部力量，督促消费者内部更经济实惠地节省有形水资源；以及通过政府公权力，根据产业的经济贡献程度统筹分配有形水资源。虚拟水资源定义和其在水文循环中所扮演的角色，并通过文献回顾的方式，讨论各国虚拟水资源交易的应用案例；再根据屏东平原目前水资源的发展现况分析及探讨，建议可行的虚拟水资源交易情境，提供水资源相关单位决策参考。

大部分的水资源在台湾仍被视为廉价甚至免费的财货（Free Good），本是取之有道；但是 1992 年都柏林宣言即以提出现今水资源的使用已具有竞争的特性，具有市场上经济的价值，这表示水资源的数量已经不足以满足人类对它的欲望。21 世纪的水被视为经济财富，开源节流是面对资源不均衡的不变原则。

九、综合流域管理

中国台湾夏季台风汛期常造成洪水灾害，欧美国家也常有发生，故洪水发生是自然现象，应该以正面态度面对它。在最近的 10 年间，由于洪水频发，欧洲许多国家接二连三遭受了惨重的生命与财产损失。2009 年 8 月 8 日莫拉克台风挟带超大暴雨，累积降雨量超过了台湾一年平均降雨 2500mm 的雨量，也产生空前的水患（八八水灾）；损失超过 1959 年的"八七水灾"。近年来，洪水成灾的主因是人类对于流域、河流及其洪泛平原的管理不善。

西汉水利专家贾让在其治河对策中，首先分析了黄河演变的历史。他指出：河有其形、河有其性、河有其道，人亦有人的住处，各不相干。人们的生产和生活应主动避让洪水，在满足泄洪以外的地方"度水势所不及"去进行，而不能过分地侵占河滩，压迫洪水。换言之，力尽防洪，一方面为改善生存条件和不利的自然环境；另一方面，也要遵循自然规律，主动地限制国土开发利用的强度以适应自然。他提出的社会发展要有一定限度，应主动与河流洪水的规律相适应的自然观，是客观的和积极的。循贾让在其治河理论中，面对严厉的"八八水灾"，不管自然灾害也好、自然的反扑也好或是人祸也罢；治水应顺应自然，治水更应符合“河有其性、河有其形、河有其道”的环境友善的设施。2009年9月28日全国治水会议分组座谈及2009年10月11日全国治水会议上，作者就水利工程角度上建议：“上游保水与还地于河、中游广设滞洪补注湖、下游蓄水（海绵城市）或与水共生”的策略，冀期做到综合流域管理理念。

十、结语

最后，仅就作者个人从事水利水资源工程实务、教学、研究近40年，对台湾在后水坝时代的永续水利资源开源节流、城市调适减缓的策略提出上述议题供思考，同时能在2009年3月16日在伊斯坦堡召开的全球论坛，来自全球192个国家参与“第五届世界水资源论坛（The World Water Forum），这个论坛吸引3位王子、3位总统及5位总理，超过90位部长、63位市长及超过2万3千名与会者的参与。讨论如何逆转全球性的水资源危机，和化解国际为争夺河流、湖泊和冰河所引起的紧张关系。”

参考资料

[1] 中华丛书委员会. 1956，李仪祉全集.

[2] 中鼎工程股份有限公司. 2000，屏东县水资源开发与保育整体规划及林边溪上游人工湖设置工程计划，屏东县政府.

[3] 丁澈士，黄信恩. 屏东平原地下水人工补注水资源优化管理之研究-以林边溪流域为例，台湾水利，2003，54-61.

[4] 丁澈士，周柏仪. 中国台湾发展区域性虚拟水资源交易之初步探讨-以屏东平原为例，台湾水利，2005，46-53.

[5] 丁澈士，张良平，黄佣评，蔡欣恬，张祥仁. 以河滨湿地水文特性探讨生态治河-台湾屏东县东港溪为例，北京科技大学学报，第28卷增刊2，2006（12月），112-115.

[6] 丁澈士，蔡欣恬，杜永昌. 水资源开发利用之生态新思维，台湾生态学季刊，第20期，2008，7-18.

[7] 丁澈士，杜永昌. 治水新思维-地下水人工补注，地质，第29卷第2期，2010，44-45.

[8] 鸟居信平“利用伏流水开发芜地—台湾制株式会社会农场设立的经过”，台湾水利，第6卷第6号，3-27.

[9] Brundtland，Gro Harlem (1987). Our Common Future. The World Commission on Environment and Development.

[10] Ting，Cheh-Shyh，1997 and 2000，Groundwater Resources Evaluation and Management for Pingtung Plain，Taiwan，PhD thesis，*Free University*，*Amsterdam*，(published: ISBN 90-9008794-X). 经济主管部门水资源局再版.

[11] Yung-Chang Tu，Cheh-Shyh Ting，Hsin-Tien Tsai，Jung-Wei Chen，Cheng-Haw Lee，2011，Dynamic Analysis of the Infiltration Rate of Artificial Recharge of Groundwater-A Case Study of Wanglong Lake，Pingtung，Taiwan，Environmental Earth Science，63：77-85.

[12] 台湾环境资讯中心. 2009，http://e-info. org. tw/.

[13] 第五届世界水资源论坛. 2009，http://www. worldwaterforum5. org/.

[14] 联合国教科文组织. 2009，http://www. unesco. org/water/.

城市更新过程中建筑拆除废弃物的动态流向研究

喻　博　张静蓉　王家远　高　宇　甘祖新

摘　要：拆除废弃物资源化管理的全过程是一个复杂的综合管理系统，准确分析拆除废弃物处理处置的典型路径和关键环节是改善拆除废弃物管理有效性的前提条件。本文结合深圳市城市更新的实际情况，以拆除废弃物生命周期管理理论为视角，通过对深圳市极具代表性的建筑废弃物综合利用企业开展拆除废弃物管理现状的调研，分析拆除废弃物“产生-现场管理-运输-处理处置-产品再生”的典型路径和识别拆除废弃物管理的关键环节，在此基础上建立拆除废弃物管理的动态流向模型，最终提出优化拆除废弃物管理的对策与建议。本文采用典型案例法研究大规模城市更新过程中拆除废弃物处理处置的动态流向，并延长了拆除废弃物的生命周期链，在方法层面上对现有研究进行完善和提升。研究结果有利于揭示拆除废弃物生命周期链中各个环节的内在作用机理，能够有效提高拆除废弃物处理处置技术方案和政策措施的科学性。

关键词：拆除废弃物；城市更新；动态流向；深圳

Abstract：The whole process of demolition waste management is a complex integrated management system，and accurately analyzing the typical path and the key link of demolition waste are the precondition of improving the demolition waste management. In order to know the management status of the demolition waste during the urban renewal process，this paper investigated a typical construction waste recycling enterprise. According to the life cycle theory，this paper identifies the typical path and the key link of demolition waste，it includes “Production-Site Management-Transport-Disposal-Product Regeneration”. Then，the dynamic flow model of demolition waste management is established. Finally，some countermeasures and suggestions are put forward to optimize the demolition waste management. In this paper，a typical case is used to study the dynamic flow of demolition waste and prolong the life cycle chain of the demolition waste，it promotes existing research at the method level. In addition，the study results are helpful to reveal the mechanism of various links in the life cycle of demolition waste，it can also effectively improve the technical scheme and policy measures for demolition waste disposal.

喻博（1994—），男，硕士研究生，研究方向：工程项目可持续建设.

张静蓉（1995—），女，硕士研究生，研究方向：工程项目可持续建设.

王家远（1961—），男，院长，教授，研究方向：工程项目可持续建设，建设管理信息化，建设项目风险管理.

高宇（1996—），女，硕士研究生，研究方向：工程项目可持续建设.

甘祖新（1993—），男，硕士研究生，研究方向：工程项目可持续建设.

一、引言

随着我国城镇化水平的快速提升，城市空间得到了前所未有的扩张，快速城镇化所导致的城市用地空间拓展与土地资源紧缺的矛盾使城市发展模式从注重新增建设用地开发向注重存量建设用地再开发模式转变，城市更新成为我国城市发展转型的主要方向[1]。城市更新在促进城市经济发展和提高城市竞争力的同时，也产生了巨量的拆除废弃物[2][3]。城市更新过程中产生的拆除废弃物是我国建筑废弃物的主要来源，所占比例高达70%～75%[4][5]。然而，我国拆除废弃物的综合利用率却不足5%，绝大部分是通过简易堆置或填埋方式进行处理，这不仅占用了大量的土地资源，也给环境造成了巨大影响[6]。如何有效提高拆除废弃物的资源化管理水平已成为专家学者备受关注的一个问题。

拆除废弃物的资源化管理是一项复杂系统工程，只有理清拆除废弃物管理的典型路径和关键环节才能针对性的优化其管理[7][8]。然而，目前对建筑废弃物资源化管理的研究主要集中在新建建筑，对大规模城市更新过程中产生的巨量拆除废弃物的处置路径和关键环节鲜有研究。在关于拆除废弃物处理处置的研究中，其生命周期链也仅仅只包含了拆除废弃物“产生-收集-运输-处置”这一相对片面的管理路径[9～12]，并未考虑拆除废弃物资源化处置后形成的再生产品及空间流向，这在很大程度上降低了拆除废弃物管理的有效性。此外，在关于拆除废弃物资源化处置后形成的再生产品的研究中，绝大多数都是通过试验的方法根据不同的指标研究不同再生产品的各项性能，如强度、抗冻性、吸水率等[13,14]。这些研究主要从技术角度分析拆除废弃物处置后的再生产品是否符合国家标准，并未从管理的角度对拆除废弃物的全生命周期链做进一步的研究。同时，已有研究考虑到大规模城市更新过程中所产生的拆除废弃物体量巨大，其生命周期链中的处置路径和管理环节更为复杂，再生产的品种和数量繁多，空间流向也极其复杂。

国内已有研究表明循环利用是处置拆除废弃物的有效手段，但目前我国开展废弃物再利用的企业数量少且整体上处理技术不成熟，造成资源化利用率低的局面[15]。与其他城市相比，深圳市建筑废弃物综合利用已走在全国前列，并于2009年出台了全国第一部建筑废弃物减排与利用地方性法规。因此，为理清拆除废弃物处理处置的典型路径和关键环节，本文以深圳市为例，通过对深圳市极具代表性的建筑废弃物综合利用企业开展拆除废弃物管理现状的调研，获取了拆除废弃物从“产生-现场管理-运输-处理处置-产品再生”全生命周期链的详细信息。在此基础上，分析拆除废弃物处理处置的典型路径和识别拆除废弃物管理的关键环节，建立拆除废弃物管理的动态流向模型。最后，本文在结合深圳市目前城市更新的实际情况和拆除废弃物管理现状的基础上，针对性的提出了大规模城市更新改造过程中拆除废弃物管理存在的问题及相应的建议。对城市更新过程中拆除废弃物管理的动态流向研究具有较大的理论与现实意义：一方面，本文采用典型案例法研究大规模城市更新过程中拆除废弃物处理处置的典型路径和关键环节，并延长了拆除废弃物处理处置的生命周期链，在方法层面上对现有研究进行完善和提升；另一方面，研究结果有利于揭示拆除废弃物生命周期链中各个环节的内在作用机理，能够有效提高拆除废弃物处理处置技术方案和政策措施的科学性。

二、研究方法与范围界定

本文拟对深圳市城市更新过程中拆除废弃物资源化管理的动态流向进行研究，主要通过对深圳市极具代表性的建筑废弃物综合利用企业开展拆除废弃物管理现状的调研。目前，深圳市拥有绿发鹏程、汇利德邦、永安环保、为海建材等8家从事建筑废弃物综合利用的企业。其中，绿发鹏程环保科技有限公司是国内规模最大的建筑废弃物综合利用企业，也是深圳市建筑废弃物回收利用典型示范企业，其行业技术较为先进和成熟，因此本文以绿发鹏程环保科技有限公司作为典型企业并对其开展拆除废弃物管理现状的调研。调研对象为直接参与拆除废弃物资源化管理的人员，具体包括施工工人、技术研发工人以及负责运营和管理的相关人员。

通过与上述相关人员的面对面访谈，对本文所提及的相关术语以及研究范围作以下说明：本文提出的拆除废弃物特指建筑物在拆除过程中所产生的建筑废弃物，不包含建筑物在拆除过程中产生的生活及其他类型的废弃物，也不包含工程弃土，而建筑废弃物又包括建筑新建过程中产生的废弃物和拆除过程中产生的拆除废弃物。此外，政府引导、市场主导的城市更新是一个合法过程，在此过程中产生的拆除废弃物必须经过依法处理。因此，本文所指的拆除废弃物不包括违法拆除产生的废弃物，同时拆除废弃物的处理处置方式不包含非法倾倒。城市更新改造过程中产生的拆除废弃物主要分为惰性废弃物和非惰性废弃物。其中，惰性废弃物占到总拆除废弃物的90%，主要包括混凝土、砂浆、砖砌块和瓷砖等。非惰性废弃物仅占到总拆除废弃物的10%，主要包括金属（钢筋、铝和铜）、玻璃、木材、塑料及其他保温材料等[6~9]。非惰性废弃物相比于惰性废弃物而言，产生量少，经济效益高，经过分拣分类之后直接出售给废品回收站，资源化利用之后形成相应的制品，由于其资源化管理过程相对简单与成熟，因此，本文对于非惰性废弃物的动态流向不作分析。

三、拆除废弃物动态流向模型的建立

深圳市城市更新过程中，拆除废弃物资源化管理的动态流向模型如图1所示，拆除废弃物全生命周期的典型路径主要包括产生、现场管理、运输、处理处置及产品再生五个重要阶段。

（1）拆除废弃物产生阶段

拆除废弃物产生阶段是指建筑物经过特定的拆除方式产生废弃物的过程。由于深圳市城市更新项目的建筑物楼层较低，建筑物的拆除主要采用机械拆除的方式，少数建筑物采用机械拆除和人工拆除相结合的拆除方式。目前，深圳市城市更新项目拆除废弃物处理处置企业的选择主要是通过竞标的方式决定，竞标方式又分为“拆除-清运-处理”一体化竞标和拆除、清运、处理单独竞标，不管采取何种竞标方式，其涉及的主要参与主体均包括拆除企业、清运公司和循环利用企业。

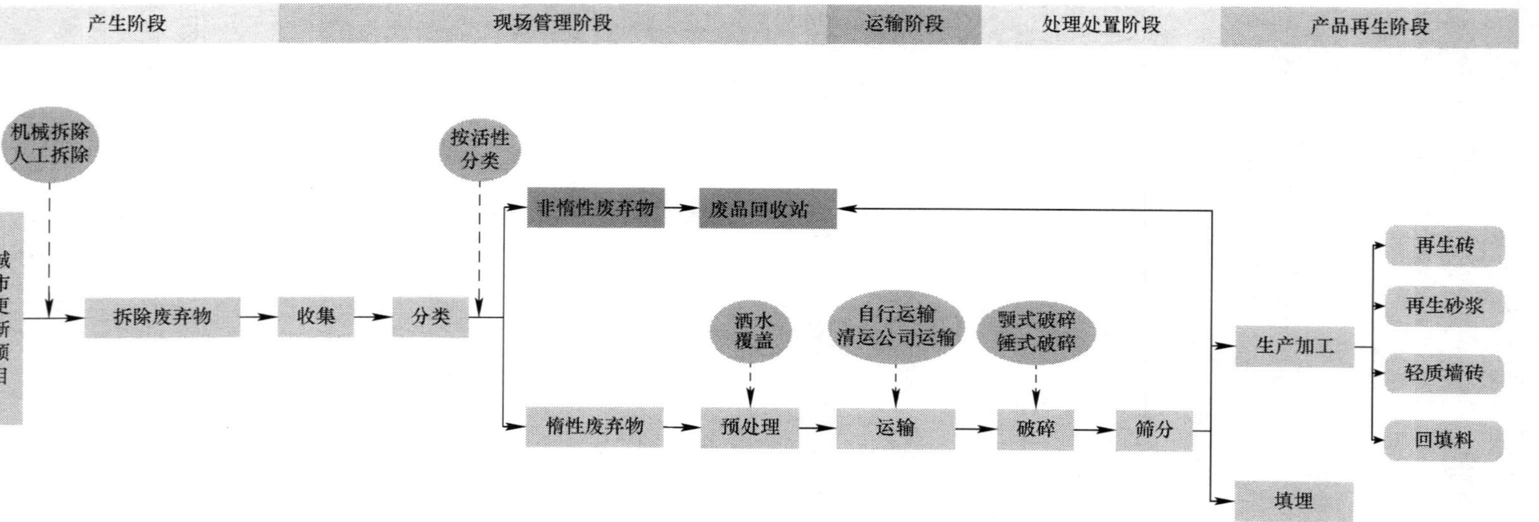

图1　拆除废弃物动态流向模型

(2) 拆除废弃物现场管理阶段

拆除废弃物现场管理阶段是指拆除废弃物产生之后在施工现场对其收集、分类和预处理的过程。在拆除废弃物的收集过程中，主要通过人工分类的方式根据拆除废弃物的活性进行分类。金属、玻璃、木材和塑料等非惰性废弃物由于具有直接经济价值，即在施工现场直接出售给废品回收站，其余的惰性废弃物如混凝土、砖砌块、砂浆和瓷砖等经过洒水或覆盖的方式进行预处理，以减少在后续运输过程中对环境的影响。

(3) 拆除废弃物运输阶段

拆除废弃物运输阶段是指拆除废弃物从施工现场运输至填埋场和循环利用场的过程。目前，拆除废弃物的运输方式主要分为两种：自行运输和委托专门的清运公司进行运输。部分城市更新项目距离拆除废弃物循环利用场较远，运输距离长，再加上城市更新过程中拆除废弃物体量巨大，因此会产生高额的运输成本。

(4) 拆除废弃物处理处置阶段

拆除废弃物处理处置阶段是指废弃物回收厂、循环利用场、填埋场等利益相关者对所产生的拆除废弃物进行最终处理的过程。目前，社会上对于拆除废弃物的处置方式主要包括再生利用、填埋和非法倾倒，但绿发鹏程环保科技有限公司对于城市更新所产生的拆除废弃物的处置方式主要以再生利用为主，极少部分不能再生利用的废弃物则通过合法填埋的方式处理。产品再生之前，需要将从施工现场运至循环利用场的拆除废弃物经破碎机进行初破，产生的废弃物粗骨料由皮带输送至锤式破碎机进行进一步破碎，最终得到具有一定粒级的再生骨料。将不同粒径的再生骨料经过滚动筛进行筛分，从而得到不同粒级的骨料，最后将不同粒级的骨料用于生产不同的再生产品。在筛分过程中，除了再生骨料之外，还掺杂少量非惰性废弃物（以钢筋为主），这些短小的钢筋经过人工挑选最终出售给废品回收站。

(5) 拆除废弃物产品再生阶段

拆除废弃物再生阶段是指废弃物经过特定的生产工艺最终形成不同种类再生产品的过程。如图 2 所示，拆除废弃物通过资源化处理之后形成的再生产品主要包括再生砖、再生砂浆、轻质墙板和回填料四种。再生砖具体包括混凝土路面砖、互锁砖、植草砖、透水砖、路缘石、空心砌块以及混凝土实心砖。如图 3 所示，不同种类的再生砖主要用于市政道路、公园、广场、小区、机场和码头等区域。再生砖主要由惰性废弃物、水泥和着色剂组成，惰性废弃物占到再生转总质量的 70%，水泥和着色剂占到 30%。再生砂浆具体包括砌筑砂浆、抹灰砂浆、喷涂砂浆、防水砂浆、地面砂浆和自流平砂浆。砌筑砂浆和抹灰砂浆主要用于各种加气砖、多孔砖、水泥砖和各种砌筑和抹灰工程。M5 薄层喷涂砂浆主要用于混凝土路面、桥梁、隧道等各种天花机械化喷涂，M7.5 厚层喷涂砂浆主要用于混凝土墙面、灰砂浆墙面、轻质砖墙面、空心砖及各种内外墙体的机械喷涂。防水砂浆和地面砂浆分别用于各种混凝土和内外墙面的防水抹灰工程以及室内外地坪工程。自流平砂浆主要用于混凝土、地面、仓库、商场、地下室、办公楼、运动场所等多种地面工程。再生轻质墙板主要用于建筑物的分户墙、分室墙、走廊、过道墙、卫生间、厨房等非承重隔墙，防火隔音、隔热要求高的特殊隔墙以及工业厂房内隔墙，商场围护结构隔断的墙体。回填料主要用于路基或建筑物基础垫层，拆除废弃物产生之后并非将其直接用于路基或建筑物基础回填，而是先经过分拣、破碎和筛分 3 个特定工艺后，根据级配进行回填。

图 2　拆除废弃物再生产品

图 3　再生砖的主要用途

在经济效益和市场需求的双重作用下，拆除废弃物资源化处理用于形成不同种类的再生产品所占用的比例相差较大。如图 4 所示，拆除废弃物资源化处理之后的再生产品以再生砖为主，占到拆除废弃物总量的 50%，再生砂浆和轻质墙板各占 20%，回填料仅占 10%。

拆除废弃物的来源及再生产品的空间流向，目前，绿发鹏程环保科技有限公司资源化处理的建筑废弃物均来源于深圳市城市更新过程中产生的拆除废弃物。再生产品的空间流向如图 5 所示，90%的再生产品又用于深圳市城市建设中，实现了拆除废弃物回炉重造再利用的初衷。此外，7%的再生产品用于东莞、惠州等毗连深圳的地区，剩下 3%的再生产品通过跨境运输用于香港地区。再生产品的空间流向主要受到运输成本和人们对再生产品传统观念的影响，这在一定程度上制约了再生产品的市场推广。

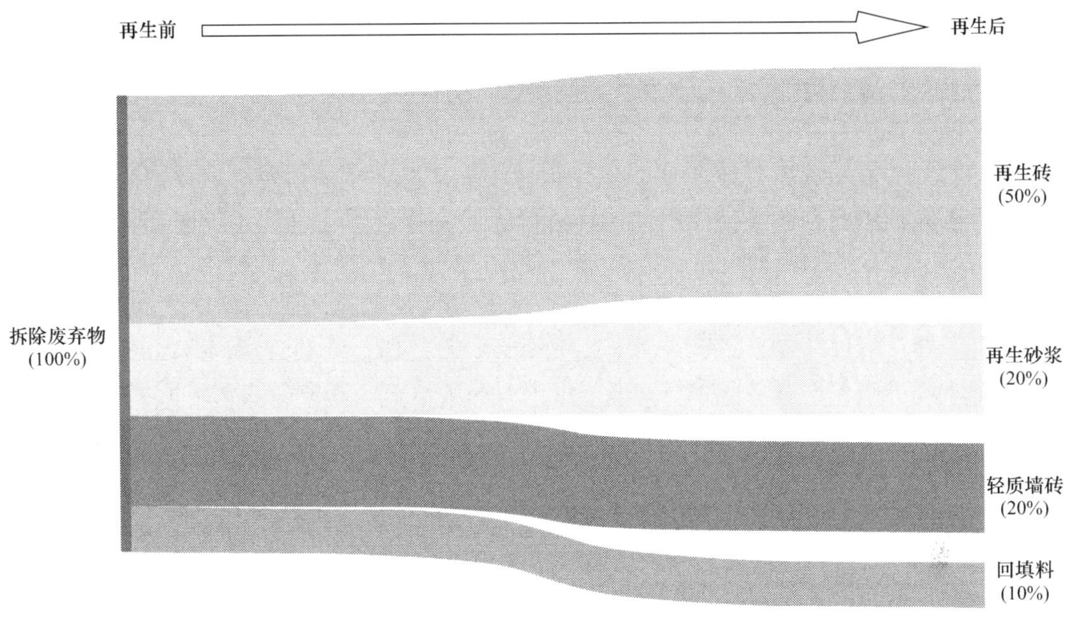

图 4　不同种类再生产品的比例

四、问题与建议

(1) 问题

本文在结合深圳市城市更新改造实际情况的基础上，通过对建筑废弃物综合利用企业的调研，针对性的提出拆除废弃物资源化管理过程中面临的主要问题：

1）从拆除废弃物资源化处理方式来看，仍以传统的固定式处理方式为主。目前，深圳市仅有三家企业通过引入移动式处理设备生产线开展现场就地处理，包括绿发鹏程环保科技有限公司在内的其他五家企业仍然是将施工现场产生的拆除废弃物运输至循环利用场进行集中处理，由于拆除废弃物体量巨大，极大增加了拆除废弃物的运输成本，同时降低了拆除废弃物资源化处理的效率。因此，拆除废弃物的资源化处理应结合固定式处理和移动式处理。

2）从拆除废弃物资源化管理的全过程来看，仍未形成标准化的生产加工链。目前，拆除废弃物资源化处理处置的全生命周期主要分为产生、现场管理、运输、处理处置和产品再生五个主要阶段，其中还涉及拆除、收集、分类、预处理、破碎和筛分等关键环节。但由于受到工期、拆除废弃物体量、场地规模、运输车辆、处理设备和管理水平等因素的制约，拆除废弃物资源化管理的各个关键环节并未形成有机的整体。因此，应形成规范化、标准化的拆除废弃物生产加工链。

3）从再生产品的种类和生产工艺来看，产品种类较为单一且生产效率和生产技术水平较低。目前，虽然深圳市拆除废弃物部分再生产品的主要性能已经达到甚至超过了传统的建材，但在生产效率和新产品的技术研发方面还有很大的发展空间。因此，应加大对新产品的技术研发和提高已有再生产品的生产效率。

4）从再生产品市场推广的角度来看，再生产品的市场推广力度不足。目前，再生产品虽然已经具有了一定的市场份额，但由于生产成本比普通建材高，价格缺乏竞争力，同时再生产品的市场认可度较低，这在很大程度上限制了再生产品的推广，不利于回收利用企业的可持续发展。因此，应加大再生产品的推广力度。

（2）建议

由于拆除废弃物资源化处理属半公益性的新生环保产业，其发展不仅需要企业的努力，也需要政府的配合和支持。因此，针对拆除废弃物资源化管理过程中存在的上述问题，本文将从企业和政府两个角度为深圳市未来拆除废弃物管理工作提出以下建议：

第一，由于现场移动式回收利用可以在工地现场实现破碎、筛分等工艺甚至回收利用产品生产及回用，可最大限度减少拆除废弃物的运输及处置。因此，建筑废弃物综合利用企业应从长远的角度考虑到移动式处理所带来的经济效益，并增加其在施工现场的应用。同时，政府对施工现场进行拆除废弃物移动式破碎、筛分、泥砂分离、产品生产等回收利用的企业进行必要的资金资助。

第二，虽然深圳市在建筑废弃物回收利用设施建设以及行业孵化等方面已走在全国前列，但大规模城市更新改造过程中产生的拆除废弃物体量巨大，相对实际需求而言，无论在诸如企业规模、配套设备等硬件设施方面还是诸如企业管理水平等软件设施方面都亟待完善。企业应加强对自身的管理，政府应从用地租金、贷款利息、税费征收和现场处置等方面进行政策扶持和资金资助，从而形成规范化、标准化的拆除废弃物生产加工链。

第三，建筑废弃物综合利用企业应进一步加强对新型再生产品生产工艺的研发，和高校、科研院所采用“产学研”结合的方式，研发出拆除废弃物资源化处理的工艺技术、再生产品生产技术以及先进适用的生产设备，从而扩大再生产品的种类和提高已有再生产品的生产效率，进而增强废弃物综合利用企业的核心竞争力。

第四，企业应加强对再生产品的推广力度，开展示范工程建设，对运用再生产品的典型工程进行示范。政府也应与企业一起加大对再生产品的宣传力度，改变人们的传统观念并扩大优惠补贴的范围。在新建政府投资项目中，政府应全面推广使用拆除废弃物再生产品，明确各类型建设工程的回收利用产品使用部位及比例。在符合国家标准的前提下，政府投资项目应率先选用以拆除废弃物作为原料制备的再生产品。

五、结论

本文为理清城市更新过程中拆除废弃物处理处置的典型路径和关键环节，选取深圳市极具代表性的建筑废弃物综合利用企业并对其开展拆除废弃物管理现状的调研，获取了拆除废弃物从“产生-现场管理-运输-处理处置-产品再生”全生命周期链的详细信息。在此基础上，识别出拆除废弃物处理处置的典型路径和关键环节，并建立了拆除废弃物管理的动态流向模型。最后，本文在结合深圳市城市更新的实际情况和拆除废弃物管理现状的基础上，针对性的提出了目前拆除废弃物管理所存在的问题并提出相应的建议。在未来的研究中，应全方位、多尺度的对不同拆除废弃物综合利用企业开展拆除废弃物管理现状的调研，并细化各再生再生产品的施工工艺，从而提高拆除废弃物处理处置的科学化和理论化程度。

参考文献

[1] 张京祥，陈浩. 增长主义视角下的中国城市规划解读——评“为增长而规划：中国城市与区域规划”. 国际城市规划，2016.31（3）：16-20.

[2] 郭郡郡，刘成玉，刘玉萍. 城镇化、大城市化与碳排放——基于跨国数据的实证研究. 城市问题，2013（2）：2-10.

[3] Lin，B. and X. Ouyang，Energy demand in China：Comparison of characteristics between the US and China in rapid urbanization stage. Energy Conversion & Management，2014.79：128-139.

[4] 陈军等. 拆毁建筑垃圾产生量的估算方法探讨. 环境卫生工程，2007.15（6）：1-4.

[5] 李景茹，林贞蓉. 建筑垃圾减量化研究综述. 建筑技术，2011.42（3）：246-249.

[6] 吴环宇. 基于GIS的建筑拆除废弃物产生及流向预测模型，2015，深圳大学.

[7] Zhao，W.，H. Ren and V. S. Rotter，A system dynamics model for evaluating the alternative of type in construction and demolition waste recycling center -The case of Chongqing，China. Resources Conservation & Recycling，2011.55（11）：933-944.

[8] Yuan，H. P.，et al.，A model for cost-benefit analysis of construction and demolition waste management throughout the waste chain. Resources Conservation & Recycling，2011.55（6）：604-612.

[9] Wu，H.，et al.，Demolition waste generation and recycling potentials in a rapidly developing flagship megacity of South China：Prospective scenarios and implications. Construction & Building Materials，2016.113：1007-1016.

[10] Zheng，L.，et al.，Characterizing the generation and flows of construction and demolition waste in China. Construction & Building Materials，2017.136：405-413.

[11] 欧阳磊，李扬. 深圳市建筑拆除废弃物管理研究. 合作经济与科技，2016（5）：81-83.

[12] 李诺，肖力光. 建筑垃圾再生利用的研究. 吉林建筑大学学报，2016. 33（5）：31-34.

[13] 何成寿. 建筑废弃物在新型墙体材料中的资源化利用技术研究. 四川水泥，2017（11）.

[14] 于洪强等. 建筑废弃物再生混凝土的微观分析. 北方建筑，2017（6）.

[15] 袁红平，孙洪伟. 西部地区建筑废弃物填埋的法律规制. 工程管理学报，2015（1）：38-42.

地下空间的开发与利用

蔡建峰　薛　旺　黄梓玮　雷培莉

摘　要：21世纪将是地下空间的世纪，随着城市化程度的不断加深，城市空间不断减少、交通拥挤、环境恶化、资源紧缺等问题越来越恶化，高空和地下发展空间已成为增强城市功能、改善城市环境的重要手段，而在这之中城市地下空间的开发与利用越来越引起投资者和城市规划者的重视。地铁的建设成为大城市缓解交通压力的有效措施；建设地下管线综合管廊成为增强城市功能、提高城市抗灾能力的重要途径；为建设节约型城市而进行的大型地下公共设施的建设已成为世界各大城市发展的趋势。此外；在城市建设的同时，开发和利用城市地下空间还可以有效地解决原有的城市风貌与城市现代化建设的矛盾。本文积极地借鉴和吸收国内外有关地下空间开发利用的先进理论和成功经验，对地下空间开发利用进行研究。本文首先介绍城市地下空间开发的相关概念和理论，介绍了地下空间资源的概念与潜在价值，我国城市地下空间资源开发的宏观背景和战略意义，地下空间资源的开发价值和综合效益，城市地下空间利用的理论依据，城市地下空间开发和利用的战略目标与规划原则，分析了城市地下空间开发的两个阶段。本文从城市地下空间开发的必要性出发，探讨了城市地下空间开发与利用存在的问题，并相应地提出了若干建议，以便促进城市地下空间开发与利用的健康发展。

Abstract: The 21st century is the century of underground space, with the deepening of urbanization, urban space narrowing, such as traffic congestion, environmental degradation, resource scarcity problem worse, into the sky and the development of underground space, has become an important means of enhance urban functions, improve the urban environment, and among the urban underground space development and utilization of more and more cause the attention of investors and 1 cityplanners. Subway construction has become an effective measure to relieve traffic pressure in big cities. The construction of underground pipeline integrated pipe corridor is an important way to enhance urban function and improve the capacity of urban disaster resistance. The construction of large-scale underground public facilities for the construction of economical cities has become the trend of the development of major cities in the world. In addition, At the same time, the development and utilization of urban underground space can effectively solve the contradiction between the original city style and the urban modernization construction. This paper actively draws on and absorbs the advanced theories and successful experiences of underground space development and utilization at home and abroad, and studies the exploitation and utilization of underground space. This paper introduces the related concepts and theories of urban underground space development, this paper introduces the concept of underground space resource and potential value, the macro background of the development of urban underground space resources and strategic significance, the development of underground space resource value and comprehensive benefits, the theory of urban underground space utilization, urban underground space development and utilization of the strategic objectives and planning principles, the two stages of urban underground space development is analyzed. In this paper, starting from the necessity of urban underground space development, probes into the problems existing in the development and utilization of urban underground space, and puts forward some Suggestions accordingly, in order to facilitate the healthy development of urban underground space development and utilization.

一、城市地下空间资源开发的背景

我国城市地下空间资源开发的背景由以下五个方面：

1. 人口因素

截至 2015 年 11 月 1 日，我国总人口 13.9 亿人。预计到 2030 年前后我国人口才能开始零增长，估计届时总人口将达 16 亿人，城镇人口将占 60%，即 9.6 亿人，人口对城市空间将形成持续而巨大的压力，地下空间将为城市发展提供充分的后备空间资源。

2. 水资源因素

我国是缺少水资源的国家，虽然水资源总量居世界第六位，但人均水资源较少，中国人均水资源量为 2200 立方米，仅为世界平均水平的 1/4，列世界人均水资源量排名的第 121 位，被联合国列为 13 个最贫水国之一，我国已有 16 个省、市被列为严重缺水地区，有 6 个省、自治区因为人均水资源量低于 500 立方米，被排在了极度缺水地区的行列。全国 600 多个城市中，有 400 多个出现供水不足，其中 110 个严重缺水，北京的人均水资源还不到 300 立方米，而大连、天津、青岛、连云港、上海的人均水资源量甚至低于 200 立方米，全国每年因缺水而影响工业产值达 2300 亿元。我国水资源的分布非常不均匀，并且季节性很强，目前，通常的办法是利用水库将丰水期的水储存起来，但地面上的水库占用土地并且蒸发和渗漏损失较大，如果能够采用地下空间大量储存水资源，将为全国的经济建设和人民生活提供安全、可靠的保证。

3. 土地资源因素

我国土地资源总量丰富但人均贫乏。据国土资源部公布的数据，我国耕地、林地、牧草地总量 2004 年分别高达 12244.43 万公顷、23504.7 万公顷和 26270.68 万公顷，分别列世界第 4 位、第 5 位和第 2 位，但人均分别约为当前世界平均水平的 38%、31%和 35%。以耕地为例，我国一直以占世界 70%的耕地养活占世界 20%的人口，以人均 400 公斤计算，在当前生产技术的前提下，必须保证 2010 年和 2020 年有 1.11 亿公顷和 1.18 亿公顷耕地用于粮食生产，而 2004 年全国耕地才 1.22 亿公顷。由于未来十几年中我国城镇人口将净增加约 3 亿，大量人口向城镇转移必将直接带动城镇住宅用地和各类公共基础设施用地需求的迅猛增加，而城镇的扩张在很大程度上将通过侵占耕地来实现，耕地资源和粮食安全将面临极大挑战。因此保证全国耕地不低于 1.2 亿公顷已 写入十一五规划中，同时国家已出台了极为严格的耕地保障制度，城市再也不能粗放式地向农村要土地，地下空间的开发与利用势在必行。

4. 交通因素

目前，我国很多大城市的交通环境不容乐观，地面交通发展的空间不断减少，建设以地铁为主的公共交通网络已成为首要任务，然而因为城市中心土地价格高昂，建设大规模的道路非常不经济、污染严重而且行驶速度缓慢，许多发达国家如日本已开始建设地下交通网，将道路建到地下 40 米以下（不用支付土地使用费）；德国慕尼黑也将城市环路全部建到地下，取得了理想的社会效益和经济效益。

5. 环境因素

随着城市的迅猛发展，人们赖以生存的环境正遭到严重破坏，以大气污染、垃圾污染、水污染、噪声污染等为主。资料显示，全国 60%以上的城市总悬浮颗粒物浓度超过国家空气质量二级标准，28.4%的城市二氧化硫浓度超过国家二级标准；我国城市污水处理率虽然达到 42%，但仍有大量污水直接排放，造成水体严重污染；我国城市每年产生的 1.5 亿吨垃圾处理率仅为 60%，无害化处理率更低。开发地下空间可以显著地降低污染、改善环境，例如，通过开发利用地下空间而使城市中更多的地面用于绿化；建设地下交通网可以在缓解交通压力的同时降低大气污染和噪声污染；大型现代化的地下垃圾处理系统可以提高垃圾处理效率，降低搬运过程中的二次污染，尽可能的进行无害化处理。

二、城市地下空间利用的必要性

城市地下空间开发与利用是实现城市可持续发展的重要途径，是当前城市发展急需解决的重要问题，也是地下工程界长期研究的重大课题。随着城市化进度的加深，我国社会经济建设发生了巨大的变化，城市已成为国民经济发展的主要推动力。在发展的过程中，也暴露了一些急迫而又严峻的问题，如城市交通拥挤、城市环境恶化、城市地下管线混乱且存在隐患等，然而这些问题的产生根源主要是城市开发的盲目性及城市地上空间不足，因此进行城市地下空间的开发和利用显得尤为必要。

1. 城市地下空间开发与利用有利于解决城市交通拥堵

在我国经济的迅速发展时期，人们生活水平显著提高，同时汽车数量也大幅度上升，加之人口数量增加、道路发展滞后以及道路资源配置不合理等问题，使得城市交通拥挤问题愈来愈严峻，给城市发展以及居民出行带来了很多不利因素。因此，通过发展地下交通系统（如地铁，地下人行道，地下物流系统等）将人车分流，开辟城市交通新路线，有利于解决城市交通拥堵问题。

2. 城市地下空间开发与利用有利于缓解城市环境污染

由于城市人口的急剧增长，工业和交通运输业的迅速发展，大量的污水未经适当处理而直接排入水体，大量粉尘、硫氧化物、氮氧化物、碳氧化物等物质排入大气，使城市水资源和大气遭到严重污染，从而破坏了城市水环境和城市大气环境。此外，工业固体废物以及生活垃圾等二级污染源也给城市环境带来了严重污染。因此开发和利用地下空间，发展地下交通系统，建设地下工厂、地下固体废物收集和垃圾处理场，通过地下气体收集系统、地下垃圾处理系统可以有效地缓解城市环境污染。

3. 城市地下空间开发与利用有利于规范城市地下管线

随着城市建设事业的发展，地下管线的种类和数量也迅速增加，城市地下管线面临建设使用和监管的双重困境，加之部分城市地下管网规划建设滞后、年久失修等原因，导致管线事故频发，这威胁着周边居民的生命、生活以及当地的经济社会发展，从而暴露出当前城市地下管网的脆弱性，因此强化管线规划、铺设、维护，显得尤为迫切。

三、城市地下空间开发与利用存在的问题

1. 缺乏统一协调规划与统筹管理

国内许多城市没有建立地上、地下统一规划，对城市空间特别是现代城市的立体化空间的理论研究不够深入和系统，导致一些地下空间的开发利用缺乏正确的认识，未从可持续发展的角度进行开发利用。目前，潍坊市城市地下空间开发中存在严重的无序现象。地下空间大都是独立分散存在，与其他地下空间或地面建筑不配套，功能不协调，影响城市地下空间设施使用的便利程度，不利于地下空间的开发利用。

2. 城市地下空间功能形式单一

对我国许多城市地下空间的开发利用的现状进行分析，现阶段应该主要利用以商业和地下停车场为主。已建的工程主要为停车场（库），单建工程主要为商业步行街，少数小规模的单建工程为娱乐场所，不同类型设施的开发比例不平衡。

3. 城市地下空间开发利用无法可依

地下空间的所有权、使用权、管理权等在国家层面上就没有明确规定。因此对于地下空间开发战略、方针、政策、管理体制、建设标准等一系列问题都处于比较模糊的状态，一定程度上影响了地下空间的发展。没有使用权、管理权的法规，很少有人愿意对地下空间投资领域问津，则对地下空间无限制地使用，一些深层桩基和地下箱形基础影响到城市地下空间的开发利用。项目达不到应有的水平，形不成系统的整体的效益。

4. 融资模式单一，开发模式呈现区域多样性、不连续性

目前，我国城市地下空间融资模式呈现单一性，主要以政府投资为主导，缺乏多元化

的融资模式，加之当前政府投资领域逐渐扩大，给未来的城市地下空间开发利用的融资带来了一定难题，当前城市地下空间的开发利用呈现明显的区域多样性，大型城市的地下空间开发主要是地铁、地下停车场、地下街的建设，小型城市的地下空间开发主要集中在建设地下停车场、地下过街天桥，而且两者在开发模式上呈现不连续性，没有实现不同区域地下建（构）筑物的有效整合，这使得城市地下空间的开发没有形成统一的整体，不能充分综合其相关功能，进而减少了地下空间开发利用的综合效益。

四、地下空间资源开发价值与综合效益

地下空间在自然状态下只具有潜在的价值，当付出必要代价将其开发出来以后，就具有一定的使用价值，表现为使用后所创造出的效益，使用价值中除掉开发的费用后，就是地下空间的开发价值，如果是正值，说明开发是合理的。随着城市的发展，一方面人们对城市不断提出新的要求，原有的城市功能无法满足需要；另一方面土地变得越来越稀缺，土地成本不断增加；此外工程技术水平也在不断提高，能够开发的深度越来越大。这些条件使得城市地下空间资源的开发具备了可行性和经济性，而且也直接带动了房地产业、建筑业、机械制造业等行业的发展，促进了国民经济的增长。

开发城市地下空间，从技术角度讲比在地面上建筑房屋要困难和复杂很多，从经济角度投入比地面建筑要大得多。由此可见，如果普通公路造价为 1，则轻轨造价为 20，而地铁则高达 50；同类型同规模的城市道路，如地下轨道要比地面的轻轨造价高出 2.5～3 倍；如果在地下空间保持不低于地面建筑的内部环境标准，则运行所耗费的能源比在地面上要多 3 倍左右。另外工程造价仅占工程总投资的一部分，越来越高的土地费和拆迁费已成为建设项目主要的成本。土地是城市空间的载体，不存在脱离土地的城市空间，不论是地上还是地下，土地的价值在很大程度上反映和体现了城市的效率。土地的价值基本上反映在其市场价格上，受经济规律支配，但也受其他一些因素的影响，如法律的规定、政府的土地政策、土地市场投资或投机活动等。一般情况下，城市中土地昂贵的地区，表明那里的土地开发价值高，投资后可获得比其他地区更高的经济收益，因而起到将城市功能向这一地区吸引和聚集的作用。当开发城市地面空间必须付出高昂的土地费用时，如果开发地下空间不需支付或只需支付少量土地费用，则后者在开发费用上必然显示出很大的优势。目前，我国特大城市的最繁华地段，土地价格一般约 1 万/平方米，最高的达到3.6 万元/平方米，占工程总投资的比重很大，而且许多城市中心地区地面建筑的层数和高度受到严格的限制，尽量利用地下空间能够大大提高投资效益。如北京市的“东方广场”，地处王府井与东单之间的繁华地段，地价很高，因在长安街上建筑物高度受到限制，所以投资方大规模开发利用了地下空间，容量占总容量的 40%，使容积率大幅度提高，在经济上得到良好的回报。

五、结语

随着城镇化的发展快速，使城市地下空间开发显得尤为迫切。然而在开发中不能只求速度，盲目开发，而应从解决城市实际问题出发，对城市地下空间进行系统规划、合理开

发、完善地下空间开发利用的法律法规体系，成立统一的地下空间开发利用的管理机构，开拓多元融资模式，注重区域地下空间开发利用功能性整合和立体开发，以便构建和谐、统一、多元、立体的城市地下空间，实现城市地下空间开发与利用的健康发展。

参考文献

[1] 王文卿. 城市地下空间规划与设计 [M]. 南京：东南大学出版社. 2000.

[2] 陈志龙，王玉北. 城市地下空间规划 [M]. 南京：东南大学出版社. 2005.

基于空间句法的街区制下城市交通运行效率影响研究*

张常明　温锋华　李　永

摘　要：基于空间句法理论和方法，以北京三环内交通路网为研究对象，研究北京封闭社区开放对交通效率的影响，主要研究内容如下：（1）用空间句法模拟分析三环内封闭小区开放前后北京三环交通路网运行效率变化，发现小区开放后，交通运行效率明显提高；（2）以北京芳城园、芳群园、芳古园和芳星园等封闭社区为研究对象，以出口轴线比、网格轴线性、尽端路轴线比等指标封闭社区的形态特征，分析了不同类型的封闭社区对小区开放后交通效率提升程度的影响；（3）分析不同结构形态的封闭小区，实行“大开放、小封闭”这一开放路径的可行性，为北京推行街区制提供理论依据和实际参考。

关键词：街区制；空间句法；交通效率

Abstract：Based on space syntax theory and method to Beijing within the third ring road traffic network as the research object，and study the influence of Beijing closed community open to traffic efficiency，the main research content is as follows：（1）the simulated by space syntax analysis within the third ring road closed area before and after the opening of Beijing three-ring efficiency changes in the traffic network，found plot after opening，the traffic operation efficiency improved obviously；（2）to Beijing fang group of garden，city garden，fang fang ancient garden and FangXingYuan closed community as the research object，such as axis than on exports，grid axis and cul-de-sacs axis than index closed community of morphological characteristics，and analyses the influence of different types of closed community neighborhood traffic efficiency after opening degree；（3）to analyze the feasibility of the open path of “big open and small closed” in closed communities of different structural forms，providing theoretical basis and practical reference for Beijing to promote block system.

Keywords：Space syntax；Block system；Traffic efficiency

一、引言

2016 年 2 月，国务院印发《中共中央国务院关于国务院关于进一步加强城市规划建设

* 基金项目：国家自然科学基金面上项目“中国典型地区水-能源-粮食关联系统动力学模型构建与仿真”（项目编号：71473285）；北京市社会科学基金一般项目“街区制下的北京城市空间治理模式创新与政策体系研究”（项目编号：16GLB036）部分成果.

张常明，女，中央财经大学政府管理学院城市规划与管理硕士研究生.

温锋华（1980-），博士，注册城市规划师，中央财经大学副教授，研究方向：城市规划与管理.

管理工作的若干意见》(如下简称《意见》)中提出“要推广街区制，原则上不再新建封闭小区，已建成的封闭住宅小区和单位大院要逐步打开”，从而实现小区内部道路的公共化，解决交通路网布局问题。封闭小区是我国长期以来形成一种城市空间布局模式，可以用较低的成本提高小区内的公共服务水平[1]，是我国城镇化发展早期的必然产物，对城市管理起到了一定的积极作用。但是对整个城市而言，传统的封闭式小区导致城市路网密度低，阻碍城市交通的“微循环”，破坏城市路网形态、加剧城市的交通拥堵[2]，对城市公共交通运行效率和人们出行效率[3]等方面造成了越来越明显的负面效应。而中国打开住宅区的目的不是简单地把围墙拆了以开放整个社区，而是通过将居住区级道路贡献给城市，以缓解城市的交通压力[4]。

为此，学者们首先关注的问题是封闭社区开放能否提升交通效率。为研究封闭社区开放是否会提升周边区域的交通效率，学者们采用交通仿真[5]、GIS分析[6]、空间句法、层次分析法[7]等实证研究方法进行研究。其中，空间是以道路及公共空间为研究对象的多视角定量数据分析方法，能够利用科学的分析方法梳理现状道路，能较好地模拟分析封闭小区开放对交通效率的影响[8]。刘畅等人基于空间句法模型，对比分析昆明一环路网内在有无居住区内部道路开放情况下的城市整体交通路网的情况，发现昆明一环内居住区道路开放后对于城市交通路网的总体通达性有一定贡献[9]。此外，什么类型的小区有必要进行开放也是学者们探讨的一大重点。现有的研究主要认为封闭小区开放对交通的影响程度取决于小区的面积、小区的结构等因素。毕战歌使用VISSIM仿真模型分析时发现，面积越小、人口越少的小区开放前后之间的差异就会越小，为此面积小、人流少的小区可不开放[10]。有学者根据小区周围主干道条数和小区出入口数将小区分为“丁字形”“十字形”“卄字形”和“井字形”，分析结果表示“丁字形”小区开放对交通通行能力提升效果不明显，其他三种效果明显，适合开放[11]。但尽管现有研究关注空间句法在模拟小区开放前后的交通整体状况变化，却少有研究基于小区结构对交通效率提升的影响，且既有的研究对小区结构的划分还出于经验判断[12]。目前，部分学者使用空间句法中的网格轴线性、轴线密度等指标研究北京住区规划演变[13]，何韶瑶等人则利用空间句法来刻画开放小区及封闭小区的路网特征，并探讨封闭小区的开放策略[8]。此外，有学者基于空间句法，探求封闭式小区单个开放、连片开放等不同开放模式下对城市路网的影响[15]。

作为中国“堵城”的北京拥有大量的机关大院和封闭住宅小区，严重降低了首都的运行效率，北京不同规模的大院内就约有1000万平方米的道路没有和公共道路连通，约占整个城区道路面积的10%以上。众多大面积的封闭区域散落在北京路网中，使得局部路网结构不合理，路网密度较低，城市交通“毛细血管”不畅，加剧了周围骨干路网的交通压力。因此，本文拟通过空间句法模型，以单位大院、封闭小区分布众多的北京三环内区域为研究对象，通过对比三环内小区开放前后区域交通通行情况的变化，来探讨小区开放对交通效率的影响。此外，用轴线密度、网格轴线性、尽端路轴线比例表征封闭社区的形态特征，分析了不同类型的封闭社区对小区开放后交通效率提升程度的影响。最后，模拟小区交通运行效率最大化下的开放路径，设计出具有普遍适用性的封闭式小区开放模型。

二、方法与数据

1. 研究方法

空间句法是一种建立在“图底关系理论”“联系理论”和“社区分析”综合基础上的量化城市空间的分析方法，其对模拟和理解城市形态和结构具有重要意义。本文选用空间句法模拟分析北京封闭小区开放前后交通效率变化，探讨封闭小区开放的必要性和路径。空间句法可以兼顾宏观范围和微观空间的空间关系研究，同时对交通网络结构和城市形态进行量化分析。

空间句法主要有三种基本方式：凸空间分析、空间视线分析、轴线模型分析。前两者主要用于建筑内部空间分析，本文采用轴线模型分析法。

2. 模型变量指标

用 Depthmap 软件进行空间句法分析，模型变量主要有选择度（Choice）、连接度（Connectivity）、控制度（Controllability）、平均深度值（Harmonic Mean Depth）、标准集成度（RRA）等，模型变量内涵（表 1）。

空间句法模型主要变量及其含义　　表 1

变量	概念	含义
选择度	指在进行拓扑分析中，依次将每个道路作为中心道路，全系统中从任意一个道路到另一个道路，其最短的拓扑路径上中心道路出现的次数	该变量能够反映某一道路在系统中的重要程度，其数值越大则表示道路作用越大，交通吸引力越大
连接值	与某节点邻近的节点个数即可为该节点的连接值	某个空间的连接度越高，说明它与其他空间的关系越密切，该空间（道路）也应该是城市的交通干道，这些路段容易集中大量的交通流量
控制值	某个节点处于其他节点连接的最短路径的比例	表征一个空间对与之相交空间的控制程度
平均深度值	某一节点距其他所有节点的最短距离的平均值	平均深度值越小，表示道路越便捷
标准集成度	深度值会受节点影响，因此将深度值的倒数设置为集成度，并将其标准化，以比较不同轴线图的集成度	道路集成度越大，道路吸引交通的潜力也越大，公共性越强，越容易聚集交通流

空间句法模型可以兼顾整体范围和微观范围的轴线分析，因此选择度、平均深度和整合度都有整体和局部之分。在进行轴线分析时，可设置 3、5、7、9、11、n 的分析半径，表示某节点与其附近 3、5、7、9、11、“无穷”步的节点间的联系。例如，Harmonic Mean Depth 表示整体平均深度值，Harmonic Mean Depth R11 表示分析半径为节点附近 11 步下的局部平均深度。这为分析小区开放对城市交通整体和局部影响提供多样分析视角。

3. 研究区域选择

众多学者对古今中外街区尺度的研究表明：“适宜步行的、具有紧凑形态，同时又可满足现代城市功能的街区尺度应在 100～150 米的范围内。”[16] 但根据高德小区边界数据来看，北京的街区尺度远远超过这个值，并且北京街区的尺度，随着环路往外不断增长，二环内最短（平均 366 米），其次为两环到三环（404 米）、三环到四环（470 米），而四环外达到 500 米以上[17]。其中，二环到三环之间单位大院、封闭社区林立，通常若干个小区紧密结合扩大街区尺度，例如，劲松小区和潘家园小区（图 1），这类小区在北京极具代表性。这样由若干个封闭小区组成的大型封闭街区，各小区之间又被围墙等切割开来，严重割裂城市空间，破坏交通微循环，这类小区具有开放的必要性。因此，本文选择二环到三环之间的封闭小区作为模拟对象。

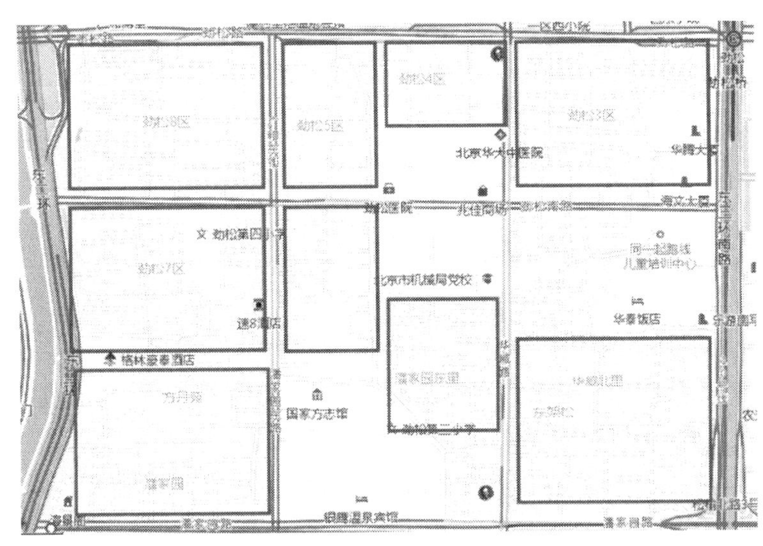

图 1　劲松、潘家园等封闭小区组成大型街区图示

4. 数据处理

本文数据处理分为三步：(1) 数据获取。从 Openstreetmap. org 网站获取北京三环区域的交通路网数据，这一底图包括全部的城市道路，但不含封闭小区内的区内道路。(2) 绘制轴线图。利用 ArcGIS 将北京城市交通底图进行编辑处理，保留不含小区道路的交通底图作为小区开放前的地图，对照高德地图添加小区内道路作为小区开放后的交通路网底图，并转换为 DXF 格式作为轴线图。(3) 软件分析。运用 Depthmap 软件，根据分析目标，基于轴线图分析连接度、集成度、深度值等基本变量，连接度、选择度、整合度等指标通过颜色反映在轴线图之中，颜色偏暖（红色），标示指标数值越高，颜色越冷（蓝色）标示指标数值越低，以此能够直接反映系统中道路的重要程度和对整体交通的影响。

三、结果与讨论

1. 城市整体交通分析

本文将二环线到三环线的新源里、劲松-潘家园、富力城、芳城等二十多个区域的小区共计 701 条内部道路添加到交通轴线图中，以此模拟分析北京三环内封闭小区开放后交通运行效率的变化。利用Depthmap软件对比分析小区开放前后城市交通轴线图的各项变量，主要的变化集中在以下的指标（表2）。

小区开放前后北京三环内交通路网轴线特征对比　　表2

变量	小区开放前	小区开放后	变化幅度
整体选择度（Choice）	49388890	4965880	0.55%
连接度（Connectivity）	3.8529	3.859	0.16%
控制度（Controllability）	0.369877	0.366909	−0.80%
平均深度（Harmonic mean depth）	25.5586	20.5692	−19.52%
局部平均深度（Harmonic mean depth R11）	14.8705	15.187	2.13%
标准整合度（RRA）	6.8151	6.75654	−0.86%

数据来源：Depthmap软件分析结果整理。

（1）城市整体可穿行性增加，对环路及快速路的交通疏解作用明显

选择度描述一个空间单元的可穿行性，即它被“偶然”经过的空间潜力；选择度越大，其吸引人车流量的潜力越大。增加区内道路后，由于路网密度提高，城市整体可穿行性增加，城市整体选择度上升。但是环路及环路之间的快速路穿行度普遍降低，支路的穿行度普遍升高。以北三环西路为例，开放前“11步”半径下选择度为50393，打通后为49405，而北三环东路的三元桥附近，打通前平均选择度为12964.3，打通后为9693.88，均有降低；小区开放后，小区周边的支路选择度明显上升，例如西大望路，由于周边松榆东里、武圣东里小区的开放，其选择度由25596上升为79401，这说明支路吸引人车流的潜力有所提升。可见，由于小区内部的道路可直接联通到支路，这增加了支路的渗透性，对环路及快速路的交通起到了疏解作用。

（2）城市交通微循环得到显著提升

连接度表示每条轴线相连的轴线数的平均值，连接度提高，说明路网密度有所增加。将三环内的封闭小区区级道路连接到城市路网中，可以增加城市交通路网密度，改善城市微循环。空间句法分析结果表明，封闭小区开放后，连接度指标略有上升，说明小区开放后北京三环内道路整体连接性上升，末端路、断头路减少，城市交通微循环得到改善。

（3）城市交通路网渗透性增强

控制度表征一条轴线对与相交轴线的控制程度，即从某一轴线到另一轴线需要经过该轴线的比例，这个比例越高，说明这条轴线对周围区域的控制程度越高，同样周围区域的轴线渗透性越低，没有很好地融入城市交通网络中。北京的路网结构呈现“环路＋快速路”的放射状，城市主干道和支路切割封闭小区。因此，环路和快速路成为上下班的必经之路，部分道路控制度高。小区开放后，能连接城市的主干道和支路，为人们出行提供更多的可选方案，因此城市交通路网控制度下降，人们出行更加自由、便捷。

（4）城市交通可达性增加

深度值指的是由一条轴线到另一条轴线的转折次数，是“酒香不怕巷子深”中的“深”。深度值越大，表明交通网络稀疏离散，相当多的路隐藏在深处，可达性差。小区开放后，整体平均深度值下降幅度高达19.52%，这表明城市交通可达性大大提高。但局部平均深度值提升，这是因为局部区域，由于小区内部道路接入城市路网，增加了道路轴线，从而使得局部区域深度值增加。

(5) 区域交通压力集中程度减轻

本文选用 RRA 作为标准化的整合度指标，它可以排除系统节点的影响来对比不同轴线图的整合程度。整合度是关于全局深度值倒数的一个函数。全局深度值则指在交通网络轴线化后对道路进行空间重映射，依次将每个道路作为中心道路，从其他任意道路到达该中心道路所需的步数之和。全局深度值越小，表示道路越便捷。整合度则与全局深度值具有相反的含义。在本文中，道路整合度越大，道路吸引交通的潜力也越大，公共性越强，越容易聚集交通流。本文中，小区开放后，整体整合度和局部整合度都下降，说明区域交通压力集中程度减轻（图 2）。

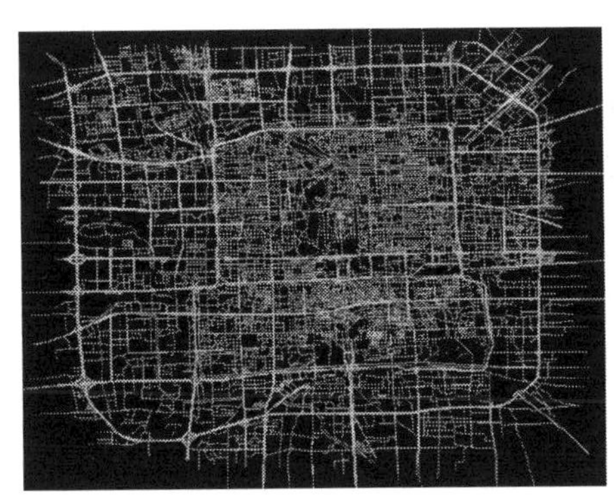
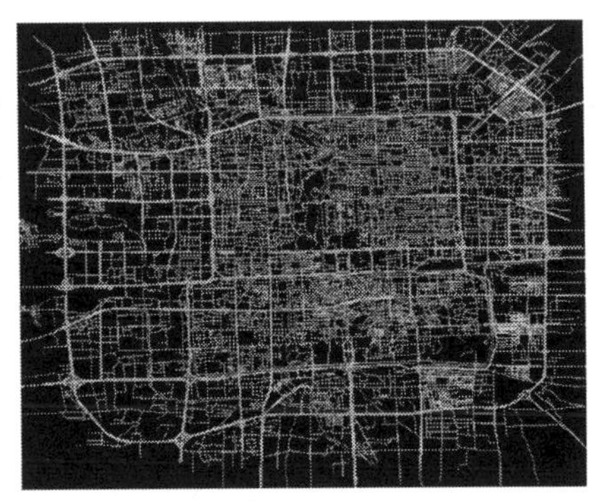

图 2　小区开放前后北京三环内区域交通整合度对比（左为开放前，右为开放后）

2. 局部开放道路模型分析

(1) 不同类型小区开放对周围区域交通的影响

本文模拟三环内 20 多处区域小区开放后城市交通运行效率的变化，发现小区开放后，交通可达性、微循环得到改善，但不同的小区开放后，对交通运行改善的程度不同。因此，本文还将研究不同类型小区开放对交通效率提升程度的影响。为排除小区周围交通干道结构的干扰，本文选择芳城-芳古-芳星-芳群小区群，这个小区群位于南二环与南三环东路之间，被城市干道分隔为 12 个封闭小区，是理想的模拟对象（图 3）。这个区域的全部小区开放后，其区域的选择度、连接度得到大幅提升，控制度、平均深度值以及整合度大幅下降，说明小区开放对周围区域的交通改善作用明显（表 3）。

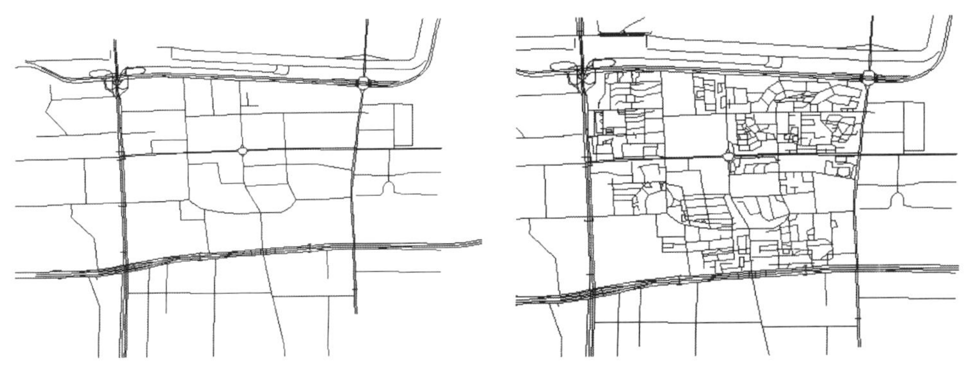

图 3　小区开放前后道路图（左为开放前，右为开放后）

芳城小区群开放前后交通效率变化 表 3

指标	小区开放前	小区开放后
选择度	29131.5	35142.5
连接度	3.45552	3.49068
控制值	0.998152	0.992812
平均深度	4.19135	4.15902
整合度	2.92553	2.37332

数据来源：Depth map 软件分析结果整理。

本文将芳城-芳古-芳星-芳群区域内 12 个小区依次进行开放前后的模拟分析，由于标准化整合度指标能够比较不同轴线图中路网交通流集中程度，所以选择整合度指标对比不同小区开放后对整个区域交通压力的疏解程度；另外，不同类型的小区能吸引的交通流不一样，小区能吸引的交通流越多，越能减轻城市主要道路的交通压力，为此，本文将小区选择度作为衡量小区吸引交通流能力的指标，并按小区选择度和区域整合度将 12 个小区划分为 4 类（图 4）。

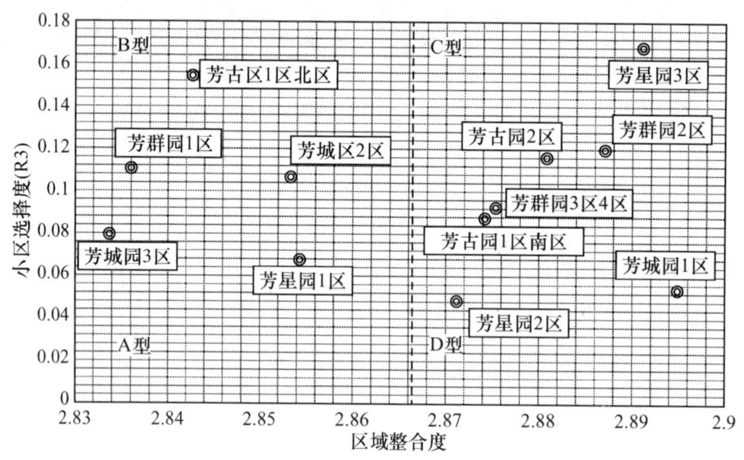

图 4 不同小区开放后对周围交通效率的影响

按照区域整合度和小区选择度将 12 个小区划分成 A、B、C、D 四个类型。其中：“A 型”小区开放后区域整合度小于 2.865，小区选择度小于 0.1，这类小区开放后，选择穿行该小区的交通量不多，但其能够有效缓解周围区域交通压力；“B 型”小区开放后区域整合度小于 2.865，小区选择度大于 0.1，这类小区开放后，选择穿行该小区的交通量多，其缓解周围区域交通压力的作用也大；“C 型”小区开放后区域整合度大于 2.865，小区选择度大于 0.1，这类小区开放后，选择穿行该小区的交通量多，但其缓解周围区域交通压力的作用也有限；“D 型”小区开放后区域整合度大于 2.865，小区选择度小于 0.1，这类小区开放后，选择穿行该小区的交通量不多，其缓解周围区域交通压力的作用也有限。

这些小区同在南二环和南三环之间，周围区域的交通路网结构相同，但其在这个区域的区位和小区的结构形态还是存在差异。因此，有必要分析区位和小区结构对封闭小区开放后交通效率提升程度的影响。本文将各小区的区位和形态整理出来，以便观察（图 5)。

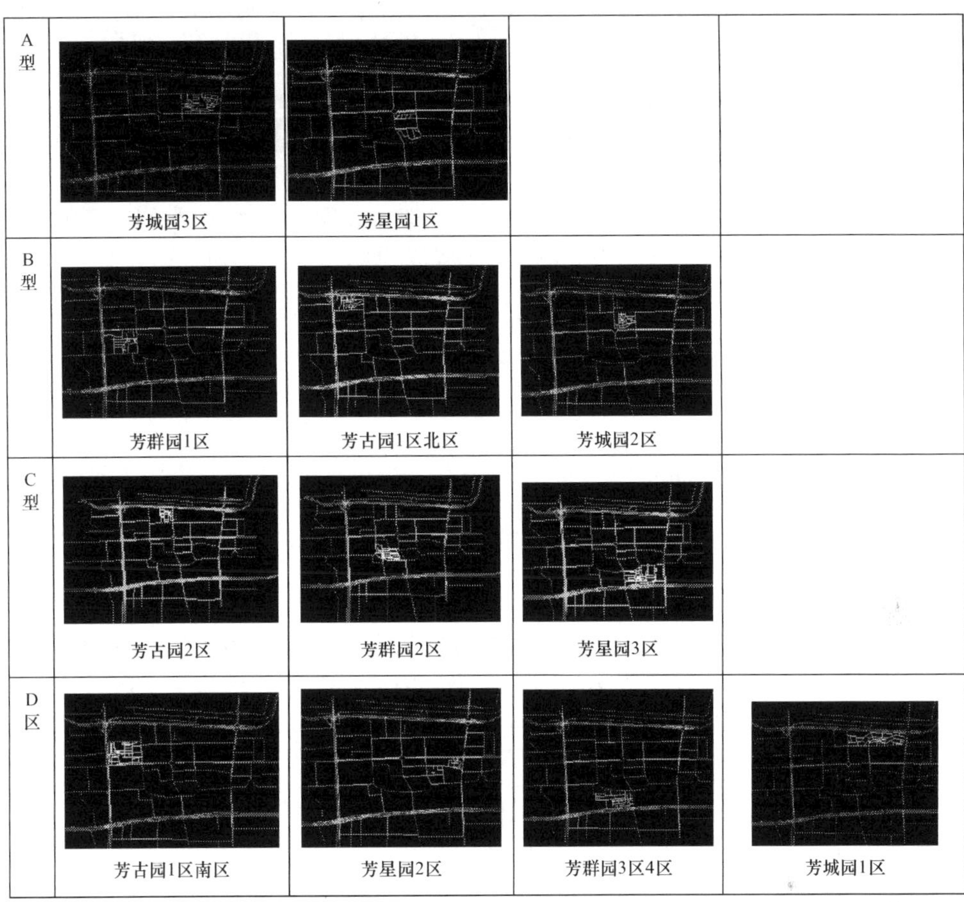

图 5　各小区分布图

经初步观察，可发现 A、D 两类小区多分布在选择度不高的区域，小区周边道路与城市连接性差；而 B、C 两类小区多分布在选择度高的区域，周边小区道路多为环线及快速路。当然，封闭小区开放还可能与小区结构形态相关，为此，本文接下来还将分析小区结构与开放效率的关系。

(2）小区结构与开放后效率提升关系分析

本文拟通过出口轴线比、网格轴线比以及尽端轴线比等指标来刻画小区的结构形态，并基于各小区开放前后指标的变化，分析小区结构对小区开放的交通改善程度的影响。小区的结构形态主要用小区内轴线数量、出口数量、交点数量、尽端数量、出口轴线比、网格轴线比以及尽端轴线比这 6 个指标来刻画。

指标说明如下：①轴线数量。小区内道路数量，小区内交通道路越多，对周围区域的交通微循环改善越大。②出口数量。小区与外部城市干道相接的道路数，出口越多，说明小区越多道路能与周围干道直接相连，小区开放后，周围区域交通路网的连接度应该大幅提升。③交点数量。小区内道路相交的节点数，交点越多，说明小区内部道路越呈“网格化”特征。④尽端数量。小区内末端路的数量，末端路越多越影响区域的交通连接性。

⑤出口轴线比。用小区出口数与轴线数之比表示封闭小区与外界的连接情况。⑥交点轴线比。小区内道路交点与道路数平方的比值，这个比值越大，说明小区内道路越接近网格化。⑦尽端轴线比。尽端路一般难以与外界相连，会增加路网的复杂性。

本文整理出芳城-芳古-芳星-芳群区域内 12 个小区的各项路网结构形态指标，并计算每个小区开放后对该区域交通路网选择度、连接值、控制度、平均深度以及整合度的变化幅度。将选择度、连接值、控制度、平均深度以及整合度的变化幅度依次作为因变量，轴线数量、出口数量、交点数量、尽端数量、出口轴线比、网格轴线比以及尽端轴线比作为每个因变量的自变量，进行线性拟合，结果整理（表 4）。

小区结构与开放前后交通改善程度关系拟合分析 **表 4**

	选择度	连接值	控制度	平均深度	整合度
轴线数	0.862 (.000)	—	—	—	−0.95 (.000)
出口轴线比	—			−2.564 (.019)	—
交点	0.756 (.004)				−0.825 (.001)
尽端轴线比		−0.620 (.031)			

注：表格内数值为系数，括号内数值为显著性。

1）小区内部道路越多越容易分担城市交通压力

轴线数代表小区内部道路数。小区内道路开放后会增加车流和人流穿行的选择方案，小区内道路越多，可穿行的方案越多，因此，小区内的道路数会增加整个区域的选择度，集聚更多的车流和人流。此外，由于住区内道路被添加到区域路网中，会减轻主要干道的交通压力，所以轴线数与整合度成反比。

2）小区出口越多越改善城市交通可达性

尽管小区内存在大量的未开放的道路，但由于小区内并非每条道路都与周围干道相连，只有部分道路在出口处与周围道路相连，其他节点穿行小区内部道路时必须经过这些出口道路。所以出口占轴线的比例越大，其可达性越好，交通网络的平均深度越低。

3）小区路网交点越多越改善城市交通微循环

小区内部的道路交点越多，说明小区内部末端路越少，其内部微循环越好。所以小区开放后，越能提高城市交通可达性，越能减轻城市交通压力，所以与选择度成正相关，与整合度成负相关。

4）小区内尽端路多不利于改善城市交通微循环

小区内也存在许多末端路，这些路不仅不能与外界相连，也不能发挥好连接内部道路的作用，因此这类道路会降低改善区域交通微循环的作用，因此，小区内部尽端路比例越大，其开放后区域连接性改善程度越低。

5）小结

那么，影响选择度、整合度的指标主要是轴线数和交点数。具体来看“芳城园 3 区”和“芳古园 2 区”的结构形态（图 6）。可以从前文可知，“A 型”小区中的“芳城园 3 区”开放后，选择穿行该小区的交通量不多，但其能够有效缓解周围区域交通压力；而“C 型”小区中的“芳古园 2 区”小区开放后开，选择穿行该小区的交通量多，但其缓解周围区域交通压力的作用却有限。可以观察下这两个小区开放前后选择度变化及小区的结构形态。

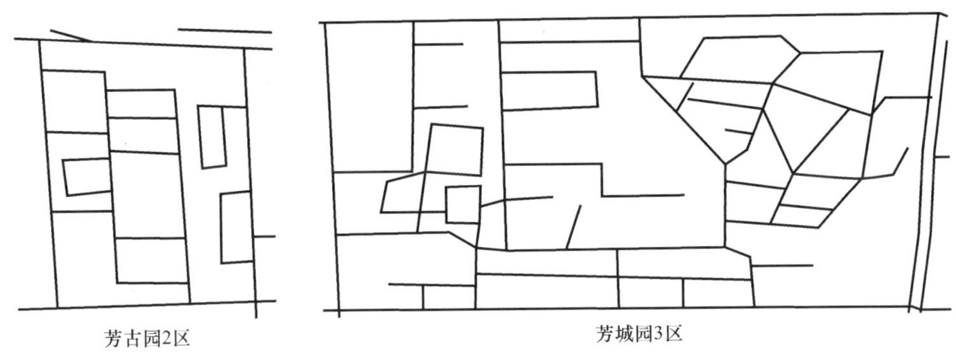

图 6 “芳古园 2 区”和“芳城园 3 区”小区结构形态图

可以发现，芳城区 3 区在交数、轴线数上具有明显优势，类似于这样的小区才具有开放价值。

3. 小区开放路径模拟

封闭小区开放并不等同于“拆围墙”，同时如果小区道路全部开放，也会带来步行安全破坏、住区宁静氛围打破、居住区步行空间减少等问题。因此，有人提出“大开放、小封闭”的理念，即只开放小区内的主要道路，其他小区道路不开放或限时限流。那么，“大开放、小封闭”的封闭小区开放路径可行吗？只开放部分道路可以缓解城市交通压力吗？

本文将利用 Depth Map 软件对选取的封闭小区在其未开放、全开放后及半开放三种情况的路网进行分析，并得到三种不同模式整合度，并通过比较整合度来判断“大开放、小封闭”开放路径的可行性。本文选取 B 型小区“芳群园 1 区”进行模拟，其半开放道路选取小区内整合度最高的道路（图 7）。从整合度指标来看，半开放路径作用十分有限，所以在封闭小区开放时，应慎重考虑选用半开放的路径。

图 7 三种开放路径整合度图对比

四、结论及展望

本文基于空间句法模拟分析三环内封闭社区开放前后北京三环交通运行效率的变化，可以发现：

（1）将居住区级道路开放给城市道路后，其整体的通达性略微提升，表现为连接性上升，控制度下降，城市交通微循环得到改善；同时城市交通压力得到疏解，表现为整合度下降，环线、快速路和主要干道选择度下降。由此可见，三环内封闭小区开放后对于北京城市交通运行效率提升有一定贡献。

（2）以北京芳城园、芳群园、芳古园和芳星园等封闭社区为研究对象，按照对城市交通疏解效果划分为 4 类，发现小区区位及小区结构都会影响小区开放后交通效率提升程度。

（3）模拟半开放路径下交通运行效率的变化，发现“大开放、小封闭”这一开放路径可以提升交通运行效率，但提升幅度远不如全开放路径模式。

本文通过理论可行性分析，为北京和全国其他城市响应国家开放居住区政策和具体实施办法提供理论依据和实际参考。空间句法可以实现宏观分析并发现问题，模拟局部模型进行针对性研究。但空间句法主要基于交通轴线图的拓扑分析，简化了一些复杂情况，可能与现实存在差异；同时小区内部道路公共化带来的问题是多方面的，居民利益、行人安全、绿化停车等问题都需全面考虑，因此封闭小区开放前需要进行大量的调查与评估。

参考文献

[1] 赵燕菁．围墙的本质［J］．北京规划建设，2016 年（2）：163-165.

[2] 王彦辉．中国城市封闭住区的现状问题及其对策研究［J］．现代城市研究，2010 年（3）：85-90.

[3] 蔡军．城市路网结构体系研究［D］．同济大学，2005 年.

[4] 基于空间句法的居住区道路开放可行性研究.

[5] 吴桥宇，吴宇佳，阮宁．城市规划建设中开放小区对道路通行影响的模型建立［J］．现代商贸工业，2017 年（27）.

[6] 林春华，魏超，贾沛哲．基于街区制的交通微循环优化方案研究［J］．北京测绘，2016 年（6）：56-59.

[7] 张其阳，陈佳鲜，米高扬等．开放小区对周围道路通行的影响［J］．福建电脑，2016 年，32（12）：123-124.

[8] 基于空间句法的住区公共空间开放策略研究——以长沙三个住区为例.

[9] 刘畅，董方洪，肖瑶．基于空间句法的居住区道路开放可行性研究［J］．山西建筑，2017 年，43（19）：32-33.

[10] 毕战歌．城市规划建设中开放性小区对城市道路交通的影响［J］．建材与装饰，2017 年（36）.

[11] 陶永东，葛键宇，赵敬云等．层次分析法评估小区开放产生的效果［J］．现代经济信息，2016 年（36）.

[12] 赵明，王亚文．浅谈不同路网小区开放后对道路通行的影响［J］．无线互联科技，2017 年（6）：108-109.

[13] 窦强．北京住区规划设计演变的空间句法解析［J］．建筑学报，2010 年（s1）：28-32.

[14] 韩肖丹，齐慧峰，冻冰．济南封闭住区开放对城市路网的影响——以主城区内五街区为例［C］//2016 中国城市规划年会．2016 年.

[15] 李恒鑫．基于紧凑城市理念步行原则的街区尺度与道路模式研究，硕士论文，导师周凌，南京大学，2014 年.

[16] 不用打开小区围墙，也可以实现小街区的好处 http://m.thepaper.cn/newsDetail_forward_1502908.

基于-结合的拆除废弃物管理经济效益分析
——以深圳市为例

张静蓉 王家远 喻 博

摘 要：随着城镇化进程的加快及城市更新工作的展开，建筑废弃物呈“井喷”式增长，对人类生活的影响日趋严重，经济效益被视为是影响建筑废弃物减量化的重要因素，然而由于城市更新产生的拆除废弃物是大规模的，并且其地理分布会影响成本效益，如拆迁点与填埋场之间的距离，但具备地理分布特征的成本效益分析是缺乏的。因此，本文提出一种基于-相结合的拆除废弃物经济效益的分析方法。以深圳市为例，首先对拆除废弃物的“处理-处置”典型路径进行刻画，通过实地调研收集各阶段成本及收入清单数据，对其进行生命周期经济性评价，然后结合从时间和空间两个维度对拆除废弃物减量化管理过程中产生的经济效益进行预测。研究结果有助于城市更新的利益相关者了解拆除废弃物管理活动的经济效益，同时为城市更新过程中建筑废弃物管理活动提出针对性的改进方案。

关键词：城市更新；拆除废弃物；经济效益；LCCA；GIS

一、引言

近年来，随着高速的经济发展和城市化进程的加快。城镇化促进了大规模的城市发展与更新改造活动，其中大部分为城市城中村和旧工业区改造项目，导致了大量拆除废弃物的产生。据《深圳市城市总体规划（2010-2020）》，深圳市城市空间的主要增长方式从过去的“增量扩张”转向“存量优化”，深圳市城市空间资源扩展的主要手段之一是城市更新，深圳市城市更新的主要手段是“拆除-重新规划-重建”，同时据深圳市规划和国土资源委员会公布的《深圳市城市更新单元计划》，深圳市近三年来城市更新单元拆除重建用地面积达到近 1500 万 m^2[1]，由于拆除阶段产生的建筑废弃物远远大于施工阶段，据统计，深圳市拆除废弃物的单位面积产生率为 1360kg/m^2，是新建建筑废弃物产生量的 40 倍左右[2]。由于绝大部分的建筑废弃物均通过简易堆置或填埋方式进行处置，消耗了大量的建筑材料和宝贵的资源，同时造成了土地占用、水体土壤污染、粉尘噪声污染等诸多环境问题，给城市环境治理带来了巨大的挑战。

然而国内至今尚未有学者对拆除废弃物的经济效益进行探讨。同时由于城市更新产生的拆除废弃物是大规模大体量的，其地理分布特征会影响成本效益。综上，本文从此角度出发，在对城市更新过程中建筑废弃物量化的基础上，从城市尺度确定建筑废弃物主要的处理路径以及处理处置的关键环节，对拆除废弃物的“处理-处置”典型路径进行刻画，通过实地调研收集各阶段成本及收入清单数据，对其进行生命周期经济性评价，然后结合从时间和空间两个维度对拆除废弃物减量化管理过程中产生的经济效益进行预测。

综上所述，在深圳市大规模的城市更新背景下，对城市更新过程中建筑废弃物产生量预测的基础上对产生的废弃物处理产生的成本效益进行评估具有一定的现实意义和应用价值。

二、拆除废弃物全寿命周期成本的构成及数学模型

对拆除废弃物全寿命周期成本进行分析的首要任务是要明确周期成本的构成。拆除废弃物全生命周期成本从拆除阶段开始，不包含在决策阶段、设计施工阶段、施工阶段、运营阶段以及回收阶段发生的成本，在本文中，将拆除废弃物全寿命周期定义为从拆除废弃物产生，经过收集、分类、分拣、回收再利用的过程。具体成本包括拆除成本、收集成本、分类成本、分拣成本、回收再利用成本、填埋成本、运输成本，得出拆除废弃物全生命周期成本计算模型为：

$$C = C_1 + C_2 + C_3 + C_4 + C_5 \quad \text{（式 1）}$$

式中：C——全寿命周期成本；　C_1——拆除成本；

C_2——分拣成本；　C_3——收集成本；

C_4——分类成本；　C_5——回收再利用成本；

C_6——填埋成本；　C_7——运输成本。

1. 拆除成本的计算模型

拆除花费的成本与建筑物本身建设期的成本密切相关，因此，本研究中考虑采用拆除成本占建设期成本的百分比来进行成本的估算。因为拆除是在建筑物达到服务年限后进行的，所以应考虑资金的时间价值，具体计算模型为：

$$C_1 = \frac{C_0 \times x}{(1 + I)^N} \quad \text{（式 2）}$$

式中：C_1——拆除成本；

C_0——建设期成本；

x——拆除成本所占建设成本的百分比；

N——建筑物的服务年限；

I——折现率。

2. 分拣成本

拆除废弃物形成后，承包商和拆除企业会从废弃物中分拣出金属、塑料、木材和玻璃等非惰性废弃物，此过程产生分拣成本，影响分拣成本的因素有拆除废弃物量、分拣比例、单位分拣成本，具体计算模型为：

$$C_2 = W \times \alpha \times c_s \quad \text{（式 3）}$$

式中：C_2——分拣成本；

W——拆除废弃物量；

α——分拣比例；

c_s——单位分拣成本。

3. 收集成本

由于城市更新单元属于规模较大的项目，在废弃物产生后同时开展分拣、收集及分类工作，此过程将产生收集成本，影响收集成本的因素有拆除废弃物量、收集比例、单位收集成本，具体模型为：

$$C_3 = W \times \beta \times c_g \quad \text{（式 4）}$$

式中：C_3——收集成本；

W——拆除废弃物量；

β——收集比例；

c_g——单位收集成本。

4. 分类成本

对拆除废弃物进行分类处理，即将废弃物按照材料或者尺寸分类，此过程产生分类成本，影响分类成本的因素有拆除废弃物量、分类比例、单位分类成本，具体模型为：

$$C_4 = W \times \gamma \times c_c \quad \text{（式 5）}$$

式中：C_4——收集成本；

W——拆除废弃物量；

γ——收集比例；

c_c——单位收集成本。

5. 填埋成本

对于拆除废弃物的处理处置，将收集和分类得到的废弃物运往填埋场仍然是最主要的方式，此过程产生填埋成本，影响填埋成本的因素有拆除废弃物量、分拣比例、填埋比例、单位填埋成本，具体模型为：

$$C_5 = W \times (1 - \alpha) \times \delta \times c_d \quad \text{（式 6）}$$

式中：C_5——填埋成本；

W——拆除废弃物量；

α——分拣比例；

δ——填埋比例；

c_d——单位填埋成本。

6. 循环再利用成本

对分拣得到的非惰性废弃物进行循环再利用，此过程产生循环再利用成本，影响该成本的因素包括拆除的废弃物量、收集比例单位再利用成本，具体模型为：

$$C_6 = W \times \alpha \times c_r \quad \text{（式 7）}$$

式中：C_6——循环再利用成本；

α——分拣比例；

c_r——单位再利用成本。

7. 运输成本

将废弃物运往填埋场进行填埋处理需要一定的运输成本，影响运输成本的因素包括填埋的废弃物量、单位运输成本，其具体模型为：

$$C_7 = W \times (1-\alpha) \times \delta \times c_t \quad (式8)$$

式中：C_7——填埋成本；

W——拆除废弃物量；

α——分拣比例；

δ——填埋比例；

c_t——单位运输成本。

综上，本节重点对拆除废弃物全寿命周期成本的构成及计算理论进行了研究。考虑拆除废弃物从产生到分拣、收集、分类到填埋整个周期，对各个成本进行了分析，建立了各项成本的理论，同时这些成本主要考虑市场价格进行计算。

三、基于的拆除废弃物成本效益的时间和空间分布

以地理空间数据库为基础，在计算机软硬件的支持下，综合处理和分析地理空间数据的一种技术系统，该系统可以获取、分析和管理地理空间数据，并能够对数据快速读取，是一门重要的技术和学科，近年得到了广泛关注和迅猛发展。

1. 全生命周期成本及时空分布模拟

该部分内容包括城市更新单元拆除废弃物成本效益数据和预计拆除时间两组关键数据的获取，并将其与城市基础数据关联，形成包含拆除废弃物相关信息的数据库。

(1) 城市更新单元拆除废弃物全生命周期成本数据

在本文中，要模拟研究区域内拆除废弃物的全生命周期成本，则需要将建筑地理信息与拆除废弃物全生命周期成本信息相关联。单个城市更新单元拆除废弃物全生命周期成本是指每个独立的城市更新单元拆除到填埋全过程所发生的成本费用。拆除废弃物全生命周期成本由式1计算。

(2) 预计拆除时间

拆除废弃物产生的预计时间即建筑物的拆除时间，城市更新单元的拆除时间由该更新单元的立项时间决定，但根据以往城市单元立项时间与实际拆除时间的统计分析，城市更新单元往往会延迟于立项时间拆除，且不同类型的城市更新单元延迟的时间也不同。建筑物的拆除时间可由公式计算：

$$T_x = p_x + L_j \quad (式9)$$

式中：T_x——建筑物的拆除时间（废弃物的产生时间）；

p_x——城市更新单元的立项时间；

L_j——延迟时间，j 为单元类型。

2. 模型实施步骤

在模型中，需要把现实世界数字化并转换为模型，该模型的构建和应用将包括以下内

容和步骤：问题定义、数据库设计、信息获取和指标计算、数据绑定、数据分析和成果表达。具体的实施步骤如下：

（1）问题定义：即说明该模型的目的和内容，即预测和估算拆除废弃物的全生命周期成本并进行分析。

（2）数据库的设计：首先设计一个层次清晰的数据库结构，其次确定试题和属性，并定于实体之间的关系，本文的数据库包括检出拆除产生量及拆除时间数据库、城市更新单元拆除废弃物、全生命周期成本数据库和拆除废弃物总数据库。

（3）信息获取和指标计算：根据本模型各部分内容的需求，需要完成以下信息的获取和指标的计算：建筑基础信息数据库、城市更新单元立项时间、单位分拣成本、单位收集成本、单位分类成本、单位填埋成本等。

（4）数据绑定和关联：数据绑定即将属性资料的数据和空间信息的图元文件绑定在一起，从而完成处理地图土元时可以同时实现对属性资料中数据的操作和管理。

（5）数据分析和成果表达：将建立的数据库、数据集导入专业关键，根据研究需要对数据进行查询、分析、分类等。

四、结语

本文在对拆除废弃物全生命周期成本分析的研究过程中，根据拆除废弃物处理处置过程初步建立了针对拆除废弃物的全生命周期成本计算模型，其主要成本包括拆除成本、收集成本、分类成本、分拣成本、回收再利用成本、填埋成本、运输成本，明确拆除废弃全生命周期成本有利于各处理阶段的相关管理人员进行管理。在运用全生命周期理论对拆除废弃物全生命周期成本的基础上，由于城市更新产生的拆除废弃物是大规模大体量的，其地理分布特征会影响成本效益，所以结合对拆除废弃物的全生命周期成本从空间和时间两个维度进行分析，更有利于城市更新的利益相关者了解拆除废弃物管理活动的经济效益。

参考文献

[1] 深圳市规划和国土资源委员会. 2014 年深圳城市更新单元计划，http://www.szpl.gov.cn/xxgk/csgx/.

[2] SJG 21—2011，建筑废弃物减排技术规范［S］.

西方视域下的北京建筑文化研究

孙　华

摘　要：西方对北京建筑文化的记载，最初只见于部分游记、散记、传教士口述的少量文学作品，历经盲目崇拜、歧视曲解、系统研究几个阶段。本文旨在通过对不同历史时期主要成果的分析，梳理西方学者对北京建筑文化研究的历程变迁，即从最初萌芽时期的初步探索，到中国建筑文化热，以及后期系统研究的客观辩证。在此基础上，分析解读西方学者对北京建筑文化的研究脉络。

关键词：西方文献；北京；建筑文化

Abstract: The record of the architectural culture of Beijing in the western literature existed in some travel notes, sidelights and a small amount of oral literature from missionaries. It experienced several stages from idolatry, discrimination distortions until system study. This paper aims to the analysis of the different historical period mainly combed the course of western scholars, research on Beijing architectural culture change, namely from the budding period of the preliminary exploration, the Chinese architectural culture, and the late system research objective dialectic. On this basis, we'll begin the analysis and interpretation of western scholars on the research context of Beijing architectural culture.

Keywords: Western literature; Beijing; Architectural culture

一、西方对北京建筑文化的研究

1. 散记、游记的萌芽期（17 世纪以前）

西方人在 17 世纪以前的研究，已经涉及中国建筑。北京建筑文化进入西方大众的视野，主要是通过外交使节、传教士等人所撰写的游记散记。但他们并不真正了解北京建筑，某些书籍对此描述模糊而抽象，甚至出现了一些偏差。

(1)《马可·波罗行记》中的描述

马可·波罗（1254～1324 年）在其《马可·波罗行记》里描述了元都“汗八里”的宫殿建制、街道布局及其交通等。

关于北京的宫殿，马可·波罗有如下的描述：“大殿宽广，足容六千人聚食而有余，房屋之多，可谓奇观。此宫壮丽富瞻，世人布置之良，诚无逾于此者。……致使远处亦见此宫光辉，应知其顶坚固，可以久存不坏。”

孙华（1971—），女，讲师，博士，研究方向：语言学及应用语言学.

马可·波罗曾在他的游记中这样描写元大都的街道："街道甚直，此端可见彼端，盖其布置，使此门可由街道远望彼门也。城中有壮丽宫殿，复有美丽邸舍甚多……全城中划地为方形，划线整齐，建筑房舍"。全城地面"环以土墙""街道甚直"与实际相符。"划线整齐""有如棋盘"是对元大都平面规划的经典描绘。[1]

(2)《中国札记》中的记载

意大利传教士利玛窦（1552～1610年）在其著作《中国札记》中有如下叙述：北京皇城中轴纵贯，具有左右对称的特点，"皇宫建筑在南墙之内，像是城市的一个入口，它一直延伸到北墙，长度贯穿整个的城市并且一直穿过城市的中心。城市的其余部分则分布在皇宫的两侧。这个皇帝的居处不如南京皇宫宽阔，但它建筑的雅致和优美却由于它的细长的线条而显得突出"。

利玛窦对北京建筑的描述并不全是溢美之词。例如，在他看来："北京城的规模、城中房屋的规划、公共建筑的结构及城防沟垒，都远逊于南京。北京很少有街道是用砖或石铺路的，冬季的泥和夏季的灰尘令人厌烦和疲倦。"[2]

(3)《曼德维尔游记》中的虚构

一般认为，《曼德维尔游记》是英国曼德维尔爵士（1670～1733年）虚构的东方游记，文学虚构的成分多于写实，但它的抄本、版本多达300多种，传播范围超出了《马可波罗行记》。《曼德维尔游记》虽与《行记》异曲同工，但我们仍只能以虚拟的文学作品来界定该作品的性质。对大都城门数目、城墙长度、皇宫建筑的描写显然虚拟、想象的成分较多。不过其中的有些情节却所据有实，并非全为杜撰。[3]

2. 北京建筑文化研究的关注期（17世纪到19世纪）

(1)《鞑靼战纪》：朝代更替、战乱下的北京建筑文化——马尔蒂尼的代表作

《鞑靼战纪》是意大利的耶稣会士卫匡国，（原名马尔蒂尼）的代表作品之一。"虽然此时的北京处于战乱时期，研读文本我们能看到大明王朝拥有著名的宫殿，北京城辉煌的建筑仍然熠熠生辉。"[4]

(2)《中国新志》：传教士笔下的北京建筑文化——安文思的代表作

安文思（1649～1677年）的代表作《中国新志》中详细介绍了北京的城市布局、建筑设计、宫殿样式等特点。书中把北京最好的街道称为长安街，寓意着为长治久安。整条大街横贯东西，向北直抵皇宫的墙下，向南紧挨着几座衙门和官员住宅。长安街相当宽敞，也相当知名，当时中国人往往用长安街来代表北京城。关于北京街道，文中认为每条街道都有自己的名字，并列举其中的几条著名街道，例如：王府街、铁狮子胡同、白塔寺等。安文思当年提到的这些街道至今仍然保留在北京城里。[5]

(3) 早期全面对北京建筑文化研究肇始

随着西方人对东方的了解不断加深，他们的考察成果已不再仅限于游记与散记中的简单描写，而是已经有了专业性研究成果。特别是由于摄影技术的进步，西方摄影师开始踏入中国、走进北京，于是产生了首批全面研究北京建筑的专业人士。这些人主要集中在英国，以弗格森（1808～1886年）、艾约瑟（1823～1905年）、弗莱彻（1866～1953年）为主要代表，他们从不同角度地研究了北京建筑。他们归纳了北京的宫殿、坛庙、牌坊、佛塔等建筑分类，分析了结构体系、屋面曲线、建筑材料等方面的特征。他们所谈及的这些内容，若干年后仍被认为是北京建筑乃至中国建筑中最具东方特色的元素。[6]

3. 北京建筑文化研究全面兴起（20 世纪以来）

1900 年，西方建筑文化领域的大批学者纷纷借机来华进行考察，他们以研究北京建筑文化为依托，希望借此发现中国建筑内在规律。这此期间，拥有不同国籍、不同专业背景的学者，考察了中国不同地域，涵盖华北、华东、华南、西北等地。这一时期，以德国人鲍希曼（1873～1949 年）和瑞典人喜仁龙（1879～1966 年）为杰出代表。1930 年，研究自身建筑史的本国团体营造学社的成立，整合了中国建筑史学研究的各方力量，对北京建筑文化的研究也借此机会得以全面展开，同时也令西方人的独立研究失去了原有的价值。

二、西方视阈下的北京建筑文化主要研究成果

1. 20 世纪前的主要研究成果

（1）1890 年，英国传教士艾约瑟发表了《中国建筑》一文，题为“英人爱迪京中国建筑”。他在考察了北京建筑的基础上，对中国建筑进行了全面论述，在西方学术界纵向研究中国建筑发展历程并不多见。艾约瑟把中国建筑发展史归纳为四个阶段，即古代建筑、孔子时代建筑、佛教建筑和近代建筑，并逐一阐述。一般认为，艾约瑟是同时代的西方学者研究方法最得要领的人。[7]

（2）1891 年，弗格森出版了《印度及东方建筑史》，用两章专门论述中国建筑，涵盖了北京建筑的内容。在这两章中阐述了中国建筑的一般规律，并且专门针对佛塔、坛庙、墓葬、牌楼、本土建筑等北京广泛存在的这些建筑进行了深入探究。由于弗格森的建筑史学研究始于印度，他本人对印度建筑的熟悉程度要远远大于中国建筑，所以阐述中国建筑时，将中国建筑纳入了一个范围更广的体系中加以研究，并分析建筑文化的传播。

（3）1896 年，弗莱彻出版了《比较建筑史》一书，该书多次再版。早期版本曾将中日建筑作为整体进行综合论述，从影响、建筑特点、案例、对比和参考文献 5 个方面展开。从该书对中国建筑的整体描述来看，并未摆脱西方主流观念对中国建筑的误解和偏见，也基本可以判断弗莱彻本人并非亲自前往中国进行实地考察。但弗莱彻笔下的中国建筑具有很好的可读性，令西方读者易于了解中国建筑的产生背景和影响因素。[8]

2. 20 世纪后的主要研究成果

（1）德国汉学家卜士礼的研究成果

1905 年，德国汉学家卜士礼（1844～1908 年）出版了专著《中国艺术》，他在考察了北京建筑的基础上，研究了中国建筑。卜士礼很大程度避免了主观臆测的问题，其中的偏见表述也大幅减少。根据其对中国建筑描写的细节判断，他本人应该实地考察过。

（2）德国学者闵斯特伯格的研究成果

1912 年，由德国学者闵斯特伯格（1865～1920 年）所著的德文版《中国美术史》第 2 卷出版，其中包括建筑和工艺品两部分。在第一部分中，他从建筑基本特征、殿宇、墓葬

三个方面论述了中国建筑。虽然该书并不是单独研究北京建筑，但从其中内容看，闵斯特伯格对北京建筑进行了深入研究的。综观《中国美术史》一书，可以断定，即便他本人未曾亲自赴中国进行实地考察，也一定大量研究了来华学者的考察成果。

(3) 德国学者鲍希曼的研究成果

1925 年，德国学者鲍希曼的德文版专著《中国建筑》出版，全书共有两卷，每卷有 10 章。他从考察田野入手，运用了西方先进的研究方法，从历史学、艺术学、文化人类学多个维度来解读中国建筑，由于鲍希曼同为建筑师和建筑史学家，其研究深度与广度是空前的。1927 年，英国学者叶慈（1878～1957 年）发表了《中国建筑杰作》一文，对众多关注中国建筑的西方学者的研究成果进行了综合评述，并为后人的相关研究列出了详尽的文献目录。

(4) 瑞典学者喜仁龙的研究成果

1929 年，喜仁龙出版了专著《中国古代艺术史》。该书对中国建筑艺术、建筑文化进行了全面分析、深入解读，是西方学者研究中国建筑的杰出范例。喜仁龙为西方读者描绘了北京故宫三大殿院落，分别为城墙、门楼、中国厅堂、厚重的建筑、亭、塔楼、中央建筑、梁柱、屋顶装饰、正面雕刻、栏杆、台基、墙、琉璃构件、浮雕、祭坛、墓葬、石碑、牌楼、佛塔。在《中国古代艺术史》书中，喜仁龙对建筑材料给予了更多的关注，将中国建筑分为木构建筑和泥砖石建筑两大部分加以论述。与其同时，他还认真梳理了从汉代到明代的中国建筑发展历程，被后人认为，这是西方人纵向解读中国建筑的最高成就。

20 世纪 20 年代，以鲍希曼、喜仁龙为主要代表的西方学者对中国建筑的研究已经达到了空间的新高度。他们二者都对北京建筑考察的基础上，对中国建筑进行了详细的实地考察，扩展到不同地域、不同年代、不同类型的建筑，对整个中国建筑的了解程度并不逊于中国本土学者。与之前西方学者相比，他们最大的不同之处，在于其关注点已经并不限于建筑或建筑学本身，而是更加关注建筑背后的内容，如文化、宗教、历史、艺术等。[9]

三、西方人对北京建筑文化的研究分析

1. 直观了解多于客观分析

（1）20 世纪以前。在欧洲中心论、西方主义等思潮的影响下，西方人习惯于站在他们自己的文化背景下，以主观的视角来审视中国，了解北京建筑，解读中国建筑。这一时期，在西方人心目中的中国建筑是奇异的、是华丽的，有些甚至是怪诞的，虽然在他们的成果中存在很多合理论断和独到见解，但是从整体上来看，还是充满了误解和偏见。

（2）20 世纪初。特殊的国际形势下，西方学者得以便捷地对北京建筑进行了实地考察，有机会目睹北京建筑的真实面貌。鉴于此，之前某些模糊的认识清晰起来，某些主观臆测的结论被逐渐摒弃。但是，由于历史的惯性思维，导致某些西方学者的一时难以从主观上加以改变。这个时期，尽管他们已经看到了事实真相，但他们仍然会以十分牵强的方式去维系那些早已根深蒂固的思想。

（3）20 世纪 20 年代。这一时期，随着东、西方学者对中国建筑的田野考察同时推进，使得新的学术成果不断涌现出来。鲍希曼、喜仁龙等人大范围、长时间的考察，为他们的

深入系统研究积累了足够的原始素材。从这一时期的著作中可以看出，在他们的结论当中，主观臆测的成分并不多见，绝大多数都是基于真实的存在。

2. 静态解读超过动态比较

西方学者对北京建筑的研究，有一个突出的特点，即他们喜欢静态的横向解读超过动态的纵向解读。在审视北京建筑时，他们最直观的感受是不同类型、不同地域的建筑差异，而很难一下捕捉到建筑背后的文化因素，因此对他们而言，横向解读较为容易。从研究类型看，西方学者的研究基本涵盖了北京建筑的各个类型，但是没有任何一位学者关注到所有类型。在他们看来，佛塔、牌坊、屋顶、寺庙、桥梁等最具中国特色，因此几乎所有学者都关注了这些方面。

3. 表象解读多于文化挖掘

（1）忽略了对斗拱的研究。在北京建筑中，斗拱是建筑的核心构件，不但具有连接支撑、减少跨度、造型美化、等级标准等多种功能，而且在预防地震方面发挥着重要作用。总体而言，斗拱的重要性，堪比西方古典建筑的柱式。但可惜的是，西方学者只是选取了与西方古典柱式外观上相似的柱子进行重点考察，却对极具中国特色的斗栱视而不见，有些舍本逐末。[10]

（2）考察上的难度。在北京进行实地建筑考察，对于本土学者而言，并非难事，但对于西方学者来说，他们通常行程不便，不能长期驻留某地，这给他们对当地建筑的了解设置了障碍。学者们所看到也仅仅是静止的、孤立的建筑物，而不是具体的、具有鲜活生命的建筑文化。因此，西方学者在描述北京建筑时，通常习惯采用相近的西方词汇，往往不能准确表达原义，只有迫不得已时，才偶尔使用中国本土词汇。

参考文献

［1］［意］马可·波罗著，冯承钧译．马可·波罗行纪［M］．上海：上海书店出版社．2001：210-213.

［2］李真．清初耶稣会士笔下的东方帝都——以《中国新志》为中心．贵州社会科学［J］．2013（7）：72-83.

［3］［英］约翰·曼德维尔著，郭泽民、葛桂录译．曼德维尔游记［M］．上海：上海书店出版社．2006：13-14.

［4］卫匡国著，何高济译．鞑靼战纪［M］．河南：大象出版社，2004：215.

［5］安文思著，何高济、李申译．中国新史［M］．河南：大象出版社，2004：147.

［6］程枭翀，徐苏斌．近代西方学者对中国建筑的研究［J］．建筑学报，2015（2）：50-54.

［7］中国营造学社．中国营造学社汇刊．［M］．北京：中国知识产权出版社，2006：20-28.

［8］吕超．东方帝都——西方文化视野中的北京形象［M］．山东：山东画报出版社，2008：79.

［9］伊东忠太著，陈清泉译．中国建筑史［M］．北京：商务印书馆，1937：8-10.

［10］梁思成．读乐嘉藻中国建筑史辟谬［M］．北京：中国建筑工业出版社，2001：296.

北京“集中清理建筑物天际线专项行动”的重启方案研究——城市管理精细化探微

李宜兰

摘　要：本文基于北京“集中清理建筑物天际线专项行动”的背景、过程及产生的社会影响的分析，深入探究了该行动的合法性、合理性、适用性、适度性等层面，提出了在城市管理精细化原则指导下的重启该行动的方案。

关键词：“集中清理建筑物天际线专项行动”；城市管理精细化；重启方案

Abstract：With an analysis of the background，process and social effects of Beijing's "Campaign to Centrally Clear the Skyline of Buildings"，the paper puts forward the restarting scheme of the "campaign" based on the principle of meticulosity in city management by probing into the legality，rationality，applicability and moderation.

Keywords：Campaign to Centrally Clear the Skyline of Buildings；Meticulosity in city management；Restarting scheme

一、“集中清理建筑物天际线专项行动”的背景及过程

1. 《北京市牌匾标识设置管理规范》

2017年9月30日，北京市城市管理委员会发布《北京市牌匾标识设置管理规范》，明确提出本规范自发布之日起施行。2007年10月15日，北京市市政管理委员会发布的《北京市牌匾标识设置管理规范》同时废止。

2. 《北京16区同步启动建筑物屋顶广告牌匾集中清理工作》

2017年11月1日，《北京晚报》发文《北京16区同步启动建筑物屋顶广告牌匾集中清理工作》称，根据本市刚刚出台的新版《北京市牌匾标识设置管理规范》，全市16区同步启动建筑物屋顶广告牌匾集中清理工作，按照“先主次干路、重点大街、重点地区，后支路胡同，由表及里”的顺序，对超出建筑体或不符要求的、破坏城市风貌和天际线的广告牌匾将分步予以清理。

3. 《关于开展集中清理建筑物天际线专项行动的通告》

北京市城市管理委员会、北京市规划和国土资源管理委员会、北京市综合管理行政执

李宜兰，（1970—），女，副教授，硕士，研究方向：城市文化.

法局于 2017 年 11 月 24 日联合发布了《关于开展集中清理建筑物天际线专项行动的通告》，其中明确表明“自 2017 年第四季度开始，我市开展集中清理建筑物天际线专项行动”。

4. 天际线治理取得阶段性成效

2017 年 12 月 8 日，北京市城市管理委员会称，天际线治理取得阶段性成效，目前企业和单位已经自拆、帮拆了 1.4 万块各种牌匾标识。

5.《关于暂缓牌匾广告清理工作的通知》

2017 年 12 月 11 日消息，北京市海淀区城市管理委发布“关于暂缓牌匾广告清理工作的通知”指出，海淀区现已停止拆除违规广告牌匾，重新启动时间另行通知。此外，通知明确提出，拆除原有牌匾与新设牌匾同步实施。

二、“集中清理建筑物天际线专项行动”的社会影响

1. 媒体评论

2017 年 12 月 7 日，人民日报评论部微信公众号“人民日报评论”发表一篇署名何鼎鼎，题目为《最美天际线，应该向人心延伸》的文章，随后在各大网络媒体得到广泛传播。文章指出，城市的核心是人，要塑造错落有致、富有韵律的天际线，也要关注到人心的起伏。这其实是一条比天际线更重要的曲线。同时提问，人们如此关注北京整治牌匾标识，正是在考量：刚性的城市治理之下，需要为城市的有机生长留下多少弹性空间。

2017 年 12 月 8 日，凤凰网评论部发文《“一刀切”的天际线难言最美》指出，城市治理不可能完全排除行政命令，不然，也不可能在面对复杂利益关系的情况下迅速求得突破。但也应该注意，在满足于“快刀斩乱麻”的快意同时，一定要警惕“一刀切”带来的风险。

2017 年 12 月 11 日，检察日报刊文《清理建筑物顶部牌匾标识应依法区别对待》，称参照《行政许可法》关于“准予行政许可所依据的客观情况发生重大变化的，为了公共利益的需要，行政机关可以依法变更或者撤回已经生效的行政许可”的原则规定，也可以决定拆除，但按照信赖保护原则，体现诚信政府的要求，应当予以适当的补偿，以期得到其理解和配合，而不是以其违规设置为由予以清理。

2. 公众质疑

(1) 专业人士

中国政法大学法学院蔡乐渭副教授撰文《对北京清理建筑物牌匾行动依据合法性的讨论》，此次集中清理建筑物牌匾标识行动已是开弓之箭，即使某些区县暂停其行为，但从依法行政、推进法治政府建设的角度，对于一些影响面极广的集中执法行动，更应秉持谨慎的态度，进行充分的合法性论证，否则不仅会损害公民的合法权益，还可能威害政府的公信力和法律的安定性，乃至影响法治政府建设的顺利推进，相关行政机关对此不可不思。

(2) 网民

社交媒体上，也有许多网民抱怨政府的做法“不接地气”。有网民认为，牌匾拆除后并给居民生活带来许多麻烦，还有网民质疑，政府在进行公共决策之前，是否有与民众沟通交流，“这种关乎民众利益的公共政策是不是应该需要经过更多的论证？与民众有更多的沟通？考虑利益攸关者的利益？是否该有听证和其他程序？是否应当遵循法规，尊重现有的民事合同和经济安排？是不是应该以人民的利益为根本导向？”

(3) 北京市城市管理委员会回应

2017 年 12 月 9 日，北京市城市管理委员会有关负责人接受采访称，“感谢社会各界对我市清理两线（架空线、天际线）工作的关心关注和意见建议，我们一直在聆听。”这位负责人表示，我们梳理了各方的意见并作了调研，大家的意见都将作为珍贵的工作参考。“美丽北京是大家共同的心愿，衷心感谢大家对城市管理工作的热心参与。”这位负责人说。

三、“集中清理建筑物天际线专项行动”的思考

1.《关于开展集中清理建筑物天际线专项行动的通告》的解读

(1) 官方解读

2017 年 11 月 27 日，北京市管理委员会在其官方网站发布了《关于开展集中清理建筑物天际线专项行动通告的解读》，有出台背景、制定依据及主要内容三方面。

出台背景中称，发布《关于开展集中清理建筑物天际线专项行动的通告》是为了配合集中清理建筑物屋顶广告牌匾专项行动，是按照市委、市政府净化城市空间、打造美丽天际线指示精神，目的为维护市容市貌整洁，加强城市精细化管理，合理开发利用城市空间资源，提升首都城市品质，展示首都风范、古都风韵、时代风貌，建设国际一流的和谐宜居之都。

(2) 笔者解读

暂且不论该行动，《关于开展集中清理建筑物天际线专项行动的通告》的题目本身就令人费解，建筑物与天际线是并列还是偏正关系？清理与建筑物还可勉强理解为动宾关系，可是清理与天际线无论如何都构不成动宾关系。对照官方解读，“集中清理建筑物屋顶广告牌匾专项行动”倒还说得通，可是为什么在发布通告时，成了“集中清理建筑物天际线专项行动”？

细读之下发现，不论是《关于开展集中清理建筑物天际线专项行动的通告》（下称《通告》），还是在北京市城市管理委员会网站上《关于开展集中清理建筑物天际线专项行动通告的解读》中，都提及制定依据是《中华人民共和国广告法》（全国人民代表大会常务委员 2015 年 4 月 24 日印发），《中华人民共和国安全生产法》（全国人民代表大会常务委员会 2014 年 8 月 31 日印发），《北京市市容环境卫生条例》（北京市人民代表大会常务委员会 2006 年 12 月 8 日印发），《北京城市总体规划（2016～2035 年）》，《北京市牌匾标识设置管理规范》（京管发〔2017〕140 号）。前三项主要涉及的是安全和环境卫生及广告规范的问题（其中的《北京市市容环境卫生条例》是 11 年前制定印发的），与此次行动的联系难免牵强。

在笔者看来，此次行动主要是贯彻了《北京城市总体规划（2016～2035 年）》中“完善部门联动机制”的指导思想。究其根本，此次行动是依据新鲜出炉的《北京市牌匾标识设置管理规范》（京管发〔2017〕140 号），却被冠以“天际线”这样的名头，实在是有名实不符之嫌。

2. 追问“集中清理建筑物天际线专项行动”

（1）该行动是否合法

正如前文分析的那样，此次行动的主要依据是 2017 年 9 月 30 日发布的《北京市牌匾标识设置管理规范》（京管发〔2017〕140 号）。新《规范》生效，原《规范》（2007 年）废止。就两《规范》针对建筑物顶部牌匾标识的设立而言，原《规范》允许，而现《规范》禁止。那么，是否就可以据此以违反新规范为名，强制执法，损害公共利益呢？依据《行政许可法》，“准予行政许可所依据的客观情况发生重大变化的，为了公共利益的需要，行政机关可以依法变更或者撤回已经生效的行政许可”。要知道，“行政机关可以依法变更或者撤回已经生效的行政许可，”其前提是“为了公共利益的需要”。由此，此次新《规范》制定的程序、过程、颁布及实施是否具有合法性，就是值得商榷的问题。

（2）该行动是否合理

行政机关在政策执行过程中，要牢记并体现公平合理的原则。具体情况具体分析，要视情况区别对待。现在很多政策执行过程中，常常采用这样一种原则，即老人老办法，新人新办法。那么对以往合规的做法，是不是也要有这样的认识和考量。

（3）该行动是否适用

适用性也是要考察的部分。天际线说到底是个舶来品，到底怎样才算天际线呢？从俯视的角度，还是仰视的角度？站在什么方位？这些都是有关系的。就如同风景，不同的角度看，都是不一样的。既然是要清理天际线，跟天际线相关的，那么理应得到治理。而那些低层，比如只是平房或二三层的楼房，是否会对天际线有所影响？再有老城区、老胡同、老建筑，是否应该区别于新城区、新街道、新建筑？还有老字号是否还应保有传统特色，保留一定的城市风貌？清理的过程中注意保护，这是一个值得思考的问题。城市管理者不妨转变一下思路，已有的建筑物，由于历史的原因，已然是一种存在，治理改造固然是一种办法，但是更应该重视的是以后在审批新建筑物时，可以把它纳入成为一个指标，充分考量其在天际线当中的作用和影响。

（4）该行动是否适度

有些区域和部门在执行的过程中走极端，不但清理建筑物，连大树的枝叶都砍掉了，只留下光秃秃的树干，只想打造天际线，连目视所及的风景都不顾了，甚至破坏了环境，本来是要露出天际线，而结果呢？却对环境造成人为的破坏和损坏。我们在治理整顿的同时要兼顾环境，重视人与环境之间的协调关系。

四、重启“集中清理建筑物天际线专项行动”的理论构建

1. 城市综合管理的目的

城市管理，正如 2010 年发布的《中国城市管理体制及其运行机制研究》报告中指出

的那样，在中国更多的是城市综合管理，即对城市基础性功能设施和公共空间的管理。目的是维护城市的健康正常运转和良好秩序，促进市民和谐相处。

2. 城市综合管理的特性

城市综合管理的特性是公益性、综合性（涉及部门多，环节多，点多面广）、强制性、简单重复性、个体损益性（执法环节）。

3. 城市综合管理的难题

城市管理一方面要保障城市健康运行、促进市民和谐相处，因而，和谐城管是城市管理的最高境界。另一方面在执法环节中却面临集体受益性和个体损益性的矛盾，从而带来较多冲突。这也是此次“集中清理建筑物天际线专项行动”的症结所在。

4. 城市综合管理精细化

城市综合管理应随着体制深化，逐步转入精细化。精细化管理必须从细处着手，质量第一。精细化管理必须提前介入、公众参与、科学决策。提前介入就是管理环节前移，在规划阶段就已经意识到设施运行和空间使用的效率、便利、人性、关爱等。公众参与就是让使用者充分发挥主动性、积极性，与政府部门和企业一起优化、美化运行环境。科学决策建立在对城市发展的科学把握之上，杜绝盲目性、短期行为和片面性，符合科学发展规律。

“集中清理建筑物天际线专项行动”重启应该全面落实并实现管理精细化，切不可仓促上马，急功冒进。

五、重启“集中清理建筑物天际线专项行动”的行动方案

1. 重新定义“集中清理建筑物天际线专项行动”的原则和意义

（1）要正视问题，认识错误并改正错误

城市管理者要切实转变理念，坚持以人为本，为民服务的宗旨和原则，踏踏实实做事，而不是巧立名目，博取眼球。要本着虚心接受群众意见的态度，认真反省。决不可一意孤行，在错误的道路上越走越远。

海淀区在“关于暂缓牌匾广告清理工作的通知”中提到，已拆除单位有重设需求的，各街镇立即汇总需求并指导产权单位编制重设方案，方案报区城市管理委同意后可实施。可谓亡羊补牢，未为晚也，值得其他区县学习、借鉴。

（2）修订并完善《北京市牌匾标识设置管理规范》

《北京市牌匾标识设置管理规范》尽管刚刚施行，却也暴露了其中存在的问题，部分条款亟待修改及完善，因此，强烈建议北京市城市管理委员修订并完善该《规范》。

《北京市牌匾标识设置管理规范》修订应遵照“国务院关于修改《行政法规制定程序条例》的决定”进行。“国务院关于修改《行政法规制定程序条例》的决定”（该决定自2018年5月1日起施行。）中将原《条例》中第十二条改为十三条，修改为“起草行政法

规，起草部门应当深入调查研究，总结实践经验，广泛听取有关机关、组织和公民的意见。涉及社会公众普遍关注的热点难点问题和经济社会发展遇到的突出矛盾，减损公民、法人和其他组织权利或者增加其义务，对社会公众有重要影响等重大利益调整事项的，应当进行论证咨询。听取意见可以采取召开座谈会、论证会、听证会等多种形式。”“起草行政法规，起草部门应当将行政法规草案及其说明等向社会公布，征求意见，但是经国务院决定不公布的除外。向社会公布征求意见的期限一般不少于30日。”“起草专业性较强的行政法规，起草部门可以吸收相关领域的专家参与起草工作，或者委托有关专家、教学科研单位、社会组织起草。”

新《规范》修订一定是要从下至上，开听证会，听取代表意见，了解民意，体察民情。修订过程也不可一蹴而就，应先以草案的形式发布出来，进一步征求意见，再次修订。

（3）进一步明确打造天际线的意义，论证其必要性及紧迫性

是不是还有更加有意义或更直接关系到群众利益的事情需要解决？这个打造天际线是否可以排在其他跟广大群众切身利益更为相关的事情之前，具有优先权？毕竟，还有那么多急需解决，亟待解决的问题。政府要真正做到直面百姓呼声，回应民生关切。政府行动要通盘考虑，要有全局意识。等待时机成熟，再次启动打造天际线为宜。开始重启之前一定要做调查研究，反复论证，切不可急于求成，急功近利。

2. 重启“集中清理建筑物天际线专项行动”要分步走

重启“集中清理建筑物天际线专项行动”要分阶段，分层次进行，逐层推进，逐步深入。不可操之过急，突击冒进。“架高线”和“天际线”“两线”要分别治理，不可混为一谈。清理建筑物屋顶广告牌匾就是清理建筑物屋顶广告牌匾，也不要再动辄冠以清理天际线的名头。清理架高线和清理建筑物屋顶广告牌匾，首先要注重解决隐患，从高隐患入手，从高层到低层，先清理那些确实存在隐患的，可能对人民群众生命财产造成危害的。一定要趋利避害，真正把行动落到实处，体察人民群众的最大关切。重启行动执行过程中，要及时纠偏，不搞短平快，不唯结果论。各区之间要视本区的实际情况确定各自的行动方案，明确行动的意义和指导原则，不可盲目攀比，走极端。

3. 从规划入手，打造“最美天际线”

北京作为文化古都，有独特的韵味和风貌，城市管理者重点是维护和保护好其传统和特色。北京城市管理委员会应充分落实“规划先行，科学操作，因地制宜”的承诺，做好街区总体设计，注重街区特色。制定方案时要统筹考虑，与城市区域功能相适应，与城市区块人文特色相结合，与周边环境和城市景观相协调。天际线应该跟城市的整体规划结合起来，在新建筑物审批过程中，更要严格管控，考量其对天际线的影响。管理与规划部门要加强协调与沟通，打造天际线的同时，为广大市民创造更加宜居怡人的城市公共空间。

参考文献

[1] 翟宝辉，罗亚蒙. 中国城市管理体制及其运行机制研究［R］. 北京：人民日报出版社，2010年.

[2] 罗春悦. 城管执法柔性化改革的实证分析［D］. 哈尔滨，黑龙江：黑龙江大学，2013年.

[3] 北京市城市管理委员会. 关于开展集中清理建筑物天际线专项行动通告的解读［EB/OL］. http://www.bjmac.gov.cn/zwxx/zcwj/zcjd/wjjd/201712/t20171213_43445.html. 2017.11.27
[4] 人民日报评论部. 最美天际线，应该向人心延伸［EB/OL］. 微信公众号“人民日报评论”，2017.12.7.
[5] 蔡乐渭. 对北京清理建筑物牌匾行动依据合法性的讨论［EB/OL］. https://baijiahao.baidu.com/s?id=1586820288254859565&wfr=spider&for=pc. 2017.12.11.

Assessing Ambient Air Pollution Health Risk by a Spatial Multi-Agent Simulation

Chiu Ming-Cheng Hsu Shu-Chien

Abstract: Outdoor air pollution is a crucial and arduous issue in Asia. Many governments including Hong Kong have established air quality monitoring network and provides hourly reported Air Quality Index (AQI) and Air Quality Health Index (AQHI). However, the public can only understand the current condition of air quality but is unable to discern the long-term risks. The study aims to assess the health risks from ambient air pollution according to different classes' patial distribution and living habit by a spatial multi-agent simulation (SMAS). The developed SMAS model can classify the possible added risks for different groups of residents living in Hong Kong by linking air quality monitoring information to population activity. The results show that the health risks of children and the elderly are about 5% higher than youths and adults. Regional differences demonstrated the health risks of residents living in Wan Chai and eastern districts are relatively higher than the others. The developed model is expected to be a powerful tool to provide comprehensive health risk information to the Hong Kong residents.

Keywords: Air Quality; Public Health Risk; Multi-Agent Simulation; Geographic Information System

一、Introduction

There are many kinds of common air pollutants, such as monoxide (CO), sulfur dioxide (SO_2), nitrogen oxides (NO_x), volatile organic compounds (VOC_s), ozone (O_3), heavy metals, and respirable particulate matter ($PM_{2.5}$ and PM_{10}); these pollutants are differ in their chemical composition, reaction properties, emission, time of disintegration and ability to diffuse in different distance. Overall air pollution has both acute and chronic effects on human health, affecting distinct systems (Kampa & Castanas, 2008). Generally air pollutants group to four categories:

a. Gaseous pollutants (e. g. SO_2, NO_x, CO, ozone, Volatile Organic Compounds)

Ph. D. Student, Department of Civil and Environmental Engineering, The Hong Kong Polytechnic University
Assistant Professor, Department of Civil and Environmental Engineering, The Hong Kong Polytechnic University
* Corresponding Author; Email: mark. hsu@polyu. edu. hk

b. Persistent organic pollutants (e.g. dioxins)

c. Heavy metal (e.g. lead, mercury)

d. Particulate Matter.

Gaseous pollutants are mainly due to combustion of fossil fuels and give to the atmosphere (Katsouyanni, 2003). Persistent organic pollutants form a toxic group of chemicals, persisting in the environment for long periods of time. Heavy metals include basic metal elements which cannot be degraded or destroyed; and being transported by air, enter water and food supply. The last one particulate matter is the generic term, consisting of complex and differing of particles suspended in the air.

Air pollutants contribute to increased mortality and hospital admissions is widely accepted and confirmed (Brunekreef & Holgate, 2002). Since usually humans exposed to mixed pollutants, the different composition of air pollutants will cause various impacts on human health. There are several susceptibility factors such as age, nutritional status and predisposing conditions. Roughly health effects distinguished to acute, chronic not including cancer and cancerous; primarily affected systems are the cardiovascular and the respiratory, however the function of several other organs are also influenced (Cohen et al., 2005).

Air pollution is a fairly crucial issue for many cities since crowded people and heavy traffic. Similarly it is a serious long-term problem in Hong Kong. The Hong Kong government acknowledges this concern and developing several programs to improve it. Hence there are a great deal of related epidemiological research including both official and academic. For instance, earlier Wong and the research team analyzed the relationship of air pollutants and hospital admissions nearly twenty years ago (T. W. Wong et al., 1999). They disclosed that significant associations were between four pollutants (NO_2, O_3, PM_{10} and SO_2) and hospital admissions for all respiratory diseases, all cardiovascular diseases, chronic obstructive pulmonary diseases, and heart failure. After that the government and academia gave great attention to it (C.-M. Wong, Ma, Hedley, & Lam, 2001), people gradually discovered the effect of $PM_{2.5}$, therefore there are more supplementing articles particularly linked $PM_{2.5}$ to health risk (H. Qiu et al., 2014; Steinle et al., 2015; Wu, Zhu, Li, Xu, & Liu, 2017; Zou et al., 2015). Since the health hazards of air pollution, more and more people are putting their effort on analysis and prediction models (Arain et al., 2007; Dominici, McDermott, Zeger, & Samet, 2002; Katsouyanni et al., 1996; Künzli et al., 2000; Pope Ⅲ et al., 2002; Pope Ⅲ & Dockery, 2006; Z. Qiu et al., 2017). Others are studying the effects of improvement (Ortolani & Vitale, 2016; Velasco & Rastan, 2015). World Health Organization (WHO) provided air quality guideline intending to protect public health in different contexts (World Health Organization & UNAIDS, 2006). The standards are as follows:

$PM_{2.5}$: 10$\mu g/m^3$ annual mean; 25$\mu g/m^3$ 24-hour mean

PM_{10}: 20$\mu g/m^3$ annual mean; 50$\mu g/m^3$ 24-hour mean

O_3: 100μg/m^3 8-hour mean

NO_2: 40μg/m^3 annual mean; 200μg/m^3 1-hour mean

SO_2: 20μg/m^3 24-hour mean; 500μg/m^3 10-minute mean

Most of the related research addressed on the single pollutants diffusion simulation and health effects, e.g. Nitrogen Dioxide, related to traffic (Shekarrizfard et al., 2017). Previously Hong Kong only adopted air pollution index (API) to reporting air pollution. API system in Hong Kong actually is following United States Environmental Protection Agency (US EPA) as same as mainland China, Taiwan, Thailand and South Korea. The shortcomings of API clearly are without considering the joint effect of various pollutants and measuring the impact on health. Hence, Wang and others researched provided a new index, Air Quality Health Index (AQHI) for more complete health advice (T. W. Wong et al., 2013). The Hong Kong government adopted it since 2013 and applied it so far. AQHI categories derived as shown in the Table 1.

The index calculated from the sum of the percentage added health risk (%AR) of daily hospital admissions attributable to the 3-hour moving average concentrations of four criteria air pollutants: ozone (O_3), nitrogen dioxide (NO_2), sulfur dioxide (SO_2), and particulate matter (PM) [respirable suspended particulates (RSP or PM_{10}] or fine suspended particulates (FSP or $PM_{2.5}$), whichever poses a higher health risk] (T. W. Wong et al., 2013).

The added health risk (%AR) calculates as following equations:

$$\%AR=\%AR(NO_2)+\%AR(SO_2)+\%AR(O_3)+\%AR(PM)$$

$$\%AR(PM)=\%AR(PM_{10})\text{or }\%AR(PM_{2.5}),\text{ whichever is higher}$$

$$\%AR(NO_2)=[\exp(\beta(NO_2)\times C(NO_2))-1]\times 100\%$$

$$\%AR(SO_2)=[\exp(\beta(SO_2)\times C(SO_2))-1]\times 100\%$$

$$\%AR(O_3)=[\exp(\beta(O_3)\times C(O_3))-1]\times 100\%$$

$$\%AR(PM_{10})=[\exp(\beta(PM_{10})\times C(PM_{10}))-1]\times 100\%$$

$$\%AR(PM_{2.5})=[\exp(\beta(PM_{2.5})\times C(PM_{2.5}))-1]\times 100\%$$

$C(NO_2)$, $C(SO_2)$, $C(O_3)$, $C(PM_{10})$ and $C(PM_{2.5})$ are the 3-hour moving average concentration of the respective pollutants in microgram per cubic meter (μg/m^3); and $\beta(NO_2)$, $\beta(SO_2)$, $\beta(O_3)$, $\beta(PM_{10})$ and $\beta(PM_{2.5})$ are added health risk factors of the respective pollutants.

$\beta(NO_2)=0.0004462559$

$\beta(SO_2)=0.0001393235$

$\beta(O_3)=0.0005116328$

$\beta(PM_{10})=0.0002821751$

$\beta(PM_{2.5})=0.0002180567$

The data collected from 16 monitoring stations, separated into two categories, namely 1. Central/Western, 2. Eastern, 3. Kwun Tong, 4. Sham Shui Po, 5. Kwai Chung, 6. Tsuen Wan, 7. Tseung Kwan O, 8. Yuen Long, 9. Tuen Mun, 10. Tung Chung,

11. Tai Po, 12. Sha Tin, and 13. Tap Mun for general stations. 14. Causeway Bay, 15. Central, and 16. Mong Kok for roadside stations. The station place shown as Figure 1 and data collecting hourly.

AQHI Categories[1] **Table 1**

Health Risk Category	AQHI	Added Health Risk (%AR)	Remark
Low	1	0-1.88	
	2	>1.88-3.76	
	3	>3.76-5.64	
Moderate	4	>5.64-7.52	%AR of 5.64: 0.5 x threshold for people who are sensitive to air pollution (%AR of 11.29) to take precautionary actions
	5	>7.52-9.41	
	6	>9.41-11.29	
High	7	>11.29-12.91	%AR of 11.29: threshold for people who are sensitive to air pollution to take precautionary actions
Very High	8	>12.91-15.07	%AR of 12.91: threshold for the general public to take precautionary actions
	9	>15.07-17.22	
	10	>17.22-19.37	
Serious	10+	>19.37	%AR of 19.37: 1.5 x threshold for the general public (%AR of 12.91) to take precautionary actions

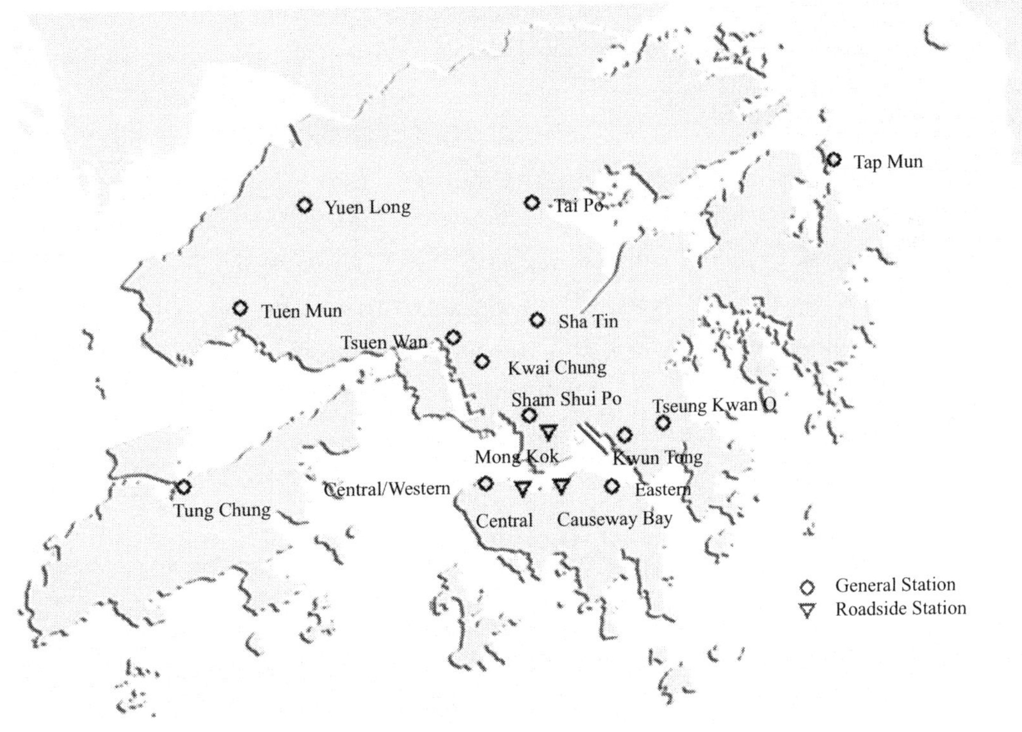

Fig. 1 Air quality monitoring network of Hong Kong[2]

[1] From Hong Kong Environmental Protection Department, http://www.aqhi.gov.hk/en/what-is-aqhi/faqs.html.

[2] Source: http://www.aqhi.gov.hk/en/monitoring-network/air-quality-monitoring-network.html.

There is already much progress in understanding general health risks from air pollution, however well-being issue can be explored further more consistently. For instance, Steinle and the research team in UK attempted to use personal monitor to track exposure of $PM_{2.5}$ (Steinle et al., 2015). They have demonstrated the personal exposure monitoring for individual level exposure to environmental stressors. Nonetheless this information gained by personal monitoring approach has limited scope by small sample size and limited spatial coverage. Hence there are some people trying to use geographic information system (GIS) to assessments and forecasts in wide range. Vicedo-Cagrera and others adopted air pollution data and spatial analysis to estimate residential exposure in Italy (Vicedo-Cabrera, Biggeri, Grisotto, Barbone, & Catelan, 2013). They concluded that universal Bayesian kriging approach (a method of spatial analysis) is a useful tool for assessment of realistic exposure estimates with regard to ambient pollutants at home addresses. Certainly it's only a relevant specific example and there are ample other literatures (D. Briggs, 2005; D. J. Briggs et al., 1997; Jerrett et al., 2001; Maantay, 2007; O'Neill et al., 2003).

For make the model more resemble to public behavior, agent-based modeling (ABM) is a decent integration program for this topic. Agent-based modeling is a powerful simulation modeling technique that has seen a number of applications in the last few years, including applications to real-world business problems (Bonabeau, 2002). Computational advances have made possible a growing number of agent-based applications in a variety of fields. Applications range from modeling agent behavior in the stock market and supply chains, to predicting the spread of epidemics and the threat of bio-warfare, from modeling consumer behavior to understanding the fall of ancient civilizations (Macal & North, 2005).

Accordingly, this research will combine GIS and ABM to simulate the health risks caused by air pollution in Hong Kong. By integrating the statistics of Hong Kong demographics, spatial information and air pollution hourly data, established a resident behavior simulation model to clarify the one-year health risks of different groups living in Hong Kong.

Methodology

1. Data Source and Process

All of the statistical data of this research is downloaded from Hong Kong open data web, DATA. GOV. HK[1]. It is the public sector information portal of the Government of the Hong Kong Special Administrative Region. The datasets are provided by different government departments and public/private organizations and it is maintained by the Office of the Government Chief Information Officer.

The spatial data is downloaded from Open Geo-Spatial Data in HK[2]. Esri China

[1] Website: https://data.gov.hk/en/.

[2] Website: https://opendata.esrichina.hk/.

(HK) Ltd. has utilized these data and created different types of layers and webmaps.

The used raw data namely show as Table 2:

Raw data list **Table 2**

Index	File Name	URL
1	2011 Population Census -District Profiles (English)	http://www.census2011.gov.hk/en/district-profiles.html
2	Population by District Council Constituency Area, Sex and Age Group, 2011 (A303)	http://idds.census2011.gov.hk/Main_tables/Batch_07/A303.XLSX
3	Persons Attending Full-time Courses in Educational Institutions in Hong Kong by District Council Constituency Area and Place of Study, 2011 (B301)	http://idds.census2011.gov.hk/Main_tables/Batch_07/B301.XLSX
4	Working Population by Place of Work and Area of Residence, 2011 (C108)	http://idds.census2011.gov.hk/Main_tables/Batch_01//C108.XLSX
5	Labor Force Participation Rates (1) by District Council District, Sex and Age Group, 2011 (C203)	http://idds.census2011.gov.hk/Main_tables/Batch_04/C203.XLSX
6	Past record of Air Quality Health Index (English) 2016	https://data.gov.hk/en/datagovhk-api/hk-epd-past-record-of-aqhi-en
7	Hong Kong 18 Districts	https://opendata.arcgis.com/datasets/eea8ff2f12b145f7b33c4eef4f045513_0.zip
8	Air Quality Monitor Station	https://opendata.arcgis.com/datasets/50826dbfbeb0419cafb0291c0fb79450_0.zip
9	Street Posting Boxes in Hong Kong	https://opendata.arcgis.com/datasets/4eb72311f51f478ba7858fc81d137897_0.zip

In order to read data into the program properly, there are some pre-processings which have to do. The first one is to filter the required fields and exclude non-English content. The second one is to confirm the consistency of the name, by reason of some district names in file are all capitalized but the other one is mixed-case. After that, converted all data to CSV format for program efficiency.

2. Spatial Analysis

Analyze spatial data is a necessary processing. Inserting population distribution information is the most crucial part because the general population data only provides 18 districts distributed and unable to distinguish single distinction. In order to overcome it, taking the street mail boxes to simulate population density. This is a required assumption for lacking detailed statistics. Fortunately, the amount of street mail boxes in Hong Kong is generous enough, total of 1,148 mail boxes in Hong Kong area and the density is also quite similar to the real population distribution.

The progress of spatial analysis is as follows: a. created grids of 500 meters by 500 meters in Hong Kong area. The reason of choosing this size is a tradeoff of performance and sophistication. If the grid is too small, the unit of analysis will be enormous and lead to processing time too lengthy and overloaded. On the other hand, that will be distortion if the cell size is too big. b. According to boxes place, imported the number of boxes into the grid as a basis for distribution. c. Input the statistics of the district to each grid according to the number of posting boxes. d. Export the last file to shapefile format (. shp) that available in ABM program.

The whole process accomplished by ArcGIS, a geographic information system for working with maps and geographic information, developed by Esri.

3. Agent-based Modeling

Agent-based models are ideal tools to deal with the complexity of crowd activities and the status affected by environment, yet there are very few studies applied them in air pollution context. Previously the applications of mainstream are applied in economics, transportation, sociology, disaster evacuation, biology, urban planning, and others (Awwad, Shdid, & Tayeh, 2016). These simulations are not particularly limited in a specific scale. As in these study scopes, urban level, there are several similar methods used in different fields such as water supply, shared vehicles, urban evacuation (Ali, Shafiee, & Berglund, 2017; Chen & Zhan, 2008; Zhang, Guhathakurta, Fang, & Zhang, 2015). Therefore it's an appropriate innovation shot for environmental governance and planning.

Developing an agent-based model consists of three phases: a. definition, b. abstraction, and c. implementation (De Laurentis, 2005). The definition phase mainly includes identification of the domain. In this context is the health risks from air pollutants that the seven million Hong Kong inhabitants may expose. The abstraction consists of identifying the main groups of residents, their behavioral rules, and interactions within the environment. There are seven classes in this model which are defined along with their demographic characteristics (sex and age due to public statistics classification) specifically: Children, Male Students, Female Students, Male Adults, Female Adults, Male Elders, Female Elders. The age interval is setting as follows: Children are under five years old, Students are five to twenty-five, adults are twenty-six to sixty-four and elders are sixty-five or over. According to the air quality health index and associated health advice, the classification of groups divided into some subcategories such as people with existing heart or respiratory illnesses, outdoor workers. However the public statistics did not include health survey and job investigation based on industry and position which did not contain whether to work outdoor. Thus the survey of whether across regions to work for adults and to school for students are the most useful information for behavior parameters.

The model simulates the added risks of Hong Kong residents from their behavior for one year. 2016 AQHI hourly data collected from sixteen monitoring stations and convert the index to added health risk. The behavior of residents in according to the statistics of the working probability of going out and determined whether to move across regions. The students based on similar settings but change the probability from work to school. The elderly and children because of there is no clear statistical probability of activity, thence elderly adopt to working probability and children adopt to a lower school probability to reflect the care activities. The activities based on each hour and all agents return to the place of accommodation at night.

There are some limitations in the model as following:

1. Outdoor and indoor air pollutants are totally different. The indoor pollution also has to recognize if we want to meet the scenario. Nonetheless there is no detailed and complete information on indoor quality monitoring. Especially indoor air quality emphasized on different pollutants such as volatile organic compounds. Hence this study only cover the ambient part and took an adjustment to drop indoor conditions.

2. The move path and destination problem were emerging because of lack of road map layer, transport usage survey and the exact destination of every agent. Thence the model presently only randomly chooses choose a place within a certain distance to straight move in the daytime. This will result in some unrealistic consequences, but it can look for improvement if obtaining more detailed information in the future.

3. There is a need to estimate the certain air quality all around. So far there are sixteen monitoring stations in Hong Kong. Obviously the government focuses on representation and cost hence setting everywhere endlessly or choosing too remote sites is impossible. Therefore, the official website provided some reference for citizens depending on their site. However, the real air quality condition is not exactly as the same of the station. This model directly applied spatial analysis to select the closest station to represent current place. Indeed, if the model applied some spatial interpolation, calculation would be more accurate.

4. Results and Discussions

Fig. 2 is Hong Kong population simulation distribution and every single point represents 1,000 people. The reason of not completely covered with 500-meter grid is the most populous place chosen as the representative in the beginning and many parts of fewer residents that may not be displayed if grids completely more smoothly distributed. Additionally increasing the number of agents is an appropriate amendment, however the screen will covered with very dense spots so hard to discern and the execution time will also increase significantly and painfully.

Fig. 3 is the added health risks of every group when model processing. The groups represented by each color in Table 3 and the result for the entire year is Table 4. Health risk is changing over time; daytime traffic hours are significantly higher than at night. There is a row of fields in Table 4 which records the added average risk is above 11% for different groups over a full year. In contrast to Hong Kong EPA information, it belongs to a high level. Generally, the frequency of occurrence in a whole year is about 1.5% and the number of children is about 15%, higher than others.

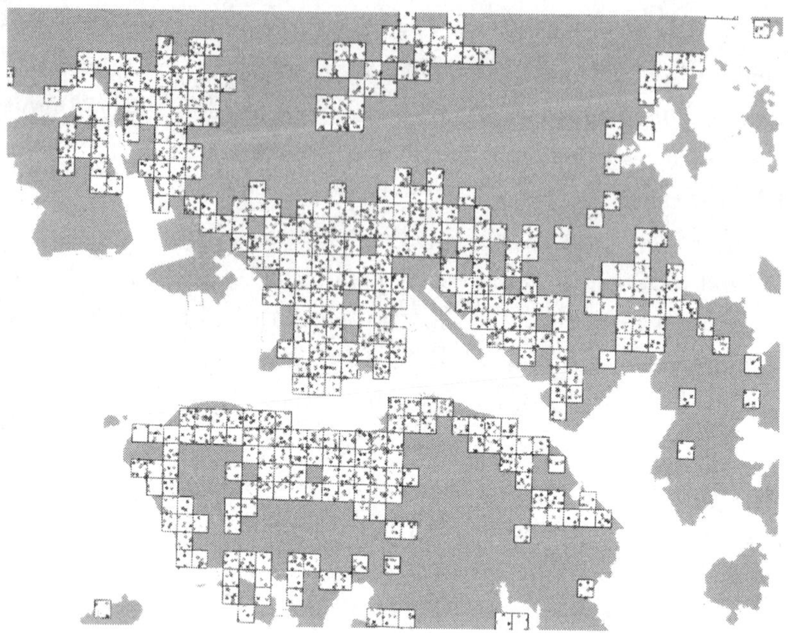

Fig. 2 Hong Kong population simulation distribution

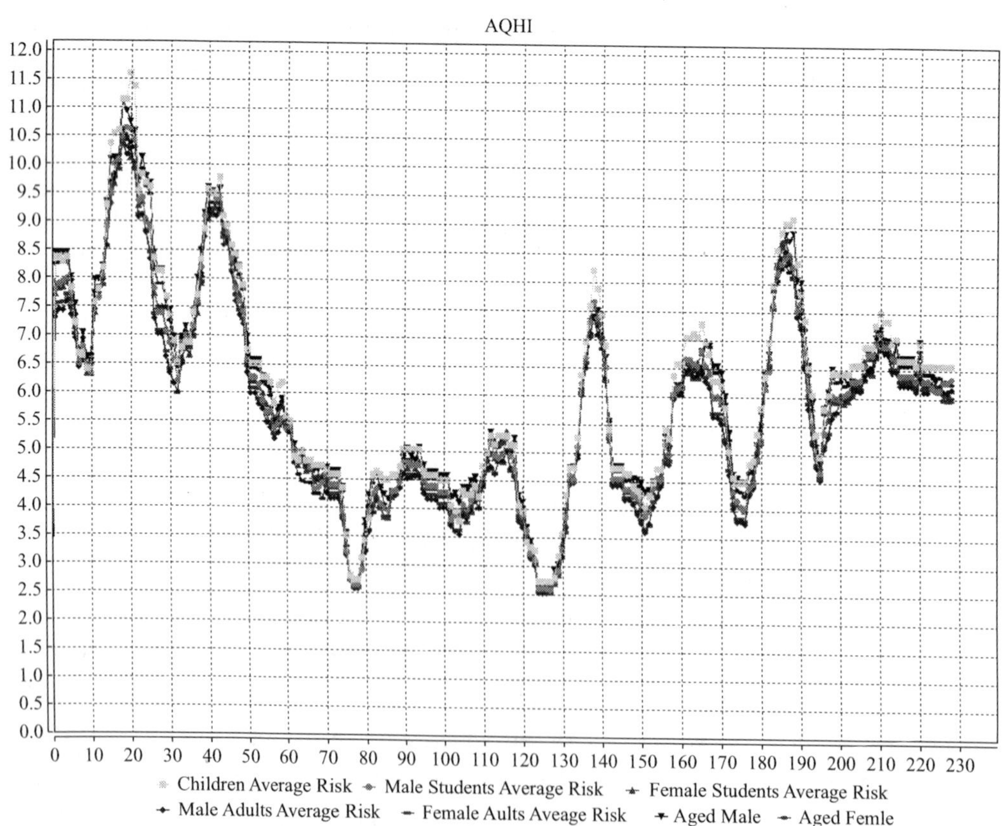

Fig. 3 The hourly risk of each group (partially)

Population classes and represent color **Table 3**

Classes	Represent Color in Model	Total
Children	Yellow	249,203
Male Students	Cyan	735,631
Female Students	Magenta	713,757
Male Adults	Blue	1,998,997
Female Adults	Red	2,431,595
Male Elders	Navy	438,175
Female Elders	Maroon	503,030

Added health risk of each class **Table 4**

	Average	Maximum	Minimum	Standard deviation	Occurrences (>11%)
Children	5.52	20.08	0	2.163	132
Male Students	5.34	20.08	0	2.142	113
Female Students	5.34	20.08	0	2.145	115
Male Adults	5.24	20.08	0	2.141	110
Female Adults	5.24	20.08	0	2.141	112
Male Elders	5.48	20.08	0.046	2.129	108
Female Elders	5.43	20.08	0.029	2.125	110

Fig. 4 is the figure of children added health risk (to show the concept and change of the overall year), the value of zero is because almost all monitoring stations have no data at 13: 00 to 15: 00 on February 19, 2016. More details of each month are integrated in Table 5. The air quality in Hong Kong in June is the best because mean and standard deviation are lower than other months. Relatively speaking, March and December were the worst. The period between July and September is the best or worst, however the worst cases of air quality throughout the year occurred in it. This reflected in the larger standard deviation.

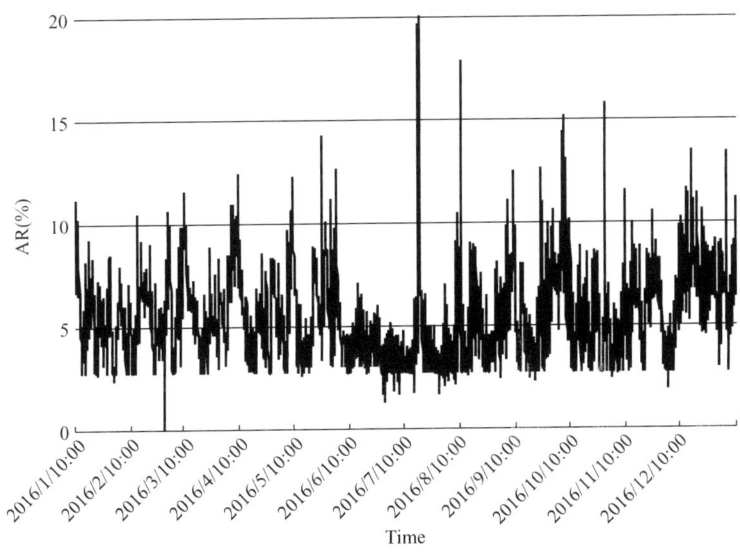

Fig. 4 The added health risk of children

In regional distribution, the air quality in the following areas is relatively poor: Yau Tsim Mong, Kowloon City, Kwun Tong, Central & Western, Wan Chai and Eastern. Especially Wan Chai district, if prolonged outdoor activities in this area, the health risk will be 5% to 25%, higher than other areas.

Health risks of monthly **Table 5**

Average	Jan.	Feb.	Mar.	Apr.	May.	Jun.	Jul.	Aug.	Sep.	Oct.	Nov.	Dec.
Children	5.414	5.420	6.360	5.586	5.596	3.932	4.366	5.422	6.109	4.910	5.695	6.467
Male students	5.079	5.089	6.113	5.436	5.376	3.770	4.239	5.291	6.013	4.820	5.570	6.337
Female students	5.076	5.081	6.109	5.425	5.392	3.770	4.244	5.300	6.029	4.830	5.580	6.350
Male adults	4.921	4.920	5.972	5.330	5.301	3.678	4.151	5.204	5.935	4.758	5.496	6.274
Female adults	4.937	4.936	5.982	5.332	5.301	3.676	4.147	5.201	5.929	4.754	5.492	6.270
Male elders	5.293	5.308	6.332	5.581	5.563	3.921	4.361	5.409	6.098	4.889	5.674	6.422
Female elders	5.228	5.227	6.252	5.537	5.514	3.879	4.328	5.359	6.064	4.861	5.637	6.383
Standard deviation	Jan.	Feb.	Mar.	Apr.	May.	Jun.	Jul.	Aug.	Sep.	Oct.	Nov.	Dec.
Children	1.615	1.667	2.092	1.954	2.117	0.991	2.589	2.190	2.570	1.774	1.893	2.004
Male students	1.521	1.575	2.075	1.922	2.113	0.925	2.587	2.194	2.583	1.773	1.896	1.991
Female students	1.525	1.570	2.080	1.932	2.108	0.928	2.597	2.190	2.584	1.774	1.897	1.993
Male adults	1.499	1.539	2.072	1.927	2.121	0.918	2.603	2.191	2.591	1.761	1.889	1.989
Female adults	1.501	1.539	2.073	1.929	2.122	0.920	2.601	2.190	2.593	1.760	1.889	1.990
Male elders	1.561	1.607	2.085	1.938	2.086	0.943	2.575	2.167	2.535	1.741	1.877	1.956
Female elders	1.544	1.573	2.087	1.938	2.099	0.948	2.559	2.168	2.541	1.739	1.883	1.955

Conclusions

This spatial agent-based model simulated Hong Kong residents' added health risk from ambient air pollution. The results show that children and the elderly are higher than the young and adult about 5%. It is not only because of differences in physical condition, but also the living areas distribution in Hong Kong and the mode of activity.

Regional differences shown as Yau Tsim Mong, Kowloon City, Kwun Tong, Central & Western, Wan Chai and Eastern which are relatively poor, especially Wan Chai. The change of time indicates the air in March and December are worst and July to September also need more attention.

References

[1] Ali, A. M., Shafiee, M. E., & Berglund, E. Z. (2017). Agent-based modeling to simulate the dynamics of urban water supply: Climate, population growth, and water shortages. *Sustainable Cities and Society*, *28*, 420-434.

[2] Arain, M., Blair, R., Finkelstein, N., Brook, J., Sahsuvaroglu, T., Beckerman, B., ... Jerrett, M. (2007). The use of wind fields in a land use regression model to predict air pollution concentrations for health exposure studies. *Atmospheric Environment*, *41* (16), 3453-3464.

[3] Awwad, R., Shdid, C. A., & Tayeh, R. (2016). Agent-based model for simulating construction safety climate in a market environment. *Journal of Computing in Civil Engineering*, *31*(1), 05016003.

[4] Bonabeau, E. (2002). Agent-based modeling: Methods and techniques for simulating human systems. *Proceedings of the National Academy of Sciences*, *99* (suppl 3), 7280-7287.

[5] Briggs, D. (2005). The role of GIS: coping with space (and time) in air pollution exposure assessment. *Journal of Toxicology and Environmental Health, Part A*, *68* (13-14), 1243-1261.

[6] Briggs, D. J., Collins, S., Elliott, P., Fischer, P., Kingham, S., Lebret, E.,... Van Der Veen, A. (1997). Mapping urban air pollution using GIS: a regression-based approach. *International Journal of Geographical Information Science*, *11* (7), 699-718.

[7] Brunekreef, B., & Holgate, S. T. (2002). Air pollution and health. *The Lancet*, *360* (9341), 1233-1242.

[8] Chen, X., & Zhan, F. B. (2008). Agent-based modelling and simulation of urban evacuation: relative effectiveness of simultaneous and staged evacuation strategies. *Journal of the Operational Research Society*, *59* (1), 25-33.

[9] Cohen, A. J., Ross Anderson, H., Ostro, B., Pandey, K. D., Krzyzanowski, M., Künzli, N., ... Samet, J. M. (2005). The global burden of disease due to outdoor air pollution. *Journal of Toxicology and Environmental Health, Part A*, *68* (13-14), 1301-1307.

[10] DeLaurentis, D. (2005). Understanding transportation as a system-of-systems design problem (Vol. 1, pp. 10-13). Presented at the 43rd AIAA Aerospace Sciences Meeting and Exhibit, Reno, NV New York, NY.

[11] Dominici, F., McDermott, A., Zeger, S. L., & Samet, J. M. (2002). On the use of generalized additive models in time-series studies of air pollution and health. *American Journal of Epidemiology*, *156* (3), 193-203.

[12] Jerrett, M., Burnett, R. T., Kanaroglou, P., Eyles, J., Finkelstein, N., Giovis, C., & Brook, J. R. (2001). A GIS-environmental justice analysis of particulate air pollution in Hamilton, Canada. *Environment and Planning A*, *33* (6), 955-973.

[13] Kampa, M., & Castanas, E. (2008). Human health effects of air pollution. *Proceedings of the 4th International Workshop on Biomonitoring of Atmospheric Pollution (With Emphasis on Trace Elements)*, *151* (2), 362-367.

[14] Katsouyanni, K. (2003). Ambient air pollution and health. *British Medical Bulletin*, *68* (1), 143-156.

[15] Katsouyanni, K., Schwartz, J., Spix, C., Touloumi, G., Zmirou, D., Zanobetti, A.,... Pönkä, A. (1996). Short term effects of air pollution on health: a European approach using epidemiologic time series data: the APHEA protocol. *Journal of Epidemiology & Community Health*, *50* (Suppl 1), S12-S18.

[16] Künzli, N., Kaiser, R., Medina, S., Studnicka, M., Chanel, O., Filliger, P.,... Quénel, P. (2000). Public-health impact of outdoor and traffic-related air pollution: a European assessment. *The Lancet*, *356* (9232), 795-801.

[17] Maantay, J. (2007). Asthma and air pollution in the Bronx: methodological and data considerations in using GIS for environmental justice and health research. *Health & Place*, *13* (1), 32-56.

[18] Macal, C. M., & North, M. J. (2005). Tutorial on agent-based modeling and simulation (p. 14-pp). Presented at the Simulation Conference, 2005 Proceedings of the Winter, IEEE.

[19] O'Neill, M. S., Jerrett, M., Kawachi, I., Levy, J. I., Cohen, A. J., Gouveia, N.,... Schwartz, J. (2003). Health, wealth, and air pollution: advancing theory and methods. *Environmental Health Perspectives*, *111* (16), 1861.

[20] Ortolani, C., & Vitale, M. (2016). The importance of local scale for assessing, monitoring and predicting of air quality in urban areas. *Sustainable Cities and Society*, *26*, 150-160.

[21] Pope Ⅲ, C. A., Burnett, R. T., Thun, M. J., Calle, E. E., Krewski, D., Ito, K., & Thurston, G. D. (2002). Lung cancer, cardiopulmonary mortality, and long-term exposure to fine particulate air pollution. *Jama*, *287* (9), 1132-1141.

[22] Pope Ⅲ, C. A., & Dockery, D. W. (2006). Health effects of fine particulate air pollution: lines that connect. *Journal of the Air & Waste Management Association*, *56* (6), 709-742.

[23] Qiu, H., Tian, L. W., Pun, V. C., Ho, K., Wong, T. W., & Ignatius, T. (2014). Coarse particulate matter associated with increased risk of emergency hospital admissions for pneumonia in Hong Kong. *Thorax*, thoraxjnl-2014.

[24] Qiu, Z., Xu, X., Song, J., Luo, Y., Zhao, R., Zhou, B. X. W.,... Hao, Y. (2017). Pedestrian exposure to traffic PM on different types of urban roads: A case study of Xi'an, China. *Sustainable Cities and Society*, *32*, 475-485.

[25] Shekarrizfard, M., Faghih-Imani, A., Tétreault, L. -F., Yasmin, S., Reynaud, F., Morency, P.,... Hatzopoulou, M. (2017). Regional assessment of exposure to traffic-related air pollution: Impacts of individual mobility and transit investment scenarios. *Sustainable Cities and Society*, *29*, 68-76.

[26] Steinle, S., Reis, S., Sabel, C. E., Semple, S., Twigg, M. M., Braban, C. F.,... Wu, H. (2015). Personal exposure monitoring of PM2. 5 in indoor and outdoor microenvironments. *Science of The Total Environment*, *508* (Supplement C), 383-394.

[27] Velasco, E., &Rastan, S. (2015). Air quality in Singapore during the 2013 smoke-haze episode over the Strait of Malacca: Lessons learned. *Sustainable Cities and Society*, *17*, 122-131.

[28] Vicedo-Cabrera, A. M., Biggeri, A., Grisotto, L., Barbone, F., & Catelan, D. (2013). A Bayesian kriging model for estimating residential exposure to air pollution of children living in a high-risk area in Italy. *Geospatial Health*, *8* (1), 87-95.

[29] Wong, C. -M., Ma, S., Hedley, A. J., & Lam, T. -H. (2001). Effect of air pollution on daily mortality in Hong Kong. *Environmental Health Perspectives*, *109* (4), 335.

[30] Wong, T. W., Lau, T. S., Yu, T. S., Neller, A., Wong, S. L., Tam, W., & Pang, S. W. (1999). Air pollution and hospital admissions for respiratory and cardiovascular diseases in Hong Kong. *Occupational and Environmental Medicine*, *56* (10), 679-683.

[31] Wong, T. W., Tam, W. W. S., Yu, I. T. S., Lau, A. K. H., Pang, S. W., & Wong, A. H. S. (2013). Developing a risk-based air quality health index. *Improving Regional Air Quality over the Pearl River Delta and Hong Kong: From Science to Policy*, *76* (Supplement C), 52-58.

[32] World Health Organization, & UNAIDS. (2006). *Air quality guidelines: global update 2005*. World Health Organization.

[33] Wu, J., Zhu, J., Li, W., Xu, D., & Liu, J. (2017). Estimation of the PM2. 5 health effects in China during 2000-2011. *Environmental Science and Pollution Research*, *24* (11), 10695-10707.

[34] Zhang, W., Guhathakurta, S., Fang, J., & Zhang, G. (2015). Exploring the impact of shared autonomous vehicles on urban parking demand: An agent-based simulation approach. *Sustainable Cities and Society*, *19*, 34-45.

[35] Zou, B., Wang, M., Wan, N., Wilson, J. G., Fang, X., & Tang, Y. (2015). Spatial modeling of PM2. 5 concentrations with a multifactoral radial basis function neural network. *Environmental Science and Pollution Research*, *22* (14), 10395-10404.

论城市轨道交通 TOD 可持续发展方向

杨文武

摘　要：以轨道引领城市发展为理念，科学地规划和发展城市轨道交通基础设施，才能为城市健康发展和可持续发展提供持久的动力，成为现代化都市和新型城镇化可持续发展的引擎。本文总结城市轨道 TOD 的成功经验，论述 TOD 发展理念对轨道交通赋予崭新的定位，从传统的交通基础设施，提升为城市能量的聚交点，进而上升为城市生活的连廊。以香港地铁 TOD 发展模式和实践、深圳 TOD 发展研究和探索为案例，讨论城市轨道交通 TOD 技术路径和可持续发展方向。

关键词：城市轨道交通；城市发展；交通枢纽；可持续发展；TOD

Abstract: The sustainable development energy could only be energized by scientifically planning and developing urban rail infrastructure on the concept of Transit Oriented Development. Urban rail TOD development could become a great engine for the urban modernization and new town development. On the successful experience, this paper discusses the re-definition of urban rail by TOD concept, from traditional transport, elevating focal points of urban energy, then becoming urban living corridor. The TOD technology and the trend are further explored in this paper by presenting TOD practice and study cases in Hong Kong and Shenzhen.

Keywords: Urban Rail; Urban development; Comprehensive Development; Transport hub; Stainable Development; TOD

一、前言

发展轨道交通为骨干的综合交通系统，以准点、快捷、大客流的城市轨道交通和便捷的交通换乘设施，满足城市居民的出行需求和生活便利，确保城市运营高效和提升城市生活质量，是城市可持续发展的重要方向。纵观全球城市发展历程和经验表明，科学地规划和发展城市轨道交通基础设施，可成为现代化都市和新型城镇可持续发展的引擎。城市当局、业界和公众逐渐认识到，轨道引领城市发展（TOD）的理念，可为城市健康发展和可持续发展提供持久的动力[1][2]。

随着全球人口增长和城市化快速发展，土地和环境日益成为稀缺资源，城市空间资源亦日趋紧缺，城市发展和更新必须走精明和集约式发展的道路。如图 1 所示 TOD 空间模型，通过城市轨道站点周边混合商业发展、高低疏密有致的住宅和公共空间配置，并将慢

① 杨文武（1964—），副总裁，博士，研究方向：城市发展、轨道交通、桥梁和隧道工程.

行系统、环保交通和道路系统，整合成为有效的综合交通系统。实现城市轨道交通和交通枢纽综合发展引领城市可持续发展，在于优化土地利用、产业布局和激发城市综合发展的极大价值，TOD成为城市发展和城市更新的主流。图2所示的TOD发展理念，对轨道交通赋予了崭新的定位，从传统的交通基础设施，提升为城市能量的聚点，进而上升为城市生活的连廊。

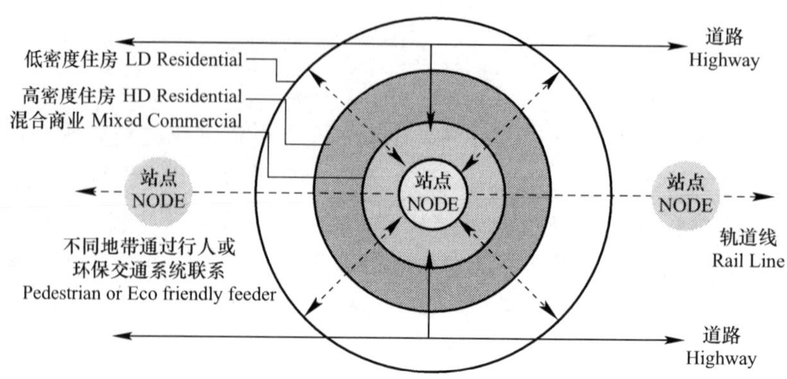

图1　城市轨道站点周边混合发展TOD空间模型

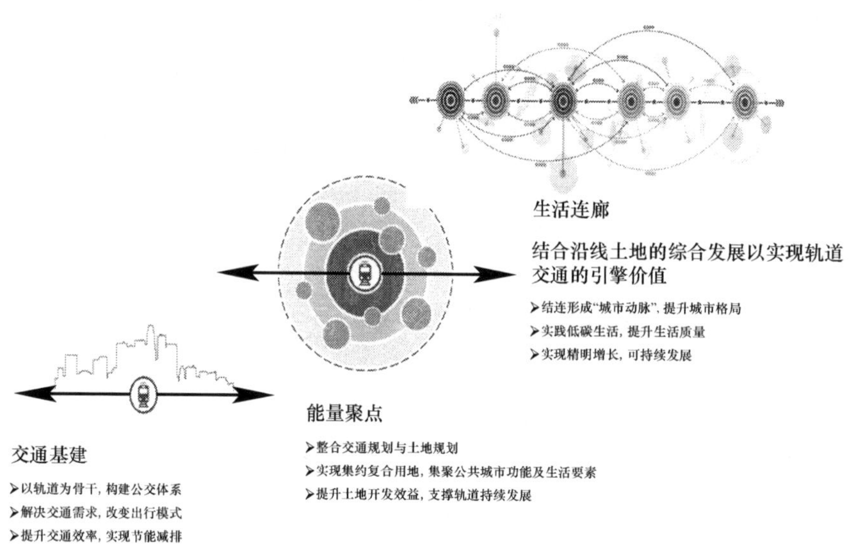

图2　TOD发展理念对轨道交通崭新的定位

总结城市轨道TOD的成功经验，其中重要的发展理念包括[3]：

（1）充分发挥轨道交通走廊发展机会，合理地优化沿线土地资源利用，创造商务区、生活小区和新市镇的综合发展空间。

（2）全面配合城市轨道沿线和站点周边土地近期、中期和远期开发的需求，综合考虑城市轨道通勤和职住人口发展规模，创建职业、居住和生活平衡的优质生活小区，创造市民公平发展机会。

（3）发展城市交通枢纽，扩大了中央商务区服务范围，形成新的中央商务区，提升城市运营效率和城市竞争力。

(4) 开发轨道站点上盖物业和周边综合发展，实现集约式的小区发展模式，创建现代化的轨道小区健康和环境友好的生活模式。

(5) 完善轨道交通网络，实现轨道与轨道、轨道与其他公共交通的便捷和无缝换乘安排，践行以人为本的规划和设计理念。

本文以香港地铁 TOD 发展模式和实践、深圳 TOD 发展研究和探索为案例，讨论城市轨道交通 TOD 技术路径和可持续发展方向。

二、中国香港地铁 TOD 发展模式和实践

中国香港践行了城市轨道交通 TOD 可持续发展的模式，独具成功特色和宝贵经验。香港特色的"铁路+物业/小区"的 TOD 综合开发模式，是基于资源优化配置原则，有效地实现了政府、地铁公司和香港市民共赢的结果。香港当局通过持之以恒地进行综合交通发展研究，将城市交通规划发展、土地规划和使用、建设和运营科学系统性地结合起来，制定 TOD 规划发展和城市发展战略，实践轨道交通引领城市可持续发展的模式[4]。其中独特的经验是，适时地按照发展规划建设新的地铁线路，并以可能最高的标准发展和管理地铁站周边综合发展项目，为地铁沿线居民提供优良的生活、娱乐和工作环境，由此形成高质量的物业和地铁小区。通过轨道交通规划和建设，持续地改善城市生活、提升城市风貌和促进新市镇发展，香港成为全球最高的轨道公交搭乘率和公交出行率；全球最低的汽车保有量；全球最低的交通投入占 GDP 百分率；全球最低的城市轨道交通费用城市之一；全球最低的人均交通能耗。建成以轨道交通为骨干的高效公共交通系统，发展高质量的交通枢纽，持续地巩固和提升香港的全球竞争力。

在 TOD 发展实践中，香港机场快线九龙站的规划、设计和发展，是具有前瞻性的 TOD 发展项目。图 3 为香港机场铁路线路示意图。

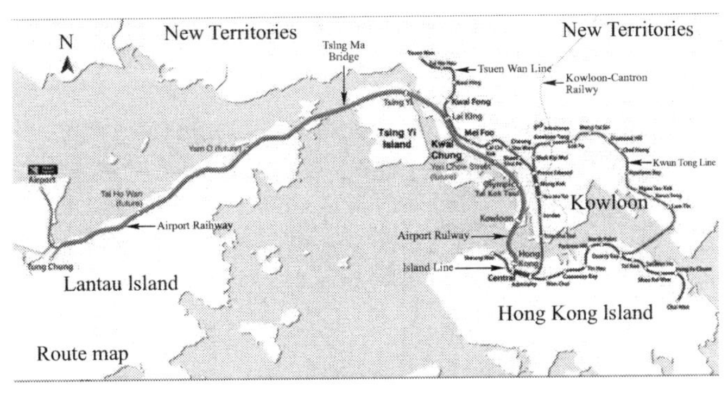

图 3　香港机场铁路线路示意图

1999 年建成香港机场快线，连接香港国际机场和港岛、九龙商业中心区，提供便捷的快速轨道交通。机场快线全长 35.3km，旅客往来机场和商业中心区仅需 24 分钟。基于以人为本和可持续发展的理念，机场快线为全球旅客提供一流设施和便捷服务，包括港岛站和九龙站市区预办登机和行李托运服务、机场快线穿梭巴士服务等，为乘客提供舒适愉快、畅通无阻的乘车和航空体验。成为全球最优质的机场铁路之一。

在规划设计机场快线时，我们将香港机场快线工程看成是进一步创造香港全球竞争力

的极佳机会。因此，在 TOD 规划设计理念上，突出地体现了如下的工程哲学思想[5]：

（1）通过在香港站和九龙站设置市区网站提前办理登机设施（ITIC：In-Town Check-In），将机场功能扩展到市区，极大地吸引航空乘客搭乘机场铁路快线绿色出行，提升航空公司的竞争力，并缓解机场内登机柜台的运营压力。

（2）通过九龙站无缝换乘交通设施和上盖综合发展，打造成为九龙区新的商业中心，并预留西九龙文化中心（WKCD）和高铁西九龙终点站（WKT）的发展，打造西九龙综合交通枢纽和实现城市综合发展的可持续性，保持香港可持续发展水平和国际竞争力持续提升。

（3）以“铁路＋物业/小区”TOD 发展的理念，为机场快线工程的建成提供全面的融资建造解决方案。

九龙站上盖综合性发展是集住宅、办公楼、商场和酒店设施于一体的混合发展项目，发展概要如下：

（1）基地占地面积 13.54 公顷，规划总开发面积 109 万平方米。发展项目包括 16 座住宅大厦、2 座混合用途（酒店，服务式公寓和住宅）大厦、一幢 118 层高的大楼（ICC，包括约 23 万平方米写字楼，一间豪华酒店和观景平台、面积超过 8 万平方米的购物中心）。

（2）设置多功能，交通交汇和接驳（地铁、巴士、的士和私家车）；配置约 5,400 个停车位。

（3）整个上盖发展项目预留广阔的公众与私人休憩绿化区，配置各类康乐与小区设施，设立一所幼儿园。项目共分七期开发，分别为第一期漾日居（住宅）；第二期擎天半岛；第三期凯旋门；第四期君临天下；第五期圆方；第六期天玺；第七期环球贸易广场。

以 TOD 发展理念建成的九龙站，成为与地铁线路、公交和长途客运换乘的综合交通枢纽，为西九龙区域创造了新的 CBD，并有远见地预留与 WKCD、WKT 的发展接口（图 4），由此为香港发展提供了持续的发展动力。图 5 所示为建成后九龙站 ICC 和香港站 IFC 鸟瞰图。

图 4　九龙站交通枢纽上盖发展和预留 WKCD、WKT 发展界面

图 5　机场快线工程创建九龙站新的 CBD 和加强香港站 CBD

三、深圳地铁 6 号线 TOD 发展研究和探索

经过十多年来的发展，深圳已经建成地铁交通网络，逐步探索轨道交通引领城市发展的理念。深圳进入城市轨道交通建设第三期，战略性地将地铁 6 号线全线发展作为轨道工程投融资和承包模式的深化改革试点，目的是通过 TOD 模式研究和探索，突破传统的工程融资瓶颈，创新工程承包模式，以加快三期工程的建设，实现城市和轨道交通的可持续发展[6,7]。

深圳地铁 6 号线位平面如图 6 所示，线路南起深圳北站、西北至松岗站，途经龙华新城、大浪、石岩、光明、公明和松岗等区，规划总长度约 38km，是深圳西北部交通骨干通道，建成后将对沿线所在地区的经济、社会和环境等将产生深远的影响。

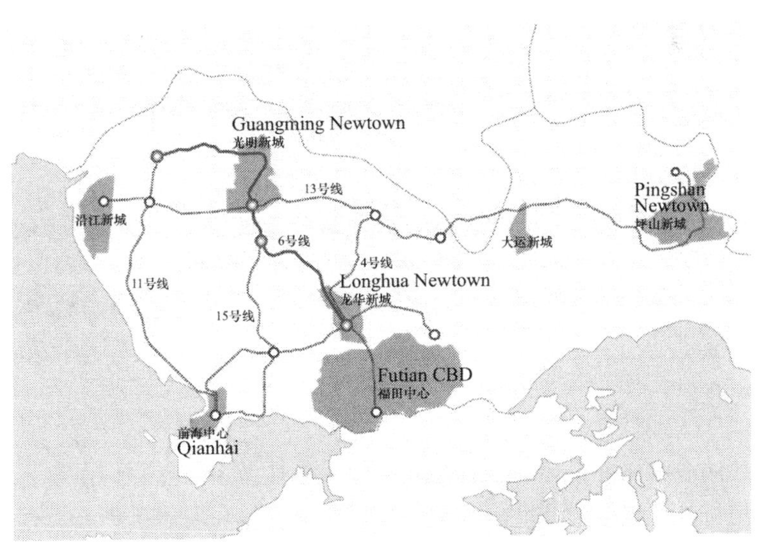

图 6　深圳地铁 6 号线位平面图

研究和探索 TOD 模式，需改革的思维。为突破政府部门行政管理分割的固有局面，通过组织政府跨部门工作小组领导研究工作，以整合多专业、全过程和全方位的沟通、协调和资源的研究模式为抓手，同步开展和相互校核项目前期的投融资研究、沿线物业发展

和工程可行性研究三大研究课题，创造轨道交通发展的价值链，激发出轨道引领城市可持续发展的核心价值。

深圳地铁 6 号线 TOD 研究的主要技术路径体现在[8,9]：

（1）组织政府跨部门领导开展研究

由深圳市发改委、深圳市规划和国土资源委员会、交通运输委等相关主管部门组成的跨部门领导小组，由地铁集团负责实施，共同组织深圳地铁 6 号线 TOD 前期策划研究工作。项目团队由城市规划、交通规划、交通工程和投融资研究等专业顾问组成，以此突破部门行政和专业分割局面。通过统筹和协调综合开发，有效地整合资源，打造以轨道交通为导向的城市空间，创建绿色和高效的工作和宜居小区。

（2）多专业技术整合

整合多专业技术研究，结合规划、交通、经济、市场、设计等多个专业，共同研究可持续发展的项目规划理念，制定出创新、可行的技术解决方案。

（3）多尺度综合规划定位

采用定量和定性相结合的研究手段，从宏观、中观、微观多角度分析沿线各区段、站点的城市综合定位和综合规划，提升区域竞争优势和互补性。

（4）前期研究课题同步开展

同步开展项目前期的三大研究课题，“轨道交通工程可行性研究”“地铁沿线物业综合开发研究”和“轨道交通工程投融资策略研究”，强化相互关系和互动性，详细研究并相互校核、相互调整，有效地实现可持续和多赢的城市轨道交通。

（5）多主线并行研究，凸显综合效益

采用规划、设计、土地利用优化、市场和经济等多条主线并进的研究方法，以量化模型分析、比较情景组合和循环性校核等技术手段，开展土地潜力评估、物业发展组合、优化规划设计、评估土地价值等定性、定量研究最大化沿线小区和网站物业的外部效益，从而转换为轨道建设内部效益，并为建立平衡的“投资-建设-运营”机制打下基础。

研究和探索 TOD 模式，需创新的思维。坚守资源整合和可持续发展的理念，开展全线 TOD 综合发展研究，目的是激发轨道交通发展引擎的极大价值，提升城市发展能级。基于全线各站点及周边 800 米范围潜力地块全面的调研、梳理和筛选，土地资源和发展地块资源分布如图 7 所示。全线选择五个重要站点（图 8），进行概念性建筑及城市设计、土地价值及开发收益进行分析评估、开发组合和分期开发方案、工程接口及预留条件等建议，并落实到工程可行性研究和设计导则等成果中。

研究和探索 TOD 模式，需发展的思维。通过以上 TOD 模式整体线路的综合研究，采用定量和定性相结合的研究手段，从宏观、中观、微观三个层次分析沿线各区段、站点的城市综合规划定位，形成差异化发展，提升区域竞争优势和发展优势互补性，打造可持续发展的城市交通走廊（图 9）。TOD 研究成果体现在整体综合效益得到了明显的提升，其中突出的研究成果包括：

（1）通过优化法定图则，规划站点上盖和周边混合开发建筑，总开发量增加 10%以上。

（2）优化沿线规划设计，站点周边人口聚集度增加 13%以上。

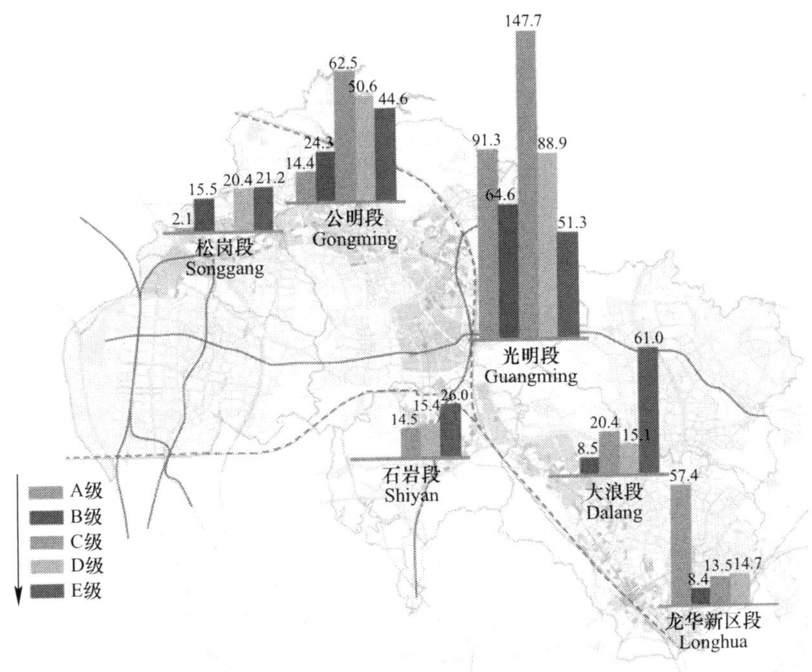

图 7　全线土地资源和发展地块资源分布示意图

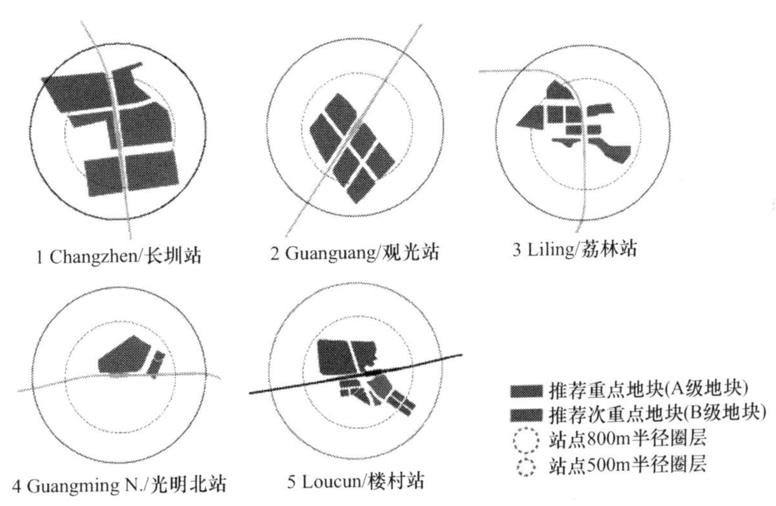

图 8　TOD 研究重要站点推荐重点地块示意图

（3）优化线路设计，初期客运量提升约 9%，远期客运量提升约 18%。

（4）优化综合发展、量化评估各重要站点的土地价值。以长圳站为例，预测土地价值增幅近两倍，区内就业机会、GDP 经济附加值、物业税收等得以持续增长。土地的增值和人口的增加，将直接带动沿线城市 GDP 和税收的提升。

（5）通过站点上盖物业取得的净溢价收益，可以直接反哺至深圳地铁 6 号线的轨道建设。同时，这些规划措施也为政府实现 PPP 模式和创新工程承包模式创造了条件。

（6）优化居民通勤和出行模式，减少居民出行距离，降低交通工具的碳排放量。

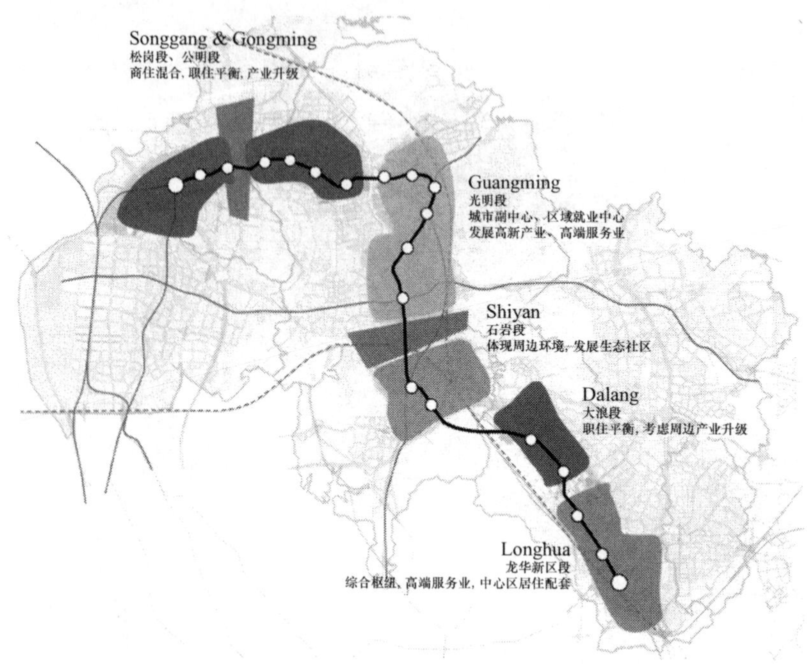

图 9　通过 TOD 研究打造可持续发展的城市交通走廊

四、总结

以城市轨道交通引领城市发展，体现在以人为本和可持续发展，整合轨道交通、土地发展、产业布局和新市镇发展等资源，激发城市发展极大综合效益和价值，为城市现代化和健康发展提供持久的动力。TOD 发展理念对轨道交通赋予崭新的定位，从传统的交通基础设施，提升为城市能量的聚点，进而上升为城市生活的连廊。

香港特色“铁路＋物业/小区”的 TOD 综合开发模式，基于资源优化配置，有效地实现了政府、地铁公司和香港市民多赢的结果。香港机场快线九龙站的规划、设计和发展的成功经验，是城市交通枢纽具有前瞻性 TOD 发展方向，是值得借鉴的成功案例。

深圳地铁 6 号线 TOD 发展研究和探索，以资源整合和可持续发展的思维，开展全线 TOD 综合发展研究，以期激发轨道交通发展引擎的极大价值，提升城市发展能级，提升区域竞争优势和发展优势互补性，打造可持续发展的城市交通走廊。改革、创新和发展，是探索轨道交通引领城市可持续发展的重要方向。

参考文献

［1］ Carey Curtis，John L. Renne，Luca Bertolini（Ed.）（2009），Transit Oriented Development：Making It Happen［M］. Ashgate.

［2］ Wen-wu Yang（2014）. Study of Sustainable Urban Rail Transit Development Model in China［J］. Frontiers of Engineering Management，2014.1（2）：195-201.（http://engineering. cae. cn/fem/EN/10. 15302/J-FEM-2014026）

［3］ 杨文武. 论轨道交通 TOD 发展规划和设计原则［C］. 第 20 届京、沪、粤、港铁道学会学术年会论

文集，2017 中国香港. 96-102.
[4] 杨文武，刘正光，毛儒. 香港地铁工程项目管理模式和经验 [J]. 科技进步与对策，第 25 卷，第 10 期，180-183.
[5] 杨文武，许伟强. 论机场铁路规划和设计理念 [J]. 世界轨道交通，2011.11，461-467.
[6] 李凤禹，杨文武，刘卡丁. 精明轨道发展通向智慧城市-城市轨道发展综合规划培育 PPP 融资模式 [C]. 中国工程管理论坛 2012 论文集，合肥. 367-369.
[7] 杨文武，刘卡丁. 城市轨道交通工程和承包模式的创新发展 [C]. 中国工程管理论坛 2014 论文集. 22-23.
[8] 杨文武. 中国城市轨道交通可持续发展的工程管理议题 [J]. 中国工程科学. 2013 年 第 15 卷 第 11 期，80-86.
[9] 杨文武. 城市轨道交通 TOD 模式激发城市发展极大价值 [C]. 第十七届中国科协年会论文集. 67-73.

在复杂边界环境和地质条件下大型建筑弃料堆填场整治的关键技术

王吉鸣　王　媛

摘　要： 本文以中国澳门建筑弃料堆填场综合整治工程为例，探讨了在复杂边界环境及地质条件下为保障堆填场安全、有序、高效的运作而开展的关键技术研究，包括地基处理工艺、建筑废料成分特性及其填海特性、地基处理前极限堆高的确定等。该项研究对建筑弃料堆填场整治具有普适性意义，可供类似工程参考。

关键词： 建筑弃料；堆填场整治；极限堆高；填海；地基处理

Abstract: Taking foundation treatment project of construction waste disposal landfill in Macao as an instance, this paper discuss several key technologies adopted to ensure the safe, methodical and efficient operation of the landfill under complex boundaries and geological conditions, which include four parts. Those are: foundation treatment technology; composition characteristics and its reclamation characteristics of construction waste; the determination of limit stack height before foundation treatment. Moreover, those design process has universal sense which can be used in similar projects.

Keywords: Construction waste; Landfill improvement; Limit stack height; Reclamation; Foundation treatment

一、引言

城市建筑弃料堆填是一个集废弃物处置、填埋堆存、物料分选及运输、环境保护为一体的综合性社会公益项目[1]。填埋场的合理布局及利用关系到城市建筑弃料的堆存、分选和转运等重大民生问题。国内外在建筑弃料回收利用、二次循环方面做了很多成功研究，但对堆填场自身的安全使用和整治等方面的研究却很少[2,3]。建筑弃料堆填场的综合整治从本质上归属于环境治理类的系统工程，需要注重设计规划的经济性、可行性和适应性，最终目标是使堆填活动安全、有序、最大化的进行，并能够长期维持与周边环境的稳定共存。

受经济条件及技术的限制，早期我国大多数城市的堆填场采取简单的圈地填埋，缺乏对填埋体安全、稳定的有效控制，以及合理、科学的有效管理[4]，导致大部分已建的建筑弃料堆填场对周围环境造成了不同程度的负面影响。因此如何有效治理目前堆存无序、安全无保障、堆存边界地质及材料复杂的堆填场，使其安全、有序、高效的进行堆填活动，并能够在短期内快速转化为可长期持续利用的建设用地，是目前建筑弃料堆填场综合整治需要解决的重要问题。

二、中国澳门建筑弃料堆填场工程概况

中国澳门建筑弃料填埋区位于澳门国际机场南联络桥南部（相距 100m），澳门路环发电厂北部（相距 150～300m），占地面积约 70 万平方米，由 2006 年使用至今，已累计接收超过 2800 万立方米的建筑弃料，平均进料强度约 30 万方/月。目前填埋状况很不均匀，高差起伏变化大，堆填层总厚度在 6～28m（图 1）。

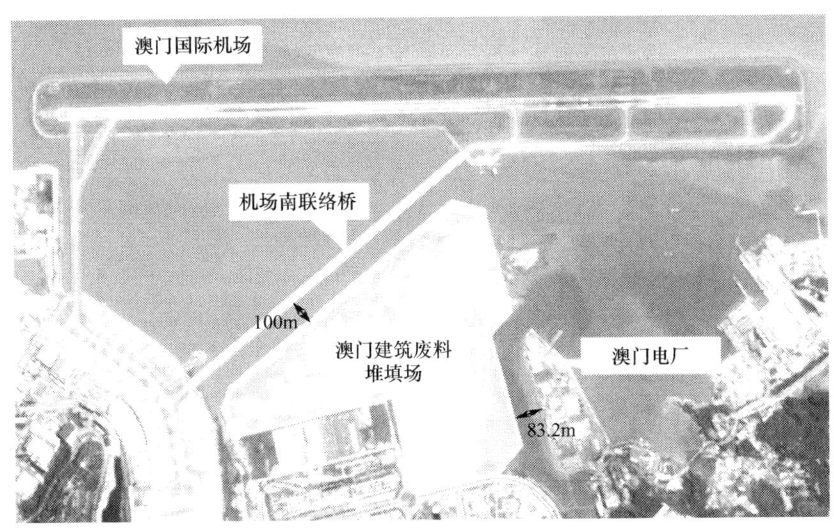

图 1　中国澳门建筑弃料堆填场区域位置图

三、工程的复杂性

1. 边界条件的复杂性

(1) 堆填场周边建筑物

澳门建筑弃料堆填场北侧有固定边界（北堤），其 100m 外侧与之平行的是澳门国际机场南联络桥；南侧呈开敞式海域，南端和澳门电厂海上相距 150～300m。填埋场使用之前，并未对天然地基采取过任何处理措施，在 15～25m 厚的天然软土上直接填埋。在填埋过程中，北堤中部曾出现较大侧向变形，对机场南联络造成了一定的安全隐患；南端因无固定边界遮挡，填埋体造成淤泥持续隆起，间接影响到航道及电厂取排水口施工。

(2) 堆填场上部建筑设施

堆填场并非开展单一的填埋活动，场地内还规划有大量的建筑设施，近期需开展南堤、废旧车辆预处理场地、惰性物料分选设施、飞灰基坑、液化天然气（LNG）储配站等建造工程，后期还需开展永久出运码头和海泥选址倾倒等工程。在现有的复杂地质条件下，诸如 LNG 储配站、飞灰基坑、惰性物料分选设施等基础的施工和使用存在很大风险，

必须预先进行整体地基改良处理，这也是改善和提高填埋堆高自身稳定安全的需要；同时，在有限的平面范围内，在维持正常填埋活动的状态下，如何合理安排各个设施项目的有序建造时程计划也是难点所在。

此外，邻近堆填场周边分布着机场、电厂、雨排水箱涵等重要性、安全性、敏感性很高的建筑物，连续不间断的填埋活动正在不断累积对周边设施的安全影响，而在如此狭小的空间内开展整体地基改良和各类设施建造，也会增加对周边环境的安全隐患（图 2）。

图 2　中国澳门建筑弃料堆填场边界图

2. 地质条件的复杂性

澳门建筑弃料堆填场在使用前没有进行任何的地基处理，建筑弃料直接倾倒在 15～25m 厚的淤泥或淤泥质土上，经过近十年的堆载，原泥面上已经覆盖有一层 6～28m 厚的建筑弃料，天然软土在不断被压缩、挤压、变形的情况下产生了更为复杂的地质组成，浅土层不仅包括天然软土淤泥、建筑弃料，更有因挤淤下陷形成的建筑弃料与淤泥的混合物；在不均匀高压载作用下局部深层软土已出现剪切破坏，导致部分区域的填埋体表层出现通长裂缝和滑坡迹象。这对制定地基处理的施工方案带来极大难度。

3. 建筑弃料材料成分的复杂性

建筑弃料材料本身成分复杂，材料物理、化学性质不均一，且不确定。中国澳门建筑堆填场从使用至今，并未严格对材料进行分门别类堆存，导致目前堆填场处于杂乱、混乱、脏乱的状态。这样的状态增加了材料物理特性的不确定性，也增加了综合整治的难度（图 3）。

图 3　堆填场材料堆存现状

4. 上部堆存现状的复杂性

堆填场前期填埋量较大，对地基没有采取预处理措施，填埋作业也不均匀，填埋材料成分非常复杂，因此，目前整个现场处于一种随机的、边界条件复杂的、填埋强度、高度和填埋范围很难控制的状态，潜伏着一定的风险和安全隐患，对场内的各个设施施工带来潜在的影响。目前堆填场上部多处出现了 2～5cm 宽，20～80cm 长的裂缝。

四、堆填场整治的关键技术研究

1. 对边界条件复杂性的研究和对策

(1) 对周边机场、电厂的考虑

堆填活动对周边机场及电厂的影响主要在于横向挤压引起的侧向变形及不均沉降带来的差异沉降。其控制标准如表 1、表 2 所示。

土体变形位移控制标准　　表 1

土体变形位移控制标准	
土体沉降隆起	变形值 S≤10mm/d 最大累积隆起值 S∞≤50cm
土体位移	位移值 L≤10mm/d 最大累积水平位移值 L∞≤50cm
深层土体位移	最大累积位移值 L∞≤20cm
南联络桥桩基	最大侧向位移 L≤2.0cm
机场跑道堤堰	最大侧向位移 L≤3.5cm

差异沉降控制标准　　表 2

差异沉降控制标准	
人工岛机场跑道	<1：1000
滑行道及停机坪	<1：500

鉴于地基处理前地质条件及堆存材料特性的不确定性，理论计算可能存在较大偏差，在此阶段机场及电厂的侧向变形值及差异沉降量主要由现场监检测得到。目前堆填场南侧堆高 2.3～12.0mMSL，其边界距电厂 200～300m，现场监检测数据反映该边界处每月侧向变形 4～7mm，变形速率 0.05～0.27mm/d，变形值及变形速率均较小，因此暂不考虑堆填活动对电厂的影响。本节主要对机场南联络桥桩基及机场跑道的变形、差异沉降进行分析。

在南联络桥上布置了 T1～T5 观测点，分别测量侧向变形及沉降，平均间距 97m，总长 388m。其中 T1～T2 对应堆填场上最大堆存标高 23.56MSL 的区域；在机场跑道的堤堰处布置了 WP1～WP15 观测点，分别测量侧向变形及沉降，平均间距 93m，总长 1294m。各观测点的位置如图 4 所示。

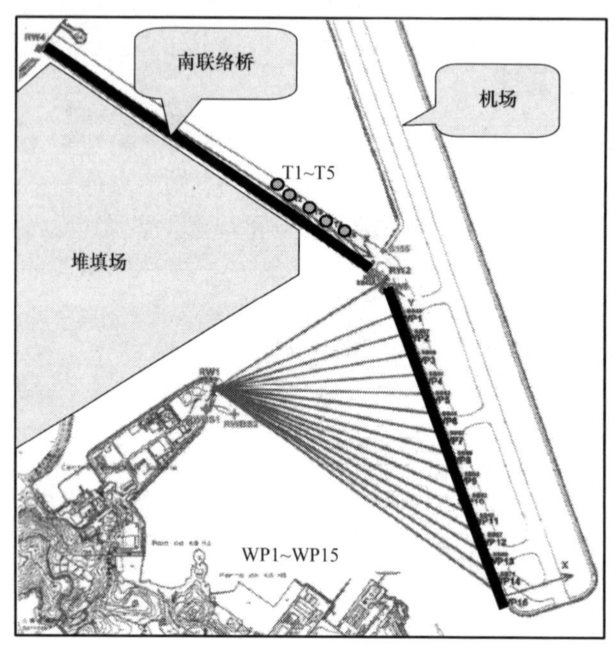

图 4　监检测点位置图

南联络桥桩基的监检测结果如图 5、图 6 所示。根据 2014 年 4 月以来的监测数据看，南联络桥桩基的侧向变形基本保持在 15mm 以下，满足变形控制标准。但在 2017 年 5 月，T2 监测点出现最大值，达 30.1mm，但在随后半月又降至 8.1mm。30.1mm 的变形可能是当月在联络桥附近的清淤活动引起的。桩基的差异沉降历月走向如图 6 所示，均控制在千分之二内。总的来说，根据目前的监检测数据来看，标高 17～23.56m，厚 15～29m 的建筑废料没有影响到 100m 外的南联络桥。

机场跑道堤堰的监检测数据结果如图 7、图 8 所示。根据 2014 年 4 月以来的数据看，越靠近堆填场其侧向变形越小，变形值主要分布在 0～25mm，离堆填场越远，其变形值越大，范围分布在 20～50mm。2016 年 12 月，WP13 监测点出现最大值，达 57.3mm，随后半月降至 19.2mm。棱镜监测点距离堆填场 300～1440m，考虑 WP13 位于跑道末端，远离堆填区，而其他较接近堆填区的棱镜数据并没有明显增加的趋势，因此 WP13 的位移偏大应不是由堆填区活动引起，可能是由于该处波浪力较大，存在冲刷淤积等问题。堤堰的差异沉降历月走向如图 8 所示，均控制在千分之一以内。总的来说，根据目前的监测数据来看，标高 17～23.56m，厚 15～29m 的建筑废料没有影响到 300～1440m 外的机场堤堰及跑道。

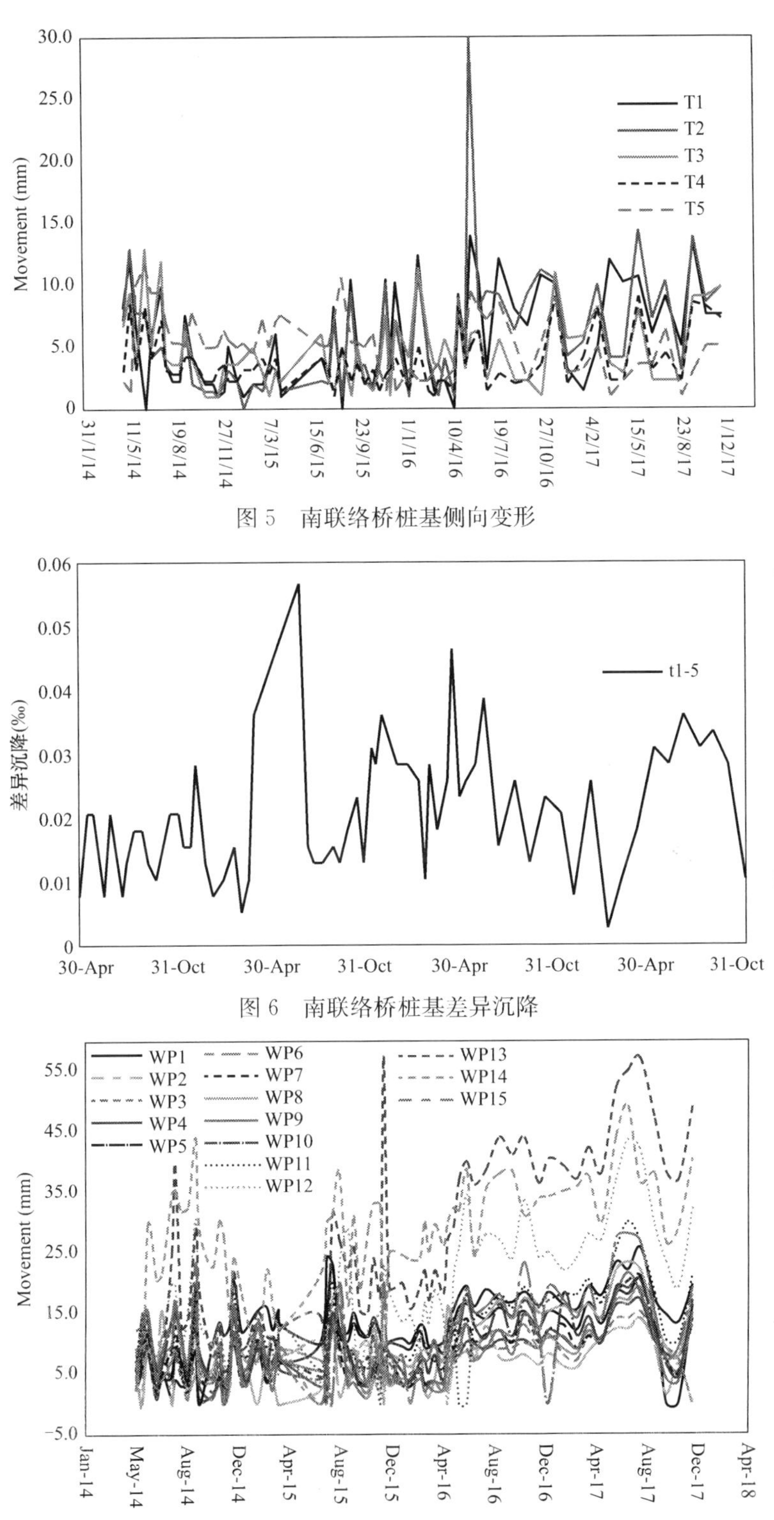

图 5　南联络桥桩基侧向变形

图 6　南联络桥桩基差异沉降

图 7　机场跑道海堤处的侧向变形

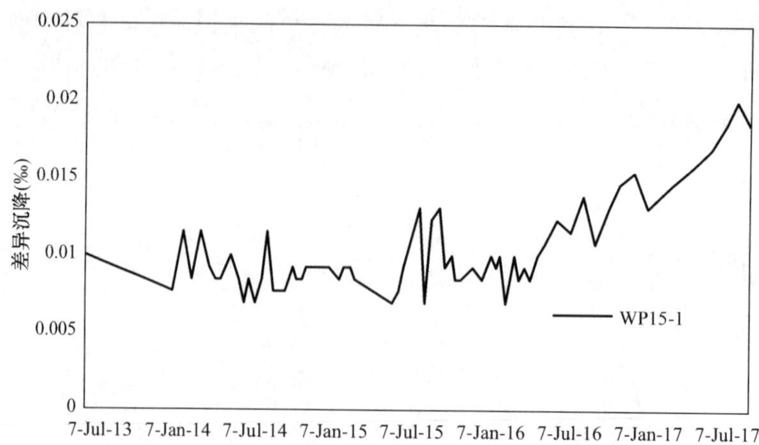

图 8 机场跑道海堤处的差异沉降

地基处理后的机场及电厂安全控制主要以理论分析为主，对挤土产生的位移建立模型进行理论计算，确定挤土效应的影响范围和大小，并完善监检测的布置，通过实际观测数据与理论计算情况相验证，确保周边建筑物的安全性。

（2）对南北边界的考虑

按照“先外后内”的总体顺序：将南端的开敞海域封闭，新建南堤，为堆填活动及上部设施建造创造一个比较稳固的边界条件。

（3）对上部计划建造设施的考虑

一方面，为保证上部建造设施桩基的安全性，制定桩基的允许位移值如表 3 所示。

基础变形控制标准 **表 3**

基础变形控制标准	
建筑物刚性桩基础	5～7cm
半刚性碎石桩基础	5～10cm
塑料排水带基础	8～12cm

另一方面，为确保各建造设施的相融性和兼容性，按照“同步交叉、流水作业”的总体顺序确定场内主要设施的施工顺序如下：

第一阶段：南堤施工；

第二阶段：堆填场地基处理施工；

第三阶段：上部设施基础结构施工；

第四阶段：简易出运码头、废料分选设施、海泥临时倾倒施工；

第五阶段：永久出运码头、澳门机场联络桥间海泥回填施工。

2. 制定地基处理方案

地基处理[5,6]的主要目的是保证安全稳定，增加堆填场的填埋空间，以及为后续建筑设施的基础施工和安全使用创造条件。工程采用预压排水固结法为地基处理方案。

与一般预压实施工程不同，本项目存在两个难点：一是建筑弃料填埋较厚，成分复杂，粒径范围离散，穿透难度较大，需引用预钻孔技术穿透一定厚度的建筑废料。结合堆填现状，确定预钻孔深度从＋6.0m开始至下卧天然软土层表面以下0.5m终止，总钻孔深度在3.5～20.0m，排水板打设深度在14.5～31.5m。二是预钻孔起始标高为＋6.0m，目前场地堆载标高为1.0～23.56m，地基处理时需卸载大于6.0m标高的土方，卸载厚度在0～17.56m，与此同时每月尚有9万方的建筑废料需要安置进场。因此需开展地基处理前后的土方平衡和土方倒运研究，以确保地基处理及堆填活动的正常进行。

(1) 土方平衡

土方平衡是指在地基处理期间和地基处理后的土方平衡。地基处理期间，包括五大土方量（表4）。＋6标高以上土方量V_1；＋6标高以下欠方量V_2；地基处理期间进料量V_3；地基处理期间一级沉降量V_4；＋6标高以上剩余富足土方量V_5。其中，V_5满足关系式：$V_5=V_1+V_3-(V_2+V_4)$。

地基处理期间土方量汇总　　　　表4

类目	V_1	V_2	V_3	V_4	V_5
土方量（万m^3）	197.6	102.9	228	145.9	176.4

地基处理刚结束时场地＋6m标高以上的土方量为V_5＝176.4万方。富足土方量将场地标高由＋6堆填到＋10。即地基处理完工后，整个堆填区场地平均标高为＋10。地基处理完工后，包括三大土方量：＋10标高以上可继续堆存容积量V_6（根据极限堆高确定，详见4.4节）；堆填区的二级沉降量V_7；堆填场的总容积量V_8。其中，V_8满足关系式：$V_8=V_6+V_7$（表5）。

地基处理后土方量汇总　　　　表5

类目	V_6	V_7	V_8
土方量（万m^3）	101.7	25.1	126.8

在地基处理施工结束，堆填区可继续堆存的空间为126.8万方，根据场地每天进料堆存量9000m^3，堆填区可维持正常使用约140天（4～7个月）。

(2) 土方倒运

土方倒运包括两个阶段：地基处理过程中、地基处理后。土方倒运的难点主要存在于地基处理过程中，地基处理、土方卸载、土方倒运、土方进场安置四个工序同时进行，且每月进料量还具有不确定性，需根据进料量随时调整土方倒运及地基处理工序，且建筑废料还需分类堆存。

因此，针对以上难点，工程主要采取了以下措施：

1）首先将堆填场进行分区，每个大区的面积限定在5万～8万平方米，并以排水板施打标高（即地基处理标高）＋6.0为分界线，将整个堆填场分为16个小区，＋6.0标高以上的区域首先进行卸载，＋6.0标高以下的区域首先进行地基处理和回填堆载；

2）其次，根据历年、历月建筑废料各材料，结合土工试验成分分析，预估未来建筑废料来料量为90000m^3/月，其中，建筑垃圾（指定区域堆存、有污染性质的废料）的来料量预估为5000m^3/月；

3）施工采取高效科学的管理方法，土方倒运与地基处理遵循分区实施、流水作业原则，各分区土方倒运与地基处理两个工序合理衔接，最大程度的优化施工工期，降低施工风险；

4）为了防止废料来量超出预估情况而出现堆填场周转困难、工序中断等情况，在场外设定一个临时周转场地，以避免突发情况，临时场地根据运输距离、运输方式设定，以使得周转便利、施工影响较小；

5）建筑垃圾分区集中堆放，不扩散至整个堆填场，通过合理的土方倒运安排，使得建筑垃圾最后集中堆存至场区内1～2个专门区域，便于后期堆填场管理。

3. 堆填物料成分和特性的研究

基于土工试验[9]，对现在堆填物料的组成成分进行分类及含量百分比分析，并提供有关各物料的分选方法；对可循环利用材料的工程指标、物理指标、化学指标和需要进行项目相关测试。

经过试验发现，澳门建筑弃料主要包括惰性物料、建筑废料、海泥等。根据每月进料量可估算各材料占比，海泥约占总量的70%，建筑废料约占15%，惰性物料占15%。

其中惰性物料及海泥的工程特性主要有以下两点：

① 与一般土体相比，在相同荷载作用下，其压缩变形量比较小；无论是干燥状态还是湿润状态，变形量基本在5mm以内，几乎是淤泥质黏土沉降量的1/30。

② 经过一定时间的堆填，惰性物料的承载能力得到提高。

（1）惰性物料特性研究

经现场试验分析，惰性物料包括石料、砖块、素混凝土和砂土等物料。6mm以上的惰性硬料的质量占总量59.03%，180mm以上的惰性硬料的质量占总量的12.99%，颗粒粒径占比如表6所示。

惰性物料粒径分布 **表6**

颗粒粒径	重量百分比（%）
6mm以下	40.97
6～9.5mm	5.03
9.5～14mm	4.10
14～19mm	4.26
19～38mm	10.66
38～70mm	13.32
70～180mm	4.54
180mm以上	12.99

惰性物料材料特性较好，经分选处理后可作填海或筑堤使用。根据国内相关海堤设计规范，筑堤时一般要求抛石粒径应根据水流冲刷能力进行验算，一般要求单块重量不小于10kg，按照球体换算，粒径约为200mm。结合本堆填场上物料粒径分布情况，对于粒径180mm以上石头，如果单块质量超过10kg，可考虑用于堤身填筑或海堤碎石垫层或者经过粉碎处理满足填海粒径指标后用于填海，粒径180mm以下可以用于填海。

根据香港土木工程拓展署与香港大学完成的惰性物料回填于防波堤及海底基坑的研究成果报告[10]，惰性物料的稳定性和沉降表现均十分理想。工程中南堤的材料来自于分选后的惰性物料，要求惰性物料不带其他有机物质，粒径最大不得超过70mm，土料塑性指数不超过17。

(2) 海泥特性研究

海泥组成成分以淤泥、海泥、黏土块等颗粒粒径小于 0.075mm 的细颗粒为主，目前堆填场上堆放着主要来自于澳门各建筑项目基坑开挖所挖出的淤泥或黏土，这些海泥在满足化学指标限值的情况下，可以考虑作为填海工程中陆域结构的回填材料。工程中将堆填场上的海泥用作澳门国际机场陆域回填，经过地基处理后，由海泥回填形成的陆域承载力能达到 140～180kPa。对可用于填海的海泥的工程指标要求提出了如下要求：

① 物理指标

考虑到澳门城市地下基础开挖的软性物料数量大，其成分变化性也较大，结合吹填土加固的案例，初步确定海泥含水率应不大于 50%～70%。

② 化学指标

参照国内外研究案例，暂定海泥的有机质含量应低于 5%。

③ 重度

考虑到海泥的来源、成分和数量，重度并非海泥回填加固的关键指标，暂定其重度为 $16.0kN/m^3$。

④ 环保指标

参照国内外研究案例，海泥（底泥）环保指标主要为放射性和重金属，本次研究仅提出参考值，指标要求如表 7、表 8 所示。

建筑材料放射性核素限量参考值 **表 7**

检测项目	指标要求	参考标准
比活度（镭－226），Bq/kg	—	《建筑材料放射性核素限量》GB 6566—2010
比活度（钍－232），Bq/kg	—	
比活度（钾－40），Bq/kg	—	
内照射指数（IRa）	<1.0	
外照射指数（Ir）	<1.0	

土壤环境质量标准值（mg/kg） **表 8**

检测项目	指标限值（三级）	参考标准
镉（Cd）	1.0	《土壤环境质量标准》GB 15618—1995
汞（Hg）	1.5	
砷（As）	30	
铜（Cu）	400	
铅（Pb）	500	
铬（Cr）	400	
锌（Zn）	500	
镍（Ni）	200	

(3) 建筑废料特性研究

建筑弃料包括瓦片、瓷片、钢筋混凝土、金属、塑料、木材、玻璃、包装废料以及其他被污染的物料。建筑废料有一定的污染性，在堆存时需做特殊处理，不考虑用于填海。

(4) 小结

建筑废料堆填场的材料经过分选可进行以下不同类型的利用：

① 拆建废料不宜用于填海；

② 分选后的惰性物料粒径 180mm 以上可用于筑堤，180mm 以下可用于填海（采用惰性废料填海时，具体应结合目前国内外地基处理形式及施工能力，根据后期场地使用规划和地基处理形式制定粒径要求标准）；

③ 经过处理后的海泥可用于陆域回填，海泥用于填海需要经过适当的地基处理，例如真空预压、堆载预压，以达到设计要求的强度和变形指标。

4. 填埋极限高程

鉴于工程边界及地质条件的复杂性，特别是在地基处理前，没有明确的地质条件的情况下，堆存的安全性应理论结合实践综合确定。

通过分析地基稳定性及填高对场内设施的变形影响，确定堆填区极限填高和可继续堆存空间。用极限堆高和可继续堆存空间来指导堆存计划，保证堆存安全。

极限堆高[11,12]是指在符合堆填场工艺特征的最大允许范围内、一定程度应力破坏允许范围或根据设计要求的安全储备系数允许范围内确定与之对应的堆填场最大堆积高度。不同于地基处理后有比较明确的地质条件和准确的理论分析为依据，地基处理前天然土质的特性起伏大，弃料回填层亦是厚薄不均，高回填作用下软土蠕变、塑性开展、剪切变形等各种情况都会发生，单凭理论分析并不能得到准确可控的结果，仅依靠观测数据亦不能完全反应软土动态变化的细节特征，由此对填埋场极限堆高的确定都带来较大的难度，如果极限值取高，会增加填埋场使用的安全风险；极限值取低，又会降低填埋场的接纳能力，影响城市建筑弃料的安置。

有鉴于此，地基处理前填埋场极限高程的研究工作，是基于以下组合原则进行的：

① 稳定性计算分析：通过边坡稳定计算，确定极限堆高及其断面。

② 时限：堆填场将进行地基处理施工，现时制定的极限堆高应维持填埋场安全使用至地基处理施工前。

③ 监测数据分析：根据对监测数据的分析回馈，实时掌握堆填场典型剖面的变形情况，以监测数据的允许标准和稳定性原则推算合理的极限堆高值。

④ 实测地形：作为一般性工程实施项目，是先通过理论计算确定场地的允许回填高程，再在施作过程中通过监测验证高程的合理性和安全性；但考虑到部分堆填场前期弃料填埋带有一定的随机性，现时形成的场地高程亦是客观造就的状况，因此若理论计算的极限堆高与超过该堆高的实测地形有冲突，那么应依靠监测数据判断实测地形的安全状态，若安全则保留该堆高，若不安全则卸载至理论计算的极限堆高。

各材料物理力学参数表 **表 9**

名称单位	天然重度（kN/m^3）	压缩模量（MPa）	粘聚力（kPa）	内摩擦角（°）	渗透系数（垂直）（$cm/s\times10^{-8}$）
海泥	16.0	—	13.7	0	—
淤泥	16.0	1.6	13.7	0	6.48
杂填土	16.1	1.9	12.5	0	19.0
建筑废料	16.0	—	0	15	—
粉质黏土	19.0	4.6	60	2.0	34.8

北堤极限堆高分布表 **表 10**

区域	距离堤堰线（m）	高程 MSL（m）
海堤	0～20	1.7
缓冲区 1	20～36	1.7
缓冲区 2	36～86.6	5.7
填埋区 3	86.6～154.6	10.0
填埋区 4	154.6～226.6	14.0
填埋区 5	226.6～286.8	17.0

南端极限堆高分布表 **表 11**

区域	距离陆域实际用地边线（m）	高程 MSL（m）
缓冲区	0～30	放坡段
填埋区 1	30～170	6.0
填埋区 2	170～200	8.0
填埋区 3	200～254	10.0
填埋区 4	254～544	14.0

五、结语

本文基于澳门建筑弃料堆填场工程实例，介绍了在复杂边界环境及地质条件下的堆填场整治的关键技术。该技术具有一定普适性意义，可供类似堆填场整治工程提供参考，主要结论如下：

（1）地基处理前由于地质条件及堆存材料特性的不确定性，对周边建筑物的控制主要以现场监检测为主。

（2）采用预压排水固结法为地基处理方案，利用预钻孔技术穿透 3.5～20.0m 厚的建筑弃料，排水板打设深度 14.5～31.5m，是堆填场增加堆存空间、改善地基的一种相对廉价、有效的加固措施。

（3）分选后的惰性物料粒径 180mm 以上可用于筑堤，180mm 以下可用于填海；经过处理后的海泥可用于陆域回填，承载力可达 140～180kPa。

（4）堆填场地基处理前的极限堆高应根据理论稳定计算、时限、现场监检测以及实测地形等因素综合确定。

参考文献

[1] 李刚. 城市建筑垃圾资源化研究 [D]. 长安大学，2009.

[2] 于铭，李瑞琴，冯新荣. 简易垃圾堆填场治理技术探讨 [J]. 环境卫生工程，2001，(09)：15-18.

[3] 王晓青. 浅谈土方堆填场的综合设计 [J]. 城市道桥与防洪，2014，(06)：323-325.

[4] 魏秀萍，赖芨宇，张仁胜. 建筑垃圾的管理与资源化 [J]. 武汉工程大学学报，2013，(03)：25-29.

[5] 刘铁梅. 建筑垃圾地基的浅层处理 [J]. 煤矿工程，2000，(05)：43-44.

[6] 杨宾川，杨夫礼，黄江. 建筑垃圾在机场地基处理中的应用 [J]. 中华建设，2012，(5)：184-185.

[7] 陈俊伟. 建筑垃圾在地基处理中的应用分析 [J]. 建筑技术，2011，(04)：306-306.

[8] 叶金水. 城市建筑垃圾在软土地基处理中的应用 [J]. 矿产勘查，2007，10 (12)：33-35.

[9] 雷华阳，李鸿琦，宛子瑞等. 大型建筑垃圾堆填工程的现场试验分析 [J]. 天津大学学报，2006，39 (11)：1310-1315.

[10] TSE T K. Study on foundation improvement methods for marine structure [R]. Technical Notes TN6/2001，Civil Engineering Department，The Government of Hong Kong SAR，2001，P67.

[11] 颜荣贵，贺跃光，刘文钰，马冀青. 排土场极限高度确定方法研究及工程实例 [J]. 矿质工程，1996，(2)：7-10.

[12] 黄敏，李夕兵，付玉华，刘爱华. 江西省永平铜矿西部排土场极限堆载高度确定 [J]. 中国地质灾害与防治学报，2008，19 (2)：109-113.

摩洛哥北水南调规划研究

阮晓波

摘　要：根据摩洛哥王国北部水源充沛、南部水源稀缺的空间分布特点，本文对摩洛哥王国境内的河流水系进行了梳理，提出了北水南调的规划设想。通过对需水对象的需水要求分析，结合对现状河流的可供水量分析，利用水量平衡计算确定了输水规模；通过对地形地貌的分析，在尽可能利用现状地形特点的原则下确定了输水线路的基本走向；通过基于水量损失、输水费用、运行费用的角度出发，利用多方案对比，确定了最合理、经济的输水方式。本文从输水规模、输水方式等方面对调水工程进行了综合分析，阐述了调水工程研究的主要内容。

关键词：摩洛哥；北水南调；输水规模；输水方式

Abstract: According to the distribution characteristics that the water resource in south morocco is less than north, this paper summarized the rivers in morocco and proposed the planning of water diversion from north to south. By analyzing the requirement of water demand, combining with the analysis of the current water supply of the river, the water supply scale is determined by the calculation of water balance. Based on the analysis of topography, the line of the water diversion is determined by the character of the present topography. Based on the water loss, water diversion cost and operation cost, the most reasonable and economical way of water conveyance is determined by the comparison of multiple schemes. This paper makes a compre-hensive analysis of water diversion project from the scale of water transportation and the way of water diversion, and expounds the main content of the research on water diversion project.

Keywords: Morocco; Water diversion from north to south; The scale of water diversion; The mode of water diversion

一、概况

调水工程的实施，首先要明确相应的工程规模，在规模确定的情况下，应根据地形特点，确定调水路线走向，同时兼顾到运营维护、经济性，应确定相应的输水方式。本文拟从输水规模分析、调水路线布置及走向、输水方式等方面对摩洛哥北水南调工程展开研究。

摩洛哥王国地形复杂，中部和北部为峻峭的阿特拉斯山脉，东部和南部是高原和撒哈

阮晓波，中交第三航务工程勘察设计院有限公司.

拉沙漠，仅西北沿海一带为狭长低暖的平原。由于境内阿特拉斯、里夫山脉两大天然屏障挡住了西部多雨雪的温湿气候进入其东部地区，也遮挡了西部平原不受干燥的东风和西风的影响，使摩洛哥境内的降雨量形成了北多南少的地域性差异，降雨量的分布不均导致了摩洛哥境内水资源量北多南少的境况，为了改变这一现状，摩洛哥政府提出了北水南调规划，将北部 Sebou 河、Loukkos 河和 Laou 河三个流域向南部 Bouregreg 流域，Oum Er Rbia 流域和 Tensift 流域调水，增加 Rabat-Casablanca 沿海地区、Marrakech 及其周边地区的农业灌溉供水。

二、输水规模

水资源量的确定需根据流域的可供水量和需水量通过水量平衡计算进行确定，现阶段，确定水资源规模有“以需定供”和“以供定需”两种模式[1]，顾名思义，如在可供水量充足的情况下，即可供水量大于需水量时，按照需水量确定输水规模；在可供水量不足的情况下，即需水量大于可供水量时，按照可供水量确定输水规模。

本次供水对象为南部沿线 72000Ha 的灌区灌溉用水，根据农业灌溉用水定额法，结合灌区的种植结构、灌溉期、灌溉方式对灌区的需水量进行计算，经计算，沿线 72000Ha 灌区的灌溉需水量如表 1 所示。

受水区内农业需求汇总 **表 1**

灌区	灌溉面积 Ha	总需求量 Hm^3
ZA1RabatMohammedia	1567	57
ZA3Chaouïa 沿海	729	30
ZA5ElJadidaSafi	1276	65
ZA2Chaouïa	3462	114
ZA4GHdesDoukkala	18041	800
ZA6GHduHaouz	5777	235
ZA1RabatMohammedia	2077	52
ZA3Chaouïa 沿海	2260	69
ZA2Chaouîa	22961	706
ZA7Rhamna	9112	280
ZA4Doukkala	4738	146
总计	72000	2554

根据计算，灌溉水量为 2554Hm^3，折合的灌溉流量为 84m^3/s。

可供水量由 Sebou 河、Loukkos 河和 Laou 河提供，利用 Loukkos 河和 Laou 河流域 1945 年 9 月至 2003 年 8 月水文资料及 Sebou 河流域 1939 年 9 月至 2003 年 8 月水文资料进行计算，三个流域的可供水量为 105m^3/s。可供水量大于需水量，故本工程的输水规模按照需水量确定，规模为 84m^3/s。

三、输水线路布置及走向

输水线路是渠道总体布置的基础，其位置选择是否合适，轻则关系到工程的安全与成本，重则关系到整个工程的成败。在对摩洛哥北水南调工程的研究过程中，根据现状地形特点、水质保护、有利于运行以及经济成本等因素考虑，最终确定了整个输水线路方案，其主要布置如下：

（1）整个取水线路尽量避开了山体，并且把沿途的水库进行了串联，有效地减少了蓄水工程的修建，其总平面布置图如图 1 所示。

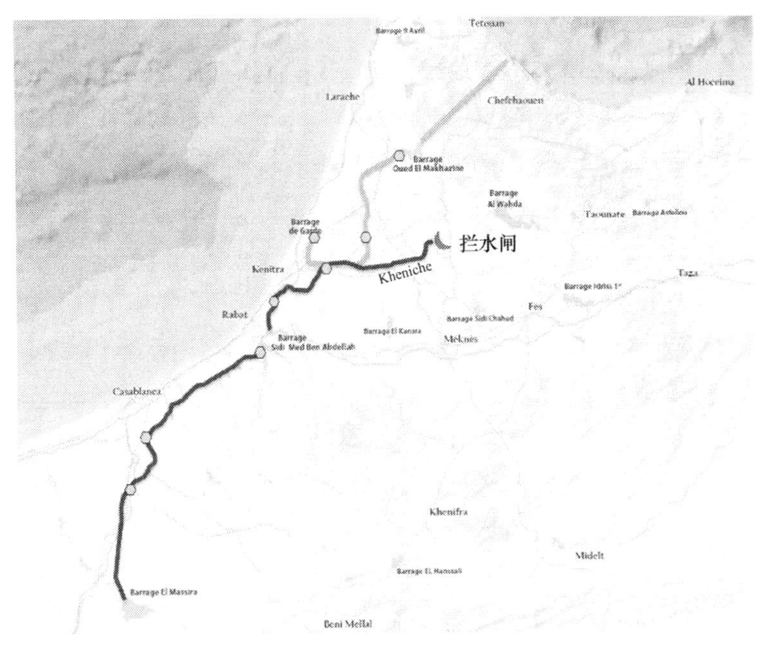

图 1　总平面布置图

（2）在输水方式上，从经济性的角度考虑，本次将利用在河道中修筑拦水闸的方式抬高水位，利用重力流进行输水，从而降低工程的运行费用。根据沃尔加河（Oued Ouergha）河道坡降、两岸地形，结合渠道自流引水要求，引水枢纽拟布置于 Khenichet 上游约 8km 处河段（图 2）。

（3）在拦河闸的布置上，由于取水段河道弯曲呈“W”形，结合河势和两岸地形，在引水枢纽的布置上采用了拦河闸建于原河道方案和拦河闸建于新开河道方案进行了对比。从安全性、经济性角度进行了综合对比，最终确定了拦河闸的布置。

1）方案一：拦河闸建在原河道＋大洪水期右岸滩地过洪

拦河闸建在沃尔加河（Oued Ouergha）较顺直河段（图 3），取水口和沉沙池布置于拦河闸上游左岸，右岸布置拦河堰，右岸延伸至现有地面相接。洪水期拦河闸闸门全开，大洪水时，考虑拦河堰与右岸滩地漫滩泄洪。

2）方案二：拦河闸建在新开河道＋拦河坝挡水，洪水经拦河闸下泄

拦河闸建在裁弯取直段新开河上（图 3），取水口和沉沙池布置于拦河闸上游左岸，拦

河闸两岸布置拦河坝，两岸均延伸至与现有地面相接。洪水期拦河坝挡水，拦河闸闸门全开泄洪（表 2）。

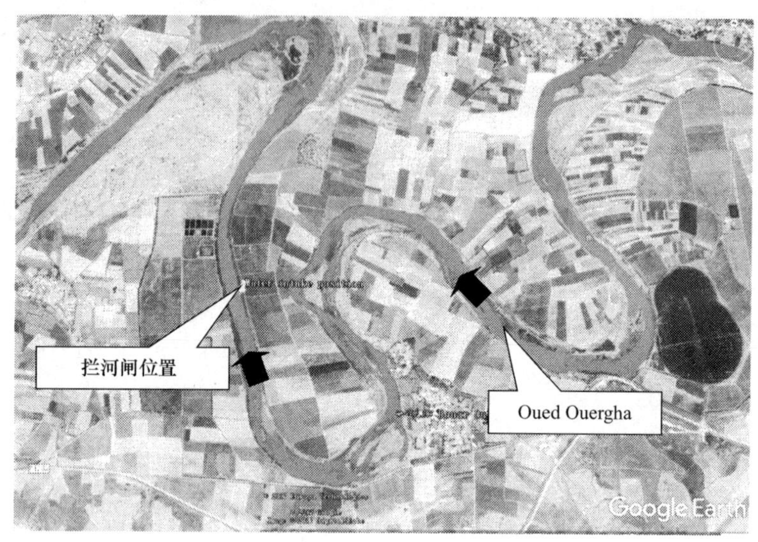

图 2　取水河段河道现状及拦河闸位置

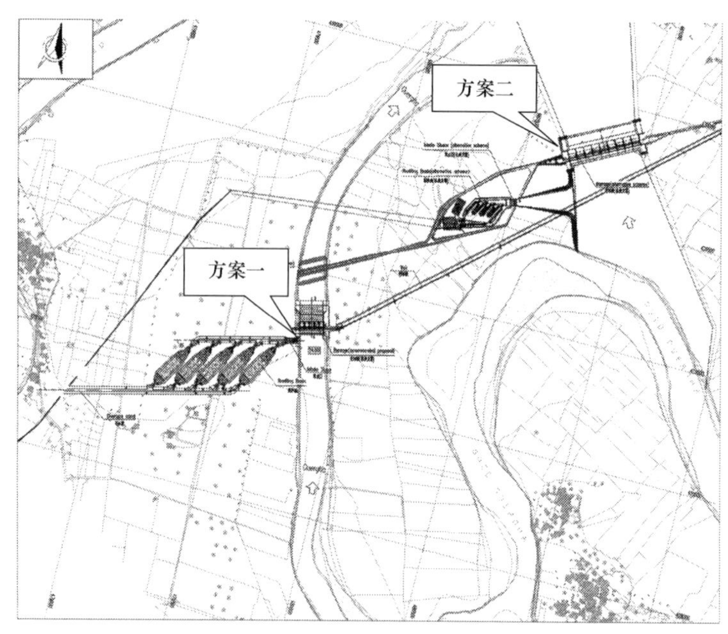

图 3　闸址及枢纽位置方案比较图

闸址及枢纽方案比选成果表　　**表 2**

比较项目	方案一	方案二
	拦河闸建在原河道＋大洪水期右岸滩地过洪	拦河闸建在新开河道＋拦河坝挡水，洪水经拦河闸下泄
投资（万美元）	1846	5946

续表

比较项目	方案一	方案二
优点	1）基本不改变现状河道的过洪模式； 2）洪水期回水较低，淹没影响较小； 3）相比方案二，输水渠道短约 1km； 4）投资省	1）旱地施工，施工条件较好； 2）利用原河道导流，不需要新开导流明渠
缺点	需新开导流明渠	1）改变河道过流（洪）途径，拦河闸上游左岸至输水渠道之间老河段将被淤积，相对于方案一，库容较小； 2）大洪水时，洪水位较高，淹没影响较大； 3）库区征地范围大，拦河闸上游滩地均需征用； 4）输水渠道较方案一长约 1km； 5）输水渠道过沃尔加河（Oued Ouergha）段存在沉降、渗漏隐患，需特殊处理； 6）投资大

经比较可知，方案一虽然施工略显复杂，但总体投资小，洪水期淹没少，输水渠道短约 1km，优势明显，故推荐方案一，即拦河闸建在原河道和大洪水期右岸滩地过洪方案。

四、输水形式选择

输水工程线路长、规模大，选择合适的输水形式是渠道总体布置的核心内容。根据目前世界上已建的长距离、跨流域调水工程，采用明渠或者管涵的输水形式均有成功的经验。同时在输水方式上，包含有压输水和无压输水两种方式。

在摩洛哥北水南调工程上，由于拦河闸蓄水水深仅 7.6m，若采用有压方式输水，为保证有一定的压坡水头，在不设泵站的前提下，需加大埋深，不经济，故采用无压输水。

在输水渠道的结构上，考虑经济性、防污染性、减少水量损失等方面考虑，摩洛哥北水南调工程采用了开敞式输水和封闭式输水，其中开敞式输水采用明渠，封闭式输水采用箱涵输水，其方案的优缺点如表 3 所示。

输水方式方案比选成果表 **表 3**

比较项目	明渠输水	箱涵输水
投资（万美元/米）	1813	10312
优点	1）投资最小； 2）方案常规，施工简单，施工工艺成熟	1）能有效防止沿线污染和盗水； 2）没有蒸发损失； 3）占地小； 4）相对运行管理维护工作量最小
缺点	1）水体存在污染风险； 2）易发生盗水现象； 3）存在蒸发损失； 4）占地相比方案二较大； 5）运行管理维护工作量较大	1）投资最大； 2）施工相对复杂

从方案表可知，虽然箱涵输水能有效防止沿线污染，蒸发损失，且占地面积小，但是考虑到本工程所经过的区域具有广袤的土地，且明渠输水投资具有明显的优势，所以推荐明渠输水作为本工程的输水方式。

五、结语

输水工程的实施，主要由输水规模、输水线路走向及布置、输水形式等因素决定，在实施过程中，因按照如下原则实施：

（1）输水规模是输水工程实施的最先决条件，在规模确定时，应按照水量平衡原则，运用可供水量和需水量的数量分析，确定相应的供水规模。

（2）输水线路是渠道总体布置的基础，其位置选择是否合适，轻则关系到工程的安全与成本，重则关系到整个工程的成败。因此在线路的走线布置上，应结合现状地形特点、考虑从保护水质、有利于运行以及经济成本等角度确定。

（3）输水工程线路长、规模大，选择合适的输水形式是渠道总体布置的核心内容。采用明渠或者管涵输水均比较成熟，但是在输水形式的选取上，应结合经济性、防污染性、减少水量损失等因素考虑选择合适的输水形式。

参考文献

[1] 董增川. 水资源规划与管理. 北京：中国水利水电出版社，2008.

从水环境规划探讨前瞻基础建设带动区域发展模式：以嘉义县水环境建设为例

叶晓蓁　邓大光　廖学瑞　嘉义县政府水利处

摘　要：前瞻基础建设计划分为轨道、水环境、绿能、数字、城乡建设五大类，其中水环境建设是一大重点。水环境建设又以"水与发展、水与安全、水与环境"为目标。积极推动水环境改善示范计划，以连接地方水域需求与城乡发展，构建精致生活场域，发展水环境资源整合平台，并带动河川区域排水及海岸民众亲水的空间及活动。以水质调查、生态检核结合城镇规划、都市设计等手法，提高亲水空间的使用率，通过整合水利、水质、生态、景观、渔业等专业，使水环境建设成为整合治水工程与城乡规划的关键要素。

水环境建设目标包括以下三部分：第一，营造优质生活环境，打造乐活水岸风貌。第二，串连水陆环境，文化与观光产业。第三，改善水质污染，营造生物多样性，发展生态环境。期望创造融合生活、生态、生产的永续环境及亲水空间。

本研究以嘉义县水环境建设为例，经探讨地区重要河川的自然环境、人文历史、景观及生态资源，以整体流域为主题，定义重要河段，再呼应河段的定义提出各个示范点在生活、生态、生产各方面的定位，结合民众参与及长期经营的需求，探讨兼具水质改善、生态教育、游息、景观休闲、地方经济效益等功能的水环境改善计划带动周边地区发展的模式，建立地方特色，带动地区成形、发展生态城市建设的参考。

关键词：水环境建设；水陆环境；生态城市

一、前瞻基础建设计划

"前瞻基础建设计划"为因应中国台湾未来的经济发展、促进地方整体发展及区域平衡等需求，提出五大建设计划：构建安全便捷的轨道建设、因应气候变迁的水环境建设、促进环境永续的绿能建设、营造智能的大数据建设、加强区域均衡的城乡建设等。

其中，水环境建设将针对海平面上升、天然灾害风险、地面气温增加、旱涝风险增加等气候变迁冲击，提出"与水共生、共存"的愿景，通过"水与发展、水与安全、水与环境"三大主轴，策略行动方案，以达到稳定供水、防洪治水、韧性城乡、优化水质、营造水环境的建设目标。

叶晓蓁，邓大光，廖学瑞．台湾世曦工程顾问股份有限公司．

二、水环境建设计划

1. 愿景说明

中国台湾因地形陡峭、河川短促，降雨多半迅速流入海洋，都市化地区地狭人稠，路面多以混凝土与柏油等不透水铺面取代植物栽种的绿覆面积，引发地表径流增加，地下水注入量减少的负面效果。

中国台湾位处副热带气候区，其中七成的降雨量来自台风与梅雨，夏秋两季于太平洋海面上所形成的强烈热带低气压，都带来庞大降雨量，过大的降雨强度，也提高淹水风险。为改善前述“遇雨便成涝，不雨则成旱”，旱涝过度两极化的情形，水环境建设计划将加强水资源的管理，以降低淹水与缺水的风险。此外，为创造安全宜居的环境，计划的执行将妥善评估水岸生态与民众居住环境，并在此之间取得平衡，并将其作最适宜最有利的结合。

水环境建设计划将以保障生命财产安全为基础，兼顾发展与保育的需求，健全水岸环境，提升民众的健康与生活质量，进而达到顺应自然、与水共存，实现优质水环境的目标。

2. 建设三大主轴

(1) 水与发展

以“稳定供水、不缺水、喝好水”为目标，通过水库清淤改善、兴建及治理；增加供水量、强化供水备援及调度。并着重于开发多元水资源，提升水资源智慧管理及节水技术以达其主要目的。

(2) 水与安全

以“防洪治水、韧性城乡”为目标，使生活环境不淹水，保障民众的生命安全。

(3) 水与环境

以优化水质、营造水环境为目标，使民众能够亲水、近水。涵盖范围包括河川、各类排水、湖泊、海岸等水域周遭范围。

3. 目标说明

(1) 营造优质生活环境，打造乐活水岸风貌

结合水岸环境营造，利用意象与休息平台、河畔广场、护岸抛块石、植栽工程，融入景观，呈现水岸特色，构建河岸优美环境，提供都市生活接近自然、休闲的空间。

(2) 串连水陆环境，活络在地文化与观光游息产业

配合城乡发展，结合河川公地及防洪设施，建设步道、自行车道、自然户外探索区等，结合地方人文、串联防灾、文化景点、历史建筑、生态休闲等，发展地方观光特色，活化水岸空间环境利用，展现水岸魅力。

(3) 改善水质污染、营造生物多样性栖地，发展永续生态环境

以民众亲水需求，利用污染物削减、污水截流、河川净化、湿地净化等方法，改善河川水质污染情况，并结合基地潜力、生态环境及地景资源等地方特色，营造生物多样性湿地环境与生物廊道，并构建水环境教育场所。

三、大河愿景

1. 嘉义县整体空间愿景

嘉义县整体空间主要以太保、民雄、水上，作为田园城市的发展枢纽核心，整合嘉义市资源，强化各个单元机能发展。同时检视周边乡镇次核心的空间条件，包括人口分布、都市计划区与乡村区、交通串联、服务机能、居民生活需求等，以构建山、原、海特色空间环境布局。嘉义县流域规划，则以防灾、韧性城乡的观念引导发展山、原、海三大区域，嘉义县空间发展愿景与流域整体构想如图 1 所示。

图 1　嘉义县空间发展愿景与流域整体构想图

2. 整体水环境改善愿景—贯穿山与海的河流故事

(1) 朴子溪18弯农村

朴子溪发源于阿里山，灌溉了大片嘉南平原，以前河面甚宽，河床甚浅，不论戏水、捕鱼、取沙都很方便，后来堤防加高后，活动受到局限。近年沿着溪畔修筑完成的“朴子溪自行车道”，让人重新拥抱水岸绿意，享受田野平原的朴质风味。丰富的农田景观、生态湿地、海岸渔村或随意一处旧铁道小站，都可以带来不同的乡间感动（图2）。

图2 朴子溪现况图

(2) 八掌溪畔的甜根子草

八掌溪畔的甜根子草盛开时美不胜收，吸引许多人前往拍照。甜根子草每年在中秋节前后开花，花况好的时节，大片白茫茫的花海总让人惊叹。

(3) 大河愿景

嘉义县多数区域以老年与小孩的生活圈为主，依据朴子溪及八掌溪的现地流域生态条件，及河段农田生产功能，未来应结合传统生活与重要河段流域功能的关系，将河流腹地的规划转入地方生活，融合玩水、取水、散步、休闲及养殖等，提升民众对河川的关心度与参与感。流域的设计应与居民日常生活完整结合，以唤应当地居民对于溪流的大河依恋，重新拾起关心，活化环境（图3）。

(4) 发展策略：结合流域生产、生活、生态功能，实现大河田园的愿景目标

朴子溪及八掌溪两大流域范围内，均以农业耕作或野生绿地为主，其主要具有生产及生态功能。因应交通路网或资源条件，分布于几个主要城镇，如朴子、太保、民雄、布袋、水上或中埔等民众聚居地区，肩负生活功能。依照产业政策需求所设立的工业区，如嘉太、民雄工业区等，则担负生产的功能。流域未来应结合上述三大功能，发挥河域生态资源条件，融合传统生活，提升休闲游息功能，落实水环境的改造与发展。

(5) 发展课题与对策

朴子溪与八掌溪流域现况，以农业灌溉及工业用水的生产或排放污水的使用为主，生活层面与居民较少亲近，部分生态资源也迁就生产需求受到破坏。

依据各河段的功能与条件，结合生活、生产、生态发展目标功能，于重要河段特点，落实必要的设施改善设计，恢复生态景观，发展休闲游息，形塑大河田园愿景。未来亦可结合慢生活体验，并结合地产业营销，将大河恋计划推展至上、中、下游全流域的改善。

1）水与环境：串连水陆环境、活络在地文化与观光游息产业，营造生物多样性栖地、

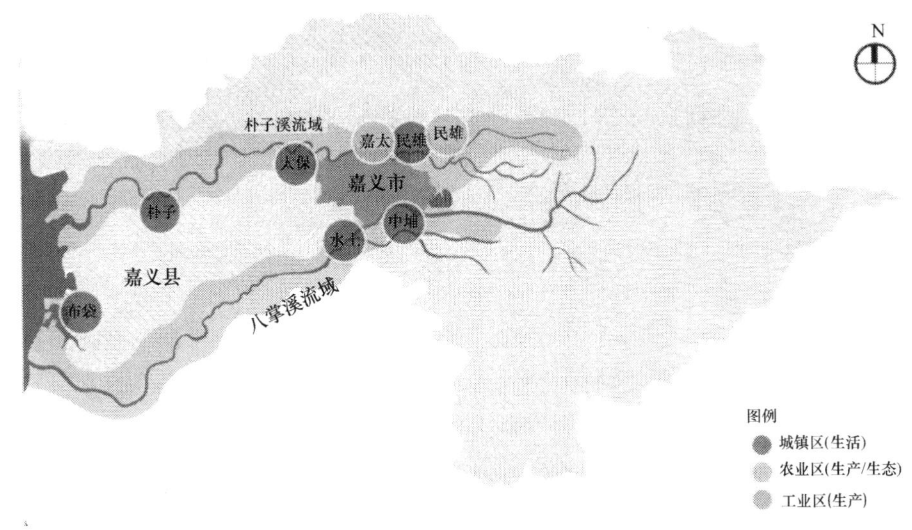

图 3　嘉义县大河故事内涵构想图

嘉义县的城乡发展策略，顺应地势的山、原、海分布，山区以打造城乡自然休闲体验区为主；平原区包括农作绿能循环型计划区、高速铁路嘉义车站特定区、故宫南院等计划，以打造结合产业、文化、观光等资源的观光产业核心区为主；海域区的部分，则以打造沿岸生态教育示范区为重点。

2）水与发展：营造优质生活环境，打造水岸风貌

嘉义县民众与水的关系长期呈现较为疏离状态，除了傍晚偶尔参与流域生活的老人们之外，很少见到很多人能参与的休闲运用。因此，加强水环境的可及性及设施健全度，将为首要工作。营造优质的通行、休息、互动区域，融入民众的在地生活，包括相关亲水设施改善设计、圳道优质绿化及行人步道的完善规划，可以提升民众赏水、近水及亲水的意愿，培养亲水生活的惬意生活。

3）水与安全：改善水质污染、稳定流域环境，健全防灾、排水、灌溉功能

水环境改善计划主要目的是链接治水防洪与城乡发展，因此，更需要从点-线-面提出完善的规划。检视嘉义县水环境治理策略，上游段以治山防洪、坡地水土保持为重点，目标打造乐活水岸；中游段包括低冲击开发（LID）示范工程、水质改善、滞洪水环境等重点，目标串连水陆环境；下游段则以束洪导洪、堤岸加高等，目标发展生态水岸环境。

(6) 河段主题构想

依据现况发展与环境资源，分别定义朴子溪人文生活廊道网络，及八掌溪自然生态廊道网络为规划主轴，串连嘉义县的生产、生活及生态空间（图 4）。

1）朴子溪主题构想

本河段流经嘉义县的核心区，也是人口密度及开发程度较高的区域。河川流过的不仅为高度发展的城镇地区，还带来自然生机与活力，水岸湿地更是城镇区宝贵的生态资源，以及居民休闲运动的重要开放空间。

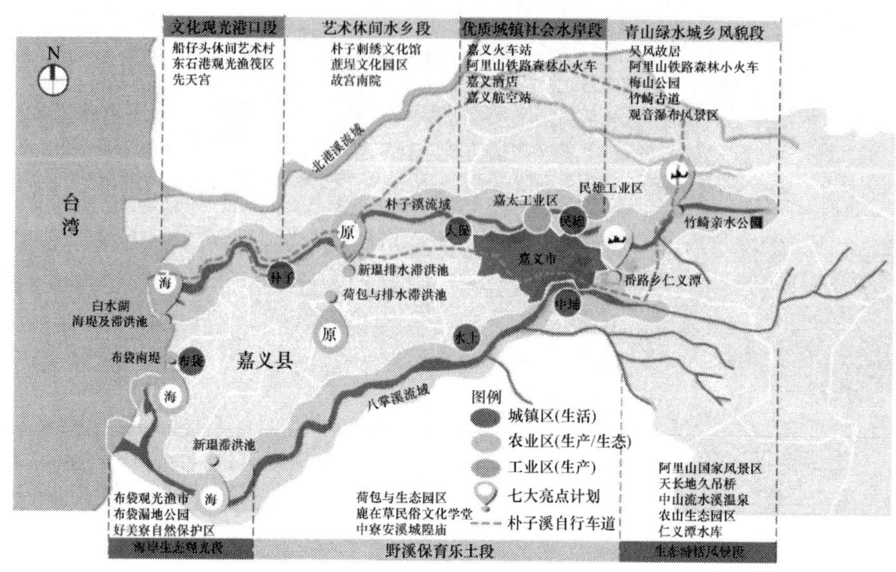

图 4 河段功能及主题构想图

因此本流域将发挥生活及生产区的蓝绿带功能，作为整体发展意象，并依据现况发展特色、重点内容及未来愿景，分为文化观光港口段、艺术休闲水乡段、优质城镇小区水岸段及青山绿水城乡风貌段四大河段。

2）八掌溪主题构想

本河段环境除得天独厚的野溪湖光山色之外，并兼有山区景观，提供赏芦苇、赏鸟以及主题游息等活动。本区同时为水库及温泉地区在发展水岸休息活动的同时，应注意水土保持及水质维护。因此本流域可以山野生态游息溪流为整体发展意象。一方面维护自然环境质量，另一方面提供休闲游息机会。主题构想可分为海岸生态观光段、野溪保育乐土段及生态游息风景段三大河段。

(7) 周边串联计划

本计划的亮“点”，通过水环境休息“线”状廊道加以串联，并借此健全嘉义县整体区域休息风貌，达到“面”的整合与发展，如图 5 所示。

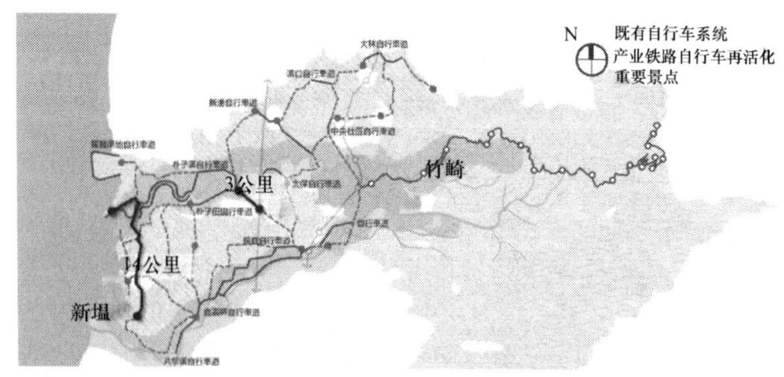

图 5 河段休息廊道系统示意图

(8) 河段亮点计划

依据上述各河段特性与主题构想，评估现有发展条件与发展性，选择有代表性或立即产生效益性的据点落实改善，并作为未来流域内的水环境设计的指导原则。依据人文、景观及游息资源功能，沿着溪畔自行车道与步道，打造七大亮点计划，落实大河田园典范的目标。亮点示意及分布位置如图 6 所示，后续将以竹崎亲水公园水环境改善计划示范详细说明。

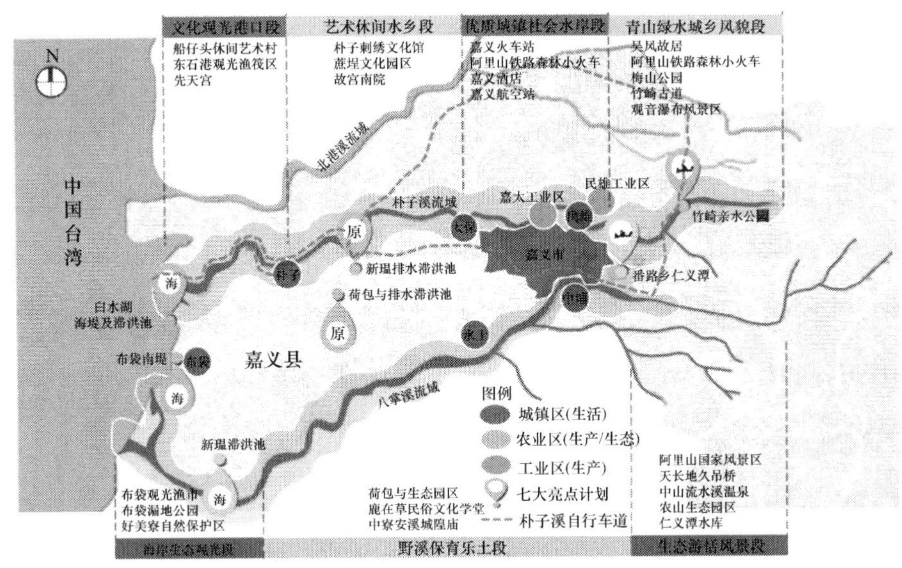

图 6　河段亮点示意图

1）朴子溪流域：竹崎亲水公园、新埤滞洪池、白水湖海堤及滞洪池、布袋南堤；

2）八掌溪流域：番路乡仁义潭、荷苞屿滞洪池、新塭滞洪池。

四、竹崎亲水公园水环境建设计划

竹崎亲水公园位于朴子溪流域内，包括：蓝、绿带水岸及绿带空间规划，引入低冲击开发构想，导入适当亲水游息活动，并针对既有服务设施功能予以加强，提升整体竹崎亲水公园水环境美质与休息质量。

1. 环境现况

竹崎亲水公园位于嘉义县竹崎乡，竹崎乡旧名为竹头崎，地名起源由于当地均为山坡地形，且多竹林，经砍伐开垦后，遍处留存竹头，故称竹头崎。竹崎乡近年平均人口数约为 36000 余人，主要经济以农业为主，包括：蔬菜、轿篙笋、爱玉子、梅子、精致花卉、菠萝、龙眼、荔枝、柿、火龙果、酪梨、番石榴、寄接梨、横山梨、柑橘类及高山茶等。

竹崎亲水公园主要出、入口位于台 3 线竹崎大桥旁，公园沿牛稠溪而建，占地约 12 公顷，主要设施包括：艺术广场区、亲水活动设施区、多功能草坪区、溪岸步道区、卵石游戏区、阶梯广场、林荫散步区及天空走廊等，属多功能的亲水公园。竹崎乡以产竹最为有名，故竹崎亲水公园内设立了竹类标本园区，收集 80 余种珍贵竹类。公园内有两座吊桥，靠近入口处为千禧桥，全长125m，为迎接公元2000年的到来而命名，千禧桥上游为弘景桥，塔高19m，桥长206m，提供游客赏景、休闲散步的用。公园内有两条赏景步道：天空走廊与花仙子步道，其中天空走廊长185m，离地最高处达19m，穿梭于森林区及万竹博览园区；花仙子步道全长约400m，属无障碍空间设计，可让轮椅、婴儿车通行，步道沿线可观赏野姜花、杜鹃花等。环境现况如图7所示。

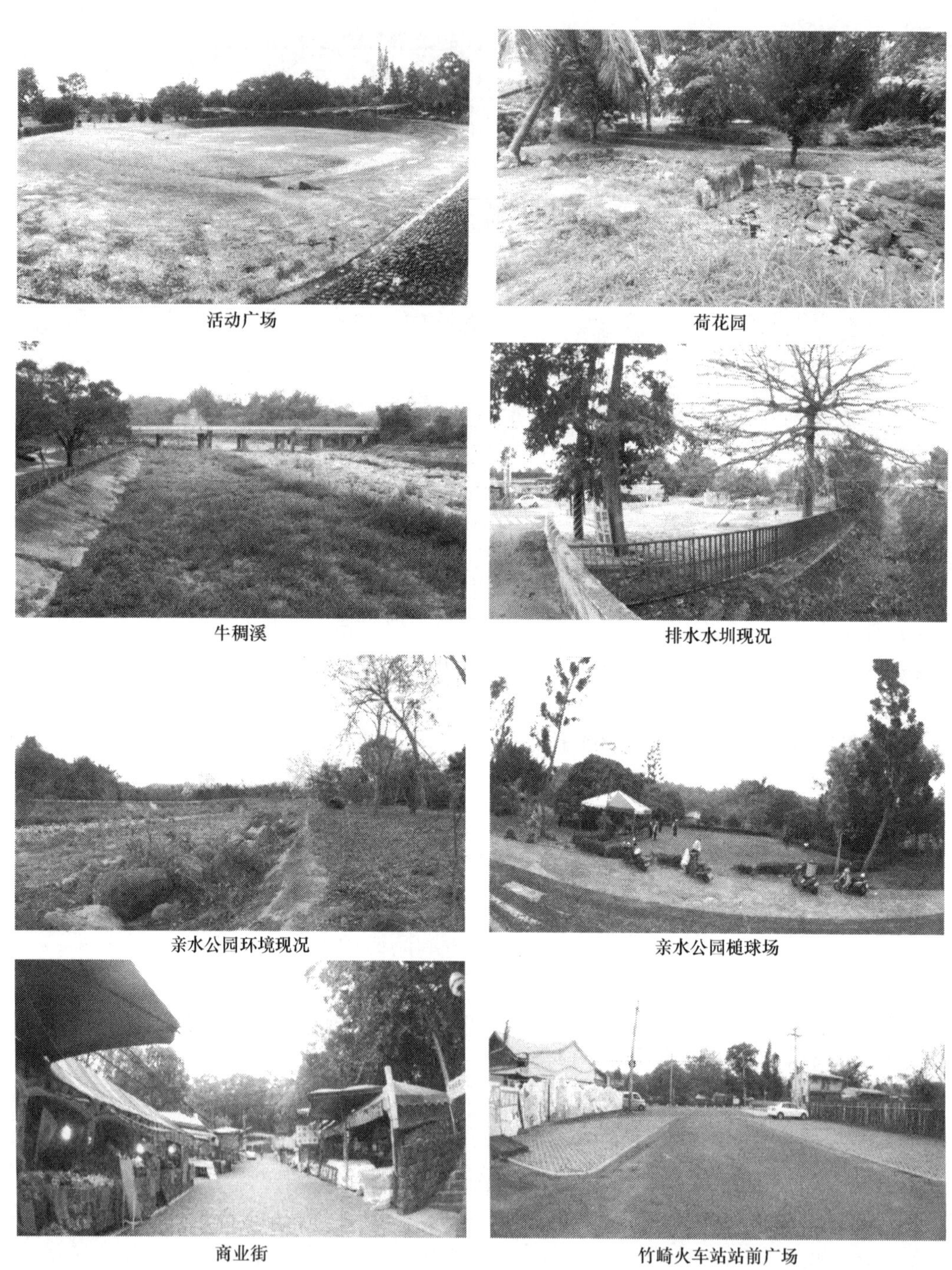

图7　竹崎亲水公园及周边环境现况照片一览图

2. 整体计划愿景

(1) 竹崎公园整体配置概念

根据竹崎公园现况自然、商业、文化等资源，提出六个主题规划，分别为铁路文创、信息及运动核心、山林步道、服务核心、亲水区、亲水水圳，其分布如竹崎公园整体配置概念图所示（图 8），并逐一说明如下。

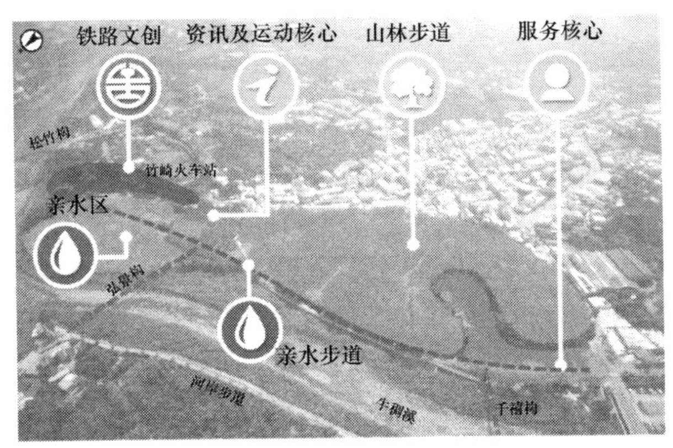

图 8　竹崎公园整体配置概念图

1）服务核心：重要观光门户与旅游服务，与竹崎公园入口处的火车展示统一形象与建筑主题。

2）山林步道：主打山林主题，以四季色彩与高度体验的空间规划，打造出自然时间与空间丰富的特性。

3）信息及运动核心：位于山林步道与亲水空间的中心点，以观光信息服务为主要功能，并且结合风雨球场与儿童游息区，营造出信息及运动等多功能。

4）铁路文创：通过故事影像馆、文创工坊、日式建物街区意象等策略，呈现铁路记忆与“三角线轨道”故事的独特性。

5）亲水区：以点线面空间布局手法，串连牛稠溪、亲水公园及儿童游戏区等多元的亲水体验空间。

6）亲水水圳：通过线型水圳空间，串联整个竹崎公园体验，增加人与水的互动关系。

(2) 整体水环境营造

本计划通过亲水水景景观营造、植栽四季花卉色彩变化、营造趣味性的儿童游戏区、人本空间的路径体验、设置地下雨水贮留设施等策略，改善亲水公园至竹崎车站的整体亲水环境，景观愿景如图 9 所示，功能分区如图 10、图 11 所示。

1）亲水水景景观营造

包含自然体验与亲水体验的两种规划设计理念。牛稠溪可提供视觉眺望与自然生态的体验，并通过设置生态池与水圳环境营造等作法创造亲水体验，加强人与水景的紧密性。

2）植栽四季花卉色彩变化

亲水公园本身树林的自然条件完整。通过搭配植栽高度（乔木、灌木、草本）特性与季节时序变化，优先种植兼具护坡、易维护、花期长的草本植物，增加树林色彩的丰富性。

图 9　竹崎亲水公园景观愿景图

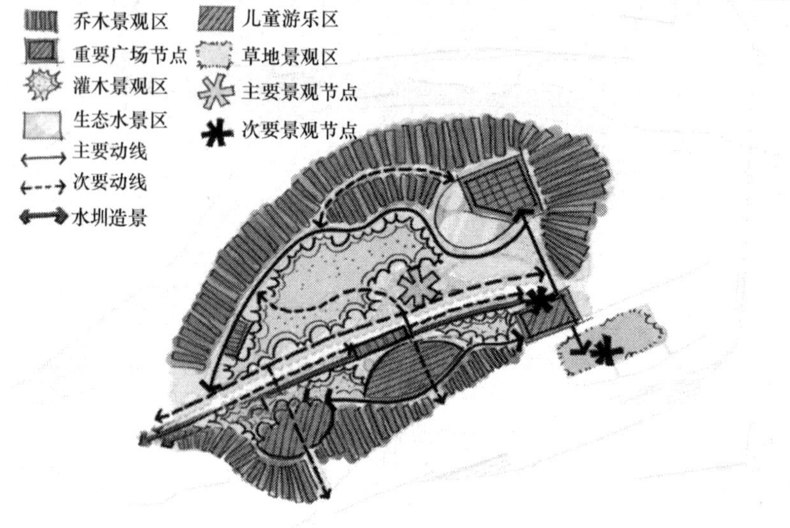

图 10　竹崎亲水公园功能分区图

3）儿童游戏区

延续基地缓坡与儿童游戏区下凹地形高差的特性，以共融式游乐设施的设计手法，设置有趣的游息空间，增加儿童与自然互动的关系，并且通过阶梯与跳石设计元素，提供较为安全的水圳互动空间。

4）地下雨水贮留设施

收集雨水作为基地内水景用水的来源，通过地下雨水贮留设施的设置，不仅增加基地内的保水特性，也能够稳定提供水源。

5）牛稠溪右岸人行道

桥梁美化结合河岸步道设计，建议设置适当的休息空间。

6）人本空间

为塑造更友善的步行空间，建议移除亲水公园段的路边停车空间，转用于人行道拓宽与水圳景观营造的用途，增加林荫与亲水设施的活动空间。

图 11　竹崎亲水公园景观配置图

7）竹崎车站前水扑满设计构想

设置雨水贮留设施于火车站站前广场，通过与水花园与透水铺面，收集雨水，作为站前广场水景的水源。

五、预期成果

1. 景观生态效益

本计划将建设竹崎亲水公园景观营造及栖地营造，增设引水设施。除了打造水环境亲水空间外，更营造景观绿美化、亲水游息、寓教于乐的环境教育空间。

（1）增加区域亲水空间及高滩地利用空间约 4.5 公顷。

（2）增加透水铺面 5945m^2，一处地下雨水贮留设施及雨水花园，一处共融式亲水设施，同时作为游息及生态教育处所。

（3）增设一处水质净化及示范教育基地。

2. 观光游息效益

本计划实施后，预计可活化及整合嘉义县竹崎乡邻近区域观光景点，并有助于活络竹崎乡丰富的民宿资源，以及阿里山森林铁路、太平云梯等周边观光资源，串联整体嘉义县观光产业的发展。

通过公园内增设自行车租借站与自行车道设计，可连接竹崎乡三条自行车道，最邻近公园的满竹自行车道（起自鹿满村终点在竹崎火车站，沿着阿里山森林铁路而规划，景色变换可欣赏不同田园风光），提供更优质的人本交通及游息环境。

依据嘉义县文化观光局旅馆民宿数量及旅客人数统计数据显示，一年中竹崎乡旅馆住宿人数为 37118 人，民宿住宿人数为 33801 人，总计 70919 人。而竹崎乡内共 39 间民宿，民宿数量为嘉义县第一，显示旅宿度假于竹崎乡具有一定的市场潜力。于水环境工程完成后，预估可达到15%成长率。

3. 不可计量效益

不可计量效益可分为以下四方面说明。

（1）亲水：结合牛稠溪引水及水扑满保水，落实亲水环境；

（2）生态：通过亲水景观池及自然植生绿美化，打造生态空间；

（3）安全：掌握水质状况及游息设施维护，提升公园安全；

（4）活力：创造公园话题并结合周边资源，促进地方活力。

永续环境的愿景与实践

——以苏花改工程为例

吴盟分

摘　要：为1987年由联合国世界环境与发展委员会在《我们共同的未来》(*Our Common Future*)所揭示："发展除为满足当代的需求，并须不损及后代满足其自身的需要"。为实现共同未来的承诺，则我们的生存发展需要以环境的保育存续为根本，重视社会接纳与分配正义，进而追求经济效益的提升。所以在推动永续公共建设，须符合环境保育社会公义与经济效益所规划、建置、营运与管理，达成永续发展愿景的实践。

公路是国家社会、经济发展的命脉，经过多年努力，中国台湾的公路已绵密成网，而政府施政重心逐渐由属于制造概念的新建工程，转换为营造优质使用环境的养护管理。从全生命周期思考，运用工程与科技的结合，将强化公路设施在营运、管养与服务阶段整体效能，结合时代需求，打造并维护更友善、优质的用路环境。

为回应中国台湾东部民众"安全回家的路"要求，并大幅缩短宜兰至花莲的行车时间，苏花公路改善工程除符合环境、生态等的需求，还须遵守环评承诺的要求，以降低对环境与生态的冲击。苏花改计划设计与施工无论在环境友善或是工程技术，甚至是劳工施作安全的措施上皆采用前瞻作法，使本计划具有多方面工程特色，可为未来相关计划提供参考。而苏花公路改善工程亦成为兼具效率、安全、生态保育的施工与管理新典范。

一、计划缘起

中国台湾东部地区现有北向联外的台9线苏花公路苏澳至崇德路段，因受地形、地质等天然条件的限制，大部分路段弯急坡陡，路幅及线形普遍不佳，行车服务水平与舒适性较差，且每遇台风暴雨经常坍方中断，历年来虽经公路总局持续改善，行车质量难以提升。据统计苏花公路每年平均阻断天数达45天，而全年平均管制天数为68天。基于东部地区民众对于安全回家的路有殷切的期盼，秉持"经济发展""环境永续""安全稳定"与"社会公义"原则，于2010年12月16日核定建设计划，全面推展东部民众殷切期盼"一条安全回家的路"的工程建设。

二、工程范围

苏花改计划推动系以安全可靠服务为基础目标，针对路段灾损阻断及交通肇事频率高路段进行改善，改善工程采双向双车道规划，兼具工程减量、环境友善及强化公路抗灾性原则。改善总长度为38.4km，计有8座隧道（总长23.4km）、13座桥梁（总长8.4km）及平面道路（6.6km），如图1所示。

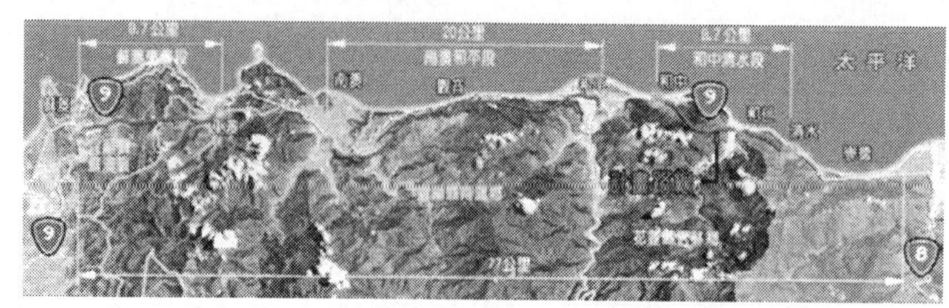

图 1　苏花改工程范围

三、工程特色

规划设计基于全方位的思考，兼顾建设与环保需求，施工并以“景观、安全、永续”为目标，造就本计划多方面工程特色。

1. 工程信息管理

（1）苏花改施工信息平台

苏花改工程所建立的工程数据库管理系统，系将计划信息全数公开，施工标厂商端建置施工监视系统，及各监造端建置监造信息管理系统；且于机关端设置计划专属网页入口平台，连结至监造端的监造信息管理系统。这是台湾重大工程难得一次地创举，民众皆可借由信息平台网站了解苏花改工程内涵。

（2）工地每周体检作业

各标案的督导工务段、监造单位与承商参加，逐一检视工区各工作面施工情形，并对工程施工质量及工地交通、安卫、环境保护进行稽查，并改善项目，对经常重复缺失事项处以罚款，严重者以工作面停工处置，同时责成承包商立即或限期改善完成后方可复工。

2. 隧道施工管理

隧道工程为苏花改工程主要施工重点，为提升隧道工程施工技术及效率，采用隧道全能作业班轮进行作业原则，隧道开挖及支撑作业一系列工作均由轮值的同一工班执行，让工作持续流畅进行，避免作业中断或延迟，如图 2 所示。

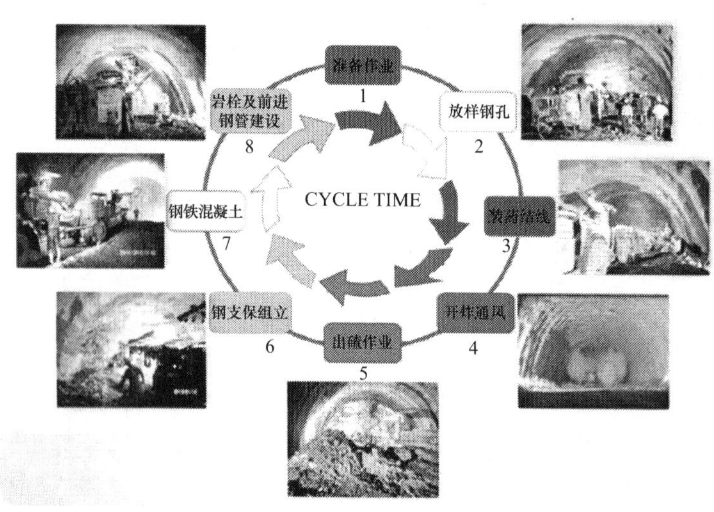

图 2　隧道钻炸法开挖作业流程图

（1）隧道全能作业班轮进周检讨会；
（2）隧道开挖面的前进地质探查作业；
（3）工地人车管制作业模式。

3. 施工紧急应变

（1）紧急应变通报系统；
（2）重大“工程事故灾害”或“天然灾害”的应变及备变作为演练。

4. 工程监督管理执行

（1）苏花改推动小组；
（2）环境保护监督小组；
（3）环保署环境督察总队；
（4）劳工安全卫生伙伴计划。

四、环境及生态保护

为落实公路总局对环境影响评估审查所承诺事项及审查结论，苏花改工程处针对生物指标物种及生态环境推动研究计划及环境监测等，通过环境影响评估监督现勘发现问题，进行原因探讨分析，实时提出相应对策，降低对原有环境的影响，如图 3 所示。

图 3　生物廊道设计示意图

五、工程碳管理及遗址抢救

1. 工程碳管理

通过工程碳足迹查证声明的取得，除可直接展现苏花改计划工程碳管理成效外，本计划执行碳足迹盘查的历程与经验，将可回馈于道路工程碳排放量推估模式中，辅助道路工程主管机关于工程规划设计时间掌握施工及营运阶段的排碳状况，作为工程评选及减碳策略的参考，整体地提升台湾道路工程甚至交通运输工程或公共工程的碳管理能力。

2. 文化遗址抢救

汉本遗址为一处史前遗址，位于宜兰县南澳乡澳花村汉本聚落附近，大致在汉本车站南侧与和平溪北岸之间，出土文物量丰富，从遗物分析本遗址属于金属器时代十三行文化普洛湾类型，年代约距今 1000 年上下，与早年学者采集纪录的描述一致。目前已经出土遗物分布南北约 200m，东西宽约 50～70m，海拔高度在 15～30m。

六、防灾作为

本工程启动初期，即编制“工程灾害紧急应变计划书”，对各种可能发生的紧急事件，先行拟定各项处理与通报机制，并通过教育训练让承揽厂商、监造单位与本处所有同仁，均能熟悉处置方式，以健全灾害防救体系、强化灾害防救功能及紧急应变措施，有效执行灾害抢救、通报及善后复原重建处理，提高防灾及救灾的应变能力，达成灾害防灾减灾、应变整备以及灾后复原重建的目的。

1. 紧急应变计划

为健全既有灾害防救体系，强化灾害防救功能及紧急应变措施，有效执行灾害抢救、通报及善后复原重建处理，每年即针对工程特性与需求，编列“工程灾害紧急应变计划书”，提供所属同仁熟读，希望提升同仁对防灾及救灾的应变能力，达成灾害防灾减灾、应变整备以及灾后复原重建的目的。

紧急应变小组开设时机系于有灾害发生时，主动互相联系协调通报，并执行灾情搜集、查证、汇整、通报、灾害抢救及救灾资源调度等紧急措施，持续运作至灾害状况解除为止。

2. 隧道安全防护

就隧道内发生火灾事故，隧道火灾安全防护设备及时运转，以保障为路人及促成迅速有效的消防救援作业。所需的设施设备如图 4 所示。

(1) 紧急广播系统

(2) 水雾设备

水雾设备功能是控制火灾，而非消灭火灾，东澳隧道内设置有全台唯一的水雾自动设备，一旦隧道内发生火警，最晚 5 分钟内就会自动洒水降温，且可持续喷洒 40 分钟。除了让民众有更多逃生空间，也让隧道内温度不会过度升高，水雾设备的适时运转是有效限缩起火区域，达成冷却控温效果，进而阻止受堵车辆延烧效应，争取有效救援时间，如图 5 所示。

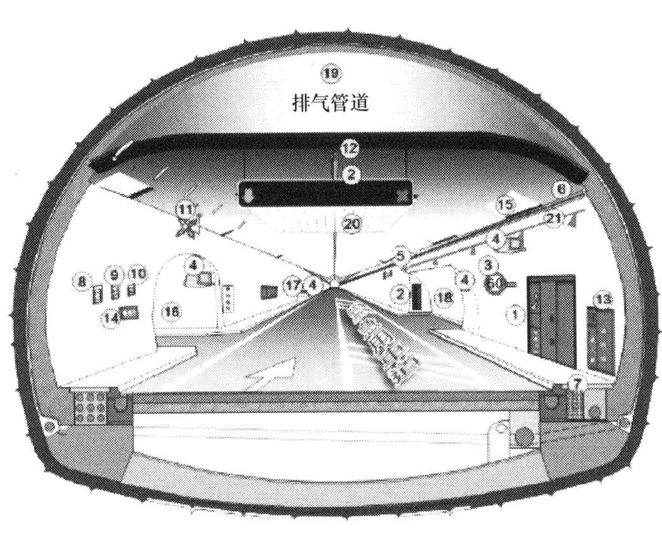

交控设施:

1 紧急电话(每175m)
2 资讯可变标准/车道管制号制
3 速限可变标志
4 闭路电视摄影机
5 广播器
6 无线电漏波电缆
7 交控管道、机电设施
8 一氧化碳侦测器
9 氮氧化物侦测器
10 烟火侦测器
11 风速风向侦测器
12 火警侦测器
13 消防栓箱附灭火器(每50m)
14 逃生指示标志
15 照明灯具
16 车行联络道(每1400m)
17 人行联络道(每350m)
18 紧急避难弯
19 排气管道
20 通风排气口
21 水雾设备

图 4　公路隧道安全防灾设备概要

图 5　东澳隧道水雾自动设备试放

(3) 避难逃生标示设备设施

七、结语

苏花改工程已于 2011 年开始陆续发包施工，建设一条“安全回家的路”是苏花公路改善的最主要目标，在施工过程中除对进度与质量必须严格要求外，社会各界与政府机关对苏花改计划有高于一般工程的期待。在施工期间各机关、学术单位及国内外团体陆续至工地参访，从而了解此重大工程施工情况。

苏花改工程为遵守环评承诺，在执行工程施工及管理具有独特工程特色，由本文仅能对部分特色概要描述，为民众进一步了解苏花改工程的内涵，苏花改工程处适时制作工程施工纪录像片及制作宣传文案，并定期于平面或网络媒体投稿增进与民众沟通，期盼给东部民众“一条安全回家的路”顺利建设。

应用值函数估计法设计单一路口机器学习式号志控制

徐嘉骏　黄友恒　黄铭崇

摘　要： 交通堵塞造成的环境污染、经济损失与安全问题是全球大都市正在面临的挑战。近年人工智能快速发展，通过机器学习的方法可训练因时、因地制宜的自适应控制逻辑，亦可快速扩展为分布式控制的架构。本研究提出应用价值函数逼近法，设计适用于单一路口多个时段的时志动态最优化智能体 MLTC，并以车流仿真软件 SUMO 作数值测试。测试结果显示，相较于最佳固定时志，MLTC 在六种情境设定下均显著优于定时时志。在中高流量时差异尤为明显，路口总延滞可降低 13%～17%。

关键词： 机器学习；适应性号志控制

一、研究背景

随着人口成长与经济发展，都市交通堵塞造成的环境污染、经济损失与安全问题已成为严重影响民生的全球性问题。都市交通管理是城市智慧化过程中不可缺少的要素，而实时、快速的为大型路网供需状态，实时给予最佳调控的适应性号控制，在智慧都市的管理中扮演极重要的角色。相较于传统的定时号志控制逻辑，现有适应性号志控制系统（如 SCOOT、SCAT、OPAC、RHODES 等）可在一定规模的路网下实时随交通量进行绿灯时长最优化。然而其仍受限于集中式管理（Centralized）的架构、需专业人力维持交控中心、部分模式需以车流模型作支持等缺点，以致系统建置与维运成本高、最优化的路网规模有所限制等缺点。近年人工智能快速发展，通过机器学习的方法可训练因时、因地制宜的自适应控制逻辑，亦可快速扩展到分布式控制的架构。故本研究尝试应用线性值函数估计法的机器学习算法进行单一路口动态号志控制，并以车流仿真软件 SUMO 作数值测试。

二、文献回顾

目前在各国较普遍的适应性号志控制系统为英国开发的 SCOOT 及澳洲的 SCATS 系统。SCOOT 通过侦测路段上游的交通流量与占有率，以车流模型预测路口的车队变化情况，进而优化路口周期、时比及时差。在处理干道或路网时，SCOOT 会进行小区域切割并分别进行优化。SCAT 不使用车流模型计算预测值，乃通过持续监测道路车流情况，在

徐嘉骏，黄友恒，黄铭崇．财团法人中华顾问工程师智能运输技术中心．

流量小时最小化车辆停等次数、一般流量时最小化延滞、大流量时最大化通过量的方式调整号志，并通过三阶层的架构进行路网调控。SCOOT 与 SCAT 皆属于中央控制式的适应性系统，因此设备新建及运作时成本较高。另一方面，OPAC 与 RHODES 在以车流模型求解动态优化问题的方式计算时能转换时间，通常以路口延滞最小化为绩效指针，无周期、时比、时差的概念，并应用分布式架构进行路网控制。相较于中央控制式的架构所需的运算、通讯资源较少，系统新建与操作上也较便宜。El-Tantawy（2012 年）分析适应性号志控制演进（表 1），认为新一代的适应性号志控制应延续过去的优点，通过代理人与环境的互动与回馈，在不需要车流模式及交通预测信息的状况下，实时因应车流状态的变化，作出最佳的控制。

适应性号志控制演进与特色 **表 1**

特色 \ 演进	第一代	第二代	第三代	第四代
优化	脱机	在线	在线	在线
交通预测	无	有	有	无
车流模式	有	有	有	无
阶层式控制架构	中央管理	中央管理	分布式	分布式
周期长度	固定	群组周期固定	变动	变动
例子	TR2，UTCS-1	SCATS，SCOOT	OPAC，RHODES	机器学习式号志控制

以下就历年关于应用机器学习方法于适应性号志控制的相关研究作回顾：Thorpe（1997 年）应用 SARSA 的差分法并测试四种不同的状态表示方式的效果。Wiering（2001 年）应用以模型为基础的机器学习方法，以车辆位置、其当前所属号志编号与迄点编号为状态，估计以车辆为基础的值函数。其应用于一个六路口网格式路网中，测试结果显示效果皆优于随机与固定。Oliveira et al（2006 年）提出在非稳态交通环境下应用于号志控制的机器学习方法，实验结果显示其优于典型的 Q-Learning 方法以及贪婪法。Richter et al（2007 年）使用策略梯度法（Policy-gradient Methods）作号志控制，其实验结果优于 SCATS 的效果。Shoufeng et al（2008 年）提出直接以路口总延滞作为 Q-Learning 的状态与系统奖励，其实验结果显示平均延滞优于定时时志约 18.3%。Salkham et al（2008 年）以合作式机器学习方法设计代理人，每两个周期决定绿灯时比。Balaji et al（2010 年）以分布式多代理人为基础设计交通号志控制方法，其测试路网含 29 个路口且号志路口绩效提升 15%。Arel et al（2010 年）以 5 个路口的路网测试其多代理人号志控制系统，并应用类神经网络作值函数估计。El-Tantawy et al.（2013 年）比较数种不同环境状态、奖励、决策设计下机器学习方法的绩效。并在包含 59 个路口的路网上进行测试。测试结果无论在路口平均延滞、停车队长度、CO_2 排放等都有显著的提升。Elise van der Pol（2016 年）与 Wade Genders and Saiedeh Razavi（2016 年）通过对车流仿真器的影像进行处理，取车辆位置及车速等相关信息作为输入值，并以深度类神经网络估计各决策的 Q 值（表 2）。

机器学习方法号志控制设计方式比较表 表 2

文献	时间差分法	状态	时相顺序	奖励/惩罚	决策策略
Thorpe（1997 年）	SARSA（λ）	邻近路段车辆数	固定	疏解一定交通量所需要的时间	ε-Greedy
Wiering（2001 年）	Q-Learning	车辆位置、当前所属号志、迄点编号	变动	两次决策间所产生的总延滞量	ε-Greedy
Abdulhai et al.（2001 年）	Q-Learning	邻近路段车队长度	固定	两次决策间所产生的总延滞量	Softmax
Camponogara and Kraus Jr（2003 年）	Q-Learning	邻近路段的车辆数与车辆位置	固定	邻近路段停等车辆数	ε-Greedy
Oliveira et al.（2006 年）	类 Q-Learning	邻近路段车辆数	固定	邻近路段停等车辆数的平方	ε-Greedy
Richter et al.（2007 年）	调整 Q-Learning	当前周期与时相、侦测器状态	变动	前一时阶进入路口的车辆数	Softmax
Shoufeng et al.（2008 年）	Q-Learning	路口总延滞	固定	路口总延滞	ε-Greedy
Salkham et al.（2008 年）	调整 Q-Learning	邻近路段车辆数	变动	前一时阶已疏解的车辆数与未疏解车辆数的差异	Softmax
Balaji et al.（2010 年）	Q-Learning	上一时阶总停等长度的变化	固定	上一时阶总停等长度的变化	ε-Greedy
Arel et al.（2010 年）	Q-Learning	各邻近车道的相对延滞	变动	两次决策间总延滞变化量	ε-Greedy
El-Tantawy et al.（2013 年）	Q-Learning	现行时相编号与持续时间、各时相的停等车队长	变动	两次决策间总延滞变化量	ε-Softmax
El-Tantawy et al.（2014 年）	Q-Learning	红灯时相的停等车队长绿灯时相的到达率	变动	两次决策间总延滞变化量	ε-Softmax
Elise van der Pol（2016 年）	Q-Learning	车辆位置、速度、加速度、停等线位置	变动	五项指针加权平均	ε-Greedy
Wade Genders and Saiedeh Razavi（2016 年）	Q-Learning	车辆位置、速度、前次时相	变动	两次决策间总延滞变化量	ε-Greedy

三、方法介绍

机器学习中的增强式学习（Reinforcement learning）是以马可夫炼决策过程为基础，通过智能体（Agent）与环境间的互动，自动化训练出能作出最佳决策的智能。其互动过程如图 1 所示。代理人感知 t 时阶下的环境状态 S_t 并根据代理人智能进行决策 A_t，此决策将使环境变化为 S_{t-1} 并通过奖励 R_{t-1} 反馈给代理人更新其智能。

其中经典的时间差分法（Temporal difference）通过（1）式逐步更新以估计期望累积折现奖励（Expected cumulated discounted reward）的值函数 $V(s_t)$，或某状态—决策配对的 $Q(s_t, a_t)$，简称 Q 值。

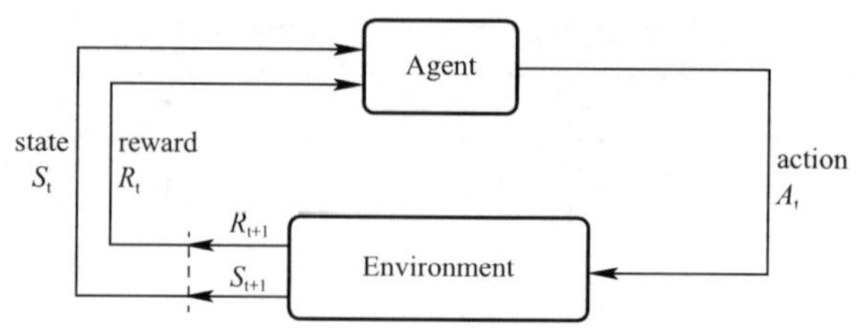

图 1　马可夫决策过程代理人与环境式意图

$$V(s_t) \leftarrow V(s_t) + \alpha[r_{t+1} + \gamma V(s_{t+1}) - V(s_t)] \quad (1)\text{ 式}$$

其中 α 为更新步幅或学习效率（Learning rate），可随训练过程逐步降低；γ 为折现因子（Discount factor）。估计 Q 值时常见有二种的算法：使用新策略（Off-policy）或沿用既定的策略（On-policy）。前者以 Q-learning 为代表，其使用贪婪策略更新 Q 值，因此实际的决策可能与更新 Q 值的决策不同，如（2）式；而后者以 SARSA 为例，更新 Q 值时即以当下的决策作为更新依据，如（3）式。

$$Q(s_t, a_t) \leftarrow Q(s_t, a_t) + \alpha[r_{t+1} + \gamma\max_a Q(s_{t+1}, a) - Q(s_t, a_t)] \quad (2)\text{ 式}$$

$$Q(s_t, a_t) \leftarrow Q(s_t, a_t) + \alpha[r_{t+1} + \gamma Q(s_{t+1}, a_{t+1}) - Q(s_t, a_t)] \quad (3)\text{ 式}$$

当问题规模增加，庞大的状态数量将难以通过表格的方式进行 Q 值估计。此时可用状态特征向量 X（s）及参数 w 形成 Q 值的估计函数 $\hat{q}$（•，w）。简易的线性函数估计如（4）式，w 可依梯度下降法进行更新，Q 学习与 SARSA 的更新式如（5）与（6）。

$$\hat{q}(\cdot, w) = w^T X(s) \quad (4)\text{ 式}$$

$$w_t \leftarrow w_t + \alpha[r_{t+1} + \gamma\max_a \hat{q}(s_{t+1}, a, w_t) - \hat{q}(s_t, a_t, w_t)]X(s_t) \quad (5)\text{ 式}$$

$$w_t \leftarrow w_t + \alpha[r_{t+1} + \gamma \hat{q}(s_{t+1}, a_{t+1}, w_t) - \hat{q}(s_t, a_t, w_t)]X(s_t) \quad (6)\text{ 式}$$

1. 环境状态

本研究设定的环境状态由一状态特征向量 $X(s_t) = [SV_t^p ER_t^p]^T \in [0,1]^{2P}$ 表示。其中 SV_t^p 为时阶 t 时相 p 的停等车辆数，ER_t^p 为时相 p 的在时阶 t 的红灯持续时间，P 为时相总数（本研究 $P=4$）。

2. 决策设计与选择策略

本研究设定路口时相对非固定顺序的四方向轮放时相（图 2）。在各时相最小绿灯时间之后即以当下环境状态计算 $\hat{q}(s, a, w)$ 决定是否要延长绿灯或是转换时相。时阶 t 的决策可表示为 $a_t \in \{0,1,2,3,4\}$。若为 0-3 表示转换时相，则下一时阶进入黄灯与全红时段结束后变换至对应的时相；若为 4，则延长现行时相 Δt_e 秒再进行下次的决策。故在时阶 t 的 Q 值估计量为：

$$\hat{q}(s_t, a_t, w) = \begin{cases} inf, & \text{if} a_t = \text{现行时相编号 } cur \\ w_{e,[cur]}^T X(s_t), & \text{if} a_t = 4 \\ w_{c,[a_t]}^T X(s_t), & \text{else} \end{cases} \quad (7)\text{ 式}$$

此设计有别于文献做法，目的在于让估计延续某时相绿灯的 Q 值所使用的参数 w_e 和估计变换为该时相的 Q 值参数 w_c 有所区隔。此二参数为 $2P \times P$ 大小的实数矩阵，$w_{e,[c]}$ 表示该矩阵 c 列的向量。另外 Δt_e 为使用者设定参数，在下一节有进一步测试说明。

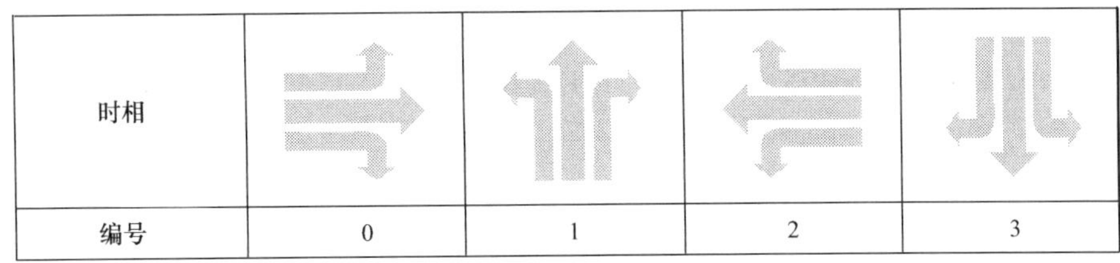

时相				
编号	0	1	2	3

图 2　时相设计式意图

当完成 Q 值估计后，决策的选择策略关系到代理人在演算最终的绩效表现。应权衡深度开发（Exploit）与广度探索（Explore）二种搜索方式，方能训练出良好的代理人。本研究使用 ε-Greedy 法作为选择策略以求二者的平衡。每次进行决策时，代理人有 ε 的概率作随机选择，(1－ε) 的概率选择 Q 值最大的决策。

3. 系统奖励

本研究使用二次决策点间的平均停等车辆数取负值为奖励，如（8）式其中 SV_t^p 为 t 时阶时相 p 的停等车辆数，Δt_a 为二次决策间经过的时阶数。

$$r_t = \frac{-\sum_p \sum_{t'=t-\Delta_a}^{t} SV_{t'}^p}{\Delta t_a} \qquad (8)\text{式}$$

算法伪代码如下：

① 初始化变数；

② 启动 *SUMO* 模拟环境；

③ **While** 未达停止条件；

④ 更新环境状态 SV_t^p、ER_t^p；

⑤ 计算累积延滞 $r_{t+1} \leftarrow r_{t+1} + SV_t^p$，$\forall$ p；

⑥ **If** $t\%\Delta t_e == 0$ **AND** 已达最小绿灯条件；

⑦ 计算平均停等车辆数 $r_{t+1} \leftarrow r_{t+1} / \Delta t_a$；

⑧ 以式（7）计算 $\hat{q}$（s_t，a_t，w）；

⑨ 计算决策 $a_{t+1} \leftarrow$ ε-greedy（$\hat{q}$）；

⑩ 以式（5）更新 w_t；

⑪ $t \leftarrow t+1$；

⑫ 进行时阶 t 车流模拟。

四、绩效测试与结果

1. 数值例说明与参数设定

本节将以 Webster 计算的优化定时，与本研究提出的机器学习式适应性号志控制（MLTC）进行比较。使用车流仿真软件 SUMO（Simulation of Urban Mobility）为绩效测试平台。SUMO 由德国航天中心（German Aerospace Center，DLR）的运输系统研究所（Institute of Transportation Systems）于 2000 年开发的开源微观交通仿真软件。经多年发展已有便利的用户接口、可转换 OpenStreetMap 图层进行模拟、适用于 Python、Java 的 API 在程序执行过程中实时进行数据抓取与控制。

测试路网为标准十字路口，东西向四车道、南北向三车道。测试时间为 2 小时。流量设定包含六种情境：低量固定抵达（LF）、低量随机抵达（LS）、中量固定抵达（MF）、中量随机抵达（MS）、高量固定抵达（HF）、高量随机抵达（HS）。固定抵达表示车辆抵达模拟路网的时间间距为固定值，故模拟结束抵达总车辆数与预先设定值相同；随机抵达则车辆抵达间距为随机值且抵达总量与设定可能不同。流量设定（表 3）。使用 Webster 计算的定时时制计划如表 4 所示，各时相秒数已包含黄灯 3 秒与全红 2 秒。

数值例流量设定 **表 3**

单位：VPH	低流量（LF、LS）			中流量（MF、MS）			高流量（HF、HS）		
	左转	直行	右转	左转	直行	右转	左转	直行	右转
往东	180	900	50	180	1260	50	180	1500	50
往西	150	600	100	150	900	100	150	900	100
往南	50	300	50	50	300	50	50	550	50
往北	5	100	5	5	100	5	5	250	5

最佳定时时制 **表 4**

时相秒数 / 流量设定				
低流量	24	15	20	16
中流量	32	15	26	17
高流量	41	15	30	24

经测试后本研究以表 5 所列参数作训练，其中 ε 值（随机作决策概率）及 α 值（学习率）均逐步由最大值线性降低至最小值。训练过程中路口延滞的变化如图 3 所示。可见到平均延滞（蓝色线）在训练初期因 ε 值较高且算法的决策策略不佳而产生高延滞值。而随着训练数量增加，平均延滞快速降低，值估计参数 w 也逐渐收敛。可见在最终平均延滞的移动平均（红线）逐步降低至与定时时志（图中绿色区域）相似的水平。

训练参数设定 **表 5**

	最大值	最小值
ε	0.8	0.001
α	10^{-7}	10^{-12}
γ	0.3	
Δt_e	3	

2. 测试结果

本研究比较定时时制及 MLTC 在六种不同流量情境下的表现。考虑模拟过程的随机性因素，各测试案例皆执行 100 次，每次 2 小时的模拟，并于仿真结束产出系统总停等延滞作为绩效指标，其统计值如表 6～表 8 所示。

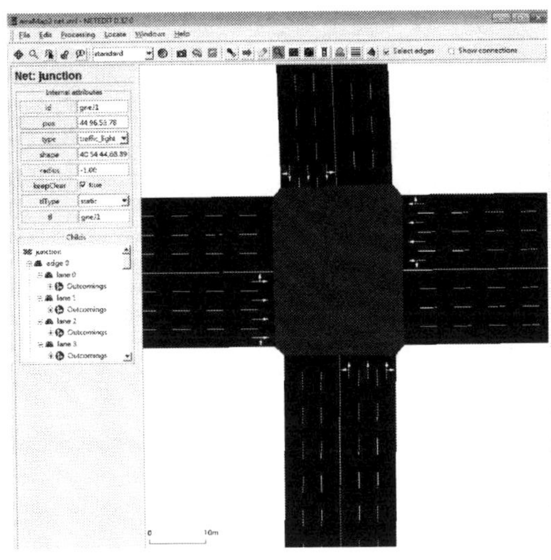

图 3　训练过程中平均延滞变化图

低流量 100 次测试结果　　**表 6**

总延滞统计值 \ 流量情境	LF		LS	
	MLTC	定时	MLTC	定时
平均值	111443.9	112236.3	110721.6	112398.0
标准偏差	1766.0	293.5	2262.1	2207.2
最小值	108737	111512	104520	107516
最大值	114455	112957	115140	118439
平均值差异	−0.71%		−1.49%	
95%信赖区间上界	111796.1	112294.8	111172.7	112838.2
95%信赖区间下界	111091.7	112177.7	110270.4	111957.8

中流量 100 次测试结果　　**表 7**

总延滞统计值 \ 流量情境	MF		MS	
	MLTC	定时	MLTC	定时
平均值	137257.5	162003.4	136777.8	159147.2
标准偏差	1763.4	376.4	2206.2	2542.7
最小值	134170	161045	130805	150638
最大值	139698	163037	143238	164529
平均值差异	−15.27%		−14.06%	
95%信赖区间上界	137609.2	162078.5	137217.8	159654.4
95%信赖区间下界	136905.8	161928.3	136337.8	158640.1

高流量 100 次测试结果　　**表 8**

总延滞统计值 \ 流量情境	HF		HS	
	MLTC	定时	MLTC	定时
平均值	199054.7	240729.4	207439.4	238940.6
标准偏差	1905.6	1035.9	6415.1	3069.2
最小值	194693	238039	188528	232417

续表

总延滞统计值 \ 流量情境	HF		HS	
	MLTC	定时	MLTC	定时
最大值	205552	242716	220633	248043
平均值差异	−17.31%		−13.18%	
95%信赖区间上界	199434.7	240936.0	208969.1	239549.6
95%信赖区间下界	198674.6	240522.7	205909.8	238331.6

在低流量下，MLTC与定时时志的平均总延滞差异不大，可降低0.71%与1.49%。在LF下因抵达间距为定值，标准偏差均较LS低，尤其LF下定时时志明显低于其他三者。而MLTC在LF或LS都有较低的最小值，在LF时最大值较定时差。即使平均值差异不大，通过95%信赖区间仍可观察到低流量下MLTC和定时时志有显著的差异。

中流量设定可看出MLTC和定时时志的差异。MF和MS下，MLTC可分别降低15.27%与14.06%的总延滞。且MLTC的最大值均小于定时时志的最小值，说明即便在MLTC表现最差的情况下，绩效仍优于定时时志最好的表现。唯有定时时志在MF下的标准偏差仍是四者中最低。最后从信赖区间可看出，中流量下MLTC的绩效显著优于定时时志。

高流量设定下得到的结果与中流量差异不大，MLTC可分别降低17.31%与13.18%的总延滞。且MLTC最差的绩效仍优于定时时志最好的表现。定时时志在HF下仍有最低的标准偏差，值得注意的是在HS的MLTC标准偏差明显变大，表示在高流量下，MLTC的绩效开始有较大的波动。最后从信赖区间亦可归纳出，高流量下MLTC的绩效显著优于定时时志。

五、总结与未来研究方向

本研究以机器学习中的值函数估计法设计单一路口的适应性号志控制，在仅输入环境状况、系统奖励、决策设计而不提供任何号志控制相关知识的状态下，让智能体与环境互动并自我调适。此算法的优势在于能通过与环境互动自动学习号志控制逻辑，不须手动调整参数。且相较于传统的适应性号志控制如SCOOT、SCAT等，其分布式架构以及不须车流模型等优点，可有扩充至大型路网的能力。训练的结果与最佳定时号志相比，在低（L）、中（M）、高（H）流量加上固定（F）、随机（S）抵达的六种组合情境设定下，MLTC均显著优于定时时志。在中高流量时差异尤为明显，路口总延滞可降低13%～17%。

未来的研究方向如下：（1）高流量随机抵达（HS）情境下，MLTC出现变异数较高的状况，说明MLTC仍不够稳定。未来应设计更多情境，以确保智能体受到完整的训练，能应对各种可能情况；（2）未来应与适应性号志控制逻辑（如SCOOT、SCAT等）作绩效比较；（3）变动时相顺序在实务上可能违反驾驶者习惯，甚至会导致危险状况发生。未来应设计固定（或至少部分固定）时相顺序的机器学习式号志控制；（4）未来可将单一路口智能体扩展至解决干道连锁及路网号志优化的问题。

参考文献

[1] El-Tantawy. S, "Multi-Agent Reinforcement Learning for Integrated Network of Adaptive Traffic

Signal Controllers (MARLIN-ATSC)", University of Toronto PhD Thesis, 2012.

[2] Thorpe, T., "Vehicle traffic light control using SARSA", Master's project report, Computer Science Department, Colorado State University, 1997.

[3] Wiering, M., "Multi-agent reinforcement learning for traffic light control." Presented at the 17th International Conference on Machine Learning, Stanford, CA., 2000.

[4] Abdulhai, B., Pringle, R., & Karakoulas, G. J., "Reinforcement learning for true adaptive traffic signal control", Journal of Transportation Engineering 129 (2003), 278-285.

[5] Camponogara, E., and Kraus, W., Jr, "Distributed learning agents in urban traffic control", Presented at the 11th Portuguese Conference on Artificial Intelligence, 2003.

[6] Oliveira, D., Bazzan, A., Silva, B., and Nunes, L., "Reinforcement Learning based Control of Traffic Lights in Non-stationary Environments: A Case Study in a Microscopic Simulator", Proceedings of the 4th European Workshop on Multi-Agent Systems EUMAS'06, Lisbon, Portugal, December 14-15, 2006

[7] Richter. S, Aberdeen. D, and Yu, J., "Natural actor-critic for road traffic optimization", In Advances in neural information processing systems 19 (2007), 1169-1176.

[8] Shoufeng, L., Ximin, L., and Shiqiang, D., "Q-Learning for adaptive traffic signal control based on delay minimization strategy", Presented at IEEE International Conference on Networking, Sensing and Control, April 6-8, Sanya, China, 2008.

[9] Salkham, A., Cunningham, R., Garg, A., and Cahill, V., "A collaborative reinforcement learning approach to urban traffic control optimization", Presented at IEEE/WIC/ACM International Conference on Web Intelligence and Intelligent Agent Technology, Sydney, Australia, 2008.

[10] Balaji, P. G., German, X., and Srinivasan, D., "Urban traffic signal control using reinforcement learning agents", IET Intelligent Transport Systems 4 (2010), 177-188.

[11] Arel, I., Liu, C., Urbanik, T., and Kohls, A. G, "Reinforcement learning-based multi-agent system for network traffic signal control", IET Intelligent Transport Systems 4 (2010), 128-135.

[12] El-Tantawy, S., Abdulhai, B., and Abdelgawad, H., "Multiagent Reinforcement Learning for Integrated Network of Adaptive Traffic Signal Controllers (MARLIN-ATSC): Methodology and Large-Scale Application on Downtown Toronto", IEEE Transactions on Intelligent Transportation Systems 14 (3) (2013), 1140-1150.

[13] El-Tantawy, S., Abdulhai, B., and Abdelgawad, H., "Design of Reinforcement Learning Parameters for Seamless Application of Adaptive Traffic Signal Control", Journal of Intelligent Transportation Systems, 18 (3) (2014), 1-19.

[14] Pol, E., "Deep Reinforcement Learning for Coordination in Traffic Light Control", University of Amsterdam Master Thesis, 2016.

[15] Genders, W., and Razavi, S., "Using a Deep Reinforcement Learning Agent for Traffic Signal Control", arXiv: 1611. 01142, Nov. 2016.

中国香港启德发展计划区域供冷系统——设计及工程管理

卢洁莹　唐志康　卢锦祥

摘　要：启德发展计划区域供冷系统（DCS 系统）是中国香港首个区域供冷系统，是一个促进该发展区可持续发展的低碳及节能的基建设施，为区内非住宅楼宇用户的空调系统提供中央空调冷冻水服务。启德发展计划内预算总空调面积约有 170 万平方米，通过使用 DCS 系统集中生产空调冷冻水供应不同建筑物的空调系统，可优化空调制冷机组的效率、减低个别建筑物所需机房空间及便利营运，同时也能提高能源效益及社会实践对环境的保护。DCS 系统工程项目的制冷机组及管道分三期进行安装和铺设，以配合该区的发展计划，DCS 系统已于 2013 年开始投入运作，陆续为本区内各类别用户提供稳定和可靠的区域供冷服务。整个 DCS 系统三期工程项目完成后的总制冷量会达到 284 兆瓦。本文将重点介绍启德发展计划区域供冷系统有关工程项目的设计、管理包括“设计、建造及营运”项目采购，并讨论工程项目涉及协调地下基础设施和敷设管道的挑战及应对方案。

一、引言

中国香港的建筑物普遍利用空调系统为室内空间提供舒适的环境，而空调系统的用电量约占全港总用电量的 30%，所以采用具有能源效益的空调系统，可以有效地达到节能的目标。

为推广具有能源效益的空调系统，香港特别行政区政府于具有可持续发展和环保设计概念的启德发展区，开展全港首项 DCS 系统工程，为区内的非住宅楼宇提供空调冷冻水服务。

DCS 系统是一个大规模的中央供冷系统，由中央供冷站制冷机组生产冷冻水，通过铺设在地底的喉管网络，输送到区内的各个用户楼宇，经由安装在楼宇支站内的热交换器，供应该幢楼宇所需的冷冻水。集中生产空调冷冻水来供应不同类别的建筑物，可以优化中央供冷站制冷机组的效率，DCS 系统的耗电量较传统风冷式空调系统少 5%，较使用独立冷却塔的水冷式空调系统少 20%。除了节省用电和提供稳定、可靠的冷冻水等优点外，DCS 系统亦能为用户带来以下的效益：

（1）减少碳排放；

（2）减少受制冷设备引致噪声和振动的影响；

卢洁莹，唐志康，卢锦祥．香港特别行政区政府机电工程署能源效益事务处的高级工程师．

（3）令楼宇在设计上更有弹性；

（4）减少安装制冷设备所需的空间；

（5）减少营运开支。

因为需要在地底铺设大直径的喉管网络，所以DCS系统较为适合在新发展地区或重建区内建造。此外，如果区内规划的各幢楼宇较为密集，将可减少所需铺设喉管的长度，从而降低建造的成本。

DCS系统的供冷服务是一种商业性质的服务，使用供冷服务者须缴付费用，通过具有一定竞争力的收费价格，可以吸引更多潜在的用户使用DCS系统。

二、启德发展区的DCS系统

启德发展区内的建筑物，包括各种类别，如商业零售和办公大楼、行政大楼、地铁站、医院、小区大楼、酒店、私人住宅、公共房屋和邮轮码头等（图1），预算非住宅楼宇的总空调楼面面积约有170万平方米。

图1　启德发展区

启德发展计划中的DCS系统由两个独立的制冷水设备厂，冷冻水输送管网和客户端的热交换配给站组成。南面的DCS系统制冷水设备厂，简称南厂，位于前启德机场飞机跑道的地底（图2），为前南停机坪和跑道的区域提供制冷服务。该设备厂采用一次变流量

图2　设于前启德机场跑道的南厂

系统，并采用海水冷却制冷机。

北面的DCS系统制冷水设备厂，简称北厂，位于启成街北端，毗邻观塘绕道（图3），为前北停机坪的区域提供制冷服务。北厂的制冷机组同样采用一次变流量系统。由制冷机生产的冷冻水，通过三条敷设在地底的环型管道，输送到区内的用户楼宇。

图3　北厂的外观图

为配合启德发展计划的发展时间表，建造DCS系统的工程分三期进行。第一期工程是为了配合道路工程而需先行完成敷设的部分管网，第二期工程是建造南厂、北厂、海水泵房和其他相应的设备，此两期的工程已于2014年完成。而第三期工程是以一系列组合，配合启德发展区内的道路工程和楼宇建造的发展时间表，敷设余下的水管和安装相应的机电设施。工程已于2013年7月分段开展，预计整个项目将于2026年完成（图4）。

图4　设于南厂的5000冷吨的冷冻水机组

DCS系统已于2013年开始运作，陆续为区内各类别用户提供稳定和可靠的供冷服务。截至2018年年初，区内已有十座建筑物使用DCS系统，使用系统提供的供冷服务，当中包括邮轮码头、屋苑商场、学校、政府大楼、医院和地铁站（图5）。

启德发展计划的DCS系统在完成后，总制冷量为284兆瓦，和传统风冷式空调系统比较，预计每年可节省高达8500万度电，相应减少排放59500吨二氧化碳。

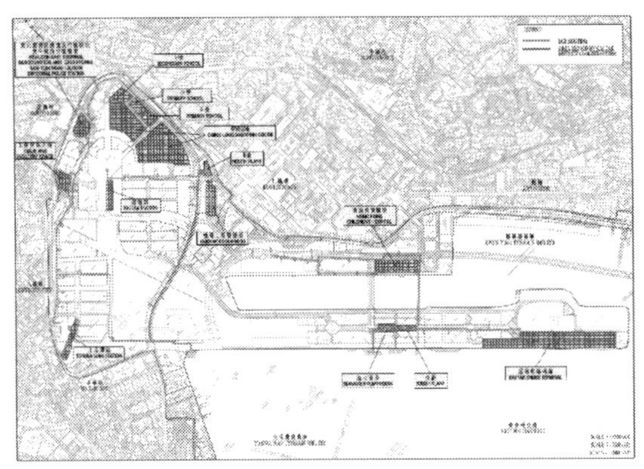

图 5　已接驳及即将接驳使用 DCS 系统的各幢建筑物

三、“设计、建造及营运”项目采购

一般政府斥资的工务工程项目，会交由私营的顾问及承建商，分别负责工程的设计和兴建。启德发展计划的 DCS 系统，采用“设计、建造及营运”模式，概念是由政府负责建筑费用，而私营承建商则按照政府预先设定的要求，一并设计和建造 DCS 系统。系统于 2013 年开始运作，承建商根据管理合约，可以参与设施的营运工作，直至 2019 年，如果届时营运合约获得续期，营运期将会延续至 2027 年。

因为承建商有责任在系统完成后负责营运，令他们有诱因采用综合解决方案，提供物有所值的设计和建造材料、设备。安排合适的营运期限，足以吸引国际专业公司竞投合约，亦令政府得到稳定的服务。

四、建设 DCS 系统中遇到的挑战

为启德发展区建造 DCS 系统，虽然我们已参考了世界各地有关 DCS 系统的建设经验，但是在设计和建造阶段，仍然遇上不少挑战，例如：

1. 与其他地下基础设施的冲突与协调

一个现代化的城市必定有一定量的基础设施，例如食水喉管、污水喉管、电缆、煤气、通信电线等，香港的地下都应有尽有。DCS 系统的冷冻水管和冷却水管，直径比一般基础设施大，在已经非常小的地底，要找到足够的空间敷设冷冻水管和冷却水管，有一定困难。当发现 DCS 系统的管道和其他基础设施有冲突的时候，我们需要和有关部门或公用事业单位进行磋商和协调，务求达到一个双方都可以接受的方案。

2. 敷设管道

在地下敷设 DCS 系统的冷冻水管和冷却水管，传统施工方法是先在地面向下挖掘坑道，敷设喉管，然后回填路面，简称明挖回填法。这种施工方法需要长时间占用大面积的地面空间。

如果现场环境并不适合采用明挖回填法，例如路面是行车道，或是要回避一些不能移动的基础设施，便要考虑采用无须开坑的施工方法（图 6），例如顶管法或是利用隧道钻挖机（简称 TBM）。TBM 的优点是在施工期间无须占用隧道沿线上方的地面，可以减低对交通的影响，但是因为钻挖机的体积庞大（图 7），所以需要先开挖两个大型竖井，让钻挖机可以进入地底开展隧道工程，以及在完成工程后离开地底（图 8）。无须开坑的施工方法较明挖回填法复杂和困难，所以成本较高。在横越启德明渠进口道，全长约 350m 的地底

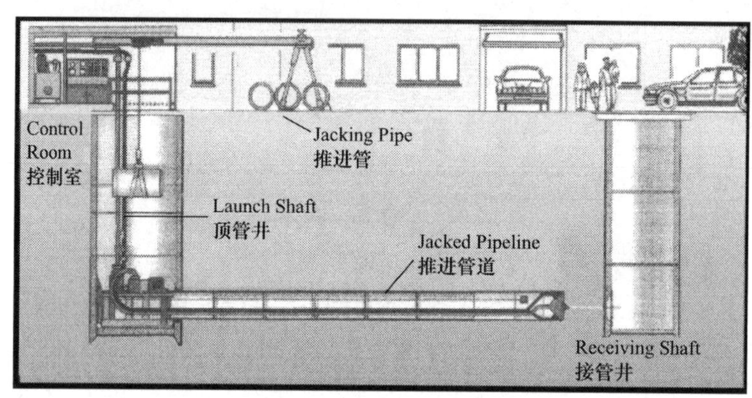

图 6　非开挖敷管技术示意图

图 7　于启德发展区使用的 2.8mTBM 钻头

图 8　使用 TBM 钻头的施工情况

管道（图 5），便是其中一段通过 TBM 施工技术于 2016 年完成敷设的工程。总括而言，不同的环境有不同的难题需要克服，我们在考虑各种不同的利弊后，采用适当的施工方法，敷设 DCS 系统的喉管。

3. 冷却水排放回海港

因为启德发展区位于维多利亚港海旁，有充足的海水作为冷却水源，所以南厂和北厂的设计，都是从海港中抽取海水，以水冷式为制冷机散热，然后把冷却水排放回海港。为避免进水口与排水口短路降低冷冻水机组的散热效率，海水进水口和排水口需保持适当的距离。采用这种非循环海水冷却系统，需要评估排放的冷却水的水质（如温度、杀虫剂含量、残留氯含量）对海域水质和生态的影响。

我们采用美国环境保护局开发的模型，考虑不同的潮汐情况，模拟抽取低温海水作为冷却水，然后把温水排放回海港。近场模型的数据协助我们确定进水口和排水口的适当位置（图 9）。近场模型亦提供了温水扩散的宽度、残留氯和杀菌药的含量、稀释度和路径等信息，结果显示排放的温水不会令附近水域的温度高出超过 2℃，残留氯和杀菌药的浓度均符合环境保护署的标准。

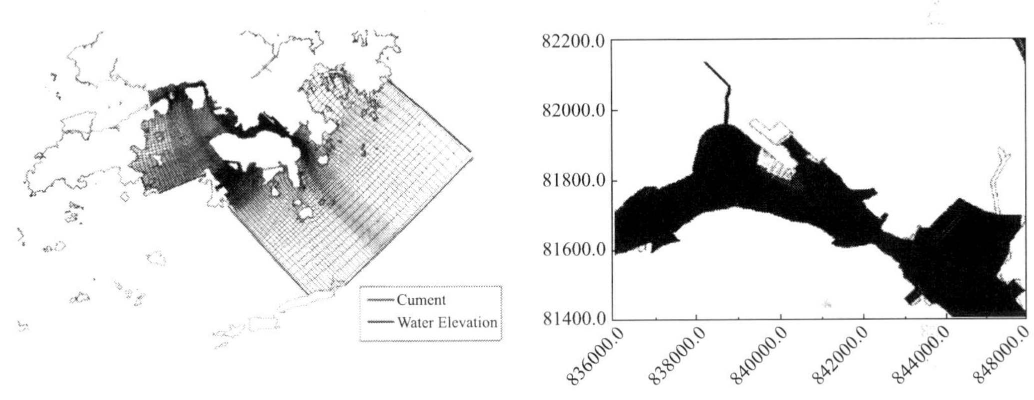

图 9　建立热能和水质模型以规划进水口和出水口的位置

我们亦有采用远场模型来评估海水冷却系统的排放对启德发展区附近水域的影响，仿真的对象包括维多利亚港、东部及西部缓冲区水质管制区。此外，在重点区域选取具有代表性的测试点收集样本，测试海水冷却排放物对水质指针的影响，进行系统性的分析。部分收集样本的地点是环境保护署现有的监测站，以便有关历史数据可作参考和比较。

4. 使用渗漏监测系统

埋藏在地底的冷冻水管和地面有一段距离，所以无法轻易观察水管的状况，故此安装一套渗漏监测系统，可以尽快发现渗漏，并且能够推断可能渗漏的范围，从而安排所需的修复工作。渗漏监测系统的敏感度可以控制，以适应实际环境。大部分冷冻水管包括测漏线和隔热材料都是在工厂预制安装，既可以保证质量符合标准，又可以减少在地盘安装的时间（图 10）。

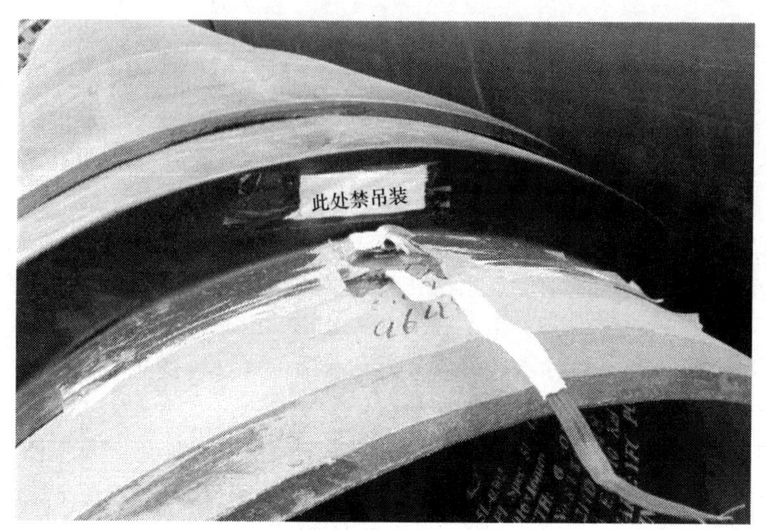

图 10　预制管道上的测漏线

五、《区域供冷服务条例》及收费机制

1. 《区域供冷服务条例》(第 624 章)

虽然区域供冷系统是由地方特区政府投资建设，但由于纳税人不应补贴区域供冷服务的费用，所以使用区域供冷服务的公共及私人非住宅建筑物需向地方政府缴交区域供冷服务费用，以确保地方政府能够收回项目建设及营运成本。

故此，地方特区政府制定了区域供冷服务条例（第 624 章），界定政府在区域供冷服务方面的权力和职责，包括向使用区域供冷服务的非政府用户做出收费的安排。该条例已于 2015 年 3 月实施。

2. 收费机制

有关的区域供冷服务收费水平具有竞争力，与使用独立冷却塔水冷式空调系统（WACS）的成本价格相若。收费机制维持稳定的价格，提供简单的收费制度，所有用户以相同的收费标准进行处理。

此外，亦有参考国际惯例，区域供冷服务收费包括两项主要组成部分，即制冷量收费及耗冷量收费：

（1）制冷量收费是在收回 DCS 厂房和设备的资本成本以及营运和维修（O&M）成本。制冷量收费根据合约制冷量征收，合约制冷量由用户决定，并在区域供冷服务开始前由机电工程署同意。制冷量收费率会根据综合消费物价指数每年调整一次。

（2）耗冷量收费根据用户实际的区域供冷服务耗冷量征收。收费的主要部分是公用事业成本，例如用于制造冷冻水的电力。耗冷量收费率则参照电费的变化每年调整一次。

六、总结

在启德发展区的DCS系统，是此类创新中央供冷模式在香港的首次应用。我们在规划、设计、建造和营运的过程中，克服不少挑战和困难，包括首次应用大直径的TBM钻头和为区域供冷服务的收费订立法律条文。

长远来看，DCS系统如果在香港广泛使用，将在香港能源效益和减碳行动中扮演重要角色。我们在落实启德发展区DCS系统中获得的相关经验，对在其他新发展区和重建区建造DCS系统将会大有帮助。

参考文献

[1] Siu-kuen Lo. "The District Cooling System at the Kai Tak Development", 2017.

[2] Siu-kuen Lo and Ting-sing Ng. "Implementation of District Cooling System Development in Hong Kong and its Challenges", 2015.

[3] 老子扬，刘贵平，卢敬贤. "在中国香港应用区域制冷系统所面临的挑战"(2014).

[4] Patrick Cheung, Siu-kuen Lo and Chun-yue Ma. "Implementation of District Cooling System in Hong Kong: Challenge and Experience", 2014.

[5] International District Energy Association, "District Cooling Best Practice Guide, First Edition", USA (2008).

[6] International Energy Agency, "District Heating and Cooling Connection Handbook", France (2004).

土木工程技术

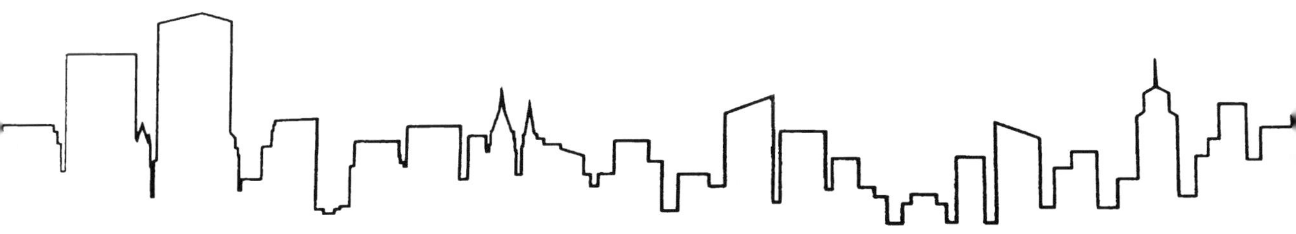

瑞士落石防护网现地试验规范简介

丘达昌　陈志信

摘　要：岩块坠落（Rockfall）为边坡破坏类型之一，在邻近山区公路、铁路经常受此种灾害影响危及人、车的安全，因此需在边坡设置落石防护设施，而针对落石无定向来源或高空坠落岩块等情形，普遍选择以落石防护网系统来防护保全对象，在早期时因落石防护网系统制造与施工的技术尚未成熟，世界暂无任何国家针对落石防护网系统功能性检验标准进行规范编撰，于2001年瑞士环境森林与地形管理局（SAEFL）及瑞士联邦森雪与地形保护研究所（WSL）共同出版《落石防护设施验证指南》（*Guideline for the approval of rockfall protection kits*），成为落石防护网系统首次拥有政府认证的检验规范，而后在欧洲地区被广泛推行，并成为其他国家的规范发展参考与重要研究依据，据有指标性的地位，故本文介绍瑞士落石防护网系统验证规范的试验设置、验证方法与检验分级，期望各界对于落石防护网功效分级与检验方式有更进一步的了解。

关键词：落石；防护网；试验规范；检验方式

一、前言

落石为岩块或岩屑自边坡受重力自由落下的破坏模式，一般常发生于岩石边坡其不连续面发达且坡度非常陡峭者，常因地震、台风、暴雨影响促始岩块产生分离、位移进而落下，落下时因重力加速度产生自重数倍的冲击力，对于路面、行人等用路安全常产生无法事先预警的危害，又台湾高山地区面积分布广泛，公路与铁路多沿山区开辟，于每年汛期常见其遭受落石影响而阻断交通（图1、图2），尤其台湾东部山区铁路、公路为重要交通枢纽，但因落石而中断道路通行时有所见，故落石灾害防护需求其重要性突显。

落石防护针对落石无定向来源或高空坠落岩块等情形，普遍选择以被动式落石防护网系统来防护保全对象，落石防护网系统起初于欧洲地区十分流行，近年来各国开始采用，并且世界各地皆可见其实际案例，而早期由于处于百家争鸣状态，防护网系统各有不同，又苦无国家级规范提供试验规范标准，世界各地虽有研究自行试验其落石防护网拦阻能力，但试验条件也大相径庭，难以在相同条件下比较各落石防护网的性能，对于需求单位亦难以明白其功能性的差异，故于2001年瑞士环境森林与地形管理局（SAEFL）及

丘达昌，高雄市土木技师公会/理事.

陈志信，世鼎工程设计有限公司/大地技师.

瑞士联邦森雪与地形保护研究所（WSL）共同出版《落石防护设施验证指南》（*Guideline for the approval of rockfall protection kits*），成为落石防护网系统首次拥有政府认证的检验规范。

图 1　铁路轨道受落石阻断情形

图 2　山区公路受落石阻断情形

二、落石防护网系统简介

落石防护网主要是由阻截网件（可加附网）、支承立柱、基座钣、支承钢索、消能元件、锚碇构件等构件所组成的防护系统，侧视图与正视图如图 3、图 4 所示，其主要防护方式为当落石发生时，落石直接冲击阻截网件，通过网件的变形与承接拦阻落石，而同时钢索因网件变形直接传递受力至锚碇构件，于钢索上同时配有消能元件，当钢索受力产生拉伸时，消能元件也会开始变形产生消能作用，从而抵消冲击能量，整体而言是通过防护系统本身变形来消能，主体为柔性防护系统，其适用性广泛，较不受地形地貌限制，且本身构件可于承接落石清除时简易替换，对环境影响非常低，可与原始景观合为一体。

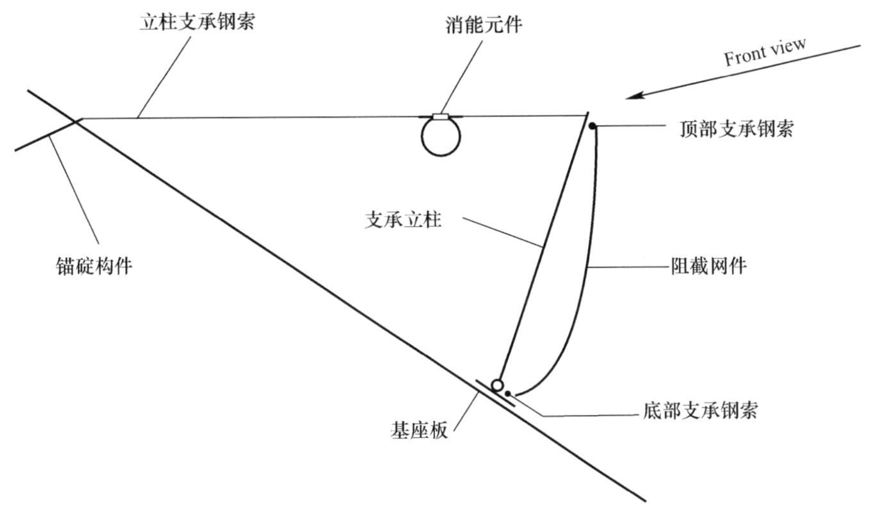

图 3　落石防护网系统侧视图

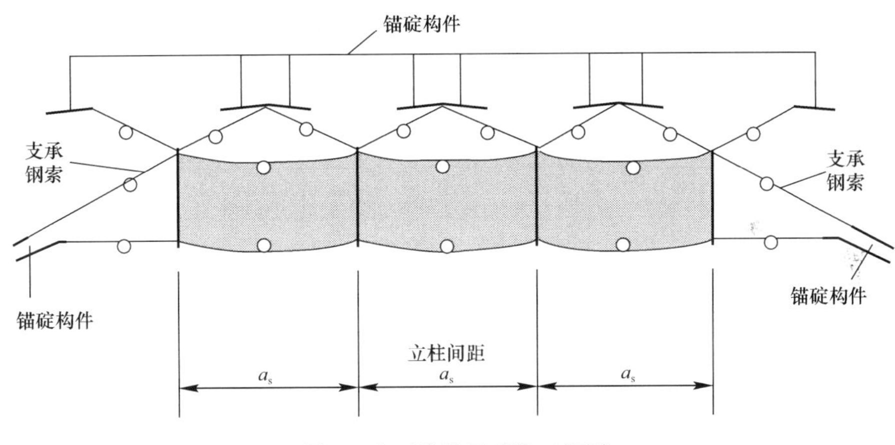

图 4　落石防护网系统正视图

三、落石防护网试验介绍

1. 试验场址

落石防护网试验场址位于瑞士瓦伦湖上方一废旧采石场（图 5），以大型吊车吊起试验重量块，以自由落体方式冲击下方设置的落石防护网系统，检验落石防护网的防护能力，可搭配所需的监测仪器，如监测摄影机、荷重计、应变计等记录落石防护网试验资讯。

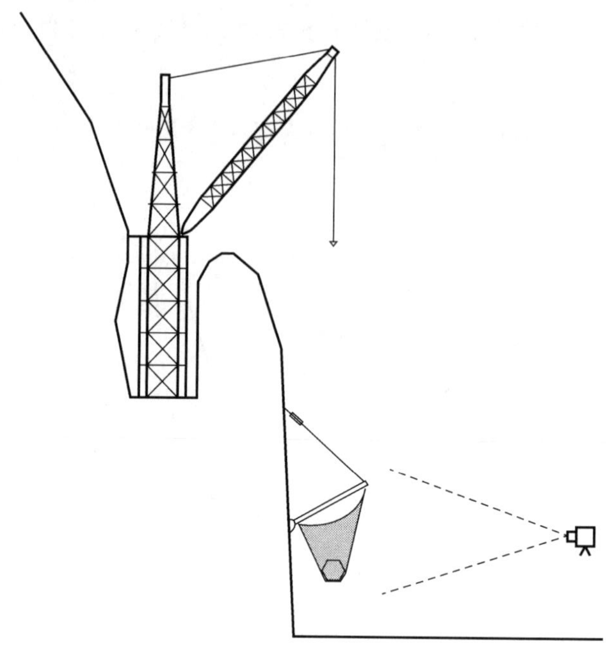

图 5　落石防护网试验场址示意图

2. 防护网几何参数定义

如图 6 所示，落石防护网于试验前设置安装后，需记录其基本几何参数，如：

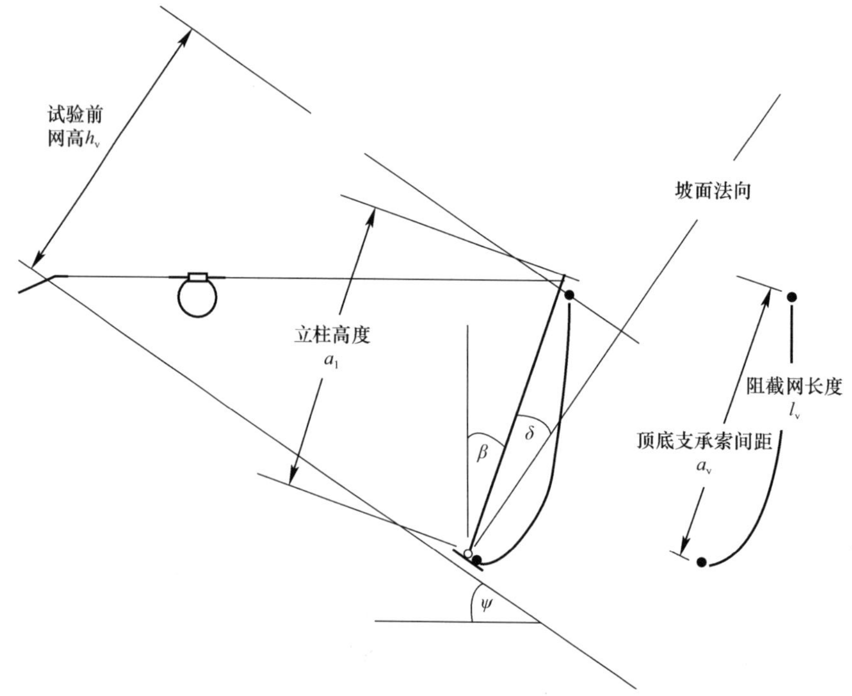

图 6　落石防护网试验前示意图

（1）立柱高度 a_1；
（2）顶底支承索间距 a_v；
（3）阻截网长度 l_v；
（4）试验前网高 h_v；
（5）边坡坡角 Ψ；
（6）立柱与边坡法向夹角 β；
（7）立柱与垂直向夹角 δ。

如图 7 所示，落石防护网于试验后，需记录试验前后几何参数改变量，如：

（1）试验后消能元件改变量 b_r；
（2）试验后顶底支承索间距 a_n；
（3）试验后阻截网长度 l_n；
（4）试验后残余网高 h_n；
（5）立柱旋转角 α；
（6）停滞距离 b_e。

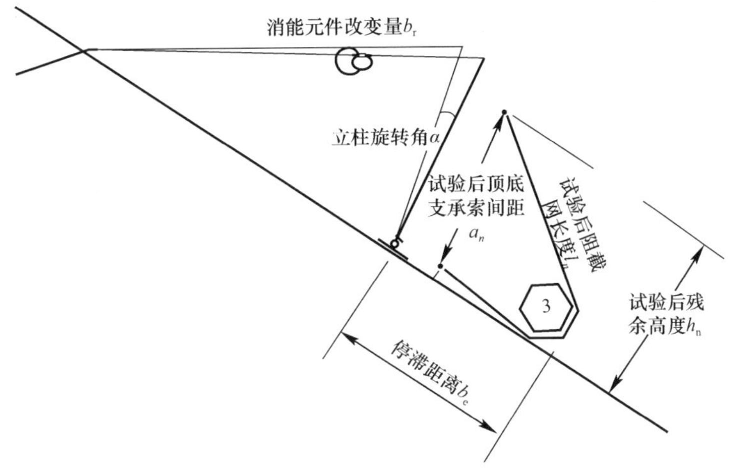

图 7　落石防护网试验前示意图

3. 试验块

试验重量块以混凝土或钢筋混凝土所灌注制成，其形状为六面等边六角型，如图 8 所示，上下底垂直距离为 S，S 的长度与试验块的重量需视试验能量分级所决定，如表 1 所示。

4. 落石防护网试验

（1）预掷试验

预掷试验主要为测试阻截网件与其附网在小能量冲击时的变形量与拦阻能力，其试验重量块为四方体，并分别做 3 次不同能量投掷试验，如表 2 所示，各试验块冲击网时须达到 25m/s 的速度，需注意能量分级 1 与分级 2 者无须施作预掷试验，经预掷试验后需观察试验块体是否被成功拦阻、阻截网件是否无变形以及试验后落石防护网系统是否无任何部分需进行维修作业等项目，确认完成后才可进行后续落石能量 50％以及落石能量 100％的主要落石投掷试验。

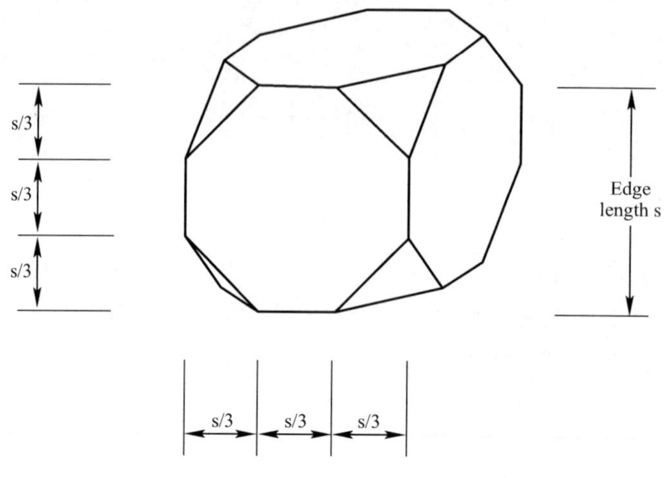

图 8 落石防护网试验重量块示意图

落石防护网试验能量分级表

表 1

能量分级	落石能量 50%试验			落石能量 100%试验		
	能量（kJ）	重量块（kg）	S(m)	能量（kJ）	重量块（kg）	S(m)
1	50	160	0.41	100	320	0.52
2	125	400	0.56	250	800	0.70
3	250	800	0.70	500	1600	0.88
4	375	1200	0.80	750	2400	1.01
5	500	1600	0.88	1000	3200	1.11
6	750	2400	1.01	1500	4800	1.27
7	1000	3200	1.11	2000	6400	1.40
8	1500	4800	1.27	3000	9600	1.60
9	2000	8000	1.51	5000	16000	1.90

预掷试验试验块体表

表 2

试验块尺寸（cm）	试验块数量（pcs.）	试验总重量（kg）	试验能量（kJ）
10×10×10	5	12	3.8
20×20×20	3	59	18
50×50×50	1	300	94

（2）落石能量 50%试验

落石能量 50%试验是假设在落石冲击能量在工作载重下作用于落石防护网的情形，于冲击后可进行简易维修，试验时以表 1 选择能量等级，再以能量等级的 50%落石能量试验块体尺寸与重量进行投掷试验，本试验仅投掷 1 次，且试验块于接触阻截网件时其速度需达 25m/s，试验时与试验后需记录以下内容：

1）于各支承钢索装设拉力计不得少于 10 只；

2）摄影机装设于 2 个不同方向记录试验情形；

3）支承钢索、消能元件、支承立柱与阻截网件变形量；

4）阻截网件试验前后最大高程变化量；

5）个别构件的损伤情形；

6）试验后修复时间与更换构件材料种类；

7）阻截时间 t_s、阻截距离 b_s、停滞距离 b_e，如图 9 所示。

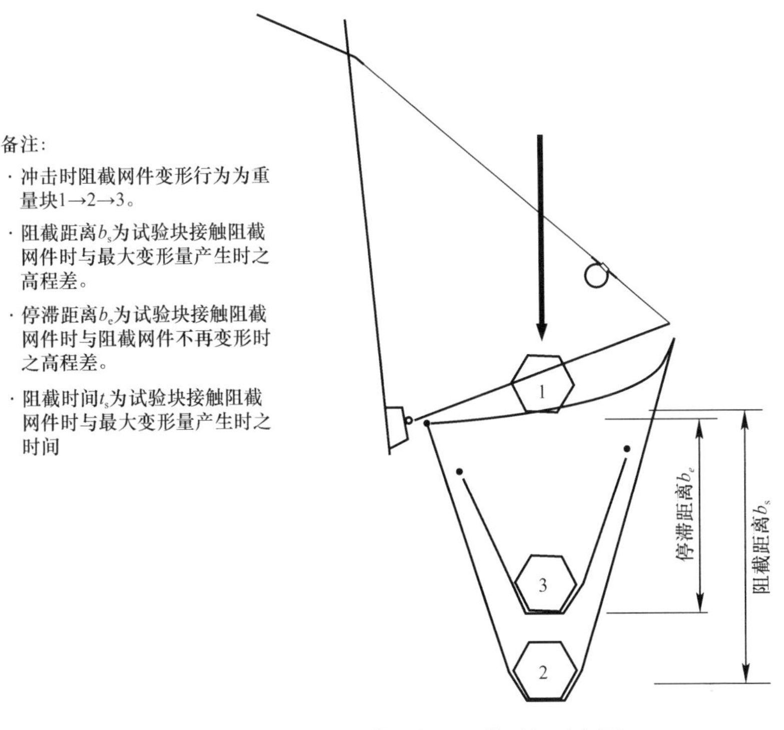

图 9　阻截距离、停滞距离、阻截时间示意图

落石能量 50%试验完成后，需观察试验块体是否被成功拦阻、阻截网件无贯穿或拉断破坏、落石防护网系统仅允许简易维修，确认完成后才可进行后续落石能量 100%的落石投掷试验。

（3）落石能量 100%试验

落石能量 100%试验为测试落石防护网系统在最大冲击能量下的变形量与承载效能，试验时以表 1 选择能量等级，再以能量等级的 100%落石能量试验块体尺寸与重量进行投掷试验，本试验仅投掷 1 次，且试验块于接触阻网件时其速度需达 25m/s，试验时与试验后需记录以下内容：

1）于各支承钢索装设拉力计不得少于 10 只；

2）摄影机装设于 2 个不同方向记录试验情形；

3）支承钢索、消能元件、支承立柱与阻截网件变形量；

4）阻截网件试验前后最大高程变化量；

5）个别构件的损伤情形；

6）试验后修复时间与更换构件材料种类；

7）阻截时间 t_s、阻截距离 b_s、停滞距离 b_e。

四、落石防护网试验分级与申请步骤

经上述介绍落石试验完成后，根据规范规定整理如表 3 所示，试验能量共分成 9 级，需各能量分级试验前网高规定进行设置，于落石能量 100%落石防护试验后，依规定阻截距离 b_s 不得大于规范值且同时残余网高 h_n 亦不得小于规范的规定，如此才能得到落石防护网系统所能拦阻最大能量的完整验证。

落石防护网试验分级表 **表 3**

能量等级	试验前网高 h_v（m）	能量 100%试验（kJ）	阻截距离 b_s（m）	试验后残余网高 h_n（m）
1	1.5	100	4.0	0.75
2	2.0	250	5.0	1.0
3	3.0	500	6.0	1.5
4	3.0	750	7.0	1.5
5	4.0	1000	8.0	2.0
6	4.0	1500	9.0	2.0
7	5.0	2000	10.0	2.5
8	5.0	3000	12.0	2.5
9	6.0	5000	15.0	3.0

参考表 4，落石防护网试验申请需由制造商或供应商进行申请，SAEFL 单位进行试验统筹，WSL 进行现地试验的安排与执行，试验完成后再由 SAEFL 进行报告撰写呈送 FECAR 进行试验是否合格的确认，确认完成后 SAEFL 即颁发制造商或供应商防护网能级认证报告与证书。

落石防护网试验申请步骤与流程 **表 4**

顺序	权责单位	工作步骤
1	制造商/供应商	向 SAEFL 呈送申请文件
2	SAEFL	登记资讯、统计试验费用
3	WSL	审查文件、统筹试验
4	制造商/供应商	试验费缴纳
5	WSL	执行落石试验
6	WSL	撰写试验报告初稿呈送 FECAR
7	*FECAR	确认试验报告内容与试验合格与否
8	SAEFL/SFA	与制造商/供应商作最终财务结算
9	SAEFL/SFA	寄送正式认证文件

注：FECAR 为联邦雪崩与落石专家委员会（Federal expert commission on avalanches and rockfall）。

五、结论

落石防护网备用来防护落石日趋流行，有不受地形限制、快速组装、容易维修、环境影响低、施工污染少等优势，对于落石灾害可达到高效能的成果，现今世界气候暖化，诸如台风、暴雨、地震等自然灾害影响范围已非早年情形可比，于公共损失与灾情范围也日渐增加与扩大，对于高能量的防护与技术需求量也与日俱增，随着科技日益精进，落石防护网可防护的能量也日渐逐增，由其防护能量已可达到 8000kJ 以上的能级已非罕见，各国家也开始推行与采用落石防护网，所以落石防护网的检验与规范便日渐重要，对于各国家也有当地适用性的问题产生，但仍需以其他国家推行成熟的规范作为借鉴与参考依据，故本文介绍落石防护设施验证指南，期待各界对于落石防护网的检验与分级方式有更深层的了解，以及对于未来采用时依规范能量分级作为选择参考。

参考文献

[1] Werner Gerber (2001), "*Guideline for the approval of rockfall protection kits*," SAEFL and WSL.

[2] Werner Gerber (2006), "*Guideline for the approval of rockfall protection kits*," SAEFL and WSL.

[3] Werner Gerber, Reto Baumann, Axel Volkwein (2008), "*SWISS GUIDELINES FOR THE APPROVAL OF ROCKFALL PROTECTION KITS -7YEARS OF EXPERIENCE*," Interdisciplinary Workshop on Rockfall Protection 2008, Morschach, June 23-25.

工程、环保与民生-案例探讨

郭石盾

摘　要： 本文所指的工程为“浚渫抛填”工程，该项工程涉及环保与民生，社会与经济，包括填海造地、水环境污染、地理环境变迁、观光休闲构建、民生经济发展等课题。有鉴于近些年来，全球气候变迁、地球暖化、海水平面上升、空气污染等所带来的诸多问题，已对全球民生与环保造成前所未有的困扰与威胁；本项“浚渫抛填”工程如属污淤，因淤泥长期受工业排放废弃物及陆上污染源入侵，对水环境及食物链所造成的影响也不容忽视。至于浚渫淤泥如属净泥，则可充当诸如海岸养滩、观光休闲、生态保育等公益用途，达成废弃物能源化。针对前述有关问题，如何采取有效手段与策略？达成民生经济与环保生态平衡是大学所关注的重点，刻不容缓。本人公务生涯 40 多年，时刻与海洋及水环境为伍，也历经诸多钻研，愿借此机会，将多年心得汇总成《工程、环保与民生-案例探讨》一文，与大家分享。

关键词： 浚渫淤泥；污染淤泥；水中抛泥；陆上排泥；净泥；公益排泥；溶出试验；生物累积分析

一、前言

1. 港埠、港湾以及类似海事工程发展对周边环境可能造成影响，影响层面最大者应属淤泥浚渫与排放水中污染问题。因此，有关工程首先考虑自然资源（Natural Resources），尤其是可新生资源（Renewable Resource）的健全管理及对环境影响的系统性检核与分析。

2. 新生资源包括生活资源（Living Resources）如植物、动物及鱼类及其他自然资源（如土壤与水等），在妥善管理情况下，可生生不息。

3. 水中生态系统的自然演变倾向于集中重金属、氯化碳氢化合物、杀虫剂、营养质以及油脂化合物等有害物质，随着时间变化，最终会达到平衡稳定状况，即无有害物释出。

4. 但当浚渫或水中或陆上排放淤泥时，沉于底泥呈稳定状态的有害污染物，如重金属、镉、铜、铬、铅和锌等将与具有氧化作用的表面水或空中氧气发生复杂的化学作用被释放出来，而影响到水中上层水柱，造成水中或陆上环境污染，进而经由食物链影响人体健康。

郭石盾，台湾成功大学工学院土木系，荷兰 Delft 工科大学水利研究所航运组，美国纽约曼哈坦大学环工研究所研究，经历：高雄港务局前过港隧道管理处处长，高雄港务局前港埠工程处处长，高雄港务局前总工程师，陆军官校讲师，海洋大学讲师，长荣大学副教授，1999 年世界名人录（Who's Who）专业技术人员排行榜.

5. 以淤泥浚渫与排放而言，由于污泥影响海洋环境问题，已导致全球各国的严格管制与禁止。若无法拟定一套兼顾环境保护及经济发展双赢政策，许多港口可能将面临保持航道畅通或船席靠泊的严格限制。

6. 由于受到许多定点污染源（如河口），及非定点污染源（如一般径流水）相当程度污染，几乎大部分维护航道及船席水深所浚挖的淤泥皆成毒害淤泥。不仅对环境或人体健康构成威胁，也造成毒害淤泥无处可抛的窘境。

7. 浚渫淤泥可能含有多达数十种污染物，如水银、镉、铅、铜、锌、镍、铬、砷、锰及某些氯化及石油碳氢化合物等，其中有些对排泥环境将造成重大影响，有些则比较轻微。

必须优先考虑为含有水银、镉以及某些氯化碳氢化合物污染的淤泥。

含铅、铜、锌、镍、铬、砷、锰以及石油碳氢化合物等淤泥污染物，对环境影响则有高低不同，需视很多因素而定。

最有问题的是同时含有多种有毒物质的淤泥。

必须作适当的排放，才可免除对水、陆环境及人体健康影响。

二、浚渫淤泥种类

浚渫淤泥包括为维护港口航道、船席水深或从事港埠工程、设施施工，在海底所挖掘出的沉泥（Sediments）、土壤（Soils）和石块（Rocks）等淤积物，支援航运商务、渔产事业以及海军保防的正常运作与使用。

1. 一般分类

(1) 由于受河口或地面径流挟带沉泥造成港区维护性浚渫所挖除的淤泥

1）此类淤泥倾向于较细颗粒者（Silts and Clays），且经常含量有较多有机物质。

2）此类淤泥可能是多种淤泥中最具污染者（Contaminated Sediments），也就是修订有关淤泥抛放规则时最须考虑环保问题的焦点所在。

3）以陆上围堵排放或公海抛放加盖良土为佳。

(2) 从事港口或航道砂包维护性挖泥所产生的淤泥

1）此类淤泥是因海岸漂砂或临近海岸地带因冲刷或堆积过程造成港口淤塞所必须挖除的细颗粒到粗颗粒淤泥。

2）与第1类淤泥相比，此类淤泥较不受到污染，可用于公益用途，诸如供养滩或建材运用。

(3) 从事港内码头设施兴建所挖掘的淤泥

1）与第1类淤泥一样，此类淤泥可能已在同一地点堆积甚久，因此，有关其垂直剖面的分布将发现变化。

表层将是最为污染的一层，有大量的有机物质和细泥。

下层土壤通常属较不受污染、较粗颗粒或较坚硬的淤泥。

2）以经济考量最好分层浚挖，分别排放。

(4) 从事航道或外港区主要挖泥所挖掘的淤泥

1）此类淤泥属粗颗粒未受污染淤泥，虽然也可能属长期堆积者，但其来源绝大部分属外来漂砂，可供侵蚀海岸保护、养滩或其他公益使用。

2）此类淤泥一般属净泥（Clean Sediments），除可利用如第2类淤泥相同用途，以公海水中抛放或陆上无围堵排放，均无问题。

2. 美国淤泥分类

美国对毒性及生物累积影响程度分类：

1）第Ⅰ类淤泥：属不会引起不可接受毒性或生物累积，可不受限制从事公海抛放者；

2）第Ⅱ类淤泥：为显示具有潜在毒性及生物累积，属不符合不受限制公海抛放者，此类淤泥如采海抛，须以良土覆盖；

3）第Ⅲ类淤泥：则属不能符合固态生物分析的限制容许浓度标准者，此类淤泥不得海抛。

三、淤泥受到污染原因及影响

1. 污染的定义

（1）当淤泥中各种化学或生物成分浓度超过一定标准，而对休闲、生态系统、可用资源和人体健康造成负面影响时，污染就发生。

（2）污染来源包括：

污水、都市径流水及一般家庭废弃物；

工业加工废水、放流水及工业废弃物；

海岸建设污染物；

船舶污染物；

大气尘埃和辐射性落尘。

（3）污染物依特性可分为：

无机污染物：如水银、镉、锌或铅等；

有机污染物：如杀虫剂、多氯联苯或石油碳氢化合物等；

生物污染物：如大肠菌或病原菌。

（4）污染的另项定义：

当浚渫淤泥排放时，只要所排淤泥污染物含量（浓度）大于排放区既有基础含量（浓度），包括淤泥及覆盖水，不论有无超过环保标准都属污染。

2. 淤泥受到污染的可能原因

（1）有机污染物，如多氯联苯、杀虫剂等，在水中溶解度低，常附着于浮悬物，于颗粒沉淀后留置淤泥中。

（2）金属污染物则经由污水中的浮悬物流入港域或变成溶解性金属经由陆上或工业排水流入，当与pH值为8，咸度25ppt～30ppt的海水作用，有些金属将形成新化合物，也倾向沉淀在淤泥中。

（3）一般维护性浚渫所挖淤泥皆属细颗粒且富有有机物者，因港域常被设计在或位于流通性较差水域，可加速细颗粒沉泥及附着有机物的沉淀。

3. 污染淤泥与环境影响

（1）经由污水、径流水以及放流水带来的污染物会以不同方式影响到水中植物与动物。如鱼类生物将因注入的有毒物质而死亡。

（2）对长期低毒性的注入则会不断地累积于淤泥中，造成更深远的生物累积影响。

（3）对有些以鱼类和贝类为主食的地区，污染物会经由食物链（Food Chain）传送到人体。

（4）最让国际社会关切的是尚属未知的长期生物露置于污染淤泥的效应与影响。

四、淤泥浚渫与排放对环境影响

1. 淤泥浚渫的环境影响

（1）再浮悬淤泥的扩散与沉淀，如图 1、图 2 所示；

图 1　铰刀式挖泥船浚渫时再浮悬淤泥的扩散及沉淀示意图

图 2　铲式挖泥船作业再浮悬淤泥扩散示意图

（2）改变海底底部地形；

（3）改变海岸地形；

（4）改变地下水流量；

（5）损失海底栖地、贝类生物、一般鱼类及渔产资源；

（6）其他如爆破的影响。

2. 淤泥排放的环境影响

（1）水中抛放

水柱影响（Water column）；

海底影响（Benthic）；

如图 3 所示（Source：Pequegnat et al，1980 年）。

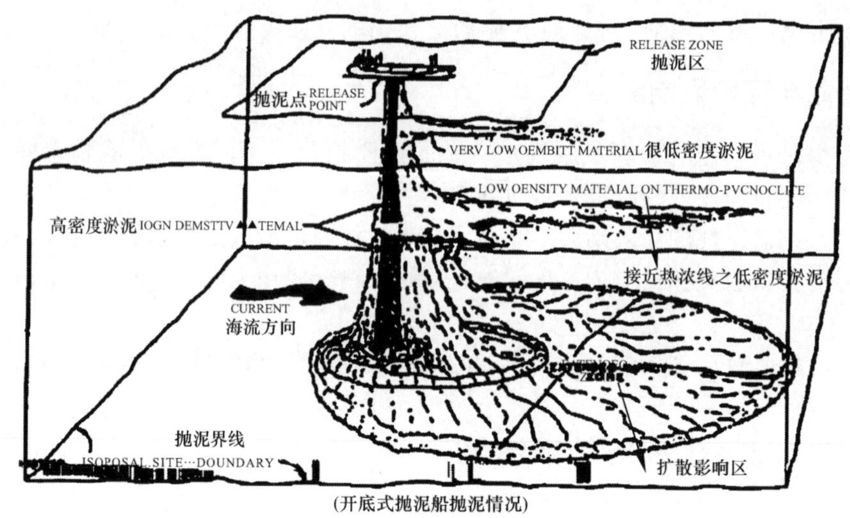

(开底式抛泥船抛泥情况)

图 3　水中抛泥影响示意图

(2) 陆上抛放

1) 放流水影响（Effluent）；

2) 径流水影响（Surface Runoff）；

3) 渗流水影响（Leachate）；

4) 动物吸收（Animal Uptake）；

5) 植物吸收（Plant Uptake）；

6) 如图 4 所示（Source：Chen et al，1978 年）。

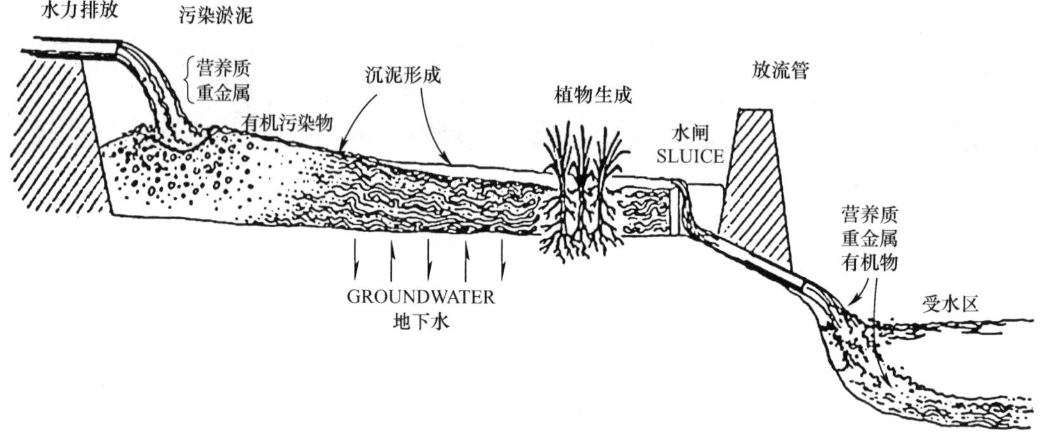

图 4　陆上淤泥排放影响示意图

3. 有关限制包括

（1）限制对海洋生物环境的负面影响；

（2）设定对渔业及贝类渔产的特别影响；

（3）设定各种有害物生物累积（Bio-Accumulation）的标准，避免有害物经食物链进入人体危害健康。

五、环保标准评估

1. 外推法（Extrapolation）以下列有关技术评估

（1）外观效应分析（Apparent Effects Threshold）：量测浚渫区动、植物受污染物污染情形及评估相关生物生态反应。

（2）淤泥-生物污染物含量标准比较（Sediment-Biota Partitioning Equilibrium）：比较拟浚渫淤泥污染物浓度与淤泥中动、植物污染物浓度（Contaminant Concentration）的差异。

（3）淤泥-覆盖水污染物含量标准比较（Sediment-Water Partitioning Equilibrium）：比较拟浚渫淤泥污染物浓度与其覆盖水（Overlying Water）中动、植物污染物浓度的差异。

（4）淤泥孔隙水水质标准评估（Water Quality Objectives Applied to Sediment Pore Waters）。

2. 荷兰标准

自从 1987 年以来，在荷兰所正式采用的淤泥品质参考值。

（1）当淤泥的污染程度低于或等于“参考值（Reference Value）”，则可毫无限制的排放在陆上或在淡水或咸水中。

（2）当淤泥的污染程度介于“参考值”和“试验值（Testing Value）”之间时，在某些规定情况下，可从事公海抛放。

（3）但假如淤泥污染浓度高于“试验值”，则必须设置围堵区抛放并作定期监控。

六、试验方法

1. 液态化学溶出试验表

（1）以浚渫溢流水及挖泥区取样水作化学分析。

（2）分析结果包括水银、镉、多氯联苯、石油碳氢化合物等的含量均在规定侦测限度以内。

2. 生物分析

（1）液态及浮悬颗粒浓度生物分析结果，经过 4 小时初混后，稀释到限制容许浓度（Limiting Permissible Concentration）以下，对试验生物无污染问题。

（2）固态生物分析，以试验生物同时接受拟浚渫淤泥及参考淤泥试验后，以试验生物对两种不同淤泥的死亡率在统计上显著差异作评估。

试验结果在统计上无显著差异，且未超过 10%，为合乎标准。

3. 生物累积分析

（1）生物经过 10 天固态淤泥试验，对存活鱼体分析，评估其对水银、镉、多氯联苯、DDT 及石油碳氢化合物等生物累积情况。

（2）试验结果如表 6 所示，其中的数字系指对参考淤泥的试验，结果不论对拟浚渫淤泥或参考淤泥试验，鱼种都没有发现吸取污染物的情形，表示淤泥未受污染。

本案例试验结果，各项分析均合乎环保标准，可从事公海抛放。

七、浚渫设备与排放方法选择

1. 浚渫设备

（1）机械式挖泥船（Mechanical Dredger）

所挖的淤泥通常以运输设备运离，如大型平底船（Scows）、自航或拖航驳船、运泥车或输送带等。

1）斗链式挖泥船（Ladder/Bucket Dredger）如图 5 所示；

2）抓斗分裂式挖泥船（Grab or Clamshell）如图 6 所示；

图 5　斗链式挖泥船示意图

图 6　抓斗分裂式挖泥船示意图

3）铲式挖泥船（Dipper）如图 7 所示；

4）怪手挖泥船（Back-hoe）如图 8 所示；

5）如图 5～图 8 所示，（Source：The 17th IAPH Conference，Barcelona，Spain，1991-IAPH）。

（2）水力式挖泥船（Hydraulic Dredger）

水力式挖泥船系利用水力离心帮浦提供挖泥及淤泥运送动力，将所挖淤泥从浚渫区经由导管传送到水面，再以输泥管排至排泥区。对某些场合亦可经由受泥船后送到排放地点。

1）纯吸式挖泥船（Plain Suction Dredger）如图 9 所示；

2）畚箕式挖泥船（Dustpan Dredger）如图 10 所示；

3）水力喷射式挖泥船（Water Injection Dredger）如图 11 所示。

图 7　铲式挖泥船示意图

图 8　怪手挖泥船示意图

图 9　纯吸式挖泥船示意图

图 10　畚箕式挖泥船示意图

图 11　水力喷射式挖泥船示意图

(3) 机械/水力混式挖泥船 (Mechanical/Hydraulic Dredger)

以吸式方法将含沙量5%～20%流体泥浆经由管线直接输送到排泥区或灌入运泥开底船送达。吸泥时以搅动器、铰刀或拖耙扩大其吸取量。

1) 泥猫吸式挖泥船 (Mud Cat Dredger) 如图12所示;

2) 自航式吸耙挖泥船 (Self-Propelled Trailing Suction Hopper Dredger) 如图13所示;

3) 铰刀吸式挖泥船 (Cutter Suction Dredger) 如图14所示;

4) 轮斗式挖泥船 (Bucket Wheel Dredger) 如图15所示。

图12　泥猫吸式挖泥船示意图

图13　自航式吸耙挖泥船示意图

图14　铰刀吸式挖泥船示意图

图15　轮斗式挖泥船示意图

(4) 吸泥机 (Pneuma Pump)

1) 吸泥机 (Pneuma Pump) 是由三个圆筒 (Cylinders) 构成一组，通过高压空气 (Air Compressor) 及高压空气分配设施 (Distributer) 连续作业的高效率吸泥设备;

2) Pneuma Pump 作业效率几乎可稳定保持60%～80%固体浓度运转，效果非常良好;

3) 作业中以高压空气吸泥排泥完全无水中环境污染问题;

4) 作业水深可达50m左右;

5) 一年365天，一天24小时，可连续工作不停不休;

6) 如图16、图17所示 (Source: US Amy Corps of Engineers-USACE, 1987年)。

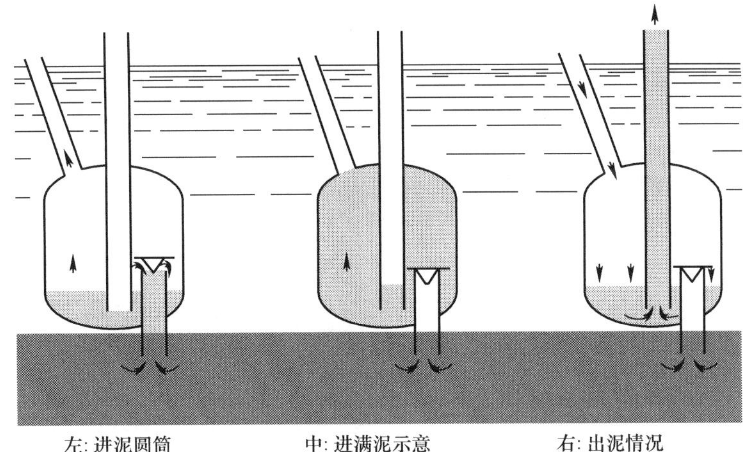

图 16　Pneuma Pump 三圆筒-进泥及出泥示意图

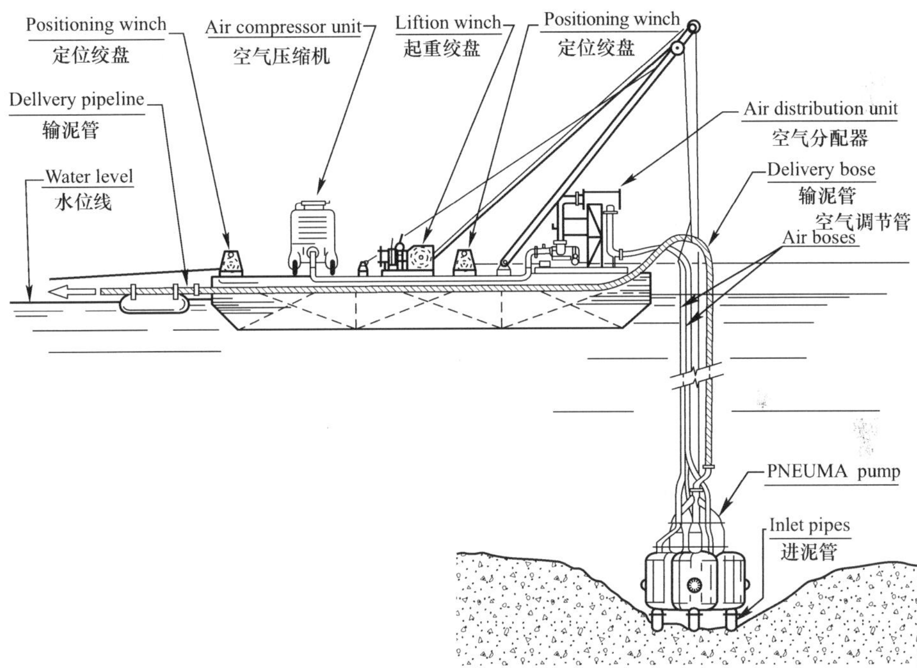

图 17　Pneuma Pump 作业无淤泥浮悬扩散示意图

2. 浚渫淤泥排放方案选择：

(1) 就排放位置而言：

1）水中排放：

① 不抵触重要经济或生态生产：限制范围或非限制范围；

② 广用到特殊生产水中设备。

2）干燥区排放：

① 有利于动、植物生产发展：围堵或非围堵；

② 非生态用途的排放：海岸保护或围堵。

3）陆上排放：

① 仅作排泥用的长期围堵排放；

② 暂时围堵排放；

③ 无围堵陆地排放；

④ 动、植物生产发展；

⑤ 农业土壤改良与填地排泥；

⑥ 供填新生地做其他建设或工程用途排放。

4）如图 18～图 20 所示。

(2) 就技术管理而言：

1）各种排泥方案，如图 21 所示：

① 净泥水中排放；

② 净泥围墙排放；

③ 净泥公益排放；

④ 污泥水中排放；

⑤ 限制性水中排放；

⑥ 污泥围堵排放；

⑦ 限制性围堵排放。

图 18　杜拜棕榈岛水中排泥示意图

图 19　西班牙海岸保护示意图

图 20　陆上暂时围堰排泥示意图

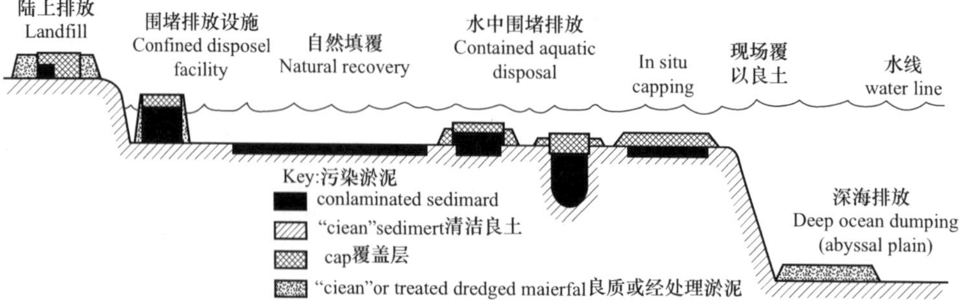

图 21　各种排泥设施示意图

2）公海抛放再覆以良土：

① 根据美国工程军团的研究，假如污染淤泥在海中抛放后能保持像浚渫地点浚渫前一样的状况，则对很多污染物，尤其是微量金属类，便能保持其化学稳定状态，因此，就具备了低生物有效性（Low Bio-availability）。

② 欲保持浚渫淤泥处于物理-化学状态，并限制污染淤泥与覆盖水和生物的互相作用，有效方法便是水中围堵或以良土覆盖。此种形式的处理，污染淤泥大约被厚为一公尺的良质土壤所埋覆，如图 22 所示。

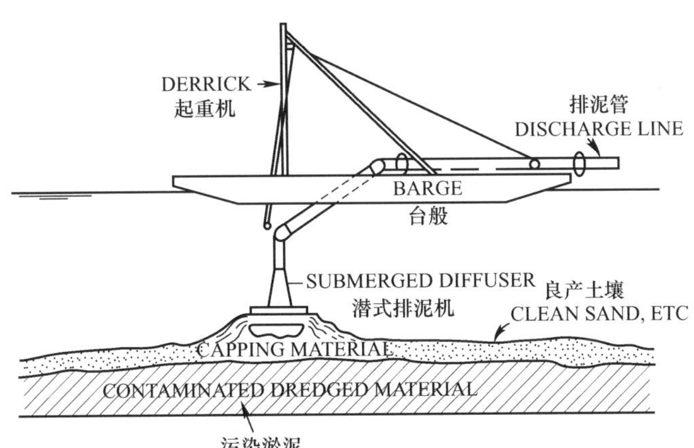

图 22　公海抛泥后以良土覆盖

3）可行特别抛放：

① 河中、港域排放：适用第Ⅰ类淤泥，排放于借土坑、围岛或湿地，如图 23 所示。

图 23　荷兰鹿特丹港港域围岛排放示意图

② 海岸养滩（Beach Nourishment）：适用第Ⅰ类淤泥，排放在侵蚀海岸海滩或供观光休闲的用，如图 24～图 27 所示。

③ 湿地排放（Wetland Disposal）：适用第Ⅰ类淤泥，以创造生物栖地，生态保育或潮涧区，如图 28～图 30 所示。

图 24　美国北卡诺莱纳州秃头岛海滩保护示意图

图 25　美国伊利诺伊州森林湖休闲海岸示意图

图 26　西班牙马拉嘉（Malaga）休闲海岸之一

图 27　西班牙马拉嘉（Malaga）休闲海岸之二

图 28　海边湿地排泥成生物栖地示意图

图 29　干燥区排泥，生态保育示意图

图 30　荷兰潮涧区排泥示意图

4）环保袋化海中抛放：

① 美国加州奥克兰港口疏浚淤泥以“地工织物淤泥袋”包覆淤泥海抛，如图 31～图 33（Source：NICOLON，The Netherlands-NICOLON，1998 年）所示。

图 31　美国加州奥克兰港口疏浚淤泥以“地工织物淤泥袋”包覆海抛施工示意图

图 32　淤泥装置至船舱 50%～75%时，于封盖缝紧后，将底舱打开沉放示意图

图 33　地工织布淤泥袋落入海中示意图

② 1987 年荷兰发展“复合式地工织物环保袋”包括覆高污染淤泥海抛，可避免浮悬物在海中扩散与沉淀。

③ 另拟抛放的“复合式地工织物环保袋”可充作工程用途，如离岸堤堤心、海堤式防波堤堤心，达到“废物能源化”，并兼具环保与经济功能，如图 34、图 35（Source：NICOLON，1998 年）所示。

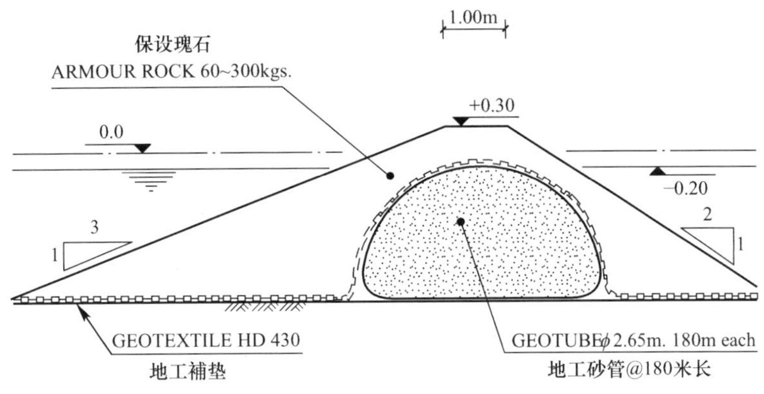

图 34　地工织物环保袋充当防波堤堤心示意图

图 35　荷兰已完成以地工织物环保袋为堤心的防波堤示意图

3. 管理策略

美国 CE 所的浚渫淤泥排放管理策略包括两项特性：为淤泥排放方案考量及适当淤泥排放管理策略的选择与实施步骤大约可分三个阶段作考量：

（1）第一阶段：以拟浚渫淤泥工程性质及相关历史背景作初步评估，如属于净泥者（表示对环境影响在不限制任何条件情况可以接受的案例），很快就可考虑排泥方案 1、2、3 种中选定适当可行者办理。不必再考虑第 4 方案，是选择排泥方案过程最单纯的一种。

（2）第二阶段：如历史背景或其他相关考虑的初步评估，有污染迹象，暂无法判别为净泥而列为污染者，则以污染淤泥潜在问题、试验方法等进行评估。从 4、5 两种排放方案中作个别选择或两者同时评估后再择一办理。如选第 4 种排泥方案，经分析结果，对环境影响可以接受以不限制条件执行，则以第 1 种排泥方案规定实施。如选第 5 种排泥方案作评估而可接受者则以第 2 种排放方案作执行的依据。

（3）第三阶段：是属必须作限制性排放的全盘考量方案，也就是经第二阶段评估后，对环境问题不能被接受作为净泥处理的考虑方案。但如果选择第 6 种限制性水中排放方案，可采用各种方法评估后，在设计考量上仍不可行，则应改为第 5 种污泥围堵排放方案重新作考虑。同理，如选择第 7 种限制围堵排放方案设计上亦不可行，则应改第 4 种污泥水中排放方案重新做考虑。

八、污染源防治

1. 陆上污染源

（1）化学废弃物与工业废弃物-处理后抛放；

（2）岸边或海边的工业废水-处理后排放；

（3）家庭污水-雨、污水分离，污水处理后排放；

（4）农业除草杀虫剂及农作施肥-消毒或者管制；

（5）如图 36、图 37（Source：Pictorial Atlas of The Netherlands-PAOTN，1985 年）所示。

图 36　荷兰鹿特丹港化学工业废弃物由来及控制

图 37　荷兰农业杀虫剂及农作施肥消毒管制示意图

2. 海上污染源

（1）船舶废弃物排放管制-设置船底残油、污水及废水等搜集设备送到岸上处理设施处置；

（2）造船厂防污涂料落海管制-禁止使用含锡防污涂料（TIN COMPOUNDS）；

（3）油品码头装设拦油设备防护；

（4）偶发海上油污-配置专用船清理；

（5）如图 38、图 39 所示。

Source:PAOTN,1985

图 38　荷兰鹿特丹港船舶废弃物管制示意图

Source:Port & Dredging,2000

图 39　海上油污清理船作业示意图

3. 淤泥浚渫管制

（1）再浮悬淤泥的扩散与沉淀管制，如图 40 所示；

（2）浚渫设备选择；

（3）运送方式选择；

（4）现场监控与管制及补救措施防范；

（5）如图 17 所示，采用吸式 Pneuma Pump 作业。

4. 淤泥排放管制

（1）水中排放控制：

1）排泥水域同化能力控制；

2）排泥水域扩散、混合与稀释控制；

3）水柱影响控制；

4）海底影响控制；

5）如图 40 所示（Source：USACE，1987 年）。

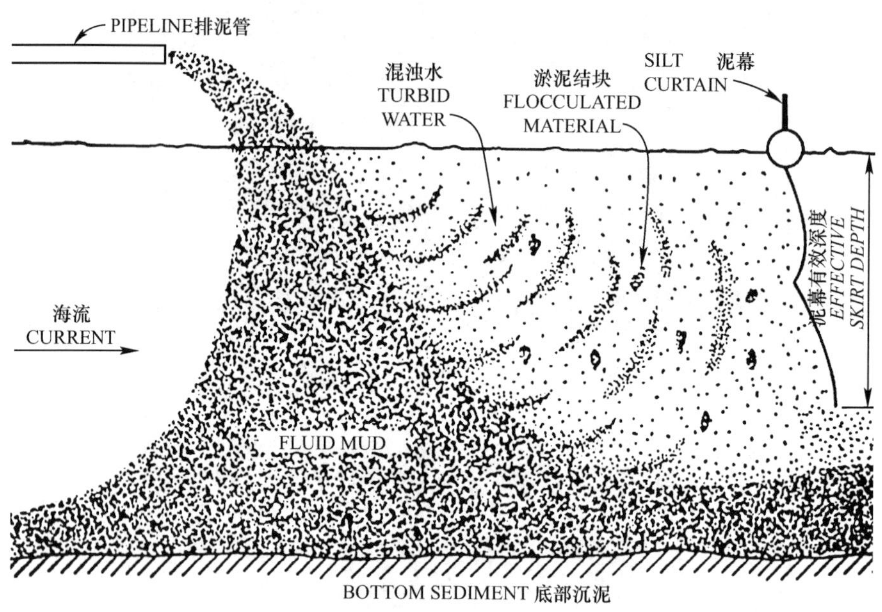

图 40　水中浚渫或排泥泥幕控制示意图

（2）陆上排放控制：

1）放流水控制：围堵区规模设计，化学处理，过滤，吸附，离子交换，化学氧化。

2）径流水控制：巩固堤面，消毒，覆盖防水膜，加盖净土。

3）渗流水控制：选择黏土区排放，降水减少流量，化学添加剂迟缓渗流，围堤内加衬里，渗流水收集、处理及再利用。

4）动植物吸收控制：消毒，化学处理，避免污染物释放，净土覆盖。

5）如图 41 所示，当设计单围堰放流时，如放流水水质经溶出试验结果达不到环保标准，则必须增设第二道围堰，基于第一道围堰处加设聚合物灌入系统，使初阶段未沉淀污染物流入二阶段留滞区后加速聚合，沉落于底部。于排放水质达到放流水标准，并通过放置于第二道围堰前的 WEIR BOXES 流入受水区，如图 42（Source：USACE，1987 年）所示。

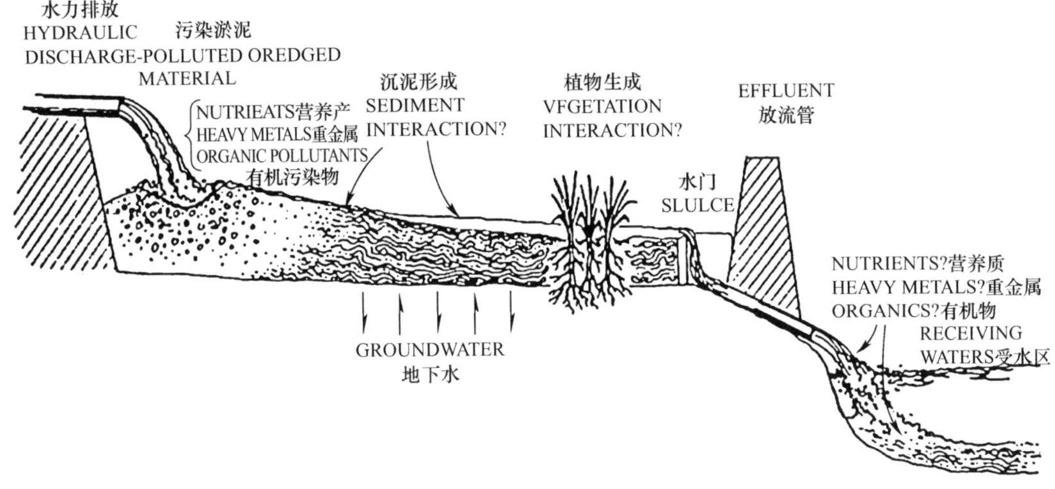

图 41　单围堰放流示意

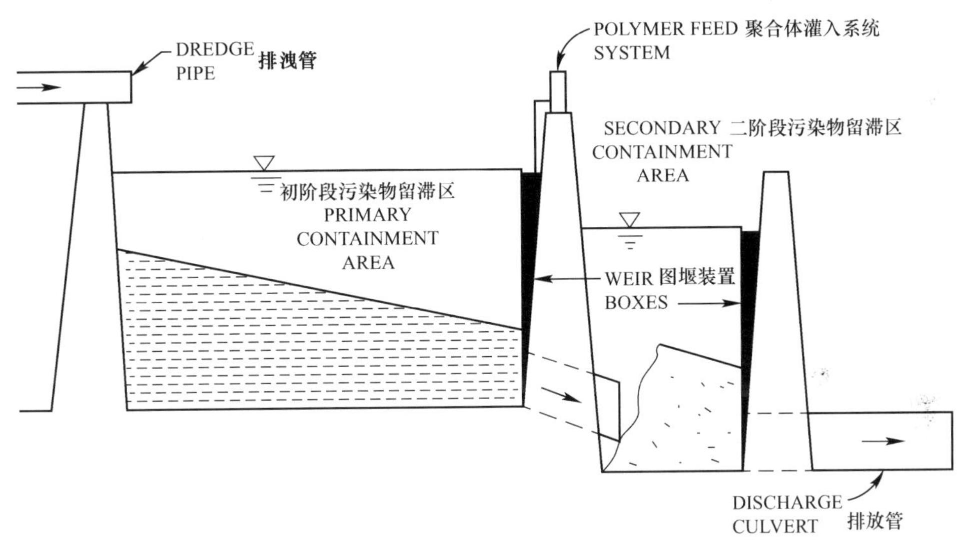

图 42　双围堰放流示意

5. 高度污染淤泥排放管制

（1）高污染性淤泥排放采用“地工织物淤泥袋”，抛放中或抛放后均可避免浮悬物在海中扩散与沉淀造成二次公害。

（2）高污染性淤泥排放采用“复合式地工织物环保袋”，可用于工程方面，如离岸堤堤心、海堤及防波堤堤心等应用，可达成“废物能源化”及兼具环保与经济功能。

九、国际公约

（1）大湖区公约：

始于 1970 年，从美国及加拿大大湖区（The Great Lakes）所浚渫的淤泥不准在湖中抛放，绝大部分淤泥均须在湖边地带或陆上作围堵抛放处理。

（2）伦敦抛放公约：

1）废弃物海抛政府对政府间的公约，一般被称为伦敦抛放公约，其对一般废弃物处理理念与奥斯陆公约相类似，且适用于所有国际水域。

2）伦敦抛放公约列举许多有害或潜在有害化学化合物，诸如水银或有机卤素化合物（Organo-halogen Compounds），对该化学化合物均订有海洋环保法规予以管制。

3）伦敦抛放公约对于浚渫淤泥海中抛放所探讨的主题：

① 微量污染物的定义（Trace Contaminants）；

② 污染物显著数量的含意（Significant Amounts）；

③ 无害快速变化的内涵（Rapidly Rendered Harmless）；

④ 毒性限制（Toxic）；

⑤ 持续作用的定义（Persistent）；

⑥ 生物累积的规定（Bio-accumulative）。

4）伦敦抛放公约对于浚渫淤泥海中抛放所探讨的作业准则：

① 作代表性的抽样试验（Representative Sampling）；

② 检测淤泥一般特性（Measuring the General Characteristics）；

③ 检测主要污染物存在情形（Measuring the Priority Contaminants）；

④ 必要时，从事生物分析，证明排放淤泥不会引起生物长期剧毒效应，也不至于造成排泥区敏感海洋生物的有害生物累积。

（3）奥斯陆公约：北欧国家所组成的公约，除了净泥，任何污泥一律不准海抛。

（4）巴黎公约：欧洲国家所组成的公约，除了净泥，任何污泥也一律不准海抛。

（5）布伦特兰公约：对海洋永续发展，建议任何有关海洋发展的建设必须考量环保的影响，而且必须做妥必要设施，使环境影响减至最少。

（6）蒙特娄公约：修订陆上污染物抛放或排放管理，管理标准类似伦敦抛放公约所规定的环保诉求，旨在限制淤泥中有害化学物质含量与污染。

十、结论：

1. 考量重点：

（1）在财力物力可接受情况下，淤泥浚渫与排放对环境影响是可预防或大量减低其影响程度的。

（2）环境保护措施可获取比经济投资（Economic Costs）更大的经济利益（Economic Benefits）。

（3）对相关问题的预防性措施（Preventive Measures）可扮演更有效的防护功能（Effective Protection），而且比事后的补救措施（Remedial Measures）来的廉价许多。

2. 工程、环保、民生三位一体：

（1）工程阶段如已察觉拟浚渫淤泥可能受到污染，污染淤泥可能影响生态，则应通过环保评估、试验分析，规划适当实施计划，做好可行污染防治，力求达到环保标准。

（2）经试验分析后的淤泥，以各种污染物的种类、含量与特性，选择适当浚渫设备，可行排放方法；采用适当排泥地点，可行安全防护；即可使生态环境受到的冲击减至最小。

（3）对高污染淤泥抛放通过地工织物环保袋处置，既无二次公害问题，也可达废弃物能源化原则，一举两得。

（4）对未受污染视为净土的类淤泥，可不受限制方法、地点排放，除可作为民生公益用途，也可作为生态保育栖地。

（5）经由前述分析与考量，各项环保诉求均达标准后，浚渫抛填可顺利进行，自然资源可获得确保，生活资源可达到永续，民生食物链可免除毒害，经济与环保得以兼顾，观光与休闲得以发展，共创工程、环保与民生三赢的局面。

参考文献

[1] Committee on Port & Ship Safety，Environment and Construction，DREDGING FOR DEVELOPMENT，THE 17th IAPH CONFERENCE，BARCELONA. SPAIN. 1991.

[2] John D. Davis，Scott Macknight，IMO Staff，and Others，Environmental Considerations for Port and Harbor Developments，WORLD BANK TECHNICAL PAPER NUMBER 126. 1990.

[3] NormanR. Francingues，Jr.，Michael R. Palermo，Charles R. Lee，Richard K. Peddicord，MANAGEMENT STRATEGY FOR DISPOSAL OF DREDGED MATERIAL：CONTAMINANT TESTING AND CONTROLS，DEPARTMENT OF THE ARMY，US Army Corps of Engineers，MISCELLANEOUS PAPER D-85-1，1985.

[4] Office，Chief of Engineers，Us Army，PREDICTION AND CONTROL OF DREDGED MATERIAL DISPERSION AROUND DREDGING AND OPEN-WATER PIPELINE DISPOSAL OPERATIONS，TECHNICAL REPORT DS-78-13. 1978.

钢板桩静压植桩工法在中国台湾的发展与应用

林国伟　郭屈原　刘孟光

摘　要：钢板桩作为中国台湾应用最普遍的开挖挡土措施，具有施工速度快及造价便宜等优点，但在传统上受限于振动打桩机式施工方法，其施工过程的噪声可达 90 至 100 分贝，形成严重的噪声公害，对民众的生活质量与健康造成严重的危害，更因为震动打桩过程会产生振动波传递而造成邻房或邻近设施的损害，其范围甚至在超过 20m 以外的地方皆会有相当的影响。此种打桩工法的先天缺陷，也形成了钢板桩在某些地方应用的限制，造成工法与成本的增加。

随着静压植桩工法的采用，一举克服了打桩衍生的震动与噪声公害的问题，通过搭配水刀或钻掘一体性的辅助设施更可以克服 SPT-N 值在 500 以下的坚硬地层，让钢板桩这类挡土措施的优点可有更广泛的实现。实务上也正因为如此，所以钢板桩静压植桩工法近几年来在台湾的发展十分迅速，本文主要依据笔者及所属公司近十年来在台湾实际的施工经验与案例进行探讨与归纳，点出静压植桩工法的基础优势，并对于此工法在未来市场的发展与应用提出见解。

关键词：钢板桩；振动打桩机

Abstract: Steel Sheet Pile, as the most common used retaining wall material and method, has its advantage of high efficiency and low cost. But in traditional, the vibro piling technique will cause the very high noise exceeding 90 to 100 dB and be harmful to people's living quality and their health. More over, the vibration will also propagated even far more than 20 meters so as to damage the neighboring building and facility on/under the ground. Those defects result in the restricted application of steel sheet pile and bring the higher cost by adopting other retaining wall method.

The using of sheet piling silent piling technique brings the vast application of steel sheet pile without the defect of high noise and vibration. In cooperating the water-jet and crushing method, the sheet pile can be also installed onto the hard ground condition with SPT-N less than 500. In practice, this brings the rapid development and broad aaplicaiton of the sheet pile silent piling technique in Taiwan these years. This article is a discussion based on our experience, various cases of silent piling technique in the past decade and to deduct basic advantage of this method and the potential applicable items in the fundamental work.

Keywords: Steel sheet pile; Silent piling

林国伟，全强企业股份有限公司/台湾 总经理.

郭屈原，全强企业股份有限公司/台湾 土木技师.

刘孟光，全强企业股份有限公司/台湾 项目经理.

一、前言

钢板桩作为一种挡土措施，可以说是目前各类基础开挖挡土工程中使用最广泛的挡土工法，中国台湾在四十年前开始从日本引进 U 形钢板桩后，钢板桩便开始在基础开挖中展现其优越性，并广泛在各种类型的假设性挡土工程中被采纳。总的来说，钢板桩具有可重复回收使用的环保特点，且施工速度快、动员效率高、施工现场适应性高、价格便宜等多重性优点；相较于钢轨桩或 H 形钢等不连续的挡土措施，钢板桩乃为一片片以榫沟（Interlock）方式扣榫打设入土，对于在开挖过程中减少主动侧土壤流失的状况（特别是针对流动性较高的粉砂质土壤），其挡土效果更为优越。

日本做为钢板桩技术优势国，在钢板桩研发、形式与应用非常多样且广泛（图 1）；在亚洲，中国台湾目前应该是除了日本以外，对于钢板桩的使用偏好度最高的地区，但是由于中国台湾的钢板桩主要依赖进口，所以在钢板桩形式的选择性并没有像日本的种类多样；中国台湾最常使用的钢板桩为 FSP-Ⅲ形及Ⅳ形（图 2），业界常用长度为 7m、9m、

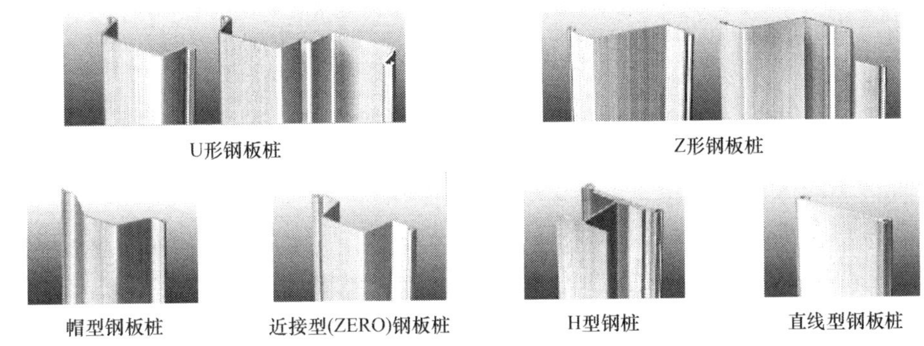

图 1　在日本被广泛采用的各种不同形式钢板桩

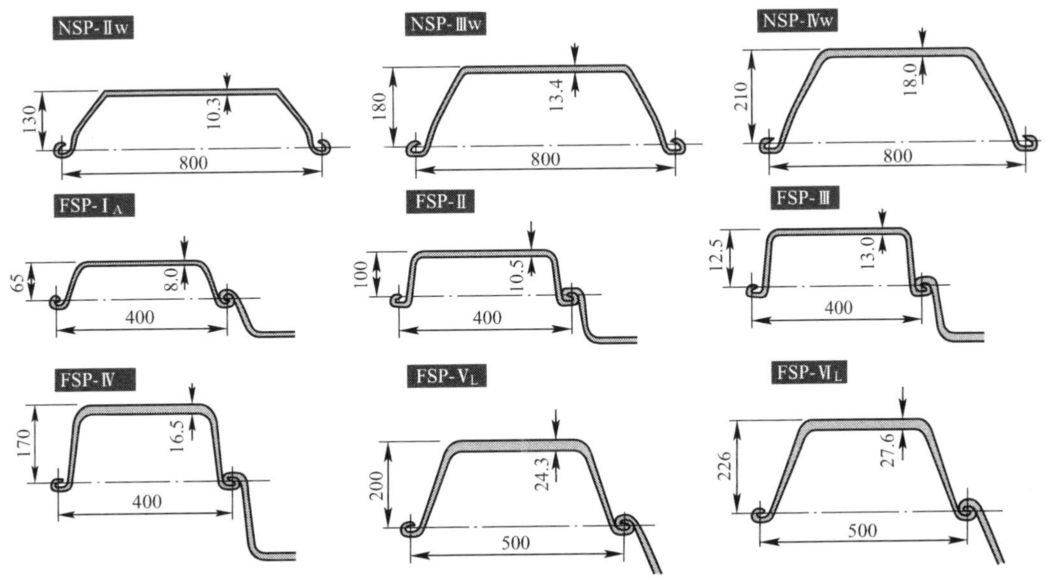

图 2　不同 TYPE 的 U 型钢板桩

13m、16m、19m，钢板桩只有在长度超过 16m 以上，才会出现Ⅳ形钢板桩，否则一般大致以Ⅲ形为主流，基于减少钢板桩开挖过程的变位和水平支撑施工的考虑，近几年Ⅳ钢板桩有朝向 13m 发展的趋势。

中国近几年来由于营建工程技术飞快地进步，再加上钢板桩可以体现如前所述的相关优越性，钢板桩在中国的使用量也正在以倍速增加，并且广泛应用于铁路、道路、水利工程、管廊、海河岸工程、厂房、建筑等。

二、传统震动打桩对于钢板桩在市场上发展的影响

目前，在中国台湾钢板桩主流的施工方式是以传统挖土机为载具的震动打桩机，中国台湾在震动桩锤的研发、制造等技术已有一定的水平，也因为如此，所以震动打桩的施工价格非常便宜，施工效率与速度也提升很快。

虽然震动打桩在施工效率与费用上都有相当的优越性，不过其单桩施工过程产生的噪声可高达 85dB 以上，在打设长板桩上面，为了确保质量可能需要采用的屏风式打桩工法，其噪声甚至可达 100dB 以上，这样的噪声公害已严重违反了中国台湾的有关规定；在震动的部分，震动打桩机在距离邻房 10m 范围内进行打桩，引致邻损的概率是非常高的。这也是钢板桩震动打桩工法一直以来都会出现的问题，所以钢板桩震动打桩通常不会成为都会区施工的首选。然若仅因为噪声及震动就将钢板桩工法排除在都会区的基础开挖施工选项中，而抛弃钢板桩的诸多优越性则甚为可惜。

日本早在 1970 年经济高速发展时期，许多即将开工的重要项目就已面临施工现场噪声及震动过大的问题，1975 年第一台静压植桩机便已经诞生，经过 40 年的发展，静压植桩工法目前已是日本钢板桩打设的主流工法，目前在日本已有超过 80%的比率采用静压植桩工法进行钢板桩植入。笔者将此两种工法的比较节录于表 1 所示。

静压植桩机与震动机比较表 **表 1**

项目	静压植桩机	震动机
震动（质点运动速度）	小于 1mm/s	10～20mm/s
噪声	约 60dB	约 90dB～100dB
施工空间需求	小	大
施工速度	☆	☆☆☆
施工价格	☆☆☆	☆
施工质量	☆☆☆	☆
施工过程的安全性	☆☆☆	☆

静压植桩工法可以将震动控制到完全感觉不到的水平，噪声也可轻易地控制在满足都会区噪声法规的范围内，甚至做到夜间施工依然不会对邻近住户造成太大的影响。

静压植桩工法是利用油压缸直接将钢板桩压入到地下一定深度的一种打桩工法，由人员通过遥控的方式操作静压植桩机（图 3），静压植桩机通过机具本身夹住已打入桩的方式，取得足够的反作用力，作为压入桩的基础。

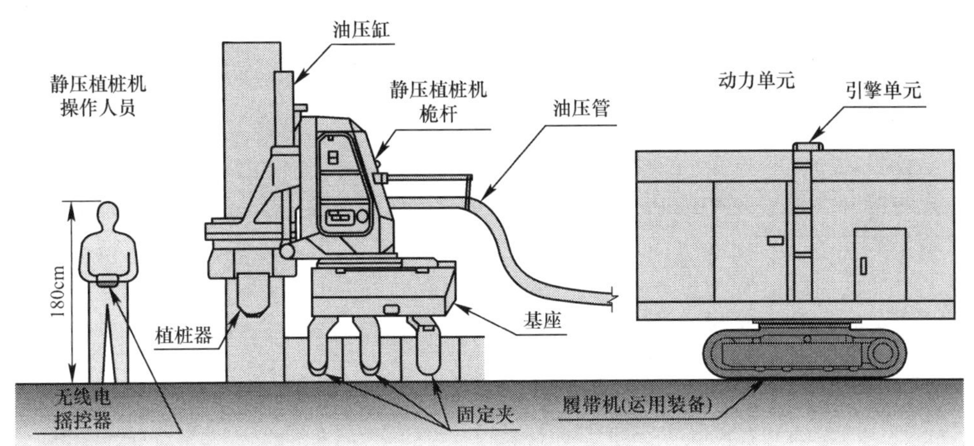

图 3　静压植桩机组成示意图

三、中国台湾实际应用案例归纳

中国台湾早在 1990 年便已少量引进静压植桩工法，不过由于当时操作人员技术及施工观念还不成熟，导致工法的发展速度缓慢。直到 2010 年后，由于施工厂商在静压工法的技术成熟度、机具数量、施工经验等皆已有长足的进步，在许多政府与民间工程也都可以看到静压植桩工法的应用，并受到许多业主及设计单位正面的评价，导致 2010 年后，静压植桩工法在中国台湾发展的速度飞快，除了用以替代原有的震动打桩的项目，在许多都会区中原本不会考虑钢板桩作为挡土措施的项目上，也逐渐增加了起来，这几年的发展可以印证本文所要传递的重点，也就是“在以钢板桩既有优势性的条件下，通过静压植桩工法扩大钢板桩应用领域，让开发单位可以受益”。笔者整理近十年来所有静压植桩相关项目的施工经验，大致可以将静压工法的应用和使用效益及必要性总结以下几种。

1. 对于某些特定需要配合夜间施工的需求

在许多都会铁路改建的案子中，有很多时候在接近铁轨侧的板桩施工需要配合铁轨上方电缆进行停电，以避免触电的风险，这样的施工必须要求快速，尽量缩短停电的次数与时间，此时钢板桩工法就成为最好的选择，但是震动打桩夜间施工的噪声绝对是住户无法接受的，静压式钢板桩便成为解决这类项目的最佳方案。

此外，还有在交通要道进行钢板桩常遇到必须要回避日间的交通尖峰时段，笔者曾多次在台北市市中心的夜间进行静压植桩施工，施工期间并未遭遇住户因为噪声而抗议，可以说是非常成功的实现了工法的预期目标（图 4）。

图 4　在高雄市区进行配合停电夜间施工

2. 避免打桩位置的邻近管线因震动受损（如：输油管、水管、瓦斯管、有毒气体管线、高压气体管线等）

在笔者公司所承揽的项目中，曾遇到过炼油厂、化工厂、一般工厂甚至医院的高压气体输送管线或储气槽以及加油站内或都会区地下新设管线开挖等。采用静压打桩的原因就是为了避免震动造成管线损害而引致重大灾害，或是令管线轻微受损造成的微量泄漏对未来造成隐藏性的风险。此类地下管线的轻微损害往往在施工过后不容易察觉，也不可能全面挖开检查，静压植桩施工对于在这类项目进行安全的施工有极大的帮助（图 5、图 6）。

图 5　中油厂区内于输送油管旁进行植桩

图 6　市区邻近天然气管线进行植桩

3. 避免在软弱地盘处进行震动打桩造成的土壤液化与地面沉陷

震动打桩主要是通过震动锤的震动对钢板桩周围的土壤产生局部小范围的液化，让钢板桩可以轻松打入，也正是因为如此，所以，在软弱地盘的工地（SPT-N 值小于 10，且地下水位高）进行震动打桩容易因土壤液化对周围的既有构造物基础形成沉陷而造成损害，采用静压植桩工法可以用来避免此问题。

铁路对于沉陷的要求比较高，紧邻铁路施工是容易因为震动打桩工法伴随的土壤液化造成铁轨沉陷，所以在中国台湾，笔者有诸多紧邻铁路侧、都会区轻轨侧进行钢板桩施工的案例（图 7）。

图 7　高雄重划区铁路旁植桩（避免轨道沉陷）

4. 避免噪声公害（学校、鱼塭、禽类、动物的影响）

以笔者公司的经验，噪声公害会对施工区域的民众造成影响，静压工法采用有将近一半的案例都是基于噪声问题而采用的，特别是工区邻近医院、学校、重要行政部门管制区等对于噪声有严格要求的地方，更是不可能采用震动打桩（图 8、图 9）。

除了对民众的影响外，施工范围内的其他生物影响往往更大，施工厂商可以针对邻近民众进行沟通或补偿，对于一段时间内的噪声公害反而还可以忍受或通融，但如果工区附近有养殖其他各类生物，过大的噪声可能会造成养殖动物因为受惊而死亡，这类的经济损失往往很大（图 10、图 11）。

图 8　小学进行植桩

图 9　台南市靠近大楼进行富强教会打桩

图 10　鸭舍养殖场旁打桩

图 11　北港马祖医院旁植桩

5. 避免震动打桩造成的邻损，可用于近接邻房施工

特别针对邻近古迹、古建筑区、老旧建筑等工区，震动打桩造成既有建筑的损害概率非常高，伤害的程度与后续维修费用及难度都是难以想象的，所以在此类项目中，几乎不可能采用震动打桩机进行施工。至于一般民众所居住的住宅，即便不像老旧建筑这么容易造成严重的毁损，但是也极可能造成邻近混凝土结构物的些微裂缝产生，或是原本就存在的老旧裂缝，住户也可能归责于施工单位在施工过程的震动，对日后的邻损赔偿形成困扰。静压植桩具备无震动的特点，所以这类问题在施工过程中可完全避免（图 12、图 13）。

图 12　台南市水利局排水工程紧邻邻房植桩

图 13　火车站市定古迹旁植桩

6. 小空间或进出动线受限的施工或远距离施工

静压植桩施工因为施工机具所占用的空间不大，所以对于某些局限空间或进出通道受限的工地此类工法往往也可以解决这类问题，甚至多数的情况下可能是唯一的解决方法。

7. 邻近精密制造工厂施工以避免震动造成制程影响（半导体、光电面板、CNC 加工等）

中国台湾是精密加工制造业与科技产业的高密度发展地区，这类工厂的数量及密集程度很高，由于生产加工过程对高精度及良率的控制，这类工厂对于震动的容许程度很低。笔者曾经遇到过在 CNC 工厂的周边进行钢板桩打设，结果在未告知厂方的状况下，造成生产在线一定数量的精密模具因为震动打桩导致生产中的模具必须报废的状况，此案件也造成开发单位付出高额的理赔金额（图 14、图 15）。

图 14　南科 LCD 面板厂旁植桩

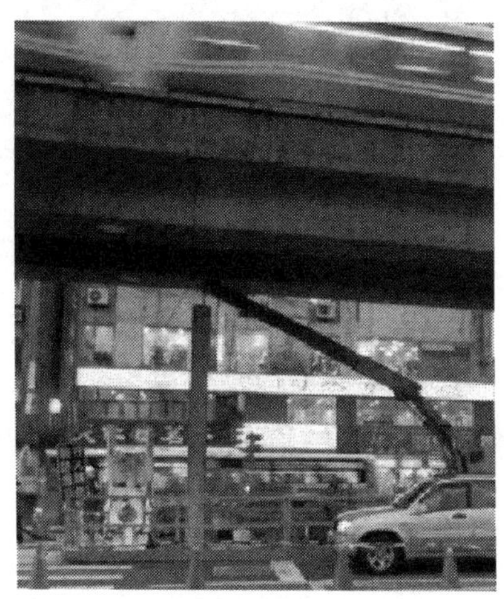

图 15　台北捷运桥下植桩

以上案例是笔者统计过静压工法采用的主要案例，除此之外还有钢板桩打设时有净高限制，静压桩工法因为节省了震动锤所占据的空间（约 2.5m），所以可以让原本需要接桩的状况变成不需要接桩，或是减少接桩次数，再加上静压植桩机的夹具位置离地面不远，夹住钢板桩后的稳定度很高，所以用静压植桩机进行钢板桩接桩施工是很不错的选择。

四、设计应用上应注意事项

任何挡土措施皆有其相对的优缺点，没有哪一种挡土措施具有各方面绝对的优越性。钢板桩通过静压植桩施工虽然已经避免了传统震动打桩的噪声与震动的负面因素，但是不是代表在解决了噪声与震动的问题后，采用静压式钢板桩施工就完全不会造成邻近构造物的损伤呢？其答案可能并不会这么乐观，钢板桩在使用上仍有一些其他方面在使用上应注意的地方。

（1）钢板桩拔除孔隙：钢板桩是一种临时性的挡土措施，在基础构造物完成后，大多数都会被拔除，也正因为如此，钢板桩拔除时的排土就是一个必须要特别注意的状况，虽然一般规范可能都会要求钢板桩拔除时要配合回填沙及灌水的辅助，不过实务上这样的做法并不能确保钢板桩拔除时的孔隙可以完整的被填满。即便有机会可以填到相当的程度，也会有时间差的问题。这类状况容易造成主动侧的土壤产生沉陷。如果周围没有邻近构造物，大体上也不会出现很大的问题，不过如果在邻近既有结构的项目，就要特别注意。

（2）钢板桩劲度：表2节录几个挡土工法的壁体劲度参数进行对照，可以看出钢板桩相较于其他混凝土基材的壁体挠性较高，钢板桩在开挖过程中，反映出的壁体变位也较明显，设计者将钢板桩用于近接邻房施工时可以辅以过往的实务经验，将过往的设计经验回馈在设计参数上，否则，参数设定的差异，可能会造成数米的变位差异。

挡土壁体强度参数表（考虑单位宽度1m） 表2

挡土壁体类型		EI值（t-m^2/m）	Ratio
钢轨桩（间距50cm）	37kg/m	388.4	0.11
	40kg/m	562.2	0.16
	50kg/m	799.7	0.23
钢板桩	FSP-Ⅲ	3427	1.00
	FSP-Ⅳ	7874	2.30
H形钢（间距1m）	H300×300	4161.6	1.21
	H350×350	8221.2	2.40
	H400×400	13586.4	3.96
预垒桩	d=30cm	2880.9	0.84
	d=60cm	23047.2	6.73
连续壁	t=50cm	21875	6.38
	t=100cm	175000	51.07

（3）钢板桩渗水及渗沙问题：在某些文献中会提到钢板桩具有挡水的功能，不过从笔者经验中，除非是在榫勾涂抹特定的防水材料，否则即便是全新的钢板桩，遇到渗透系数及含水量较高地质，钢板桩也无法将主动侧的地下水进行阻绝，在开挖过程中，主动侧的土壤则有可能因为主动侧水位的被动下降，造成土壤的沉陷。在某些粉质性砂的地质条件

下，伴随地下水位的存在，钢板桩甚至还可能出现些渗砂的状况，在紧邻既有结构物的案例中，要注意施工过程若发生渗砂可用如麻布袋填塞的方式进行处理，且不可以让渗砂的状况持续存在。

也正是因为如此，邻房保护桩的施工对于钢板桩遭遇到邻近构造物的状态下进行局部的施工，笔者认为有其必要，如图 16 所示，在钢板桩及邻房之间，若有足够可施工的空间，则可建议采用隔幕灌浆的方式进行邻房保护。

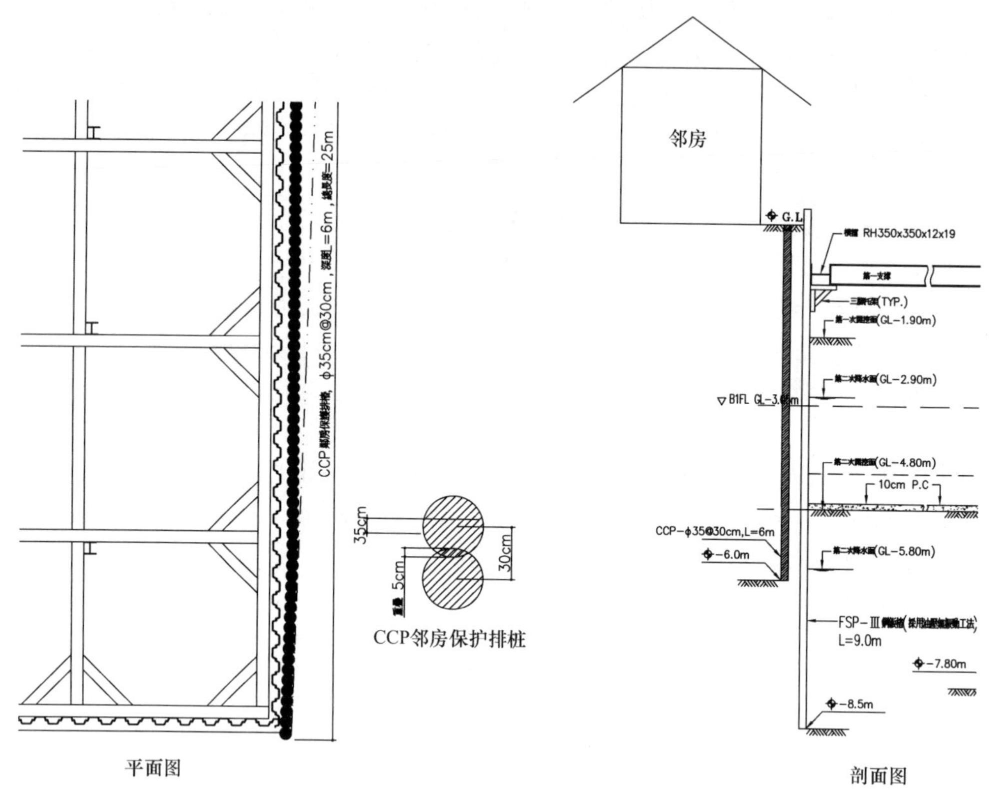

图 16　邻房保护隔幕灌浆施工示意图

此保护桩的目的：

（1）针对钢板桩拔除时所产生的孔洞，除了可以进行阻绝，减少孔洞回填前主动侧的地表沉陷量外，也可以争取拔除回填沙的时间差，避免在某些较为软弱的地质条件下，钢板桩拔除时孔隙马上被主动侧土壤填补的状况。

（2）减少主动土压，于开挖过程中避免钢板桩壁体变位太大，并在出现钢板桩自然变位的同时，也可以减少主动侧主壤的沉陷量。

（3）可以大幅减少钢板桩漏水及微量漏砂的概率。

五、结论与展望

通过以上的诸多案例汇总可以知道，钢板桩静压植桩工法可以将钢板桩的基本优越性延伸到许多原本因传统钢板桩震动打桩的噪声与震动，而不会将钢板桩列入采用的项目上，让钢板桩的应用范围可以更为广泛，并减少项目开发的成本与缩短工期，静压植桩工法虽然在费用上仍较传统震动打桩工法要高，不过相较于其他混凝土的挡土工法，其价格优势依然有明显差异化。

笔者认为静压工法着眼于日本、中国台湾，近几年在钢板桩工法的演变与发展的趋势下，再加上钢板桩工法在中国已体现相当的优越性，导致中国钢板桩使用量呈现爆发式的增长，静压植桩施工法可以在钢板桩的使用上突破以往某些个案不能采用的困境，形成对开发单位的帮助，并成为都会区进行钢板桩植桩的主流工法。

参考文献

[1] 株式会社技研制作所网站：www. giken. com.

[2] 全强企业股份有限公司网站：www. chuen. com. tw.

[3] 欧章煜. 深开挖工程—分析设计理论与实务，中国台湾地区台北市：科技图书，2002 年.

[4] 徐振煌. 深开挖工程设计，台北县板桥市：中国台湾地区土木技师公会，1998 年.

[5] 王继胜，李耀明. 深开挖工程与建筑物保护分析设计实务：现代营建杂志社，1995 年.

钢板桩应用于深开挖及大面积开挖

郭屈原　林国伟　郑秉昀

摘　要：钢板桩（Steel sheet pile）作为一种相当普遍的挡土材料，具有施工工期短、低成本，且可重复使用等优势，故能在众多开挖挡土工法中脱颖而出，成为台湾最常见的挡土壁体（Retaining wall）。然而在台湾最常使用的Ⅲ、Ⅳ形钢板桩，其壁体劲度仍有所受限，依据不同的土层状况而言，钢板桩采悬臂式（Cantilever）的挡土形式仅能提供约3～3.6m的开挖深度，如要达到较深的开挖深度，便须配合支撑工程（Strut）的架设，如此则会增加施工的工期与提高作业的不方便性，这种问题在大面积开挖会更加明显。本文主要探讨采用钢板桩作为挡土措施的方案，针对较深开挖或大面积开挖，在满足安全性的前提下，依据笔者的实务见解，提出几种可以替代传统内支撑工程的形式，从而达到降低成本、缩短工期的目的，并从各种不同的实际施工案例进行探讨，提供给各界参考。

关键词：钢板桩；挡土壁体；悬臂式；支撑

Abstract: Steel sheet pile has the advantages of short construction period, low cost, and removable and reusable, so it can stand out in many retaining walls. It is also the most common retaining wall in the southwestern part of Taiwan. However, the stiffness of sheet piles is still limited. In general soil conditions, the cantilever retaining type can only provide an excavation depth of about 3～3.5m. For deeper excavation, it is necessary to use the strut to resist active soil pressure. In this paper, the steel sheet pile as a retaining wall, for deep and comprehensive excavation, proposed a variety of retaining and strut mode to replace the traditional horizontal strut type, so as to achieve the purpose of reducing costs and shortening the construction speed. The article lists many construction cases, hoping to provide reference for the engineering.

Keywords: Steel sheet pile; Retaining wall; Cantilever; Strut

一、前言

钢板桩是各类基础工程与地下室基础开挖中应用最广泛的挡土工法，最早可追溯至距离现在超过100年的19世纪末；如今大家在各类工程项目所看到的钢板桩挡土工程，经过好多年的演变，不论在钢板桩断面形状、榫勾（Interlock/joint）、打设方式都有大幅改

郭屈原，全强企业股份有限公司/台湾 土木技师.
林国伟，全强企业股份有限公司/台湾 总经理.
郑秉昀，全强企业股份有限公司/台湾 项目经理.

进与变革。

中国台湾最常用的种类大致上可以分成U形与Z形钢板（但是除了这两种以外，尚有针对特殊项目设计的专门形状板桩），而Z形板桩（又称卢森堡桩）大多用于海事工程，不在本文中讨论。U形钢板桩广泛用于中国台湾一般基础开挖挡土措施的设计，以Ⅲ形、Ⅳ形较为常见。然而若与其他挡土壁体比较，钢板桩的壁体劲度（Stiffness）仍略显不足，故不适用于太深的开挖。以悬臂式（Cantilever）的挡土形式来看，钢板桩仅能提供约3～3.5m的开挖深度，如要达到较深的开挖深度，便须配合支撑工程（Strut）的架设，如此则会增加施工的工期与提高作业的不方便性，这种问题在大面积开挖会更加明显。为了能够提供更开阔的施工空间，使挖土、运土及地下构造施工更为快速，并且大幅减少支撑工程的工期与造价，在设计上应逐一检讨是否有足够优越的条件，能够尽量避免全面支撑的设计方式。以下即针对各个不同的工程案例，在满足安全性的前提下，提出几种可以替代传统内支撑工程的形式，进而达到降低成本、缩短工期的目的。

二、补强桩工法与实际案例介绍

悬臂式挡土措施的最大容许开挖深度，取决于挡土壁体的劲度（Stiffness）。以中国台湾常见的钢板桩挡土为例，在无任何支撑系统的情况下，其壁体劲度约可容许开挖3～3.6m（图1），如要达到较深的开挖深度，便需采取壁体劲度较大的挡土措施，如预垒桩或连续壁等，但此类工法的工期及造价相较于钢板桩皆是大幅增加。为了能够增加钢板桩的壁体劲度，进而增加最大容许开挖深度，这时可采用钢板桩与H形钢加劲桩（补强桩）工程施工方法，为支撑工法以外的另一种工法选择。

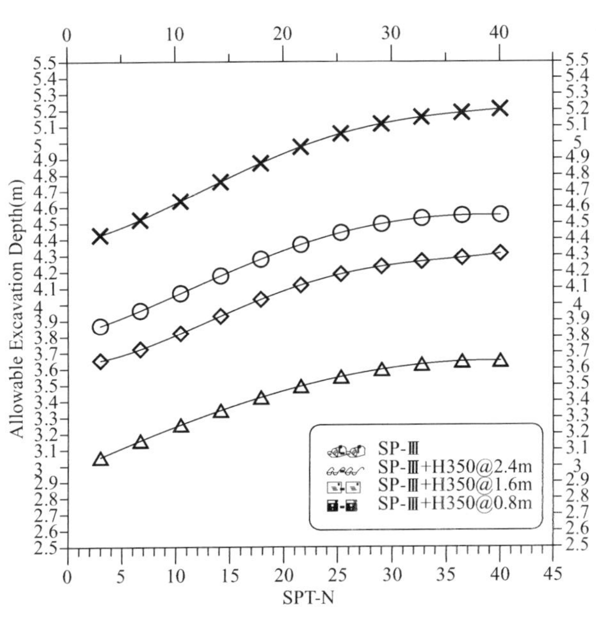

图1　最大容许开挖深度与土壤SPT-N值的关系图

由图1可看出，当挡土壁采用SP-Ⅲ钢板桩加上H350形钢间距2.4m时，容许开挖深度约可增加17.8%；若采用H350形钢间距1.6m补强时，容许开挖深度约可增加24.6%；若采用H350形钢间距0.8m补强时，容许开挖深度约可增加42.4%。此种工法除了可增加开挖深度以外，也可取代支撑工程，大幅降低支撑工程的工期与造价，且基于开挖过程的简便性，开挖成本也可降低，对于大面积的开挖将会产生相当大的成本优化效益（图2）。

(*a*) 科技厂房大面积开挖

(*b*) 斜坡道渐变段开挖

(*c*) 河道单侧开挖

(*d*) 火力发电厂大面积开挖

(*e*) 建筑物地下车道曲线段深开挖

图2 补强桩工法施作案例

此种补强桩工法虽可增加开挖深度、增加施工速度及降低成本，但同时也伴随着较大的壁体变位产生，桩顶最大变位约可达 20cm，故并不适用于紧邻邻房或地下构造物等工址，以避免因壁体变位过大造成地表沉陷而损及邻近构造物。通常在郊区及四周无邻近设施的地方可采用此种工法，即便因挡土壁体变位过大造成邻地沉陷也不至有任何影响，只要材料强度容许不发生降伏（Yielding）即可。

三、内土堤支撑工法与实际案例介绍

单靠悬臂式的挡土壁并无法有效提供足够的侧向支承力，仅不断地补强壁体劲度将会耗费大量成本，此便显得不甚经济。故增加侧向支撑以抵抗侧压力仍为较有效的施工方式，若工址仍有足够可退缩的空间，便可采用内土堤支撑工法（图 3）。此工法乃于开挖时先挖除开挖基地中央区的土壤，于钢板桩内侧留置土堤以用作侧向支撑，待结构体完成之后，将土堤上方回填并夯实即可拔除钢板桩。

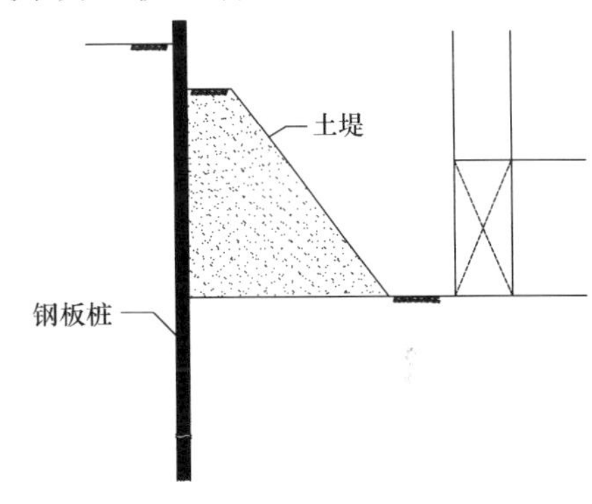

图 3　钢板桩配合内土堤支撑工法示意图

内土堤支撑工法的优势，在于可用内侧留置土堤的方式，取代全面性的水平支撑，并且利用土堤的自立性，可提供一定的被动土压力，平衡钢板桩两侧的土压，此时钢板桩的壁体劲度强度需求也会大幅降低。

土壤的自立条件对于土堤支撑工法相当重要，为了让土堤能保有一定的自立性，坡底必需有一定的宽度，且坡度不能够太陡，才能不致产生土堤滑动破坏。若采用此种挡土工法，建议土堤应再施作坡面保护，如挂网喷浆、铺设帆布等（图 4*a*），以防止雨水冲刷造成土壤流失。坡底宽度若无足够的退缩距离，将会造成坡度过大，土壤便无法自立，进而产生坡趾的滑动破坏（图 4*d*），一旦土堤开始产生滑动，代表着挡土壁被动侧的土压力开始丧失，整个开挖过程将会显得相当危险，故一开始的规划设计及保护措施需谨慎处理，且施工阶段务必彻底执行，才能够确保整个开挖过程的安全性。土堤支撑工法虽可取代全面性的水平支撑，以减少支撑工程的工期及成本，增加开挖过程及结构体构筑的便利性，

(*a*) 土提开挖完成

图 4　内土堤支撑工法施工案例（一）

(b) 结构体施作中

(c) 结构体施作完成

(d) 土堤产生破坏

图 4　内土堤支撑工法施工案例（二）

但土堤所能够提供的被动土压力仍然有限，若遇到土层过于松软的地区并不建议采用，且钢板桩的变位也会比一般的水平支撑要来的大，对于有邻房或地下设施的案场，需再针对邻产做进一步的评估及保护。

四、阶梯式开挖工法与实际案例介绍

挡土壁内侧留置土堤的自立高度有限，为了达到更深的开挖深度，则可采用阶梯式的挡土开挖工法（图 5）。此种工法需有相当大的退缩空间，但是可节省多层的支撑工程，以及大幅提升土方开挖的施工便利性，但日后回填土方量的成本会增加，较适用于大面积的开挖，开挖面积愈大则节省的成本效益愈大。

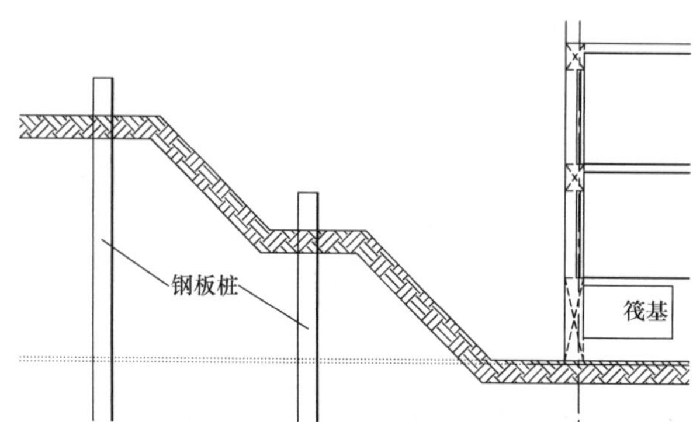

图 5　钢板桩配合内阶梯式开挖工法示意图

阶梯式开挖工法相似于斜坡明挖工法，值得注意的是，斜坡明挖对于土壤的强度有高度的依赖性，若遇到较深的开挖，土壤的自立高度便会不足，且容易遇到地下水的问题，一旦地下水涌入，土壤的剪力强度（Shear strength）丧失，则开挖工程便很容易失败，如图 6 箭头处所示，土壤的滑动破坏面已明显形成，是相当危险的开挖。为了防止此类状况发生并增加工程的安全性，此时便可采用斜坡搭配钢板桩工程，打设钢板桩的目的主要在截断土壤边坡滑动面，增加土壤的剪力强度，也可达到截断水路、增加渗水路径的功能，从而降低基地内抽水的成本。

图 6　斜坡明挖工法

(*a*)

(*b*)

(*c*)

图 7　阶梯式开挖工法施作案例

阶梯式开挖工法的成败取决于边坡的土壤自立性，在设计上，应采用有限元素法（Finite element method）做二维（2D）或三维（3D）的模拟分析，以确实掌握边坡的破坏模式（图 7）。

五、岛式开挖工法与实际案例介绍

前述所提到的内土堤支撑工法，需要有足够退缩空间的条件方可采用，倘若遇到开挖范围已紧邻或接近地界线的基地，基地空间不够宽裕无法再向外退缩时，可采用岛式开挖配合壁撑（Bracing）的开挖工法。岛式开挖工法大致可分为 6 个阶段，如图 8 所示。

第一阶段为土堤式开挖，先于基地内侧留置一土堤，以为被动挡土支撑所用，中央岛区范围则可一次全部挖除；第二阶段将中央岛区结构体构筑完成，并设置壁撑（图 9*a*），视个案再评估是否需打设中间桩（图 9*b*），如开挖深度较深也可设置多层壁撑；待壁撑架设完成后，第三阶段便可全面开挖至开挖底面（图 9*c*）；第四阶段则可进行岛区外的结构体构筑；第五阶段再将支撑系统拆除，包含壁撑、围令（Waling）及中间桩；第六阶段将地下结构完成后，即可将钢板桩拔除（图 9*d*）。

采用岛式开挖工法的基地面积必须够大，此工法结合了土堤式开挖及支撑工法，虽然结构体需要分为二次施工，可能会有结构上的弱面及渗水问题，但是中央岛区无支撑的设计，将可大幅度的提升土方工程开挖及结构体施作的便利性，还有节省下的支撑工程费用也是一笔相当可观的数目。一般的支撑工法若用在大面积的开挖，会有支撑长度过长、力量传递不佳等疑虑，采用此工法则可解决大部分的问题。架设壁撑的目的在于将主动侧的土压力确实传递至结构体，故需另外设置可提供足够反力的反力墩座，并检讨结构体强度是否足以抵挡壁撑所传递的集中载重。

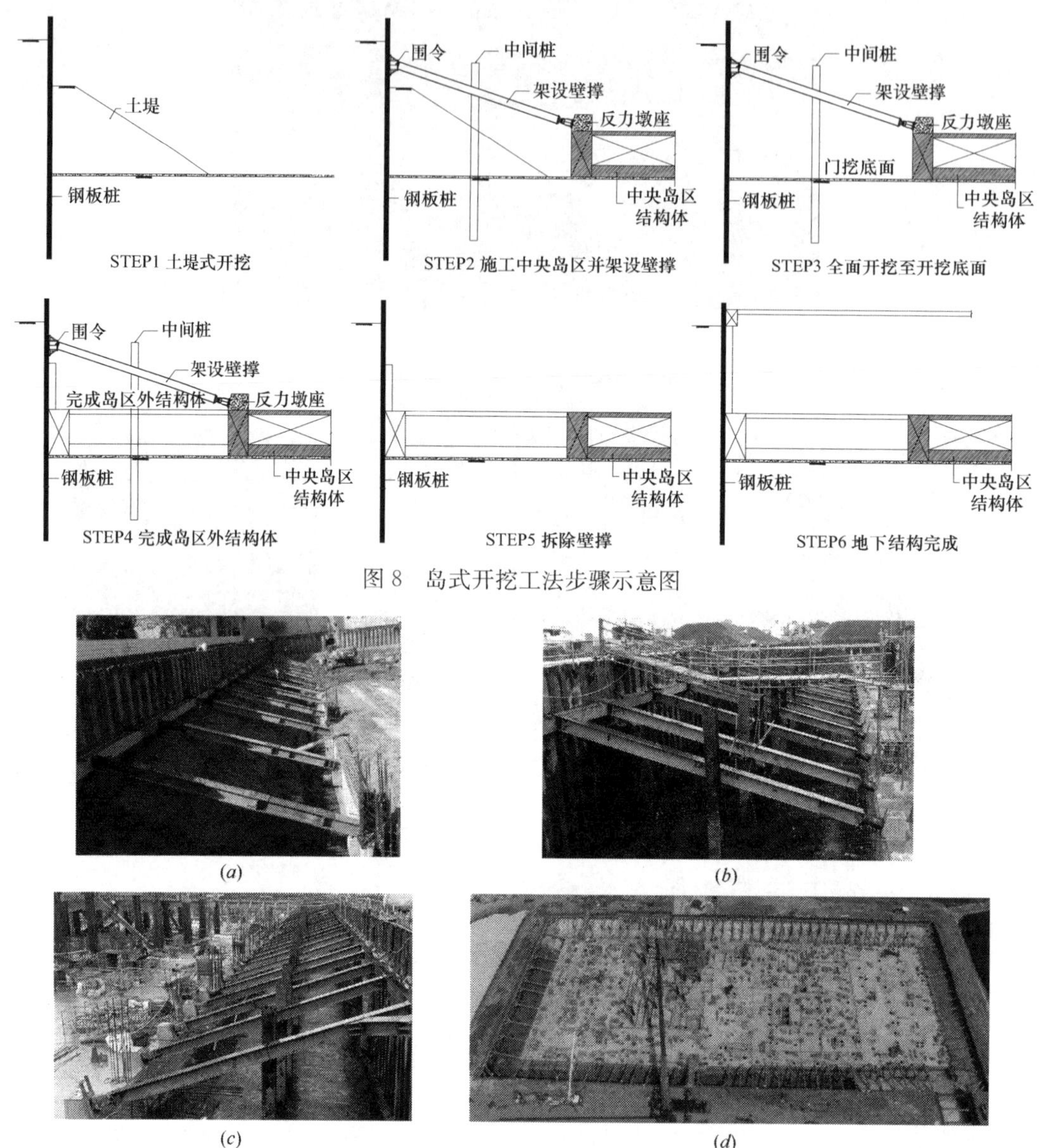

图 8　岛式开挖工法步骤示意图

(*a*)　(*b*)

(*c*)　(*d*)

图 9　岛式开挖工法施作案例

由于结构体的位置会牵涉到壁撑的施作，在前期的规划设计上，便需根据结构体的梁柱位置来规划壁撑的施作位置。第一阶段的土堤开挖中，土堤的宽度及坡度当然更需要加以检讨，以避免产生边坡滑动破坏，若是基地处在软弱的地盘中，由于原本所能够提供的被动土压力已经很小，容易产生边坡滑动破坏及挡土壁体变位过大造成的地表沉陷问题，因此必须在开挖前审慎评估，以免损及邻产。

六、背拉式钢索支撑工法与实际案例介绍

当基地开挖达到一定的深度时，只靠挡土壁体的强度并不足以抵挡侧向土压力，则势

必要对挡土壁另作支撑。支撑形式可分为内支撑及外支撑，基地开挖面积过大时，水平内支撑的做法便显得不甚经济，可考虑施作地锚（Anchor）或是背拉钢索（Back pull-cable）等外支撑工法，本节即针对背拉钢索的系统作一案例介绍。图 10、图 11 为背拉式钢索支撑系统的示意图，以钢板桩为挡土壁主体，钢板桩外侧再打设背拉 H 形钢桩，作为提供钢索背拉的反力。图 12 为背拉式钢索支撑工法的施工流程图。

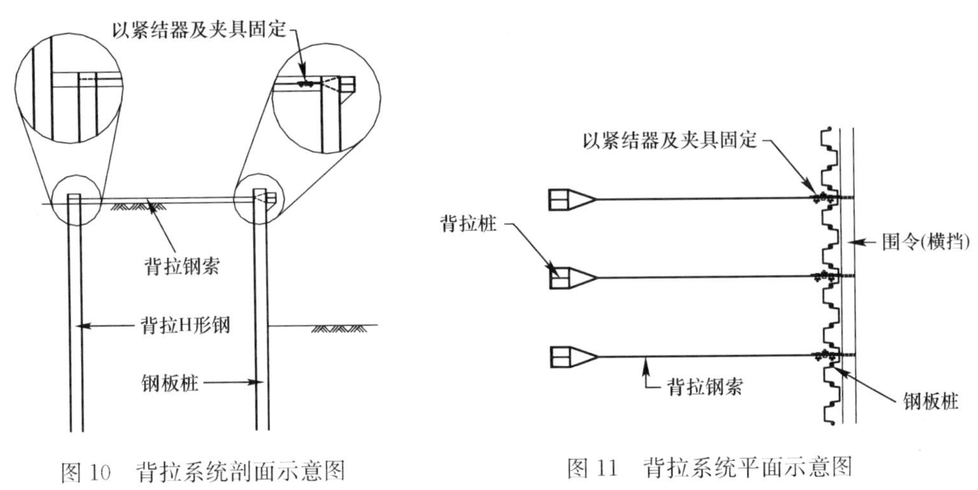

图 10　背拉系统剖面示意图

图 11　背拉系统平面示意图

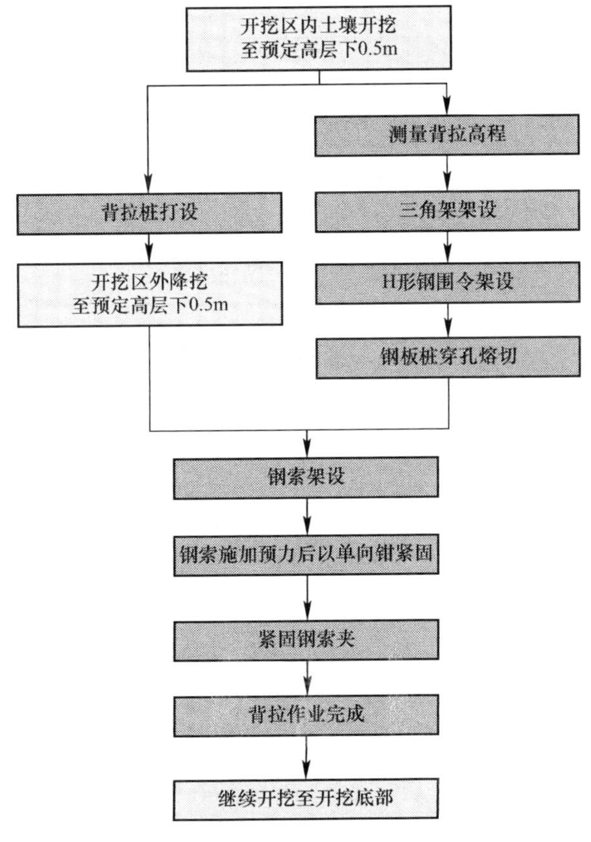

图 12　背拉系统施工流程图

值得注意的是，钢板桩与背拉桩之间需保留适当距离，若钢板桩与背拉桩施作的距离过近，则容易造成两者之间产生互制效应（Interaction effect），进而降低背拉的效果，增加挡土失败的风险，故钢板桩外仍须有一定的退缩空间施作背拉系统，如图 13 所示。

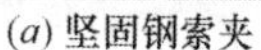

(*a*) 坚固钢索夹

(*b*) 钢索背拉完成

(*c*) 基地内土壤开挖作业中

图 13　背拉式钢索支撑工法施作案例

七、结论与建议

在高度发展的都会区当中，建筑物不断地突破天际线，基础开挖深度也屡创新高，支撑工程的设计在基础开挖中便扮演着相当重要的角色，而对于大面积的基地开挖工程来说，若采用全面性的水平支撑架设模式，不但会增加土方开挖工程的难度，同时也会增加支撑工程的工程项目，对于成本及工期都是大幅增加。而无支撑工程的替代方式，便具有相当高度的经济价值，开挖面积越大，能够节省下的工期及成本越显著。文中依据笔者的实务见解，提出几种可以替代传统内支撑工程的形式，并分别就其特性、适用条件、优缺点等整理如表 1 所示，供各界人员参考。

开挖挡土工法评估比较表　　**表 1**

开挖挡土工法	说明	优点	缺点
补强桩工法	于钢板桩内侧施打 H 形钢补强壁体劲度，增加悬臂可开挖深度	以补强桩替代水平支撑，可大幅提升工作效率，并增加最大可容许开挖深度	悬臂式挡土产生的侧向变位量较大，不适用于邻近构造物的基地
内土堤支撑工法	于钢板桩内侧留置土堤，增加被动土压力以取代水平支撑	以土堤增加被动土压并取代全面支撑，减少支撑工程的费用与工期	土堤的边坡稳定须谨慎评估，较不适用于软弱土层，容易产生边坡滑动破坏
阶梯式开挖工法	阶梯式的开挖避免产生土壤边坡滑动破坏	通过阶梯式的开挖挡土方式，可大幅增加开挖深度	基地须预留退缩空间较大，且挖除及完工后的回填土方量皆会大幅增加
岛式开挖工法	以土堤挡土开挖至开挖底面，于内侧筑起中央岛区后，再以壁撑方式施作岛区外的结构体	岛式区域的面积若达相当的比例，其节省支撑所带来的经济效益可远胜于工期可能延长所增加的成本	地下结构分二次施作，所需工期可能较长，且有垂直施工缝的处理问题

续表

开挖挡土工法	说明	优点	缺点
背拉式钢索支撑工法	于钢板桩外侧施作 H 形钢及背拉钢索，以外支撑的方式进行挡土	以外支撑方式取代全面内支撑，可加快结构体施作速度	基地外侧需有足够空间可施作背拉系统，背拉钢索无法承受过大轴力，故不适用于软弱地盘

由于基础开挖的过程与各区的地层分布特性、地下水位的情况、基地周围建筑物与地下构造物等邻近环境的条件状况及新构建造物的基础配置等息息相关，建议在做基础开挖挡土设计时，仍应由具有相关实务经验与理论基础的大地工程师（Geotechnical engineer)，依据文中所述及的适用条件，选择适当的挡土措施及开挖工法，以达到同时兼顾安全、经济以及能够符合施工需求等目的。

参考文献

[1] 全强企业股份有限公司 http://www.chuen.com.tw/.
[2] 欧章煜. 深开挖工程—分析设计理论与实务，中国台湾地区台北市：科技图书，2002 年.
[3] 徐振煌. 深开挖工程设计，台北县板桥市：中国台湾地区土木技师公会，1998 年.
[4] 王继胜，李耀明. 深开挖工程与建筑物保护分析设计实务：现代营建杂志社，1995 年.

玻璃砂取代量对透水沥青混凝土性质的影响

梁洲辅　范永通　李梦梦

摘　要： 全球环保意识高涨，废弃玻璃利用于道路工程中是未来一大趋势，也可达到资源再生永续发展的目标，透水铺面因能迅速将路面积水排除，且对于改善都市热岛效应也有正面的帮助，于中国台湾地区高温多雨的环境逐渐受到重视。本研究先分析玻璃与天然粒料的性质，接着以废玻璃砂（粒径 16～200 号）取代天然细粒料（16～200 号），TFT-LCD 玻璃面板的玻璃砂（粒径 100 号以下）取代天然细粒料（16～200 号）；分成 7 组不同取代比例级配，搭配炉石粉做为填充料，进行透水沥青混凝土配合设计求出各组的最佳沥青含量，进行孔隙率试验、透水试验及稳定值、流度值试验。综合实验结果显示，经由二次破碎及去除杂物等过程后的玻璃粒料，比重为 2.49 低于天然粗粒料的 2.55，具有粒形佳、硬度高、反光性、低导热性等优点，但因玻璃砂较天然粒料细小，以玻璃砂取代天然粒料时，需增加沥青用量来包覆玻璃砂，造成成本提高。结果显示适量的玻璃砂有助于提高稳定值；而添加过量的玻璃砂会造成流度值偏高。

关键词： 玻璃；TFT-LCD 玻璃面板；透水沥青混凝土

Abstract: With the rising wareness of environmental protection, the waste glass used in road engineering has been a trend in the future, renewable resources also can achieve the goal of sustainable development. For the quickly pavemen and the positive help of improving the urban heat island effect, the water permeable pavement in the environment of high temperature and rainy in Taiwan gradually be taken seriously. This research first analysis the glass and the nature of the natural aggregate, then using waste glass sand (size 16～200) and TFT-LCD panel of glass sand (below size 100) to replace mineral fine aggregates (16～200) and mineral fine aggregates (16～200) respectively; Dividing it into 7 groups of different substitution ratio grading, then combining with furnace powder as filling material, the optimum asphalt content of each group is calculated with the design of water permeable asphalt concrete, and the test of pore rate, water permeability test and stability value and flow value test are carried out. The experiment results show that by secondary crushing and remove debris after the process of glass aggregate, the proportion of 2.49 is lower than that of natural coarse aggregate 2.55, which has the advantages of good grain shape, high hardness, reflective and low thermal conductivity, but the glass sand is smaller than natural grain, when glass sand take place of natural aggregate, the need of asphalt, which coated glass sand, is increased, and resulting in higher costs. The

---

福建农林大学，交通与土木工程学院 博士/教授/院士.

results show that the moderate glass sand can improve the stability. And excessive glass sand can cause high flow value.

Keywords: Glass; TFT-LCD glass panel; Pervious asphalt concrete

一、前言

随着科技快速发展，液晶荧幕具有轻、薄等特性，目前已取代传统映像管（CRT）成为主流显示器，TFT-LCD玻璃面板的消费量每年持续大幅增加，因此会衍生庞大的废弃TFT-LCD玻璃面板。在中国台湾每年有几十万吨的废弃玻璃未能被有效分类回收，废玻璃若进行焚化，不但不容易焚烧，还会减少焚化爐的寿命，废玻璃因为无法经由自然生物分解，对掩埋场而言只是多占空间，所以废玻璃不适合做掩埋或焚化处理。近年来全球环保意识加强，资源再生利用与永续发展的趋势已成为土木工程上重要的议题。因此，寻求替代砂石的粒料，善加利用废弃原料及再生材料替代现有资源成为现代工程上永续发展目标之一。若使用玻璃砂当作细骨材，不仅可减少河川砂石的供应，也可大大减少垃圾量。

因地形关系，中国台湾高温又多雨，为了避免雨水囤积在路面上造成铺面受损，所以下雨时须将水分快速排除，而透水沥青混凝土拥有15%～25%的高孔隙率，因此能将水分迅速排除，同时高孔隙的特性也拥有雨天抗滑、增加行车安全、减少噪声等优点。若能将废玻璃及TFT-LCD玻璃面板应用于透水沥青混凝土路面上，可回收大量的废弃玻璃，使得垃圾减量，做到资源有效再利用等目标。

二、研究目的

本研究主要目的是将废玻璃砂（16～200号）以及TFT-LCD玻璃面板的玻璃砂（100号以下）加入透水沥青混凝土中，探讨不同玻璃含量对沥青混凝土的影响，使垃圾减量，以减少废玻璃造成环境污染的问题，研究目的为：

1. 分析玻璃砂和天然细粒料的差异；
2. 添加玻璃砂后，透水沥青混凝土稳定值和流度值等变化；
3. 探讨其最适当废玻璃细粒料取代量。

三、文献回顾

1. 国内外废玻璃应用于沥青混凝土的状况

2002年，保署协调台北市政府工务局委托台湾中央大学进行试铺作业，于北市新光路二段北侧道路及至善路二段等铺设玻璃沥青道路，使用了共278吨的有色废玻璃容器[1]。在美国一般将添加玻璃的沥青混凝土的施工法称为玻璃沥青（Glass Asphalt）。实际上应用废玻璃于沥青铺面工程，皆在废玻璃产量大的城市，以纽约而言已大量使用废玻璃来取代粒料应用于路面铺设达225000吨[5]。在日本，将部分玻璃粒料和沥青混合后再进行铺筑。将玻璃碎片加入沥青混凝土拌和时，玻璃颗粒具反光特性，因此常用做于道路面层施工。另外，也常用于夜间道路照明较不足的山区道路，或视线较差的十字路口，以提高驾驶和行人的安全，并配合道路景观的设计[2]。

2. TFT-LCD 玻璃面板

液晶是一种介于固态与液态之间的有机化合物，也是一种具有规格性分子排列的化合物，将其加热会成透明液态，将其冷却会成结晶的混浊固态，因此特性故称液晶。而在生产过程及使用过程中，会有不良品及废品的 TFT 玻璃面板产生，经由合格专业的废弃物处理厂，将 TFT 玻璃面板处理回收有害物质过后，可得到 TFT 玻璃面板的回收废料，基于玻璃对光线具有反射及折射的作用，故添加在沥青混凝土表面，使其表面有附着 TFT 玻璃面板，来达到铺面表面降温的作用[3]。依据经济主管部门工业局工业废弃物清除处理与资源化辅导计划调查，TFT-LCD 玻璃面板制造业于 1996 年度废弃物总产生量为 140280 吨，再利用量为 97645 吨，再利用率约为 69%（经济主管部门工业局）。TFT-LCD 玻璃面板制做过程中常使用乙醇、光阻剂及剥离液等化学药品，其清洗程序后产出的高浓度废液可由再利用机构、处理机构或由供应商以逆向回收方式将收受的废液以蒸馏纯化方式进行回收再利用。

四、研究方法

本研究使用 AC-20 沥青作为粘结料，因废玻璃砂和 TFT-LCD 玻璃面板玻璃砂粒径不同，为了使各组能够互相比较看出差异，因此两者皆取代相同粒径的天然细粒料。废玻璃部分，以粒径 16～200 号各取代 16、30～200 号、16～200 号的天然细粒料，即为 3 组不同级配组别。TFT-LCD 玻璃面板部分，以粒径 100 号以下，各取代 16 号、30～200 号、16～200 号的天然细粒料，即为 3 组不同级配组别。为避免试体稳定值低于规范 350kg，因此采用炉石粉为填充料，增加试体的稳定值，并依照“日本排水性铺装技术指针”的规范规定，进行透水沥青混凝土的级配设计。制作成马歇尔试体后，比较沥青混凝土性质上的变化，并探讨玻璃添加于沥青混凝土的可行性。

1. 试验材料

（1）粘结料：本研究采用由中油公司所生产的 AC-20 沥青胶泥。

（2）天然粒料：由屏东里港溪所产出的天然骨材。

（3）废玻璃砂：采用中联公司所提供的一般废弃玻璃。经过二次破碎，风力及人力去除杂物等过程，粒径为 16 号到 200 号之间，如图 1 所示。粒径分布图如图 3 所示。

（4）TFT-LCD 玻璃面板的玻璃砂：采用中联公司所提供的液晶面板。经过破碎、风力、干燥等过程，粒径为 100 号以下，如图 2 所示。粒径分布图如图 3 所示。

（5）填充料：本研究使用炉石粉为填充料。添加足够填充料可增加排水性沥青混凝土的强度、凝聚性、提高其安定性和耐久性、增加沥青薄膜厚度以提高抗老化能力。

（6）粒料级配：采用台湾地区行政管理机构办公场所公共工程委员会“施工纲要规范”第 02749 章中最大标称粒径 12.5mm 的透水级配。

图 1　废玻璃砂

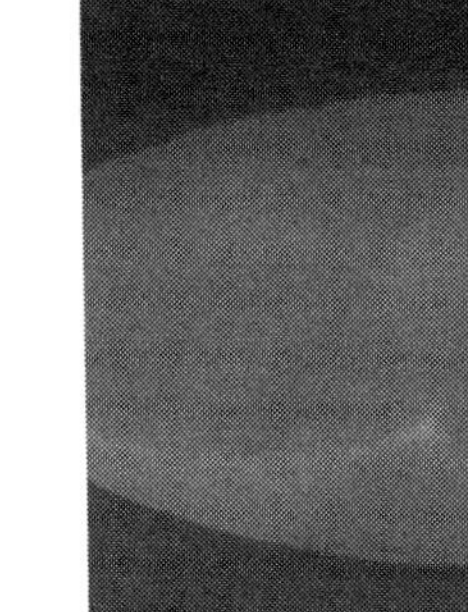

图 2　TFT-LCD 玻璃面板的玻璃砂

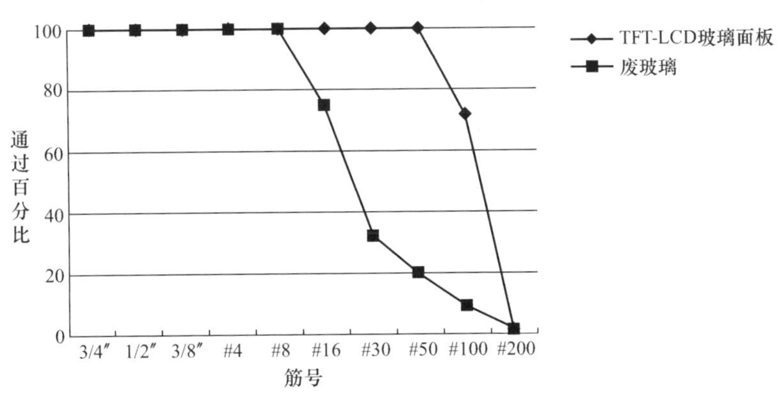

图 3　废玻璃砂及 TFT-LCD 玻璃面板再生料粒径分布图

2. 沥青基本物性试验

本研究使用中油公司所产的 AC-20 沥青作为粘结料，由于原始沥青在 60℃时，造粘度分为 AC-5、AC-10、AC-20、AC-40，为确定此沥青是否符合规范的规定，因而进行物性试验，试验项目如下三种：

（1）针入度试验；

（2）粘滞度试验；

（3）比重试验。

3. 马歇尔配合比设计法

执行热拌沥青混凝土配比设计的目的，在选择适当的材料组成，以使设计的混合料具有耐久性、工作性、抗滑性、抗永久变形、疲劳、低温龟裂、水分侵害七种特性[4]。

马歇尔配比设计法为最普遍采用的沥青混凝土配比设计方法，由于试体直径应为最大粒径的四倍，而标准马歇尔试体的直径只有 4 英寸，故马歇尔配比设计法只适用于标称最大粒径等于或小于 1 英寸的混合料，对于标称最大粒径大于 1 英寸的混合料，应以针对 6 英寸试体修正的马歇尔法，或其他方法执行。其试验依据 ASTM D1559 规范进行，试验目的是测试试体的稳定值及流度值。稳定值代表沥青混凝土试体破坏时的最大荷重，而流度值则代表试体破坏时的最大垂直变形量。一般认为稳定值较高表示沥青混凝土可承受较大的应力，而流度值较低则表示沥青混凝土较能抵抗车辙变形，用途多为控制厂拌沥青混凝土的品质。试验项目如表 1 所示。

试体的试验项目 **表 1**

试验项目	试验编号
稳定值与流度值	ASTM D1559
孔隙率试验	CNS 8756
沥青混合料垂流试验（网篮法）	—
青塔堡飞散试验	CNS 490
现地透水试验	排水性铺装技术指针
最佳沥青含油量试验	—

五、试验结果分析与讨论

1. 基本物性试验结果

本研究采用中油公司所产的 AC-20 等级沥青胶泥，并依照试验方法执行物性试验，其基本物理性质试验结果如表 3 所示。

本研究使用布鲁克旋转粘度仪（Brookfield Thermosel viscometer）量测粘度系数，测试流体受剪时，所施剪应力对其产生剪应变率的比值。公制单位为 Poise，Cp 为常使用粘度的单位，也为 0.01Poise。所量测的 60℃粘度为 2250Poises（225000Cp），如表 2 所示。符合 CNS14249 中 AC-20 沥青胶泥粘度 2000±400Poises 的规定。

根据美国沥青协会（Asphalt Institute，AI）所出版马歇尔配比设计法中提到，沥青胶泥动粘度在 170±20cSt 时，所对应的温度范围为拌和温度；而动粘度 280±30cSt 时，所对应的温度范围为夯压温度。粘度与温度关系曲线决定拌和温度为 158℃与夯压温度为 151℃。

沥青胶泥物性试验结果 **表 2**

项目	规范值	试验值	试验编号
60℃粘滞度	2000±400	2250	CNS14249
针入度	>60	67	CNS10090
比重	—	1.03	AASHTO T228

2. 天然粒料和填充料以及废玻璃试验结果

本研究采用由屏东里港溪所产出的天然骨材，中联公司所提供的废玻璃砂及 TFT-LCD 玻璃面板的玻璃砂，其物性试验结果如表 3、表 4 所示。本研究参考 ASTM 及 CNS 规范来进行透水级配的粗细粒料及填充料相关基本试验，以达到沥青混合料的品质规定。在粗粒料方面，透水铺面为开放级配所构成，为了提升铺面的品质与使用年限，必须在其抗破碎能力有所要求，减少铺面形成脆弱级配，影响道路行车安全，所以根据规范 CNS490 要求粗粒料的洛杉矶磨损率不得大于 30%，试验结果 19.9%，符合规范的标准。

研究结果显示，废玻璃砂比重 2.49 和 TFT-LCD 玻璃面板的玻璃砂 2.42，比天然细粒料为 2.55 略低些；粗粒料吸水率为 1.31%，细粒料吸水率为 1.75%，废玻璃吸水率为 0.31%，TFT-LCD 玻璃面板的玻璃砂吸水率为 0.33%，吸水率越低，表示吸油量也越低；健性试验损耗量天然粒料为 5.1%，废玻璃砂为 1.8%，TFT-LCD 玻璃面板的玻璃砂为 1.7%，符合 CNS1167 规定值 12%以下，故本研究使用粒料具有一定抗风化的能力。

中联公司所提供的 200 号筛以下的炉石粉做为填充料。添加足够填充料可增加排水性沥青混凝土的强度、凝聚性、提高其安定性和耐久性、增加沥青薄膜厚度以提高抗老化能力。物性试验结果如表 5 所示。系指通过 30 号筛的细料，至少须有 70%以上通过 200 号筛，其在沥青混凝土所占比例虽少，但对于混合料的强度、孔隙率、抗风化及抗水侵害等都有甚大的影响，经筛选并分析结果得到炉石粉过筛百分率均达到规范值规定，可做为本试验使用的填充料。

天然粒料基本物性试验结果 **表 3**

试验项目		规范值	天然粒料	试验规范
烘干虚比重	粗粒料	—	2.6	ASTM C127
	细粒料		2.55	
吸水率%	粗粒料	—	1.31	ASTM C128
	细粒料		1.75	
试验项目		规范值	天然粒料	试验规范
粗粒料洛杉矶磨损试验（%）		<30	19.9	CNS490
粗粒料硫酸钠健性试验（%）（五次循环）		<12	5.1	CNS1167
填充料液性限度%		<25	19.9	CNS5087
填充料塑性指数%		N.P	N.P	CNS5088
细粒料含砂当量%		>45	79	ASTM D2419

废玻璃砂物性试验结果 **表 4**

物理性质	试验结果	
	废玻璃砂	TFT-LCD 玻璃面板玻璃砂
比重	2.49	2.42
吸水量（%）	0.31	0.33
含砂当量（%）	82	85
健性试验（%）	1.8	1.7

填充料物性试验结果 **表 5**

试验筛（mm）	过筛的重量百分率（%）	规范值（%）
	炉石粉	
0.60（No.30）	100	100
0.30（No.50）	100	95～100
0.075（No.200）	97	70～100

3. 最佳含油量试验

透水沥青混凝土级配含有高比例粗粒料，因而产生高孔隙率的特性，为防止沥青含量过高造成垂流现象，或沥青含量过低使得粒料间无法完全粘结，造成粒料松脱现象发生。本研究以垂流试验与肯塔堡磨耗试验方法，决定最佳沥青含量上、下限值。本研究有7种不同玻璃取代量的级配，添加炉石粉进行分析，根据试验结果求得最佳沥青含量的结果，如表6所示。

从不同的玻璃取代量来看，玻璃取代量增加，骨材需要更多的沥青包覆，所以沥青用量也跟着增加。配比组别A为0玻璃取代量时的最佳沥青含量值5.2%，配比组别为B组部分，为B3的10%普通废玻璃取代量的最佳沥青含量值5.8%为最高，配比组别为C组部分，为C3的10%TFT-LCD玻璃面板的玻璃砂取代量的最佳沥青含量值5.8%为最高。其BC两组随着玻璃砂取代量增加，最佳沥青含量皆有上升的趋势。

最佳沥青含量的结果　　表6

填充料	配比组别	玻璃取代量（%）	沥青含量上限（%）	沥青含量下限（%）	决定最佳沥青含量（%）
炉石粉	A	0	5.2	5.0	5.2
	B1	4	5.6	5.2	5.5
	B2	6	5.8	5.3	5.5
	B3	10	6.1	5.7	5.8
	C1	4	5.5	5.2	5.5
	C2	6	5.6	5.5	5.5
	C3	10	6	5.7	5.8

4. 马歇尔试验结果

本试验试验方法依据ASTM D1559进行试验。依规范规定，透水沥青混凝土正反面各敲打50下，制作成沥青混凝土的试体，进行试验，并绘制下列六种的关系曲线图。试验结果如表7所示。

各组稳定值及流度值试验数据　　表7

级配组别	取代粒径	沥青含量（%）	试体高（cm）	空气重（g）	面干内饱和重（g）	水中重（g）	稳定值（kgf）	校正后稳定值（kg）	流度值（0.1mm）
A	—	5.2	6.07	1040	592	1043	534	555	2.75
	—	5.5	6.09	1044	595	1047	572	595	2.99
	—	6	6.08	1048	599	1050	509	530	3.44
	—	6.5	6.09	1051	601	1054	490	510	3.90
B1	4%	5.2	6.15	1039	591	1041	498	517	2.82
	4%	5.5	6.09	1044	592	1046	518	538	3.12
	4%	6	6.07	1049	594	1051	536.5	557	3.67
	4%	6.5	6.08	1051	597	1054	500	520	4.29
B2	6%	5.2	6.07	1038	589	1041	521	541	3.18
	6%	5.5	6.13	1042	592	1045	545	566	3.39
	6%	6	6.07	1051	597	1053	560	582	3.83
	6%	6.5	6.08	1055	599	1057	513	533	4.48

续表

级配组别	取代粒径	沥青含量（%）	试体高（cm）	空气重（g）	面干内饱和重（g）	水中重（g）	稳定值（kgf）	校正后稳定值（kg）	流度值（0.1mm）
B3	10%	5.2	6.07	1041	592	1044	508	528	3.36
	10%	5.5	6.08	1044	593	1047	532	553	3.50
	10%	6	6.09	1049	594	1051	545	566	3.93
	10%	6.5	6.13	1056	599	1059	498	517	4.58
C1	4%	5.2	6.13	1038	588	1040	512	533	3.08
	4%	5.5	6.02	1046	592	1048	523	543	3.18
	4%	6	6.07	1048	594	1051	540	561	3.34
	4%	6.5	6.09	1059	602	1062	494	514	3.68
C2	6%	5.2	6.12	1037	590	1040	523	543	3.15
	6%	5.5	6.15	1043	591	1045	540	561	3.22
	6%	6	6.13	1051	596	1054	560	582	3.52
	6%	6.5	6.07	1057	601	1059	502	522	3.86
C3	10%	5.2	6.06	1039	591	1043	510	530	3.18
	10%	5.5	6.07	1043	591	1045	512	532	3.25
	10%	6	6.09	1050	597	1053	538	559	3.66
	10%	6.5	6.11	1057	600	1059	485	504	3.85

（1）单位重为试体气干的重量除上试体的体积所得到的值，单位重与沥青含油量图，如图 4 所示，由结果得知，沥青含油量越高，气干的重量也会越高，单位重就会跟着增加。

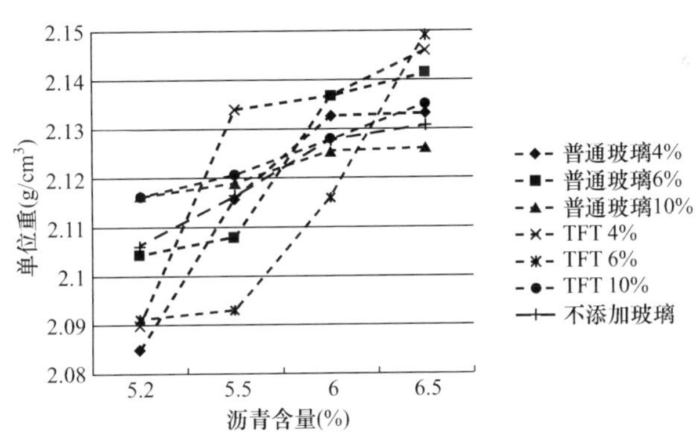

图 4　沥青含量与单位重的关系

（2）孔隙率与沥青含油量，如图 5 所示，由结果得知，可能使用较多的沥青会把试体中的孔隙填满。沥青含油量越高则孔隙率会越小。

（3）稳定值与沥青含油量图，如图 6 所示，由结果得知，未添加玻璃砂、添加玻璃砂和 TFT-LCD 玻璃面板的玻璃砂的组别，稳定值皆大于规范值 350kg。未添加玻璃砂的组别，稳定值最高落于沥青含量 5.5%时，为 595kg；添加废玻璃砂和添加 TFT-LCD 玻璃面板的玻璃砂的组别，稳定值最高落于沥青含量 6%，为 557～582kg。原因可能是玻璃砂粒径较天然细粒料来的细，所以需要较多的沥青来包覆才能达到相近的稳定值。

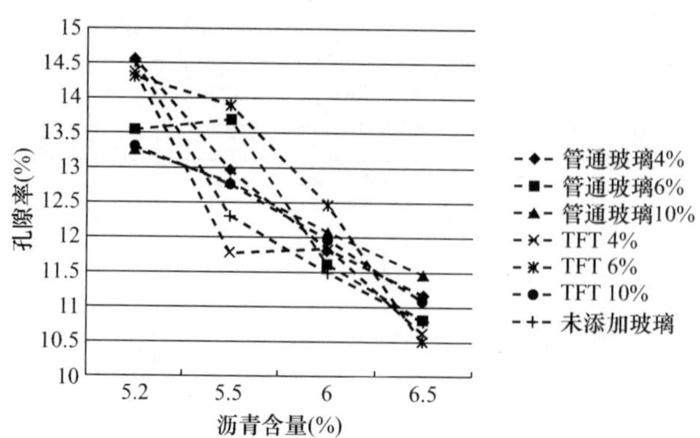

图 5　沥青含量与孔隙率的关系

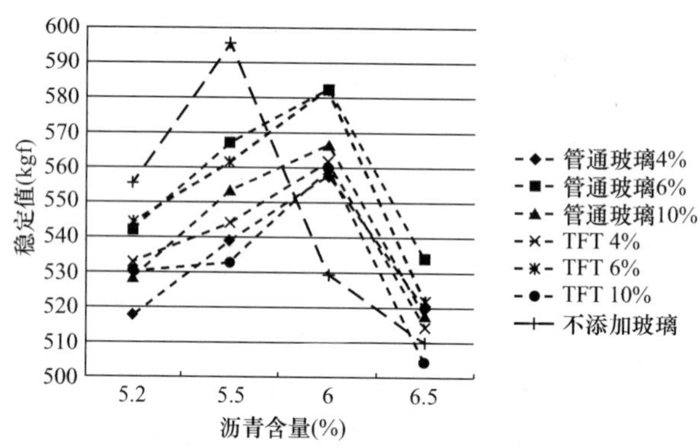

图 6　沥青含量与稳定值的关系

(4) 固定沥青含量时，稳定值与玻璃砂用量关系图，如图 7、8 所示，由结果得知，当沥青含量固定为 5.2、5.5、6、6.5 时，添加废玻璃砂以及 TFT-LCD 玻璃面板的玻璃砂的组别，稳定值最高落于玻璃含量 6%时，超过 6%或小于 6%玻璃用量，稳定值会有下降趋势。原因可能是因为玻璃砂取代量在 6%时，能使骨材之间的牵制力达到最佳状态。

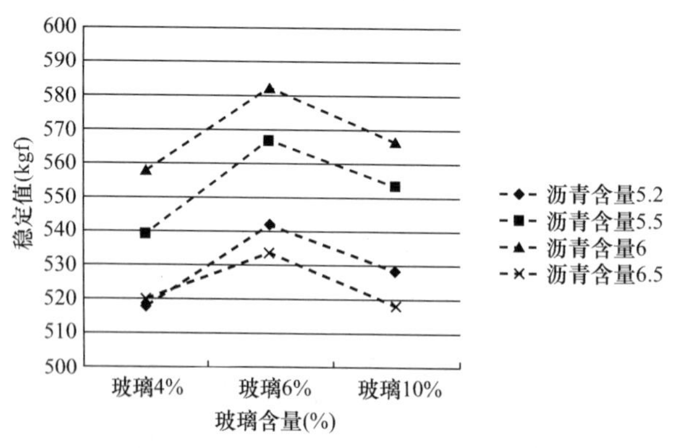

图 7　固定沥青含量，玻璃砂含量与稳定值的关系

(5) 流度值与沥青含油量图，如图 9 所示，由结果得知，沥青含油量越高流度值也越高。流度值是沥青混凝土抵抗变形的指标，流度值太低，代表沥青含量不足，容易发生龟

裂；流度值太高，容易变形。

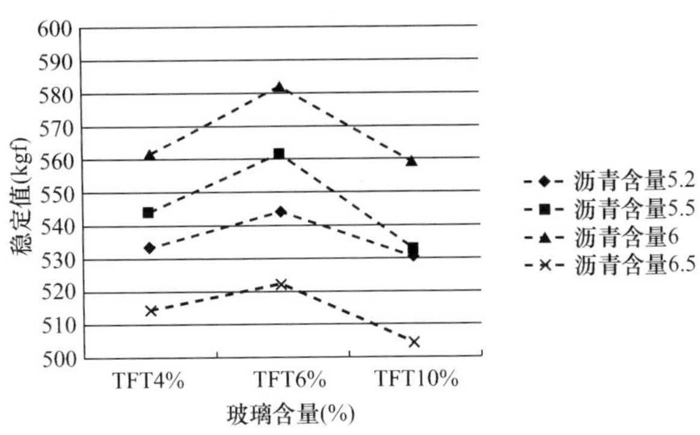

图 8　固定沥青含量，TFT-LCD 玻璃面板玻璃砂含量与稳定值的关系

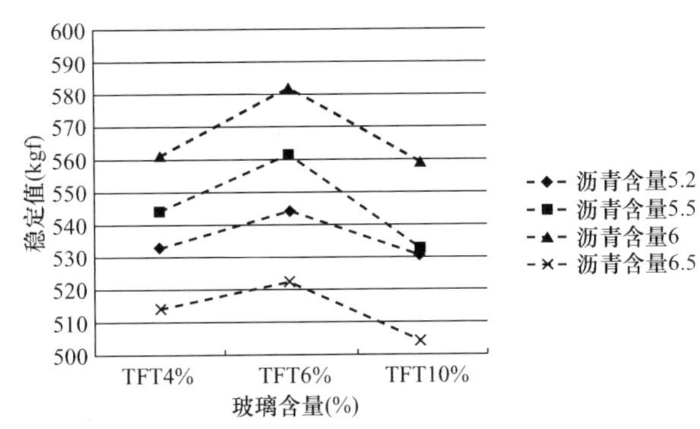

图 9　沥青含量与流度值的关系

（6）固定沥青含量、流度值与玻璃砂用量关系图，如图 10、图 11 所示，由结果得知，流度值会随着玻璃砂用量增加而稍微增加。其增加的趋势并不是很明显。在添加废玻璃砂的组别，当沥青含量使用 6.5%时，已经不符合规范（>4mm），原因可能是玻璃砂光滑表面特性玻璃砂光滑表面特性，会使粒料表面摩擦力变小，所造成的影响已经大于其本身多角性的优点，所以添加过多的废玻璃时，流度值会逐渐变大。

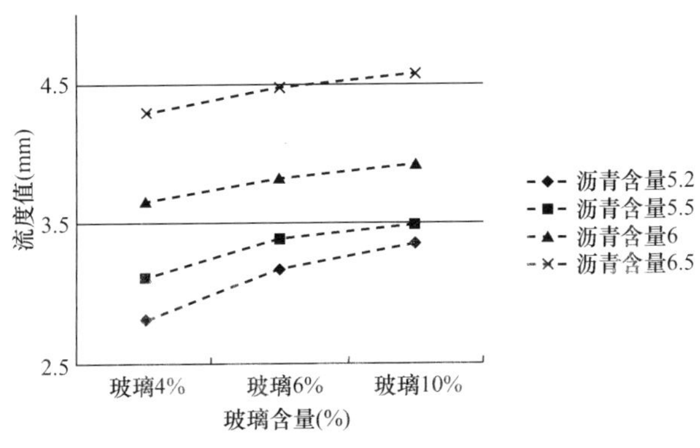

图 10　固定沥青含量、玻璃砂与流度值的关系

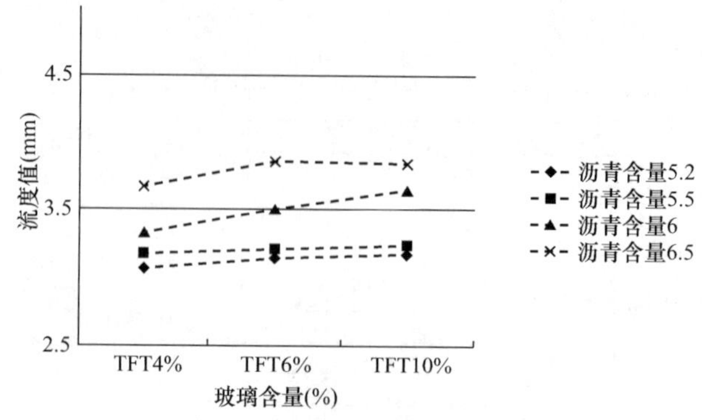

图 11　固定沥青含量、TFT-LCD 玻璃面板玻璃砂含量与流度值的关系

六、结论

（1）添加废玻璃砂和 TFT-LCD 玻璃面板的玻璃砂于沥青混凝土中，和不添加玻璃的组别比较，若要达到相近的稳定值，则添加废玻璃砂和 TFT-LCD 玻璃面板的玻璃砂的部分需使用较高的沥青含量。原因可能是玻璃砂较细，需要比较多的沥青附着在表面增加骨材之间的互锁力。

（2）添加废玻璃砂和 TFT-LCD 玻璃面板的玻璃砂于沥青混凝土中，流度值会随着玻璃用量增加而增加。在添加普通废玻璃的组别，沥青含量 6.5％时，流度值已超出规范的规定。

（3）在固定沥青含量下，添加废玻璃砂和 TFT-LCD 玻璃面板的玻璃砂于沥青混凝土中，稳定值相差并不大；流度值部分，添加普通废玻璃稍微高一些，原因可能是因为废玻璃砂粒径比 TFT-LCD 玻璃面板的玻璃砂粗一些，在做马歇尔试验时，会因为压力的关系，导致玻璃破碎而产生滑动。

参考文献

［1］ 侯博震. 废玻璃应用于再生沥青混凝土的研究，台湾云林科技大学营建研究所硕士论文，2003.

［2］ 陈金狮. 废玻璃再利用于沥青路面的研究，台湾云林科技大学营建研究所硕士论文，2001.

［3］ 朱明瑜. 添加玻璃砂于排水沥青混凝土成效的影响。台湾成功大学，土木工程研究所，2008.

［4］ 梁洲辅. 彩色常温沥青混凝土开发研究，硕士论文，台湾屏东科技大学，土木工程系研究所，屏东，2009.

［5］ Asphalt Institute. Mix Design Methods for Asphalt Concrete，MS-2，1984.

热拌再生沥青混凝土添加再生剂RA-5最佳配比探讨

贾暗民　柯小健　池泽昌　梁洲辅

摘　要： 再生剂RA-5是一种能够改善沥青老化后性质脆硬的再生材料，具有良好的流动性，能够快速与刨除料拌合反应，降低黏滞度使沥青回复接近原本的性质。故再生剂适量的添加有助于再生沥青混凝土质量及工作性的提升。

本研究使用再生剂RA-5直接与刨除料拌合，使再生剂RA-5与刨除料相互作用以达目标黏滞度2000±400poises后，再与新粒料及新沥青胶泥AC-20相拌制成沥青混合材料。试验流程是以四组不同刨除料添加比例（0、20%、40%、60%）分别制作试体，进行马歇尔稳定值及流度值试验、滞留强度试验、车辙轮迹试验，以了解再生剂的添加对再生沥青混凝土工程上性质。配合工程上经济的考虑，进行再生沥青混凝土添加再生剂的单价分析。最后，再综合整体评估以探讨再生剂的最适添加比例。

研究显示，再生剂RA-5确实能调节老化后沥青的黏滞度。但再生剂RA-5添加再生沥青混凝土并非万能剂，过多添加量，对于马歇尔试验中显示，强度反而有下降趋势。是否因过量添加再生剂RA-5，而导致再生沥青混凝土结构破坏、弱化现象发生，有再进一步探讨的空间。

关键词： 再生剂RA-5；再生沥青混凝土；刨除料；目标黏滞度

一、前言

中国台湾腹地狭小，天然资源匮乏，但随着经济增长与社会发展，使得铺面工程日益发达，进而对于天然砂石的需求与日俱增，道路铺面工程进行中除了消耗天然砂石外，路面刨除重铺后也会产生大量的废弃沥青混凝土（刨除料），如废弃不善加利用刨除料，既浪费资源又会造成环境的污染。在环保意识加强下，道路工程刨铺后所产生大量刨除料如何妥善处理关系着环境保护与资源再生的永续发展目标。

再生剂RA-5是一种使老化沥青的针入度或黏度等性能调整恢复原状，于制造再生热拌沥青混合料时，在拌合厂所添加的再生材料，如使用较软等级针入度或较低等级黏度的沥青材料是为软化剂[1]。再生剂RA-5添加于再生沥青混凝土时能够调节降低老化沥青的黏滞度，故能适量提高刨除料的添加比例，进而减少天然粒料的使用量，并能有助于舒缓目前道路铺面工程刨铺后所产生大量刨除料堆积问题。

梁洲辅，福建农林大学交通与土木工程学院教授.

二、研究目的

在营建及土木工程中，需大量使用砂石材料，其原料大多取材天然资源，对环境影响甚大。然而，中国台湾每年产生大量的营建废弃物，一来对环境造成污染及破坏，二来掩埋场所不易找到，大量营建废弃物或受外力所破坏的拆除废弃物无处放置，而近年来随着环保意识增强，各国对于永续发展也越来越重视[2]。因此，国内外相关研究皆以回收再生资源应用于土木工程中为研究方向，铺面工程也不例外，而刨除料的添加来替代部分天然砂石的使用量，则是铺面工程最常使用的方法，随着刨除料添加于再生沥青混凝土技术，再生剂 RA-5 的相关研究也成为重要研究方向之一。

沥青混凝土中沥青分子与空气中的氧气反应，形成极性较高的成分，使芳香油性成分慢慢减少，沥青的稠度慢慢增加，导致伤害到沥青的低温流动行为，这是一种不可逆的过程。而添加再生剂 RA-5 为补充消失的芳香成分，并降低沥青稠度，改善低温流动的行为[3]。由上可知，再生剂 RA-5 能补充芳香族成分，降低沥青黏滞度，恢复老化沥青原本性质，故再生剂 RA-5 添加比例影响着再生沥青混凝土的好坏。本研究以添加再生剂 RA-5 制作 0、20%、40%、60%刨除料的沥青混凝土试体，进行马歇尔稳定值、流度值等相关工程成效试验，并辅以再生沥青混凝土成本分析，以探求最适再生剂 RA-5 添加量。

三、研究方法

本研究探讨不同老化程度的沥青胶泥添加不同比例的再生剂 RA-5，用尝试法寻找再生剂 RA-5 调节老化沥青黏滞度的最佳效率，并分为以 0、20%、40%、60%比例添加刨除料制作再生沥青混凝土试体，进行马歇尔稳定值及流度值试验、滞留强度试验、车辙轮迹试验。此外，为符合经济效益的目标，于本研究中进行再生沥青混凝土添加再生剂 RA-5 的单价分析，在探讨工程性与经济性之间取得最适再生剂 RA-5 添加比例。其研究内容分别如下：

1. 试图探求再生剂 RA-5 调节老化沥青黏稠度的最佳效率；
2. 决定制作再生沥青混凝土试体时再生剂 RA-5 的添加比例；
3. 进行稳定值及流度值试验、滞留强度试验、车辙轮迹试验等工程性质的探讨；
4. 追求经济效益，进行再生沥青混凝土添加再生剂 RA-5 的单价分析；
5. 进行工作与经济性评估，以探求再生沥青混凝土添加再生剂 RA-5 的最适添加量。

四、试验结果与讨论

1. 再生剂 RA-5 调节沥青黏滞度的探讨

利用尝试法将不同比例的再生剂 RA-5 添加于不同老化程度的沥青胶泥，使其达到沥青胶泥 AC-20 的等级（2000±400Poises），试验结果如表 1 所示，再生剂 RA-5 确实能调节沥青黏稠度恢复其性质，但再生剂 RA-5 添加量的多少并无一定的比例，且调降幅度也非按等比例下降，会随着刨除量来源不同、粗细筛分析不同、堆置储存环境不同等因素，而造成再生剂 RA-5 添加比例的差异。

再生剂 RA-5 对不同老化沥青调节效率　　表 1

编号	黏滞度（Poises）	RA-5（%）	调节后（poises）	编号	黏滞度（Poises）	RA-5（%）	调节后（Poises）
A	13600	10	1750	H	426000	39	2310
B	85600	20	1920	I	572000	48	1630
C	36200	28	1710	J	639000	41	1770
D	91500	17	2330	K	236000	35	1810
E	124000	22	1690	L	352000	31	2300
F	128000	32	2210	M	75100	27	1910
G	189000	41	1660	N	107000	25	1850

2. 决定再生剂 RA-5 添加比例

本研究采用表 1 编号 F 黏滞度为 128000Poises 的刨除料进行试验，而上述所示直接添加 32%再生剂 RA-5 可达 2000±400Poises 等级，系仅对 RAB 而言，而非 RA-再生剂添加于混合料的比例。决定，再生剂 RA-5 添加量步骤如下：[4]

1. 利用马歇尔配合设计决定最佳含油量（Pb），本研究最佳含油量 4.9%。
2. 决定新料占总粒料的百分比（R），刨除料添加比例为 20%、40%、60%。
3. 确认刨除料含油量（Psb）。
4. 用公式计算再生沥青混合物中新加沥青胶泥（含再生剂 RA-5）百分比（Pnb）。

$$Pnb=Pb-\frac{(100-r)\ Psb}{100}$$

5. 利用表 2 套入公式，可得表 3 新加沥青胶泥百分比。
6. 由表 1 可知添加 32%比例 RAB 可达 2000±400Poises，再按数学比例的方式即可推估再生剂的添加量。由表 4 可得知刨除料添加 20%、40%、60%时，再生剂 RA-5 添加百分比，分别为 8.6%、23.6%、58.8%。

刨除料基本数据一览　　表 2

刨除料黏滞度（Poises）	128000Poises
刨除料含油量（%）Psb	5.3%
刨除料添加量（%）	20%、40%、60%
再生沥青总含油量（%）Pb	4.9%
刨除料添加量（%）	20%、40%、60%

估计新加沥青胶泥百分比（含再生剂 RA-5）Pnb　　表 3

目标油量	RAP 添加比例（%）													
	0	10%	15%	20%	25%	30%	35%	40%	45%	50%	55%	60%	65%	70%
	4.7	4.2	3.9	3.6	3.4	3.1	2.8	2.6	2.3	2.1	1.8	1.5	1.3	1.0
	4.8	4.3	4.0	3.7	3.5	3.2	2.9	2.7	2.4	2.2	1.9	1.6	1.4	1.1
	4.9	4.4	4.1	3.8	3.6	3.3	3.0	2.8	2.5	2.3	2.0	1.7	1.5	1.2
	5.0	4.5	4.2	3.9	3.7	3.4	3.1	2.9	2.6	2.4	2.1	1.8	1.6	1.3
	5.1	4.6	4.3	4.0	3.8	3.5	3.2	3.0	2.7	2.5	2.2	1.9	1.7	1.4
	5.2	4.7	4.4	4.1	3.9	3.6	3.3	3.1	2.8	2.6	2.3	2.0	1.8	1.5
	5.3	4.8	4.5	4.2	4.0	3.7	3.4	3.2	2.9	2.7	2.4	2.1	1.9	1.6

再生剂 RA-5 添加比例　　表 4

类别	6 分	3 分	2 分	砂	RAP	Pnb	RA-5	AC-20
%	19%	24%	8%	29%	20%	3.8	8.6%	91.4%
个别	219.3	277.1	92.4	334.8	230.9	45.6	3.9	41.7
累计	219.3	496.4	588.7	923.5	1154.4	1200	—	—
%	19%	17%	5%	19%	40%	2.8	23.6%	76.4%
个别	221.6	198.3	58.3	221.6	466.6	33.6	7.9	25.7
累计	221.6	419.9	478.2	699.8	1166.4	1200	—	—
%	18%	9%	3%	10%	60%	1.7	58.8%	41.2%
个别	212.3	106.2	35.4	118.0	707.8	20.4	12.0	8.4
累计	212.3	318.5	353.9	471.8	1179.6	1200	—	—

3. 马歇尔稳定值试验分析

马歇尔稳定值为评估沥青混凝土受外力破坏所承受的最大强度，为沥青混凝土强度主要参考项目之一[5]，由图 1 可知，本研究所制作的再生剂 RA-5 添加的再生沥青混凝土，其刨除料添加比例增加（20%、40%）时，稳定值也相对较无添加刨除料时高，但刨除料添加至 60%时，其稳定值却有下降的趋势，如表 5 所示。

不同比例刨除料添加的马歇尔稳定值（1bf）　　表 5

刨除 \ 项次	一	二	三	四	五	六	七	八	九
60%	3075	3134	3143	3061	3061	3095	3224	3155	3097
40%	3331	3242	3301	3272	3294	3294	3301	3250	3329
20%	3206	3250	3286	3236	3279	3189	3229	3189	3263
0	3153	3053	3134	3126	3119	3027	3153	3075	3134

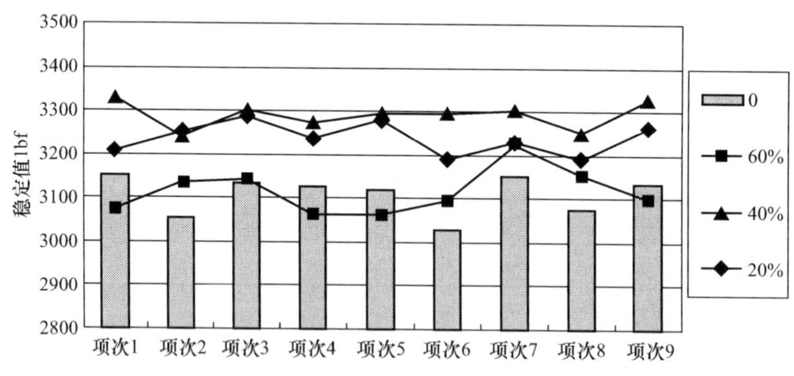

图 1　添加不同比例刨除料的马歇尔稳定值分析

4. 流度值试验分析

流度值主要是要沥青混凝土受到破坏的变形量，过大容易造成车辙，过小则容易造成粒料黏结不足[6]。图 2 为不同刨除料添加比例其流度值的变化，可看出再生剂 RA-5 添加后，刨除料添加比例增高，其流度值有上升的现象发生，如表 6 所示。

不同比例刨除料添加的马歇尔流度值　　表 6

刨除＼项次	一	二	三	四	五	六	七	八	九
60%	12	14	13	12	13	11	12	13	12
40%	12	13	12	13	10	12	11	12	11
20%	11	12	11	13	11	10	11	12	11
0	11	11	10	10	11	12	11	10	11

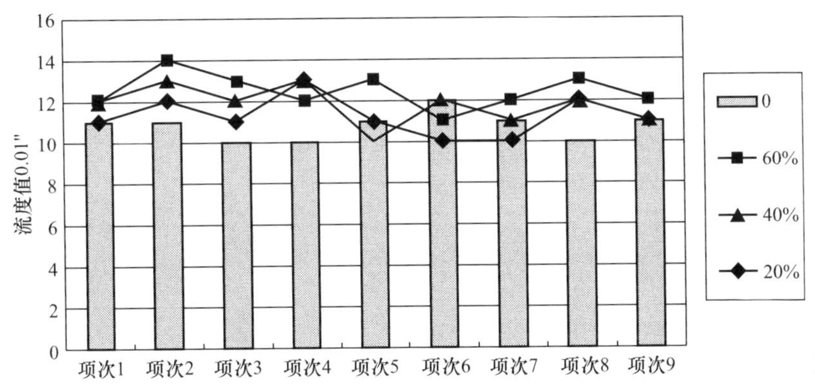

图 2　添加不同比例刨除料的马歇尔流度值分析

5. 滞留强度

再生沥青混凝土使用上最大的疑虑，即为抵抗水分侵害的能力。在中国台湾往往一场大暴雨过后，路面常因粒料间黏结力不够，而有剥脱、龟裂的现象发生。滞留强度试验系指浸于 60℃±1℃的恒温水槽 24 小时与浸于 60℃±1℃恒温槽中 30 分钟，两种条件下马歇尔的强度比值用于模拟水分侵害对沥青混凝土铺面造成的影响。图 3 为经过 30 分钟与 1 天所测得的稳定值，其结果显示出经过一天后添加刨除料的稳定值强度皆有降低，但不管添加 20%、40%、60%刨除料经过 24 小时高温浸泡后其稳定值比平均皆有达 80%以上，并无太明显的降幅，可见再生剂 RA-5 的添加对于抵抗水分的侵害具有一定的效益，如表 7 所示。

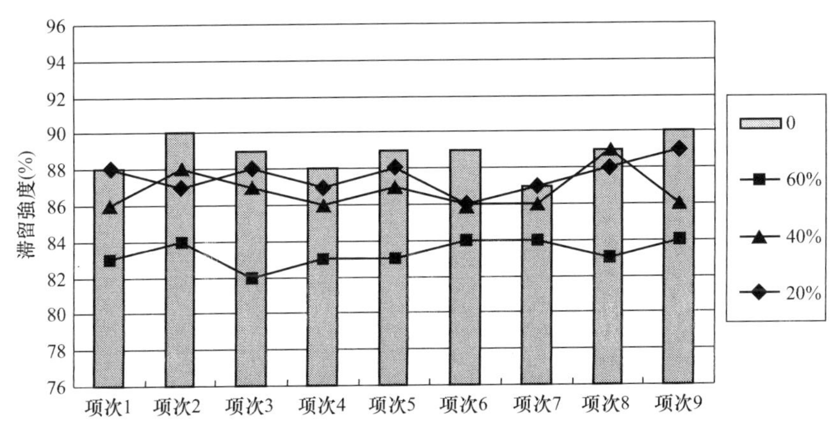

图 3　添加不同比例刨除料的马歇尔滞留强度分析

不同比例刨除料添加的马歇尔滞留强度（%） **表 7**

项次 刨除	一	二	三	四	五	六	七	八	九
60%	83	84	82	83	83	84	84	83	84
40%	86	88	87	86	87	86	86	89	86
20%	88	87	88	87	88	86	87	88	89
0	88	90	89	88	89	89	87	89	90

6. 车辙轮迹试验

车辙轮迹试验是模拟实际路面在车辆重力辗压下荷重测其动稳定性的方法，进而验证其抵抗车辙能力。由图 4 可知，其动稳定值会随着添加再生剂 RA-5 的刨除料增加而下降，刨除料 20%、40%添加，其降幅较小，而添加 60%刨除料制作的试体降幅与新料制作的沥青混凝土试体动稳定值相比，相差约达 14%。可知再生剂 RA-5 的添加，虽能调节沥青改善性质，但就动稳定值来看，再生剂 RA-5 添加量愈多对于抗车辙能力的提升并无实际帮助。

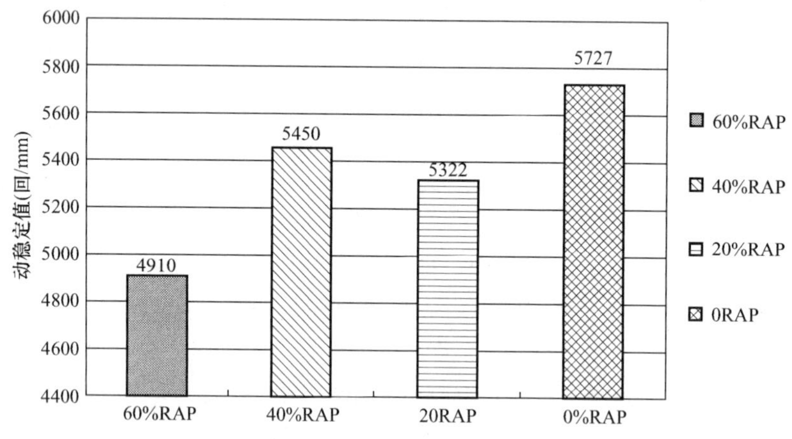

图 4 添加不同比例刨除料的动稳定值分析

7. 再生剂 RA-5 添加的单价分析

由表 8 可知，再生沥青混凝土刨除料添加适当比例再生剂 RA-5 与经济效益是成正比的，再考虑永续环保工程上的效益，可由本研究得知，添加 20%再生沥青可节省 11%成本，添加 40%再生沥青可降低 21%成本，而添加 60%再生沥青则降低 34%成本。就经济层面来看，再生剂 RA-5 对再生沥青而言，乃是符合工程的性质范围，合理提升 RAP 添加量，以实现工程工作性及经济性的追求，如表 8 所示。

再生料添加不同比例 0、20%、40%、60%的再生剂 RA-5 单价分析表 **表 8**

再生比例		0			20%		
项目	单位	数量	单价	复价	数量	单价	复价
粗骨材	吨	0.500	450	225	0.472	450	212
细骨材	吨	0.451	470	212	0.290	470	136

续表

再生比例		0			20%		
项目	单位	数量	单价	复价	数量	单价	复价
沥青胶泥	公斤	49	26	1250	34.7	26	885
刨除料	吨	0	300	0	0.2	300	60
再生剂	公斤	0	70	0	3.3	70	231
损耗保养	元/式	1	55	55	1	55	55
电费	元/吨	1	30	30	1	30	30
燃料油费	元/公升/吨	9	22	198	9	22	198
拌合工费	元/吨	1	30	30	1	30	30
租金杂费	元/吨	1	35	35	1	35	35
总计	元/吨			2034			1873

再生比例		40%			60%		
项目	单位	数量	单价	复价	数量	单价	复价
粗骨材	吨	0.387	450	174	0.345	450	155
细骨材	吨	0.185	470	87	0.038	470	18
沥青胶泥	公斤	21.4	26	546	7.1	26	181
刨除料	吨	0.4	300	120	0.6	300	180
再生剂	公斤	6.6	70	462	9.9	70	693
损耗保养	元/式	1	55	55	1	55	55
电费	元/吨	1	30	30	1	30	30
燃料油费	元/公升/吨	9	22	198	9	22	198
拌合工费	元/吨	1	30	30	1	30	30
租金杂费	元/吨	1	35	35	1	35	35
总计	元/吨			1737			1575
备注	以上单价估算时皆随相关物料及油品等市场机制随机变动。						

五、结论

1. 再生沥青混凝土添加再生剂 RA-5，调节沥青黏稠度，其调节效率并非呈现线性等比例的趋势，而是会依刨除料来源、堆置方式等因素，而造成再生剂 RA-5 添加比例不同。

2. 马歇尔稳定值会随着刨除料增加而增加，但刨除料添加达 60%时，马歇尔稳定值呈下降趋势，可能是因为刨除料添加可以为沥青混凝土内部结构提供劲度，故随着刨除料添加稳定值有上升趋势，但随着添加再生剂 RA-5 的比例提高，黏滞度降低与刨除料带来劲度相抵，稳定值自然呈现下滑趋势。

3. 再生剂 RA-5 对抵抗水分侵害，就滞留强度试验而言，虽然有添加刨除料的试体，滞留强度值都略低于新料制作的试体，但与新料制作的试体相差不高，且滞溜强度值平均皆达到 80%以上，没有大幅下降，可见再生剂 RA-5 对水侵害的抵抗具有一定的效用。

4. 就成本分析而言，刨除料添加愈多成本效益则愈高。本研究结果显示，刨除料添加比例愈高，为调节黏滞度，再生剂 RA-5 比例亦会增高，但过多再生剂 RA-5 的添加，会对沥青混凝土内部产生弱化和润滑的现象，从而导致稳定值、流度值、车辙轮迹试验等工程上性质的下降。就本研究而言，考虑到经济上及工程上的效益，以刨除料40％添加再生剂23.6％为最适添加比例。

5. 再现今环保意识台湾社会，许多道路工程招标时皆已把刨除料单价回归为成本了，也同时规定刨除后回收料只可添加40％为上限，故再生沥青混凝土厂商几乎都在使用刨除料，以减少回收料堆积如山的问题。而再生沥青混凝土厂商将刨除回收料再制成再生沥青混凝土来施工，也是依照当初施工纲要规范所制定，需添加适当比例的再生剂，而本研究就是找出使用再生剂RA-5的最适当添加比例为目标，进而达到资源回收再利用的目的，也同时保护中国台湾这片土地。

参考文献

[1] 蔡攀鳌. 再生沥青混凝土混合料的组成，两岸铺面工程及再生沥青混凝土特辑，2003，98-106.

[2] 廖誉胜. 以废弃红砖取代细骨材对再生混凝土性质影响的研究，硕士论文，中原大学土木工程系，2008.

[3] 姜荣彬. 沥青材料，中华铺面工程学会，2004，191-200.

[4] 邱钦伟. 再生剂对提升再生沥青混凝土质量的研究，硕士论文，台湾中央大学，2009.

[5] 吴学礼. 铺面、材料工程实务，詹氏书局二版，2001，台北.

[6] 黄隆升. 转炉石沥青混凝土应用于屏东县县道的研究，2012年转炉石沥青混凝土研讨会论文集，2012，19-41.

中国台湾下水污泥的燃料化再利用

胡芳瑜　许国恩　朱敬平

摘　要： 近年来由于卫生掩埋容积逐年下降且场址趋近饱和，使污水处理厂的下水污泥处理处置成本提高，去化日益受限。本研究分析调查台湾十座污水处理厂下水污泥特性，以探讨下水污泥作为燃料化再利用的可行性。调查显示，公共污水处理厂下水污泥的发热量相较于煤炭、燃料煤或木炭/焦炭（约6000～7000kcal/kg）等稍低，需进一步予以干燥和造粒为固体燃料后，降低下水污泥含水率，提升湿基低位发热量，方有利于推动下水污泥的燃料化再利用；下水道建设计划已积极针对下水污泥产量稳定的污水处理厂，推动设置干燥设施，降低下水污泥含水率至30%以下，干燥后的下水污泥则规划送至邻近焚化厂与垃圾混烧或其他再利用机构，预期下水污泥燃料化应用将愈趋重要。

关键词： 下水污泥；燃料化；再利用

一、缘起

内政事务主管部门营建署估计预期2020年公共污水下水道“用户接管普及率”将增至35.1%，而“整体污水处理率”提升为60.8%，即下水污泥产量将随之增加，但既有卫生掩埋场容积逐年减少、新址开发不易且清除处理成本高涨，另既有处理或再利用机构又因污泥的高含水率与臭味等问题，而回收意愿低，已使得下水污泥去化问题日益严峻。

此外，台湾地区行政管理机构办公场所环境保护署于2014年1月29日公告修正“指定废弃物清理法第二条第一项第二款的事项”，将“公共下水道污水处理厂”新增为废弃物清理法指定的事项，并自2015年7月1日起施行，自此公共污水处理厂最大宗的下水污泥归属于废弃物范畴，其清除处理须依废弃物清理法第28条规定办理，或依废弃物清理法第39条规定，由再利用机构与污水处理厂依据主管机关（内政事务主管部门）签定（2016年2月26日）的“公共下水道污水处理厂废弃物再利用管理办法”共同申请意愿书，提出再利用许可申请，经许可后方可进行下水污泥再利用。

公共污水处理厂下水污泥再利用一般包括燃料化、材料化和肥料化三大方向。其中燃料化部分可将下水污泥视为生质燃料，除可送至焚化炉与垃圾混烧发电，也可制成固体燃料锭投入锅炉作为辅助燃料，目前，中国台湾已有县市试行小规模试烧的经验，评估可接受的混烧比例。本研究分析公共污水处理厂下水污泥成分，以科学性数据解析下水污泥作为燃料化再利用的可行性，以作为污泥减量及再利用政策与修订的参考依据，达到中国台

胡芳瑜，财团法人中兴工程顾问社环境工程研究中心助理研究员.

许国恩，财团法人中兴工程顾问社环境工程研究中心环境检测技术组组长.

朱敬平，财团法人中兴工程顾问社环境工程研究中心副主任.

湾公共污水处理厂下水污泥资源化的目标。

二、公共污水处理厂下水污泥量能与特性

1. 公共污水处理厂下水污泥量能

截至2017年2月，中国台湾运转中公共污水处理厂共计57座，全期设计处理水量合计约为405万余CMD，实际处理水量总量仅约267万CMD，占总设计水量约66%。本研究调查2012至2014年间下水污泥脱水污泥饼的年总产量介于每日133吨至212吨（湿基，含水率介于65%～85%间，平均77.3%），其变化幅度大，以2013年数据显示，北部地区（基隆、台北、新北、桃园、新竹）下水污泥产量占台湾总量52%。

伴随污水下水道建设工程进展（以接管率每年增加3%计算），及各公共污水处理厂处理单元操作效能稳定性的提升，预计下水污泥量能及性质将趋于正常化。2041年污水处理量推估增加为591万CMD，每日污泥量增加为591吨，污泥产率由0.0067%提升至0.01%，污泥量成长率达3倍以上。

2. 公共污水处理厂下水污泥特性

本研究依据运转中公共污水处理厂特性（包含水量稳定、处理水量较大、污泥产量稳定及具有截流或纳管工业废水等），遴选八里、迪化、龟山、福田、安平、凤山溪、中区、六块厝、宜兰以及金城等十座进行下水污泥特性分析，采样时间为2013至2014年，每厂各进行四次采样，检测数据以平均值方式呈现，调查项目包含含水率、固体物、热值、灰分、可燃分、固定碳、元素组成（碳、氢、氧、氮、硫及氯）及灼烧减量等。

(1) 含水率及固体物

下水污泥主要由水分（以含水率表示）及干基固体物（Dried Solids或Total Solids，以下简写TS）两大部分组成，TS又可分为固定性固体物（Fixed Solids，以下简称FS）及挥发性固体物（Volatile Solids，以下简称VS）两类，前者主要包括砂石等矿物成分及无机盐类，后者主要为原污水中有机性固体与生物污泥，其中含水率愈高，下水污泥热值及可燃元素成分越低。

十座污水处理厂含水率及固体物的检测结果如表1所示，含水率范围介于67.2%～88.3%，初级处理的污水处理厂（八里及中区）下水污泥含水率相对较低（平均值为71.3%与68.4%）；二级处理的污水处理厂下水污泥平均含水率则介于77.9%～87.2%；各厂下水污泥脱水方式仅金城厂及宜兰厂使用离心式脱水，其余采用带滤式脱水；调查显示，采用带滤式或离心方式脱水后的下水污泥含水率并无显著差异。污泥固体物部分TS含量介于12.3%～37.3%；FS和VS所占百分比范围分别介于11.5%～67.2%和32.8%～88.5%，以初级处理的八里和中区两厂下水污泥TS含量较高，分别为30.3%和33.5%，其FS所占百分比分别为50.9%及46.7%；其余8座二级处理的污水处理厂下水污泥TS含量介于14.0%～24.8%，FS平均比例介于19.4%～47.8%，其中，金城厂、龟山厂和迪化厂下水污泥的TS含量以VS为主，占TS百分比分别为79.1%、73.6%和80.6%。

(2) 发热量

下水污泥发热量为决定燃料化再利用最重要的因素，发热量可区分为干基发热量、湿基发热量、高位发热量与低位发热量等。

本研究中十座污水处理厂发热量的调查数据结果如表 2 所示。下水污泥干基发热量的总平均值为 3100kcal/kg，就各厂干基发热量而言，以金城厂最高，其次为迪化厂、八里厂及凤山溪厂的干基发热量则较低；湿基低位发热量受下水污泥含水率的影响，范围自 −113kcal/kg至 439kcal/kg。就各厂而言，以中区厂最高，其次为宜兰厂、凤山溪厂的湿基低位发热量则较低。

下水污泥燃料化再利用的设备主要为焚化炉、汽电共生锅炉或燃煤锅炉等，前述设备下水污泥作为燃料化时水分多以蒸汽存在，故以表 2 的湿基低位发热量进一步检视下水污泥作为燃料锭造粒的发热量。以下水污泥造粒的较佳含水率范围 20%～30%进行湿基低位发热量计算，湿基低位发热量总平均值分别介于 1410 ～ 2540kcal/kg 及 1650 ～ 2950kcal/kg。以中区厂最高，其次为宜兰厂、凤山溪厂及金城厂湿基低位发热量较低。

评估显示降低下水污泥含水率至 20%，可将湿基低位发热量平均值最高可提升至 2950kcal/kg，但与煤炭（6200kcal/kg）、燃料煤（6400kcal/kg）或木炭/焦炭（7000kcal/kg）等相比，其发热量约仅为 1/2 甚至更低，换句话讲，下水污泥直接作为燃料进行再利用具有相当难度。

十座污水处理厂污泥含水率及固体物调查平均结果　　表 1

污水处理厂	含水率（%，湿基）	处理程序	脱水方式	总固体物（%，干基）	固定性固体物（%，干基）	挥发性固体物（%，干基）
八里	71.3	初级	带滤式	30.3	50.9	49.1
迪化	81.8	二级	带滤式	23.4	20.9	79.1
龟山	84.2	二级	带滤式	20.7	26.4	73.6
福田	78.0	二级	带滤式	24.1	46.4	52.6
安平	79.5	二级	带滤式	21.6	45.0	54.1
凤山溪	83.1	二级	带滤式	16.8	47.8	52.2
中区	68.4	初级	带滤式	33.5	46.7	53.3
六块厝	82.7	二级	带滤式	21.3	40.5	59.5
宜兰	77.9	二级	离心式	24.8	37.2	62.8
金城	87.2	二级	离心式	14.0	19.4	80.6

注：表中所列数值为 2013 至 2014 年的丰枯水期间四次调查结果平均值。

十座污水处理厂污泥燃料化特性分析平均结果　　表 2

污水处理厂	干基	湿基高位（以原含水率计算）	湿基低位（以原含水率计算）	湿基高位（以含水率 30%计算）	湿基低位（以含水率 20%计算）
	单位：kcal/kg				
八里	2,420	691	218	1,410	1,650
迪化	3,960	722	187	2,420	2,810
龟山	3,760	593	50.5	2,290	2,660
福田	2,520	552	45.5	1,460	1,720

续表

污水处理厂	干基	湿基高位（以原含水率计算）	湿基低位（以原含水率计算）	湿基高位（以含水率30%计算）	湿基低位（以含水率20%计算）
	单位：kcal/kg				
安平	2,580	498	−14	1,500	1,760
凤山溪	2,480	417	−113	1,430	1,680
中区	2,860	903	439	1,710	1,990
六块厝	2,740	476	53.3	1,610	1,880
宜兰	3,470	750	241	2,120	2,460
金城	4,160	530	−28.7	2,540	2,950

注：表中所列数值为2013至2014年的丰枯水期间四次调查结果平均值。

(3) 灰分、可燃分、灼烧减量

灰分系为不可燃的固体矿物质，灰分越高除发热量越低外，也会造成下水污泥燃烧后易黏结于锅炉耐火材料内壁或传热管管壁，造成燃烧不完全、传热效果不佳、气体流道狭隘等问题，一般而言，灰分熔点高则燃料质量较好；可燃分系指固体燃料扣除水分及灰分的部分，分成挥发性物质及固定碳，皆为提供燃料热值的来源；灼烧减量系作为判断焚化炉床燃烧效率及燃料化处理后潜在有机污染程度，灼烧减量数值越小表示燃烧效率越好，且有机污染程度越低。

十座污水处理厂灰分、灼烧减量、可燃分如表3所示，其中灰分所占百分比介于14.1%～69.9%，总平均值为41.7±13.5%，以八里厂平均值（52.6±6.5%）最高，其次为福田厂（52.4±4.7%），以迪化厂、龟山厂和金城厂三座灰分较低（约小于30%）；可燃分调查范围介于30.1%～85.9%，总平均值为58.3%，以金城厂平均值（81.4%）最高，其次为迪化厂（74.3%）、八里厂（47.4%）及福田厂（47.6%）可燃分较低；灼烧减量百分比范围介于29.0%～85.6%，总平均值为56.9%，以金城厂（81.6%）最高，其次为迪化厂（73.7%）、八里厂（45.8%）、福田厂（47.2%）及凤山溪厂（47.2%）灼烧减量较低。

(4) 元素组成分析

燃料主要元素组成包含碳、氢、氧、氮、硫、氯六种，其分析结果可作为助燃空气及燃烧废气系统规划及低位发热量估算的依据，碳和氢是燃料燃烧产生热量的重要元素，氧则是助燃元素，硫元素与氮元素可能于燃烧过程导致空气污染排放，氯元素可能会造成锅炉腐蚀。

十座污水处理厂元素组成分析如表3所示，分析结果显示，以碳含量最高，其次为氧含量，碳含量范围介于15.2%～44.1%，总平均值为28.2%，以金城厂平均值（39.7%）最高，其次为迪化厂（35.7%）、八里厂（21.8%）及凤山溪厂（23.2%）碳含量较低；氢含量范围介于1.0%～7.0%，总平均值为3.7%，以金城平均值（5.3%）最高，其次为迪化厂（4.5%），以八里厂（2.9%）氢含量较低；氧含量范围介于13.0%～36.0%，总平均值为21.1%，以迪化厂平均值（27.5%）最高，以中区厂（15.9%）氧含量较低；氮含量范围介于1.8%～7.8%，总平均值为4.2%，以金城厂平均值（7.1%）最高，以中区厂（2.5%）氮含量较低；硫含量范围介于0.9%～2.6%，总平均值为1.6%，以安平厂平均值（2.2%）最高，以宜兰厂（1.2%）及金城厂（1.2%）硫含量较低；氯含量范围介于0.04%～1.2%，总平均值为0.24%，以中区厂平均值（0.48%）最高；以福田厂（0.12%）氯含量较低。

(5) 灰熔点相关指标

燃料燃烧后产生的灰升高到一定的高温下会先软化后熔融，灰熔点即为产生熔融的温度，一般可作为动力用煤和气化用煤的质量指标，对于大型燃煤锅炉而言，锅炉内温度升高到灰熔点会造成灰分融化粘黏在锅炉壁上，降低锅炉燃烧效率。灰熔点与燃料中铝、硅、钙、镁、铁、硫等元素含量具有关联性，其中氧化铝和二氧化硅的含量越高，煤灰的熔点就越高；氧化铁、氧化钙、氧化镁等物质的含量越高，煤灰的熔点就越低。

本研究中十座污水处理厂灰熔点相关指标（三氧化二铝、二氧化硅、氧化铁、氧化钙和氧化镁）的调查数据结果如表3所示。三氧化二铝范围为1.2%～4.5%，总平均值为2.7%，以凤山溪厂为高4.0%，其次为八里厂（3.3%），最低值为金城（1.7%）；二氧化硅范围为5.6%～35.4%，总平均值为19.4%，以八里厂为高（29.0%），其次为福田厂（26.5%），最低值为迪化厂、龟山厂与金城厂（约小于13%）；二氧化硅与三氧化二铝分析结果可能受截流河川或大排系统所带入的泥沙等矿物影响，故截流比例较高的污水处理厂如八里厂（70%截流，30%生活污水）、安平厂（59%截流，41%生活污水）、凤山溪厂、六块厝厂（60%截流，40%生活污水）等，其有较高的趋势。

氧化铁范围介于1.0%～5.2%，总平均值为3.2%，以中区厂最高（3.9%），以金城厂最低（1.4%）；氧化钙范围介于1.4%～7.3%，总平均值为2.9%±1.2%，以六块厝厂最高（5.6%），金城厂最低（1.6%），其含量可能与收受工业废水比例，污泥消化控制碱度所添加的石灰或污泥脱水时所添加的石灰或高分子聚合物调理剂有关；氧化镁范围介于0.5%～1.6%，总平均值为0.9%，以凤山溪厂最高（4.0%），金城厂最低（1.7%）。

十座污水处理厂灰分、灼烧减量、可燃分及元素组成分析结果　　表3

污水处理厂	灰分	可燃分	灼烧减量	元素组成分析						三氧化二铝	二氧化硅	氧化铁	氧化钙	氧化镁
				碳	氢	氧	氮	硫	氯					
八里	52.6	47.4	45.8	21.8	2.9	17.9	2.7	1.3	0.38	3.3	29.0	3.5	2.5	3.3
迪化	25.7	74.3	73.7	35.7	4.5	27.5	5.9	1.3	0.17	2.1	10.0	2.6	2.1	2.1
龟山	30.3	69.7	63.6	34.7	4.4	26.0	4.9	1.6	0.18	2.5	11.7	3.3	2.2	2.5
福田	52.4	47.6	47.2	24.4	3.2	19.6	3.4	1.3	0.12	3.0	26.5	3.3	3.0	3.0
安平	47.3	52.7	51.5	23.9	3.3	20.7	3.8	2.2	0.40	2.8	25.2	3.7	2.5	2.8
凤山溪	51.9	48.2	47.2	23.2	3.4	20.4	3.3	1.9	0.17	4.0	18.7	3.8	3.3	4.0
中区	49.1	50.9	48.9	26.5	3.2	15.9	2.5	1.7	0.48	2.9	23.5	3.9	4.0	2.9
六块厝	46.5	53.5	51.6	24.5	3.5	20.1	4.1	2.0	0.24	2.8	16.2	3.8	5.6	2.8
宜兰	42.8	57.2	58.1	27.8	3.6	20.4	4.1	1.2	0.09	2.0	21.1	2.8	2.4	2.0
金城	18.6	81.4	81.6	39.7	5.3	22.3	7.1	1.2	0.14	1.7	12.5	1.4	1.6	1.7
平均	41.7	58.3	56.9	28.2	6.3	21.1	4.2	1.6	0.24	2.7	19.4	3.2	2.9	2.7

单位：%，干基

三、下水污泥处理、处置及再利用推动现况

1. 下水污泥处理、处置及再利用机构现况

中国台湾地狭人稠，且目前掩埋场容量几近饱和，另因邻避效应使新设最终处置场址困难度高，此外，市场对于再利用产品接受意愿不高，加上有些厂商违法事情层出不穷，造成废弃污泥去化及资源化再利用推动日益窘困。随着污泥处理机构减少，污泥清除从业人员相继提高清除费，致使部分公共污水处理厂下水污泥处理处置面临巨大的挑战。

2014 年调查结果显示，台湾下水污泥约有 64.4%采用卫生掩埋（包含公有掩埋场与民营处理机构），14.8%采用与垃圾混烧方式处理，15.7%采用材料化再利用方式，0.2%采用肥料化再利用，也有约 5.1%污泥贮存厂内。前述下水污泥送至垃圾焚化厂，与垃圾混烧处理及回收热能案例，如木栅、北投及内湖焚化厂处理迪化厂干燥下水污泥、北投焚化厂试烧迪化厂下水污泥、乌日焚化厂试烧福田厂下水污泥、高雄南区焚化厂试烧中区厂与凤山溪厂下水污泥等。

另内政事务主管部门营建署为舒缓未来污水处理厂下水污泥去化压力，积极推动下水污泥减量，制定“污水下水道第五期建设计划”优先考虑地理区位及污水量、污泥产量已稳定的污水处理厂（如台北市八里厂、新北市林口厂、桃园市龟山厂、新竹市客雅厂、台中市福田厂、屏东县六块厝厂、花莲县花莲厂和金门县荣湖厂等），补助县市政府于所辖污水处理厂设置污泥干燥设备，预计 2020 年每日下水污泥减量 208 吨，减量效果达 58%。干燥后的下水污泥各县市政府要寻求资源通路，如送至垃圾焚化炉，或其他回收效益的发电厂、汽电共生厂、水泥窑厂等单位或作为低含水率污泥的再利用用途（如烧结、废弃物衍生燃料等）。

2. 下水污泥燃料化再利用推动规划

公共污水处理厂因其进流水类型不同（截流水、收受工业废水或水肥等），其下水污泥特性存在差异，故应依污泥特性关键指标决定再利用方向，如灰分偏高，宜“材料化”若重金属含量可符合农委会肥料标准，可“肥料化”；另若发热量偏高，宜“燃料化”。

在燃料化方面，虽下水污泥碳含量偏低、水分与灰分偏高，降低含水率后发热量仍不比煤炭等传统燃料，但由于目前替代燃料的研发及废弃物能源化的趋势且相较于肥料化与材料化的再利用，燃料化再利用于尺寸上具有较大的污泥进料弹性，因此是目前最有潜力的再利用推动方向。

下水污泥以热处理技术转换的固态生质燃料，可依据美国材料协会 ASTM D388-12 的标准进行燃料等级的分类。而该煤种等级分类标准，系以燃煤的固定碳含量及发热量作为分类基准，当燃煤的固定碳含量大于 86%属无烟煤，而固定碳含量 78%～86%及 69%～78%则分别属低挥发分烟煤及中挥发分烟煤。当燃煤的固定碳小于 69%，则以其热值多少进行分类。若下水污泥经干燥燃料化处理，含水率约 10%的生质燃料，固定碳含量约为 13%、热值约为 3225kcal/kg，应属于该分类标准的低热值燃煤—褐煤。

下水污泥经干燥造粒、碳化或气化等燃料化再利用后的产品目前于中国台湾尚无相关规范，建议可持续依据用途，制定产品标准（如含水率、低位发热量、可燃分、氯、硫、哈氏可磨系数、灰熔点等），并出厂时须符合环安标准。

下水污泥再利用推动的关键因子为下游市场产品的接受度，建议台湾应善用具有接收弹性与余裕容量优势的燃煤电厂等公有设施，以畅通下水污泥燃料制品的通路，考虑其湿基低位发热量相较于煤炭、燃料煤或木炭/焦炭等约为其 1/3 甚至更低，建议可以掺配方式，作为汽电共生厂与燃煤机组发电厂的辅助燃料，落实下水污泥燃料化再利用。另下水污泥燃料化再利用过程产生的废气及残渣的处理处置，也要纳入评估，如燃煤电厂将下水污泥燃料锭取代部分燃煤后，可能会影响煤灰再利用。

此外，下水污泥燃料化再利用应属生质能应用范畴，建议除能源局补助污泥燃料化再利用外，也应将采用污泥所制生质燃料锭的机构操作营运纳入奖励补助范围，以提高再利用机构的营运收益，鼓励相关机构参与“燃料化”再利用市场，同时达到资源再利用的目标。

四、结论

随污水下水道普及率逐年增加，各县市污水处理厂陆续完工，污泥量势必持续增长，如能利用既有垃圾焚化厂将下水污泥与垃圾混烧，除能有效解决污泥去化问题，产生的热能也能回收再利用。或可将下水污泥干燥后制成废弃物衍生燃料 RDF 或经碳化程序产出碳化物，将下水污泥经燃料化技术予以妥善资源化再利用。

依据中国台湾运转中十座公共污水处理厂下水污泥特性调查结果显示，以含水率为 20%的干燥下水污泥而言，其湿基低位发热量相较于煤炭、燃料煤或木炭/焦炭等约为其 1/3 甚至更低，故下水污泥直接作为燃料化再利用具有相当难度。建议应将干燥后下水污泥予以造粒，再作为焚化炉或块煤锅炉的辅助燃料。

下水污泥属有机污泥，各国经验也适合进行燃料化再利用，然而由于下水污泥含水率偏高，且挥发性固体含量偏低，作为燃料化使用推广并不顺利，而随下水道接管率提升，污泥中有机成分含量将逐年提高，内政事务主管部门营建署已积极推动下水污泥减量，针对污泥产量已稳定的污水处理厂导入污泥干燥设备，预期将有利于促动下水污泥燃料化的应用。

下水污泥燃料化再利用推动可能遇到的问题包含：（1）下水污泥性质变动性（灰分、热值、固定碳等）；（2）再利用产品质量良劣；（3）再利用市场量能与通路完整性；（4）再利用产品衍生的环保问题等。未来可设置示范验证厂，建立本土化下水污泥燃料化再利用的设计操作参数，以及相关再利用产品应用和推广，逐步实现污泥减量及妥善再利用的循环目的。

参考文献

[1] 下水污泥处理再利用示范验证总顾问委托专业服务案，内政事务主管部门营建署.

高流动性碱激发绿色混凝土工程性质研究

王和源　陈柏存　王建智　张荣南　郭致维

摘　要：近年来为降低工程材料生产过程所产生的温室气体排放量及工业副产品再利用，以达到节能减碳及促进循环经济的目标，碱激发混凝土材料成为主要研究课题。本研究采用高炉炉石粉，利用不同碱当量（N＝5%及7%），不同液固比（L/S＝0.45、0.50及0.55）制成高流动性碱激发绿色混凝土材料，于龄期28天时，探讨其新拌性质及力学性质。结果显示高流动性碱激发绿色混凝土材料坍度及坍流度分别为246～281mm及552～645mm，抗压强度、抗弯强度、超音波速及电阻值分别为16.5～29.8MPa、2.036～2.602MPa、3820～4161m/s及53.0～80.0kΩ-cm，不但具有高流动性且强度可达一般结构混凝土的要求，极具发展性。另外，经计算后碳排放量低于相同强度的一般混凝土，显示高流动性碱激发绿色混凝土材料具有环保减碳及经济效益高的特性。

关键词：高流动性；碱激发混凝土；碳排放

Abstract: In recent years, high flow alkali-activated green concrete (HFAGC) is the major research subject in order to the emission of carbon reduction in the process of engineering materials production. In this study, blast furnace slag was used to prepare high-mobility alkali-activated green concrete with different alkali equivalent (N＝5 and 7%) and different liquid-solid ratios (L/S＝0.45, 0.50 and 0.55), to explore its engineering properties. The results show that the slump, slump flow, compressive strength, flexural strength, ultrasonic velocity and resistance of HFAGC are 246-281 mm, 552～645 mm, 16.5～29.8 MPa, 2.036～2.602 MPa, 3820～4161m/s and 53.0～80.0kΩ-cm, respectively. In addition, the carbon emissions of HFAGC is lower than the same strength of the normal concrete.

Keywords: High flow; Alkali-Activated Green Concrete; The carbon emissions

一、前言

由于21世纪工业发展迅速，过度开发造成环境严重破坏与温室效应加剧，为实现环境保护与永续发展的目的，节能减碳已是近年来大家普遍重视的议题。土木营建工程与人

王和源，台湾高雄应用科技大学土木工程系教授.
陈柏存，高雄市政府工务局新建工程处股长.
王建智，正修科技大学土木与空间信息系教授.
张荣南，辅英科技大学专技教授.
郭致维，台湾高雄应用科技大学土木工程系硕士.

类生活息息相关，而水泥是土木建筑工程最常使用的材料之一，水泥制造时会伴随大量的二氧化碳产生，全球水泥制造业二氧化碳总排放量占全世界总温室气体排放量的5%～7%，为减少环境冲击，必须减少水泥用量，在资源有限的环境下，如何将废弃物回收再利用是新的课题。

近年来，碱胶凝无机聚合物材料是一种新的发展趋势，碱胶凝是利用碱剂与炉石、飞灰等工业副产品做激发，并得到不错的经济效益及工程性质效果，能当做取代水泥的绿能材料[1-7]，碱胶凝无机聚合物不只具有强度高、易加工制造等优点，并具有耐火、隔热及抗蚀等优异特性[1-7]。Wang等人[3-4]的研究也指出，碱胶凝无机聚合物材料具有许多优良的工程性能，包括高抗压强度、轻重量和低热传导性等。根据前人研究显示碱胶凝材料具有相当多优点，是具有发展潜力的工程材料，如能针对上述材料的特性去发挥，不仅可解决废弃物的处置及再利用，也可以落实资源永续的政策目标。

二、试验计划

1. 试验材料

（1）高炉炉石粉：使用符合CNS12549和ASTM989中联炉石资源处理公司生产的水淬炉石。水淬炉石的SiO_3、Al_2O_3及CaO合计达80%以上经碱活化后会形成类似水泥熟料的水化物C-S-H胶体，具有与卜特兰水泥相同的水硬性与凝结性，基本物性与化学组成如表1、表2所示。

（2）氢氧化钠溶液：采用纯度98%的片碱与水进行调配成配比中所需的浓度的氢氧化钠溶液，并封装保存于干净耐酸碱桶中，因反应过程中会放出大量的热，需静置24h后才能使用，其碱性激发溶液主要目的在于使活性较低材料能够产生更多的硅凝胶体，进而让碱胶凝材料产生强度，基本物性与化学组成如表1、表2所示。

（3）硅酸钠溶液：硅酸钠俗称水玻璃或液态玻璃，本研究采用荣祥工业股份有限公司的三号水玻璃，其为黏稠无色无味的液体。硅酸钠是一种白色粉末，易溶于水、溶于水呈碱性，更能促使碱胶凝材料的聚合反应，基本物性与化学组成如表1及表2所示。

（4）飞灰：台湾电力公司火力发电厂的F级飞灰，飞灰属于圆球形颗粒，应用于碱胶凝材料中可因轴承效应改善新拌流动性，对工作性的提升有明显的帮助，基本物性与化学组成如表1、表2所示。

（5）粗细粒料：采用屏东里港地区符合混凝土粒料规定的天然砂石。经由筛分析试验后得到粒径分布可符合CNS 1240混凝土粒料的要求规定，基本物性如表1所示。

各材料物理性质 **表1**

	高炉炉石粉	飞灰	细粒料	粗粒料	硅酸钠溶液	氢氧化钠
比重	2.89	2.20	2.63	2.64	41.89	2.13
吸水率（%）	—	—	1.40	2.20	—	—
干捣单位重（kg/m^3）	—	—	1819	1678	—	—
细度（g/m^2）	4000	—	—	—	—	—

各材料化学组成 **表 2**

	高炉炉石粉	飞灰	硅酸钠溶液	氢氧化钠
SiO_2	33.57	48.22	29.43	—
Al_2O_3	14.71	37.21	—	—
Fe_2O_3	0.36	4.69	0.01	—
CaO	41.18	2.88	—	—
MgO	6.42	2.99	—	—
SO_3	0.57	0.71	—	—
K_2O	0.29	1.16	—	—
Na_2O	0.19	0.22	9.51	—
TiO_2	0.52	—	—	—
P_2O_5	0.01	—	—	—
L. O. I	0.58	—	—	—
NaOH	—	—	—	98.2
$NaCO_3$	—	—	—	0.165
NaCl	—	—	—	0.0135
Fe	—	—	—	0.0004

2. 试体制作

本研究先将飞灰与天然细粒料混拌，求出飞灰添加于细粒料中最大干捣单位重混合比例 α=12%，接着再与粗粒料进行混拌，找出飞灰、细粒料及粗粒料三者材料最大干捣单位重的混合比例 β=54%，接着通过试拌结果，计算其胶结材浆量及粗细粒料用量。

本研究所采用的胶结材的固定碱模数 1.0，不同碱当量（N=5%及 7%），不同液固比（L/S=0.45、0.50 及 0.55），配比组成如表 3 所示。

试体制作过程中先将氢氧化钠及硅酸钠溶液充分混合后静置，并将炉石粉倒入拌合锅内均匀干拌一段时间后，再倒入碱性溶液持续拌合约 40 秒后，倒入飞灰、细粒料及粗粒料三者混合料，持续拌合约 60 秒后，进行新拌性质试验，并浇灌至 Φ150mm×300mm 抗压试体模及 150mm×150mm×500mm 抗弯试体模中，一天后拆模并置于室温条件下养护，并于养护 28 天时进行各项工程性质试验，如图 1 所示。

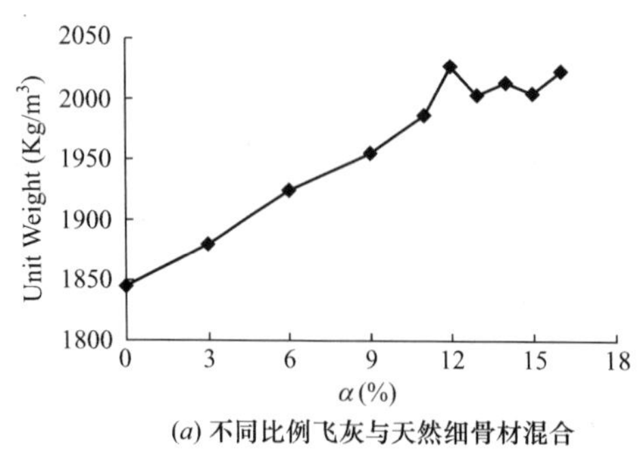

(a) 不同比例飞灰与天然细骨材混合

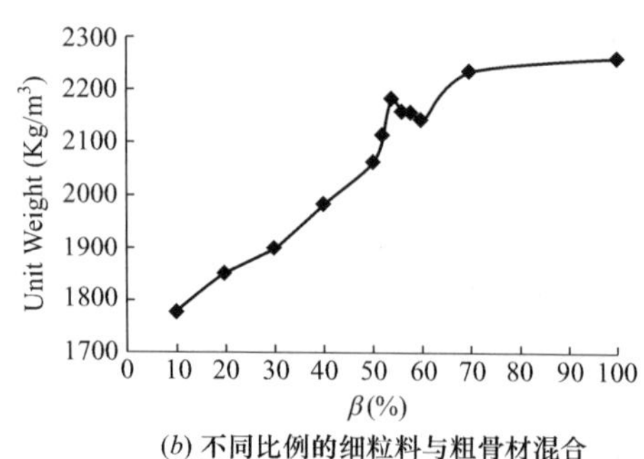

(b) 不同比例的细粒料与粗骨材混合

图 1 不同比例的混合材料干捣单位重曲线

本研究试验配比 表 3

配比编号	碱模数	碱当量	液固比	炉石粉	水玻璃	氢氧化钠	粗粒料	细粒料	飞灰	拌合水
1	1	5	0.45	373	62	16	918	949	129	219
2	1	5	0.50	375	75	20	918	949	129	215
3	1	5	0.55	378	88	23	918	949	129	212
4	1	7	0.45	325	54	14	918	949	129	248
5	1	7	0.50	327	65	17	918	949	129	247
6	1	7	0.55	328	76	20	918	949	129	244

3. 试验项目及方法

（1）新拌性质：依据 CNS 1176 A3040 分别测定坍度与坍流度。目的在于以坍度法测定新拌混凝土的稠度，以判断混凝土的工作度，坍度越小，越不易流动，工作度越差。另外，坍流度就是提起坍度模后，混凝土将流开呈现圆形状，其直径称为“坍流度”，亦是判定混凝土的工作度的一种。

（2）抗压强度：本试验依据 CNS 1232 A3045 进行试验，抗压强度计算系破坏载重除以荷重面积。

（3）抗弯强度：本试验依据 CNS 1234 A3047 进行试验，抗弯强度计算系利用破坏载重除以断面模数。

（4）超音波速量测：本试验所采用的超音波检测仪符合 ASTM C597 规范规定，直接利用发射与接收探头置于试体的两侧，由产波器产生脉波，再经传波器送入试体，于穿透试体后由接收器接收测得脉波穿透试体的时间长短。依据超音波在不同物质中传递速度的特性，了解试体内部状况。

（5）表面电阻：本试验采用四极式电阻量测仪，直接于试体表面多次测量电阻值后，取其平均值。

三、结果分析与讨论

1. 工作度

本研究各配比坍度及坍流度量测结果，如表 4 所示。各配比的坍度及坍流度分别介于 246～281mm 及 552～645mm，皆具有良好的工作性。表 4 同时显示坍度及坍流度分别随着液固比增加而增加。主要系因为碱激发材料的液固比定义如同水泥混凝土的水胶比，为液体与粉料的重量比例，提高液固比的同时会增加碱激发溶液量，各材料间具较好的润滑性，可有效提升整体流动性。

另外，表 4 也显示坍度及坍流度分别随着碱当量增加而增加，主要因为当碱当量增加，碱性激发溶液中的氢氧根离子将矿物材料中硅、铝离子溶解更多，故提高其工作性。

本研究试验配比新拌性质结果　　表 4

碱模数	碱当量	液固比	坍度（mm）	坍流度（mm）
1.0	5	0.45	246	552
		0.50	255	629
		0.55	268	634
	7	0.45	255	560
		0.50	260	640
		0.55	281	645

2. 抗压及抗弯强度

本研究各配比抗压及抗弯强度量测结果如表 5 所示。各配比的抗压及抗弯强度分别介于 16.5～29.8MPa 及 2.036～2.602MPa，强度已达一般结构混凝土等级。表 4 同时显示抗压及抗弯强度分别随着液固比增加而减少。主要因为提高液固比的同时系增加碱激发溶液量，但含硅铝元素的矿物粉料并未增加，故化学反应后所释放硅、铝离子也未增加，导致所形成的硅凝胶体（Silica gel）其键结强度不足，进而降低力学强度表现。

另外，表 5 也显示抗压及抗弯强度分别随着碱当量增加而增加，主要因为当碱当量增加，碱性激发溶液中的氢氧根离子将矿物材料中硅、铝离子溶解更多，所形成的硅凝胶体强度提高，进而提高其力学强度表现。

3. 超音波速

本研究各配比超音波速量测结果，如表 5 所示。各配比超音波速分别介于 3820～4161m/s，波速与一般混凝土相近。表 5 同时显示超音波速随着液固比增加而减少。主要因为提高液固比的同时，增加碱激发溶液量，但含硅铝元素的矿物粉料并未增加，化学反应后多余的水消散所形成微结构中的孔隙，导致超音波传递时间增长，降低所测得超音波速。

另外，表 5 也显示超音波速随着碱当量增加而增加，主要因为当碱当量增加，碱性激发溶液中的氢氧根离子将矿物材料中硅、铝离子溶解更多，所形成硅凝胶体使微结构更为致密，导致超音波传递时间减少，提高所测得超音波速。

4. 电阻

各配比电阻量测结果如表 5 所示。各配比电阻值分别介于 53.0～80.0kΩ-cm，电阻值随着液固比增加而减少，并随着碱当量增加而增加。此趋势与超音波速量测结果一致。

本研究试验配比硬固性质结果　　表 5

碱模数	碱当量	液固比	抗压强度（MPa）	抗弯强度（MPa）	超音波速（m/s）	表面电阻（kΩ-cm）
1.0	5	0.45	18.9	2.331	3885	73.0
		0.50	17.2	2.296	3881	59.5
		0.55	16.5	2.036	3820	53.0
	7	0.45	29.8	2.602	4161	80.0
		0.50	26.8	2.554	4090	70.1
		0.55	18.1	2.484	3865	69.1

5. 减碳效益

参考经济主管部门工业局、环保署及郑大维[8,9]文献资料，整理本研究中各组成材料的碳排放量，如表 6 所示，利用表 6 计算本研究各配比碳排放量，并整理于表 7 所示。

由文献得知，一般采用 ACI 混凝土配比设计法，其设计强度为 1.75MPa 及 2.80MPa 结构用混凝土的排碳量分别为 235.89kg/m^3 及 272.03kg/m^3，表 7 显示本研究各配比碳排放量为 79.07～111.58kg-eCO_2/m^3，约比相同抗压强度的水泥混凝土减少超过 50%以上的排碳量。

本研究各组成材料的碳排放量 **表 6**

炉石粉	水玻璃	氢氧化钠	粗粒料	细粒料	飞灰	拌合水
0.058	0.5	1.542	10.45	10.45	0.005	0.04

碳排放量计算 **表 7**

配比编号	抗压强度（MPa）	碳排放量（kg-eCO_2/m^3）	备注
1	18.9	87.78	
2	17.2	100.40	
3	16.5	111.58	
4	29.8	79.07	
5	26.8	89.27	
6	18.1	99.34	
文献	17.5	235.89	ACI 配比设计法
文献	28.0	272.03	ACI 配比设计法

四、结论

（1）试验结果显示，碱激发绿色混凝土坍度及坍流度分别介于 246～281mm 及 552～645mm 可具高流动性，抗压及抗弯强度分别介于 16.5～29.8MPa 及 2.036～2.602MPa，可达结构用混凝土等级，且超音波速及表面电阻等工程性质表现良好。

（2）在相同碱模数条件下，随着液固比增加，碱激发绿色混凝土的工作性提升，但抗压强度、抗弯强度、超音波速及表面电阻则减少，推测系与整体碱激发溶液用量影响其各材料间润滑性，同时造成后续聚合反应后的硅铝胶体键结强度及微结构情形有关。

（3）另外在相同的抗压强度条件下，碱激发绿色混凝土其排碳量较一般水泥混凝土低，且排碳量减少超过 50%。

（4）依据本研究所得到试验结果与趋势，碱激发绿色混凝土极具发展性，有待进一步针对其耐久性进行试验与验证。

参考文献

[1] Davidovits, J., Geopolymer Chemistry and Applications, Géopolymèr Institute, Saint-Quentin, France, pp. 19-36 (2008).

[2] Wei-Chien Wang, Her-Yung Wang, Ming-Hung Lo, "The engineering properties of alkali-activated

slag pastes exposed to high temperatures", Construction and Building Materials,, 68, pp. 409-415 (2014).

[3] Wei-Chien Wang, Her-Yung Wang, Ming-Hung Lo, "The fresh and engineering properties of alkali activated slag as a function of fly ash replacement and alkali concentration", Construction and Building Materials, 84, pp. 224-229 (2015).

[4] 罗名宏. 炉石基碱胶凝材料高温残余工程性质的研究，台湾高雄应用科技大学土木工程与防灾科技研究所硕士论文，2014.

[5] 周贤智. 碱胶凝玻璃材料工程性质的研究，台湾高雄应用科技大学土木工程与防灾科技研究所硕士论文，2015.

[6] Wang, C. C., Wang, H. Y., Chen, B. T. and Peng, Y. C., "Study on the engineering properties and prediction models of an alkali-activated mortar material containing recycled waste glass," Construction and Building Materials, 132 (1), 130-141. (2017)

[7] Yang, T. R., Chang, T. P., Chen, B. T., Shih, J. Y. and Lin, W. L. (2012), "Effect of alkaline solutions on engineering properties alkali-actived GGBFS paste," J. Marine SCI. Tech., 20 (3), 311-318.

[8] 台湾地区行政管理机构办公场所环境保护署，本土用基础原物料碳足迹排放系数 https://www.idbcfp.org.tw/ViewData.aspx? nnid=229.

[9] 陈信安、郑大伟. 低二氧化碳排放的绿色混凝土开发研究，清洁生产暨环保技术研讨会，经济主管部门工业局，台湾台北，2012.

添加滚筒碴水泥砂浆抗压强度与超音波速研究

王建智　王和源　陈柏存　张荣南

摘　要：本研究采用滚筒碴依不同比例（0、25%、50%、75%、100%）取代砂，并固定以炉石粉部分取代20%水泥，三种水胶比（0.45、0.5、0.55）拌制成复合型水泥砂浆，进行新拌水泥砂浆流度和凝结时间试验，并进行龄期3、7、28、56及91天的抗压强度和超音波速等硬固试验。试验结果显示，添加滚筒碴的复合型水泥砂浆流度会随着取代量及水胶比增加而上升，并略高于规范的标准值；至于添加滚筒碴取代量对凝结时间并无显著影响，但凝结时间随着水胶比增加而延长。另外，添加滚筒碴的复合型水泥砂浆抗压强度与超音波波速皆随着滚筒碴取代量及龄期的增加而提高，而抗压强度与滚筒碴取代量约呈线性递增的关系。

关键词：滚筒碴；水泥砂浆；抗压强度；超音波速

Abstract: In this study, the Baosteel Slag Short-Flow (BSSF) slag and furnace slag powder were used to replace fine aggregate (0、25%、50%、75%、100%) and cement (20%), respectively, through a volumetric method using three water-binder ratios (0.45、0.50、0.55) to make composite cement mortar. A series of flows, setting times, compressive strengths and ultrasonic pulse velocity (UPV) were tested. The compressive strength and UPV were tested at the ages of 3、7、28、56 and 91 days. Test results show that with more BSSF slag sand replacement and higher water-binder ratio values, the workability is better, and the flow values are slightly larger than the upper bound value of the standard. In addition, while the BSSF replacement has no significant impact on the initial setting time, the characteristic of the final setting time is slightly different, and the setting time is increased with the water-binder ratio. The compressive strength increases with BSSF replacement and curing age but decreases as the water-binder ratio increases. The UPV property has the same trend as the compressive strength. Furthermore, the compressive strength increases linearly with the BSSF replacement.

Keywords: BSSF slag; Cement mortar; Compressive strength; UPV

一、前言

随着全球经济发展，各个国家建设对于钢、铁的需求日益增加，相对炼钢的过程中所

王建智，正修科技大学土木与空间信息系教授.
王和源，台湾高雄应用科技大学土木工程系教授.
陈柏存，高雄市政府工务局新建工程处股长.
张荣南，辅英科技大学专技教授.

产生的工业副产物亦逐年增加，而转炉石、改质转炉石、脱硫碴、电炉石、滚筒炉石皆是炼钢、炼铁过程中所产生的副产品。由于转炉石、脱硫碴遇水时，其中的游离石灰会因水化作用，而形成 Ca（OH)$_2$ 及 $CaCO_3$，使体积膨胀。因此该材料要进行资源再利用的循环经济，导致工程应用上受到了限制，而长期且不均匀回胀的特性，是炉石材料在工程上最需要克服的问题[1]。转炉石为炼钢一贯作业的副产品，台湾近年来产量每年约 120～130 万吨，占炼钢副产品 20%，由于转炉石具有抗压性高、磨损率低、粒料替代潜能高等特性，随着近年转炉石资源化应用渐广，多将转炉石用于地盘回填、施工便道、地盘改良材料等土木填方工程中。但未改质转炉石遇水即会进行水化反应而导致体积膨胀，且其回胀行为是一长期且不均匀的行为，若贸然使用会造成诸多工程问题[2]。

中国台湾近年来公共工程的推动，已朝向节能减碳和循环经济方向努力，有鉴于欧美等先进国家废弃物再利用制度完善，近来铁矿碴的相关负面新闻报道对于铁矿碴再利用观感不佳，但大多数民众并不了解铁矿碴的处理方式与再利用特性[3]，所以为了增加炉碴资源化利用的可行性，以炉碴取代天然粒料，希望减少天然粒料的开采，但炉碴中具有高度不稳定的物质，未处理前若将其加入水泥砂浆中，易造成体积膨胀，导致水泥砂浆断裂或龟裂[4]。而钢碴是非常理想的二次资源，可广泛用于建材、水泥、道路等多领域。如能有效地利用钢碴，可带来巨大的社会与经济效益，为钢铁业复合型发展、循环经济提供有力支撑。因此，若能对钢碴进行深入探讨、变废为宝，有助于钢铁业与下游建筑、建材行业联合解决钢碴堆弃造成的金属浪费、环境污染和土地占用等问题，最终达到经济与社会效益的双赢[5]。

随着科技日新月异，生活周边随处可见金属制品，全球各国对于钢铁的需求也逐年上升。2013 年全球钢铁表面消费量约为 15 亿余吨，且每年都会增长 2%的消费量，可见全世界对于钢铁的需求相当可观[6,8]。而由于传统处理钢碴的方法有许多技术上的困难或是处理出的钢碴质量不佳等问题，因此宝钢集团经过数余年的努力研发了新型钢碴处理技术 Baosteel Slag Short Flow（简称 BSSF)。BSSF 不仅能将炼钢熔碴快速粒化，更是结合安全、环保及资源化的新型技术[9]。BSSF 是将高温熔态钢碴在一个转动中的密闭容器中进行处理，在处理介质和冷却水的共同作用下，高温钢碴被急速冷却并破碎。其中处理过程污水循环使用，排放的蒸汽也集中处理，非常符合环保的理念[10]。因此以废弃物资源化再利用的理念，使用了新型转炉碴技术所生产的滚筒碴，来减少天然砂石的开采，期盼能达到永续发展及环保节能的功效，是值得研究的课题。因此本研究将初步针对滚筒碴应用于水泥砂浆的抗压强度和超音波速的特性进行探讨，以评估滚筒碴应用于水泥砂浆的可行性。

二、试验计划

1. 试验材料

（1）滚筒碴：为经压碎机处理后，通过 No. 4 号筛，细度 FM 为 3. 02 接近天然骨材，粒径分布如图 1 所示；滚筒碴比重为 3. 22，化学性质与基本性质如表 1、表 2 所示。

（2）拌合用水：符合 CNS1237 和 ASTM C94 混凝土拌合用水要求的规定。

（3）水泥：本研究采用台湾品牌水泥公司生产的卜特兰第 I 型水泥，质量符合 CNS61

和 ASTM C150 规范要求，水泥以塑料袋密封，确保不受潮。

（4）炉石粉：使用符合 CNS12549 和 ASTM989 中联炉石资源处理公司生产的水淬炉石。

（5）天然砂石：细骨材的采用屏东县里港溪砂，筛分后所得的粒径分布曲线如图 1 所示，并符合 ASTM C33 规范要求。

各材料的物理性质 **表 1**

Items	比重	吸水率（%）	细度模数	细度（cm^2/g）
细骨材	2.63	2.65	2.9	—
滚筒碴	3.22	2.94	3.02	—
水泥	3.15	—	—	3500
炉石粉	2.8	—	—	4500

各材料的化学性质（单位：%） **表 2**

Item	水泥	炉石粉	滚筒碴
SiO_2	20.22	33.46	8.76
Al_2O_3	4.96	13.7	1.77
Fe_2O_3	2.83	0.42	29.52
CaO	64.51	42.69	41.67
MgO	2.33	6.21	5.67
SO_3	2.46	1.48	—
LOI	2.4	0.27	2.63
f-CaO	—	—	1.84

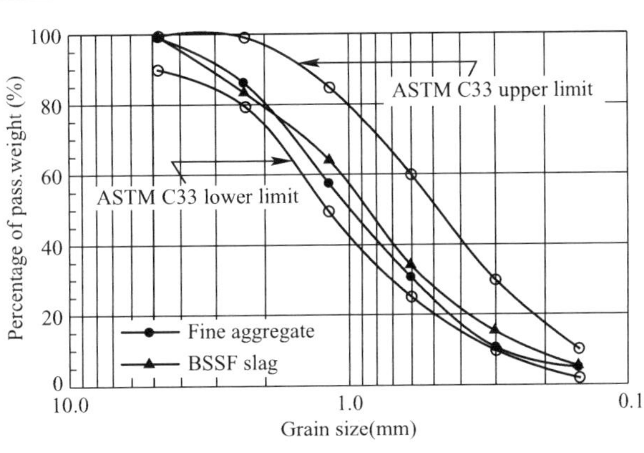

图 1　滚筒碴粒径分布

2. 试验变量及方法

本研究采用水胶比 W/B 分别为 0.45、0.5 和 0.55 三种，滚筒碴依取代细骨材天然砂比例分别为 0、25%、50%、75%、100%五种替代率，并以固定炉石粉取代 20%的水泥，拌制成复合型水泥砂浆，然后以 5cm×5cm×5cm 试体模制作成试体，24 小时后拆模，并在约 23～25℃室温中将试体浸入饱和石灰水进行试体养护。拌制完成后的水泥砂浆先进行流度（Flow test）和凝结时间（Setting time test）等新拌性质试验；而试体则待养护至3、7、28、56、91天龄期后，再进行抗压强度（Compressive strength test）和超音波速（Ultrasonic velocity test）等硬固性质试验。本研究采用的配比单位如表3所示。至于试验方法部分，新拌性质的流度和凝结时间则分别依据ASTM C230和ASTM C403规范进行；而硬固性质的抗压强度和超音波速试验则分别依据ASTM C109和ASTM C597规范进行。

滚筒碴复合型水泥砂浆配比单位重（单位：kg/m³） **表3**

No.	水胶比W/B	胶结材料		细骨材		水
		炉石粉	水泥	天然砂	滚筒碴	
BS0	0.45	103	450	1521	0	249
BS25				1141	466	
BS50				761	931	
BS75				380	1397	
BS100				0	1863	
BS0	0.50	100	435	1470	0	267
BS25				1103	450	
BS50				735	900	
BS75				367	1350	
BS100				0	1800	
BS0	0.55	97	425	1437	0	287
BS25				1078	440	
BS50				718	880	
BS75				359	1319	
BS100				0	1759	

三、试验计划

1. 流度值

图2是添加滚筒碴的复合型水泥砂浆流度与取代量关系的试验结果。试验结果显示，流度值随着滚筒碴取代细骨材天然砂的取代量及水胶比的增加而递增。当水胶比为0.45且滚筒碴取代量在0～50%（即取代量分别为0、25%和50%时）的范围内时，流度值分别为105%、109%和114%，并分布在规范标准值110±5%以内；但是当滚筒碴取代量为75%和100%时，流度值分别为119%和123%，略为超出规范标准值110±5%。至于水胶比为0.50和0.55时，复合型水泥砂浆流度的流度值则随着拌合水量的增加而提高，并分布在约116%～134%，已经超过规范标准值115%的上限值。造成此现象的可能原因是滚筒碴的颗粒大小较天然砂是不规则的，颗粒孔隙较小，填充孔隙后仍有多余的水分，以增加流动性，因此造成滚筒碴的复合型水泥砂浆工作性随着滚筒碴取代量增加而递增。

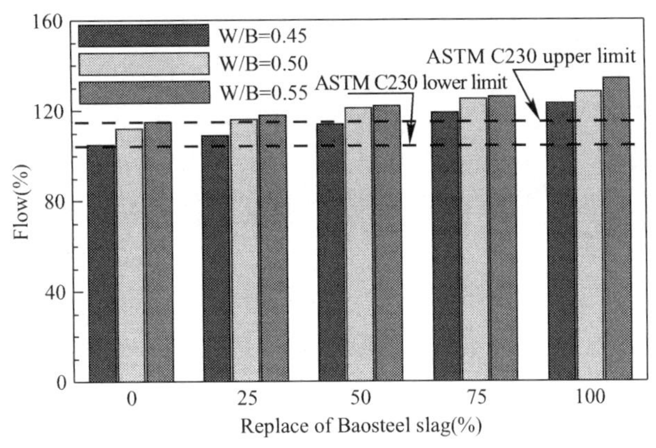

图 2　添加滚筒碴复合型水泥砂浆流度与取代量关系图

2. 凝结时间

凝结时间为混凝土从塑性状态至硬固状态下所需消耗时间，灌入强度达 500PS1 及 4000PS1 所须的耗时分别为初凝及终凝时间，凝结时间会因为不同因素而产生不同的影响，其中包含养护温度、水胶比、药剂、水泥种类等。图 3 的凝结试验结果显示，在相同水胶比情形下，滚筒碴复合型水泥砂浆的初凝时间受滚筒碴取代量的影响并不显著；但是终凝时间受滚筒碴取代量的影响则略微明显，并随着取代量增加而略微递增。整体而言，滚筒碴取代量对凝结时间的影响并不大。另外，在相同取代量时，初凝和终凝时间皆随着水胶比增加而提高，如图 3 所示。当水胶比为 0.45 时，平均的初凝和终凝时间，分别为 208 分钟和 281 分钟。当水胶比为 0.50 时，其平均的初凝和终凝时间约分别为水胶比 0.45 时的 110％和 113％；当水胶比为 0.55 时，其平均的初凝和终凝时间约分别为水胶比 0.45 时的 119％和 122％。

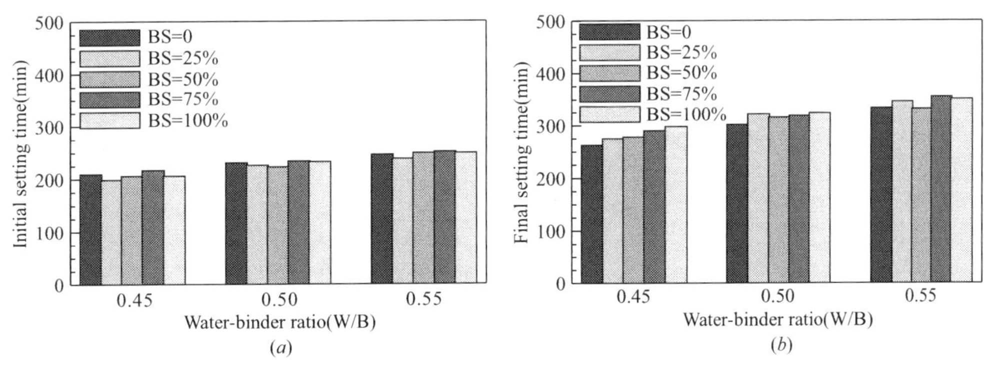

图 3　(a) 初凝时间与取代量关系；(b) 终凝时间与取代量关系

3. 抗压强度

抗压强度被视为分析硬固混凝土中最重要的性质，常由其抗压强度来判断混凝土质量的概况，而影响抗压强度的因素有水胶比、水泥类型与用量、骨材、养护方式、拌合水量及孔隙。试验结果显示，各取代量在3天龄期时，抗压强度在15.9～30.8MPa；在7天龄期时，抗压强度在24.1～36.6MPa；在28天龄期时，抗压强度在31.6～53.1MPa；在56天龄期时，抗压强度在34.1～59.4MPa；在91天龄期时，抗压强度在36.8～64MPa，如图4所示。因此，抗压强度随着龄期的增加而增加，各取代量3天龄期到91天龄期的抗压强度约成长1.79～2.89倍。且于晚龄期复合型水泥砂浆的水化作用几乎完全反应，砂浆的致密性随之提升，进而提升砂浆的抗压强度。另外，试验结果也显示，抗压强度随着水胶比的增加而降低，其中水胶比0.45滚筒碴取代量100%的抗压强度在91天龄期时为最高64MPa，而水胶比0.55时的抗压强度较水胶比0.45降低约8.0%。值得注意的是，添加滚筒碴及炉石粉的复合型水泥砂浆抗压强度会因滚筒碴取代量的增加而增加，如图5所示。以龄期28天抗压强度为例，在水胶比0.45时，滚筒碴取代量的抗压强度比控制组增加约3.5%～23.1%；在水胶比0.50时，滚筒碴取代量的抗压强度比控制组增加约2.0%～35.8%；在水胶比0.55时，滚筒碴取代量的抗压强度比控制组增加约21.8%～67.1%。因此，当水胶比越高时，滚筒碴取代量对抗压强度的增加幅度就越大。至于其他配比情况的趋势是否如此，则有待进一步的研究探讨。

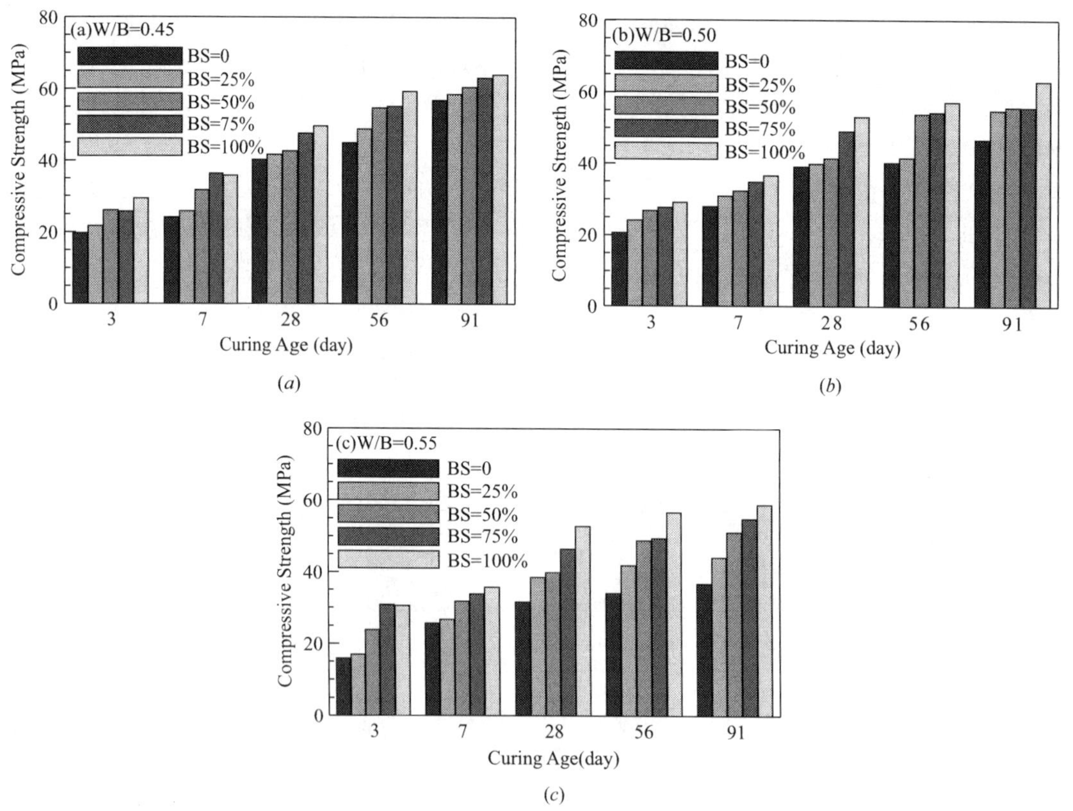

图4 （*a*）W/B=0.45抗压强度试验结果；（*b*）W/B=0.50抗压强度试验结果；（*c*）W/B=0.55抗压强度试验结果

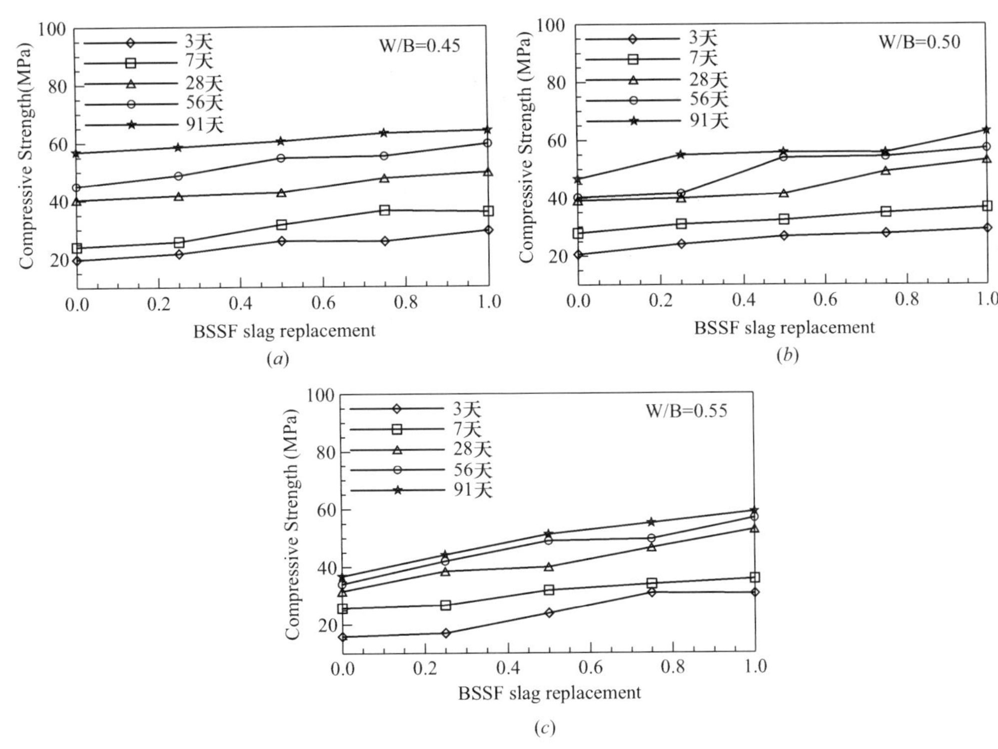

图 5 （a）W/B=0.45 抗压强度与取代量关系；（b）W/B=0.50 抗压强度与取代量关系；（c）W/B=0.55 抗压强度与取代量关系

4. 超音波速

超音波非破坏检测应用于混凝土方面相当广泛，可利用超音波检测混凝土结构体的均匀性，超音波速主要是在不破坏试体的条件下进行致密程度的测量。图 6 是不同配比条件下的超音波速试验结果。试验结果显示，各取代量在 3 天龄期时，超音波速介于 3655～4202m/s；在 7 天龄期时，超音波速介于 3751～4411m/s；在 28 天龄期时，超音波速介于 4056～4774m/s；在 56 天龄期时，超音波速介于 4145～4808m/s；在 91 天龄期时，超音波速介于 4202～4916m/s。因此，超音波速随着龄期的增加而提高，并随着滚筒碴取代量的增加而递增。其中水胶比为 0.45、0.50 和 0.55 时，91 天龄期超音波速较 28 天龄期分别提高约 0.5%～3.0%、2.3%～6.1%和 2.3%～4.1%。另外，试验结果也显示，超音波速随着水胶比的增加而降低，其中水胶比 0.45 滚筒碴取代量 100%的抗压强度在 91 天龄期时为最高 4916m/s，而水胶比 0.55 时的抗压强度较水胶比 0.45 降低约 6.7%。值得注意的是，添加滚筒碴及炉石粉的复合型水泥砂浆超音波速也随着滚筒碴取代量的增加而递增，此趋势和抗压强度试验结果相同。以龄期 28 天抗压强度为例，在水胶比 0.45 时，滚筒碴取代量的超音波速比控制组增加约 3.2%～10.4%；在水胶比 0.50 时，滚筒碴取代量的超音波速比控制组增加约 1.1%～9.1%；在水胶比 0.55 时，滚筒碴取代量的超音波速比控制组增加约 4.2%～9.3%。

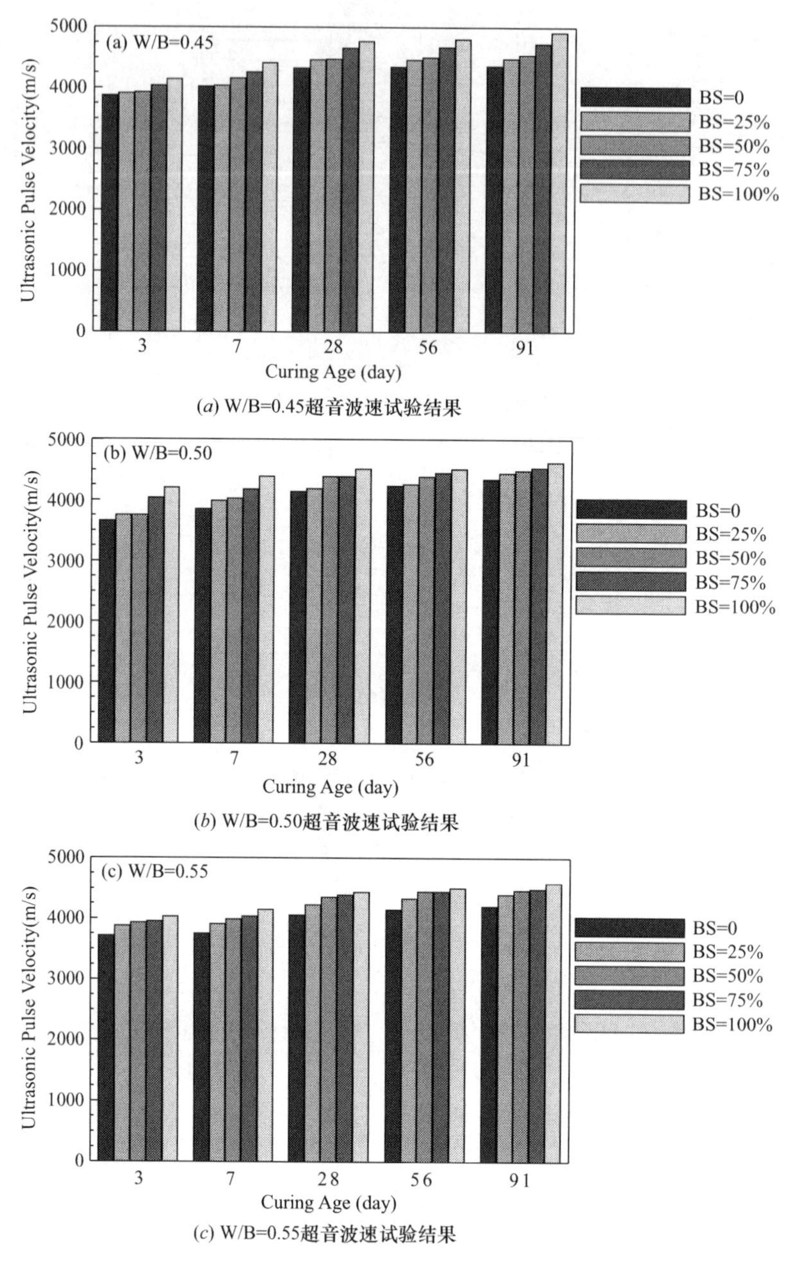

(*a*) W/B=0.45超音波速试验结果

(*b*) W/B=0.50超音波速试验结果

(*c*) W/B=0.55超音波速试验结果

图 6　不同配比条件下的超音波速试验结果

四、结论

1. 试验结果显示，添加滚筒碴的复合型水泥砂浆的流度值随着滚筒碴取代量及水胶比的增加而递增。因此，水胶比及滚筒碴取代量越高，其工作性就越佳。造成此现象的可能原因是，脱硫碴的颗粒大小较天然砂为不规则，颗粒孔隙较小，填充孔隙后仍有多余的水分，以增加流动性。

2. 在相同水胶比情形下，滚筒碴复合型水泥砂浆的初凝时间受滚筒碴取代量的影响并不显著；但是滚筒碴取代量对终凝时间则略有影响，并随着取代量增加而略微递增。整体而言，滚筒碴取代量对凝结时间的影响并不大。另外，在相同取代量时，初凝和终凝时间皆随着水胶比增加而提高。

3. 整体而言，滚筒碴复合型水泥砂浆的抗压强度与超音波速会随着滚筒碴取代量及龄期的增加而递增，但是随着水胶比的增加而降低。

4. 本研究所得到试验结果与趋势，是否适用于其他滚筒碴材料或配比条件，仍有待进一步的试验与验证。

参考文献

[1] 沈诗轩. 炉石材料回胀行为与其改善方法的研究，台湾成功大学土木工程学研究所硕士论文，2014.

[2] 陈立昂. 转炉石路基回胀行为与改善方法探讨，台湾成功大学土木工程研究所硕士论文，2014.

[3] 林凯悦. 铁矿碴再利用于铺面工程的研究，台湾中央大学土木工程研究所硕士论文，2011.

[4] 黄伟伦. 炉碴在水泥基质材料中的膨胀行为及安定化方法初探，中原大学土木工程研究所硕士论文，2014.

[5] 罗钦源，刘德明. 中国钢铁产能过剩的评估与影响，台湾中山大学财务管理研究所硕士论文，2013.

[6] 潘文炎. 台湾钢铁业的挑战与机会，财团法人中技社专题报告，2013.

[7] 陈建任. 2014 全球钢铁现况与 2015 展望，财团法人金属研究发展中心，2014.

[8] 肖永力，李永谦，刘茵. 碴处理技术的发展，宝山钢铁股份有限公司，2009.

[9] 李辽沙，曾晶，苏世怀. 钢碴预处理工艺对其矿物组成与资源化特性的影响，金属矿山，第 12 卷，第 71～74 页，2006.

[10] 宝山钢铁股份有限公司. 宝钢 BSSF 转炉熔碴处理技术，专项技术简介.

高雄近海地下水质对砂土层地盘改良强度影响研究

王建智　陈志贤　徐登科　张家豪　蔡宗和

摘　要：高雄盐埕区因靠近海边及紧邻爱河，造成该区的地质条件较为特殊及软弱，且在先前的高雄捷运O1和O2车站施工时，都曾造成严重的灾变与损邻事件发生。由于高雄市盐埕区与爱河下游沿线区域的土壤与地下水皆显示有盐化现象，地下水的 SO_4^{-2} 及 Cl^- 离子含量远高于混凝土拌合用水的上限值，故于区域内进行地质改良工程时，地下水与土壤的盐化对于地底混凝土、地质改良体与或补充灌浆的质量可能造成极大的影响。为了解卜特兰Ⅰ型（OPCⅠ）和Ⅱ型（OPCⅡ）水泥与HSC 301处理剂于不同地下水质条件下的改良成效，本研究规划利用不同质量的拌合水制作试体，并浸泡于各种侵蚀溶液中，以探讨其抗压强度。由180天龄期强度试验结果得知，无论以海水或淡水拌合，还是在不同浸泡溶液养护条件下，HSC 301处理剂改良砂浆体的强度高于卜特兰Ⅰ型水泥砂浆试体；但与卜特兰Ⅱ型水泥砂浆比较时，其强度为接近或仅略低于卜特兰Ⅱ型水泥砂浆。至于浸泡不同溶液后试体的体积稳定性及更长龄期的材料特性会发生什么变化，则有待进一步研究。

关键词：抗压强度；土壤改良；耐久性；硫酸盐

Abstract: Yancheng District of Kaohsiung which is close to the harbor and close to the love river where is consisted of special geological conditions that is salty and weak. In the early days of Kaohsiung MRT station O1 and O2 construction, a serious disaster and neighborhood damage occurred in this district. Because the soil and groundwater along Yancheng District, Kaohsiung City and downstream area of love river displays salinization and the SO_4^{-2} and Cl^- ion content of groundwater is greatly above the limits of water for concrete, it is significant to carry out upgrading works on underground concrete in the area due to geology, groundwater and soil salinization, which is to improve the quality of grouting or supplements. In order to understand the effectiveness differences of improved soils by the types Ⅰ and Ⅱ of ordinary portland cement (OPC Ⅰ and OPC Ⅱ) and treatment agent HSC 301 in different groundwater quality, this research changed different mixing water quality to produce the specimens of cement mortar by different type of binder material,

王建智，正修科技大学土木与空间信息系教授.

陈志贤，正修科技大学土木与空间信息系助理教授.

徐登科，中联资源股份有限公司技术室主任.

张家豪，中联资源股份有限公司品管处经理.

蔡宗和，中联资源股份有限公司品管处工程师.

and immersed in a variety of erosion solution for exploring the compressive strength. The test results found that no matter seawater or freshwater mixed with treatment agent HSC 301, the strength of cement mortar was higher than that of Portland Type I cement mortar; however, when compared to Portland Ⅱ cement mortar, the strength was close to or slightly lower than Portland Ⅱ cement mortar, when the curing time within 180 days. However, the characteristics of volume change, the durability and strength for more long time should be also further studies.

Keywords: Compressive strength; Soil improvement; Durability; Sulfate

一、前言

为提升高雄都会区整体发展潜力，除了已兴建完成捷运红线和橘线外，更积极推动跨越市区平面铁道路廊的铁路地下化工程、高雄港湾临港线轻轨工程及高雄经贸园区的亚洲新湾区各项工程建设，以改善大众运输搭乘质量，及提升都会区生活机能及生活环境质量。高雄地区地质属于近代冲积平原，区域内主要地层多为疏松沉泥质砂土地层，因此在先天地质条件较不良状态下，工程建设必须改良或克服不良的地盘条件并加以利用。高雄邻近港湾及爱河外围地区，由于地质条件的特殊情形，因地质因素造成的工程施工灾害屡有所闻。根据前人的研究结果显示，此区域的土壤与地下水皆显示有盐化现象[1~3]。造成此区域经常发生施工灾害的可能原因与该区域地下水盐化现象有关，因此这个区域地下水质对地盘改良成效的影响是有需要进一步探讨的必要性。

现阶段中国台湾地盘改良工程大都采用普通卜特兰水泥作为胶结材料，由于卜特兰水泥的制造过程将产生大量的二氧化碳，对环境生态的发展相对不利，所以近年来国内外对于循环经济的再生材料应用与开发相当积极。台湾中联资源公司利用中钢公司炼钢过程所生产的水淬炉石研发了一种针对土壤地盘改良的新材料“地质改良处理剂”[4]，此材料具有比传统普通卜特兰水泥更为优异的强度、抗酸碱性及耐久性外，且价格也比卜特兰水泥较具经济性。为了解普通卜特兰Ⅰ型（OPC Ⅰ）及Ⅱ型（OPC Ⅱ）水泥与中联资源公司生产的地质改良处理剂（HSC 301处理剂），在不同地下水质条件下的地盘改良成效，本研究将利用不同质量的拌合水与养护条件，依照不同型态胶结材料的特定配比进行拌合，探讨不同配比条件下抗压强度特性，以作为日后类似土层地盘改良的设计施工等实务参考。

二、高雄近海盐埕地区与爱河沿线土层地下水质特性

高雄市盐埕地区以及爱河下游沿线，属于爱河下游淤积而成的湿地及三角洲，其范围包括建国桥（建国三路与河东路口）以南到高雄港爱河水道所环抱的地区。在明清与日治时代陆续有汉人开辟盐田，“盐埕区”的名称由此而得。

盐埕地区与爱河下游沿线的土壤与地下水存在有盐化现象，早有证明。依据“高雄捷运地下结构物抗盐腐蚀调查研究”[1]的结论说明，高雄捷运橘线01、02、04及红线R5至R8车站间因邻近高雄港、爱河及高雄运河，其地下水的SO_4^{-2}及Cl^-离子含量较高。在历次的调

查资料中，01 至 04 车站间地下水和土壤的氯离子含量浓度分别介于 10442～17000PPM 及 3000～8500PPM 之间；而 R5 至 R8 车站间地下水的氯离子含量浓度约介于 2544～17900PPM 之间。另外，01 至 04 车站间地下水和土壤的硫酸根含量浓度分别介于 1403～2100PPM 及 2100PPM 左右；而 R5 至 R8 车站间土壤的硫酸根含量浓度约为 4000PPM。由于盐埕区地下水的氯离子浓度远高于一般地下水氯盐（Cl^-）的 20PPM 上限值而高达 10，000PPM 或以上；且一般海水的氯离子平均含量约 19000PPM。此氯离子含量相较于 CNS13961 对混凝土拌合用水的上限值 250PPM 高出甚多。又依据“LUO04 潜盾隧道上行线到达端意外事故原因检讨报告”[2] 内容指出，高雄捷运 02 车站所在地层中的氯盐含量高出 20PPM 甚多，亦显示土壤与地下水均有盐化问题。因此在此区域内进行地质改良工程时，遭遇海水入侵工址的可能性极高，又地下水与土壤的盐化对于地中混凝土、地质改良体与或补充灌浆的质量可能造成极大的影响。

三、HSC 301 地质改良处理剂

中国台湾钢铁年产量平均约一千多万吨，所产生的副产物相当可观，平均生产一吨生铁可产生约 300 公斤的水淬高炉石。该水淬高炉石经加工研磨成炉石粉后，适当比例添加至混凝土中，经由试验显示，其不论是强度、流动性、渗透性、抗碱性和耐久性都不亚于传统混凝土。值得注意的是，使用高炉水泥混凝土具有后期强度成长优异、增强耐久性抗环境侵蚀作用、增加混凝土致密性及提升混凝土抗中性化能力等优点，所以经常应用于近港湾地区的相关工程，如高雄临海周边的 85 大楼、中钢扩建工程、中龙扩建工程、高雄捷运工程、高雄南星计划工程、大鹏湾桥、中钢总部大楼、太平岛扩建工程、淡海轻轨等。

中联资源公司生产的“HSC 301 处理剂”，其主要成分为炉石粉、水泥及其他副添加料组成，材料的物理成分和化学性质如表 1 所示。HSC 301 处理剂产品的优点如下[4]：

1. 易于拌合、均匀性、流动性等工作性甚佳：HSC 301 处理剂除添加大量高卜作岚材料外，另添加其他助剂，可增加浆体流动性而易于拌合，对工作性帮助很大。

2. 具有较佳的土壤兼容性，地质改良成效优异：HSC 301 处理剂与细颗粒土壤拌合的均匀性或灌浆工程土粒空隙的渗透性，皆较普通卜特兰水泥有优异表现。

3. 凝结时间慢、强度高：HSC 301 处理剂有益于延长工作时间及灌浆工程浆液流动范围。早期强度高，有利于施工进度，后期强度成长空间大，有助于提升工程质量及降低施工成本。

4. 具有抗硫酸盐（海水）、抗碱侵蚀作用，耐久性甚佳：HSC 301 处理剂对抵抗海水、硫酸盐侵蚀、氯离子渗透及碱骨材反应的能力有优异表现。最适合于临近海域地区地下灌浆工程，耐久性甚佳。

5. 高致密性、低渗透性、止水效果甚佳：采用 HSC 301 处理剂及卜特兰水泥Ⅱ型水泥分别与细砂固结后，试验结果得知在相同水胶比 HSC 301 处理剂的渗透系数较普通卜特兰水泥低。

6. 防止土壤液化效果甚佳：添加 HSC 301 处理剂后，可减少其位移量，减低液化潜能。

7. 具有超微粒水泥的部分理细颗粒黏土，与土壤兼容性、渗透性甚佳：灌浆时可减少溢浆现象及喷浆孔磨损阻塞等问题，固结后对强度发展与透水系数均较普通卜特兰水泥甚佳。

卜特兰Ⅰ型、Ⅱ型水泥与 HSC 301 处理剂物理和化学性质表 **表 1**

性质	OPC Ⅰ	OPC Ⅱ	HSC 301
细度（cm^2/g）	3769	3413	5190
比重	3.15	3.16	2.9
二氧化硅 SiO_2（%）	20.42	21.15	27.62
三氧化铝 Al_2O_3（%）	4.95	3.85	11.56
三氧化铁 Fe_2O_3（%）	3.09	3.94	1.02
氧化钙 CaO（%）	61.96	64.31	47.27
氧化镁 MgO（%）	3.29	2.49	5.21
三氧化硫 SO_3（%）	2.40	2.08	4.83
烧失量 LOI（%）	1.75	0.96	1.92

四、试验计划

1. 试验材料

（1）卜特兰Ⅰ型和Ⅱ型水泥（OPC Ⅰ和 OPC Ⅱ）：本研究采用台湾水泥公司生产的卜特兰第Ⅰ型和第Ⅱ型水泥，质量符合 CNS61 规范要求。

（2）地质改良剂（HSC 301 处理剂）：HSC 301 处理剂，主要是由水淬高炉炉石粉、卜特兰水泥和添加物所组成，其中水淬高炉炉石粉质量符合 CNS12549 规范要求，卜特兰水泥，质量符合 CNS61 规范要求。

（3）土壤：采用土壤取自高雄市苓雅区四维四路与永平路口建筑基地的砂质土壤为试验土样，属粉土质细砂（SM），土壤颗粒比重 Gs＝2.675、含水量 w＝20.9%、湿土单位重 r_m＝2.06t/m^3，粒径分布如图 1 所示。现地土壤剔除停留于 4 号筛的土块，取通过 4 号筛而停留于底盘间的土壤进行拌和。

（4）拌合及养护用淡水：使用一般自来水，符合 CNS1237 混凝土拌合用水要求的规定。

（5）拌合及养护用海水：取自高雄大林蒲港湾的海水，氯离子浓度约为 18170PPM，硫酸根离子 SO_4^{2-} 浓度约为 2194PPM。

（6）无水硫酸钠（Na_2SO_4）：用以调制耐久性试验的硫酸钠溶液，其浓度有 2.96%与 5%两种，对应的氯离子浓度分别约为 19587PPM 和 33844PPM。其中 5%（或 2.96%）浓度的硫酸钠溶液的配制方法，系取 52.7g（或 30.5g）的无水硫酸钠溶于 1000mL 的蒸馏水中即可获得。

2. 试验变量及方法

本研究水泥浆的水灰比采用一般地盘改良工程实务常采用的 w/c＝1.0（即重量比为

水：水泥＝1：1)，并以液固比 0.5 为配比条件进行拌制水泥砂浆（即重量比为水：水泥：土壤＝1：1：1)。其中拌合水分别有普通自来水的淡水（P）及取自高雄港湾海水（S）两种。拌合后水泥砂浆浇置于 5cm 直径及 10cm 高的圆柱试模，24 小时后再分别置入普通自来水的淡水（P)、取自高雄港湾海水（S)、硫酸钠浓度 2.96％溶液（N1）及硫酸钠浓度 5.0％溶液（N2）4 种养护水内，并分别进行 3、7、28、56、90 及 180 天龄期的抗压强度试验，以探讨不同拌合水与养护条件对 OPC Ⅰ（代号：O)、OPC Ⅱ（代号：C）及 HSC 301（代号：H）处理剂改良成效的影响。各种试验条件如表 2 所示。

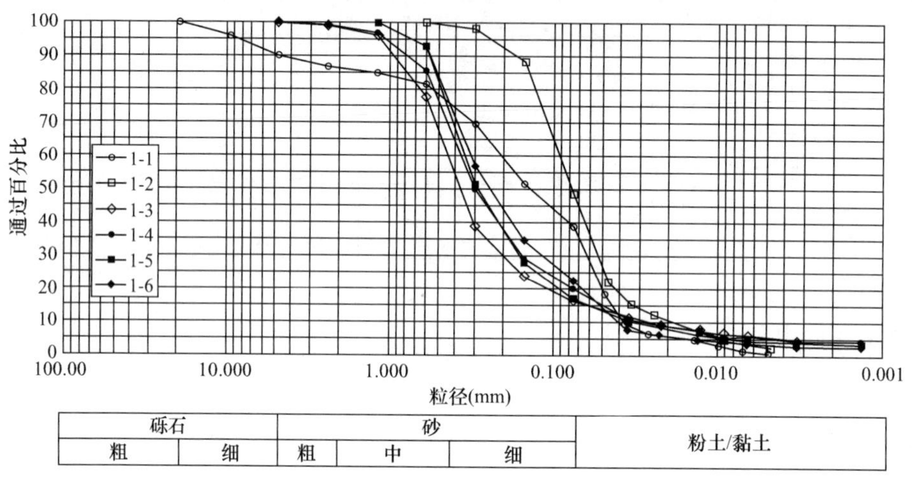

图 1　现地土壤粒径分布情形

抗压试体制作与试验条件　　**表 2**

胶结材	拌合水	浸泡溶液	代号	龄期（天）
OPC Ⅰ	淡水	淡水	M-OP-P	3
	淡水	海水	M-OP-S	7
	淡水	2.96％ Na_2SO_4 溶液	M-OP-N1	28
	淡水	5％ Na_2SO_4 溶液	M-OP-N2	56
	海水	淡水	M-OS-P	90
	海水	5％ Na_2SO_4 溶液	M-OS-N2	180
OPC Ⅱ	淡水	淡水	M-CP-P	3
	淡水	海水	M-CP-S	7
	淡水	2.96％ Na_2SO_4 溶液	M-CP-N1	28
	淡水	5％ Na_2SO_4 溶液	M-CP-N2	56
	海水	淡水	M-CS-P	90
	海水	5％ Na_2SO_4 溶液	M-CS-N2	180
HSC 301	淡水	淡水	M-HP-P	3
	淡水	海水	M-HP-S	7
	淡水	2.96％ Na_2SO_4 溶液	M-HP-N1	28
	淡水	5％ Na_2SO_4 溶液	M-HP-N2	56
	海水	淡水	M-HS-P	90
	海水	5％ Na_2SO_4 溶液	M-HS-N2	180

五、试验结果与讨论

1. 拌合水对抗压强度的影响

图 2 是卜特兰Ⅰ型水泥砂浆（OPC Ⅰ）在室温浸泡不同溶液养护条件下，不同养护龄期的抗压强度试验结果。由图 2 显示，抗压强度随着龄期增加而提高，且在 28 天龄期范围内，强度随着龄期增加的幅度相当显著，但在龄期超过 28 天后，强度的增加则趋于平缓。试验结果显示，当以海水拌合时，不论是浸泡何种溶液养护，则对应 3 天龄期的早期强度，略高于淡水拌合试体。造成此现象的可能原因是，由于海水含有氯离子，其属于强阴离子，会促进水泥中钙离子的解离，可增进早期强度发展[5,6]，例如，氯化钙 $CaCl_2$ 可用作水泥早强剂，但因含氯离子会加速钢筋腐蚀，故 $CaCl_2$ 只能使用在无钢筋结构体。部分研究显示氯离子可促进短期强度，但 28 天以后，强度即呈下降趋势[6-8]，与本研究 M-OS-P 和 M-OS-N2 配比条件试验结果的趋势相吻合。而海水拌合 180 天龄期的晚期强度发展，皆低于淡水拌合的试验结果。

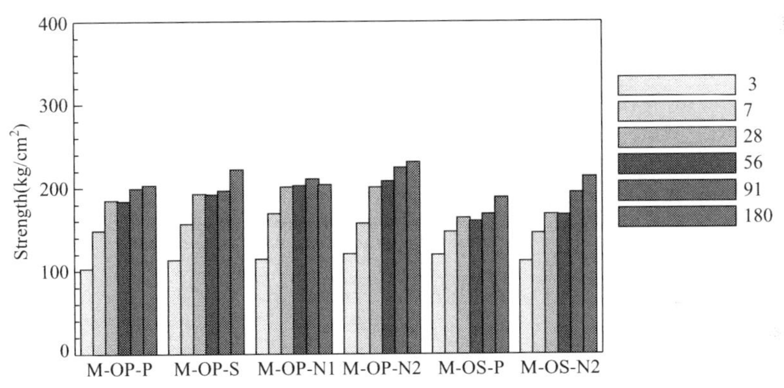

图 2　卜特兰Ⅰ型水泥砂浆浸泡不同溶液养护的抗压强度试验结果

图 3 是卜特兰Ⅱ型水泥砂浆（OPC Ⅱ）不同养护龄期的抗压强度试验结果。由图 3 显示，抗压强度也随着龄期增加而提高；同样的，在龄期超过 28 天后，强度的增加有限并趋于平缓。同样的，当以海水拌合时，对应 3 天龄期的早期强度的发展也非常快速，与卜特兰Ⅰ型水泥浆试验结果的趋势略有不同。当以海水拌合时，不论是在淡水或硫酸钠浓度 5.0%溶液（N2）养护时，其 180 天晚期强度下降的幅度有限。整体而言，在相同配比和养护条件下，卜特兰Ⅱ型水泥砂浆抗压强度较卜特兰Ⅰ型水泥砂浆为佳。至于更为长期的强度特性是否如此，有待进一步研究探讨。

图 4 是 HSC 301 处理剂不同养护龄期的抗压强度试验结果。由图 4 显示，抗压强度也随着龄期增加而提高，但在淡水拌合试体的龄期超过 28 天后，其强度仍然明显增加，此趋势和卜特兰Ⅰ型和Ⅱ型水泥浆试体的试验结果明显不同。同样的，当以海水拌合时，对应 3 天龄期的早期强度也高于淡水拌合试体。另外，当以海水拌合时，不论是在淡水或硫酸钠浓度 5.0%溶液（N2）养护时，其 180 天晚期强度并未有明显下降趋势，此趋势也和卜特兰Ⅰ型和Ⅱ型水泥浆试体的试验结果略有不同。至于更为长龄期的趋势是否仍然如

此，仍有待进一步的研究与探讨。

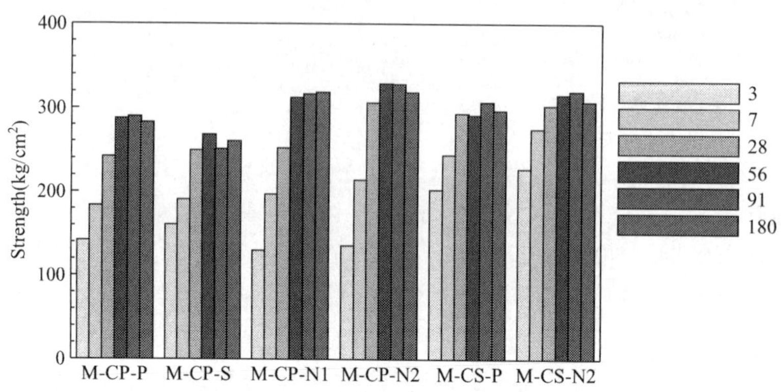

图 3　卜特兰Ⅱ型水泥砂浆浸泡不同溶液养护的抗压强度试验结果

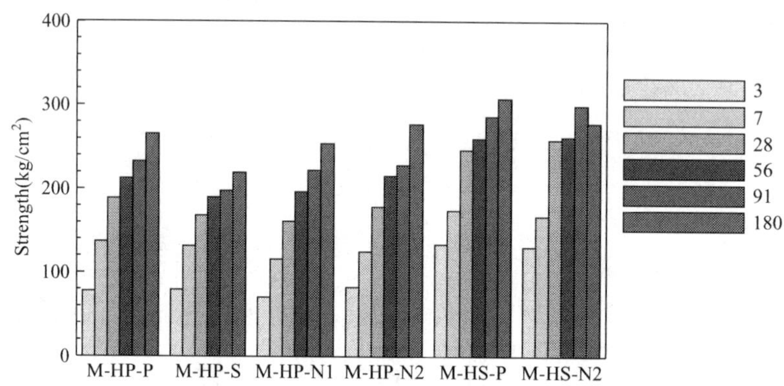

图 4　HSC 301 处理剂水泥砂浆浸泡不同溶液养护的抗压强度试验结果

2. 浸泡溶液对抗压强度的影响

图 5 是不同类型水泥浆浸泡不同溶液养护 7 天龄期抗压强度试验结果。由图 5 显示，OPC Ⅰ和 HSC 301 水泥砂浆在不同浸泡溶液养护，7 天龄期早期强度的影响并不显著；而 OPC Ⅱ水泥砂浆淡水拌合在不同浸泡溶液养护时，但在较差环境的海水拌合时，其抗压强度则明显提高甚多。值得注意的是，不论那一类型胶结材料，在淡水拌合淡水溶液养护条件下，其抗压强度有略低情形，但并不显著。同样的，在海水拌合情形下，淡水溶液养护强度也有略低情形。造成此现象的可能原因是，初期阶段水泥砂浆仍处在水化反应较快阶段，所以较差环境的养护溶液（如 N1 和 N2 溶液）对试体强度的影响尚未显著。另外 28 天龄期抗压强度试验结果，在不同拌合用水情形下，抗压强度受浸泡养护溶液的影响不大，而海水拌合试体也有类似的趋势，如图 6 所示。值得注意的是，在 28 天龄期时，HSC 301 在海水拌合时，强度仍有大幅增加情形，此和 OPC Ⅰ及 OPC Ⅱ水泥砂浆有所不同。另外，180 天龄期抗压强度试验结果，在淡水拌合情形下，与 28 天强度试验结果趋势相似；但海水拌合时，则淡水养护与 5%硫酸钠溶液养护的强度变化不大，如图 7 所示。值得一提的是，在 180 天龄期情形下，HSC 301 处理剂胶结材的水泥砂浆，不论是哪一类型拌合水或溶液养护下，其强度大都较卜特兰Ⅰ型水泥砂浆的试验结果为高；但与卜特兰

Ⅱ型水泥砂浆比较时，其强度为接近或仅略低于卜特兰Ⅱ型水泥砂浆。整体而言，HSC 301 水泥砂浆 7 天龄期早期强度虽较 OPC Ⅰ和 OPC Ⅱ为低，但 HSC 301 水泥砂浆强度持续增长幅度较大，在 28 天龄期时，已和 OPC Ⅰ水泥砂浆强度相当，而 180 天龄期的晚期强度，HSC 301 水泥砂浆已高于 OPC Ⅰ水泥砂浆，并接近或略低于 OPC Ⅱ水泥砂浆。另外，在较为恶劣环境的海水拌合及硫酸钠浓度 5.0%溶液（N2）养护时，HSC 301 水泥砂浆都较 OPC Ⅰ水泥砂浆为佳，且 28 天龄期后抗压强度与 OPC Ⅱ水泥砂浆接近。

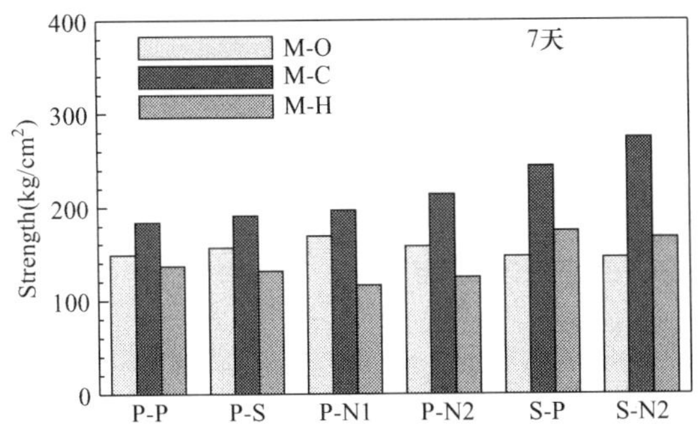

图 5　养护 7 天龄期抗压强度试验结果

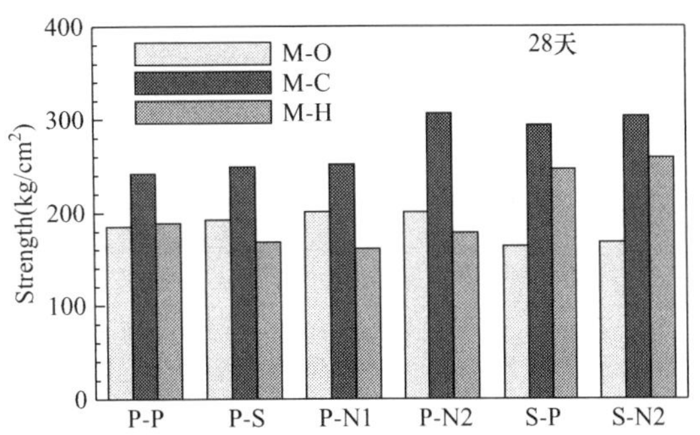

图 6　养护 28 天龄期抗压强度试验结果

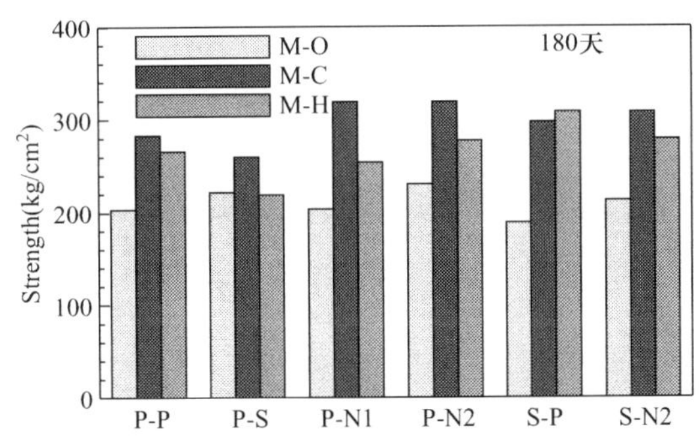

图 7　养护 180 天龄期抗压强度试验结果

六、结论

本研究探讨评估 OPC Ⅰ、OPC Ⅱ与 HSC 301 处理剂应用于高雄港湾近海地区进行地质改良时，地下水质量对其抗压强度改良成效的影响。由 180 天龄期强度试验结果得知，无论以海水或淡水拌合，及在不同浸泡溶液养护条件下，HSC 301 处理剂改良砂浆体的强度高于卜特兰Ⅰ型水泥砂浆试体；但与卜特兰Ⅱ型水泥砂浆比较时，其强度为接近或仅略低于卜特兰Ⅱ型水泥砂浆。另外试验结果显示，不论那一类型的胶结材料，则海水拌合试体在初期的早期强度方面，皆高于淡水拌合试体。但卜特兰Ⅰ型水泥砂浆海水拌合 180 天龄期试体强度，则有明显下降情形；而卜特兰Ⅱ型水泥砂浆则变化不大，但 HSC 301 处理剂水泥砂浆则有增加的情形。

整体而言，本研究仅就抗压强度进行材料特性的探讨，且龄期仅为 180 天。因此对于浸泡不同溶液后试体的体积稳定性及更长龄期的材料特性影响如何，仍有待进一步探讨。

参考文献

[1] 财团法人台湾营建研究院. 高雄捷运地下结构物抗盐腐蚀调查研究，高雄市政府捷运局委托研究成果报告，2000.

[2] 达欣工程，清水营造. LUO04 潜盾隧道上行线到达端意外事故原因检讨报告，2004.

[3] 利瓦伊峰，洪菁隆，郭国振，陈景文，胡邵敏. 02 车站潜盾隧道到达端工程灾变原因鉴识，地工技术，第 105 期，35-46，2005.

[4] 中联资源股份有限公司. HSC 301 处理剂产品介绍说明。http://www. chc. com. tw/gta. html，2017.

[5] 黄兆龙. 混凝土性质与行为，詹氏书局，2002.

[6] 陈彦奇. 含海水盐性改良砂土的力学特性，台湾中央大学土木工程学系，2006.

[7] 张耀文. 海水对水泥改良砂土液化特性的影响，台湾中央大学土木工程学系，2004.

[8] 陈其葳. 海床沉泥质黏土改良后工程行为及沉陷评估的研究，台湾海洋大学河海工程学系，2005.

高温后纤维混凝土的握裹滑移行为

汤兆纬

摘　要：本研究旨在探讨不同高温作用后纤维混凝土（Fiber Reinforced Concrete，FRC）的握裹滑移行为。试验变量包括：混凝土种类、纤维种类及火害温度。试样分为两组，以探讨火害高温对纤维混凝土残余握裹强度及握裹应力-滑移关系曲线的影响。试验结果显示，经 400℃、600℃及 800℃高温作用后，高强度混和纤维混凝土的残余握裹强度分别为其室温的 107%、100%及 57%，其值优于控制组。

关键词：纤维混凝土；残余握裹强度；握裹滑移行为

Abstract: This study aims to investigate the bond slip behavior of hybrid fiber reinforced concrete (HFRC) after exposure to different high temperatures. The parameters investigated include type of concrete and fiber, concrete strength, and temperature. The specimens were divided into two groups to study the effect of addition of various amounts of fiber on their residual bond strength and bond strength-slip response after exposure to temperature levels of 400℃、600℃ and 800℃ in addition to the room temperature. The test results showed that after exposure to 400℃、600℃ and 800℃, the hybrid fiber reinforced concrete mixes retained, respectively, 107%、100% and 57% of their bond strength, which are better than that for control concrete.

Keywords: Fiber reinforced concrete; Residual bond strength; Bond slip behavior

一、前言

根据 ACI 318 的定义[1]，握裹应力（Bond Stress）是沿着钢筋与混凝土界面之间所传递的剪应力。对于竹节钢筋（Deformed Bar）而言，钢筋与混凝土间的握裹行为主要由三种抵抗机制所组成：黏结力（Adhesion）、摩擦力（Friction Resistance）和竹节支承力（Rib Support），而以支承力为主，其占有比率最大（一般大于 50%）。握裹应力按作用性质一般可分为两类，第一类是端部锚固握裹或延伸握裹长度问题，其目的是解决钢筋在混凝土中的锚固、搭接及钢筋理论切断点的延伸长度问题。第二类是裂缝间的握裹问题，当挠曲杆件因内力变化、混凝土开裂或构造需要等引起钢筋应力沿埋置长度变化时，必须由周围混凝土提供必要的握裹应力，否则钢筋和混凝土将发生相对滑移，导致杆件出现裂缝与变形，进而改变内力（应力）分布，甚至提前发生破坏。此外，钢筋与混凝土的握裹性能在反复荷载作用或高温下会逐渐衰退，对于结构的疲劳与耐震性能皆造成严重影响[2]。

汤兆纬，正修科技大学土木与空间信息系，教授.

二、研究目的

本研究从永续发展观点设计纤维混凝土（Fiber Reinforced Concrete，FRC）配比，掺用卜作岚材料（Pozzolanic Materials）取代部分水泥，并混合钢纤维与聚丙烯纤维，其目的旨在探讨其火害后残余握裹强度及握裹应力-滑移关系，在国内相关土木营建工程上帮助促成 FRC 推广应用。

三、文献回顾

高温作用会造成混凝土体积变化，也会引起表面呈片状剥落或爆裂等现象，尤其是高强度混凝土（其抗压强度>40MPa～55MPa）构件暴露在温度急速上升的环境时，更容易发生爆裂。鉴此，有不少研究探讨高温对高强度混凝土爆裂行为的影响，主要为添加聚合物以降低爆裂的发生。而聚丙烯纤维（Polyproylene，PP）已被证实可作为一种有效的混凝土温差补偿抗爆裂手段，因其在 56～67℃前有一定强度，可以约束温度裂纹；之后，PP 随温度上升而呈软化现象，于 165～170℃开始熔融，逐渐变为低黏性的液体，可于硬固混凝土内部形成管道，有利于水泥浆体内蒸汽的排除[3-5]。当在不同温度下，聚丙烯纤维对不同强度高性能混凝土抗压及抗折的影响有着很大的差异，即其恢复强度颇受质疑[6-8]。经历 250℃以下高温的 PP，冷却收缩后会使得纤维与混凝土界面有脱黏趋势，产生拉应力甚至微裂纹或彻底脱开。而经历 250℃以上高温的 PP，由于渗透受阻而残留的部分会再冷凝成纤维，但界面强度与长度会降低[6]。此外，高长径比且高含量的钢纤维虽有抑制爆裂的效果，但因高温下裂缝易沿钢纤维表面发展，导致升温速率较高时仍有爆裂发生[9]。另外，从耐火性观点而论，虽然钢纤维可能不提供任何明显的优势，但可影响裂纹的传播，因而潜在地提高混凝土暴露于高温后的性能。

四、试验规划

1. 试验变数

本研究的试验变量有三项，包括：混凝土种类（控制组：纯混凝土；实验组：纤维混凝土）、纤维种类（钢纤维及聚丙烯纤维）及火害温度（400℃、600℃及800℃），各变量的变动范围如表 1 所示。

试验变数的规划　　　　表 1

组别	配比编号	设计抗压强度	纤维（体积百分比）	火害温度
控制组	NC	75MPa	0	400℃、600℃及 800℃
实验组	FC-S	75MPa	钢纤维（1%）	400℃、600℃及 800℃
	FC-P	75MPa	聚丙烯纤维（0.1%）	400℃、600℃及 800℃
	FC-M	75MPa	钢纤维（1%）+聚丙烯纤维（0.1%）	400℃、600℃及 800℃

2. 试验材料

本研究所采用的材料包括水、水泥、粗骨材、细骨材、强塑剂及钢筋等，其性质分述如下：

（1）水：一般自来水符合混凝土拌和水的质量要求。

（2）水泥：台湾水泥公司所生产的普通卜特兰Ⅰ型水泥，其比重与细度分别为 3.15 及 3400cm²/g。

（3）炉石粉：产自中联资源公司，其比重与细度分别为 2.9 及 6000cm²/g。

（4）天然骨材：常重骨混凝土的细、粗骨材，分别使用天然河砂及砾石（最大粗骨材粒径 19mm），其物理性质如表 2 所示。

常重粗细骨材基本性质 **表 2**

骨材类型	比重（S. S. D）	吸水率（S. S. D）（%）	干捣单位重（kg/m³）	F. M.
粗骨材	2.63	1.17	1532	—
细骨材	2.60	1.25	—	2.7

（5）强塑剂：采用台湾西卡公司产品 Sikament-1250，符合 CNS 12283 及 CNS 12833 Type Ⅱ的规定。

（6）纤维：选用钢纤维（符合 ASTM A280；密度 1.78g/cm³）及聚丙烯纤维（熔点 160～170℃；吸水率 0；密度 0.9g/cm³），如图 1 所示。

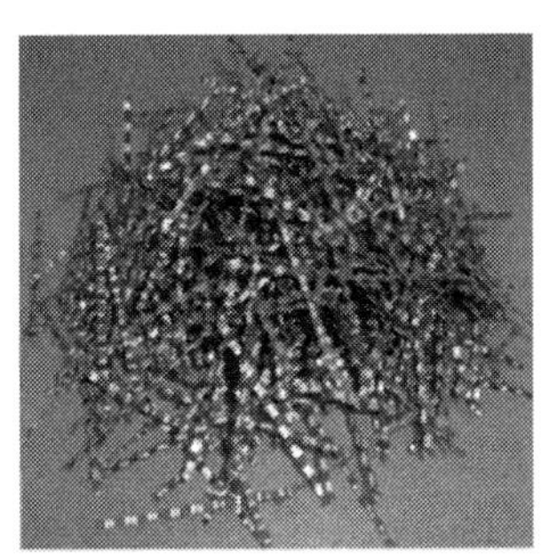
(*a*) 钢纤维

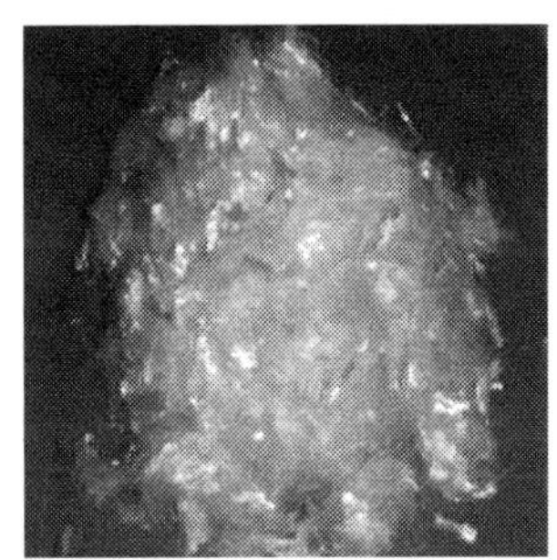
(*b*) 聚丙烯纤维

图 1 所使用的纤维

（7）钢筋：采用 SD420W 的 3 号及 6 号竹节钢筋，其各项物理性质如表 3 所示。

试验用钢筋的物理性质 **表 3**

尺寸	种类	标称直径（mm）	标称断面积（cm²）	节距（mm）	节宽（mm）	节高（mm）	降伏强度（N/mm²）
3 号	SD420	9.53	0.71	6.1	3.4	0.5	468.3
6 号	SD420	19.12	2.87	12.3	4.5	1.5	489.5

3. 试验配比

本研究参考国内外相关文献，以进行高性能纤维混凝土配比设计。主要为调整水泥与卜作岚材料的用量，配制具备质流特性的浆体，再添加适量的骨材，并经计算确定各组成材料的用量。经由试拌，最终各系列混凝土的配比资料如表 4 所示。除实验组的纤维混凝土外，亦配制纯混凝土作为实验的控制组。

混凝土配比 **表 4**

组别	配比编号	水胶比（W/B）	水泥（kg/m³）	炉石粉（kg/m³）	水（kg/m³）	骨材（kg/m³）		强塑剂（kg/m³）	钢纤维（kg/m³）	聚丙烯纤维（kg/m³）
						砂	石			
控制组	NC	0.4	338	112	180	699	1020	3.375	—	—
实验组	FC-S	0.4	338	112	180	699	1020	3.375	78	0
	FC-P	0.4	338	112	180	699	1020	3.375	0	0.9
	FC-M	0.4	338	112	180	699	1020	3.375	78	0.9

4. 试验项目及试体制作

依前述规划的各组试验配比，采用强制式水平双轴拌和机拌制混凝土，其拌和程序如下：

（1）拌和前，将细骨材处理成面干内饱和状态。

（2）将双轴拌和机预湿后，再将水泥与细骨材以及纤维置入其内，并充分干拌均匀混合。

（3）将水与强塑剂充分混合搅拌均匀后，倒入拌和机具内，拌和约 60s，使其成为水泥砂浆。

（4）最后将的粗骨材倒入拌和机具内，拌和约 60～90s，即成为新拌混凝土。

每组混凝土配比拌和完成后，先测量其新拌性质，并予以记录；然后，即依照 ASTM 及 CNS 相关规定浇铸圆柱试体（100ϕ×200mm）及握裹试体为（10cm×10cm×35cm 配置 6 号竹节钢筋）。试体按规划龄期拆模，随即置于养护室中养护，直到试验龄期前一天才取出，以进行火害前后的抗压强度试验及拉拔试验。

5. 试验方法

有关混凝土性质的试验方法如表 5 所示。最高火害温度分为 400℃、600℃及 800℃三种，而火害试验的加热历程如图 2 所示。将混凝土试体放置在高温炉内，试体与试体间的空隙为 20mm，如图 3 所示。经设计最高火害试验温度火害作用后的试体，先使其在高温炉内自然冷却至常温 23℃，炉内温度变化示意图如图 2 所示。所有试体于火害试验过程中，加热的升温速率为 10℃/min，达到最高火害温度后，其延时为 1 小时。

混凝土性质试验方法 **表 5**

项目	试验方法
坍度（cm）	ASTM C143、C172
坍流度（cm）	CNS 14842
单位重、空气含量	ASTM C138、C172
抗压强度	ASTM C39、ASTM C1609

圆柱试体试验龄期为 28 天，取 3 个试体。圆柱试体（含火害后）按 ASTM C469 的

规定进行抗压试验，也就是先将试体顶底两面以磨平机磨平或以石膏盖平（火害后试体），再以应力-应变环架配合 LVDT 进行抗压应力应变曲线试验。试验时，将圆柱试体置于试验机承压轴的正中心以进行加载，其加压速率介于 0.14～0.34 MPa/sec 之间。试验过程中，利用数据接收器收集记录试体所受的载重大小及其轴向位移值，直到试体破坏为止，以绘制应力-应变曲线，并据以计算试体的抗压强度、弹性模数及柏松比。

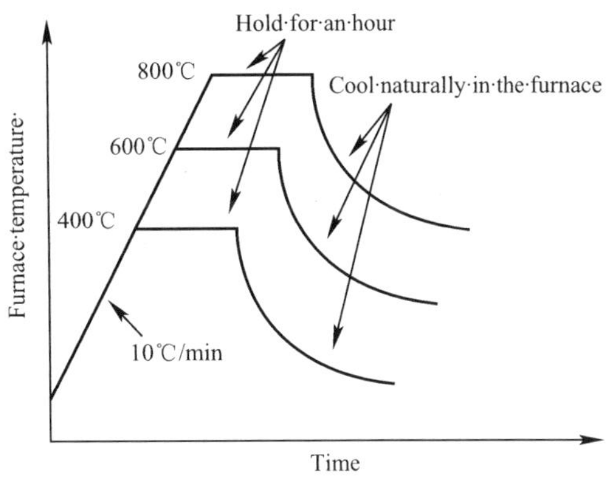

图 2　火害试验的升温历程

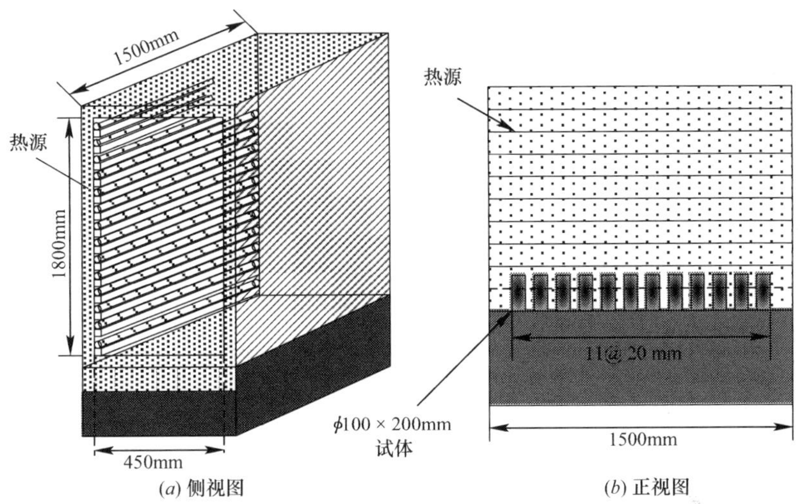

(*a*) 侧视图　　(*b*) 正视图

图 3　火害试验的升温历程

局部握裹拉拔试体尺寸为 150mm×150mm×150mm，其钢筋主筋为 6 号竹节钢筋，置于模具中央，如图 4 所示。本研究参照文献法，以钢筋直径（d_b）的整数倍长度为握裹

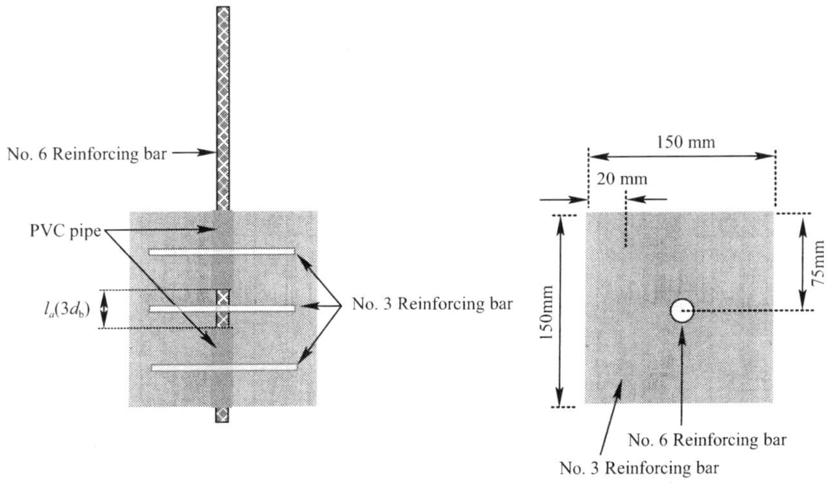

图 4　局部握裹拉拔试验的试体配筋示意图

长度（l_a），将其定为 $3d_b$。制作试体时，利用塑料套管套住钢筋前后段来控制中间段的握裹长度，如图 5 所示。此外，为防止拉拔过程中产生劈裂破坏而导致无法得到完整的握裹-滑移关系曲线，故于拉拔试体中以 3 号的竹节箍筋加以围束（图 6）。再以抗压强度 40MPa 及 60MPa 的纯混凝土与纤维混凝土分别灌制试体，每组灌制 2 个握裹试体，共计 12 个（图 7）。试体浇制完成后，养护 28 天。

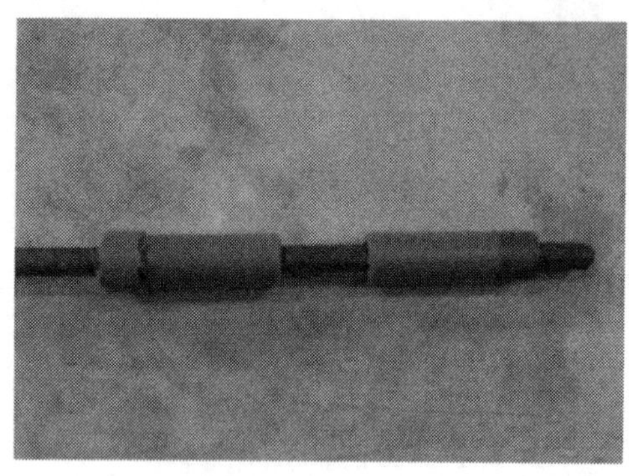

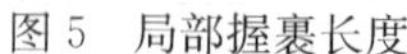

图 5　局部握裹长度

图 6　握裹试验模具

局部握裹拉拔试体养护完成后，按 ASTM C234 的规范规定进行局部握裹应力-滑移试验，试体安装如图 8、图 9 所示。为测量试体与钢筋的实际相对滑动量，先将试体两端套入框形位移器固定支架并装置 6mm-LVDT（位移计），再将试体放置于两片钢板（具有相当劲度）之间，并将钢筋尾端固定于万能试验机的冲头；然后，于靠近试体表面的钢筋处，锁上长形钢条并与 LVDT 接触；最后，将载重与 LVDT 的传输线接到 Instru Net 数

图 7　握裹试验试体

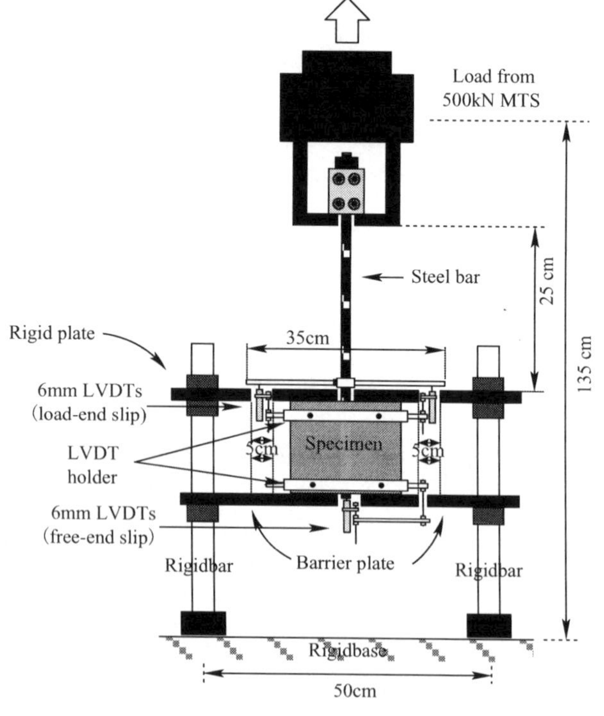

图 8　局部握裹拉拔试验装置示意图

据撷取器，经归零后即可进行试验。握裹试验以 0.01mm/sec 的拉拔速率施加载重于钢筋上，并记录载重及钢筋与混凝土之间的滑移量读数，直到试体破坏为止。

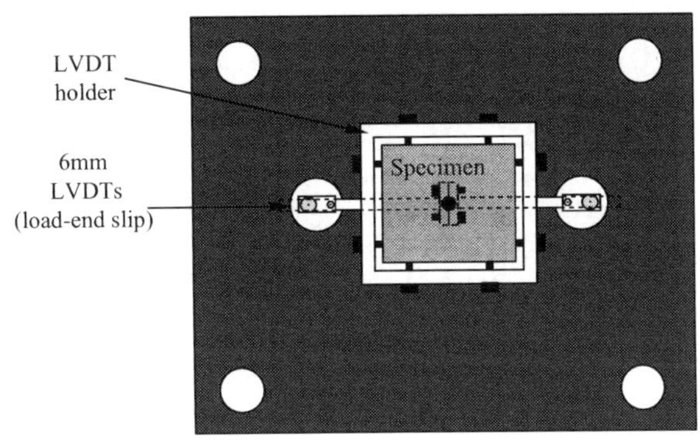

图 9　局部握裹拉拔试验装置平面图

五、试验结果分析与讨论

1. 混凝土坍度与抗压试验结果

控制组及实验组混凝土的坍度与单位重试验结果，如表 6 所示。由表 6 可知，大部分配比的坍度均能达到 9cm 以上，也就是具备相当优异的工作性。控制组混凝土中，NC 强塑剂用量较多，其坍度达 21cm。实验组中，添加钢纤维的配比（FC-S），其坍度达 20cm；但添加聚丙烯纤维的配比（FC-P 与 FC-M），其坍度仅 9cm。由于聚丙烯纤维非常细微，每公斤约有 5 万～3 亿根，其增稠作用导致混凝土拌和料的黏稠度增加，使得流动性变差，导致坍度降低。此外，表 6 也列出各系列混凝土的单位试验结果。控制混凝土过程中，NC 的单位重为 2352kg/m^3。实验组中，有添加钢纤维的配比（FC-S、FC-S 及 FC-M），其单位重较重（介于 2405～2431kg/m^3）；但仅添加聚丙烯纤维的配比（FC-P），其单位重较轻（2353kg/m^3）。另一方面，由表 6 可知，在常温状态下，控制组及实验组混凝土 28 天龄期抗压强度均能高于配比设计强度。此外，实验组均大于控制组，但实验组之间差异无一定趋势。

混凝土坍度、单位重与抗压试验结果　　**表 6**

组别	配比编号	坍度（cm）	干单位重（kg/m^3）	抗压强度（MPa）
控制组	NC	21	2352	80.0
实验组	FC-S	20	2430	79.2
	FC-P	9	2353	75.0
	FC-M	9	2431	81.6

2. 局部握裹拉拔试验结果

进行局部握裹拉拔试验时，通过测量混凝土与钢筋的相对滑移及对应的力量，可得到从试件加载到破坏的完整握裹应力-滑移关系曲线，其中握裹应力可由试件的内力平衡得出，如式 1 所示：

$$\tau = \frac{P}{\pi d_b l_a} \quad \text{（式 1）}$$

式中：τ——握裹应力（MPa）；

P——载重（N）；

d_b——钢筋直径（mm）；

l_a——握裹长度（mm）。

而握裹应力对应的钢筋与混凝土的相对滑移，可分为加载端的滑移 s_1 与自由端的滑移 s_f。在局部握裹的情形下，钢筋与混凝土的相对滑移可视为刚体运动，故 s_1 与 s_f 在相同载重下应为相同，而本研究取两者的平均值为握裹应力对应的滑移量，如式 2 所示：

$$s = \frac{s_1 + s_f}{2} \quad \text{（式 2）}$$

整体而言，在钢筋埋设长度短、有良好箍筋围束与具有足够保护层厚度的试件情况下，拉拔试件均为剪力拔出破坏。有关握裹试体的拉拔试验结果，其详细的局部握裹应力—滑移关系曲线整理绘制于如图 10 所示。值得一提的是，握裹应力—滑移曲线在上升段的劈裂特征点（τ_{cr}）相当明显。由图 10 中可看出，当火害温度为 400℃时，控制组 NC 试体的握裹应力与滑移关系曲线上升段斜率明显衰减，而实验组 FC-S 及 FC-M 试体的握裹应力与滑移关系曲线上升段斜率仅小幅衰减。另一方面，在不同火害温度下，高强度混凝土的控制组 NC 试体极限握裹应力对应的滑移量皆相当大（除 800℃之外），其值约介于 25～27mm。相比之下，实验组试体于 800℃的极限握裹应力对应的滑移量相对较大，其值约介于 6～11mm。

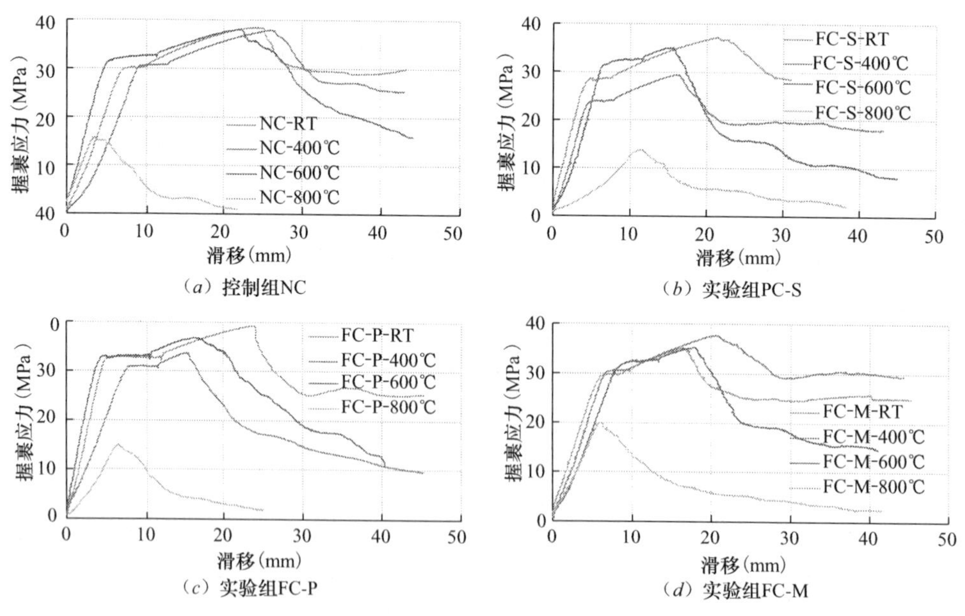

（*a*）控制组NC　（*b*）实验组PC-S

（*c*）实验组FC-P　（*d*）实验组FC-M

图 10　纤维混凝土的局部握裹应力-滑移曲线

有关各系列混凝土 28 天龄期握裹强度试验结果，如表 7 所示。由表 7 可知，在室温状态下，控制组及实验组混凝土的 28 天龄期握裹强度均能高于 30MPa。对较高配比设计强度混凝土的28天龄期握裹强度而言，实验组FC-P大于控制组NC，但实验组FC-S及FC-M均小于控制组NC。另一方面，表7也列出各系列混凝土于不同火害温度后的残余握裹强度。控制组混凝土中，NC于不同火害温度下的残余握裹强度介于13.6～32.6MPa。实验组混凝土中，FC-S于不同火害温度下的残余握裹强度介于11.8～30.1MPa；FC-P于不同火害温度下的残余握裹强度介于12.9～31.6MPa；FC-M于不同火害温度下的残余握裹强度介于17.1～32.4MPa。由表7也可看出，火害温度为400℃时，各系列试体火害后相对残余握裹强度比约介于0.79～1.07。但随着火害温度增加至800℃时，各系列混凝土的残余握裹强度则明显衰退，其火害后的残余握裹强度比均低于0.57。

握裹强度试验结果 **表7**

组别	配比编号	握裹强度（MPa）	火害温度后的残余握裹强度（MPa）			火害后相对残余握裹强度比		
		室温	火害温度			火害温度		
			400℃	600℃	800℃	400℃	600℃	800℃
控制组	N75	33.0	32.6	32.6	13.6	0.99	0.99	0.41
实验组	F75-S	32.0	25.2	30.1	11.8	0.79	0.94	0.37
	F75-P	33.6	29.0	31.6	12.9	0.86	0.94	0.38
	F75-M	30.2	32.4	30.3	17.1	1.07	1.00	0.57

六、结论

本研究选用钢纤维及聚丙烯纤维，以探讨个别与混合纤维对高性能混凝土高温前后握裹强度及握裹应力-滑移关系曲线的影响。依据前述各项试验结果及分析，可获得以下结论。

1. 当火害温度为400℃时，控制组NC试体的握裹应力与滑移关系曲线上升段斜率明显衰减，而实验组FC-S及FC-M试体的握裹应力与滑移关系曲线上升段斜率仅小幅衰减。

2. 在不同火害温度下，控制组NC试体极限握裹应力对应的滑移量皆相当大（除800℃之外），其值约介于25～27mm。相比之下，实验组试体于800℃的极限握裹应力对应的滑移量相对较大，其值约介于6～11mm。

3. 火害温度为400℃时，FC-M的残余握裹强度无衰减情况，其残余握裹强度呈现出不减反增的情形。

4. 火害温度增加至800℃时，各系列混凝土的残余握裹强度则明显衰退，其火害后的残余握裹强度比均低于0.57。

参考文献

[1] ACI Committee 318, 2011, Building Code Requirements for Structural Concrete（ACI 318-11）and Commentary, American Concrete Institute, Farmington Hills.

[2] 过镇海，时旭东. 钢筋混凝土原理和分析，2003，146-162.

[3] Bilodeau, A., Kodur, V. K. R., and Hoff, G. C., 2004, "Optimization of the type and amount of polypropylene fibres for preventing the spalling of lightweight concrete subjected to hydrocarbon fire",

Cement & Concrete Composites, Vol. 26, 163-174.

[4] Atkinson, T., 2004, "Polypropylene fibers control explosive spalling in high performance concrete", Concrete 38 (10), 69-70.

[5] Kalifa, P., Chene, G., and Galle, C., 2001, "High-temperature behavior of HPC with polypropylene fibres-from spalling to microstructure", Cement and Concrete Research 31 (10), 1487-1499.

[6] 王平，方晓，陈瑞生. 聚丙烯纤维在混凝土高温后抗压抗折中不同表现的分析，浙江工业大学学报，第 32 卷第 3 期. 2004，333-337.

[7] Poon, C. S., Shui, Z. H. and Lam, L., "Compressive behavior of fiber reinforced high-performance concrete subjected to elevated temperatures", Cement and Concrete Research, 34: 2215-2222 (2004).

[8] Chan, Y. N., Luo, X., and Sun, W., "Compressive strength and pore structure of high-performance concrete after exposure to high temperature up to 800℃", Cem. Concr. Res., 30, 247-251 (2000).

[9] 王天志. 加聚丙烯纤维的高性能混凝土在高温后的强度恢复，台湾交通大学土木工程学系硕士班硕士论文，1997.

护岸灾修坡顶非法超载的边坡改善评估探讨

林志宪　王建智　许智昀

摘　要：近年来因气候变迁影响，各地边坡护岸皆传出灾损情形，而灾修工程于设计时间会因为预算、法规或其他问题而导致出现设计构造物强度不足，致使工程目标不能实现，且造成边坡损坏扩大，影响甚大。本研究以高雄市仁武区乌林段52地号所施作的灾修工程为例，该工程采用悬臂式挡土墙（护岸）设计，施工前护岸上边坡即遭民众堆置大量土石，并于护岸顶部兴建非法钢构造厂房。为了解边坡安全性，本研究以设计图说进行挡土墙稳定安全系数与边坡整体稳定安全系数分析。由分析结果显示挡土稳定安全系数与边坡整体稳定安全系数皆无法满足安全系数需求。经综合探讨，因属设计缺失、施工瑕疵、法规限制、坡顶兴建房舍等复合原因导致改善成果不显著，本研究进一步提出适地性工法改善建议。

关键词：非法建造物超载；边坡稳定；适地性工法

Abstract: In recent years, revetment and slope damage occurred by climate changing all over the country. In disaster repair project, insufficient strength of designing structure result in lack of budget, legal restrictions or other problems making projects failed and damages-widening. The failure work, disaster repair project of cantilevered-wall on revetment in land-NO. 52, Wuling sec., Renwu Dist., Kaohsiung City as a case study, due to the major reason dumped a lot waste soil and built illegal overloading such as a series of steel structure factories during constructing. This study analyzes safety factor in stability of retaining wall and slope by design diagram and further got not good effective results. The comprehensive discussions in several of the reasons are as follows: not well-designed; construction defects; regulations restraint; built illegal factories on top of the slope. Moreover, this study makes suggestions for advisable construction methods in field after reviewing above reasons.

Keywords: Illegal overloading; Safety factor in stability of slop; Advisable construction.

一、前言

本案源于高雄市仁武区的灾害修复工程。原护岸于2013年完成后，因受私人回填营建废弃土与台风侵袭影响，造成护岸开裂、河床涌起等灾害而破坏，但于2016年重新发

林志宪，高苑科技大学土木工程学系（所）兼任助理教授.

王建智，正修科技大学土木与空间信息系教授.

许智昀，高苑科技大学土木工程学系（所）硕士班研究生.

包的护岸挡土墙（以下称新设护岸）完成后，遭遇海棠台风大雨影响，发生部分伸缩缝开裂及墙体表面产生裂缝。有挡土墙倾倒现象，故进行研究检讨可行处理方法。本研究目的在于研究现有新设护岸构造物的稳定性状况，采用 STABL 6 分析软件取得新设护岸构造物结构安全及边坡分析结果后，再尝试其他新设工法进行补强，使新设护岸安全稳定，并建议提供相关单位参考。

二、文献回顾

1. 护岸与边坡稳定

（1）水利建造物检查及安全评估技术规范[10]，排水护岸是指直接于水道坡面并深入河底所做的保护工程，功能主要为防止水流冲刷水岸，以维持岸边的稳定，进而保护私有地与邻近建筑的安全。

（2）护岸系直接构筑在原有河岸的坡面上，以保护岸坡不受水流冲刷而崩塌，因此常以砌石或混凝土直接贴附在岸坡面上，或构筑类似挡土墙构造物，然后在背面回填土料使护岸与原来岸坡结合成一体，达到保护河岸目的[11]。

（3）水土保持手册[8]，将护岸定义为“为保护河岸而直接构筑于岸坡的构造物”。其目的在于保护河岸及稳定坡脚。

（4）依水土保持手册工程方法篇[8]将护岸分为三种，包括混凝土（或钢筋混凝土）护岸、混凝土砌石护岸以及其他挡土墙式的护岸（包括：三明治式挡土墙、重力式挡土墙、半重力式挡土墙、悬臂式挡土墙、扶壁式挡土墙、迭式挡土墙、板桩式挡土墙及锚定式挡土墙）。

综上所言，护岸工程以岸坡高度不同而有挡土墙功能的设计。

崩塌的发生有其自然环境因素存在，包括：边坡地形、地势、大地应力、区域性断层与地震、地下水压、河谷解压、崩积土、残留表土、河岸掏刷、台风暴雨、儿层风化及表土侵蚀等。此外，人为活动的干扰也是造成崩塌的主要原因，如大量挖填土石方、滥垦、滥伐等[1~3]。人为活动的开挖、爆炸、伐林及滥垦皆可能使边坡改变原来的平衡而造成边坡趋向不稳定状态，开挖后改变了边坡坡度、坡高及坡型，不当开垦与伐林则加速表土的冲蚀与风化，崩塌面积迅速加大，崩塌次数也大量的增加。边坡崩塌指边坡坍方，泛指坡地小区、路基或其上下边坡因某种原因失去稳定而造成破坏。发生破坏原因包括路基滑移、地震、河流在道路下边坡坡趾的冲蚀、台风、暴雨、地下水位上升、人为大量开挖等，但边坡崩塌发生原因很少单纯归因于固定的一种因素[13]。

依据[9]边坡稳定工法的整治方向与稳定功能的不同划分的，可分为三类：

（1）坡面保护工法：以坡面侵蚀、风化及表层崩落的局部称定作用为主。

（2）坡内强化改善：以增强土岩的剪力强度及降低地下水，使得边坡下滑力减少，达到其稳定功能。

（3）边坡挡土墙工法：需借助挡土结构物增加抗滑力，以抵抗边坡滑动，使其稳定。

三、研究方法

研究场域位于高雄市仁武区狮龙溪中游，右岸为水土保持区，左岸（工区位置）为国有财产署、水土保持区及澄清湖特定计划区（农业区）三种用地类型。因涉及私人土地，因此无法直接全面实施水土保持计划保护边坡。另经地质钻探结果发现，本区有大量的营建废弃土回填，高达6.5m，其下方（6.5～12m）为黄色粉土质黏土，更深层(>12m)为灰色泥岩层。经地质钻探结果显示，研究场域下方并无地下水。研究护岸平面配置图如图1所示。本研究相关地质参照邻近高雄市仁武区善德段175-2等7笔地号地质钻探报告BH-4、距离研究场域约4.8km，以其钻探资料保守假设，期简化土层及工程性质参数如图2所示。本研究的边坡稳定分析采用：Bishop Simplified Method-其假设为切片两侧的侧向力大小相同并作用于同一条直线，切片间垂直剪力忽略不计，合力及力矩平衡后求安全系数，此法与严谨的切片法比较误差常在0至6%之间，为工程广泛使用[12]。稳定分析系采用STABL6H进行分析，STABL程序为普渡大学的Siegel于1975年首先发展成功，经过许多专家学者不断的修正与增加内容，至1989年增修加劲土壤边坡的分析功能而成为STABL6程序。此程序为目前在边坡稳定分析与分析上应用非常广泛的程序。

本研究以非法建筑物（0K＋020）与倾倒土石方（0K＋103）等二处超载最大的剖面进行评估分析。

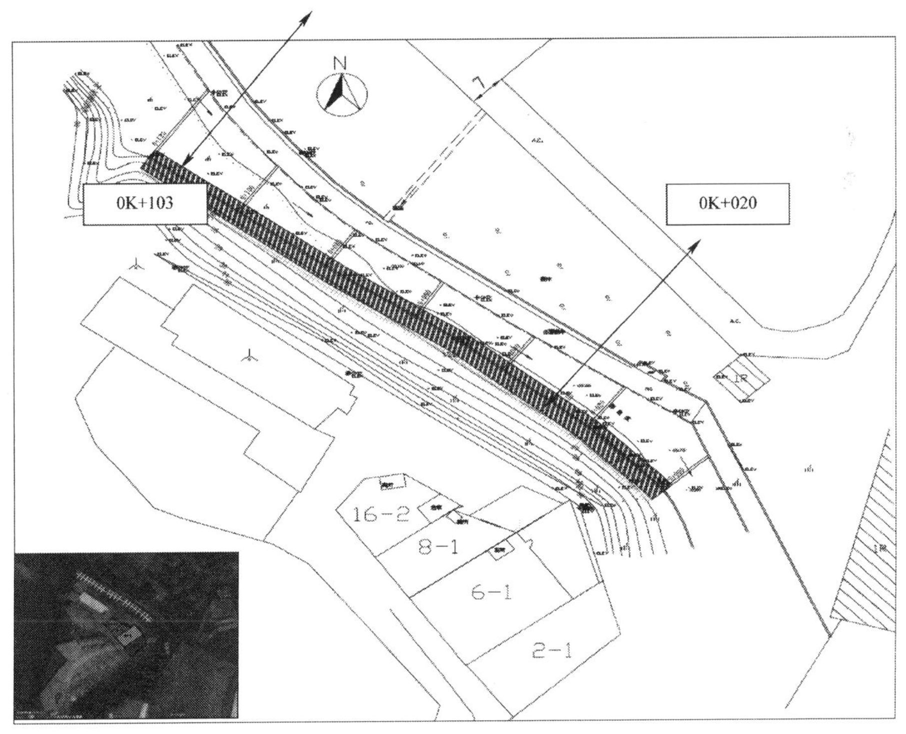

图1　研究场域护岸平面图

工程名称：地基调查
地号：高雄市仁武区善德段157-2，157-4，157-5，158，163-165地号　号孔编号：B4
日期：104.6.17
地下水位：现地面下-5.1m
（微孔内量）

探部份					试验部份											剪力参	
土壤编号	深度	N值	柱状图	土质说明	分颏USCS	颗粒分析			比量Ga	自然含水量g	混凝土单位重（t/m³）	孔隙比	液性限度L.L	塑性限度P.C	塑性指数P.I	经验公式推算	
						Grave	砂Sand	粉土粘土Pine									
S-1	1.5	4		回填砂质粘土 1.7	SF	6.4	33.2	60.4	2.66	18.2	1.98	0.59	-	-	-	-	-
S-2	3.0	6			CL	0.0	1.7	98.3	2.71	23.5	1.97	0.70	32.3	21.3			-
S-3	4.5	4		黄色粉土质粘土 黄色粉土质粘土 5.4	CL	0.0	0.8	99.2	2.72	30.9	1.93	0.84	39.3	23.1			-
S-4	6.0	5		灰色粉土质细砂	SM	0.0	76.6	23.4	2.66	21.4	2.06	0.57	-	NP	-	-	28.7
S-5	7.5	8		灰色细砂中砂	SP -SM	0.0	91.5	8.5	2.67	20.4	2.08	0.54	-	NP	-	-	29.6
S-6	9.0			灰色粉土质细砂 9.0	SM	0.0	78.7	21.3	2.69	23.7	2.00	0.66	-	NP	-	-	29.7
S-7	10.5																
	12.0																
S-9	13.5																
S-10	15.0																

图 2　简化土层及工程性质参数表

分析结果系数采用水土保持技术规范第 73 条（边坡稳定分析）[8]，在提供工程安定程度的推算、边坡稳定规划设计时应进行边坡稳定分析。强项边坡稳定的规划设计最小的安全系数如表 1 所示。

水土保持技术规范-边坡稳定分析最小安全系数表　　**表 1**

常时模式	地震模式	暴雨模式
F. S. ≥1. 5	F. S. ≥1. 1	F. S. ≥1. 2

本研究的挡土墙结构安全分析依据建筑技术规则、建筑物基础构造设计规范[5~7]进行分析及水土保持技术规范第 120 条（挡土墙安定条件）[8]，挡土墙设计滑动安全系数采用 1. 1～1. 5，稳定力矩必须大于倾倒力矩，基础支应力必须在土壤容许承载力以内（表 2)。

挡土墙结构最小安全分析系数表　　**表 2**

稳定分析	F. S. 要求值（平时）	F. S. 要求值（地震）
滑动	1. 5	1. 2
倾倒	2. 0	1. 5
容许承载力（t/m²）	10. 0	13. 3

四、研究结果与分析

地震模式依据“建筑物耐震设计规范及解说”[5~7]，工址设计水平谱加速度系数：$S_{aD}=0.4S_{DS}=Z$，一般工址区域的工址短周期设计水平谱加速度系数 $S_{DS}=F_aS_S^D$，其中 F_a 为反应谱等加速度段的工址放大系数，随地盘种类与镇区短周期水平谱加速度系数 S_S^D 而改变。本基地位于高雄市仁武区，以基地土层的 N 值计算，假设基地地盘属第一类地盘，查得短周期结构的工址放大系数 F_a=1.0。计算所得，工址短周期设计水平谱加速度系数：$S_{DS}=F_aS_S^D=$ **1.0×0.7=0.7**，故本案只设计水平谱加速度 Z=0.28，考虑拟静态加速度采用：

1. 水平地震加速度 αh=1/2×0.28≈0.14g

2. 垂直地震加速度 αv=2/3×0.14≈0.09g（非震区，保守设计）

暴雨模式则设计暴雨线约为 1/3 至 2/3 边坡高以上。

混凝土 C 值决定（忽略钢筋）：C=0.53×$\sqrt{210}$=7.68kg/cm^2=768KPa，保守取安全系数 1.5，则 C 约为 500KPa。

分析结果表明相关安全系数皆为 NG，故可知目前新设护岸皆无法满足安全需求，需要额外再进行其他工法补强（表 3）。

安全系数 F.S. 分析结果表 **表 3**

0K+020

分析模式	分析安全系数 F.S.	F.S. 要求值	说明
平常模式	1.23	1.5	1.23≤1.5，NG
地震模式	1.10	1.1	1.10≤1.1，NG
暴雨模式	1.17	1.2	1.17≤1.2，NG

0K+103

分析模式	分析安全系数 F.S.	F.S. 要求值	说明
平常模式	1.05	1.5	1.05≤1.5，NG
地震模式	0.96	1.1	0.96≤1.1，NG
暴雨模式	1.02	1.2	1.02≤1.2，NG

五、结论与建议

图 3 为目前现况图。本研究经分析后发现，边坡稳定分析结果与挡土墙结构安全分析结果皆为 NG，显示目前边坡稳定状况不稳定，且挡土墙结构亦不安全。依据上述分析数据结果与现场环境因素考虑，提出四种适地性工法的建议。

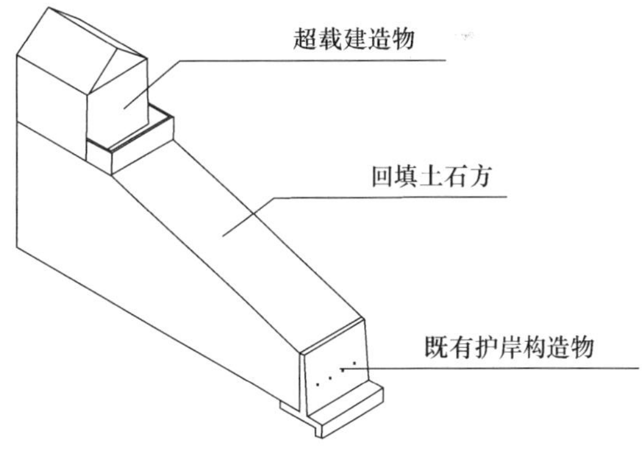

图 3 工地现况图

1. 违法超载建造物拆除

若可直接拆除违法超载建造物，则提出以下两种适地性工法建议：

方法一：完全移除违法回填土

本方法为恢复原地形地貌，但此法须配合管辖单位的执行，且可能遭遇民众抗争或其他阻碍，但仍应执行以维护水土保持安全，并且避免堆置更高的废弃土石方及违章加盖等行为。如采用此方法，则可有效恢复地貌，并使新设护岸安全。相关费用经计算后约为 N.T.312632 元（图 4）。

方法二：不完全移除回填土并增设石笼

若超载建造物可移除，但相关废弃土无法完全进行运离（可能涉及废弃土处理费用或暂置区问题），则可采用排设石笼的方式进行稳定，石笼本身具有高渗透性，允许自由排水并有效减少墙背土压力问题，且具有生态性，经自然泥沙沉积后容易使植物生长有助保育生态环境。但相关施工方法较为反复，且因回填土未完全运离，故需要临时挡土支撑以维施工安全，故费用较高，估算后为 N. T. 14276816 元（图 5）。

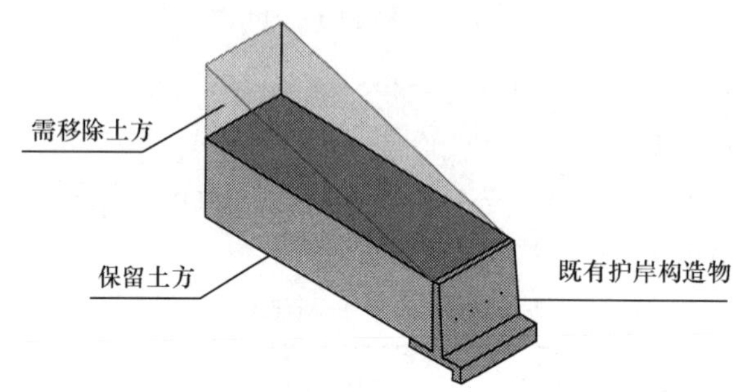

图 4　完全移除违法回填土工法示意图

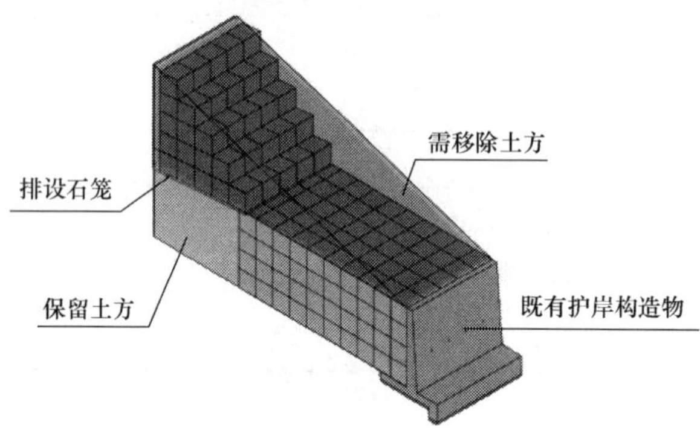

图 5　不完全移除回填土并增设石笼工法示意图

2. 违法超载建造物不拆除

若无法直接拆除违法超载建造物，则提出另外两种适地性工法建议：

方法一：增设双排钢板桩稳定

若违法超载建造物无法拆除，则对于施工面会造成极大困难，因此相关机具通行、施工之间接费用也随之增高，经评估后尝试使用双排钢板桩（Double wall）方法进行稳定，于坡顶侧打设 13m 钢板桩，并于护岸墙背位置打设 9m 钢板桩。此法依然可达成边坡稳定的效果。此法经评估后需花费 N. T. 6361500 元（图 6）。

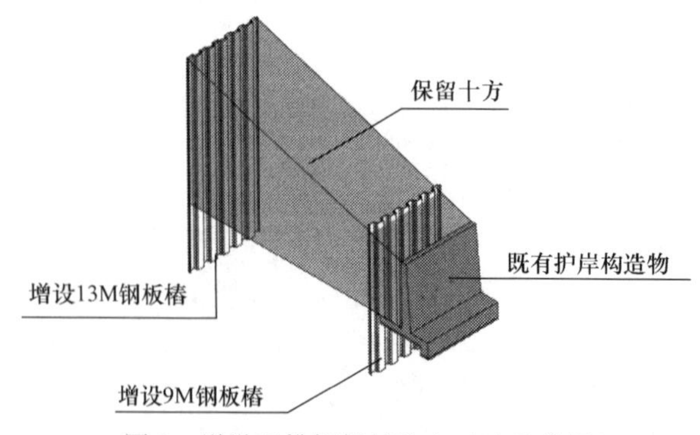

图 6　增设双排钢板桩稳定工法示意图

方法二：削坡并设置地工织物护坡

除了可以打设双排钢板桩稳定之外，进行部分削坡并设置地工织物，也可达成其边坡稳定效果，将既有护岸构造物排水孔设置为最低点，往坡顶缓坡上升，并于缓坡中段直接削坡至坡顶（坡度约 1：2）。相关费用经估算后约为 N. T. 1317660 元（图 7）。

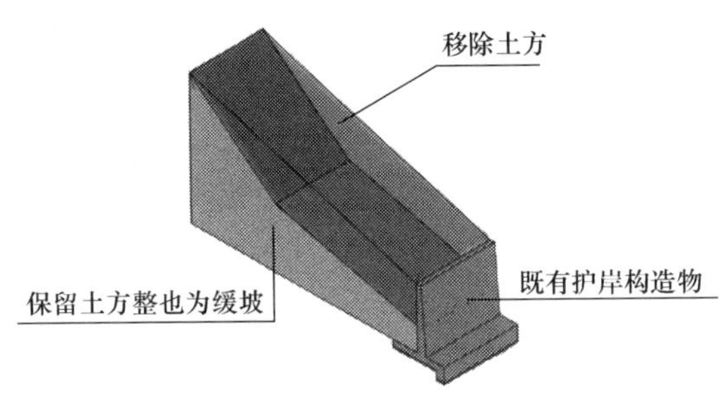

图 7　削坡并设置地工织物护坡工法示意图

3. 各方法 SWOT 比较

呈前述，本案原为进行护岸侧山坡地水土保持区保全户的区域排水灾修工程，但施工期间，经过相关单位的协助与调查发现，该区域于 2015 年遭人为倾倒使大量营建废弃土堆积达 6m 高，后又于上方都市计划区农业用地内盖设厂房等非法的建筑物。相关废弃土未经分层夯实等施工标准程序，若施工则可能造成滑动与破坏，致使下方挡土墙损坏、倾倒等危害发生。如相关管辖单位（都发局、建管处、水利局等单位）进行公权力执行，则相关废弃土与违章建筑应可运离、拆除，则可大量降低被动土压力，应可使现有新设护岸发挥稳定边坡的功能，且结构安全。经检讨各方法后，整理 SWOT 比较图如表 4 所示。以下细部检讨各方法的 SWOT 内容。

各方法 SWOT 的比较图　　表 4

	优势 S	劣势 W
方法一	1. 花费最少	1. 牵涉单位极多，整合困难
	2. 可完全恢复原地形地貌	2. 实际挖除废井土石方数量难以估算
	3. 施工最快速	
	机会 O	威胁 T
	1. 可有效阻止周围地区违建超载案件	1. 唯恐引发多方抗争
	2. 恢复农地农用的法律准则	2. 实际执行困难度最大
	优势 S	劣势 W
方法二	1. 减少土方堆置或处理的需求	花费最高
	2. 消除废弃土石方与超载建造物对护岸的影响	
	3. 预算编列容易掌握且精确	
	4. 施工快速	
	机会 O	威胁 T
	1. 排除废弃土石方对环境破坏	1. 唯恐引发多方抗争
	2. 工法为普遍熟稔的技术	2. 花费最高，唯恐无法获得预算支持

续表

	优势 S	劣势 W
方法三	1. 施工快速	1. 施工困难度最大
	2. 预算编列容易掌握且精确	2. 花费次高
	机会 O	威胁 T
	1. 对现状改变最小	1. 施工便道需取得居民土地使用同意
	2. 工法为普遍熟练的技术	2. 不移除违法超载建造物恐违反相关法律
方法四	优势 S	劣势 W
	1. 可兼顾移除部分土方并维护环境	1. 施工困难度最高
	2. 加强排水性能	2. 花费次高
	机会 O	威胁 T
	1. 提供生态工法整治的成功案例	1. 施工便道需取得居民土地使用同意
	2. 工法为普遍熟练的技术	2. 不移除违法超载建造物恐违相关法律

方法一：花费最少、完全恢复原地形地貌及施工快速的优势，亦可有效阻止周围地区违建的功用及恢复农地农用的准则。但在其劣势会出现多方单位整合的困难，并且实际违法回填的废弃土石方难以估计，会造成工程结算超支的风险，又有可能造成民众多方抗争的可能性。虽此法明显有最多的优势，但其劣势与威胁并不小于其他方法。

方法二：减少土石方堆置或处理的需求、削除废弃土石方与超载建造物对护岸的影响，预算编列容易掌握、精确且施工速度快等；于机会中又可排除废弃土石方对于环境的破坏，减少夏季强降雨或台风造成土石崩落的风险，且石笼工法又为普遍熟练的技术，质量容易达到标准。但其费用为四种方法之冠。又于威胁中与方法一相仿，恐招致民众抗争，且花费较高难以获得预算支持。

方法三：因钢板桩工法普遍熟悉且钢板桩材料充足稳定、价格稳定，机具也普遍持有，故有施工快速与预算编列精准的优势；对外部而言，本施工法因施工普遍，投标厂商可预期较多，可预想其施工质量稳定且一致，对于现状改变极小，除施工中须设施工便道外，施工后对于原建造物与地形可谓无改变。但于劣势项目中却有着难度最大与花费高的状况，且施工便道的取得有很大的不确定性，以及不拆除违法超载建造物是否与涉及相关法律问题，对本方法产生疑虑。

方法四：优势在于可移除或置换废弃土石方并维护环境，且因设置缓坡排置护岸既设排水孔，故排水性能较好。在外部上亦可提供生态工法整治灾修工程的成功案例，且其工法内容皆为普遍厂商所熟知、施作经验足够，即可正推论相关质量较为一致可信。但困难度与方法三相仿且花费次高，亦有相关的威胁存在，其疑虑亦存。

4. 建议方案

综观而论，移除违法超载建造物可同时获得低施工困难度与施工快速的优势，但也同时面临民众抗争的困扰。而不移除违法超载建造物虽可以免除抗争的困扰，但也面临高施工困难度与涉及违法的样态。从法律方面考虑，仍建议采用方案一，违法超载建造物与大量废弃土石方应被移除。如可免除相关法律问题，则建议采用方法四，可有效排水并成为生态工法的范例，可供后续灾修工程参考。

参考文献

[1] 洪如江. 环境因素在台湾山崩中的应用，边坡稳定与坍方研讨会，论文专集，中国土木水利工程师学会，1979，147-172.

[2] 洪如江. 工程地质在自然边坡稳定的作用，工程环境会刊，第二期，1981，63-72.

[3] 徐铁良. 地质与工程，台湾工程基本数据丛书的四，中国工程师学会，1979，220-231.

[4] 陈胜全. 边坡挡土墙加载安全评估及补强的探讨—以彰化市南势坑上游边坡为例，台湾中兴大学水土保持学报，2011，43-第4期.

[5] 内政事务主管部门. 建筑物基础构造设计规范，2001.

[6] 内政事务主管部门. 建筑技术规则，2011.

[7] 内政事务主管部门. 建筑物耐震设计规范及解说，2011.

[8] 台湾地区行政管理机构办公场所农业委员会水土保持局. 水土保持手册（工程方法篇），2010.

[9] 周功台. 边坡保护工法设计的介绍，1997.

[10] 经济主管部门水利署. 水利建造物检查及安全评估技术规范，2008.

[11] 游繁结. 水土保持名词词汇，台湾地区行政管理机构办公场所农业委员会水土保持局，台湾大学，2007.

[12] 杨凯胜. FLAC与STABL程序于边坡稳定分析的比较研究，中原大学土木工程学系硕士学位论文，2003.

[13] 郭瑞柏. 以鉴别分析法选定边坡挡土工法的研究，台湾科技大学营建工程系硕士论文，2002.

建筑物生产履历的建立与推动现况分析

黄忠发　丁冠玮　黄宏文

摘　要：2016 年，高雄美浓地震造成中国台湾有史以来单一建筑物倒塌的遇难人数最多的灾害，引发民众对自身房屋结构安全的恐慌，使人们对于居住安全的反思及对于相关法规制度保障不足的疑虑，各类检讨声音指向了政府与民间建筑物管理监督密度是否存在不足的问题。建筑物生命周期从规划、设计、施工、使用维护到拆除都必须向地方政府申请许可，故地方政府建筑管理单位理应拥有建筑物最完整的数据，但现行监管制度表面上虽有齐全的流程但实际上在审查、勘验时却多以厂商自主检查后再往上呈报居多，审查流程过于形式，不法厂商便可借机行事以至于房屋最基本的结构质量可能被忽略。因此若能由政府相关单位推行并改善现行建管制度中的缺点，将能保障居民的生命安全。其中，促使建设公司强化建筑物生产过程的透明、完整记录，是推动建筑物生产履历设置的主要目的。若每个建筑现场都能导入生产履历的过程，消费者在选屋、购屋时不只注重美观、地段、价格，也要重视施工过程的各项指标，在施工质量保证、质量透明化等问题获得明确解决，提供消费者更清楚的购屋信息，让消费者可以住得安心，也让销售者提供一份承诺与保证。

近年来因食品安全问题严重，导致中国台湾开始重视食品生产履历的发展。目前各界正着手推动建筑物生产履历，政府机关中以高雄市政府起步最早。本文将介绍并分析中国台湾的民间机构与政府机关推动建筑生产履历的现况，以提供各界交流。

一、前言

近年来，食品安全问题从未间断，随着黑心食品与黑心厂商陆续被揭发，引发民众对于食安问题的重视，并开始强化制度、修改法令，消费者也开始追究各类食物的来源与环节，建立食品“生产履历”已成为目前的主流民意。随着消费者意识上涨以及购屋形态的改变，民众已从“有土斯有财”逐渐转变为“有房斯有财”，在房价居高不下的环境下，绝大多数购屋者可能用了毕生的力，才能勉强买下一间房子，住宅的价值远高于食材，建立生产履历应是消费者理所当然的期许。

1999 年 921 大地震后，地方政府虽已全面提升各地区耐震系数，但在 2016 年 2 月 6 日凌晨发生于高雄市美浓区地震，芮氏规模达 6.4 级，因单一建筑物倒塌导致最多人遇难的事故，以及 2018 年 2 月 6 日花莲地震，引发民众对自身房屋结构安全的恐慌，各类检

黄忠发，高雄科技大学土木工程系教授兼系主任.

丁冠玮、黄宏文，高雄科技大学土木工程与防灾科技研究所研究生.

讨声音也指向民间建筑物管理监督密度是否不足的问题，由于房屋建成后内部结构肉眼难辨，在建筑物生命周期从规划、设计、施工、使用维护到拆除都必须向地方政府申请许可，故地方政府建筑管理单位拥有建筑物最完整的数据，落实记录建筑的施工质量与细节，才能给予居住者更多的保障，且达到“小震不坏、中震可修、大震不倒”的耐震要求。

所谓“建筑法”第 56 条于 1971 年规定：建筑工程中必须勘验部分，应由直辖市、县（市）（局）主管建筑机关于核定建筑计划时，指定由承造人按时申报勘验合格后方得继续施工。于 1984 年修改为：建筑工程中必须勘验部分，应由直辖市、县（市）（局）主管建筑机关于核定建筑计划时，指定由承造人会同监造人按时申报后，方可继续施工，主管建筑机关须随时勘验。

蔡志扬（2007 年）指出建筑法新法的“申报”，实际执行上仅为“报备”或“观念通知”，盖实务上建管机关“核印”，并不就所载的内容为查核。立法者虽然将后续工程继续施工的限制放宽，让承建人于申报勘验后就继续施工，不过仍不敢将施工完全放任民间而政府不予任何的监督，因此规定建筑工程施工中建管机关“随时勘验”，能遏止偷工减料的现象。但是若采行抽查制度，则抽查的频率至关重要，理想的方式应该是每一栋建筑的施工都必须抽查至少一次，才能杜绝侥幸的心理，而确保建筑物的安全。倘若抽查的频率不强，勘验制度难以发挥阻止及预防偷工减料的功能。因此认为旧法“勘验合格后方可继续施工”相较于华而不实的“随时勘验”更为可行。

不过由于勘验的细节性及技术性规定系授权由各地主管建筑机关自行订定，法制上应特别防范地方监管机关有怠于将结构安全部分订为勘验内容的情形发生。就建筑业而言，业界对于施工质量的规范与验证，各公司有自定义的控管办法，但消费者在购置房屋时，仅能由开发商所提出的书面资料，或已经完工的建筑物了解自己所购买的房屋，未能对实际的建筑用料、施工过程或构件内部配置有所知悉，常形成日后维护、检索的困扰，无法提供给消费者明确的信息，是现今房地产市场存在的问题。

因此，政府建筑管理单位若能构建一套建筑工程施工质量信息系统，对建筑物开工至建造完成，整项工程生命周期追踪记录，就如建筑物的身份证明，由政府建筑管理主管机关推广并辅导企业，公开各项检测数据降低消费者的信息落差，对于提升住宅安全与质量将有极大的助力。

二、文献回顾

1. 生产履历制度的沿革

生产履历最初起源于食品安全议题，许多在制造过程中的质量问题狂牛症、禽流感及农产品戴奥辛、重金属等污染问题浮出水面，而使消费者逐渐重视食品安全问题，于是食品的原料、制造加工及运输贩卖的过程，都是不容小觑的环节。而生产履历的方式套用在不动产领域之中，就是所谓的建筑生产履历，指从土地开发到兴建完成都可以追踪的记录，施工过程的相关图纸、施工照片、检验报告等重要节点资料汇集成可供查阅的记录。

胡忠一（2005 年）认为生产履历制度是一种从生产到销售到消费者手中的过程，都有可追踪的记录，将各流程相关履历信息详细记录，使产品及相关信息能够持续追踪，以保障消费者权益。王毓文（2009 年）提出生产履历缘起于农产品安全议题，狂牛症、口蹄疫、禽流感的疫情以及农、鱼、畜、牧产品戴奥辛、重金属污染等问题，都是让消费者重视食品安全的原因；欧盟于 1997 年起推动食品来源的“可追溯性”（Traceability），作为食品安全管理的重要手段，并于 2000 年要求所有食品产业实施危害重要分析管制点 HACCP（Hazard Analysis and Critical Control Point）安全管理制度，于 2008 年立法要求进入欧盟的食品需提供生产履历供查询。

郑正义（2007 年）与周柏翰（2006 年）提出农产品生产履历制度是一种从生产到销售到消费者手中的过程都有可追踪的记录，也就是在整个食品生产、处理加工及运送贩卖的整个阶段，由生产者及流通业者分别将各该流程等相关履历信息详细记录，使农产品及相关信息能够持续追踪；而消费者可以通过产品包装上的产品编号，利用网络查询此生产履历资料库，获得该农产品完整透明的生产履历信息，包括生产者、负责集货与分级的集货市场、物流流通业者及行销通路等过程，使消费者可以很清楚地了解各阶段的农产品产销履历的相关信息，安心的购买到安全的农产品。

农产品与食品生产履历的特性与执行较为容易，而建筑物生产履历较为困难且运行时间较长，其原因在于两者之间的特性不同，农产品与食品能够以模块化的方式大量生产，且能够节省时间并压低成本，提供消费者查询完整透明的信息；而建筑物生产履历由于工种组合多样化，与土地具有独特性，兴建过程的建筑生命周期也较长，因此将会影响时间、人力与建置成本。

2. 中国台湾现有建筑管理流程的漏洞

在 1984 年所谓“建筑法”的修正，将第 34 条主管建筑机关“审查建筑物工程图样、计算书、说明书”修改成为“其余项目由建筑师签证负责”；第 56 条则从“勘验合格后方得继续施工”修改成“申报后方得继续施工”。前者，被监管实务认为是“建筑师签证制度”及“行政与技术分立制度”；后者，则被认为在“简化勘验程序”。因行政与技术分立制度不再审查技术部分，政府机关无须为结构安全作额外的责任承担，又因简化勘验、自己签证负责制度使 921 地震付出惨痛的代价（蔡志扬，2007 年）。

高秉钧（2003 年）认为有关建筑施工质量的确保，在有完善的配套措施的前提下，主管建筑机关仅担任监督角色，办理各项报告书的查备工作，并于必要时，进行现场抽查勘验（形式审查）。但目前建筑工程施工质量（特别是私人建筑）并无法完全由民间自发性的监督获得确保；而基于法治社会的理念，不仅应积极保护人民的生命、财产安全；更应对于人民生活各方面有积极提供照顾的义务，以确保人性尊严的实践。

目前，政府对于建筑物仅规范一定的门槛，例如，水泥磅数不得低于 3500 磅，因此在建筑物生产履历的建置无强制规定与要求，然而农产品、食品与建筑物生产履历均是以产品的质量为主要的考虑目标。不过针对建筑物而言，目前中国台湾也存在对于建筑施工质量、兴建过程与建筑规划设计的相关认证制度（赖冠玮，2014 年），但目前并无统一的做法。

现行监管简要流程表面上虽有齐全的流程，但实际上在审查、勘验步骤时却是自主检查后往上呈报居多，如此一来不法厂商便可借机行事以至于房屋最基本的结构质量问题往往被忽略，因此政府相关单位与厂商应主动推行改善现行监管制度中缺点的解决办法，如此一来可保障居民的生命安全及权益，降低购屋纠纷，更可让企业得以永续经营。因为购屋有相当庞杂和细微的关键点，诸多消费者愿意请专家“代客验屋”，且经过最近几次地震的洗礼，也逐渐重视建筑物生产履历的概念。但相关研究也发现消费者在确保居住质量此方面所愿付出的代价，不论是代客验屋或生产履历制作，乃普遍低于市场行情，消费者在此方面的信息仍有所欠缺，建议建设公司也可依此方面进行发挥，以提升消费者的居住安全，同时更为自己创造商机（郑小峰，2016 年）。

3. 中国台湾建筑物生产履历相关研究

整个不动产产业链中所涉及的专业知识与技术领域非常广泛，其中土地开发最为基础，也是最重要的一环，由于消费者意识形态逐渐改变，对不动产的质量与施工过程逐渐重视，因此消费者如果对施工过程、建材选择及系统配置若有掌握与了解，必定会影响购屋决策的结果与对建设公司的印象，然而建设公司为了取得消费者的信赖与优质的品牌印象，积极的对建筑物进行认证，并取得检验证明以确保建筑物质量，以减少消费者的疑惑与日后的购屋纠纷（赖冠玮，2014 年）。

郑正义（2007 年）指出对于建筑物生产履历推行模式及其效益，考虑建筑物生产履历是一种从建筑物开工至建造完成的整个工程生命周期中都要留下可追踪记录，也就是在施工过程中，相关图纸、材料试验报告、各重要施工节点检验成果、性能检测报告、施工照片等资料累积汇总，制成可供查阅的记录，待房屋建造完成交付已购房者的手上，着重生产履历观念的导入及推行，生产履历记录若能由公正的第三者出具及验证，更能得到消费者的信任，消费者购得的房屋有此类身份证明，也更能显得房屋的价值及未来增值空间，达到建造者与购买者两者双赢的局面。

王毓文（2009 年）提出源自瑞士的 SGS（Societe Generale de Surveilance）认证，公司属于建筑物认证单位，专门针对房屋状况与建材进行单元性检验与认证，于 1952 年在中国台湾成立分公司，提供各种商品的检验服务，小至 7-11 超商提供的免费卫生筷，大到台北 101 大楼的施工质量，也都是委托 SGS 检验；该公司于 2005 年投入“营建数字管理团队”，是中国台湾当时唯一提供一般消费者验屋服务的从业者。

李志铭（2010 年）指出，近年生产履历概念已广泛应用于各种产业，如 RFID（Radio Frequency IDentification）技术，通过产品的身份识别追溯记录的信息，确认产品生命周期各阶段的数据，以确保消费者所选购产品的安全。而房地产几乎是所有买卖中金额最庞大的商品，但消费者却仅能取得房屋的基本数据，其他关于建造过程及使用维护状况等信息则较无法掌控，因此当前在消费者对自身权益维护意识增强下，如何提供完整的建筑物施工履历信息是一重要课题。以建筑物生命周期管理的需求为考虑，确立建筑物生命周期各阶段应记录的信息项目，并研拟 RFID 技术于建筑物电子血统书的导入方式，通过无线射频辨识技术的可追踪性，规划建筑物电子血统书信息系统与整体应用情境。

目前，因消费者意识形态改变，对于房屋安全、健康、舒适的要求日趋重视，建设公司也纷纷宣传多重视建筑施工质量。然而消费者在购屋时，通常只会询问一般常见问题，为购屋时的判断依据，例如漏水、隔音是否良好等问题；然而在一般信息以外的问题，例如防水工法、制震壁施工过程、结构钢筋绑扎重点等，都是消费者容易忽略的细节，因此研究分析消费者的需求，建议建设公司能够主动提供消费者想知道并且重要的讯息（郑小峰，2016 年）。

三、外国建筑物生产履历推动现况

1. 家的血统书

由于日本境内常发生钢筋强度不足，伪造耐震资料等事件发出，因此东京市民团体邀请建筑、金融、法律等专家于 2008 年拟出“家的血统书”推动计划，即将施工过程拍照存证记录下来，以防偷工减料，并交付具有工程监督管理的建筑师，制作住宅血统书，整体费用包含于工程监督管理费内，消费者不须另行担负额外费用，此做法已得到银行和保险业者的响应。而银行、保险业者也计划推出“家的血统书”配套商品，针对购买有附血统书住宅的顾客，提供降低 1%房贷利率或将住宅保险的保费减少四成以上，以鼓励消费者选购有血统书的住宅。计划实施后，可将每个施工步骤拍照备档，并在血统书中以相片配上图片方式向消费者解说。血统书的相片也方便专家确认检查，即使在完工交屋后才发现问题，由于有施工图为依据，也较容易查出问题的症结点。此外，血统书亦有防止业者哄抬价格的优点，由于每个施工步骤都写下建材、价格和工资等，建商因此可有效率地监工并控制总工程经费，有利于住宅的生命周期规划及住宅相关后续维护服务等，如图 1 所示。不过，由于顾虑到同业竞争，许多建商往往不愿意将独自的技术和资材调度情形对外公开，因此并不积极采取血统书的做法。

2. 住宅履历情报

除了民间团体推动家的血统书之外，日本国土交通省也于 2015 年计划推出住宅履历情报制度。根据统计，日本的房屋平均使用年限约为 30 年，与欧洲及美国地区相对较短，若重建将造成全球环境负担，从使用成本角度来看，家庭居住成本也会增加。因此，将新住宅的建设、材料商名称、建筑设计图等数据加以保存，在改建、整修时能够达到协助的效果，同时并要求追加并存查相关内容，再开放提供给消费者查阅以便未来修缮时的需要。

于法律层面亦同时拟定住宅瑕疵担保法、长期优良住宅法及住宅质量保证法等配套措施，若未针对维护、保养详实记录或制作假记录，将会被处以最多 30 万日元的罚款，而住宅履历情报认证标章将会被取消。

住宅履历情报制度相关倡导内容有：积存住宅履历情报、住宅履历情报的积蓄活用流程以及住宅履历行报应该的情报项目等。

(1) 积存住宅履历情报

将对象分为住宅拥有者、情报服务机关、制作情报的人与活用情报的人等四大类，以新建筑的设计图纸及施工记录等作为住宅履历情报的基准，每当执行点检、修缮、改建及买卖时将能够适时地活用情报内容。

(2) 住宅履历情报的蓄积活用

以新建建筑物的设计图纸以及施工记录作为住宅履历的基准。每当执行检查、设备更新、改建、买卖时，能够储存以及活用情报内容。

(3) 住宅履历情报项目

住宅履历具有完整的建设过程记录，有利于住宅在交易时更能被客观地评估房屋的价值，在灾难发生时也能依据这些内容针对现场状况作出进一步的判断，而独栋住宅和公寓式住宅在记录上的信息将有所不同，公寓的部分则区分为专有部分以及共有部分。

四、中国台湾民间机构推动现况

1. SGS 生产履历认证单位

SGS 台湾检验科技股份有限公司提供建案动工至交屋的检验服务，包含钢筋、混凝土及住家检测等，该公司系属于合格认证公司，因此其检验的结果具有一定的公信力，其建筑物生产履历服务内容包含结构抗震验证系统、基础结构验证系统、机电管线验证系统、防水验证系统、远程双向视讯控制系统、优化住宅环境检测、营建材料试验及客户关系管理八项。

SGS 工程师于现场施工期间采用不定检测方式进行可靠度验证，并严格要求客户应彻底执行建筑结构体中的重点检查项目，例如：基础工程、钢筋混凝土窗框及屋顶防水与浴厕等，并运用自动化项目管理系统的功能，实时将缺失记录及照片发布给业主施工单位，限期改善并依记录成果制作验证报告书；其次将 RFID 射频辨识芯片固定于现场检查位置，人员可实时将数据、材数量与存放位置等上传回管理中心。

整体检验结束所，SGS 公司则会提供业者与消费者建筑物生产履历报告书（图 1），其内容大致包括：

图 1　SGS 建筑物生产履历认证报告书

（1）混凝土抗压强度检测、混凝土海砂检测；

（2）钢筋辐射检测、钢筋绑扎质量检测；

（3）施工节点质量检查；

（4）重要建筑材料检验；

（5）浴室 24 小时防水检测、屋顶防水检测；

（6）从开工至完工全天候实时录像监控；

（7）优质健康住宅检测：如辐射屋、海砂屋、饮用水、电磁波、有害气体、装修涂料等。

2. 台湾建筑安全履历协会

（1）建筑安全履历 SOP

目前，中国台湾虽然没有建筑安全履历制度的标准，也没有确认的第三公正单位，可作为查核认证的机构，但为使建筑安全履历的制度，能逐步推动及有所依循，最初步建议可以采用“公共工程施工质量管理制度”所规定的流程，应用于一般营建团队的施工质量管理制度。

先从营建团队的自我要求，以及施工质量查核记录的存证开始，从材料进场的检验，一直到施工中的检查与缺失修正等，都留下完整的施工记录，作为交屋时移交的重要文件之一，让购屋者交屋时可以比对及保存。目前，中国台湾民间另一个知名的建筑生产履历系统，乃戴云发结构技师所带领的台湾建筑安全履历协会所发展的系统，其流程如图 2 所示。

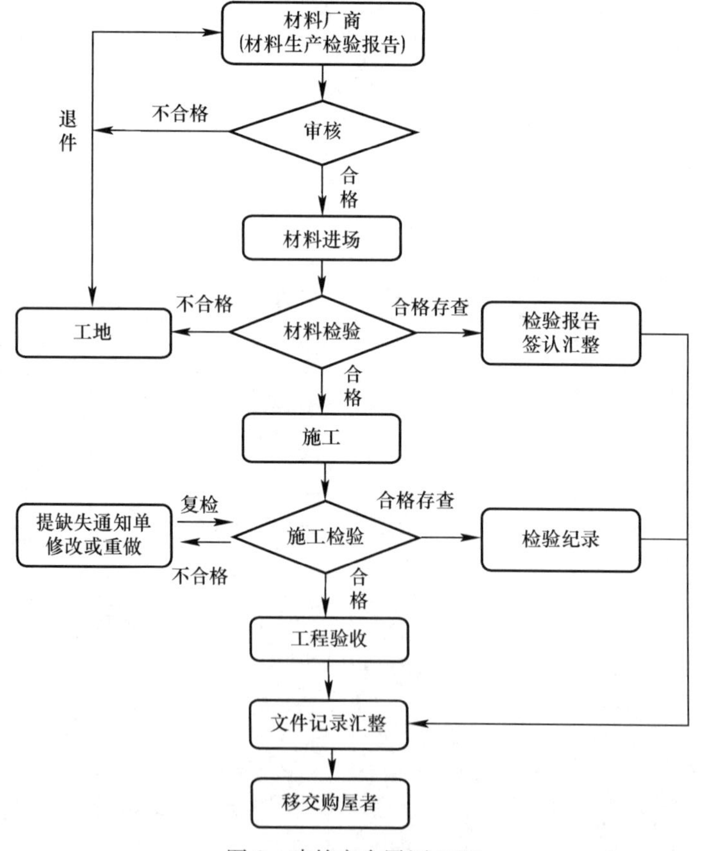

图 2　建筑安全履历 SOP

［数据源：戴云发结构技师事务所，2018 年］

(2) 建筑安全履历检验项目

因为中国台湾的住宅类建筑绝大多数以钢筋混凝土（RC）构造为主，钢骨钢筋混凝土（SRC）为辅，因此安全结构中的钢筋工程施工质量对建筑的整体安全占有决定性的关键影响，钢筋工程施工质量不良的后果就是：小地震来时房屋会产生小裂缝，引起外墙渗水及内部钢筋锈蚀，与房屋混凝土表层崩裂，影响居家生活质量及房屋使用寿命；大地震来时，房屋可能直接遭受破坏，使人无法居住，甚至房屋倒塌，危害生命安全。所以在房屋建造过程中，结构钢筋工程施工是最应该被检验的项目。整个结构工程的柱、梁、板、墙、钢筋，有不同的结构安全应注意的重点，一般人进行工地施工拍照，可能只会拍到钢筋施工的表面过程，而没有拍摄到真正钢筋该有的正确施作位置及其影响安全最重要的弯钩长度，以及搭接接合处的施作质量等。这些应该绑扎定位，且是影响安全最重要的关键重点若没有拍照做记录，所谓的完整施工记录就将流于形式，就只是施工过程记录而不是施工质量记录，也就失去了安全保障的信心。

因此台湾建筑安全履历协会辅导建筑商于结构设计至完工使用的过程中，针对建筑安全履历的意义、工作、拍照呈现及该协会所制定的结构安全重点将举办教育训练，并协助辅导工地进行结构重点呈现的位置检讨，其包括柱、墙、梁、板等相关的平面图位置标记，让营建团队在后续钢筋工程进行中，以平面图标记的结构重点位置查核、修正并拍照记录，其结构安全履历认证流程如图 3 所示。

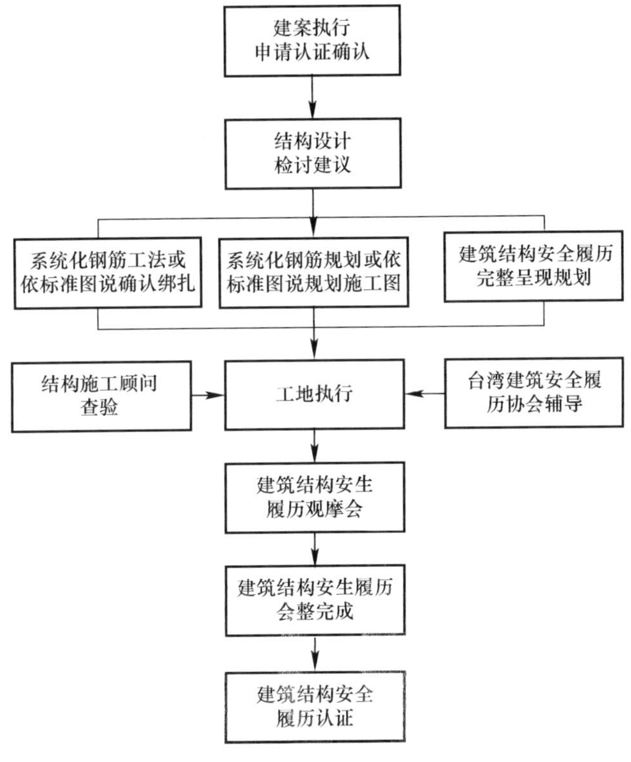

图 3　结构安全履历认证流程

[数据源：戴云发结构技师事务所网站，2018 年]

(3) 结构安全履历呈现规划

社团法人台湾建筑安全履历协会针对建筑安全履历的意义、工作、拍照呈现及该协会所制定的结构安全重点将举办教育训练，并协助辅导工地进行各户结构重点呈现的位置检讨，其包括柱、墙、梁、板等相关的平面图位置标记，让营建团队在后续钢筋工程进行中，以平面图标记的结构重点位置查核、修正并拍照记录。整体建案完成及各户建筑结构安全履历完成，工地将履历资料提送台湾建筑安全履历协会做最后的审查与核定，建筑安全履历认证资料中包括结构施工顾问逐层查验的施工质量照片内容，并将营建团队逐层拍摄的建筑安全履历照片当附件，以备查验。正式举办认证的仪式，由协会颁发认证标章及建筑结构安全履历的认证用印如图 4 所示。目前在宜兰、桃园、新竹、高雄四县市均有工程实绩。

图 4　台湾建筑安全履历协会认证标章
［数据源：社团法人建筑安全履历协会网站，2018 年］

五、中国台湾政府机关生产履历推行现况

1. 高雄市政府建筑物生产履历的建置

高雄市继老屋健检后，扩大推动房屋生产履历，目前已委托台湾高雄科技大学将建筑物生产履历系统建置完成，重点检查项目经由民间建设公司及建筑师、结构技师等工会代表相互讨论下拟定。并强调清楚标示材料的来源、建立明确的设计、监造与施工单位及施工过程与检测，需通过辅助系统等方式（如：GPS 地理信息系统），在确切的地点及时间拍照记录该施工项目的施工及检验状况，尽量避免事后拍照或涂改的产生，并改善建设公司对质量方面的重视的特质。

(1) 建置动机

现行民间建筑工程施工质量的规范与验证，在各地方政府建筑管理单位虽已有管理规范，然工程相关申报数据除存放在各建管单位档案室，另外就是存放于建商、设计人、监造建筑师及施工厂商。鉴此将参考生产履历的制度，其内容主要为建筑物施工阶段信息，以各相关建筑行为人信息产出者及建筑主管机关为系统提供者，进行整体信息应用规划，也可提供民众透明化建筑物施工履历资料，在此制度中获得建物生产者提供的正确信息供房屋买卖或查询使用，但建筑商对于开放民间查询的功能仍持保留态度，有待沟通；另系统并导入施工检查数据统计分析，可作为建管机关在执行建筑物施工管理的参考，以提升行政管理效能。

(2) 建筑物生产履历系统的研发

建物管理模式的规划考虑履历内容与使用者需求建置而成，目的在于购屋者日后遇有房屋问题时，维修与改建信息检索的提供。当购屋者日后欲进行房屋信息检索时，可通过建设商所提供的存证数据进行检索，各项信息均由建设商登入者亲自发布其信息与房屋记录建立而来，信息包含施工前物料检验、施工过程的质量监控，由施工管理者以拍照、录像或文件等方式存证记录。

该系统平台设计从建商、营造厂立场出发，并兼顾消费者需求导向来作为设计建管生产履历系统研发的考虑，并参考农产品产销履历网站为基础，并与营造厂及建设公司联合讨论，使此系统能推广顺利，本文第一作者为该计划的主持人，以下为本计划履历平台的初步规划及实际架设成果，如图 5～图 7 所示。

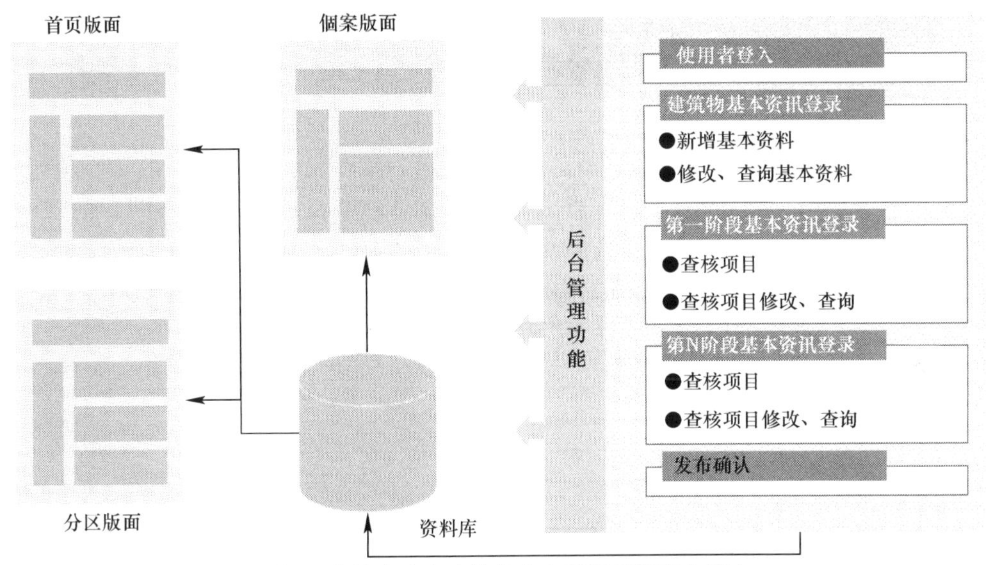

图 5　高雄市政府建筑物生产履历系统平台概念

[数据源：高雄市建筑物生产履历管理计划]

图 6　高雄市政府建筑物生产履历成果发表会

(3) 自主检查项目

自主检查项目是通过与政府、建设公司多次开会讨论，并参与两次高雄市建管处举办的座谈会，会上邀请不动产开发商、建筑师、结构技师、土木技师、大地技师、营造业和土木包工业等公会代表出席，听取多方建议，最终在各方相互讨论下，获得共识并整理出该检查项目。

自主检查项目的架构，分为大项目、小项目与细项目，大项目以主要工程为首，包含钢筋、模板、混凝土、连续墙、管线、防水和装修等工程，小项目则是大项目地往下延伸，以混凝土工程为例，包含相关材料检验报告、试体施作、浇筑前模板是否清洗干净、

图 7　居住安全系列研讨会

浇筑时是否确实捣实，及浇筑完的养护工作等小项目，细项目为小项目下的检查项目，以材料为例，包含供料厂商名称、配比设计、出厂证明即质量保证书、氯离子检测及坍度试验等项目，最后以此架构制作自主检查项目表（表 1）。

建筑物自主检查项目表　　**表 1**

查验表范例版本												
工程名称												
建案编号												
业主名称												
承揽厂商												
基地位置												
地上_层，地下_层												
工地负责人												
	检查项目		标准（按照结构图）	记录	结果	位置	CAD 平面图	时间	检验人员	查验相片（至少一张）	备注	试验报告
混凝土	材料	厂商名称										
		配比设计	有/无									
		出厂证明产品质保证书	有/无									
		氯离子检测	有/无									
		氯离子含量检测的检测人员结业证明	有/无									
		混凝土预拌厂登记证证明书	有/无									
		现场坍度试验	cm									
	现场养护（位置）		有/无									
	度体施作		有/无									
	混凝土严禁加水		是/否									
	浇置面内杂物、木屑是否清理干净		是/否									
	浇置前是否洒水湿润，柱下部清洁口是否封闭		是/否									
	配置振动机，并确定捣实振动		是/否									
	确认混凝土车上签单的客户名称、强度、数量、坍度、出厂时间是否与需求相符		是/否									

续表

模板	柱	柱编号											
		尺寸											
	梁	梁编号											
		尺寸											
	版	楼版编号											
		版厚	cm										
	墙	墙编号											
		墙厚	cm										
连锁壁	公单元母单元角隅单元（公母单元）扶壁地中壁	厂商名称											
		单元位置测定	检验										
		高程检测	GL　M										
		超泥浆检测	有/无										
		壁体施工尝试	M										
		超音波检测	有/无										
		钢筋长度核对	M										
		钢筋柱位校对	有/无										
		钢筋排列核对	有/无										
		端板，帆布，材料定位核对（母、角隅单元）	有/无										
		壁体清理，壁底沉泥清除	有/无										
		主副筋施工搭接长度											
		特密管总长度	M										
		本单元混凝土计算数量	M3										
管线（顶板门字形为一单位）		冷给水管	给水试压	有/无									
		热给水管	给水试压	有/无									
		全楼层冷热给水管线配置图		有/无									
防水工程		浴室试水（每 5 层做一次，每次做两处）		有/无									
		阳台试水（每 5 层做一次，每次做两处）		有/无									
		屋顶试水											
		露台试水		有/无									
瓷砖（竣工再传）		拉拔试验（每 5 层做一次，四面各做两个）		有/无									
		石材	吊挂试验	有/无									

(4) 高雄市政府建筑物生产履历系统推广与未来展望

为验证系统的可操作性并分析制度可行性，高雄市政府邀请两家建商实际参与系统操作以办理本年度建筑物生产履历管理制度推动示范活动，在推动过程中，记录厂商于实务上的反映与需求并适时的修正系统，使其能更实用。

在系统完成初步建置与测试后，举办成果发表会（图 16）以及结合土木工程教学的台湾高雄科技大学土木系办理“居住安全系列研讨会”（图 17），长期重视推动建筑履历制度的营建管理、土木技师、工程顾问、工程法律等专业领域单位及个人，均踊跃参与并提供宝贵经验研究讨论。

为使建设公司、消费者与政府单位能共同监控建物建造的质量，此系统初期目标（2016 年）以示范、推广为主，中期（预计 2018 年底前）拟以辅导方式推动 10 层楼以上建案使用履历平台并进行推广教育，长期（预计 2019 年底）拟全面推动，生产履历开放透明，除了塑造正向循环，并期盼最终能提供民众查询建筑物信息。同时以此系统为主轴，生产履历相关窗体及管理系统为辅助，未来也朝向手机 APP 接口开发，使现场操作人员更为便利，形成一套完整的制度。

2. 其他县市政府推动建筑物生产履历的现况

台北市在既有档案的管理中已经有相关的记录，但目前不会对单笔的材料进行记录，而记录则是把它当成文件附加在档案里面，并不会特别记载材料日期来源，也不会上传或开发系统，对于未来计划，目前是维持现况，并无规划设计一个查询的系统。

台中市目前已规划委托第三方专业机构协助办理施工勘验及竣工查验机制，并将持续推行相关政策，以“建筑法”及本市建筑管理自治条例相关规定，均已明定建筑物主要构造的放样、基础、钢骨钢筋、屋架、现场构筑式污水设施等部分，均应依规办理勘验申报合格后始得继续施工；另该市并依申请建筑物属性及规模，指定必须申报勘验的工程进度，委托第三方专业技师团体勘验合格后，始得继续施工，以期保障工程质量。

桃园市配合内政事务主管部门营建署的老屋健检服务，为强化建筑物基础数据建置的完整度，目前已着手进行建筑物生产履历数字数据库建置计划，加速完成建筑图面数据数字化作业，配合政府信息公开政策开放在线查询与加值应用，强化行政业务执行透明化作业，并提供购屋民众有更多的建筑物生产履历信息。

台南市则是研拟推动施工管理这一环节部分做一个革新，目前与相关的工会做讨论及沟通，内容完整后就会开始推行，检验该项目较重视的部分则是地下层开挖，若因地下层的开挖不慎，未来建筑物的基础就有问题，故基础开挖也是整个工程最困难的部分，以上内容整理如表 2 所示。

中国台湾的推行现况初步比较 表 2

县市		高雄	台北	台中	台南	桃园
有/无推行生产履历计划		有（建置完成）	无	有（规划中）	目前尚无	有（建置中）
执行方法	使用方法（系统接口）	网页平台开发	书面	规划 E 化系统中	拟定规划图资系统	建置数字数据库
	执行单位	高雄市政府工务局建管处	台北市政府工务局建管处	台中市政府都市发展局	台南市政府工务局建管科	桃园市政府建筑管理处
	重点检核项目	目前以主要工程为首，包含钢筋、模板、混凝土、连续墙、管线、防水和装修等工程	既有的检查项目、施工安全、与材料有无符合设计的强度、炉渣等	依建筑法及本市建筑管理自治条例相关规定，包含主要构造的放样、基础、钢骨钢筋、屋架、现场构筑式污水设施等	地下开挖、室内配管	着重于施工勘验，并与施工图说电子档案结合于云端数据库

汇总上述各地方政府对于居住安全都有相当程度的重视，在执行方面，各地方政府做法较不相同，台北市是以书面方式呈现，而台中市、台南市及桃园市皆研拟朝向规划系统化方式呈现，对于在各地方政府所重视的检核项目略有不同，台北市则强调于炉渣的检查标准，主要是“建筑法”及该市建筑管理自治条例相关规定，包含主要构造的放样、基础、钢骨钢筋、屋架、现场构筑式污水设施等，台南较强调于地下开挖层及建置房屋室内装修、维护时能够有一定程度揭露的室内配管。

六、结论

消费者在购买房屋时对于价格、空间及地段十分注意，对于施工细节、房屋建造质量却往往无所知悉。因此，若通过建筑物生产履历的认证，将能进一步帮助消费者选择理想房屋。

经历了921大地震、2016年及2018年的0206大地震，建筑安全于日常生活应是非常重视的议题，目前建筑业的生态以预售屋及新成屋为主，对于建设公司而言，预售屋的建筑信息一般不会主动提供给消费者，而对消费者来说，已经兴建完成房屋的建造过程却也不得而知。然而，建筑物生产履历目前在中国台湾属于新课题，各县市政府机关虽然对于居住安全方面均有相当程度的重视，但在实际推行上多数仍处研拟阶段，在规划相关居住安全政策上，从计划、执行、评估方面尚未建立完善的制度，仅高雄市政府提出并开发完成建筑物生产履历系统平台。一套完善的制度除了制度本身须考虑周全外，尚需有相关的配套措施，如机构设置标准、人员资格认定、相关鼓励或奖励措施及法令的增修订等，不管任何制度，最重要的是公正性与可信度，从而能获得消费者的信赖，此方面有赖于政府和民间业者共同研拟出一套管理办法，以避免新的一套制度沦为另一种销售手法。民间检验公司虽可提供建筑物生产过程的相关质量报告，但仅以质量方面为主，与完整的建筑物生产履历相比仍有落差。

以高雄市来说重点检核项目较完善，主要以包含钢筋、模板、混凝土、连续墙、管线、防水和装修等工程，提供自主检查表的架构分为大项目、小项目与细项，上传施工前物料检验报告，施工中质量监控照片和图片等文件及窗体电子化，具数据文件、查询、打印等功能，并提供权限管控机制。完成自我检查表信息输入后，即可输出供建管勘验或各种审查时的附件，也可借此制作该案场的生产履历，以留存记录。未来若能全面性有针对建商及消费者推广，将能大大提升民众对于建筑安全的意识。

中国台湾有关部门若能提供一系统平台，并制定相关的统一规范及制订相关的认证机制及配套措施以增加建设业者推动的意愿，在实质效益上除能提升全民住宅安全，也能降低购屋的纠纷。经由建筑物生产履历制度的详实记录，将有助于消费者了解建造商对于施工质量的坚持及用心，若建造商愿意导入建筑物生产履历制度，制定施工的标准作业流程，可助于建造商提升自身施工技术，以建造出标准化及安全优质的住宅产品。

参考文献

[1] 王毓文，高层集合住宅建物生产履历管理模式的研究，台湾交通大学土木工程研究所，硕士论文，2009.

［2］ 李志铭，建筑物电子血统书及维护信息系统建置的研究，台湾台北科技大学土木与防灾研究所，硕士论文，2010.

［3］ 胡忠一，日本安全农业实施策略及具体做法计划考察报告，台湾地区行政管理机构办公场所农业委员会，2005，1-162 页.

［4］ 陈奕熏，政府机关推动建商建筑生产履历的研究，台湾高雄应用科技大学，硕士论文，2017.

［5］ 高秉钧．建筑工程施工勘验制度的研究，台湾大学土木工程学研究所，硕士论文，2002.

［6］ 蔡志扬．论建造执照结构审查与施工勘验的国家管制义务-从集合住宅于 1999 集集地震震损案例谈起，天主教辅仁大学法律学系，硕士论文，2007.

［7］ 郑正义．民间建筑产业施工质量验证制度的研究-以建筑物生产履历为例．台湾中央大学土木工程研究所，硕士论文，2007.

［8］ 郑小峯．以消费者角度检视建筑生产履历与代客验屋的需求，台湾高雄应用科技大学，硕士论文，2016.

［9］ 赖冠玮．改变建筑新视界—江城建设推动建筑物生产履历的个案研究，昆山科技大学房地产开发与管理研究所，硕士论文，2014.

［10］ SGS 网站：http://www.tw.sgs.com/zh_tw/home_tw_v2.htm.

［11］ 戴云发结构技师事务所/中力建筑系统有限公司：http://www.dyf.com.tw/index.php/resume.html.

［12］ 日本国土交通省网站：http://www.mlit.go.jp.

［13］「家の血统书」住宅金融・壳买のホームページ：http://www.ienokettousho.com/index.html.

［14］ 日本住宅履历情报整备检讨委员会：http://www.jutaku-rireki.jp/ippan/index.html.

［15］ 社团法人建筑安全履历协会：http://www.bsca.org.tw/.

P-BIM 技术对建筑设计阶段的效率影响研究

周福萍　王家远　周　敏

摘　要：建筑设计阶段对于整个项目的成本影响最为重要，因此有效提高设计人员的工作效率非常有必要。BIM 技术可以有效提高建筑设计效率，然而其数据交互问题尚未解决。本文首先对 BIM 技术在建筑设计行业的应用现状进行调研了解，从个人因素以及团体协作因素两个方面分析建筑设计过程中设计人员的工作效率影响因素，提出效率影响因素的机理模型。其次，根据 P-BIM 技术可以有效解决数据交互问题的实施原理，分析 P-BIM 技术对建筑设计阶段的工作影响，进而有效提高建筑设计的工作效率。以此，对 BIM 技术在建筑设计阶段的应用方式作出参考。

关键词：建筑设计；P-BIM 技术；影响因素；工作效率

Abstract: It's crucial to effectively improve the work efficiency of the designers because the architectural design stage has the greatest impact on the overall project cost. BIM technology can effectively improve the efficiency of architectural design, but its data interaction problem has not been solved yet. In this paper, firstly, the work efficiency influencing factors of the designers have been analyzed from individuals and organizations aspects according to the application situation investigation of BIM technology in the architectural design industry and a mechanism model of efficiency influencing factors has been put forward. Secondly, the work influence of P-BIM technology on the building design has been analyzed to effectively improve design efficiency based on the principle that data interaction can be effectively solved by P-BIM technology. The paper gives some advice on the application of BIM technology in the architectural design stage.

Keywords: Architectural design; P-BIM technology; Influencing factors; Work efficiency

一、引言

虽然随着我国"两化融合"的进一步深化发展，建筑业的传统作业方式已经发生很大改变，但是目前建筑业仍属于劳动密集型行业，信息化技术应用也尚处于早期阶段。建筑项目的生命周期可以划分为四个阶段，即规划阶段、设计阶段、施工阶段、运营阶段。早有统计数据显示，设计阶段对项目投资额的影响程度占 75%～95%，但是设计阶段所需费用仅占工程总投资的 3%左右，因此有效提高建筑设计阶段的工作效率颇为重要。

BIM 技术是近年来在建筑行业新兴的信息化技术，具有可视化、协调性、模拟性、优

周福萍（1993—），女，硕士研究生，研究方向：工程项目管理.

化性和可出图性等优势特点，在不同软件、不同项目参与者之间提供出色的协调能力，在提高生产效率、改善沟通效果、加强质量控制方面具有得天独厚的优势[1]。近年来，BIM技术在建筑设计领域的应用潜力正在被大力挖掘。目前，BIM技术在建筑设计领域的应用目标有以下四点：改善建筑设计工作中的信息交流和传递，提高建筑设计的水平和质量，解决高难度的设计问题，提高建筑设计的效率[2]。徐世杰针对BIM技术的应用做了详细的市场调查，其结论分析指出大多数企业认为BIM技术可以提高6%～10%的工作效率[3]。

为了实现BIM技术的四个目标，目前建筑业主要应用了BIM技术如下五个方面的功能：①高度直观的可视设计；②高度统一的关联设计；③高效精确的自动统计；④高效严谨的协同设计；⑤快速及时的计算模拟[2]。很多研究指出BIM技术可以有效提高建筑设计的效率。YusufArayici认为美国IFC-BIM技术中虽然已经存在IFC以及IDM等标准，但是针对如何提高建筑设计的绩效却仍然没有明确的指导[4]。张晓菲为了更好地在建筑设计阶段使用BIM技术，对设计流程提出了优化方案[5]。本人通过对深圳市华艺设计院、深圳中深建筑设计有限公司的工作人员进行访谈，了解到目前BIM技术在建筑设计领域的应用依然局限于“后BIM”。所谓“后BIM”指的是利用BIM软件对已有设计进行翻模处理，再利用BIM技术的管线综合、碰撞检查等功能减少设计中的错误。虽然，“后BIM”的应用可以提升建筑设计的准确率，但是BIM技术真正的价值是应用软件之间的数据互用能力[6]。BIM技术的数据交互实现了提高建筑设计效率。

有研究表明，BIM技术的一大难题在于数据交互问题，即使是美国的IFC-BIM技术应用也尚未解决这一问题。中国BIM联盟提出P-BIM技术实施方式，旨在以“按需传递”的理念实现建筑项目全生命周期的数据共享。本文通过分析建筑设计的工作效率影响因素，并根据P-BIM技术的实施原理对P-BIM技术对建筑设计工作效率的影响做出简要分析，一方面为建筑设计管理人员提高建筑设计效率的方法做出指导，另一方面为BIM技术更好地应用提供参考。

二、BIM技术在建筑设计阶段的应用

建筑工程设计流程主要划分为方案设计阶段、初步设计阶段、施工图设计阶段，BIM技术在各个阶段的应用均有所不同。

1. 方案设计阶段

该阶段的工作任务主要是根据设计任务书的要求和收集到的必要基础资料，结合基地环境，综合考虑技术经济条件和建筑艺术的要求，对建筑总体布置、空间组合进行可能与合理的安排，设计成果主要是用于建设单位进行多方案的评审及选择。

此阶段的设计成果主要来自主持建筑设计师，他们习惯于用铅笔和其他纸质产品作为设计工具，设计产品需要快速描绘和外观生成，而BIM软件具有构件化的特点，因此很多建筑师认为BIM技术不适合应用在概念设计阶段。因此，在概念设计阶段，首先使用的是SKETCHUP、Rhinoeros、Bonzai3D这些3D素描工具软件，再利用BIM软件将设计成果进行深化，最终由BIM软件生成的二维视图可直接作为交付物。

2. 初步设计阶段

初步设计阶段的设计内容会因项目类型的不同而有所变化。一般来说，它是项目的宏观设计，包括项目的总体设计、布局设计、主要的工艺流程、设备的选型和安装设计、土建工程量及费用的估算等内容。该阶段的设计成果主要是用于确定具体技术方案并为施工图设计奠定基础。

该阶段由 BIM 模型生成的二维视图可进行必要的标注等处理后直接作为正式交付物。这样可以保证模型与图纸之间数据的关联性，有利于施工图设计阶段的设计修改，大幅降低图纸后续处理的工作量。

3. 施工图设计阶段

施工图设计阶段主要是根据批准的初步设计，绘制出正确、完整和尽可能详细的建筑、安装图纸，包括建设项目部分工程的详图、零部件结构明细表、验收标准、方法、施工图预算等。该阶段的设计成果主要是用于施工阶段的深化，并指导施工，因此最终设计交付图纸必须达到二维制图标准要求。

由于此阶段 BIM 模型生成的二维视图尚不能完全满足二维制图规范的要求，因此，在此阶段还需要进行专业之间的综合协调，即利用 BIM 软件的可视化功能进行各专业之间的管线综合、碰撞检查等进行优化设计。

三、建筑设计阶段工作效率的影响因素

1. 建筑设计阶段工作效率定义

工作效率是指设计人员凭借自身的专业知识通过团体协作共同完成任务的过程。因此，本文的建筑设计效率是指协同效率，既包括设计人员个体的工作效率，也包括团体协作效率[7]。建筑设计任务需要团体协作完成，因此设计任务完成的效率不仅与个体工作效率相关，团体人员之间的协作也会对建筑设计任务的完成效率造成影响。同时，个体工作效率与团体协作效率之间又相互影响。

2. 建筑设计人员的个体工作效率影响因素

建筑设计人员的个体工作效率影响因素较多，本文主要从建筑设计任务完成的五大参与要素进行分类归纳：设计人员自身因素、设计任务因素、计算机因素、工作方法因素以及工作环境因素，如图 1 所示。

(1) 建筑设计人员自身因素

设计人员自身因素主要包括设计人员的生理、心理、工作能力、性格特征四个方面。首先，设计人员的工作能力会直接对工作效率造成影响，例如，工作经验丰富、专业知识扎实的设计人员，可以更快速地理解设计任务材料，从而更快完成设计绘图。其次是设计人员的心理和生理方面，同一名设计人员，在身心疲惫的状态，将会影响专业能力的发挥，进而降低工作效率。最后是设计人员的性格特征方面，设计需要团体协作、善于交流的设计人员将会促进团体之间的有效沟通，进而提高设计效率。

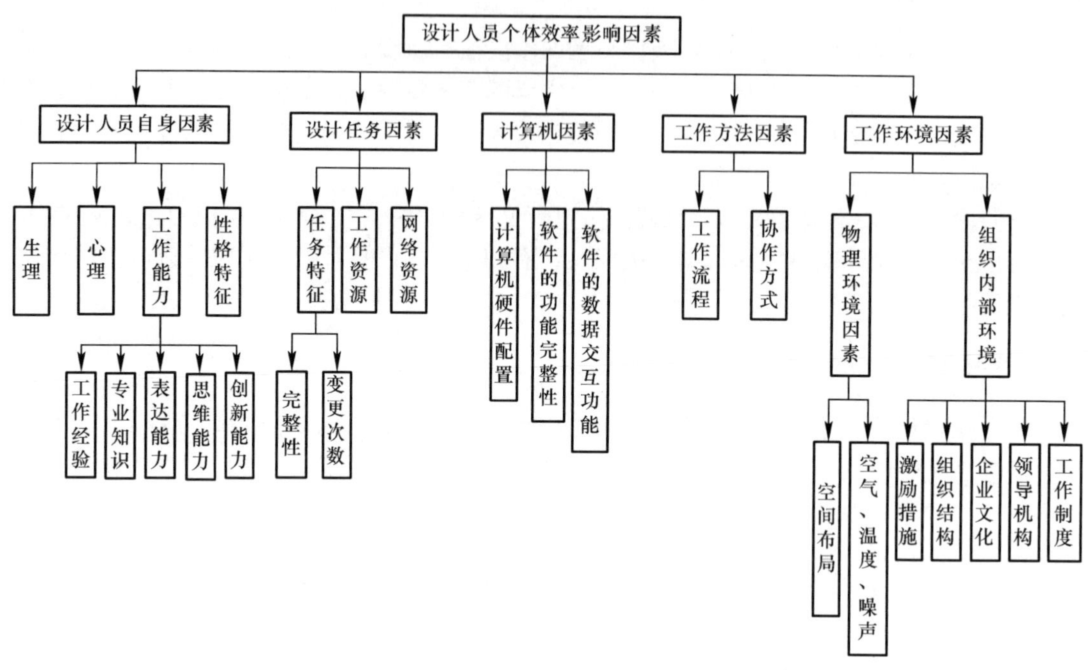

图 1　个体工作效率影响因素集

（2）设计任务因素

设计工作的本质是设计人员对设计材料中的信息进行认知加工，并将其转化成设计任务要求的信息产品。因此，设计任务材料的充分性和完整性直接影响设计人员对设计任务的共识和工作目标的实现。甲方提供的设计任务材料完整、设计信息充分，设计工作小组能很快地组织设计工作，完成设计分工；反之，甲方提供的设计信息缺失或者错误，设计小组则需要收集大量信息并重新整理信息才能进行任务分工，导致设计工作效率降低。

（3）计算机因素

在现今的互联网时代，计算机早已成为设计人员的工作工具。设计过程中，设计人员需要通过计算机平台查阅资料，与团队其他成员沟通交流、在线传递文件等。计算机因素主要包括计算机硬件和计算机软件两个方面。硬件方面，一方面，鼠标的适宜性、屏幕的分辨率等会影响设计人员的舒适性，进而影响工作心理状态，进而影响工作效率；另一方面，计算机的配置会影响计算机的性能，配置越好，计算机的运行速度越快，可以减少计算机的响应时间，进而提高工作效率。计算机软件方面，设计软件的界面舒适程度、功能人性化程度等直接影响设计人员的绘图速度，进而影响工作效率。

（4）工作方法因素

工作方法主要是指设计人员完成设计任务遵循的程序，比如选用的软件工具、绘图的流程等。团体协作共同完成设计任务的过程中，工作流程的明晰程度和规范程度与工作效率之间有紧密的联系。从过程控制理论的角度考虑，过程控制有效性越高，工作结果的有效性和工作效率越高。工作流程明晰，可以是设计者更快进入设计工作，减少不必要的讨论，进而提高工作效率。团体的协作方式也会影响个体工作效率，团体成员沟通方式灵活、形式多样会有助于激发设计人员的思维能力和工作积极性，进而提高工作效率。

(5) 工作环境因素

工作环境因素指的是设计人员完成设计工作的物理环境以及支持协同工作的组织环境。物理环境因素主要包括办公室、办公布局以及室内的空气质量、温度、噪声。办公布局合理，个人办公面积适宜使得设计人员心情愉快，工作效率提高。办公室的空气清新、温度适宜、无噪声，设计人员的大脑可以保持清醒，进而更好地调动储备的工作知识，从而提高工作效率。组织环境会对设计人员的价值取向造成影响，进而影响设计人员的心理，继而影响工作效率。当设计人员不认可组织文化时，设计人员在完成设计工作时会有消极怠工的情绪，进而降低工作效率。

3. 建筑设计的协作设计效率影响因素

团体协作设计的工作效率影响因素主要是指各影响元素之间信息交互效率。通过前文分析可知，设计任务完成过程中主要存在三大信息交流过程：设计人员之间的信息交互、设计人员与计算机之间的信息交互、计算机与计算机之间的信息交互。

以施工图设计阶段为例，项目的施工图设计涉及土建、结构、暖通、电气、给水排水、冷冻机房、空调机房专业六个专业。在施工图设计过程中，除了需要各专业小组之间的内部讨论交流，还需要各个专业小组之间的信息沟通。BIM 软件可以为各专业小组在设计过程中提资提供条件，提高团体设计效率，如图 2 所示。

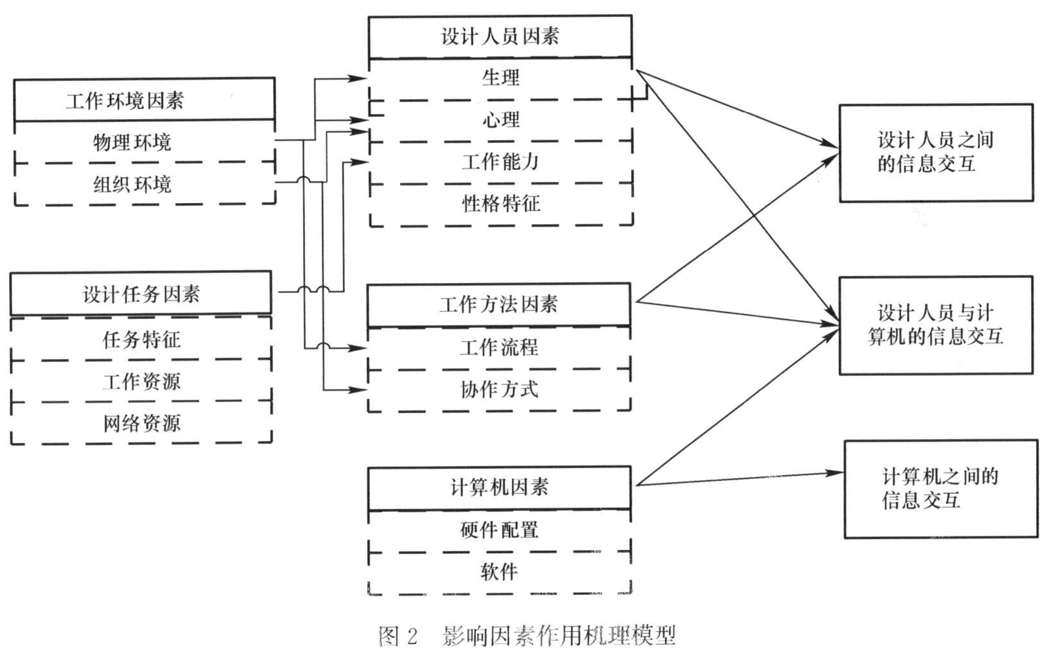

图 2　影响因素作用机理模型

四、P-BIM 技术提高建筑设计效率原理分析

由于建筑设计领域可使用的软件较多，不同软件又存在功能差异性，因此一个建筑项目设计工作的完成往往需要使用多个软件。在设计过程中，各个软件的格式不兼容问题使

得建筑设计过程存在很多重复性工作，大大阻碍了建筑设计的工作效率。

BIM 技术历经约 30 年的发展，目前有研究表明数据交互问题是其最亟待解决的问题。P-BIM 技术是指在 BIM 技术的基础上考虑专业（Professional）、阶段（Phase）和项目（Project），利用 BIM 技术改造现有专业软件，通过专业集成，形成阶段建筑信息模型，各阶段建筑信息模型综合形成项目全寿命期建筑信息模型[8]。总体而言，P-BIM 技术旨在以“按需传递”的方式进行数据传递。“按需传递”是指在现有软件的基础上开发 P-BIM 平台插件，使得各类软件的数据可以互相读取，并且按照项目进程中各个业务关联方的需求进行有选择性的信息传递，进而使得 BIM 软件之间可以形成一个完整的信息系统。

按照 P-BIM 技术的实施原理，可打通现有的各类设计软件之间的信息孤岛，加强计算机之间的信息交互，从而减少建筑设计过程中的重复性工作，进而直接提高团体协作设计的工作效率。设计软件之间信息数据的互通，可减少原本需要设计人员通过计算机或者当面进行交流沟通的时间，提升效率，如图 3 所示。

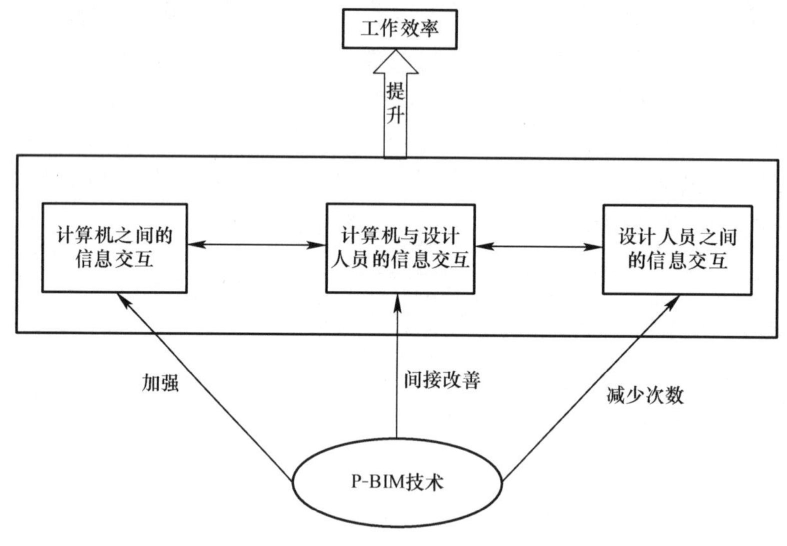

图 3　P-BIM 技术对设计效率影响模型

五、结语

本文首先对 BIM 技术在建筑设计阶段的应用分阶段进行分析，明晰目前 BIM 技术在建筑设计阶段的应用主要集中在可视化、协调性、模拟性、优化性和可出图性等 BIM 软件功能上，并且主要应用在施工图设计阶段。其次根据设计任务完成过程中的五大参与要素进行个体工作效率以及团体协作工作效率的影响因素分类，并建立工作效率影响因素作用机理模型。再结合 P-BIM 技术的实施原理，从理论上分析 P-BIM 技术对设计工作效率的影响机理模型。从理论分析结果可见，P-BIM 技术在建筑设计领域地应用将显著提高建筑设计效率。

参考文献

[1]　岳杰. BIM 技术及其在建筑设计中的应用 [J]. 四川建材，2011，37 (5)：270-271.

[2] 修龙，赵昕. BIM-建筑设计与施工的又一次革命性挑战［J］. 施工技术，2013，42（11）：1-4.
[3] 徐世杰. BIM技术应用面临的困难障碍分析及相关建议［J］. 施工技术，2017（s1）：496-501.
[4] Y Arayici，T Fernando，V Munoz，M Bassanino，et al. Interoperability specification development for integrated BIM use in performance based design.
[5] 张晓菲. 探讨基于BIM的设计阶段的流程优化［J］. 工业建筑，2013，43（7）：155-158.
[6] Harvey M. Bernstein，F. ASCE，LEED AP，Stephen A. Jones. 中国BIM应用价值研究报告［R］. Bedford，MA：Dodge Data & Analytics，2015：1-58.
[7] 廖益，易树平，杨文彩. 动态网络环境下知识工作效率及影响因素初探［J］. 科学学与科学技术管理，2008，29（11）：75-80.
[8] 朱云良，李智慧，谢云飞等. P-BIM技术在高大模板与支撑架施工中的应用［J］. 建筑机械化，2016，37（12）：65-68.

港区低影响开发关键技术研究

孙 龙 乐 凌

摘 要：本文基于港口建设导致近岸沿线海、陆域生态系统环境逐渐恶化的现状，以港区陆域低影响开发研究为主线，将海绵城市低影响开发概念融入港区建设，通过创新性引入合理水文径流分析模型，对港区各功能区的低影响开发提出径流控制要求；同时，通过创新性的平面及结构方案设计满足低影响开发控制要求，并首次提出港区低影响透水结构设计的主要流程及方法，提出新型低影响开发集水沟的基本方案，促进了港区雨洪资源的重复利用；本次技术研究为港口低影响开发建设提供了一种全新的思路，最大化地降低了港口建设对原有陆域及海岸线的生态破坏，大大改善了港区原本单调枯燥的灰色景观现状，雨洪科学合理的开发利用还可为港口节省宝贵的水资源，达到港口建设与海岸环境的自然和谐。

关键词：低影响开发；港区；海绵；水文径流；透水结构；生态；集水沟

一、引言

为解决水资源短缺、水质恶化、城市洪涝灾害频发等城市水环境问题，习近平总书记明确指出要大力建设“海绵城市”。2015 年 10 月，国务院办公厅发布了《关于推进海绵城市建设的指导意见》(国办发〔2015〕75 号)，要求通过海绵城市建设，最大限度地减少城市开发建设对生态环境的影响，将 70％的降雨就地消纳和利用。目前，我国城市的低影响开发建设取得了一定的成绩，但作为城市重要组成部分的港口区域，其低影响开发研究目前尚处于一片空白。港口建设使原有植被和土壤被不透水地面代替，在雨水多的季节加速了雨水在硬化路面的汇集，使洪峰流量迅速形成，影响港区正常的生产作业和生活。港区作为城市的重要组成部分，不应成为城市低影响开发建设的灰色地带，有必要针对港区规划、建设的现状及各类灰色基础设施布置的特点，逐步、有条件的引入低影响开发设施，合理、科学地利用大量经济的雨洪资源，最大化地降低港口建设对原有海域及陆域生态系统的破坏，改善港区水环境。

本文在我国城市降雨与城市水资源短缺的矛盾日益突出的大环境下，针对港口生态系统长期遭到忽视的现状，将海绵城市低影响开发概念融入港区建设，结合港区雨水的集蓄利用及港区景观效应，从规划发展（宏观）及设计建造（微观）两个方面对港区海绵城市建设进行深入研究，构建港区整体生态系统、雨水集蓄利用设施及港区景观构造，大大改善港区原本单调枯燥的灰色景观现状，实现港口雨洪科学合理的开发利用。

孙龙、乐凌，中交第二航务工程勘察设计院有限公司.

二、研究思路

海绵港区的开发建设是一个全新的领域，本文的研究将从港区现状出发，针对港区目前的平面布局及使用要求，通过总体分析提出合适的低影响开发目标，针对港区功能特点，制定各专项控制要求以落实总体分析制定的控制目标，下一步通过合理的水文径流模型计算将低影响开发控制指标落实至各地块。

通过总体分析，对港区总平面布置进行深入研究，明确各地块的低影响开发适宜性，通过对各地块的面积占比进行统计分析，确定各功能区低影响开发对总体开发目标实现的贡献程度，从而确定低影响开发的重点实施区域。

根据各地块的面积占比，提出港区低影响开发水文、水力计算模型，根据低影响开发总体控制指标确定各地块具体的控制指标，根据不同情况提出多种组合控制方案，并对组合控制方案进行比选及分析，提出不同港区适宜的分区控制指标。

根据水力计算确定的分区控制指标，针对堆场、道路及集水沟等不同场区提出相应的低影响开发方案。

具体技术路线如图 1 所示。

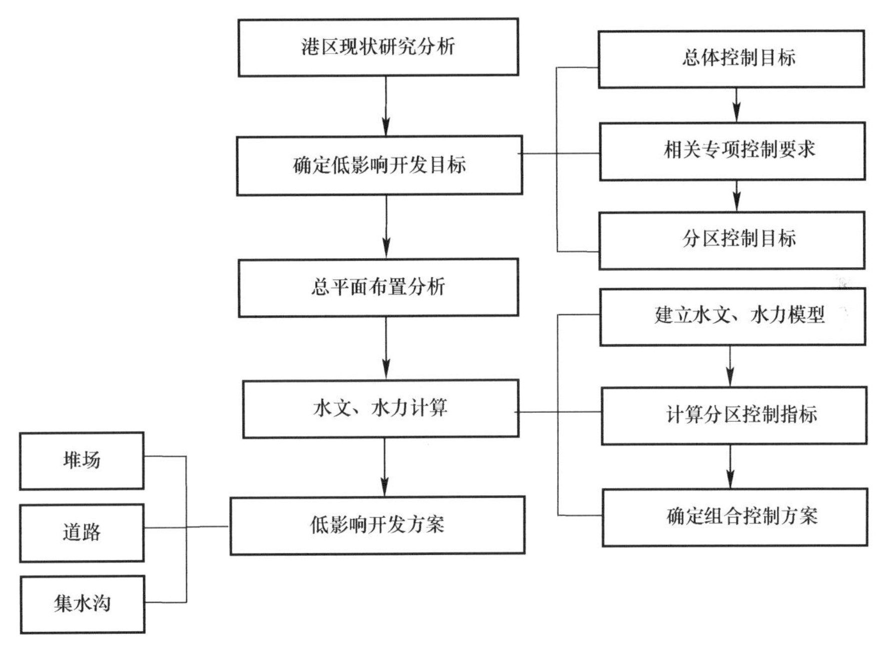

图 1　研究技术路线图

三、低影响开发控制目标

根据港区特点，前方码头通常不具备低影响开发设施构造的条件，低影响开发设施的布置主要集中在后方陆域，如堆场、道路、停车场、绿地、排水沟等。本文结合码头后方堆场、道路、排水沟等设施的布置型式和结构特点，确定海绵港区低影响开发的总体控制目标为总量控制目标、峰值流量控制目标、径流污染控制目标和雨水资源化利用目标。

1. 径流总量控制目标

根据海绵城市建设技术指南，理想状态下，径流总量控制目标应以开发建设后径流排放量接近开发建设前自然地貌时的径流排放量为标准。自然地貌往往按照绿地考虑，一般情况下，绿地的年径流总量外排率为15%～20%，因此，借鉴发达国家实践经验，年径流总量控制率最佳为80%～85%。

根据对目前国内众多港口功能布局调研分析，堆场是占地面积最大的功能区，其次为道路。针对不同的港区，通过采用透水铺装或对箱角之外区域进行绿地化设计，可将堆场径流系数降低至0.4～0.55；道路根据车辆荷载的不同，可采取不同径流系数的透空式铺面结构；通过设置海绵排水沟来有效地净化、收集、储存、利用雨水。根据港区后方陆域各功能区的占地面积及相应的低影响开发潜力，确定港口陆域径流总量目标控制率为35%～50%，即概化综合径流系数控制在0.5～0.65，具体需结合港区实际情况及当地降雨特点确定。

2. 径流峰值控制目标

为保障港区安全，防止内涝，在低影响开发港区，区域雨水管渠设计重现期等设计参数仍然应当按照《室外排水设计规范》GB 50014—2006 中的相关标准执行，但在径流系数取值上，可相对传统港区略微降低，参照径流总量控制目标，通过水文径流模型模拟，峰值流量控制目标确定为0.7～0.9。

3. 径流污染控制目标

港区径流污染物指标可采用悬浮物（SS）、化学需氧量（COD）、总氮（TN）、总磷（TP）等。在港区径流污染中，SS 往往与其他污染物指标具有一定的相关性，因此一般可采用 SS 作为径流污染物控制指标。通过不同功能区的年 SS 总量去除率经年径流总量（年均降雨量×雨量径流系数×汇水面积）加权平均计算，得到低影响开发雨水系统的年 SS 总量去除率为40%～60%。

4. 雨水资源化利用目标

从理论上讲，港区雨水资源化利用最大值即为实施低影响开发设施之后的地表径流总量，即0.5～0.7。实际上在确定雨水资源化利用目标时，需要综合考虑港区用水需求、场地条件、降雨的不均匀性、工程投资等方面的因素，以满足生产需求为主，根据各港区实际情况确定雨水资源化利用目标。

四、海绵港区水文径流计算

本文以某典型港区排水系统汇水区域为研究对象，基于 SWMM 模型，模拟某次典型降雨下的径流产生量，分析降雨与产流的临界关系，并在此基础上，为港区排水和低影响开发设计提供参考。

1. 研究区域与子汇水区划分

某典型港区排水系统汇水区域的区域面积为28.3hm^2，不透水面积为91%，其中停车场、水面、绿化、空箱堆场、轨道吊堆场、路面分别占3%、0.3%、5%、16%、54%、22.7%。基于土地利用GIS资料和区域管网汇流特征，根据6种土地利用的边界，以GIS和SWMM软件对区域进行汇水区划分。按照目前的竖向设计，港区径流流向为直接排入雨水管网，如图2所示。

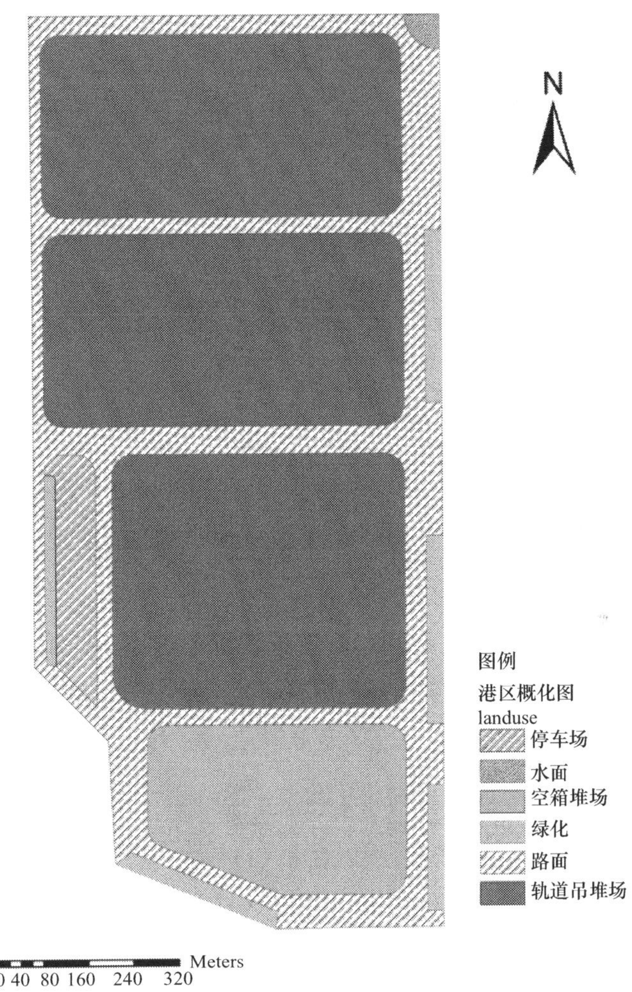

图2　港区现状土地利用类型图

2. 产汇流理论

针对不透水地表面积增加带来的产流变化，在SWMM产流模型中将地表分为不透水区、透水区和混合区三类，其中绿地的下渗与产流本文采用Horton模型模拟。

1）不透水区产流

对于地表不透水区，其产流损失主要以填洼为主，并伴随着缝隙入渗。本文采用Linsley 产流模型，并结合径流系数 ϕ 对模型做出改进，通过分步递推得到各时段的产流量 h_t 为：

$$h_t = \phi P_t - d_t$$

式中，P_t 为第 t 时段的降雨量；d_t 为第 t 时段洼蓄水的增量。

2）透水区产流

对于地表透水区，其产流损失主要为填洼、植物截流及下渗。本次模型采用 Horton（霍顿）公式作为入渗方程进行计算，得到透水区各时段的产流量 R_t 为：

$$R_t = P_t - \bar{f}\Delta t - d_t$$

$$\bar{f} = \frac{F(\Delta t)}{\Delta t} = f_c + \frac{f_0 - f_c}{k\Delta t}(1 - e^{-k\Delta t})$$

式中，$\bar{f}$ 为平均入渗率；f_c 为稳定入渗率；f_0 为初设入渗率；k 为衰减系数；Δt 为时段长。

3）混合区产流

将不透水区的产流和降雨量叠加作为透水区的修正降雨输入，再按照透水区的产流计算方法进行计算。设降雨历时为 T，则透水区雨强与不透水区产流的叠加可表示为：

$$I = \int_0^T i(t)\mathrm{d}t + \int_0^T r(t-\tau)\frac{A_1}{A_2}\mathrm{d}t$$

式中，I 为 T 时段内的累计叠加雨量；r（$t-\tau$）为不透水区的时刻产量率；τ 为不透水区汇流时间，若 τ 较小，则可忽略不计；A1、A2 分别为不透水区、透水区的面积。

透水区、不透水区和混合区地表的径流产生后进行汇流，其流量与汇水区坡度和下垫面曼宁系数有关，公式为：

$$Q = B\frac{1.49}{n}(d - d_p)^{5/3}S^{1/2}$$

式中，Q 为地表汇流量（m^3/s）；B 为子汇水区漫流宽度；n 为曼宁糙率系数；d 为蓄水深度（m）；d_p 为洼蓄深度（m）；S 为子汇水区坡度。

3. 径流计算

取重现期 P=3 年的设计暴雨进行计算。一次降雨历时为 120min，假设降雨强度均匀，取 5min 为一个时段，即认为降雨强度在每 5min 内相同，而在各个 5min 之间不同，并以各 5min 时段瞬时雨强的平均值作为 5min 时段的雨强。蒸发量采用当地某气象站的日蒸发量作为输入数据。根据 SWMM 使用手册，其降雨径流模拟参数包括空间参数及透水/不透水下垫面的曼宁系数、初始洼蓄量、透水下垫面土壤最大入渗速率/稳定入渗速率等，其中空间参数根据 GIS 空间分析工具直接获得，其他参数采用该区域已经率定、验证的参数值，具体参数如表 1 所示。

子汇水区特征及径流模拟参数 **表 1**

参数	单位	取值
面积	hm^2	0.09～15.2
子汇水区宽度	m	131～375
坡度	%	0.04～1.15

续表

参数		单位	取值
不透水下垫面	面积比例	%	100
	曼宁系数		0.013
	洼蓄量	mm	1.27
透水下垫面	最大入渗速率	mm/min	1.12
	稳定入渗速率	mm/min	0.012
	衰减速率常数	h^{-1}	2
	曼宁系数		0.15
	洼蓄量	mm	7.62

* 除空间参数以外，不透水及透水下垫面参数参照论文《Analysis on LID for highly urbanized areas waterlogging control: Demonstrated on the example of Caohejing in Shanghai》。

不透水区、透水区、混合区及整个港区综合产流过程如图 3～图 6 所示。各区域的概化径流系数如表 2 所示。

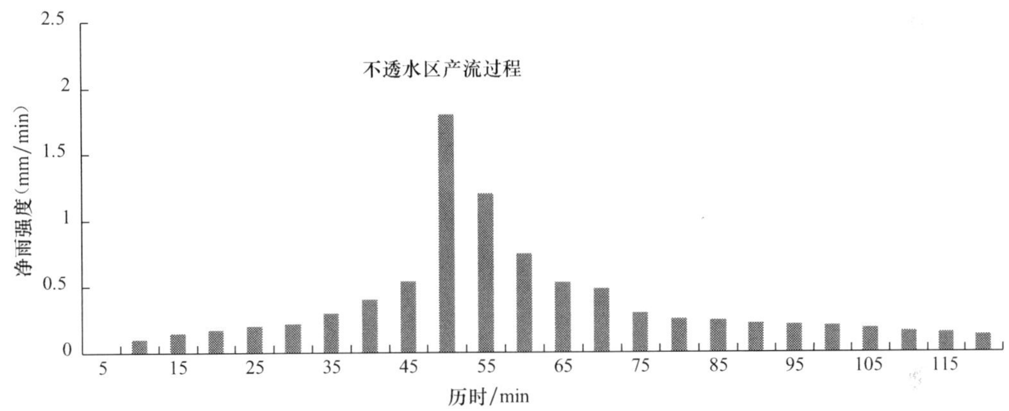

图 3　P=3 年不透水区产流过程线

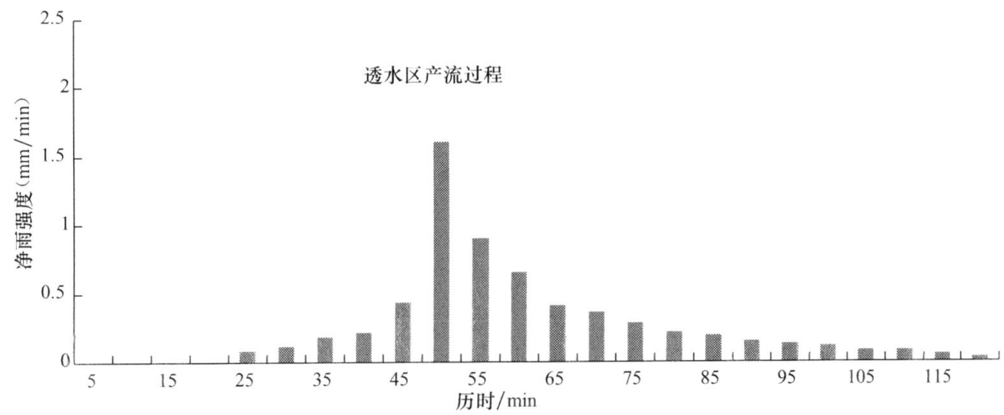

图 4　P=3 年透水区产流过程线

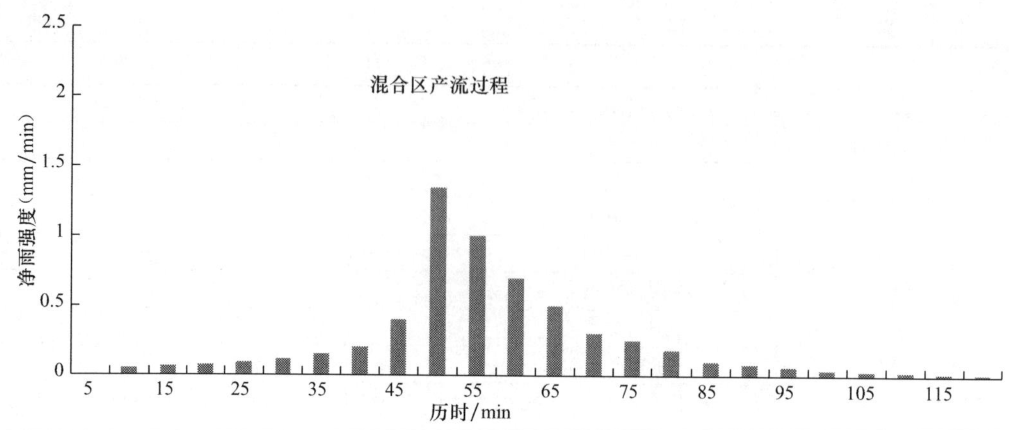

图 5　P=3 年混合区产流过程线

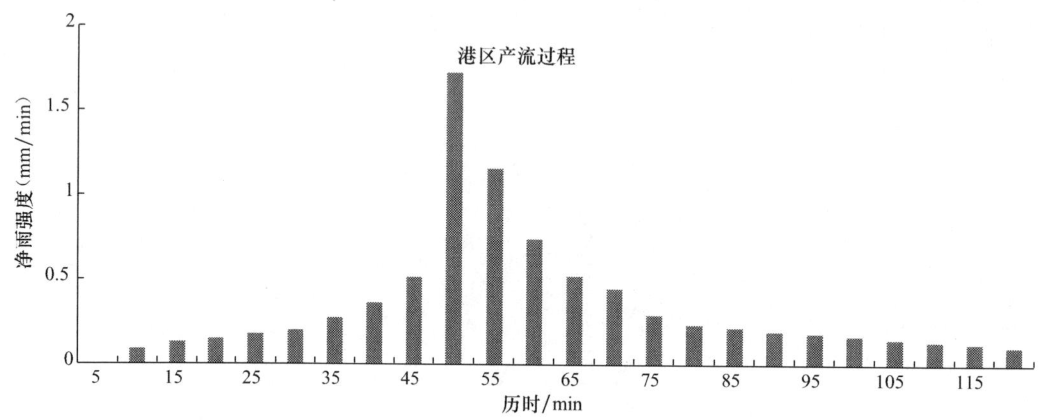

图 6　P=3 年港区产流过程线

各区域概化径流系数　　表 2

概化径流系数	不透水区	透水区	混合区	港区
	0.88	0.35	0.73	0.83

4. 低影响开发规划

根据功能区的占地面积及相应的低影响开发潜力，可以把港口陆域径流系数降低。通过低影响开发改变不透水区概化径流系数，以此削减净雨强度峰值及总量。现规划将不透水区的概化径流系数通过径流模拟分别降低至 0.8、0.6、0.4（P=3 年的设计暴雨工况下），经 SWMM 模型模拟后的港区产流过程如表 3 所示。

不同工况下的港区概化径流系数表　　表 3

工况	现状	1	2	3
不透水区概化径流系数	0.88	0.8	0.6	0.4
透水区概化径流系数	0.35	0.35	0.35	0.35
混合区概化径流系数	0.73	0.71	0.68	0.65

续表

工况	现状	1	2	3
港区概化综合径流系数	0.83	0.77	0.59	0.44
净雨强度峰值（mm/min）	1.73	1.69	1.31	0.94

港区不透水区主要由堆场、停车场、路面等功能区组成，根据港区综合径流系数目标0.5～0.65的控制要求，分别考虑0.5、0.55、0.6、0.65四种径流总量控制工况，通过港区水文径流SWMM模型模拟，可以求得各种工况下各功能区概化径流系数控制要求，即堆场径流系数控制要求在0.4～0.6之间，道路径流系数控制要求在0.28～0.68之间，其他区域径流系数控制要求在0.27～0.69之间。

五、低影响结构设计关键技术

凡是能促进雨水下渗及存储、降低雨水地表径流的均为低影响开发设施。根据港口功能设施布局特点，适宜作为低影响开发雨水系统构建的主要设施有港区堆场、港区道路、港区集排水沟、建筑屋顶、停车场、绿化场地及生态集水池等区域设施。本文主要介绍堆场、道路及集水沟的低影响开发设计关键技术。

1. 堆场设计关键技术

本文认为，堆场低影响开发设计应主要从以下两方面开展：一是改善堆场铺面结构的透水性，从而增加堆场的透水面积；二是对集装箱箱角、作业机械跑道等之外区域进行绿地化设计，以达到对堆场进行径流总量和峰值控制的目的。港口堆场主要分为散货堆场、件杂货堆场及集装箱堆场等，散货堆场由于货种多为煤矿、矿粉、砂料、粮食等细颗粒物料，上覆细颗粒物料容易堵塞铺面孔隙，造成孔隙淤堵，故散货堆场一般不适合进行低影响透水性设计。较为适合进行低影响开发的主要为件杂货堆场及集装箱堆场。

1）堆场铺面结构透水性设计

港区堆场的铺面结构层主要由面层、基层和垫层组成。目前港区堆场常用的面层结构主要有混凝土铺面、连锁块铺面、沥青铺面、独立块铺面等，这些铺面结构几乎不具有透水性。基层主要分为稳定类、贫混凝土和粒料类，其中稳定类主要包括水泥稳定类、石灰稳定类、工业废渣混合料类等，粒料类包括级配碎石、级配沙砾、泥结碎石等，这些材料具有一定的透水性。垫层一般采用级配碎石等，主要用于透水和调整施工基面，以免基层浸泡于水中而使强度降低，因此垫层具有良好的透水性。基于此，在对港区堆场进行低影响开发设计时，可以在确保铺面结构整体强度的前提下，从改善面层和基层结构的透水性方面进行考虑。

目前，场地常用的透水性面层多采用透水沥青混合料、透水水泥混凝土、透水砖等多孔材料。然而，无论是透水沥青混合料、透水水泥混凝土还是透水砖，其强度均与材料孔隙率有关，孔隙率越小强度越高，但孔隙率过小会影响透水效果。因此，透水性铺面材料应具有适中的孔隙率和适当的强度，使其在保证承载力的基础上具有良好的透水效果。

基层材料宜采用透水性好的级配沙砾、级配碎石、多孔隙水泥稳定碎石等，可以保证基层具有恰当的强度和较好的透水性。

另外，在垫层与土基之间需设置无纺土工织物，起到隔离土基细粒料堵塞透水层的作用（图7）。

图7　堆场透水性铺面结构（雨水下渗至土基型）

若考虑将堆场下渗的雨水进行收集再利用，则可以在面层和基层之间设置过滤层，为面层施工提供稳定工作平台的同时，也起到初步过滤污染物的作用，同时透入水可以通过透水过滤层均匀分布到基层；另外，可以在垫层下铺设防渗土工布，以便雨水存储在垫层底的集水管中，然后排至蓄水池进行二次利用（图8）。

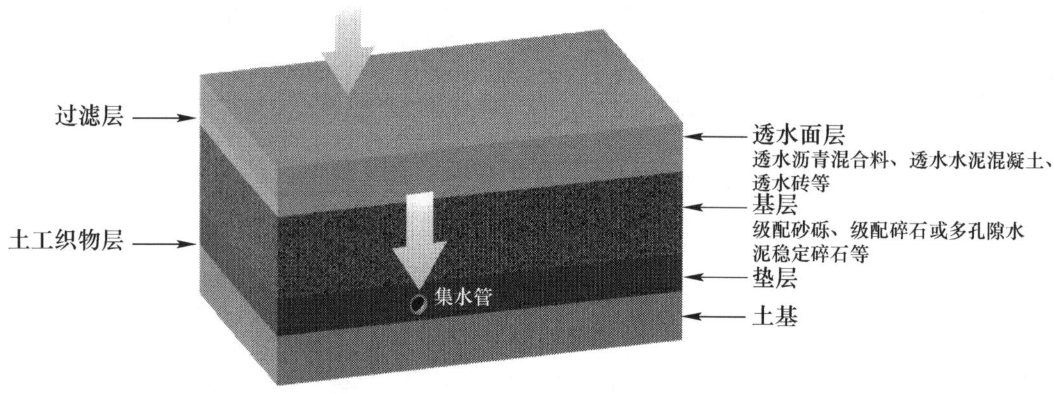

图8　堆场透水性铺面结构（收集雨水型）

根据常用透水混凝土、透水沥青及透水砖的主要技术性能指标，在透水系数大于0.8mm/s的情况下，根据典型一般降雨过程线过程模拟，实际概化径流系数可达到0.4～0.55，可以满足水文径流计算对堆场铺面所要求的径流系数限值。再结合目前港区堆场流动荷载及不同堆场货种（集装箱箱脚荷载8～11MPa，件杂货堆场60～120kPa）荷载要求，透水铺面结构完全可以满足港区极限荷载指标；但由于透水材料强度性能指标（弹模较小、泊松比较大）相对传统铺面结构材料有一定折减，故而在同等情况下，所需的铺面结构及下垫层材料厚度均有所增加。

综合上述分析，港区堆场透水铺筑的主要设计流程总结如下（图9）：

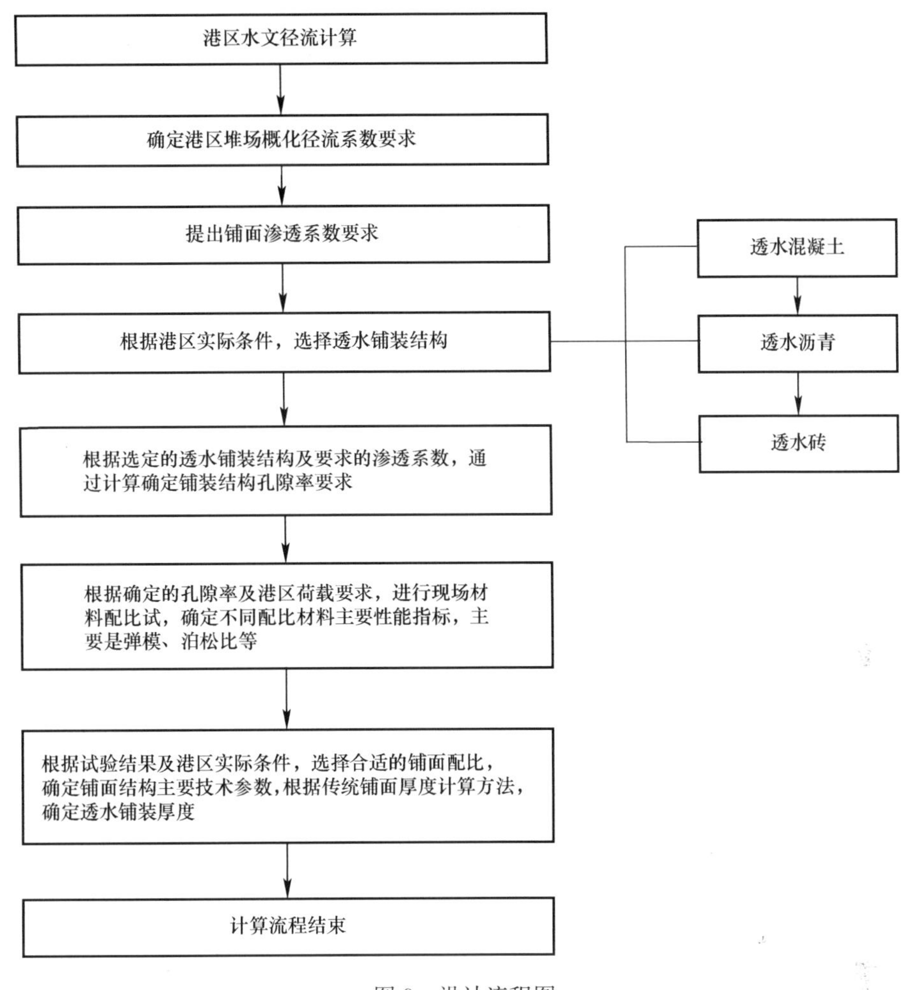

图 9　设计流程图

2）堆场绿地化设计

针对集装箱堆场特殊布置形式，可采取堆场箱脚间绿地化设计。根据《海港总体设计规范》JTS 165—2013 的相关规定，集装箱码头重箱堆场集装箱应按箱门同向堆放，间距宜取 0.4m。另外，集装箱与地面之间通过箱角接触并传递荷载，每一个箱角的接地面积只有 178mm×162mm。因此，为了方便 20 英尺和 40 英尺集装箱同时在一个箱区进行装卸、堆存作业，本文考虑在相邻两个箱位之间沿长边方向设置一条宽 0.8m 的铺面结构以承受箱角荷载，其他区域布置绿化。对于每一个箱位而言，绿地面积占总面积的 71.83%。

由于堆场的布置形式有多种，综合考虑龙门起重机、集卡等作业通道所占用的铺面面积，每一个箱区的绿地面积约占整个箱区总面积的 50%～60%，综合径流系数可控制在 0.4～0.55，相比于传统的堆场设计大大增加了雨水下渗的总量，可以有效控制径流总量和径流峰值。

综合上述分析，考虑到件杂货堆场荷载较小，透水铺装面层材料重点推荐在件杂货堆场中采用，对于集装箱堆场，虽可满足荷载要求，但由于所需面层厚度较大，整体经济性较差，故而一般情况下，透水结构材料不推荐应用于集装箱面层结构，对于集装箱堆场，考虑到箱脚特殊的应力分布形式，重点推荐采用箱脚绿地化平面布置结构（图 10、图 11）。

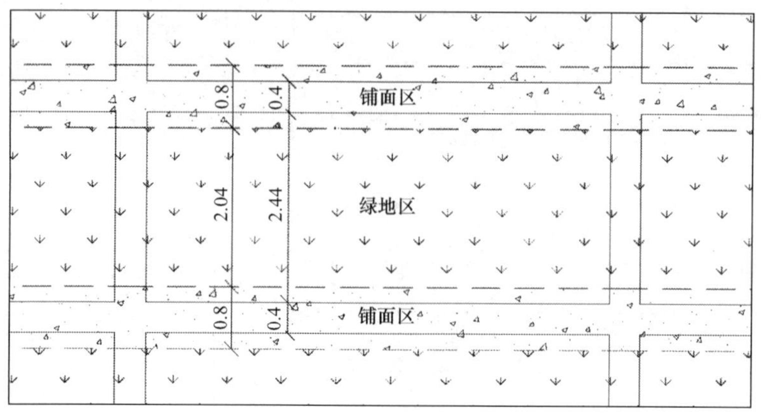

图 10　堆场绿地设计示意图

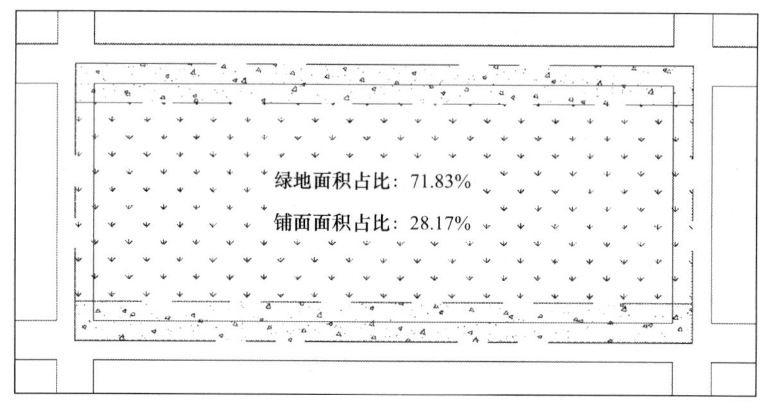

图 11　绿地面积占比计算单元

2. 道路设计关键技术

传统的港区道路面层多用密实的沥青混合料或混凝土铺筑而成，路面排水主要依靠路拱横坡度实现，当雨量较大、路拱横坡度不足或排水管道堵塞时，易导致路面积水。本文将港区低影响开发道路设计的重点聚焦在新型透水铺装技术，以达到既能适应港区道路承重要求又能满足道路排洪透水需求，同时减轻港区地下盐碱化问题的目的。

（1）透水铺装的形式

透水铺装可分为直渗型透水铺装、导向渗透型透水铺装、雨水收集型透水铺装。直渗形透水铺装是指将通过路面的雨水通过透水基层直接渗回到地下的铺装结构。导向渗透形透水铺装是指通过导向形结构，把通过面层的水派到路基以外的部位，如洼地、绿化带等。雨水收集形透水铺装是指将透水铺装结构与雨水收集利用系统集成，将通过路面的雨水进行收集、储存、净化和利用的透水铺装路面系统。各类透水铺装形式的作用示意图如图 12 所示。具体采用何种铺装形式应根据港区所处地区的降雨量、降雨强度、道路荷载、施工条件、使用要求等因素确定。

（2）透水面层

目前，广泛使用的透水面层主要包括透水砖、透水混凝土、透水沥青混凝土。其中透水砖的强度较低，一般应用于人性步道、公园道路及广场等，在港区内适用于支道。透水沥青及透水混凝土强度高，一般应用于高速公路、隧道等，在港区内可应用于主干道和次干道。

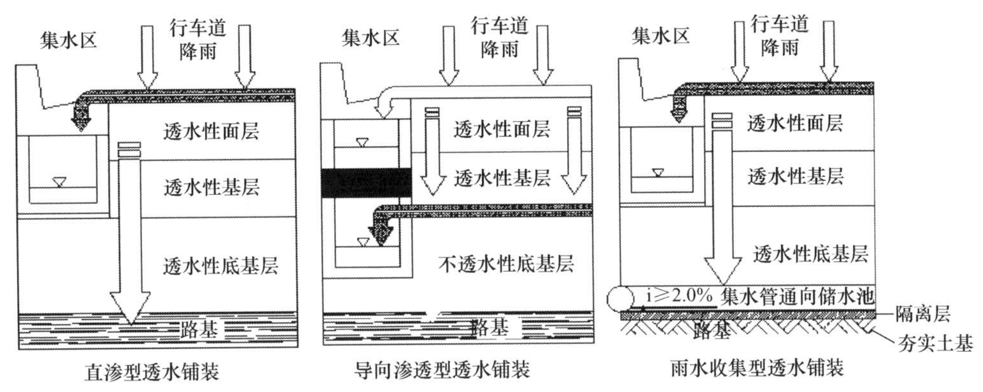

图 12 各类透水铺装型式

相对于透水混凝土，透水沥青存在施工周期短、成形快、维修方便的优点，同时，使用高强改性沥青胶结材料，透水沥青相对透水混凝土还具有强度优势，在相同情况下，透水道路材料首选透水沥青。

港区降雨强度、车辆荷载是确定港区道路铺面结构层厚度的主要因素。根据透水沥青混凝土路面使用功能的不同，其空隙率、渗透能力、力学性能指标要求及结构断面型式会有很大差别。在确定透水沥青路面使用功能时应明确对应港区的特点，根据港区内道路荷载，分析不同结构厚度组合、不同边界条件情况下结构内部应力、应变及路表计算弯沉的分布情况，结合港区所处地理位置确定合适的道路渗流系数，因地制宜制定沥青层厚度等。

3. 集水沟设计关键技术

现有散杂货码头配套堆场的含尘雨水被认为是污水，不能直接排入水体，为满足环境保护要求，该配套堆场内含尘雨水的治理模式一般为堆场内部布设排水沟（或偏沟），用以收集堆场内的含尘雨水，在排水沟末端设置含尘污水处理厂，将排水沟收集的含尘雨水处理后回用或排放。

现有集装箱码头配套堆场的雨水可以直接排入水体，一般的模式为：堆场内部设排水沟（或偏沟），用以收集堆场内的雨水，在排水沟末端设置沟管连接井，通过沟管连接井将收集雨水并入港区雨水系统，并最终排入附近水体。

在港区低影响开发设计中，通过在堆场内采用箱脚结构、透水铺装、绿色屋顶及增加绿化面积等技术降低堆场的径流系数，使得雨水收集的总量变少。本文通过对排水沟进行特殊结构设计，在排水沟内部中间增加含有吸附物质的吸附层，对收集的雨水提供一定的净化作用，雨水在通过吸附层后，下渗至明沟下端。通过这一工艺手段，使从堆场内收集的水能够再次使用，通过港区雨水管线，提供一部分供给海绵港区内的景观湿地使用。

海绵港区排水沟示意图如图 13 所示。

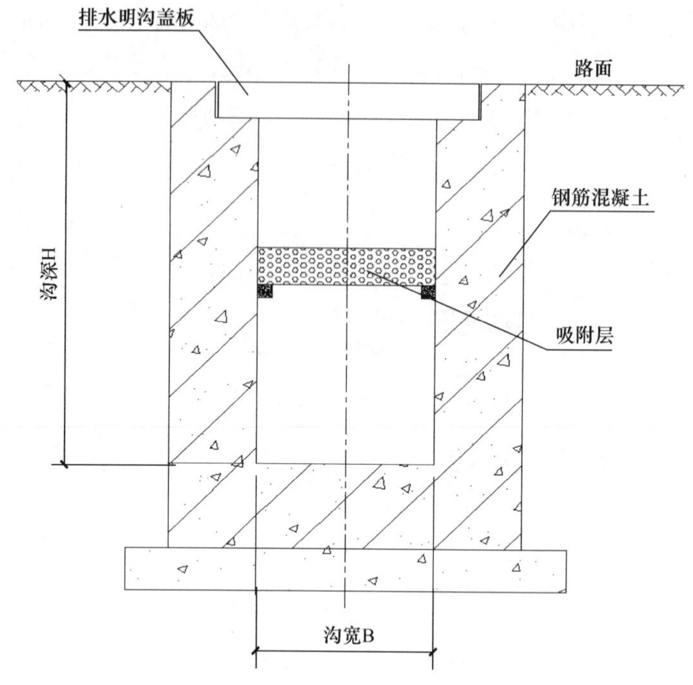

图 13　生态排水沟设计示意图

六、主要研究结论

本文针对近岸生态系统环境逐渐恶化、城市水资源严重短缺的现状，创新性地将海绵城市低影响开发概念融入港区建设，针对港区目前的平面布局及使用要求，通过总体分析提出港区低影响开发建设的总体目标和各专项控制目标；结合港区特点进行海绵港区的布置研究，提出适合进行低影响开发的设施及重点实施区域，同时建立适合港区的水文径流模型——SWMM 模型，通过 SWMM 模型模拟，结合港区综合径流控制要求，提出了一般港区各功能区的概化径流系数要求；最后根据水文水力模型计算确定的各区概化径流系数控制要求，提出港区低影响透水结构设计的主要流程及方法，提出新型低影响开发集水沟的基本方案，为港口低影响开发建设提供了一种全新的思路，实现港口雨洪科学合理的开发利用。

可持续城市文化更新的探索性研究

杨绿野

摘　要：城市文化更新在曾经历过工业洗礼的英国，在英国工业城市的城市文化更新进程中，文化对于工业遗产价值的挖掘和当地经济的刺激扮演着重要的角色。尽管如此，除了一些已展现巨大成功的城市文化更新案例外，在英国一些地方仍存在未积极有效回应当地邻里居民真实需求且未真正提升居民生活质量的局限。

谢菲尔德市位于英格兰中部的一个传统工业城市，当工业转型城市衰退后，政府已通过实际行动在市中心证明了文化更新的成功。但在市中心外仍存在不少衰落工业用地，包括本文重点研究地段——Wicker 区域。Wicker 区域曾是著名的钢铁产业和其他工业的集中地，但是至今仍留有大量废弃工厂空间和运输高架拱桥。从地理位置角度来看，Wicker 区域是进入谢菲城区的重要通道，但实际上今天已与城区的发展严重脱节，存在不少经济、社会等问题。

本次项目研究目的主要为探索如何在满足当地邻里社会真实需求的前提下实现工业遗产的可持续。旨在研究基地现状，通过大量而全面的调研去了解当地居民对于工业遗产的空间发展的需求和愿景，并以此为基础对当地工业遗产设计适用性应用的计划，最终创建再生一个多元、包容性强而宜居和谐的社会。因此本项目旨在通过研究和设计来增加对有效回应邻里需求的可持续城市文化更新策略的理解与实践。

关键词：城市文化更新；工业遗产；文化更新；社会-空间的融合；边缘邻里社会

Abstract: In the process of urban regeneration in post-industrial cities in the United Kingdom, culture has played a vital role in exploring the value of industrial heritage and activating the local economy. However, despite the success of urban regeneration projects, there still exists limitations such as failing to effectively respond to the needs of the local neighbourhood and not actually making an improvement to them.

Sheffield, a traditional industrial city in the middle of England, has demonstrated successful urban regeneration in the city centre after the industry decline. However, there are still a lot of existing derelict industrial areas, including the research site of project——the Wicker area. Wicker once gathered steel manufacturers and other industries, but nowadays what remains are many underused factories and viaduct arches. In terms of location, Wicker is considered as an important gateway to the City, but in actuality, it is isolated from the City.

This project aims to study how sustainable urban cultural regeneration of industrial heritage can be done to meet the local neighbourhood's real needs. It aims to investigate the cur-

杨绿野（1990-），英国谢菲尔德大学城市设计文学硕士，研究方向：城市设计、智慧城市、可持续发展.

rent circumstance, understand local residents' needs for spatial development and propose the adaptive use of industrial heritage to recreate a vibrant, inclusive and liveable community. Hence, this project aims to enrich an understanding of strategies towards a sustainable urban cultural regeneration that respond to real needs in the neighbourhood.

Keywords: Urban cultural regeneration; Industrial heritage; Cultural regeneration; Social-spatial integration; Marginalised neighbourhoods.

一、Introduction:

United Kingdom (UK), as a country that experienced industrialization and urbanization early in the world, met with urban decay since transformation of industry in the mid-20th century. Such urban decay was worsened by an increase in the movement of populations to suburb areas, leaving the inner areas vacant and filled with unemployed workers as a result. In order to explore approaches to address a variety of negative impacts of urban decay, the UK has gained sufficient theories and successful experiences in urban regeneration of industrial heritages over the years. (Huang he, 2005) In the process of such urban regeneration, culture plays a crucial role in the improvement of social and physical aspects. The contribution by culture is increasing apparent in recent cases in countries in Europe and North America, which are reflected by the improvement of a city's image and activation of their local economy. (Huang he, 2005) However, urban regeneration in such sites fails in responding to neighbourhood needs and in long-term sustainability. Even for urban regeneration projects that are considered successful, there seems to be a tendency of not paying much attention to the local neighbourhoods (Clarke, 2016). A notable instance is the culture-led urban regeneration in Glasgow since the 1970s.

According to a recent study of urban regeneration, the understanding of a culture's contribution in the urban regeneration has transformed from pure physical identity and economic benefits to a more holistic understanding that includes physical typology, social-economic effects and life quality (Office of the Deputy Prime Minister, 2001). Since other research increasingly discusses and criticizes the sustainable effect of urban regeneration, this dissertation will study the Wicker area in Sheffield as research site, and explore how to make sustainable urban cultural regeneration of industrial heritage that meets the local neighbourhood's real needs by urban design methods.

Sheffield was once an ethnically-diverse famous steel city located within England. This dissertation will provide a new analysis of sustainable urban cultural regeneration of industrial heritage based on the needs of the local neighbourhood. Although the time constraints mean that there is no enough time to cover the analysis in all aspects of regeneration, this research is still expected to enhance understanding of sustainability and critical role of culture in urban regeneration in post-industrial cities.

Fig. 1　Sheffield city centre in 1933

The overall aim of this design-based project is to explore approaches of sustainable urban cultural regeneration on the basis of local neighbourhood's real needs in the Wicker site in Sheffield as research framework shown in Fig. 2, thus to create a vibrant, inclusive and liveable community. Based on literature review and case study to understand urban cultural regeneration in depth, the project took a short fieldwork consisting of questionnaire and interviews aimed to collect primary data on the current circumstances of this area and the residents' needs, in order to comprehend both the physical and social fragility of the Wicker site. Other than meeting the needs of the local neighbourhood, the formulation of the design proposal will also take into consideration the local government's development vision and theories of sustainable urban cultural regeneration.

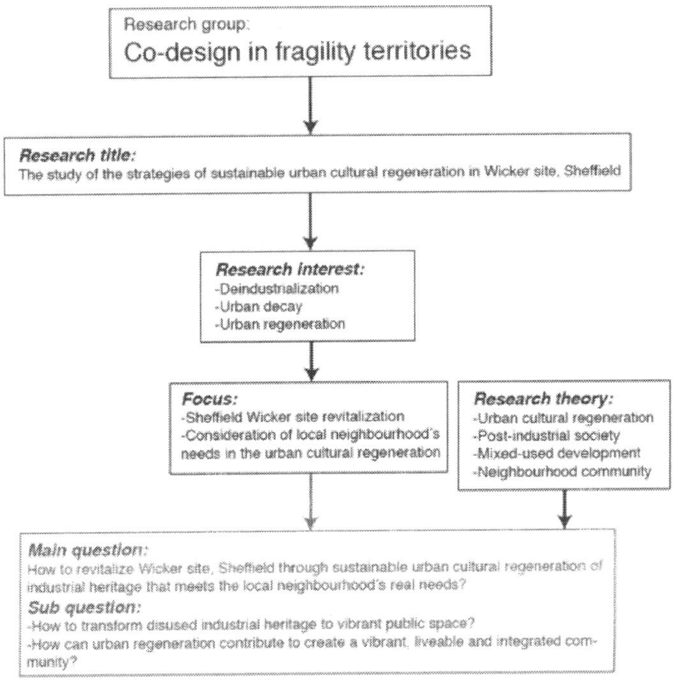

Fig. 2　Research framework

二、Background of Wicker, Sheffield

Wicker's location

Other than once being an industrial area, the Wicker site is an important gateway in Sheffield City's masterplan. The viaduct arches were built to support railway to the Victoria train station to meet industrial development needs. In term of location, Wicker site is on the boundary of Sheffield City Centre, located opposite the Castle Market. There are groups of many deprived neighbourhoods on the site's east-northern area, including Burngreave. Populations from diversified ethnic groups live in these neighbourhoods, who are affected by high crime rate and unemployment. Because of a variety of retail stores selling goods focused on African and Caribbean groups in the Wicker site, it is easily to meet various ethnic groups there.

Although it has gone through a redevelopment scheme, there is still room for improvement in various aspects currently in Wicker's spatial development: number of underused industrial buildings, the unattractive river space, unideal uses of listed arches, unsafe and dirty street environment etc. These factors result in the Wicker site becoming an unwelcomed and isolated area in Sheffield, where ethnic minorities who lived there could not integrate to local community (Fig. 3).

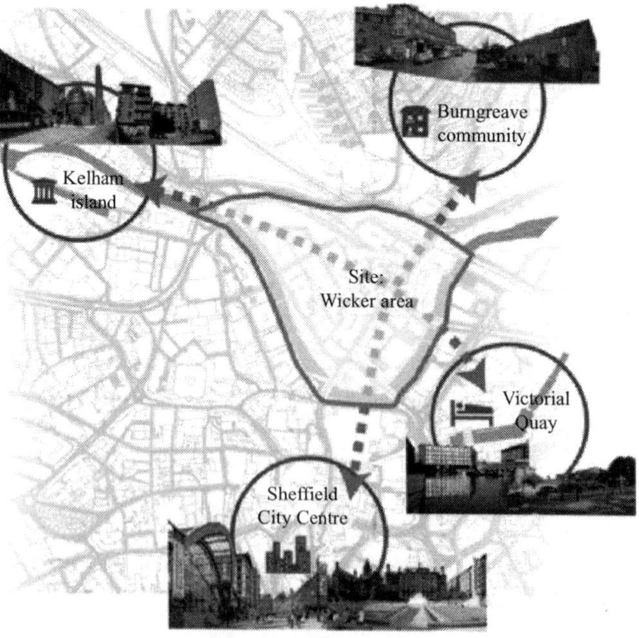

Fig. 3 The importance of Wicker location in Sheffield

In summary, based on consideration of both physical and social barriers in the Wicker site, there is potential to open up Wicker site by urban cultural regeneration according to locals' needs. Therefore, to link deprived neighbourhoods and Sheffield City Centre to recreate a vibrant, inclusive and integrated community.

Wicker's deprivation

According to the demographic data provided by the report of Deprivation Sheffield, the Wicker site is considered as one of the most deprived areas in East Sheffield. The assessment of overall deprivation considers these seven indexes: income, employment, education, health, crime, barriers to housing and services, and living environment. Also, most space of Wicker site are underused, dirty and unsafe. In the meantime, some industrial heritages there such as viaduct arches do not show their historic significance because they are occupied by vehicle repair and accessories. These space will be considered as a potential space for intervention (Fig. 4).

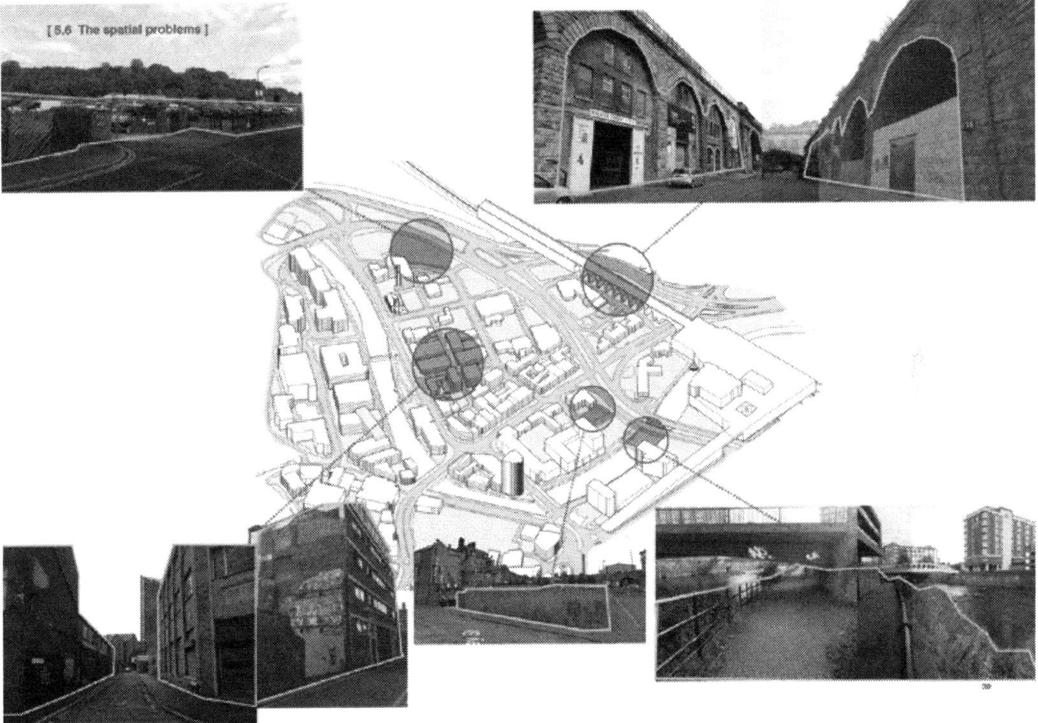

Fig. 4 The spatial problems of Wicker

The public voices in Wicker

During the fieldtrip, I used both in-depth interview (Fig. 5) and questionnaire tools to collect information to understand the local residents' preferences and suggestions on urban cultural regeneration of Wicker site. These public voices from different ethnic groups are helpful to make sense of social challenges in-depth, as well as to understand how to make urban cultural regeneration more sustainable.

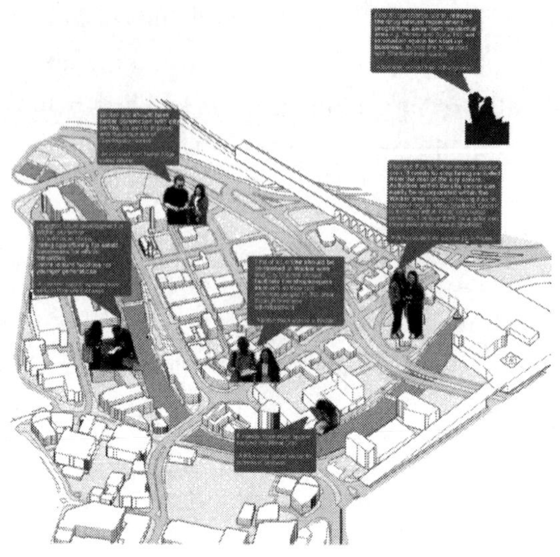

Fig. 5　Public voices of Wicker site

三、Design proposal in Wicker

Based on site context analysis and locals' feedbacks, the design proposal is aimed to recreate a vibrant, inclusive and liveable community for marginalized ethnic groups in Wicker site. The design proposal is formulated based on three factors: local community needs, existing urban asset and government's action plan (Fig. 6). And then a clear process of design proposal is shown in Fig. 7 framework, which is divided in three parts: fragility, strategy orientation and resource.

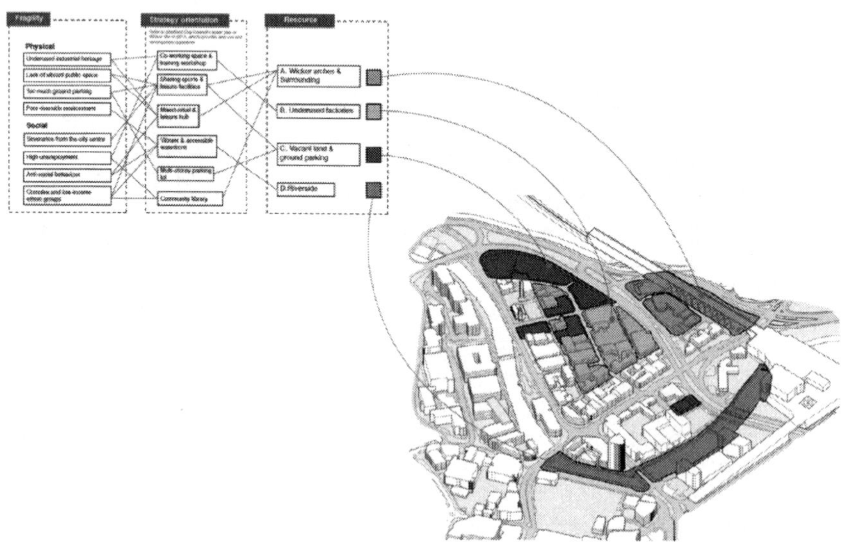

Fig. 6　Formulation of design proposal

Fragilities are identified based on previous site context analysis, they are the aims going to be solved out in the proposal. Strategy orientation suggests solution to match each specific fragility, by using current resource to run spatial intervention. The intervention focuses on four areas: arches and surrounding (Fig. 8 and Fig. 9), underused factories (Fig. 10), vacant land and ground parking (Fig. 11), riverside (Fig. 12). The intervention will transform four areas to welcome and vibrant space that encourage communication among locals.

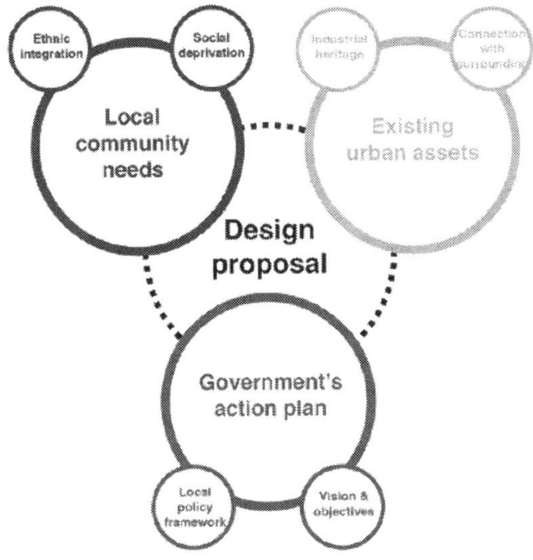

Fig. 7 Framework of design proposal

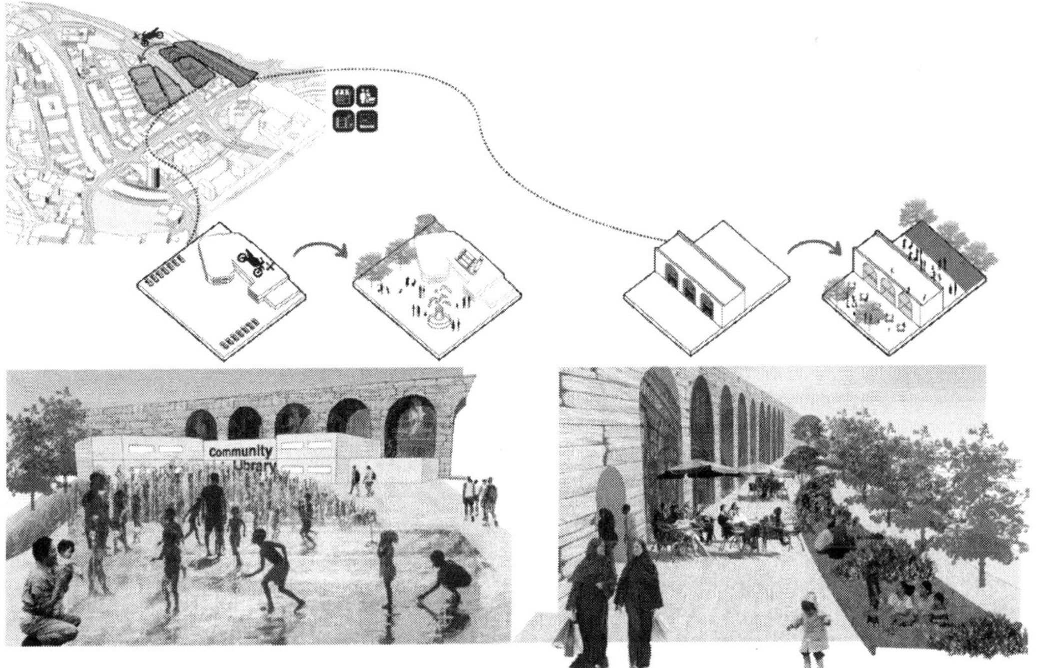

Fig. 8 Scenario-Arches and surrounding

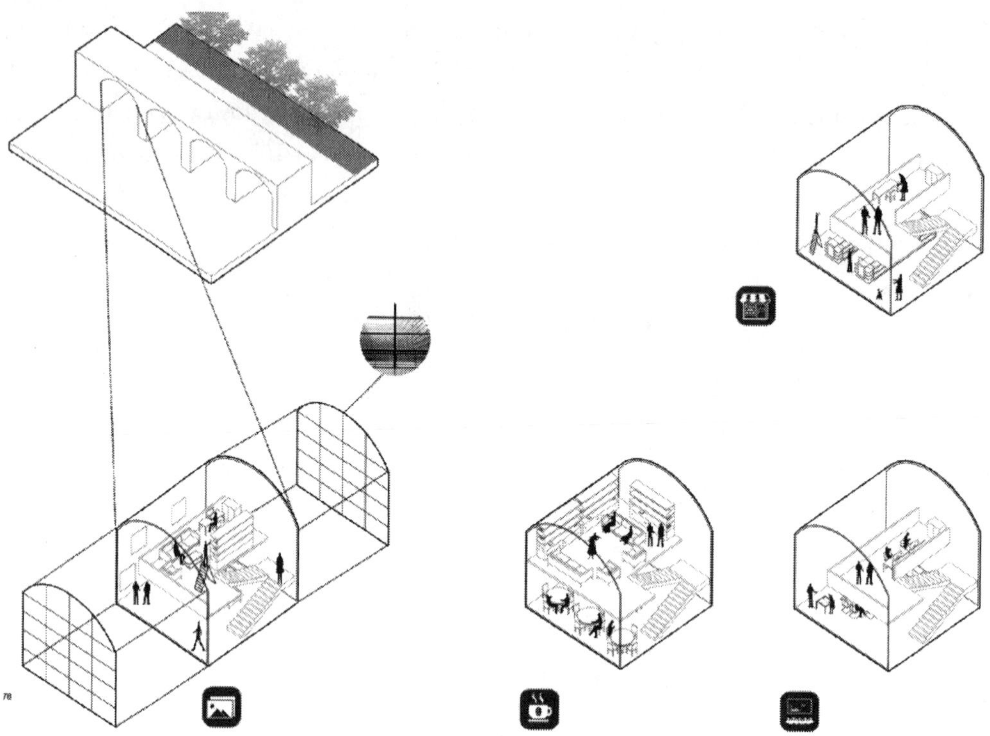

Fig. 9　Adaptive reuse of Wicker arches

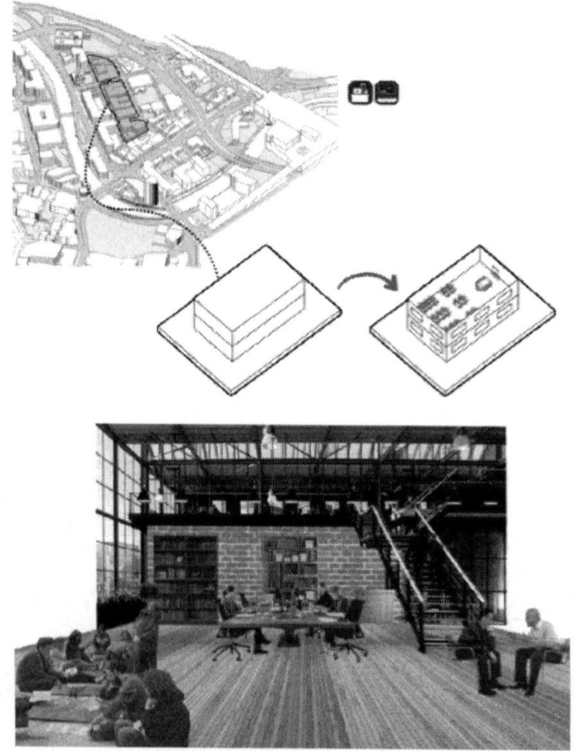

Fig. 10　Scenario-Underused factories

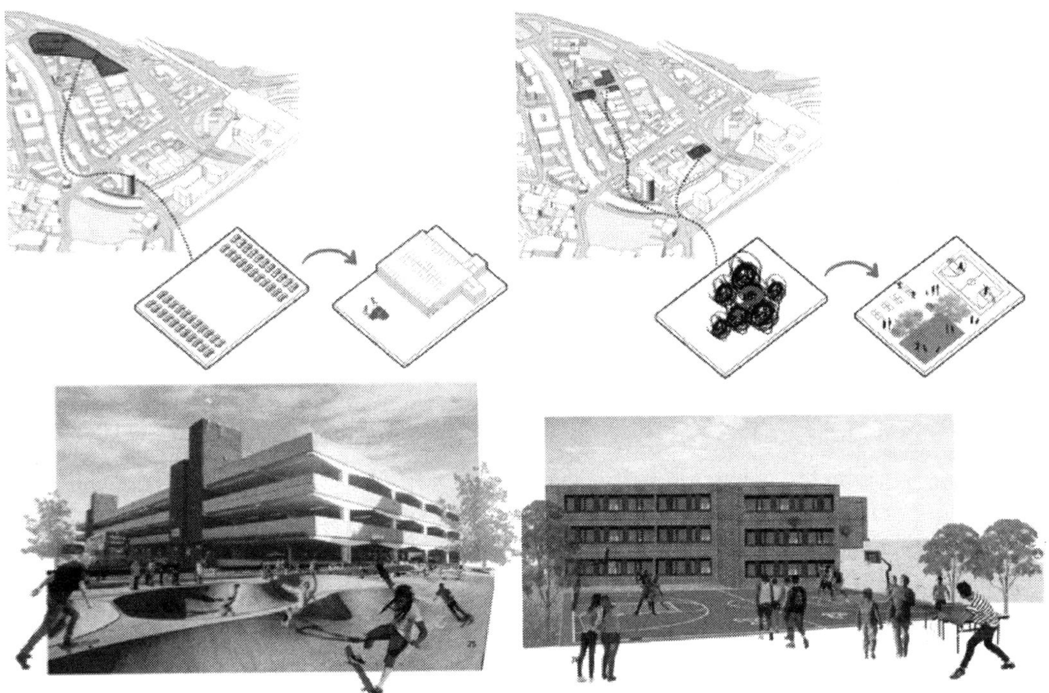

Fig. 11 Scenario-Vacant land and ground parking

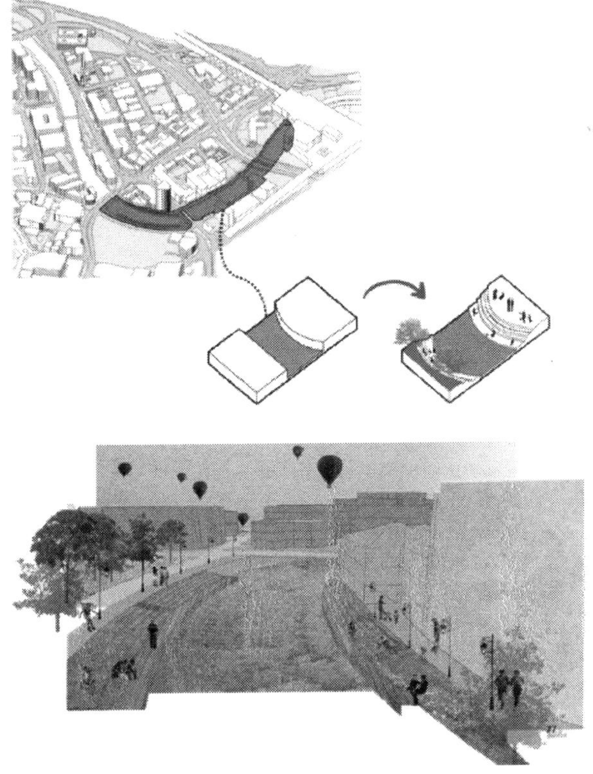

Fig. 12 Scenario-Riverside

四、Conclusion

Transforming derelict industrial building by urban cultural regeneration is a popular approach in post-industrial cities of Western countries. This approach uses culture as the motivational force to promote adaptive reuse of industrial heritage, such as converting them to galleries, museums, and theatres to activate local vitality. Nevertheless, its sustainability is still debatable. The aim of this research project is to provide sustainable urban cultural regeneration to the isolated area with industrial heritage in Sheffield based on local neighbourhood's needs, to recreate a vibrant, liveable and integrated community for local ethnic minorities, while building up its connection with the city centre. Throughout the study of sustainable urban cultural regeneration, the main research question of "How to revitalize Wicker site, Sheffield through sustainable urban cultural regeneration of industrial heritage that meet local neighbourhood's real needs?" was developed.

According to the survey, analysis of site condition and interviews with locals, both physical fragility and social fragility have been identified as inputs for regeneration. The neighbourhood's needs of Wicker's redevelopment were also analysed from the qualitative tool, on-site questionnaire. Based on above findings, the six principles of urban cultural regeneration are proposed:

- Vibrant waterfront that reconnect city centre
- Employment provided for locals
- Enhance leisure and recreational facilities
- Recreate vibrant, safe and attractive neighbourhood
- Diversified ethnics integration
- Effective reuse of industrial heritage

The principles of whole urban cultural regeneration also consider the further land use of Wicker site in the Sheffield City Council's action plan, to propose detailed spatial intervention. The design proposal is mentioned as the overall design of Wicker site. Under these principles mentioned above, to make adaptive reuse of the physical space in the industrial heritage of Wicker site including arches, underused factories, in addition with vacant land and riverside. They are transformed to cultural and leisure facilities, including community library, retail stores, basketball court and co-working space where Wicker site lacked before, thus to ensure satisfaction of local's daily needs. These new space welcome sharing use and communication of different groups. More diversified activities and communications are envisioned to create in these new spaces, not only to make improvements in life quality, but also is helpful to enhance social cohesion. A knowledge exchange could support marginalized ethnic minority's skills and knowledge, thus to provide them more job opportunities, as well as to get rid of social exclusion.

However, the approach proposed also presents some limitations. Firstly, it has no opportunity to test the design proposal with residents in the site, thus the actual outcome of proposed urban cultural regeneration in Wicker site cannot be identified. Secondly, the understanding of local residents' needs of urban regeneration should be more in-depth by interviewing with more multicultural residents in Sheffield with a longer time. It needs more engagement with more ethnic groups to capture a deeper understanding of their social deprivation. Thirdly, because of the large area in site and time constraints, this research just mentions an overall urban design proposal of Wicker site so far, more detailed strategies and specific intervention still need to be discussed. Also, the participation aims in the locals is not considered in this research, as well as capital investment, which is vital during urban cultural regeneration. Additionally, because of my innate hearing loss and non-native English background, the interview with multi-cultural groups is very challengeable, where some data missed is inevitable but it is really a precious experience.

Also, urban regeneration is a complicated process that requires a long period of time, in addition to a strong participation of different factors and effective management. The effects from regeneration always needs to be elucidated over a long period of time, as some effects might be unknown within a short period. Throughout many regeneration experiences, it is worthy to reflect on and gain lessons from failure, and then make evaluations in details for further improvements, in addition with a deeper understanding of culture's motivation in urban regeneration.

Bibliography

[1] Gomez, M. (1998). Reflective images: the case of urban regeneration in Glasgow and Bilbao. *International Journal of Urban and Regional Research*, 22 (1), pp. 106-121.

[2] Lawless, P. (1994). *Partnership in Urban Regeneration in the UK: The Sheffield Central Area Study*. Urban Studies, 31 (8), pp. 1303-1324.

[3] Doing Qi; Dai Xiaoling. (2007). *Practice and reflection on culture led urban regeneration policy in UK*. City Planning Review, 31 (4), pp. 59-64.

[4] Huang He. (2006). *Cultural-policy-led Urban Regeneration: Experience and Inspiration of Development of Western Cities Based on Cultural Resources*. Foreign city planning, 21 (1).

[5] Liu Jie; Dai Qiusi; Kong Derong. (2014). *Industrial Heritage Conservation in Sheffield Based on Culture-led Urban Regeneration Ideology*. Industrial Construction, 44 (3), pp. 036-036.

[6] Dabinett, G. (2005). *Competing in the information age: Urban regeneration and economic development practices in the city of Sheffield, United Kingdom*. Journal of Urban Technology, 12 (3), pp. 19-38.

[7] Yu, L. and Zhang. K. S. 2007. *Culture-led Urban Regeneration and Renewal Strategy in UK*. Urban Planning International, 4, p. 005.

[8] Xiaofeng, Y. I. 2009. *From Property-Led to Culture-Led: UK Urban Regeneration Approaches Since the 1980s*. City Planning Review, 6, p. 016.

[9] Yang zhen, Xu miao. 2007. *Practical Strategies of Urban Design in Urban Renaissance*. International City Planning, 22 (4), pp. 27-32.

[10] Evans, G. 2005. Measure for measure: Evaluating the evidence of culture's contribution to regeneration. Urban studies, 42 (5-6), pp. 959-983.

[11] Garcia, B. 2004. Cultural policy and urban regeneration in Western European cities: lessons from experience, prospects for the future. Local economy, 19 (4), pp. 312-326.

[12] Lucas, R. (2016). *Research Methods for Architecture*. London: Laurence King Publishing Ltd, 208 ISBN 978-1-78067-753-8.

[13] Roberts, P., Sykes, H. and Granger, R. eds., 2016. *Urban regeneration*. Sage.

[14] Tallon, A., 2013. *Urban Regeneration in the UK*. Routledge.

[15] Evans, G. and Shaw, P. (2004). *The contribution of culture to regeneration in the UK: a review of evidence*. London: DCMS, 4.

[16] Great Britain (2007) *Wicker Riverside Action Plan*. Sheffield, City Council.

[17] Housing Strategy and Policy. (2015) *Housing Market Profile East Sheffield*. Sheffield City Council.

[18] Sheffield City Council. (2012) *Sheffield City Centre Masterplan 2013*. Sheffield City Council

[19] Qin Li (2008) *The study of Urban Cultural Regeneration in UK, Take Sheffield as a Case*. dissertation, Tongji University.

高雄市暴潮冲击评估与调适策略

蔡长展　李心平　黄志伟　陈彦璋　董东璟　李自强

摘　要：高雄市的发展不仅以重工业为主，因良好地理位置与地形条件提供发达海运所需要素，使高雄港亦成为优良的国际港埠，因此诸多工厂在高雄港左右进行进出口贸易，从地势上而言，市区近沿海区域大多为冲积平原地形，这广大的平原也正适于都市蓬勃发展，但面对极端气候、降雨变迁、温度变迁、海面上升四大气候变迁因子，原先的优势也将面临威胁。由于中国台湾位处西太平洋台风路径的要冲，每年平均约有 3.75 次台风侵袭中国台湾地区，暖化效应及海洋气候变迁的影响，全球海水位的抬升以及台风频繁的发生等问题已加剧影响到我们所生存的环境，尤其海平面的逐年上升使得暴潮可能引致的灾害不容忽视。本研究将以地文性淹水模式配合降雨形态、暴潮偏差重现期与水系量测等数据进行不同情境的溢淹模拟，同时参考沿海地区人口、土地利用、经济发展分布情形进行沿海区域脆弱度分析以拟定防减灾调适策略。

关键词：暴潮；脆弱度分析；调适策略；地文性淹水模式

Abstract: The development of Kaohsiung is not only based on heavy industry, but also good location and topography. These conditions provide the elements needed to develop maritime transport. Therefore, many factories are relying on the Kaohsiung harbor to facilitate trade. From the topography, urban coastal areas are mostly alluvial plain terrain, the vast plain is also suitable for urban flourish. However, in the face of the four major climate change factors, including extreme weather, rainfall changes, temperature changes and sea level rise, coastal cities will be threatened by the climate. An average of about 3.75 typhoons hit Taiwan each year. The rise of the global sea level and the frequent occurrence of typhoons have gradually affected the environment in which we live. In particular, the rise of sea level year by year makes the possible disaster caused by the storm surge not negligible. In this study, we will take PI model based on the combination of rainfall patterns, the recurrence of storm surge and water system measurements to simulate different scenarios. The simulation results are also used to analyze the vulnerability of the coastal areas, make reference to the population distribution, land use and economic development in coastal areas, and further formulate mitigation strategies.

Keywords: Storm surge; Vulnerability factor analysis; Adaptation strategies; Physiographic drainage-inundation model

---

蔡长展（1968—），男，局长，博士.

一、研究背景与动机

中国台湾位处西北太平洋地区，东临太平洋，南接巴士海峡，为西太平洋台风路径的要冲，于夏秋时节常遭台风或热带性低气压带年狂风暴雨侵袭而致灾；根据气象部门近百年的侵台台风统计数据显示，每年平均约有 3.75 次台风侵袭台湾地区。近年来，随全球暖化效应及海洋气候变迁的影响，全球海水位的抬升以及台风频繁的发生等问题已加剧，影响到我们所生存的环境，波浪与暴潮对人类活动的影响也已引起各国政府和科学家的广泛关注。台风或低气压所伴随的强风、暴雨及巨浪都是造成海岸地区海水位暴涨的主因。根据中央气象局所公布的台风数据，近十年侵台台风的年最低气压（图 1（*a*））有逐年降低的趋势，而近台风中心最大风速（图 1（*b*））则有逐年增大的趋势。此外，根据气候变迁引发海水位长期的抬升趋势研究，全球海水位以每年 3.32mm 的上升速率，基隆、高雄海平面以每年分别为 3.81mm 与 3.23mm 的上升速率逐渐升高；而交通部门运输研究所进一步利用台湾地区卫星测高资料与验潮站资料进行台湾四周海域近十年（2002～2011 年）海水面变化速率研究，其成果显示南部地区海水面变化速率更高达 4mm/yr～8mm/yr。

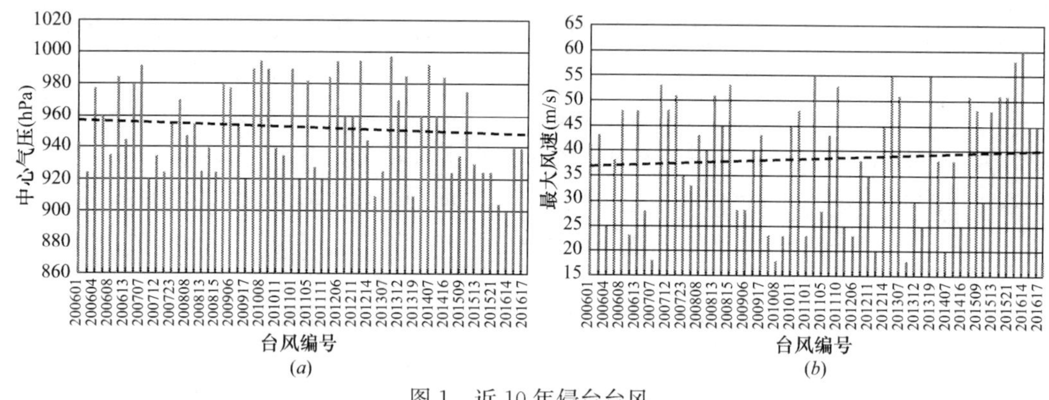

图 1　近 10 年侵台台风

（*a*）最低气压统计；（*b*）近中心最大风速最大值

台风暴潮所产生异常水位常对台湾沿海造成重大灾害，由于暴潮巨浪直接侵袭海岸，造成海岸侵蚀，并越过堤顶而导致海水倒灌及沿海区域的溢淹，对农作物损害、鱼苗流失等，造成台湾海洋环境的发展产生了极大的冲击。高雄市因良好地理位置与地形条件提供发达海运所需要素，加上市区近沿海区域大多为冲积平原地形，促使高雄港与沿海都市的蓬勃发展，但也同时因位处临海区域，一旦面临暴潮灾害将会是首当其冲，所以唯有准确地掌握近岸区域的实际海气象特性，才能使信息进一步发挥功效，并且提高防救灾效率。

本研究通过不同情境的降雨强度、暴潮潮位、配合最新工程现况进行高雄沿海地区暴潮灾害造成的淹水潜势进行分析，以了解不同情境条件下受暴潮灾害可能的冲击区域，并参考沿海地区人口、土地利用、经济发展分布情形进行脆弱度分析以供后续防减灾策略拟定的参考（图 1）。

二、高雄环境概况

高雄市位于中国台湾本岛西南部，属低纬区，地形主要可分为东北区山地区、中部丘陵区与西至西南部平原区，东北区山地区为中央山地一部分，包括玉山山脉、阿里山山脉、中央山脉，中部丘陵区为中央山脉向西的延伸大致在田寮、燕巢一带，西至西南部平原区则呈现平原与山脉、台地交杂的情形，该区有大岗山、小岗山、寿山等小型山脉与凤山台地等地势较高区位，余则为茄萣、永安、弥陀、梓官、楠梓、高雄都会区、前镇、小港和林园等沿海的平原地带。

依据气象局的统计资料，高雄地区年均温为 24.7℃、最冷月均温为 21.6℃、最暖月均温为 28.4℃、年雨量则为 1785mm，雨季约在 5～9 月，属于温热重湿的热带季风气候。然高雄市辖区广大，辖内地形落差大，愈往丘陵、高山地区，则年雨量越高、平均温度越低，以辖区中部的甲仙地区为例，其年平均雨量约 2838mm（参考经济部水利署信息），远大于平原地区所观测到的值。

目前，高雄市共计有 38 个行政区，全市人口约 277 万人，其中大寮、鼓山、小港、楠梓、苓雅、左营、前镇、凤山与三民等区人口皆超过 10 万人，就人口密度而言，山区与平原区存在着相当大的差异，人口最密集的苓雅区每平方公里超过 2 万人，人口稀疏的茂林与桃源等区每平方公里人口数则不到 10 人。

一般而言，与淹水灾害较有关系的地文特性以地形及土地利用类型为主，地形决定哪些区位在大暴雨时会有淹水问题，土地利用类型则决定了哪些淹水区位会更进一步形成灾害。由图 2（*a*）的高雄市 5m×5m 分辨率的数值地形可知西半部地区的地形相当平坦，但湖内、茄萣、永安、弥陀以及楠梓的援中国香港一带，皆有部分面积属于高程低于 0m 的区位，位于阿莲、冈山交界的土库排水及桥头、梓官、盐埕、爱河沿岸、前镇、林园等区位，亦皆有高程低于 1m 的低洼地区。进一步对照图 2（*b*）的土地利用数据，显示这些

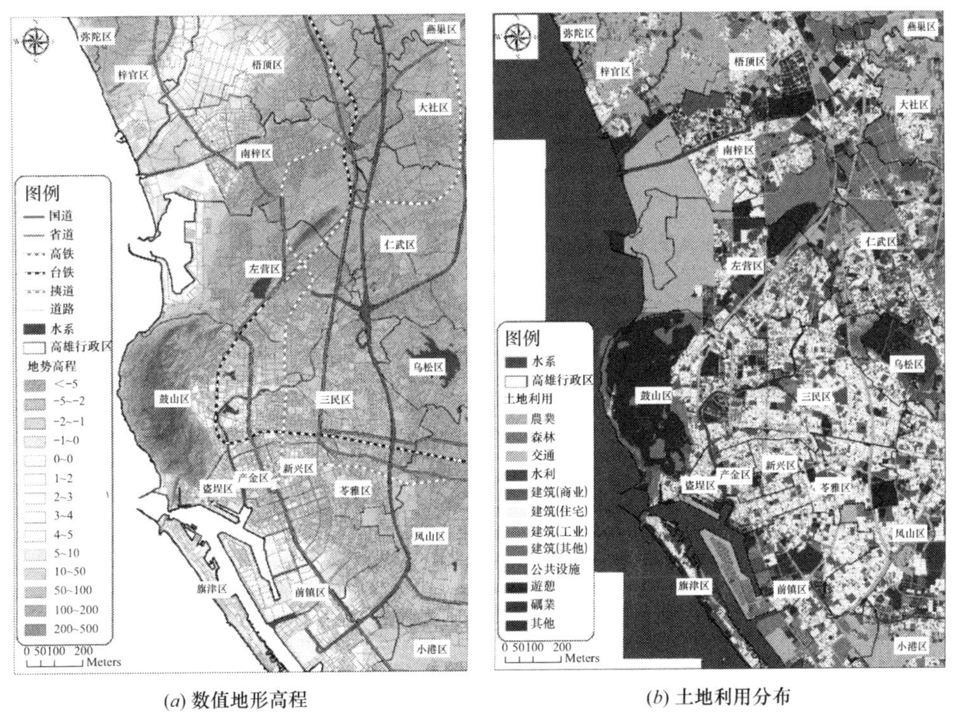

(*a*) 数值地形高程　　(*b*) 土地利用分布

图 2　高雄西南区域地形特性与土地利用分布

平原区多属建筑用地且开发密度甚高，一旦发生特大雨时适逢大潮，将易因内水无法以自然重力排除而衍生淹水问题，进而导致严重灾害。

三、研究方法

1. 地文性淹水模式概念

本文采用二维淹水模式理论发展“地文性淹水模式”（Physiographic Inundation Model，PI 模式）进行高雄沿海区域淹水潜势分析工作，该模式由成功大学水利系蔡长泰教授所研发，适合中国台湾地区使用并广为经济部水利署等单位所采用。PI 模式可仿真复杂地形、地物、排水路与河系主、支流分布地区的洪水传播态势与洪涝淹水情形，由于 PI 模式属分布型模式（Distributed model），因此应用模式演算“区域降雨—径流机制与洪流淹水”过程时，必须视不同精度需求将演算区域划分为若干分区，每一分区视为一控制体，各相邻分区间以水流连续方程式与流量律连接，以描述演算区域的淹水过程。

PI 模式以水流连续方程式为控制方程式，任一分区 i 与其相邻各分区间的方程式可表如下：

$$A_{si}\frac{dh_i}{dt}=p_{ei}+\sum_k Q_{i,k}(h_i,h_k) \qquad \text{（式 1）}$$

式中，A_{si} 为 t 时刻 i 分区的水表面积；P_{ei} 为 t 时刻 i 分区的有效降雨，等于有效降雨强度与 i 分区面积的乘积；Q_{ik} 为由 k 分区流入 i 分区的流量，正值代表水流由 k 分区流入 i 分区，负值代表水流由 i 分区流入 k 分区。

在水文循环中，降雨落至地面，部分降雨损失为截留、漥蓄与蒸发，继的为入滲，如再有余量方成为径流。因而本文采用美国水土保持局依据多个小型实验集水区的多次降雨记录数据，所建立的曲线值法（Curve number method）计算有效降雨量。此法需估计参数 CN 的值，其值可由临前降雨条件、表土质地、地表植被与耕作方式、土地利用等信息推估。当决定 CN 值后，即可采用下式计算有效降雨量，其经验方程式如下所示：

$$P_e=\frac{(P_i+0.2S)^2}{P_i+0.8S},\quad P_i>0.2S \qquad \text{（式 2）}$$

$$S=\frac{25400}{\text{CN}}-254 \qquad \text{（式 3）}$$

式中，P_i 为累积降雨量（mm）；P_e 为累积有效降雨量（mm）；S 为潜在最大滞留（mm）；CN 为 curve number 的值。

2. 模式分区原则

依据模式特性，将演算区域依下列原则划分成若干分区（图 3）。

（1）每一分区内应具相同水文气象条件，否则应依水文气象条件再予以细分，使分区内具相同水文气象条件。

（2）分区尽可能以各地物（如道路、堤防、天然岸堤等）为分区边界，若为宽广平原而无上述地物时，则依地形、坡度、坡向、地表植被、土地利用、表土质地等信息，选择适当分区边界。

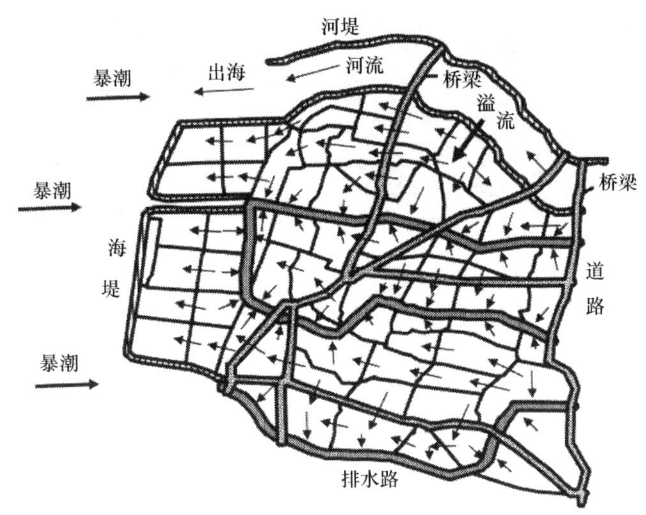

图 3　地文性淹水模式分区划分示意图

（3）为提高模式计算精度与效率，相邻分区面积不宜差距过大。

（4）分区若是由陆地划分而得，则此分区称为平原分区；分区若是由排水路或河流划分而得，则此分区称为渠流分区。

（5）分区若与外界相邻，则此分区称为边界分区；分区若不与外界相邻，则此分区称为内部分区。

对于各分区有下列假设：

（1）每一分区中，假设有一在洪水期间均能正确辨识流向的处，该处称为分区中心。

（2）每一分区水面假设为水平，可由分区中心的水位代表整个分区水位，该水位称分区特性水位。

（3）假设分区蓄水量只与该分区特性水位有关。

（4）假设某特定时刻相邻两分区间的流量，只为该时刻此两分区特性水位的函数。

本计划研究范围先考虑易受暴潮影响的三条水系，即典宝溪、后劲溪与爱河，另涵盖左营军港排水与五号船渠等零星独立系统，如图 4（*a*）所示，这些水系淹水模拟分析计算格区的布置系依据地形、地貌、道路、土地使用状况与水工构造物等进行划分，其中地形数据部分系参考精度 5m×5m 数值地形图如图 4（*b*）所示，通过数值地形数据的运用划定流域边界，再进一步结合地形数据、河道断面测量数据、下水道数据、卫星影像数据等进行计算网格的划分，详细作法如图 5 所示，当数值地形资料依其数值调整显示颜色时，即可判断地形上的相对高或低处，也可判断道路、特殊土地用地（如公园、鱼塭、机关等公共用地），借此将不同地形、地势的区域予以切割划分。在本研究中，总计划分完成的淹水潜势计算格区共有 5758 格计算格区，如图 6 所示。

3. 模式相关输入条件

应用淹水模式演算淹水过程时，须有演算范围的几何条件、边界条件、起始条件及降雨过程等，分述如下：

(a) 淹水模拟计算范围

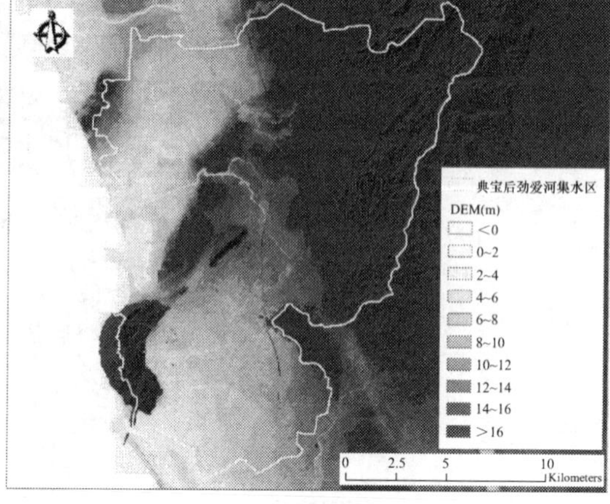

(b) 数值地形

图 4　典宝溪、后劲溪与爱河等水系

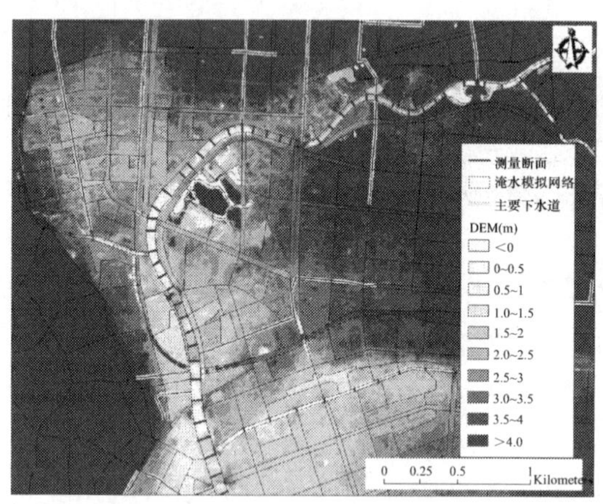

图 5　运用 DEM 与各种数据绘制淹水网格过程

图 6　计划范围水系淹水模拟格区

(1) 几何条件

依据演算地区的地物及地形变化划分成许多格区，在计算区域边界的格区称为边界格区，其余则称为内陆格区，而内陆格区则又分成陆地格区（Plain cell）、渠流格区（Canal cell）及湖泊格区（Lake cell），陆地格区视地面坡度及道路、田埂、渠道、等高线等而划分的格区，渠流格区为计算区域的排水系统、河系及水路所划分的格区，湖泊格区为计算区域内的湖泊或水库淹没区。

(2) 起始条件与边界条件

淹水模式的起始条件为各格区的起始水深。应用显式有限差分法离散化而建立的淹水模式时，可允许起始演算时为无水状况，即陆地格区的起始水深为零水深，渠流格区则可给予适当水深或由回水演算给予起始水深，而湖泊格区则给予已知水深。演算范围的所有边界格区均须给予与演算范围外面相邻边界的边界条件，以计算边界格区的水位增量。边界条件的形态可以是流量历线、水位历线、流量-水位率定曲线等，在本研究中采用外海潮位分析与内陆感潮河段水位-流量测量资料来给予相关边界条件。

(3) 降雨条件

演算因暴雨引起的淹水过程时，若演算范围内为均匀降雨，则各格区的降雨过程相同，否则须给予各格区的降雨过程。若演算目的为规划及设计的案件，则以规划分析所得的设计暴雨的雨量组体图为降雨的过程；若以淹水预警为目的的演算，则应以预报的雨量进行演算。

四、暴潮淹水潜势分析

1. 情境设定

一般而言，典宝溪等水系皆是以 10 年重现期为保护标准，并且以 25 年重现期洪水位不溢堤为目标进行规划与治理。因此，有必要了解在这两种降雨事件下，既有的防洪能力是否得以应付暴潮的影响。此外，地区灾害防救计划常以 100 年重现期降雨事件的状况推演灾害的因应对策，因此亦须了解暴潮对此情境的影响。鉴于上述原因，本计划降雨情境设定为重现期 10 年、25 年与 100 年的状况，并分别搭配有无暴潮影响的设定进行模拟。而在暴潮部分，为探讨一较极端暴潮偏差量的影响，本计划设定以重现期 100 年的暴潮偏差量 0.67m 作为潮位调整的依据，另搭配平均大潮潮位历线进行外海边界的设定。结合上述组合，本计划共设定 6 种情境进行淹水模拟，如表 1 所示。

本计划淹水模拟设定情境一览表　　表 1

情境编号	降雨	潮位	暴潮偏差
1	10 年重现期一日暴雨	平均大潮历线	无
2	10 年重现期一日暴雨	平均大潮历线	100 年重现期潮位偏差
3	25 年重现期一日暴雨	平均大潮历线	无
4	25 年重现期一日暴雨	平均大潮历线	100 年重现期潮位偏差
5	100 年重现期一日暴雨	平均大潮历线	无
6	100 年重现期一日暴雨	平均大潮历线	100 年重现期潮位偏差

本计划针对一日暴雨的设计系参考典宝溪等水系的治理规划报告成果，以符合各水系当初治理时设定的状况，参考的文献包括“高雄地区典宝溪排水系统整治及环境营造规划报告”（“经济主管部门”水利署水利规划试验所）、“高雄地区后劲溪排水系统整治及环境营造规划报告”（“经济主管部门”水利署水利规划试验所）与“爱河水系易淹水区改善规划”（高雄市政府水利局）等。在降雨量部分，各水系一日暴雨分析结果汇整如表 2 所示。

各水系一日暴雨分析结果汇整一览表　　表 2

集水区	最佳分析方法	参考雨量站	10 年重现期一日暴雨量	25 年重现期一日暴雨量	100 年重现期一日暴雨量
爱河	对数皮尔逊	高雄、左营、凤山等	380mm	478mm	637mm
后劲溪	极端值一型	楠梓、左营、鸟松等	340mm	412mm	520mm
典宝溪	极端值一型	梓官、桥头、楠梓等	328mm	397mm	499mm

2. 淹水模拟成果

经模拟，上述各情景模拟成果分别如图 7～图 9 所示，由各图可看出，无论降雨重现期为何时，有暴潮情况下的淹水情形皆较无暴潮情况下的淹水情形严重。尤其10年重现期降雨事件，原经整治在无暴潮影响下淹水区位多仅发生于农田、鱼塭等低地或零星区位，但若加上暴潮的影响，则会使盐埕、鼓山、桥头等区呈现较多淹水状况。

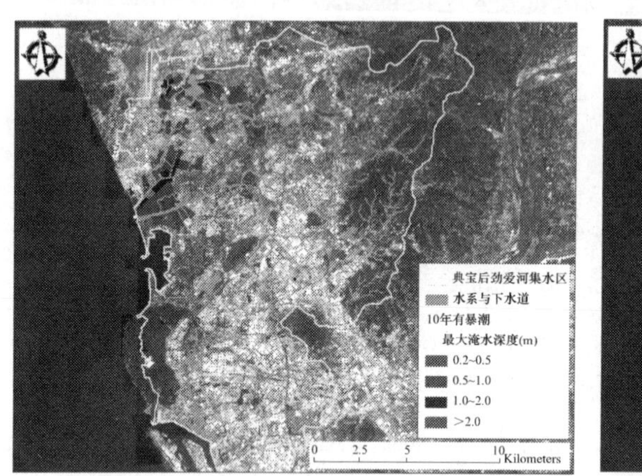

图7　重现期10年一日雨量淹水模拟图（左：无暴潮影响，右：有暴潮影响）

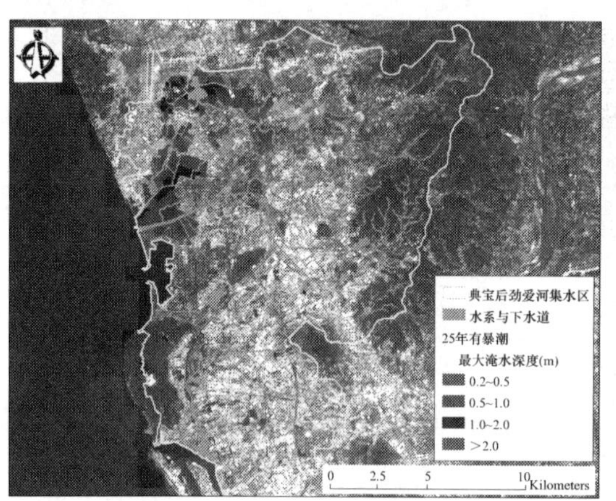

图8　重现期25年一日雨量淹水模拟图（左：无暴潮影响，右：有暴潮影响）

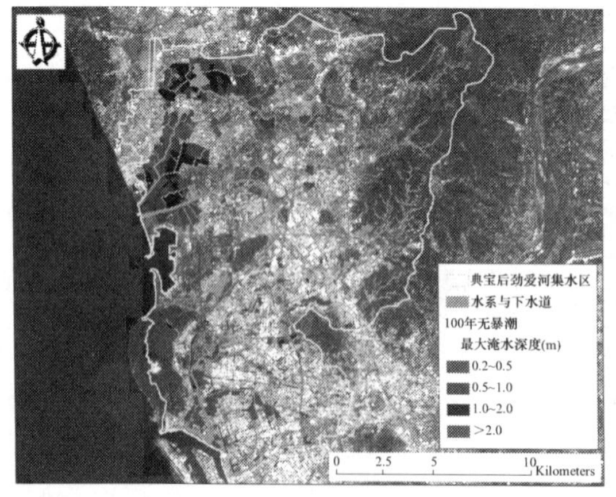

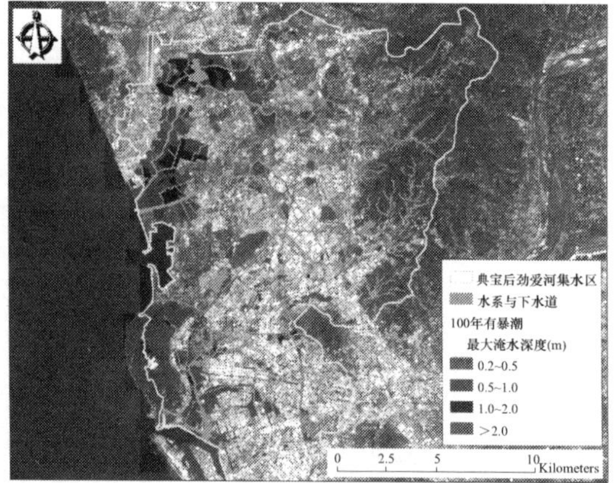

图9　重现期100年一日雨量淹水模拟图（左：无暴潮影响，右：有暴潮影响）

若将上述有无暴潮的淹水模拟结果进行相减，并将三种情境暴潮影响范围加总后可得暴潮可能影响淹水区位，如图 10 所示，包括盐埕、鼓山、三民、前金、楠梓、梓官与桥头等地皆是易受暴潮影响而加剧淹水的区位。

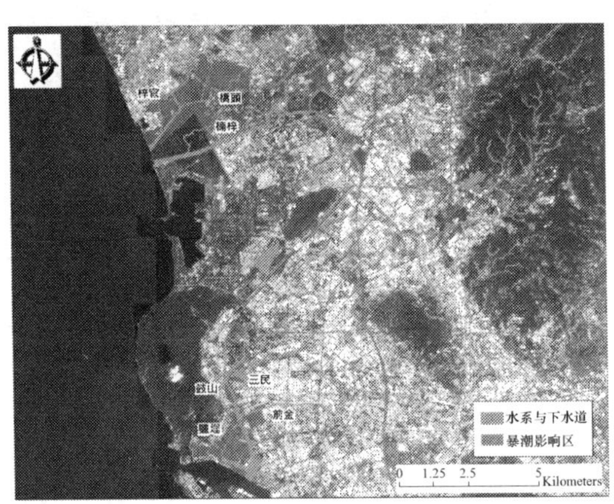

图 10　典宝溪至爱河间易受暴潮影响淹水区位

3. 淹水危害度分析

为进一步清楚呈现淹水模拟成果，参考经济主管部门水利署描述的淹水深度危害，定义 5 种等级，如表 3 所示，另水利署已将水深达 50 厘米以上定义为淹水，在此另将淹水深度达 50 厘米以上的淹水时间进一步分别定义 5 种等级如表 4 所示。借此分级可将淹水模拟结果以危害度地图方式呈现，以了解在各乡镇区、村里的可能灾害影响程度，相关成果如图 11～图 12 所示。

淹水深度与损害描述　　表 3

淹水深度（m）	损害描述	危险度等级
0.0～0.3	淹水深度在一般建物台阶以下，应属安全	1
0.3～0.5	淹水深度已达到成人膝盖高度左右，建筑物开始有进水的可能性，此深度已达车轮一半或底盘高度，足以影响汽车行驶	2
0.5～1.0	淹水深度已达到成人腰部高度，一般家电用品已被淹没，车子已无法行驶	3
1.0～3.0	淹水深度已达到成人胸部以上，一般家庭生活用品应全部浸没于水中	4
3.0 以上	深度可至二楼以上，若无二楼以上的建筑则有物品将全数被淹没	5

淹水时间与灾害描述　　表 4

淹水时间（hr）	灾害描述	危险度等级
0～1	短时间内淹水可自然消退	1
1～3	降雨趋缓后即淹水缓慢消退	2
3～6	人工方式排水即可退水	3
6～12	人工方式排水需一定时间方可退水	4
12 以上	人工方式排水需大量时间方可退水	5

图 11～图 12 主要呈现在 100 年重现期降雨条件下考虑有无暴潮的影响，综观而言，暴潮主要影响在南高雄会比北高雄显著，配合上述结果可知，就北高雄而言，主要的风险影响将会来自于降雨，影响区域仍在典宝溪、后劲溪下游周边，但风险增幅不比南高雄显著，而南高雄则是在盐埕区有较高风险，受到暴潮的影响不仅是淹水深度加剧，连带退水时间也会延长。

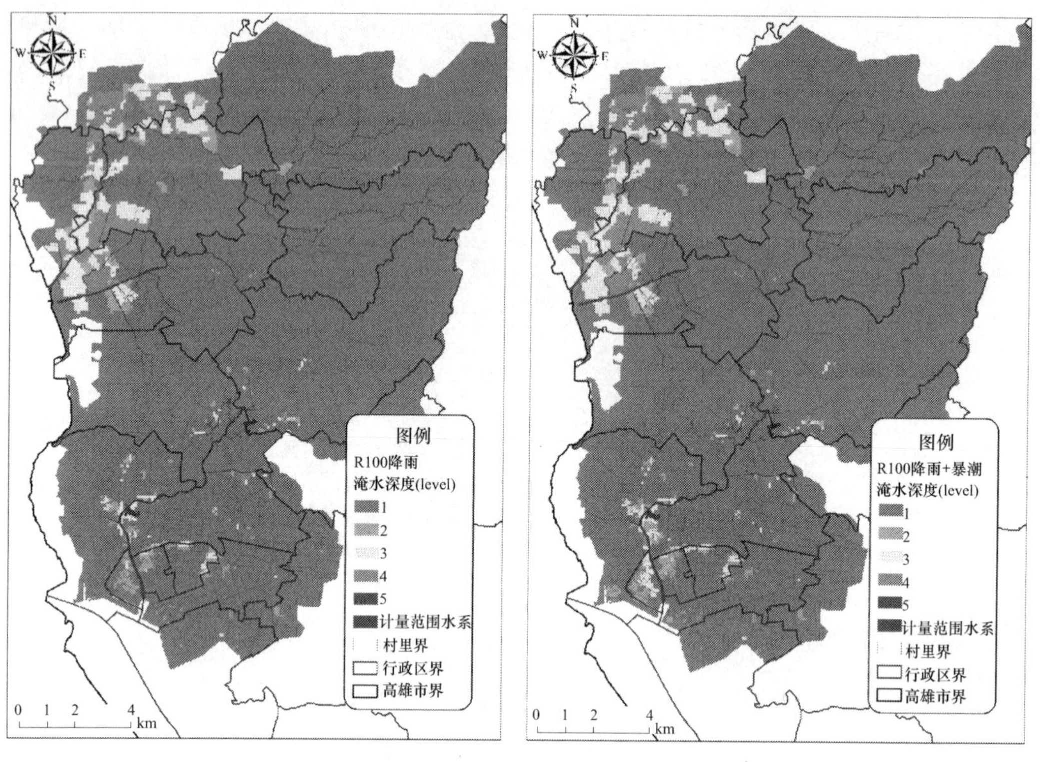

图 11　100 年重现期降雨淹水深度危害度地图（左：无暴潮影响，右：有暴潮影响）

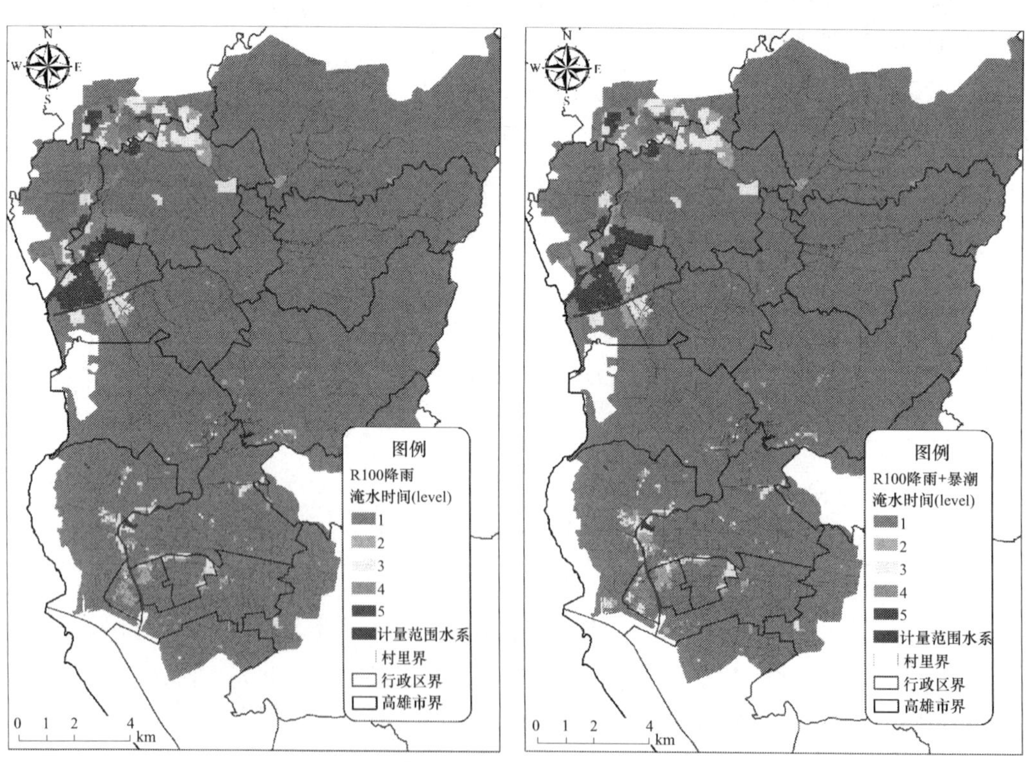

图 12　100 年重现期降雨淹水时间危害度地图（左：无暴潮影响，右：有暴潮影响）

五、因应暴潮灾害的调适策略

1. 国内外沿海地区因应暴潮灾害调适策略概况

全球暖化造成气候变迁的威胁程度日趋严重，世界各地环境灾害事件频发，其破坏力甚至可能造成全球经济萎缩20%，在气候变迁的影响加剧下，未来环境是否变得更脆弱，关键不只是气候如何演变，人们以何种态度、手段应对更显重要。为应对气候变迁的冲击，“联合国政府间气候变迁专门委员会”（Intergovernmental Panel on Climate Change，简称 IPCC）已在多次报告中提出具体的策略主要可以分为“减缓（Mitigation）”与“调适（Adaptation）”两部分，“减缓”其定义为减少人造温室气体排放至气候循环中，包括温室气体的源头减缓与加强温室气体的吸存，而“调适”其定义为调整自然界或人类系统来因应气候变迁的影响，减少损害，或开发有益的机会，对此，国内在“地方气候变迁调适计划规划作业指引”中进一步指出，调适是“通过对于气候变迁的认识与了解，作各种因应的调整与准备以适应各种气候变化的改变，降低气候变迁造成的冲击，并且找寻有利的发展机会”，而所谓调适策略（Adaptation strategy）的拟订，涵盖二大基本思维，即避开风险，以及降低风险，前者系优先避开高风险区位或行为，免于遭受气候变迁的冲击影响，后者主要通过提升能力来降低风险，且可分为强化及预防两种角度思考，来降低气候变迁的冲击。

目前，各国对于气候变迁现象的应对策略主要遵循 IPCC 所提的“减缓”及“调适”二大方面，先进国家因受联合国京都议定书先期管制的因素，主要以减缓策略为主、调适策略为辅；开发中或尚未开发中国家因基础建设较弱或区域性地理因素，环境脆弱度高且尚无直接减量压力，故主要实行调适策略为主。

在2012年“海岸地区土地使用整体防护策略研究”中，对于调适策略的提出区分为所谓区域尺度与国家尺度两类，其中区域尺度是指联合国气候变化纲要公约（United Nations Framework Convention on Climate Change，UNFCCC）、联合跨政府气候变迁组织（Intergovernmental Panel on Climate Change，IPCC）、美国国际开发署（United States Agency for International Development，USAID）、联合国开发计划署（United Nations Development Programme，UNDP）等单位。

2. 适用于高雄的调适策略

各国调适策略的拟定方向与所面临的冲击有关，由于地理位置差异导致气候条件不同，面临的环境冲击也不同，而中国台湾地区因地窄人稠，人口密度相对于欧美等国而言较高，在调适策略考虑上也会有所差异。另一方面，从图1（*a*）的高雄地势分布、图1（*b*）的高雄土地利用分布搭配过往致灾显示，西南沿海区为高雄主要都市发展区，且都有许多都市计划正在进行规划发展，但同时也是暴潮致灾相对风险较高区域（因地势相对较低），这样的情况下显然没有足够的土地空间进行所谓撤退的调适策略考虑。由于调适策略的规划拟定往往非单靠一选项（或机关）就能贯彻施行，除了基础硬件建设强化的考虑，也包含了如法令的修改精进、土地利用的开发限制、都市发展的规划调整等皆为调适策略的选择，故可知将涉及不同权责机关，需取得共识与合作，在此考虑的情况下，高雄市政府水利局通过平台会议（图 13），召集跨局处来参与、了解与凝聚共识（图 14），促使未来能够有相关计划来共同推动（图 15、表 5）。

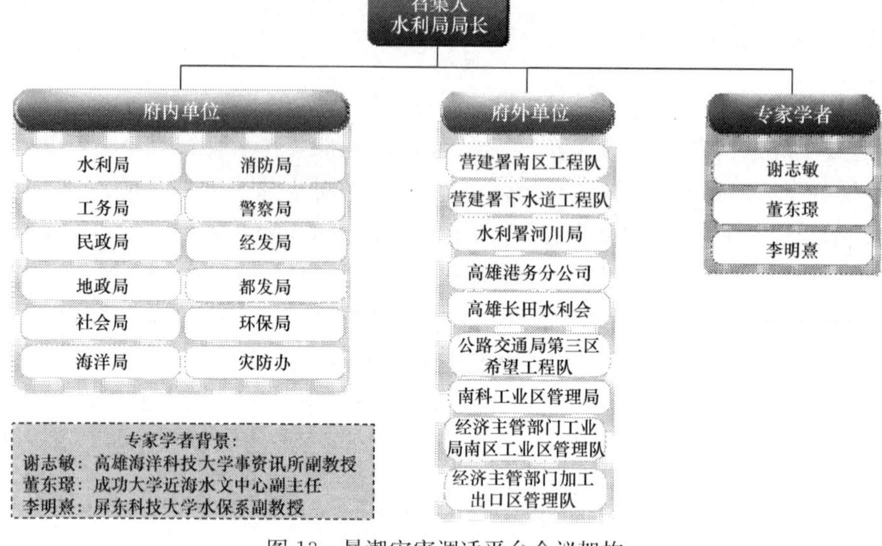

图 13　暴潮灾害调适平台会议架构

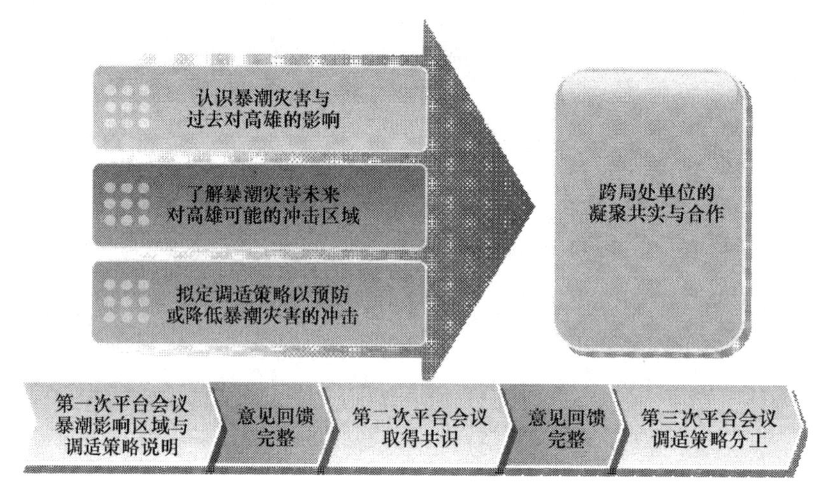

图 14　平台会议召开流程

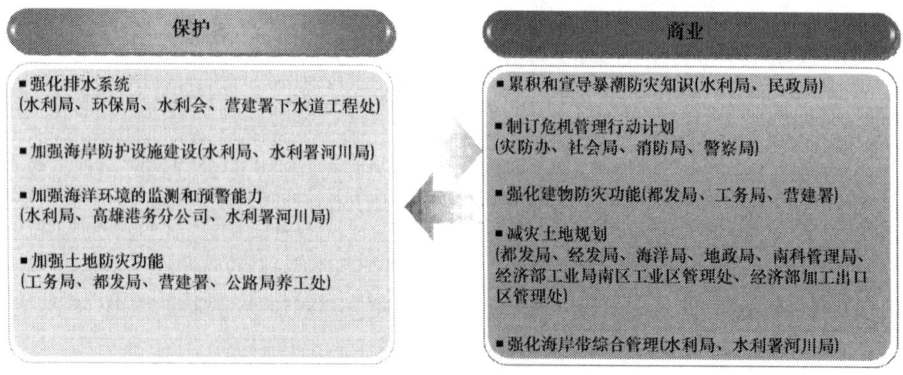

图 15　调适策略的分工

各调适策略工作细项 表5

1	强化排水系统		5	制订危机管理行动计划
	1. 检讨计划范围内下水道系统排水容量是否足够，如不足是否皆有防潮闸门因应； 2. 对暴潮易淹区提升排水设施的设计标准； 3. 掌握抽水设备状况、分布与数量； 4. 加强办理侧沟、排水沟渠清淤工作			1. 既有避难处所是否位于灾害高潜势区，疏散路线是否经过灾害高潜势区； 2. 避难处所收容能量检讨； 3. 办理防救灾演练，落实灾害防救计划
2	加强海岸防护设施建设		6	累积和倡导暴潮防灾知识
	1. 检讨海堤设计标准是否足以因应暴潮的影响； 2. 消波缓冲带维护、离岸沙洲的保护			易致灾区对民众倡导相关知识，以提高防灾意识
3	加强海洋环境的监测和预警能力		7	减灾土地规划
	1. 实时性：着重于灾害讯息的搜集与传递，建立沿海潮位预警系统，强化海岸灾害预警能力； 2. 长期性：着重于资料搜集与保存，包含波浪、潮位、海岸线及海水位等长期观测资料，有利于日后分析			1. 设置缓冲区，保护海岸沙丘、防风、防沙林的维护与种植、预留海岸洪水淹没空间、海岸侵蚀的应用； 2. 暴潮易淹高风险区，限制或禁止开发计划
4	加强土地防灾功能		8	强化建物防灾功能
	1. 根据重现期暴潮水位检讨一般建物、道路与公共设施的高程基准； 2. 公共空间蓄洪设施评估规划（如公园、绿地），提升都市蓄洪能量； 3. 带状空间雨水贮留设施评估规划（如分隔岛、人行道设置雨水花园），调节暴雨径流； 4. 具一定规模的土地开发或建筑行为，应设置防洪或雨水贮留设施			1. 通过都市更新逐步提高都市的防洪能力、增加滞洪空间； 2. 容积奖励的方式，鼓励道路两侧兴建地下滞洪设施； 3. 一楼和地下空间入口加装挡水闸板、蓄水池和抽排水机； 4. 避免将机电、网络、通信设备设于地下室； 5. 要求沿（河）海（岸）居住区建物应高于限制高程以防止大潮或暴潮影响，或如推动高脚屋，一楼不列楼地板面积
9	强化海岸带综合管理			
10	制订高雄海岸防护计划			

六、结论

结合潮位分析与感潮河段的水文数据进行水系淹水模拟，可知在南高雄明显较北高雄易受暴潮灾害影响，其影响不仅是淹水深度加剧，连带退水时间亦会延长，而北高雄则倾向于易受降雨规模影响。受气候变迁影响，这几年短延时、强降雨的频率与强度相较于过去更为显著，而台风的强度亦有增强趋势，使暴潮的威胁提升，尤其是沿岸都会区首当其冲，但因这些区域往往为都市开发密集区，面对暴潮灾害的威胁已非单一水利相关单位通过工程手段即可防范，通过灾害仿真结果让相关单位了解区域未来所面临的可能困境，取得共识以促成跨部会的合作为当前刻不容缓的课题。

参考文献

[1] 黄书礼. 地方气候变迁调适计划规划作业指引，中国台湾地区：台湾地区行政管理机构办公场所经济建设委员会，2012.

[2] 简连贵. 海岸地区土地使用整体防护策略研究，中国台湾地区：内政事务主管部门营建署，2012.

[3] 高雄地区典宝溪排水系统整治及环境营造规划报告，中国台湾地区：经济主管部门水利署，2008.

[4] 高雄地区后劲溪排水系统整治及环境营造规划报告，中国台湾地区：经济主管部门水利署，2009.
[5] 爱河水系易淹水区改善规划，中国台湾地区：高雄市政府水利局，2004.
[6] 申永顺. 国际气候变迁风险评估工具的发展现况，中国台湾地区：气候变迁—减缓及调适座谈会，2008.
[7] 董东璟. 高雄与基隆长期海水位变动分析，中国台湾地区：第 30 届海洋工程研讨会，2008.
[8] 施有元. 国际气候变迁调适策略经济评估的发展趋势与启示，经济研究，2011，第 11 期：291-319.
[9] Stern, N. , The economics of climate change: The Stern review, Cambridge University Press, 2006.

城市发展中自然灾害抵御机制探讨
——以中国澳门地区为例

孙雨萌　王晨钰　胡　健　杨　婧

摘　要：在当今城市快速城市化发展的背景下，城市在面对自然灾害时却往往不堪一击。当重大灾难发生时，如何在短时间内转移高密度人群，并实现科学的安全救援，是降低灾难后果严重性的重要举措之一。为实现城市的可持续发展构造一个韧性城市，如何让城市在面对自然灾害时更好抵御并在灾后迅速恢复自身功能也是值得本研究思考的问题。本文通过文献分析、案例讨论、居民访谈等研究方法，探讨中国澳门地区近些年来在自然灾害抵御方面存在的问题与改进模式。通过中国香港、纽约等地防御机制的经验，通过"天鸽"事件探讨出适宜于中国澳门地区的自然灾害抵御机制。由此从治理的理念、合理的协作机制、组织化形势增强居民参与积极性三个方面提出应急管理、增加城市韧性的城市防灾抵御机制。

关键词：城市发展；自然灾害；城市韧性；灾难抵御机制；中国澳门

Abstract: Nowadays, In the context of rapid urbanization in today's cities, cities are often vulnerable to natural disasters. When a major disaster occurs, how to transfer high-density people in a short period of time to achieve scientific security and rescue is an important measure to reduce the severity of the consequences of the disaster. To build a resilient city for sustainable urban development, it is worth thinking about how cities can better withstand natural disasters and quickly restore their functions after a disaster. Through literature review, case discussion and interview with residents, this paper explores the problems and improvement models of natural disasters in Macao in recent years. Through the experience of the resistance mechanisms in Hong Kong and New York City, we explore the natural disaster resistance mechanism that is suitable for the area of Macao through the "Tian Ge" incident. Therefore, from the perspectives of governance, reasonable cooperation mechanisms, and organizational enthusiasm to enhance the enthusiasm of residents to put forward three aspects of emergency management and increase the urban resilience of the city disaster resistance mechanism.

Keywords: Urban development; Natural disasters; Resilient city; Disaster resistance mechanisms; China Macau

一、前言

随着城市化进程的加剧，大幅度的城市开发改变着原有的自然生态格局，城市在面对各种自然灾害时受到了极大冲击。在自然灾害发生时，由于前期城市基础建设的不足及抵御机制不完善，城市和居民往往深受其害。因此，如何在灾难来临时最大限度减少居民的损失及维护城市基本运转，是城市规划防灾中关注的重要课题。目前，国内外对城市自然灾害评估方法研究较多，但针对中国澳门地区研究较少。本研究从两个代表性城市的案例分析入手，从灾难形成的原因深入浅出的分析灾难带来的影响以及当地政府的应对措施，最后分析并总结了中国澳门本地如何预防灾害产生并发展灾后紧急防御机制。

二、澳门概况

1. 地理区位

中国澳门，是一座海港城市，由路环、氹仔和路凼组成，紧邻广东省珠海市。隔海东望即是香港的大屿山，南面与万山群岛相望。

2. 地理环境与气候

由于中国澳门位于低纬度地区，太阳光的照射时间较长，辐射也比内陆地区强，且四面环海，所以造成了澳门特有的地理位置和环流形势，同时也形成澳门独特的气候类型。其主要特点是：①气温高，变化较和缓；②降水多，干湿季明显；③风向季节转换明显，风速较大且稳；④湿度大、日照多。作为一个海岛城市，地处华南沿海的热带风暴区，所以澳门常常受到台风和暴雨的肆虐，在澳门每年的 5 月至 11 月是热带风暴与台风的频发期。台风主要是由狂风暴雨以及海潮变化而产生的，澳门因为地处热带，所受到的台风季节较长，所以台风对其影响也较为频繁，对其侵害也比较严重。

3. 中国澳门历年来自然灾害的案例

中国澳门位于华南沿海惠东县到阳江市之间热带风暴与台风登陆频繁的珠江口地段中部，从资料分析得知，澳门地区不但热带风暴、台风活动的季节长，而且长期侵袭和影响也比较频繁，1952～1997 年的 45 年间，影响澳门的热带风暴和台风共有 94 次，平均每年为 2.08 次，最多的年份达 8 次（1980 年），根据澳门降雨的实际情况，由热带风暴及台风带来的平均降雨量约为年平均降雨量的 40%，“落雨大，水沉街”在澳门已经变得非常常见，一旦遇到暴雨天，澳门城区一些地势较低的地方便会出现淹水现象。

早在 1874 年 9 月 22 日就有超级台风光顾澳门，巨大的风灾造成全澳 5000 多人丧生，2000 多艘渔船被毁，大量楼宇被吹毁。可以说损失相当惨重。在 1983 年 9 月 9 日的早上，台风“爱伦”（Iron）光临澳门，最大风力达到 41.7m/s，虽然当时气象局挂出了 10 号风球，可是还是有至少 2 人死亡，50 多艘渔船被毁，全澳门水电、交通、通信全部瘫痪，损失达到 1000 多万元。甚至受灾严重程度超过 1964 年 9 月 5 日的台风“露比”（Ruby）。在澳门的历史进程中，风暴对其的侵害已达多次，并都造成了一定程度的损害。

强台风“天鸽”在澳门强势登陆，一时间，海水倒灌（图 1）、树枝拆散、垃圾散落、渔船沉没，民众携家眷仓皇逃生，整个澳门处于极度惊恐之中，没有电、部分地区甚至连水都没有。在旧城区，由于地势较低，很多地方海水已漫过头顶，许多人也在此次天灾中失踪、死亡，场面十分惨烈（图 2）。

图 1　天鸽袭澳造成严重灾情
（图片来源：https://house.ettoday.net/news/995465）

图 2　天鸽袭澳造成严重灾情
（图片来源：https://house.ettoday.net/news/995465）

这次“天鸽”的来袭，是澳门有史以来自然灾害对其损害最大的一次，整个澳门的交通运输全部停运，公司学校也都停班停课。澳门本岛与氹仔之间的 3 座跨海大桥、西湾大桥下层行车道全部封闭，澳门与珠海之间的 3 个口岸也暂停运作。

三、防御机制的案例探讨

针对澳门对防灾减灾的需求，从国内外的案例分析韧性城市适应灾难的能力、减轻灾害的措施中学习经验，中国香港与中国澳门同作为港口城市，其面对台风的经验更是值得借鉴。

1. 从“桑迪”看纽约自然灾害应对机制

（1）桑迪飓风事件回顾

2012 年 10 月，诞生于大西洋的飓风“桑迪”（Sandy）先后袭击了古巴、牙买加等地。10 月 29 日晚“桑迪”登陆了美国东海岸，随后袭击了包括纽约等在内的 17 个州。这次飓风灾难是续卡特里娜之后美国历史上第二次损失严重的自然灾害。飓风带来了暴雨、暴雪、洪水等诸多问题，这些自然灾害同时引来了二次灾难，出现了大规模的水电中断、通信设施异常等城市中存在的诸多隐患。据不完全统计，这次天灾有 113 人丧生，各个行业受到巨大冲击。据初步估算经济损失高达五百亿美元。

（2）桑迪飓风带来的影响

受“桑迪”影响最为严重的地区包括纽约和新泽西等地。受灾情况主要体现在以下几个方面：首先是由于海水倒灌导致城市内涝，城市的公交地铁等受到不同程度的损坏，暂时停止运营。其中包括有一百多年历史的纽约地铁破坏严重；其次，城市某些公共设施机能丧失，同时能源短缺，暂时无法持续供电，导致美国东部的 740 万户左右的民宅断电；

最后，证券交易场所的关闭给金融业也带来了一定的冲击。飓风由于持续时间较短带来的实质伤害不是太大，但是由于飓风过后产生的二次伤害给城市带来了巨大损失。

飓风过后，断水断电等情况给居民的生活造成了极大的困扰。同时部分地区电信网络服务故障频发，信号不稳定。部分地区 911 呼叫电话无法连接，给救援工作带来了极大的挑战。

(3) 桑迪飓风美国政府当时如何处理

因为美国在 2005 年经历过“卡特里娜”飓风的摧残，所以在面对此次飓风来临的时候可以说是准备充分。那么当灾难发生时美国政府是如何处理这些灾难的呢?

首先在飓风来临前，通过美国卫星已经提前得知到“桑迪”的到来，从而美国当局有充分的时间布控安全防护和预防控制措施，政府积极地制定了多种防御措施。在“桑迪”登陆的前，有 10 个州迅速进入紧急防御状态。如果受灾民众有需要，可以随时拨打相关应急部门热线电话，工作人员会在 15 分钟内给予响应。具体到地方政府，例如纽约。当得知飓风即将到来时，纽约快速启动了城市灾难应急机制，按照紧急程度划分区域，同时快速将居民疏散到开放的七十多个避难所。对于不愿意离开自己家园的居民，政府则会通过各种管道向居民准确地提供避难措施的相关信息。就交通系统而言，纽约市道路运输系统，包括：地铁、巴士、地下隧道等全部关闭；中小学、市场及政府非应急部门等全体放假。同时迅速派出警卫驻扎到城市各地，以应对飓风的到来。纽约各大媒体全天跟踪报道飓风的移动路线等，帮助群众及时掌握更多的实时信息。

由于提前的准备比较充分，在飓风登录的时候，美国政府按照事先制定的救援计划有条不紊的展开救援工作。由于此次飓风持续时间短，美国政府把主要工作放在了灾后恢复工作上。而且由于事前准备充分，所以灾难在可控制的范围内。

在飓风过后政府积极开展了各个区域的灾后恢复重建工作，多个社会机构协同政府展开救援工作。联邦政府提出的主要措施有以下几个方面：确定重灾区域范围，给予在飓风中受灾严重的个人及企业资金方面的援助；调动军用运输工具等紧急运送灾区所需物资；政府与各大企业之间协调，逐步恢复灾区供电；受飓风影响路段采取高速免费开放等多项应急措施；同时政府充分运用电视、无线等媒体传播准确的救援信息以及各项自救措施。

(4) 从桑迪得到的启发以及以后如何预防

从“桑迪”事件中得到什么启发以及以后飓风再次来临时应该怎么做才能把损失最小。

从环境角度来说，人类要时刻保持一切准备就绪的状态。在“卡特里娜”之后，纽约政府也察觉到城市在洪水面前的不堪一击，于是通过扩大绿地及湿地面积来吸收雨水，建造屋顶花园以及坑塘来分流雨水。通过一系列的措施逐步提高城市面临洪水时的抗击力。纽约在新建建筑中添加了防洪的功能，同时在城市新旧更新中不断完善旧城区的市政设施。

对公民进行面对灾害时的防灾自救教育。在此次“桑迪”事件中，由于部分公民缺乏忧患意识，没有意识到灾难来临所带来的严重后果，不服从当局政府及救援人员的领导，忽视了政府发布的撤离命令。这些都是危机教育的疏忽所造成的后果，所以教育部门应该开设防灾自救方面的课程，不管是哪一个年龄段都应该进行长期的危机教育的培训，积极普及自救及逃生知识，提高灾难中人们的生存能力。

现代的危机治理体制包括三种机制：国家机制、市场机制以及志愿者机制。这三种机制相辅相成共同构成了抵制灾害的基本框架。这三种机制彼此相互信任，携手共同促进城市抗灾救援工作，同时三种机制形成一张大网，包含了社会中的每个群体。在面对危机时不论是哪种机制起带头作用，彼此间都需要以信任为基础协同治理。

2. 论中国香港为何不发生水浸

中国香港临海，又处在亚热带地区，不可避免的有台风侵袭，年平均降水量达2400mm，是太平洋周边区域降雨量最高的城市之一。然而，在这么恶劣的自然地理情况下，近些年却很难听到香港大面积被水淹的新闻，而这一成果的显现得益于几十多年来采取的一整套防洪措施。

(1) 巨资搭建雨水排放工程

第二次世界大战后，人口快速增长，人口增长速度导致的水污染问题已经远远超过了环境的自净作用，一时间，环境受到了严重的污染。都市的快速发展，大量的混凝土及沥青建造路面被使用，这一举措，不可避免地造成城市储水与排泄能力的下降，令水浸情况更为严重。

面对这样的灾害，1989 年香港针对此问题成立专门负责防洪和污水的处理和处置，用来解决雨水带来的一系列问题。中国香港在 1996 年展开了“雨水排放系统整体部署计划”，到目前为止已投入百亿港元。

整体布局上，香港用三种方式缓解“水浸”：第一，通过更新增加地下和地上排水管渠系统的建设，提升抵御台风带来的防洪泄洪能力。第二，建设雨水隧道，将较高地区的雨水集水区的水直引到海河等临近海域，此做法有利于减轻下游排水系统高负荷问题。第三，有效地设立蓄水池及整套水泵系统。对易发生水浸的高危区设立蓄水池，暂存雨水等高峰期过后，利用水泵等抽水排水设施再将储存的雨水排出。此做法是由于香港是一个多山地的地区，而市区的地势又比较低洼，如果不采取措施来减缓雨水量，让雨水直接从上游流向下游排出，市区发生水浸的概率便会大大增加。

据了解，上述的排放系统是在几十年前建设规划的，伴随着城市的不断发展与变化，如果不进行改进，毫无疑问将会增加水浸风险。但在建设方法上不能沿用老的办法：直接在市区街道铺设管道，这样做的危害是工程量大，对居民的出行生活也带来不小的影响。鉴于此，政府相关部门想到了一种两全其美的方法，将雨水的进水口设在半山腰，用此方法来截留雨水，可以很好地避免暴雨过后将不洁净雨水不经处理直接进入市区排污管道系统，这样可以有效地减轻市区的污水处理负荷，又很好地避开了在市区开挖、铺设管道等带来的不便和“二次污染”。这是一个十分新颖且值得借鉴的思路。

尽管采取截流的措施就可以有效改善下游水浸的现象，但是考虑到下游排水管道系统能承受的最大压力，香港为此建造了地下蓄洪池。可以很好地将暴雨的水量收集贮存，将洪水流量限制在下游排水管渠系统的有效和可控容量范围内进行交错排放。

香港也是一个典型的高密度城市，如何将土地资源利用最大化，功能最大化，“一地两用”的理念可以很好地达到这样的效果。将蓄洪池设在地下，减少地面空间占用，雨水泵房的建设隐蔽在绿化设计中，整个排水系统与周围环境巧妙地融为一体。同时，蓄洪池还配有水资源回收系统，很好的水量收集，经过简单的物理处理，处理后的水便可直接用来灌溉草地和冲厕所等水质要求不高的地方。

(2) 不间断巡查防微杜渐

1995 年，中国香港将不同水浸点分门别类，根据遭受水浸度的不同因地制宜。同时，不间断的巡查、清理及检修，对排水系统的正常运转起到十分关键的作用，其中包括洪水预警信号装置能够在暴雨期间能正常工作。工作人员还要定期和不定期的检查下水道，一些人难以达到的地方，借助摄像等设备检查，以便及时发现问题并及时修复。

如遇有暴雨的警报，调派小分队携带设备，在容易水浸的地点蹲守，发现管道堵塞问题及时清理，有效避免问题扩大化、严重化。天文台发布预警信号，政府相关部门会第一时间通知已于水浸的住户和商家做好预防工作，将水浸的影响最小化。

四、中国澳门如何发展防御机制

1. 天鸽时灾难抵御机制分析

在“天鸽”事件中有 8 人死亡、105 余人受伤，供电、供水与对外交通都受到了不同程度的影响。内港地区由于地势较低，每次台风袭击澳门时，几乎都逃不过因为海水倒灌而淹水的命运（图 3、图 4）。在此次台风中，多条街道被倒灌并且淹水地点局部有垃圾堵塞情况，居住环境恶劣且规模较大甚至有瘟疫爆发的可能性。在本研究调研的过程中，发现民众不仅对风球预警不及时，更对政府的救援善后工作多有指责。此次袭击粤港澳的台风，香港地区由于及时发出 8 号烈风信号，给居民足够时间做预防工作并且留在家中。恶劣的自然灾害加上台风导致的停水断电，使得居民和城市陷入困境。在调研中，本研究发现澳门有 70%的电力来自大陆输送，台风使珠海电网受到重创，从而使得澳门也大规模停电，间接导致了停水。而在灾难发生后，政府除了进行财政补贴和发布合作建档水大闸的计划，都靠解放军和民间义工组织进行灾后的疏散和救援行动。政府作为人民的代表者，在灾难发生时如果不能采取合理的举措，发挥其行政职权的优势，在城市规划中也容易忽视城市的自我恢复能力，这样不利于城市的和谐有序发展。

图 3　天鸽后内港地区（本研究摄）

图 4　天鸽后草堆街（本研究摄）

2. 韧性城市的建设经验

中国澳门是台风暴雨灾的高频率灾难地区，因此建设防灾韧性城市是城市发展中的目标之一。“韧性”一词起源于拉丁语“Resilo”，其本意是“回复到原始状态”。那么在谈到韧性城市时，本研究总结为城市具有：自我恢复能力、对灾后的可控制能力、自我组织抵御能力以及学习更新能力。城市作为一个具有各种职能的复杂体系，在面对灾害时保持完全弹性是不可能的，那么在灾后城市如何更快速的适应环境恢复原状就是本研究的主题。

伦敦作为多雨城市，从组织、基础设施、小区三方面进行构建韧性城市。在组织上，伦敦构建了“气候变化公司协力机制”，出台和编制相关法规，如《英国气候影响计划》《管理风险与适应规划》，成立部门观测气候变化，明确各部门的管理职能和计划措施，在灾难来临后进行合理的分工合作，从而应对自然灾害的冲击。在基础设施上，增加了公园及绿地，更新改造水和能源设施以适应城市发展中的人口增长问题，为城市预留发展空间。另外小区作为连接居民和城市的最基本的空间单元，伦敦提出要将灾害预防与管理与城市经济发展、社会和谐平等作为同等重要的目标，并提供集体行动的模式，推进全民防灾。伦敦的防御机制是从政府等组织机构到城市居民全方位的协调合作结果，这种全民积极防灾的举措使得居民在日常生活中不仅能更加客观认识自然灾害，也能使得城市在规划中更好地改造不足的处，提升城市的防灾韧性。

在韧性城市的构建中本研究认为还应该加强城市防灾减灾体系的建设，这种防灾场地在平时可以供人娱乐、健身等，绿植的种植兼具美化环境改善居住环境的功能，在面对自然灾害时，合理布局的避难场地可以成为受灾群众安全的紧急逃生地，并为生命救灾线如医疗救助、物资转送、信息传播等提供场地。

3. 中国澳门抵御机制探讨

中国澳门作为一个土地资源相对稀缺的全球高密度人口城市，在“天鸽”灾后，不仅没有足够的疏散场地，连物资也是依靠民间自发组织救助。总结澳门多次面对灾害的抵御机制，本研究认为可以构建一个“城市管理者主导决策加上全民防护自下而上从自助、互助到公助的体系”。作为城市管理者，首先应该从全局对防御机制进行合理空间布局，并建立高效的灾难应急举措，在灾难来临时保证充足的灾前储备。在防御台风上，应该将重点放在首次登陆点，气象部门加强台风预警意识，提前决策做好预防工作。在当前科技发达的智能城市背景下，主管部门应该使用新兴技术提高城市的智能化程度，从前期搜集受灾地区数据，在宣传上建立健全预警发布和传播机制，使得城市在受灾后还能总体上统一发布、快速传播，局部上针对不同地区受灾情况合理分配资源。在基础设施上，应该“小区-组团-城市”全空间尺度去规划抵御灾害。中国澳门寸土寸金，在采用高强度的开发模式下，对绿地系统规划和防灾减灾规划不够重视，且不同于内地传统小区住宅模式，澳门多以独栋高楼大厦的形式存在，这样密集的布局不仅不存在组团绿地，其城市公园数量分散，且防灾空间体系也不足以避难。针对澳门独特的台风暴雨容易导致的海水倒灌等内涝现状，本研究认为，首先应该在地势较低处修建防洪堤，根据海水平均涨幅确定防洪墙顶标高。并在河道与城市中建立一定的缓冲预留地带。其次，在居住区范围内选择一个制高点且较好的地区设置避难场所，并根据片区人群密集程度和临近道路等级分级设置避难场所大小。避难场地不仅具有容纳部分灾民功能，也是平时物资储存和灾后医疗救助、信息传播的场地。在城市工程管线的规划中，根据重灾区的排水量需要预留一条排水管道应急。在日常生活中，建立健全的全民危机抵御机制将防灾措施列入必备知识中，考虑到老年人及弱势群体在灾害中的需求，规划便捷安全的应急转移方式。在政府指导组织下，城市居民在日常生活中加强防灾意识并学习紧急医疗救援措施等，充分发挥市民力量，建立自救、互救试点，在灾难发生时不仅是个人自救，在受灾被困时，学会紧急求救支持，在灾后有余力者可以去区域的避难场地提供人力帮助。

五、结论

由以上的案例分析可以得出，排水系统是城市中重要的基础设施，城市内涝带来的灾难远远大于飓风本身所带来的影响。提前预测飓风运动轨迹以及积极展开预防工作可以有效控制灾害的蔓延，尽早疏通人群，特别是居住在地势低洼区域的居民，通过数据分析估计受灾区域及受灾程度，分级疏散城市居民，将财产及社会损失降到最低。迅速建立应急小分队，并将救援人员尽早安插在城市各处，等待救援。灾后信息的收集与发布应准确和及时，不发无用信息与错误信息，建立群众信任感。最后还是要注重城市居民在日常生活中的防灾自救教育的培训，从根本上降低受灾概率。

水道及防洪工程在今后整治中，注入保育自然等生态元素，将十多年前采用的全混凝土排洪渠等排水设施被生态环保的设施所取代。今后，澳门要多建设一些既可以防洪泄洪利用水带来的巨大动能来为自己保障能源支持的同时又能够具有生态和休闲观赏的效益。不断地推动澳门的"蓝绿建设"——"蓝"泛指水体，"绿"则指绿化景观、节能减排，"蓝绿建设"以可持续发展为原则，运用生态学理念，建造并改善市民的生活环境，使澳门发展成为适宜人类居住的城市。

参考文献

[1] 王一新，苑希民，杨敏. 1949年以来登陆我国台风的主要特征分析 [J]. 水利水电技术，2013，44 (06)：135-138.

[2] 曾荣青. 澳门气候及主要气象灾害 [J]. 华南师范大学学报（自然科学版），2001，(02)：100-104.

[3] 俞桂海. 城市突发性自然灾害应急研究——借鉴香港应对台风经验 [J]. 山东行政学院学报，2014，(12)：18-24.

[4] 高祥荣. "桑迪"过程中美国政府公共危机应对措施述评 [J]. 安徽行政学院学报，2013，4 (02)：11-15.

[5] 赵子威，李树平. 飓风"桑迪"的影响及启示研究 [J]. 环境科学与管理，2013，38 (09)：189-194.

[6] 叶书铭，崔倩如，尤建新. 城市发展应该增强抵御自然灾害的能力 [J]. 学理论，2013，1002-2589.

[7] 缪旭明，高拴柱，张静. 超强台风"威马逊"成因及应对 [J]. 中国应急管理，2014，(09)：47-49.

[8] 周日话题：风灾满目疮痍里的澳门人文景观，https://news.mingpao.com/pns/dailynews/web_tc/article/20170827/s00005/1503769719255.

[9] 强台风天鸽：澳门伤亡惨重，问题在哪里？BBC 中文网 https://www.google.com/amp/s/www.bbc.com/zhongwen/simp/amp/chinese-news-41035211

[10] 李鑫，罗彦. 基于城市公共安全的韧性城市构建和规划思考［A］，城市规划与设计，2017，10-0041-08：41-48.

[11] 朱贵伟. 从桑迪飓风看美国的卫星应急通信［J］. 卫星与网络，2013，(Z1)：62-65.

[12] 王大可. 探究香港为何雨后不见“观海”［N］. 人民日报海外版，2001-07-26（004）.

[13] 顾建华，邹其嘉. 加强城市灾害应急管理能力建设确保城市的可持续发展［J］. 防灾技术高等专科学校学报，2005（02）.

[14] 吴木銮. 香港应对台风靠运行良好的预警机制［N］. 东方早报，2012-07-02（006）.

滞洪防灾 打造韧性城市-高雄

梁锦渊　钱胜文　廖俊杰

摘　要：高雄市人口约277万人，总面积约2951平方公里，境内共有115条区域排水分属13个水系，部分区域因地势低洼或排水条件不佳属于容易淹水的区域，自2006年起持续进行治水工程，至2017年底预计完成13座滞洪池，滞洪池总面积约116.23公顷总滞洪量约为295.6万吨，总目标预计打造326万吨滞洪量，现阶段整体淹水面积已较2010年减少约6352公顷，滞洪池除了防灾功能之外，平时可兼做亲水生态公园，提供民众休息、散步及骑乘单车的功能，滞洪池更创造大面积的绿地及生态湿地环境，提供鱼贝类及鸟类栖息的环境，因此滞洪池除了蓄水防洪功能之外，也可提供民众与大自然亲近的生态空间，拉近人与自然的距离。

关键词：滞洪池

Abstract: The population of Kaohsiung is approximately 2,770,000. Its area is around 2,951 km^2. There are 115 regional drainages. And those drainages belong to 13 river systems in Kaohsiung. Some of regions are flood-prone areas because of low-lying or worse drainage condition. Kaohsiung City Government gets starting to progress flood treatment projects from 2006. It is estimated to build 13 flood detention ponds by the end of 2017. Total area of 13 flood detention ponds is 116.23 hectare. It could provide the amount of flood prevention up to 2.956 million tons. In the future, Kaohsiung City Government plans to achieve the goal as total amount of flood prevention to 3.26 million tons. Compares to 2010, the flood-prone areas is 6,352 hectare deduction. The function of flood detention pond is not only reducing the happening of disaster, but also a waterfront ecological park. It can be a place for people to rest, to walk around and bike riding. The flood detention pond creates more green space and ecological wet land. It can provide the adaptive environment for fishes and birds to stay. Besides the function of water storage, the flood detention pond makes the distance between people and nature closer.

Keywords: Dtention pool

一、前言

都会区的雨水下水道或非都会区的区域排水往往因为开发得早或者通水能力不足，在面对极端气候变迁短延时高强度降雨发生概率提高，发生淹水的可能性也越来越高，

梁锦渊（1971—），男，总工程师，硕士，研究方向：土木、水利、大地、水土保持、防灾、污水净化处理.

因此适当的设置滞洪池将是改善淹水问题立竿见影的治水对策之一，滞洪池虽然非新的治水概念，但是在目前的水利工程发展思维下，滞洪池已不再局限于防洪减灾的单一功能，可因不同滞洪池开发的环境条件融入不同目标，创造出以防灾治水为主轴其他功能为辅的方法。

高雄市目前滞洪池是根据所属位置形态作为区分，大致可分为都会型滞洪池及郊区型滞洪池两种类型，高雄市滞洪池分布如图 1 所示，其中都会型滞洪池开发面积较小位于城市闹区或重划区内邻近住宅区及商业区，滞洪池设计时考虑除了具有基本滞洪防灾功能之外，以滞洪池兼具都会公园方式进行规划设计，池体平时可兼做亲水生态公园，提供都会区民众休息、散步功能；非都会型滞洪池一般开发面积较大且多位于郊区，滞洪池设计时以较简易开发的构想进行规划设计，滞洪池设计时考虑除了基本滞洪防灾功能外，主要以创造大面积的绿地以及生态的湿地环境，提供鱼贝类及鸟类栖息的环境，环湖道路同时可规划提供民众作为慢跑、散步及自行车的使用。

图 1　高雄市滞洪池分布图

二、都会型滞洪池

高雄市较具代表性的都会型滞洪池包含宝业里滞洪池（图 2）、台泥滞洪池（图 3）及北屋滞洪池（图 4），其中宝业里滞洪池周围为既有住宅区及商业区人口稠密，台泥滞洪池

图 2　宝业里滞洪池

图 3　台泥滞洪池

及北屋滞洪池则位于重划区的范围内，两者也紧邻重划区的住宅区预定位置，未来重划区域开发完成后也将紧临住宅区，因此三座滞洪池可以说与都会生活关系密切，其中宝业里滞洪池占地面积约 4.46 公顷，滞洪量约 10 万吨，台泥滞洪池占地面积约 2.4 公顷，滞洪量约 6.5 万吨，北屋滞洪池占地面积约 1.5 公顷，滞洪量约 2.8 万吨。

图 4　北屋滞洪池

三、非都会型滞洪池

一般而言非都会型滞洪池多位于郊区，主要为调节河川或区域排水洪峰流量的功能考虑，因为河川或区域排水的洪峰流量较大，故滞洪池所需的面积及蓄水体积一般较都会型滞洪池更大，因为位于郊区考虑使用需求及工程经费，非都会型滞洪池以较低度开发为主要原则，滞洪池常以较自然生态缓坡作为坡面设计，池体允许部分的地下水或地面径流水蓄积于池底，以提供创造湿地条件所需生态基本流量，可提供鱼贝类及鸟类作为栖息地，此外因开发面积较大堤顶环湖水防道路可兼供民众散步跑步或骑乘自行车，高雄市较具代表性的非都会型滞洪池包含典宝溪 A 区滞洪池（图 5）及典宝溪 B 区滞洪池（图 6），其中典宝溪 A 区滞洪池占地面积约 42 公顷，滞洪量约 105 万吨，其中典宝溪 B 区滞洪池占地面积约 17 公顷，滞洪量约 43 万吨。

图 5　典宝溪 A 区滞洪池

图 6　典宝溪 B 区滞洪池

四、都会型滞洪池案例分析（宝业里滞洪池）

1. 淹水原因说明

高雄市凤山区赤山地区都市发展迅速，地表透水率减少以及地貌改变加快了气候变迁，水文极端现象经常发生，另外，A 干线上游小贝湖原有滞洪功能丧失，导致赤山地区

A 干线集水区的降雨径流量大增，A 干线下游澄清，义华路口的雨水箱涵排水容量无法纳径流量，导致每逢大雨经常造成周边地区雨水宣泄不及时而积水，如图 7 所示。

图 7 A 干线下游淹水位置及照片

2. 滞洪池规划设计构想

为解决淹水问题择定高雄市三民区宝业里 41 期自办市地重划区内公园学校预定地（本计划范围）设置“宝业里滞洪池”，除了积极改善积水问题，更希望通过滞洪池优化分析配置，将宝业里滞洪池规划为多目标功能使用，宝业里滞洪池规划具体目标分述如下：

（1）以整体排水系统考虑，解决淹水问题，并提升全区保护标准

本工程属都市型滞洪池，由于 5 年频率保护标准不足，从朝向滞洪池空间最大利用率来考虑，配合操作机制，发挥滞洪最大效益，提升全区保护标准。

（2）以区域发展为远景与周遭环境融合

本工程位于商业区及住宅区交接处，交通节点优势，故设计手法上应结合绿水、湿地及草坡等自然元素给予城市清新感受，使停留民众得到心灵平静，本计划与周围的区域关系如图 8 所示。

（3）通过空间利用创造本计划核心价值

本工程在设计手法上通过自然元素结合亲近民众的景观空间，成为邻近商业区及住宅区活动的中介空间；让周边商业区及住宅区人群通过动线经过并停留，成为都会区地标性公园，本计划的周围空间分析如图 9 所示。

图 8 滞洪池周围环境分析图

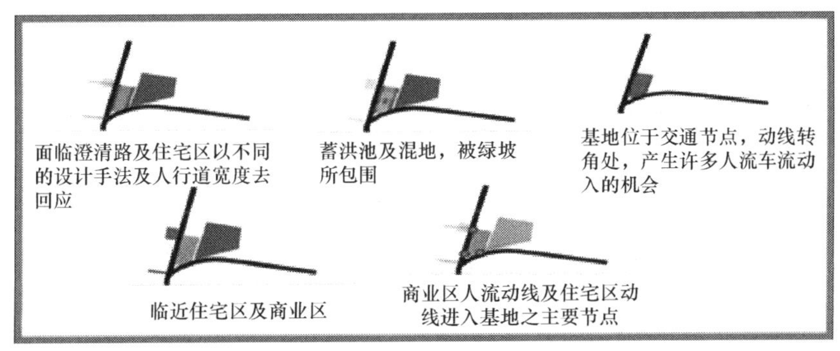

图 9 空间分析图

(4) 永续公共工程

永续公共工程若应用于水利工程，是以防洪安全为前提，在满足计划防洪保护标准下，让治水工程结合外围景观、人文产业、生态环境等特色分段区划。依据公共工程绿色内涵所定义的绿色环境、绿色工法、绿色材料及绿色能源四大绿色内涵指标，如图 10 所示，本工程执行项目内容比例为绿色环境 3.9%、绿色工法 1.5%、绿色材料 0.9%、绿色能源 3.9%，绿色内涵比例总计为 9.6%。

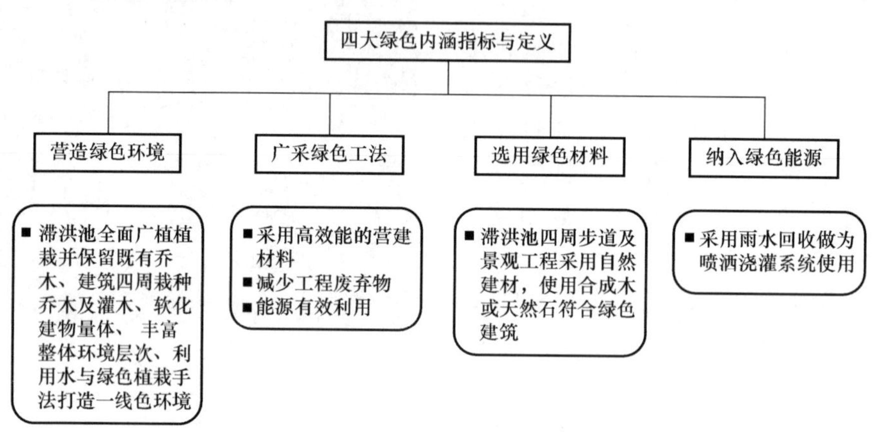

图 10 永续公共工程四大绿色内涵指标图

为落实上述多目标滞洪池的规划构想，相关平面配置如图 11 所示，将宝业里滞洪池的细部规划构想分述如下：

1）北池-生活

池体平时可做多用途的活动草坪广场、简易球场等低维护成本公共设施，以增进空间有效利用，宽阔的大草原亦兼具都市防灾避难用途。

2）南池

池体局部可维持一固定水位的蓄水量，营造稳定的湿地生态系；若是滞洪淹水时，由于选种短期间可耐水浸泡植被，故不至于因此受到伤害或死亡。

3）共享资源的绿色学习园区

都市滞洪池的公共建设兴建，不仅是水利设施开发，也是生活博物馆的概念，水利机械、滞洪生态的生活教育的教室，扮演都市保全与教育的重要角色。

4）生态手法改善都市环境污染与微气候的调节，提升周遭环境生活质量

滞洪池功能已由单一导向，转变成复合多功能使用所取代，进行区域微气候调节，整体提升周边环境生活质量。

5）自然景观涵构创造

通过设计手法以复层植栽绿化与植栽多样性，让自然景观涵构组成绿园及联结都市生态廊道。

6）绿色新中心的有机扩展

以生活为起点促进环境融合，赋予滞洪池在都市空间环境结构中的新定位(图 11)。

北池-草皮　　南池-生态池

图 11　滞洪池平面图

3. 宝业里滞洪池的相关系统

(1) 滞洪池系统

本工程滞洪池可使用面积总计约 4.46 公顷，共分为北池及南池系统，蓄水量总计可满足 10 万吨容量，南北池以箱涵联通并设置闸门管控。发生低强度降雨时仅需使用北侧滞洪池即可，当北侧滞洪池水位超过 EL. +9.0 米时，再开启闸门让北侧及南侧滞洪池联通操作，应付强度较高且延时较长降雨。

(2) 入流系统

入流系统分为重力及机械滞洪两种操作模式，因地形条件合宜，本滞洪池约 90%蓄水量可以靠重力自然入流，当滞洪池水位逐渐上升重力入流条件变差时，再启动抽水机进行机械抽水入流，机械入流的水量约占总蓄水量的 10%。

(3) 出流系统

采用重力及机械两种操作模式，当水位较高时可利用重力将水排至出流箱涵，重力退水约占总量的 70%，当滞洪池水位逐渐降低重力出流效果下降时，以及出流箱涵底部以下水位，皆可利用抽水机进行机械出流，机械退水约占总量的 30%，即使重力可以继续退水，若有必要亦可提早启动机械退水机制以减少整体退水时间，以应对下一场暴雨的滞洪需求，滞洪池入流及出流系统如图 12 所示，入流及出流操

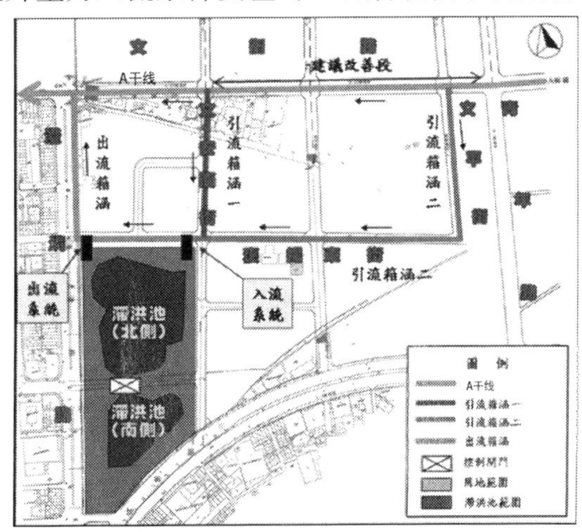

图 12　滞洪池及入流、出流系统图

作机制如图 13 所示。

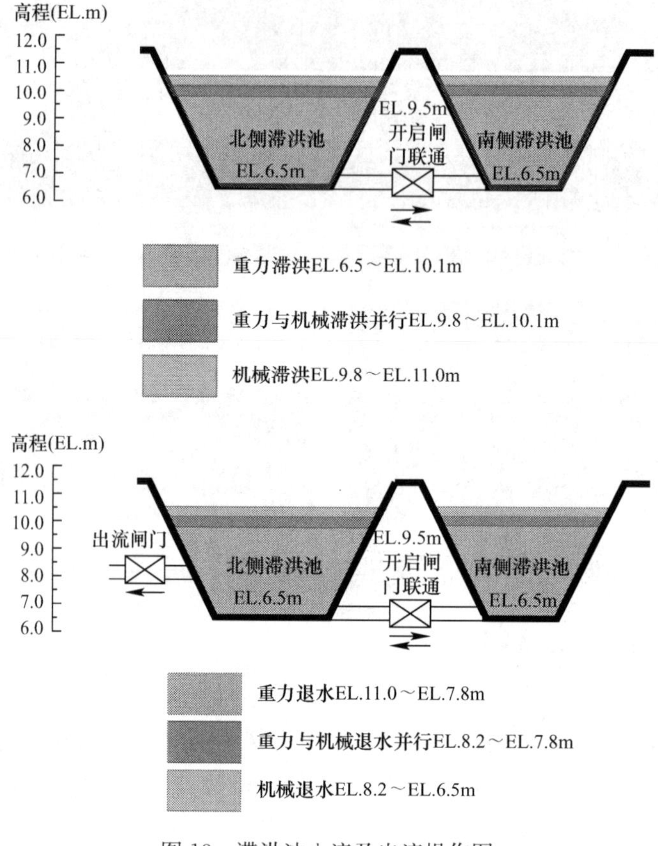

图 13　滞洪池入流及出流操作图

(4) 抽水机房空间配置

本工程抽水站位于基地西北方，文安南街与褒扬东街转角。内部空间因机能需求分为抽水机房、管线机房、消防机房、台电配电室、消防水池、雨水回收池、暂存池、储油槽、控制室、值日室、教育推广中心等空间。抽水站主要出入口位于褒扬东街，采用人车分离，整体动线以穿透性高、容易管理为原则，并配合基地周围坡差韵律，层次简洁分明与地景相互融合。

(5) 抽水站立面设计

抽水站外形以厚实混凝土搭配轻制的玻璃与扩张网为主，并以富含节奏感排列的方式组成立面，线条简约并能呈现材料质感，美观并令人感到踏实。抽水机房表面皮层以玻璃搭配扩张网，并于墙面及玻璃间留设空隙，有利于空气流动，增进机房内部空气循环，维持良好散热性；扩张网可降低阳光迸射量，有效降低室内温度，且不同角度产生的透孔率与光线折射量皆不同，可使来往的行人产生视觉上丰富变化的趣味，抽水站外观及立面设计如图 14 所示。

(6) 空间设计构想

宝业里滞洪池基地位于市区中，面对已形成的小区街廓，设计以大尺度的退缩人行道及沿线行道树，提供居民乘凉散步的空间，南北池入口均以大幅度的退缩，形成广场，北池入口通过坡道连接观景平台在连到池内的看台区，而南池入口以退缩的林带，缓缓带入池内，两入口以分别展露生活和生态的观点，滞洪池周围节点及缓冲带如图 15 所示。

抽水站站体为多功能之用途

抽水站建筑外形

抽水站体局部照片

抽水站与消能池关系

图 14　抽水站立面及外观照片图

北池-入口

南池-入口

北池-车道

退缩人行步道

图 15　各区节点及缓冲带完工照片图

4. 效益分析说明

(1) 工程效益

宝业里滞洪池设置后除了提高原本排水系统（义华路～青年路）功能，让原本容易发生淹水情况的澄清路义华路口立即获得改善外，若发生高强度降雨时不会额外增加既有雨水下水道系统负担，可有效减少淹水时间即淹水情形，义华路口改善前后及滞洪池蓄水如图 16 所示。

大雨造成义华路积水

滞洪机制启动

义华路获得改善

图 16　滞洪池施工前后淹水改善照片图

(2) 环境效益

本工程基地面积 4.6 公顷，扣除抽水站建筑（面积 853 平方米）及景观设施外，其他皆由水域及陆域植栽组成，绿化面积约达 90%。在冀望复育及营造良好生态环境的概念下，本工程使用了将近 30 种 540 棵乔木，以湿生密林、生态密林、点缀及排列方式配置，除了构建多样性生物栖地外，每年减碳量约 39 万吨，对于硬件设施遍布的都市环境来讲有很强的帮助，滞洪池整体生态环境营造如图 17 所示。

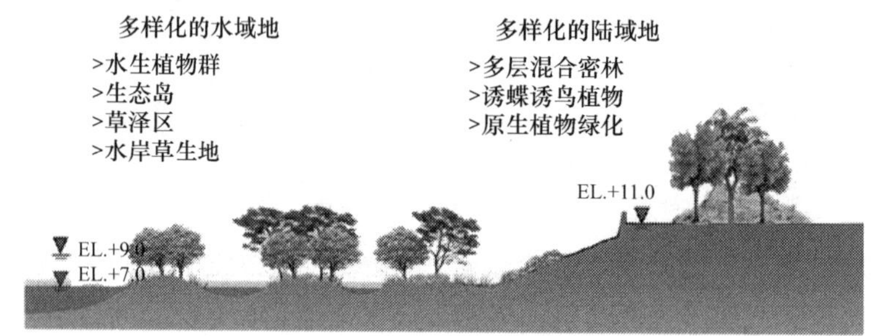

图 17　滞洪池绿化及生态营造示意图

(3) 城市发展效益

过去该地区常受淹水之苦，每逢大雨必淹水的情况降低了居住质量，也压抑了周边环境的发展，宝业里滞洪池公园的建置除了能有效改善淹水情况，大面积的开放绿地公园不仅提升整体视觉景观，也成为周边居民平日休闲活动场所。本区房价也跟着看涨成为都市另一个新兴发展区，本滞洪池完工后与周围城市环境结合如图 18 所示。

图 18　滞洪池促进周围既有城市发展

参考文献

[1]　凤山市雨水下水道系统规划报告，中国台湾地区公共工程局，1976.

[2]　高雄地区典宝溪排水系统整治及环境营造规划报告，中国台湾地区：经济主管部门水利署，2008.

[3]　高雄县管区域排水凤山溪排水系统治理规划报告，中国台湾地区：高雄县政府，2009.

[4]　高雄地区后劲溪排水系统整治及环境营造规划报告，中国台湾地区：经济主管部门水利署，2009.

[5]　爱河水系易淹水区改善规划，中国台湾地区：高雄市政府水利局，2014.

[6]　澄清湖特定区雨水下水道系统规划报告，中国台湾地区：住宅及都市发展局，1984.

[7]　台湾地区雨量站降雨强度—延时 Horner 公式分析，中国台湾地区：经济主管部门水利署，2003.